Myosotis
Forschungen zur europäischen Traditionsgeschichte

Herausgegeben von
RALPH HÄFNER
Freiburg im Breisgau

Band 9

MAXIMILIAN BACH

Karl Wilhelm Ramler

Gelegenheitspanegyrik
als Literatur- und Kunstpolitik

Universitätsverlag
WINTER
Heidelberg

Bibliografische Information der Deutschen Nationalbibliothek

Die Deutsche Nationalbibliothek verzeichnet diese Publikation
in der Deutschen Nationalbibliografie;
detaillierte bibliografische Daten sind im Internet
über *http://dnb.d-nb.de* abrufbar.

Zugl.: Freiburg; Univ., Diss., 2021

Die vorliegende Studie wurde durch ein Stipendium
der Klassik Stiftung Weimar sowie ein Promotionsstipendium
der Studienstiftung des Deutschen Volkes gefördert.

Gedruckt mit freundlicher Unterstützung
der Geschwister Boehringer Ingelheim Stiftung
für Geisteswissenschaften in Ingelheim am Rhein

UMSCHLAGBILD

Eberhard Henne nach Christian Bernhard Rode:
»*Kalliope zeichnet die Thaten Friedrichs* II. *auf*«.
Frontispiz aus Ramler, Karl Wilhelm: *Poëtische Werke.* [...]
Erster Theil: Lyrische Gedichte, Berlin 1800
[Digitalisat der Universitäts- und Landesbibliothek Sachsen-Anhalt
in Halle (Saale);
https://digitale.bibliothek.uni-halle.de/vd18/content/pageview/3180972].

ISBN 978-3-8253-4917-2

Dieses Werk einschließlich aller seiner Teile ist urheberrechtlich geschützt.
Jede Verwertung außerhalb der engen Grenzen des Urheberrechtsgesetzes
ist ohne Zustimmung des Verlages unzulässig und strafbar. Das gilt insbesondere
für Vervielfältigungen, Übersetzungen, Mikroverfilmungen und die Einspeicherung
und Verarbeitung in elektronischen Systemen.

© 2022 Universitätsverlag Winter GmbH Heidelberg
Imprimé en Allemagne · Printed in Germany
Druck: Memminger MedienCentrum, 87700 Memmingen

Gedruckt auf umweltfreundlichem, chlorfrei gebleichtem
und alterungsbeständigem Papier.

Den Verlag erreichen Sie im Internet unter:
www.winter-verlag.de

Inhaltsverzeichnis

1 Einleitung 9

    1.1   Ramlers panegyrische Gelegenheitskunst: Forschungshorizonte, Quellenbasis und Aufriss der Arbeit 9

        1.1.1   Der Gegenstand 9
        1.1.2   Gelegenheitsdichtung und -kunst im 18. Jahrhundert 11
        1.1.3   ‚Bürgerliche' Aufklärung und Stadtkultur in Berlin 19
        1.1.4   Quellenbasis 21
        1.1.5   Zielsetzung, Ansatz und Struktur der Arbeit 25

    1.2   Ramlers literarische Karriere 31

        1.2.1   Gelehrter und Dichter unter Friedrich II. 34
        1.2.2   Kulturpolitischer Umbruch im Spätsommer 1786 48
        1.2.3   Literarische Spiegelungen: Ramlers Ode *Auf die Geburt Friedrich Wilhelms* und Alxingers Ode *An den König von Preußen Friedrich Wilhelm* 56
        1.2.4   Ramlers Tätigkeiten seit 1786 64

    1.3   Mediales Spektrum und Wandel der institutionellen Kontexte von Ramlers Gelegenheitsliteratur und -kunst 67

        1.3.1   Initialmomente: Bielfeld, Gleim und Ramler (1745) 67
        1.3.2   Zeitungslyrik im friderizianischen Berlin 70
        1.3.3   Medaillen, Festbauten und Illuminationen 76
        1.3.4   Theaterdichtungen und Libretti im fürstlichen Auftrag 82
        1.3.5   Unter Friedrich Wilhelm II. 92
        1.3.6   Denkmal- und Grabinschriften 96

2 Konfrontationen mit Friedrich II. 101

    2.1   Kulturpolitischer Appell: Ramlers Poetik des „Wohlklangs" 104

        2.1.1   Ausgangspunkt: Ramlers *Granatapfel-Ode* (1750) 104
        2.1.2   Erneute Publikation 107
        2.1.3   Das Programm einer ‚wohlklingenden' Dichtung 109

	2.1.4	Poeseologische Kontexte	113
	2.1.5	Ramlers Analyse der *Granatapfel-Ode*	117
	2.1.6	Intertextueller Dialog: Friedrichs Ode *Le Renouvellement de l'Academie des Sciences*	120
	2.1.7	Kulturtheoretische Implikationen: Friedrich II., Jakob Friedrich von Bielfeld und die deutsche „Literatur"	125
	2.1.8	Erinnerungspolitischer Zuschnitt: *An den König* und die Ausgabe der *Oden* (1767)	139

2.2 Netzwerke in Potsdam und die *Poesies lyriques* (1765–1776) 146

    2.2.1 Karl Gottlieb Guichard 148
    2.2.2 Offiziere um Knebel 153
    2.2.3 Entstehungsgeschichte der *Poesies lyriques* 156
    2.2.4 Zur Programmatik der Ausgabe 160
    2.2.5 Lancierung der *Poesies lyriques* in Potsdam 166

2.3 Epilog – Ramlers Poetik des „Wohlklangs" nach 1786 172

    2.3.1 Die Konfrontation in der Retrospektive 172
    2.3.2 Ramler als Mitglied der „Deutschen Deputation" 176

3 Inszenierung als „Deutscher Horaz" 183

3.1 Übersetzerische Aneignung 190

    3.1.1 Zuschnitt des Übersetzungskorpus 190
    3.1.2 Publikationsformen und -kontexte der Horaz-Übersetzungen (1745–1787) 194
    3.1.3 Formale Ambitionen 208

3.2 Funktion und Präsentation intertextueller Horaz-Anleihen 222

    3.2.1 Ramlers *Ode an die Göttinn der Eintracht* (1763) .. 223
    3.2.2 Horaz-Anleihen als Markierung des erhabenen Stils . 230
    3.2.3 Metonymische Identifikation: Die Prominenz der horazianischen Hochstillyrik in Ramlers Werkausgaben 236

3.3 Modellierung und Inszenierung mäzenatischer Förderung 238

    3.3.1 Buchgeschenke für Freunde und das Werben um Gönner 239
    3.3.2 Zwei Dedikationsgedichte an Wilhelmina Christina Elisabeth von Zedlitz und Luise Ebert 246

3.3.3 *An den Freiherrn von Gebler* und die *Kleinen gelegenheitlichen Gedichte* (1791) 252

4 Vertreter allegorischer Kunst 261

    4.1 Allegorien in Ramlers Gelegenheitsarbeiten 267

        4.1.1 Die Berliner Friedensfeierlichkeiten von 1763: Zwei Triumphbögen für den Magistrat 267
        4.1.2 Zwei Medaillen im August 1786 273
        4.1.3 Trauerfeierlichkeiten für Friedrich II. im September 1786 ... 276
        4.1.4 Huldigungsfeierlichkeiten im Oktober 1786: Medaillen, Illuminationen und die *Alcäische Ode* 285

    4.2 Systematisierung in pragmatischer Absicht: Ramlers *Allegorische Personen* (1788) und die *Kurzgefasste Mythologie* (1790) 295

        4.2.1 Entstehungskontexte und Zielpublikum 295
        4.2.2 Der Ansatz: Allegorie als künstlerisches Verfahren 300
        4.2.3 Karl Philipp Moritz' Entgegnungen: *Über die Allegorie* (1789) und *Götterlehre* (1791) 306

5 Ramlers künstlerisches Vermächtnis 311

    5.1 Die Genese der *Poëtischen Werke* (1800/1801) 313

        5.1.1 Ramlers und Rodes Vorarbeiten 313
        5.1.2 Leopold F. G. von Goeckingk als Herausgeber 320
        5.1.3 Johann Daniel Sander als Verleger 323
        5.1.4 Die Disposition der Ausgabe 330
        5.1.5 Goeckingks „Vorrede" 333

    5.2 Die Programmatik der *Poëtischen Werke* 337

        5.2.1 Verherrlichung Friedrichs II. 337
        5.2.2 Ramlers Selbstkommentierung 341
        5.2.3 Verbesserungspoetik 347

6 Rück- und Ausblick 363

7 Anhang 367

    7.1 Ramlers *Granatapfel-Ode* (1750) 367

| 7.2 | Ramlers testamentarische Bestimmungen | 372 |

    7.2.1   Transkriptionsgrundsätze ... 372
    7.2.2   Testament vom 24. Februar 1795 ... 373
    7.2.3   „Codicill" vom 31. März 1798 ... 376

7.3	Abkürzungen und Siglen	379
7.4	Handschriftliche Quellen	380
7.5	Ramler-Bibliographie	385

    7.5.1   Bibliographien und gedruckte Verzeichnisse ... 385
    7.5.2   Zitierte Werke ... 386
    7.5.3   Gedruckte Briefe ... 391
    7.5.4   Biographica ... 397
    7.5.5   Forschungsliteratur ... 402
    7.5.6   Beiträge in den *Mitteilungen des Vereins ehemaliger Schüler des Dom- und Real-Gymnasiums zu Kolberg* ... 412

7.6	Weitere Quellen	414
7.7	Weitere Darstellungen	423
7.8	Abbildungsverzeichnis	452
7.9	Personenregister	457

Danksagung ... 465

1 Einleitung

1.1 Ramlers panegyrische Gelegenheitskunst: Forschungshorizonte, Quellenbasis und Aufriss der Arbeit

1.1.1 Der Gegenstand

Karl Wilhelm Ramler kommt kaum 20-jährig im Frühjahr 1745 nach Berlin. Im Vorjahr hat er sein Studium der Theologie in Halle beendet, ist in seine Heimatstadt Kolberg (heute Kołobrzeg, Polen) zurückgekehrt und soll nun – erneut in Halle – ein Studium der Medizin anschließen.[1] Aus dem Zwischenaufenthalt Berlin wird seit Ende der 1740er Jahre jedoch ein fester Lebensmittelpunkt. Als Ramler am 11. April 1798 im Alter von 73 Jahren stirbt, liegen mehr als 50 Jahre literarischer und gelehrter Tätigkeit in der preußischen Residenzstadt hinter ihm.

Ramlers Aktivitäten schlagen sich in einer Fülle von Publikationen nieder, die eine Vielfalt von Themen und Gattungsformen bedienen:[2] Seit den 1740er Jahren veröffentlicht er Übersetzungen antiker Lyrik und Epigrammatik (Anakreon, Catull, Horaz, Martial und Sappho). Zum zeitgenössischen ästhetischen Diskurs trägt er mit einer Übersetzung von Charles Batteux' *Cours de belles lettres* bei. Die vierbändige, nachahmungsästhetisch grundierte Gattungspoetik ergänzt Ramler um Beispieltexte deutscher Autoren. Damit ragt seine *Einleitung in die Schönen Wissenschaften* (1756–1758/^{4}1774), so der Titel der Batteux-Adaption, in einen dritten Schaffensbereich hinein: Ramler profiliert sich seit Anfang der 1750er Jahre als Vertreter einer werkzentrierten Verbesserungspoetik. Als Bearbeiter fremder Texte stellt er zahlreiche Lied-, Fabel- und Epigramm-Anthologien zusammen. Hinzu kommen Buchprojekte und Werkausgaben von Autorinnen und Autoren, als deren Koautor, Lektor, Herausgeber und Korrektor Ramler wirkt. Einen vierten Schaffensbereich bilden Ramlers (geistliche) Kantaten, Solokantaten und Singspiele, die ihn zu einem der prominenten Verfasser deutscher Libretti in der zweiten Hälfte des 18. Jahrhunderts werden lassen. Paradebeispiel der musikwissenschaftlichen Forschung ist die vielfach, unter anderem durch Telemann und Graun, vertonte Passionskantate *Der Tod Jesu* von 1754/1755.

---

[1] Vgl. Schüddekopf, Carl: Karl Wilhelm Ramler bis zu seiner Verbindung mit Lessing, Wolfenbüttel 1886, S. 8.

[2] Ramlers Publikationen verzeichnet Lütteken, Anett: „Verzeichnis der zeitgenössischen Drucke Karl Wilhelm Ramlers", in: Lütteken, Laurenz, Ute Pott und Carsten Zelle (Hrsg.): *Urbanität als Aufklärung. Karl Wilhelm Ramler und die Kultur des 18. Jahrhunderts*, Schriften des Gleimhauses Halberstadt 2, Göttingen 2003, S. 435–507.

Ein fünfter Komplex ist bisher nicht als solcher erkannt worden und steht im Zentrum der vorliegenden Arbeit: Ramler etabliert sich seit Ende der 1750er Jahre als herausragender Vertreter panegyrischer Gelegenheitsdichtung und gelehrter Inventor in Berlin. Bis Anfang der 1790er Jahre liefert er Oden, Theaterreden und Huldigungskantaten, entwirft Inschriften und konzipiert in Kooperation mit bildenden Künstlern Medaillen, Dekorationen und Illuminationen. Mit dieser Vielfalt literarischer Gattungen und bildkünstlerischer Formate prägt Ramler maßgeblich die zeitgenössische mediale Inszenierung der preußischen Könige Friedrich II. (1712–1786, regiert ab 1740) und Friedrich Wilhelm II. (1744–1797, regiert ab 1786). Als Anlässe dienen Ramler und seinen Auftraggebern das Neujahrsfest und Ereignisse von privater oder höfisch-dynastischer Bedeutung für die königliche Familie (Geburten und Geburtstage, Hochzeiten, Todesfälle). Hinzu treten militärische und politische Geschehnisse (Schlachten und Friedensschlüsse) sowie Feierlichkeiten, bei denen im Rahmen zeremoniell gesteuerter Kommunikation Monarch, Institutionen und Korporationen in Berlin aufeinandertreffen.[3]

Drei Gründe dürften entscheidend dafür sein, dass Ramlers Gelegenheitskunst bisher nur in Ansätzen untersucht worden ist: *Erstens* fordert ihre Erforschung einen gattungsübergreifenden und Fachgrenzen sprengenden Zugang. So verweisen numismatische und kulturhistorisch orientierte Studien auf Ramlers Zusammenarbeit mit Berliner Medailleuren und seine Konzeptionen ephemerer Architektur.[4] Verbindungen zu Ramlers dichterischem Schaffen sind hingegen nicht hergestellt worden. *Zweitens* stehen Ramlers panegyrische Gelegenheitsarbeiten gängigen Perspektiven auf Gelegenheitsdichtung im 18. Jahrhundert und literarische Öffentlichkeit im Berlin des 18. Jahrhunderts, die maßgeblich als ‚bürgerlich' wahrgenommen wird, entgegen. Mit diesem Umstand korrespondiert, dass Ramlers Gelegenheitsoden aus der Zeit des Siebenjährigen Kriegs (1756–1763) bisher nicht als panegyrische Kasuallyrik erkannt worden sind, sondern ausschließlich als patriotische Dichtung firmieren.[5]

---

[3] Zu Fortbestand und Funktionen höfischen Zeremoniells während der Regierungszeit Friedrichs II. in Preußen vgl. Biskup, Thomas: Friedrichs Größe. Inszenierungen des Preußenkönigs in Fest und Zeremoniell 1740–1815, Frankfurt a. M. u. New York 2012. Die Umstellung des Zeremoniells seit Ende der 1780er Jahre hin zu „Suggestionen der Familiarisierung und Intimisierung" rekonstruiert Thomas Rahn am Beispiel der preußischen Doppelhochzeit von 1793 (Rahn, Thomas: Festbeschreibung. Funktion und Topik einer Textsorte am Beispiel der Beschreibung höfischer Hochzeiten (1568–1794), Frühe Neuzeit 108, Tübingen 2006, S. 163–183, hier S. 183).

[4] Vgl. Laske, Friedrich: Die Trauerfeierlichkeiten für Friedrich den Großen. Mit Rekonstruktionen des Castrum doloris im Stadtschloß und der Auszierung der Hof- und Garnisonkirche zu Potsdam am 9. September 1786, Berlin 1912; Hoffmann, Tassilo: Jacob Abraham und Abraham Abramson. 55 Jahre Berliner Medaillenkunst. 1755–1810, Frankfurt a. M. 1927; sowie Biskup: Friedrichs Größe, S. 140–142.

[5] Bereits Franz Muncker gibt diese Einordnung mit seiner Anthologie *Anakreontiker und preußisch-patriotische Lyriker* vor. Zu Ramler im Besonderen vgl. „Einleitung", in: Muncker, Franz (Hrsg.): *Anakreontiker und preußisch-patriotische Lyriker*, Bd. 2,

Drittens sind archivalische Quellen und zeitgenössische Veröffentlichungen, die den Ergänzungs- und Korrekturbedarf jener gängigen Perspektiven nahelegen, trotz ihrer Fülle bislang kaum beachtet worden.[6]

Bereits vor diesem Hintergrund lässt sich ein zentrales Ziel der vorliegenden Arbeit formulieren: Aus interdisziplinärer Perspektive und auf Basis einer Vielzahl neu aufgefundener und erstmals erschlossener handschriftlicher und gedruckter Quellen leistet sie eine umfassende Rekonstruktion von Ramlers gelegenheitspanegyrischen Aktivitäten und ihren Entstehungskontexten im Berlin der zweiten Hälfte des 18. Jahrhunderts. Diese sind geprägt durch die Kooperation mit einer Fülle adliger und nichtadliger Akteure, in deren Netzwerke Ramler als Dichter und Gelehrter eingebunden ist. Die folgenden Abschnitte präzisieren das Programm und bieten dreierlei: Einen kritischen Aufriss von Forschungskontexten, in denen die Auseinandersetzung mit Ramlers Aktivitäten als Gelegenheitsdichter und Inventor zu verorten ist, sowie eine Skizze zur Quellenbasis der vorliegenden Studie. Ein Überblick zu Fragestellung, methodischem Ansatz und Gesamtstruktur der Arbeit beschließt Kapitel 1.1.

1.1.2 Gelegenheitsdichtung und -kunst im 18. Jahrhundert

Die deutschsprachige Gelegenheitsdichtung des mittleren und späten 18. Jahrhunderts ist in der germanistischen Forschung weitgehend *terra incognita*. Eine grundlegende Studie, wie sie Kerstin Heldt „am Beispiel des Dresdner Hofes Augusts des Starken" für die Wende zum 18. Jahrhundert vorgelegt hat, fehlt für die

---

Deutsche National-Litteratur 45, Stuttgart 1894, S. 201–220. Vgl. zudem Häker, Horst: „Brennus in Preußen – Geschichte eines Mythos", *Jahrbuch Preußischer Kulturbesitz* 18 (1982), S. 299–316, hier S. 302–305; Weber, Ernst: „Patriotische Lyrik", in: Ziechmann, Jürgen (Hrsg.): *Panorama der friderizianischen Zeit. Friedrich der Große und seine Epoche – Ein Handbuch –*, Forschungen und Studien zur friderizianischen Zeit 1, Bremen 1985, S. 218–221; Weber, Ernst: Lyrik der Befreiungskriege (1812–1815). Gesellschaftspolitische Meinungs- und Willensbildung durch Literatur, Germanistische Abhandlungen 65, Stuttgart 1991, S. 24f.; sowie Lee, David: „Karl Wilhelm Ramler as Prussian Patriot", *Wezel-Jahrbuch. Studien zur europäischen Aufklärung* 2 (1999), S. 115–130. Die Herausgeber des maßgeblichen Ramler-Sammelbandes *Urbanität als Aufklärung* ergänzen diese Perspektive um die (vermeintliche) Anachronie und beklagen, dass im Band „eine ausführlichere Untersuchung der patriotischen Dichtungen Ramlers" fehle, „die, wiewohl ‚unzeitgemäß', eben auch einen nicht unbeträchtlichen Teil seines Ruhms im 18. Jahrhundert ausmachen" (Lütteken, Laurenz, Ute Pott und Carsten Zelle: „Vorbemerkung", in: Lütteken, Laurenz, Ute Pott und Carsten Zelle (Hrsg.): *Urbanität als Aufklärung. Karl Wilhelm Ramler und die Kultur des 18. Jahrhunderts*, Schriften des Gleimhauses Halberstadt 2, Göttingen 2003, S. 7–14, hier S. 12).

6 Zu Rezeptionshemmnissen im Falle Ramlers vgl. Kap. 1.1.5.

zweite Jahrhunderthälfte im Allgemeinen wie für Berlin im Besonderen.⁷ Neuere Bibliographien und Kataloge führen hingegen den enormen Umfang der Berliner Gelegenheitsschriften sowie die anhaltende Präsenz ephemerer Architektur im Stadtbild zwischen 1750 und 1800 vor Augen.⁸

Auf dieses Ungleichgewicht von zeitgenössischer Relevanz und bisher ausstehender Erforschung reagiert die vorliegende Arbeit und trägt zur Aufarbeitung der Entstehungs- und Rezeptionsbedingungen panegyrischer Gelegenheitsdichtung und -kunst im Berlin der zweiten Hälfte des 18. Jahrhunderts bei. Mit Karl Wilhelm Ramler stellt sie einen ihrer Protagonisten ins Zentrum, dessen Aktivitäten in ihrer gattungs- und medienübergreifenden Vielfalt einen paradigmatischen Einblick in das breite Spektrum von Kasualpanegyrik in der zweiten Hälfte des 18. Jahrhunderts gewähren. Zugleich will die Arbeit einen Ausgangs- und Bezugspunkt für weiterführende Studien zur Gelegenheitsdichtung des 18. und 19. Jahrhunderts bieten, deren systematische Erschließung – etwa aus literaturwissenschaftlicher, bildungsgeschichtlicher oder kulturhistorischer Perspektive – ein Desiderat darstellt. Als literarisches Breitenphänomen, das weit über die Vormoderne hinaus andauert, sowie als Kunstform, die auf prominente Weise in gesellschaftliche Funktionszusammenhänge eingebunden ist, birgt sie ein vielfältiges Erkenntnispotenzial.

Ramlers Tätigkeitsprofil als Gelegenheitspanegyriker steht seinerseits in der frühneuzeitlichen Tradition des gelehrten Dichters und Inventors/Concettisten.⁹

---

[7] Vgl. Heldt, Kerstin: Der vollkommene Regent. Studien zur panegyrischen Casuallyrik am Beispiel des Dresdner Hofes Augusts des Starken, Frühe Neuzeit 34, Tübingen 1997. Den Stand der germanistischen Forschung zur Gelegenheitsdichtung insgesamt dokumentieren und kommentieren Klöker, Martin: „Gelegenheitsdichtung. Eine Auswahlbibliographie", in: Forschungsstelle „Literatur der Frühen Neuzeit" der Universität Osnabrück (Hrsg.): *Göttin Gelegenheit. Das Personalschrifttums-Projekt der Forschungsstelle ‚Literatur der Frühen Neuzeit' der Universität Osnabrück*, Kleine Schriften des Instituts für Kulturgeschichte der Frühen Neuzeit 3, Osnabrück 2000, S. 209–232; sowie Rockenberger, Annika: „Gelegenheitsdichtung in der Frühen Neuzeit. Resultate – Probleme – Perspektiven", *Zeitschrift für Germanistik* 23/3 (2013), S. 641–650.

[8] Korpora von Gelegenheitstexten auf sämtliche preußische Könige von Friedrich I. bis Wilhelm II. (Rubrik „Gedächtnisschriften") verzeichnet Henning, Herzeleide: Die Dienstbibliothek des Brandenburg-Preußischen Hausarchivs. Katalog, Veröffentlichungen aus den Archiven Preußischer Kulturbesitz. Arbeitsberichte 17, Berlin 2015. Eine Vielzahl von Graphiken, die Festbauten und Dekorationen zeigen, findet sich bei Ernst, Gernot: Die Stadt Berlin in der Druckgrafik. 1570–1870, Bd. 1, Berlin 2009; vgl. zudem Weidner, Heinz: Berlin im Festschmuck. Vom 15. Jahrhundert bis zur Gegenwart, Berlin 1940.

[9] Vgl. hierzu Möseneder, Karl: Zeremoniell und monumentale Poesie. Die „Entrée solennelle" Ludwigs XIV. 1660 in Paris, Berlin 1983, S. 150. Möseneder verweist auf die von Maurice Scève verantwortete Konzeption der Entrée Heinrichs II. in Lyon (1548) sowie Pierre de Ronsards und Jean Dorats Beteiligung an der Pariser Entrée Karls IX. von 1571 (vgl. ebd., S. 169 sowie S. 150). Die Entrée von 1660 prägt der jesuitische

Zu den herausragenden Vertretern dieses Berufstypus an der Schnittstelle von Kunstproduktion und -organisation zählt um 1700 unter anderem Karl Gustav Heraeus (1671–1725). Als zentraler „Erfinder und Mitgestalter [...] der Ikonographie Karls VI." verbindet er in Wien numismatische Aktivitäten, das Entwerfen von ephemerer Festarchitektur und Bauplastik sowie panegyrische Gelegenheitsdichtung miteinander.[10] Johann Georg Wachter (1673–1757) wiederum liefert für die Preußenkönige Friedrich I. und Friedrich Wilhelm I. zwischen 1705 und 1713 Gelegenheitsgedichte, Inschriften und Bildentwürfe.[11] Im friderizianischen Preußen

Gelehrte und neulateinische Dichter Gabriel Cossart (vgl. ebd., S. 18f.). Dass Mösender Cossart hingegen die alleinige Konzeption der gesamten Feierlichkeiten von 1660 zuschreibt, kommentiert Stefan Germer im Rückgriff auf weitere Untersuchungen von Christoph Daniel Frank kritisch (vgl. Germer, Stefan: Kunst – Macht – Diskurs. Die intellektuelle Karriere des André Félibien im Frankreich von Louis XIV., München 1997, S. 189). Zu Weckherlins Aktivitäten als Inventor in Stuttgart vgl. Weimar-Kluser, Silvia: Die höfische Dichtung Georg Rudolfs Weckherlins, Bern u. Frankfurt a. M. 1971, S. 9f. Zur künstlerischen Beteiligung Sigmunds von Birken, Georg Philipp Harsdörffers und Johann Klajs an den Nürnberger Friedensverhandlungen nach Ende des Dreißigjährigen Kriegs vgl. Laufhütte, Hartmut: „Das Friedensfest in Nürnberg 1650", in: Laufhütte, Hartmut: *Sigmund von Birken. Leben, Werk und Nachleben. Gesammelte Studien [...]*, Passau 2007, S. 153–169; weitere Hinweise auf Beiträge zu Birkens Bilderfindungen finden sich bei Thimann, Michael: Gedächtnis und Bild-Kunst. Die Ordnung des Künstlerwissens in Joachim von Sandrarts *Teutscher Academie*, Rombach Wissenschaften. Reihe Quellen zur Kunst 28, Freiburg, Berlin, Wien 2007, S. 13 [Anm. 3]. Zur Konzeption von ephemerer Architektur und Festlichkeiten als Aufgabe frühneuzeitlicher „Kunstintendanten" vgl. Warnke, Martin: Hofkünstler. Zur Vorgeschichte des modernen Künstlers, 2. Aufl., Köln 1996, S. 225–227. Vgl. darüber hinaus mit Blick auf Rom Weißmann, Tobias C.: „Vom Entwurf zum Ereignis – Der Künstler als Ideator und die Festindustrie im barocken Rom", in: *Fürstliche Feste. Höfische Festkultur zwischen Zeremoniell und Amüsement*, Jahrbuch der Stiftung Thüringer Schlösser und Gärten 23, Petersberg 2020, S. 158–173.

[10] Matsche, Franz: Die Kunst im Dienst der Staatsidee Kaiser Karls VI. Ikonographie, Ikonologie und Programmatik des „Kaiserstils", Bd. 1, Beiträge zu Kunstgeschichte 16,1, Berlin u. New York 1981, S. 44. Zu Heraeus' intellektueller Biographie und dem Spektrum der von ihm verantworteten Bildprogramme, Inschriften und Festivitäten vgl. zudem Hammarlund, Anders: Famam servare – The Adventures of Carl Gustav Heraeus (1671–1725). Politics and art in the Baroque of Vienna, Stockholm and Uppsala, Arbetsrapporter/Working Papers 48, Uppsala 1999; sowie Hammarlund, Anders: „Entwurf einer historischen Topographie. Carl Gustav Heraeus auf dem Wege von Tessins Stockholm nach Fischers Wien. Bildungsgeschichte eines Konzeptverfassers", in: Kreul, Andreas (Hrsg.): *Barock als Aufgabe*, Wolfenbütteler Arbeiten zur Barockforschung 40, Wiesbaden 2005, S. 93–108. Nach Heraeus' Tod übernimmt Konrad Adolph von Albrecht (1682–1751) dessen Aufgaben als Konzeptverfasser (vgl. Matsche: Die Kunst im Dienst der Staatsidee Kaiser Karls VI., S. 45–47).

[11] Vgl. Wachter, Johann Georg: „Leben Herrn Johann Georg Wachters, aus seiner eignen Handschrift [1763]", in: Wachter, Johann Georg: *De primordiis Christianae religionis*.

der 1740er Jahre konzipiert unter anderem Georg Wenzeslaus von Knobelsdorff (1699–1753) Dekorationen, Illuminationen und Medaillen.[12] Ramler beteiligt sich schließlich seit Ende der 1750er Jahre vor allem im Rahmen privater Initiativen als Inventor. Hinzu kommen Bestellungen, etwa durch den Berliner Magistrat sowie Herzog Peter von Kurland. Nach dem Regierungsantritt Friedrich Wilhelms II. im August 1786 erhält Ramler zudem Aufträge durch den (neuen) preußischen König und Funktionsträger des preußischen Staates.

Seine literarische Tätigkeit weist darüber hinaus Schnittmengen mit dem breiten Aufgabenspektrum deutschsprachiger Hofpoeten des 18. Jahrhunderts auf.[13]

Elucidarius cabalisticus. Origines juris naturalis. Dokumente, hg. von Winfried Schröder, Freidenker der europäischen Aufklärung I, 2, Stuttgart-Bad Cannstatt 1995, S. 279–290, hier S. 285: „Im Jahr 1705 wurden ihm die Inscriptiones und Devisen zu dem prächtigen Begräbnisse der Königinn *Sophia Charlotte* zu verfertigen aufgetragen. Die Wahl fiel auf ihn, weil er eine Pension genoß, und doch von aller Bedienung frey und seiner Zeit gänzlich Meister war, da andere im Gegentheil sich mit ihren Amtsgeschäfften entschuldigten." Im Anschluss an Inventionen zum 200-jährigen Jubiläum der Universität Frankfurt a. d. O. (1707) wird Wachter „mit einer jährlichen Besoldung begnadiget und bey allen Feyerlichkeiten und vielen andern Vorfällen, zu Verfertigung gebrauchet, bis ins Jahr 1713, da das Glück vieler tausend Menschen durch den Todesfall des Königs unterbrochen worden. Bey dieser Veränderung verlohr er zwar durch die große Reduction die Hälfte seiner Besoldung, aber nicht die vorige Beschäfftigung. Denn als der neue König *Friedrich Wilhelm* der Zweyte [der Erste, M. B.], in aller Eil alle Vorbereitungen zu einem prächtigen Begräbniß machen ließ, so wurden alle Schriften und symbolische Bilder, womit der königl. Sarg so wohl als das *Castrum doloris* über der königl. Gruft, und die ganze Domkirche, ausgezieret werden sollten, seiner Erfindung übergeben" (ebd., S. 286). Graphiken und Gelegenheitspublikationen, die Wachters Tätigkeit als Inventor dokumentieren, finden sich u. a. in den Beständen des GStA PK und der SB Berlin. Zum Kontext vgl. Brüggemann, Linda: Herrschaft und Tod in der Frühen Neuzeit. Das Sterbe- und Begräbniszeremoniell preußischer Herrscher vom Großen Kurfürsten bis zu Friedrich Wilhelm II. (1688–1797), Geschichtswissenschaften 33, München 2015, S. 157–163 sowie S. 170–176. Zu einer von Wachter ausgearbeiteten „Relation über den Einzug der Königin in Berlin im Jahre 1708" vgl. Besser, Johann von: Schriften. Band 2: Ergänzende Texte. Beiträge zum Amt des Zeremonienmeisters, zur Arbeitsweise und zum Nachlass, hg. von Peter-Michael Hahn, Heidelberg 2016, S. 18.

[12] Vgl. Eggeling, Tilo: Raum und Ornament. Georg Wenceslaus von Knobelsdorff und das friderizianische Rokoko, 2. Aufl., Regensburg 2003, S. 22f. Zu ephemeren Festbauten in Wien um die Mitte des 18. Jahrhunderts vgl. wiederum Telesko, Werner: „Ehrenpforten und ephemere Architektur" sowie Hertel, Sandra: „Die Wien[n]erischen Beleuchtungen", in: Hertel, Sandra, Stefanie Linsboth und Werner Telesko (Hrsg.): Die Repräsentation Maria Theresias. Herrschaft und Bildpolitik im Zeitalter der Aufklärung, Schriftenreihe der Österreichischen Gesellschaft zur Erforschung des 18. Jahrhunderts 19, Wien, Köln u. Weimar 2020, S. 221–231 bzw. S. 232–236.

[13] Untersuchungen zu den Aktivitäten von Hofdichtern im deutschen Sprachraum der zweiten Hälfte des 18. Jahrhunderts sind ein Forschungsdesiderat. Hingewiesen sei hier

Bereits während der Regierungszeit Friedrichs II. (1740–1786) publiziert Ramler unter anderem panegyrische Oden und liefert Theaterreden sowie ein allegorisches Vorspiel für die deutschen Bühnen in Berlin. Sämtliche Kunstformen führt er nach dem Regierungsantritt Friedrich Wilhelms II. fort und kann seine Einbindung in königliche Institutionen für eine Erweiterung der Resonanzräume seiner Gelegenheitspanegyrik nutzen: Als Mitglied der Akademie der Wissenschaften deklamiert Ramler Oden und Huldigungskantaten auf den neuen preußischen Monarchen. Als Mitdirektor des königlichen Nationaltheaters schreibt er seit 1787 zudem Theaterreden anlässlich der Geburtstage des Königspaares und des Thronfolgers Friedrich Wilhelm (III.).[14]

Der knappe Überblick lässt bereits erkennen, dass Ramlers literarische Aktivitäten Tendenzen von Gelegenheitsdichtung entgegenstehen, wie sie Joseph Leighton für die zweite Hälfte des 18. Jahrhunderts skizziert hat: Weder erzeugen die Produktion und Publikation von Gelegenheitsdichtung für Ramler einen künstlerischen Legitimationsdruck, noch ist sie vorrangig Privatsache.[15] Zwar schreibt

vor allem auf ihre enge Verbindung mit dem fürstlichen Theaterbetrieb. Das gilt *einerseits* für die Librettisten italienischer Opern, unter ihnen Pietro Metastasio in Wien sowie Giovanni Gualberto Bottarelli, Leopoldo di Villati und Giampietro Tagliazucchi sowie später Antonio de Filistri da Caramondani in Berlin (vgl. Verweyen, Theodor: „Metastasio in Wien: Stellung und Aufgaben eines ‚kaiserlichen Hofpoeten'", in: Lütteken, Laurenz und Gerhard Splitt (Hrsg.): *Metastasio im Deutschland der Aufklärung. Bericht über das Symposion Potsdam 1999*, Tübingen 2002, S. 15–57; Terne, Claudia: „Ich wünsche ihn lange zu hören" [...]. Der Komponist und preußische Hofkapellmeister Carl Heinrich Graun und seine Brüder, Großenhain 2001, S. 49–51; sowie Henzel, Christoph: Die italienische Hofoper in Berlin um 1800. Vincenzo Righini als preußischer Hofkapellmeister, Stuttgart 1994, S. 105–109). *Andererseits* fungieren auch deutsche Autoren als Hofpoeten und liefern gelegenheitspanegyrische Texte für das Theater. Zu ihnen zählt Christian Friederich Daniel Schubart (1739–1791), der seit 1787 den Posten eines „‚Hof- und Theaterdichter[s]', praktisch als künstlerischer Direktor am herzoglichen Theater zu Stuttgart", innehat. Aus dem abschätzigen Blickwinkel auf panegyrische Gelegenheitsdichtung notiert Honolka: „[N]ur seine Pflichten als Hofdichter von läppischen Huldigungs-Prologen und Kantatentexten, zweimal jährlich zu den Geburtstagen Karl Eugens und Franziskas, erfüllte er bis zum Schluß penibel" (Honolka, Kurt: Schubart. Dichter und Musiker, Journalist und Rebell. Sein Leben, sein Werk, Stuttgart 1985, S. 295 bzw. S. 297).

[14] Ramlers institutionelle Karriere und das Spektrum seiner gelegenheitspanegyrischen Aktivitäten stehen im Mittelpunkt von Kap. 1.2 und Kap. 1.3.

[15] Vgl. Leighton, Joseph: „Occasional poetry in the eighteenth century in Germany", *The Modern Language Review* 78/2 (1983), S. 340–358, hier S. 343: „Whereas in the seventeenth century the inclusion of a poet's occasional poems in his collected works, even of those poems he wrote for publication in somebody else's name, was a matter of course, in the eighteenth century writers became increasingly uneasy about including occasional poems, perhaps even feeling the need to make some kind of apology for doing so." Vgl. zudem Leightons Urteil, „that, increasingly, the occasional poem was seen in the eighteenth century as a private piece" (ebd., S. 344). Entsprechende Überlegungen zur ‚Trans-

15

Ramler auch Gedichte auf die Heirat von Freunden, seine ‚privaten' *Epithalamia* bilden als Korpus von begrenztem Umfang jedoch nur einen Bruchteil seiner (vorwiegend panegyrischen) Arbeiten. Auch eine Entfunktionalisierung und gänzliche Autonomisierung von Ramlers Gedichten ist nicht zu beobachten.[16] Vielmehr bedient er mit seinen panegyrischen Oden und Theaterreden die Nachfrage von Zeitungen und Bühnenbetrieben in Berlin. Seine Bild- und Dekorationsentwürfe kommen im Rahmen von Festlichkeiten zum Einsatz, dienen der Inszenierung königlicher und städtischer Institutionen sowie der preußischen Könige. Folglich stehen Ramlers Gelegenheitsarbeiten für eine dezidert ‚heteronome' Kunstproduktion im Sinne ihrer Indienstnahme für außerkünstlerische Interessen.

Darüber hinaus ist festzustellen, dass jene heteronomen Faktoren von Ramlers kasualpanegyrischer Produktion mit einem Streben nach fürstlicher Anerkennung korrespondieren. Ramlers Gelegenheitspanegyrik stellt in diesem Sinne ein zentrales Instrument seiner beruflichen Karriereentwicklung dar, die er bewusst an die Gunst und finanzielle Freigiebigkeit der preußischen Monarchen knüpft. Nach dem Tode Friedrichs II. und dem Wegfall kulturpolitisch motivierter Schranken für deutschsprachige Autoren in Preußen gelingt es Ramler schließlich, entsprechende Erfolge zu verbuchen. Für seine ökonomische Absicherung und die Steigerung seines gesellschaftlichen Prestiges sorgen „Ehrungen" in Gestalt von königlichen Pensionen sowie öffentliche „Ämter" in der preußischen Hauptstadt.[17] Ramler kann sich als Gelegenheitspanegyriker folglich seit 1786 in der Rolle eines preußischen Staatsdichters bestätigt sehen.

Auch in diachroner Perspektive sind Ramlers gelegenheitspanegyrische Aktivitäten neu zu bewerten. So hat Stefanie Stockhorst „den ästhetischen Höhepunkt und den geschichtlichen Endpunkt der höfischen Panegyrik" im ersten Drittel des 19. Jahrhunderts verortet. Ausgangspunkte seien Transformationen der „Gattung" durch Goethe und ihr Anschluss „an die Autonomisierungsbewegung des übrigen literarischen Feldes".[18] Dieser These stehen jedoch die Ergebnisse neuerer For-

---

formation' von Gelegenheitspoesie im Rahmen ‚bürgerlicher Privatheit' sind noch präsent bei Wels, Volkhard: „Einleitung. ‚Gelegenheitsdichtung' – Probleme und Perspektiven ihrer Erforschung", in: Keller, Andreas u. a. (Hrsg.): *Theorie und Praxis der Kasualdichtung in der Frühen Neuzeit*, Chloe 43, Amsterdam u. New York 2010, S. 9–31, hier S. 25.

[16] Vgl. Leighton: „Occasional poetry", S. 358: „The poem and the occasion become, in a curious sense, separated from each other, and the occasion is little more than an arbitrary starting-point for a literary creation that outgrows its origins. The development was probably inevitable; over a period of time the tradition of occasional poetry fell into such disrepute that a strong reaction against it was bound to come."

[17] Bourdieu, Pierre: „Das literarische Feld. Kritische Vorbemerkungen und methodologische Grundsätze", in: Bourdieu, Pierre: *Kunst und Kultur. Kunst und künstlerisches Feld. Schriften zur Kultursoziologie 4*, hg. von Franz Schultheis und Stephan Egger, Schriften 12.2, Berlin 2015, S. 309–337, hier S. 326.

[18] Stockhorst, Stefanie: Fürstenpreis und Kunstprogramm. Sozial- und gattungsgeschichtliche Studien zu Goethes Gelegenheitsdichtungen für den Weimarer Hof, Studien zur deutschen Literatur 167, Tübingen 2002, S. 305f.

schungsbeiträge zur panegyrischen Gelegenheitsdichtung des 19. und frühen 20. Jahrhunderts entgegen. Sie verweisen am Beispiel Preußens auf die Fortdauer von Formen repräsentativer Öffentlichkeit *und* gelegenheitsgebundener Panegyrik bis mindestens zum Ende der Monarchie in Deutschland.[19] Vor diesem Hintergrund wird deutlich, dass Ramlers panegyrische Kasualdichtung und -kunst, die in der gesamten zweiten Hälfte des 18. Jahrhunderts entsteht, als eine und bei Weitem nicht als vorletzte Etappe eines Phänomens der langen Dauer zu werten ist. Breiter angelegte und über Preußen hinausreichende Untersuchungen zu formalen Tendenzen, ideologischen Verschiebungen sowie dem Wandel von Funktionen und Rezeptionsweisen panegyrischer Gelegenheitsdichtung und -kunst zählen wiederum zu den Desideraten der Forschung.

Bisherige Beiträge liefern zudem divergierende Einschätzungen, was einen Wandel von Gelegenheitsdichtung zur ‚Gattung' vornehmlich ‚bürgerlicher' Auftraggeber und Rezipienten angeht.[20] Uwe-Karsten Ketelsen beobachtet bereits in

[19] Auf das Fortbestehen von Panegyrik „bis ins 19. Jahrhundert [...] und 20. Jahrhundert hinein" verweist bereits Rudorf, Friedhelm: Poetologische Lyrik und politische Dichtung. Theorie und Probleme der modernen politischen Dichtung in den Reflexionen poetologischer Gedichte von der Aufklärung bis zur Gegenwart, Europäische Hochschulschriften. Reihe 1, Deutsche Sprache und Literatur 1105, Frankfurt a. M. u. a. 1988, S. 30 (Anm. 31). Neuere Beiträge liefern Wojtczak, Maria: „Das Herrscherlob als Beispiel für die Gelegenheitslyrik des ausgehenden 19. Jahrhunderts in der Provinz Posen", *Studia Germanica Posnaniensia* 20 (1993), S. 19–30; Bittrich, Burkhard: „Panegyrik und Palinodie. Saars österreichische Festdichtung und ihr Widerruf", in: Bergel, Kurt (Hrsg.): *Ferdinand von Saar. Zehn Studien*, Riverside 1995, S. 25–47; Krauze, Justyna M.: „Apologie und Kritik der Hohenzollernkaiser in der deutschen Gelegenheitsdichtung", *Studia niemcoznawcze* 29 (2005), S. 125–139; Andres, Jan: „Auf Poesie ist die Sicherheit der Throne gegründet". Huldigungsrituale und Gelegenheitslyrik im 19. Jahrhundert, Historische Politikforschung 4, Frankfurt a. M. 2005; Andres, Jan, Meike Rühl und Axel E. Walter: „Gelegenheitspublikation", in: Binczek, Natalie, Till Dembeck und Jörgen Schäfer (Hrsg.): *Handbuch Medien der Literatur*, Berlin u. Boston 2013, S. 441–458, hier S. 455f.; Andres, Jan: „Poesie als Politik. Zur Huldigungslyrik von 1840", in: Meiner, Jörg und Jan Werquet (Hrsg.): *Friedrich Wilhelm IV. von Preußen. Politik. Kunst. Ideal*, Berlin 2014, S. 119–134; sowie Redl, Philipp: „Kaiserlob um die Jahrhundertwende. Wilhelm II. in der panegyrischen Kasual-Lyrik zwischen 1888 und 1914", in: Detering, Nicolas, Johannes Franzen und Christopher Meid (Hrsg.): *Herrschaftserzählungen. Wilhelm II. in der Kulturgeschichte (1888–1933)*, Faktuales und fiktionales Erzählen 3, Würzburg 2016, S. 69–81. Vgl. in diesem Kontext auch Bösch, Frank: „Das Zeremoniell der Kaisergeburtstage", in: Biefang, Andreas, Michael Epkenhans und Klaus Tenfelde (Hrsg.): *Das politische Zeremoniell im Deutschen Kaiserreich 1871–1918*, Beiträge zur Geschichte des Parlamentarismus und der politischen Parteien 153, Düsseldorf 2008, S. 53–76.

[20] Einen kritischen Überblick zur zeitgenössisch breiten und verschlungenen Semantik von „Bürgerlichkeit" sowie zur Genese des weiterhin kurrenten literaturgeschichtlichen „Erklärungsmodells" vom „Aufstieg des Bürgertums" bieten Friedrich, Hans-Edwin, Fotis Jannidis und Marianne Willems: „Bürgerlichkeit im 18. Jahrhundert", in:

der ersten Hälfte des 18. Jahrhunderts eine „Umfunktionierung" von Gelegenheitsdichtung zum ‚bürgerlichen' Medium. Parallele Effekte seien der ‚Rückzug' von Lyrik „in den Raum bürgerlicher Privatheit" und eine entsprechende Autonomisierung von Dichtung.[21] Ramlers Beispiel steht, wie hervorzuheben ist, dieser Diagnose entgegen. Stefanie Stockhorst verlagert die Entwicklung von Gelegenheitsdichtung zur ‚bürgerlichen' Textsorte hingegen ins 19. Jahrhundert: „Die Casualdichtung erfährt verstärkt seit ihrem mit dem Zerfall der höfischen Gesellschaft einhergehenden Funktionsverlust gleichsam eine Einbürgerung in breitere Bevölkerungskreise."[22]

Ob und wann Gelegenheitsdichtung jedoch zu einem dominant ‚bürgerlichen' Phänomen wird, wie sich ihre ‚Bürgerlichkeit' präzise fassen ließe und wie sich ‚bürgerliche' Gelegenheitsdichtung bis Anfang des 20. Jahrhunderts zu (‚nichtbürgerlichen') panegyrischen Kunstformen verhält, dürfte sich wohl allein auf Basis umfangreicherer Korpora von Gelegenheitsdichtung des 18. und 19. Jahrhunderts klären lassen. Damit ergäbe sich auch die Möglichkeit, nach der historischen

---

Friedrich, Hans-Edwin, Fotis Jannidis und Marianne Willems (Hrsg.): *Bürgerlichkeit im 18. Jahrhundert*, Studien zur Sozialgeschichte der Literatur 105, Tübingen 2006, S. IX–XL, hier S. IX–XXVIII. Heinrich Bosse kritisiert den vermeintlichen „Aufstieg des Bürgertums" aus bildungsgeschichtlicher Perspektive und rekonstruiert den Wandel des Verhältnisses zwischen Gelehrten- und Bürgerstand im letzten Drittel des 18. Jahrhunderts (vgl. Bosse, Heinrich: Medien, Institutionen und literarische Praktiken der Aufklärung, Hagener Schriften zur Literatur- und Medienwissenschaft 3, Dortmund 2021, S. 127–136; vgl. zudem Bosse, Heinrich: „Öffentlichkeit im 18. Jahrhundert. Habermas revisited", *Navigationen – Zeitschrift für Medien- und Kulturwissenschaften* 15 [2015], S. 81–97, hier S. 89–91). Eine knappe Einordnung germanistischer Rekonstruktionen eines „Verbürgerlichungsprozesses" im 17. und 18. Jahrhundert findet sich wiederum bei Sittig, Claudius: „Zur Rede von ‚Bürgerlichkeit' und ‚Verbürgerlichung' in der Literaturgeschichtsschreibung", in: Lepper, Marcel und Dirk Werle (Hrsg.): *Entdeckung der frühen Neuzeit. Konstruktionen einer Epoche der Literatur- und Sprachgeschichte seit 1750*, Stuttgart 2011, S. 129–139, hier S. 130.

[21] Ketelsen, Uwe-Karsten: „Poesie und bürgerlicher Kulturanspruch. Die Kritik an der rhetorischen Gelegenheitspoesie in der frühbürgerlichen Literaturdiskussion", *Lessing Yearbook* 8 (1976), S. 89–107, hier S. 97 bzw. S. 101f. Eine fachgeschichtliche Einordnung des Aufsatzes bietet Sebastian Brass' „Vorbemerkung" in Ketelsen, Uwe-Karsten: „Poesie und bürgerlicher Kulturanspruch. Die Kritik der rhetorischen Gelegenheitspoesie in der frühbürgerlichen Literaturdiskussion", in: Zelle, Carsten (Hrsg.): *Literaturwissenschaftliche Aufbaujahre. Beiträge zur Gründung und Formation der Literaturwissenschaft am Germanistischen Institut der Ruhr-Universität Bochum – ein germanistikgeschichtliches Forschungsprojekt*, Bochumer Schriften zur deutschen Literaturgeschichte. N. F. 5, Frankfurt a. M. 2016, S. 401–421, hier S. 401–404. Zur Problematisierung der Kasualdichtung in der ersten Hälfte des 18. Jahrhunderts, u. a. vor dem Hintergrund der Debatte um Geschmack und literarische Erziehung des Publikums, vgl. nun Blum, Stephanie: Poetologische Lyrik der Frühaufklärung. Gattungsfragen, Diskurse, Genderaspekte, Hannover 2018, S. 129–143.

[22] Stockhorst: Fürstenpreis und Kunstprogramm, S. 306.

Spezifität der Produktions- und Rezeptionskontexte von Ramlers Gelegenheitsarbeiten zu fragen, die für die intensive Kooperation zwischen adligen und nichtadligen Akteuren stehen.[23]

1.1.3 ‚Bürgerliche' Aufklärung und Stadtkultur in Berlin

Ramlers Wirken in der Hauptstadt Preußens fällt in jenen Zeitraum, den die germanistische Forschung als ‚Berliner Aufklärung' fasst (ca. 1750–1810).[24] Ramler gehört, was hier nur skizziert werden soll, zu den Protagonisten ihrer ersten Generation, ist sozial bestens mit zentralen Akteuren der Berliner Aufklärung vernetzt und eingebunden in ihre wichtigen Diskussionsforen. Zu seinen langjährigen Freunden zählen Gotthold Ephraim Lessing, Moses Mendelssohn und Friedrich Nicolai. Im Jahr 1749 ist Ramler Mitgründer des Montagsklubs.[25] 1783 wird er zur Teilnahme an der Mittwochsgesellschaft eingeladen.[26]

---

[23] Zur Vorgeschichte von Gelegenheitsdichtung in Berlin vgl. u. a. Kiesant, Knut: „Hof und Literatur in Brandenburg-Preußen in der Frühen Neuzeit. Überlegungen zur Bedeutung der Casuallyrik", in: Caemmerer, Christiane (Hrsg.): *Das Berliner Modell der mittleren deutschen Literatur [...]*, Amsterdam 2000, S. 299–323.

[24] Vgl. u. a. Goldenbaum, Ursula und Alexander Košenina: „Vorwort der Herausgeber", in: Goldenbaum, Ursula und Alexander Košenina (Hrsg.): *Berliner Aufklärung*, Bd. 1, Hannover 1999, S. 7–12.

[25] Vgl. Verf.: „Salomon Gessner und die Berliner Aufklärung", in: Goldenbaum, Ursula und Alexander Košenina (Hrsg.): *Berliner Aufklärung. Kulturwissenschaftliche Studien*, Bd. 7, Hannover 2020, S. 77–106, hier S. 82–84.

[26] Zwischen November 1783 und Oktober 1798 bietet die Mittwochsgesellschaft als „gelehrte[] Privatakademie" vor allem Angehörigen der „hohen Staatsbedienung" ein Forum des nichtöffentlichen Austauschs zu Fragen der Reform von Staat und öffentlichem Leben (Gose, Walther: „Berliner Mittwochsgesellschaft [...]", in: Motschmann, Uta (Hrsg.): *Handbuch der Berliner Vereine und Gesellschaften. 1786–1815*, Berlin u. a. 2015, S. 171–184, hier S. 172 bzw. S. 179). Die Anfang Oktober 1783 zirkulierende Einladung potenzieller Mitglieder der Mittwochsgesellschaft unterzeichnet Ramler noch zustimmend: „Ich freue mich [...] in eine Gesellschaft zu treten, die aus Männern bestehen wird, die in den Wissenschaften einen republikanischen und nicht despotischen Geist haben" (Tholuck, Friedrich August Gotttreu: „Die Gesellschaft der Freunde der Aufklärung in Berlin im Jahre 1783", *Litterarischer Anzeiger für christliche Theologie und Wissenschaft überhaupt* 8 [08.02.1830], Sp. 57–64, hier Sp. 59). Bereits im November 1783 kündigt er Johann Erich Biester jedoch seinen Rückzug an: „Ich bin zu hurtig gewesen; ich habe mich bey der Gesellschaft unterschrieben, ohne zu bedenken, daß ich keine Zeit habe. Streichen Sie meinen Nahmen also nur aus: Es ist besser, daß ich jetzt wegbleibe, als nachher, weil ich doch nicht würde kommen können. Die Nahmen der Gesellschafter reizten mich zum Unterschreiben; auch werde ich alle insgesammt, wenn ich Zeit habe, einzeln besuchen, wie ich es bisher gemacht habe. Sie würden an mir über dieses nur ein schlechtes Mitglied gehabt haben. Alter und Kränklichkeit nehmen bey mir im gleichen Maße zu, und ich muß eilen, dasjenige fertig zu

Ramlers literarische und gelehrte Aktivitäten der späten 1780er und 1790er Jahre ragen zudem hinein in den Zeitraum der ‚Berliner Klassik' (ca. 1786–1819).[27] Unmittelbar nach dem Tod Friedrichs II. am 17. August 1786 avanciert Ramler zur öffentlichen Symbolfigur einer gewandelten Kulturpolitik. Ihren Auftakt signalisiert der neue preußische König Friedrich Wilhelm II., indem er Ramler bereits am 27. August eine beträchtliche Pension von jährlich 800 Talern gewährt. Als prominenter Vertreter deutschsprachiger Literatur und Kultur in Berlin wird Ramler darüber hinaus binnen weniger Wochen zum Mitglied der Akademie der Wissenschaften und im Folgejahr zum Mitdirektor des königlichen Nationaltheaters ernannt. Die Akademie der Künste und ihre *Monats-Schrift* bieten Ramler um 1790 ein Forum für die Lancierung seiner Handbücher zu Allegorie und Mythologie. Zudem ist er als Lieferant von Inschriften und als gelehrter Inventor in die Planungen zu Johann Gottfried Schadows Grabdenkmal für Alexander von der Mark, einen natürlichen Sohn Friedrich Wilhelms II.,[28] und das Bildprogramm

machen, was ich bereits liegen habe. Könnte ich mir noch einen Tag mehr in jeder Woche erkaufen, so thäte ich es, weil die Zeit für meine langsamen Ausarbeitungen niemahls zulangen will. Bin ich also kein ordentliches Mitglied dieser gelahrten Gesellschaft, so bin ich doch eines jeden einzelnen Mitglieds und nahmentlich meines lieben Herrn Doctors aufrichtigster Freund und Verehrer *Ramler*" (Ramler an Johann Erich Biester am 1. November 1783, ABBAW: NL Hümpel, Nr. 165, 1ʳ–1ᵛ). Ramlers Votum und seinen Brief an Biester verzeichnet Hümpel, Henri: „Was heißt Aufklären? – Was ist Aufklärung? Rekonstruktion eines Diskussionsprozesses, der innerhalb der Gesellschaft von Freunden der Aufklärung (Berliner Mittwochsgesellschaft) in den Jahren 1783–1789 geführt wurde", *Jahrbuch für die Geschichte Mittel- und Ostdeutschlands* 42 (1994), S. 185–226.

[27] Zum Forschungsansatz vgl. u. a. Wiedemann, Conrad: „Die Klassizität des Urbanen. Ein Versuch über die Stadtkultur Berlins um 1800", in: Charlier, Robert und Günther Lottes (Hrsg.): *Kanonbildung. Protagonisten und Prozesse der Herstellung kultureller Identität*, Aufklärung und Moderne 20, Hannover 2009, S. 121–139; sowie Wiedemann, Conrad: „‚Berliner Klassik'. Eine kulturtopographische Recherche", in: Berghahn, Cord-Friedrich und Conrad Wiedemann (Hrsg.): *Berlin 1800. Deutsche Großstadtkultur in der klassischen Epoche*, Berliner Klassik. Eine Großstadtkultur um 1800 24, Hannover 2019, S. 17–53.

[28] Vgl. Schmitz, Brigitte K.: „‚Madame Ritz [...] kam hin, sah es und küßte den marmornen Knaben.' Zum Grabmonument für den Grafen Alexander von der Mark in der ehemaligen Dorotheenstädtischen Kirche zu Berlin", in: Blauert, Elke (Hrsg.): *Neue Baukunst. Berlin um 1800*, Berlin 2007, S. 95–103; sowie Hagemann, Alfred P.: Wilhemine von Lichtenau (1753–1820). Von der Mätresse zur Mäzenin, Studien zur Kunst 9, Köln, Weimar, Wien 2007, S. 97–100 [s. Anm. 161 zu Ramlers Entwürfen der Inschrift]. Nach Schadows Selbstauskunft legt Ramler darüber hinaus Elemente und Aufbau des Grabmonuments fest (vgl. Badstübner-Gröger, Sibylle: „Karl Wilhelm Ramler und die Königliche Akademie der Künste und mechanischen Wissenschaften. Zur Bedeutung von Ramlers Schrift *Allegorische Personen zum Gebrauch der Bildenden Künstler* für die damals zeitgenössische Kunst in Berlin", in: Lütteken, Laurenz, Ute Pott und Zelle Carsten (Hrsg.): *Urbanität als Aufklärung: Karl Wilhelm Ramler und die Kultur des 18.*

von Carl Gotthard Langhans' Brandenburger Tor eingebunden.[29] Dass Ramler damit an der Entstehung zweier Hauptwerke des Berliner Klassizismus in Plastik und Architektur beteiligt ist, zeigt die Reichweite seiner künstlerischen Tätigkeiten. Weit über Literatur und Dichtung hinaus zählt Ramler um 1790 zu den wichtigen Akteuren einer staatlich geförderten und gelenkten Kunstproduktion in Berlin.

Ramlers Aktivitäten als panegyrischer Gelegenheitsdichter und Inventor sperren sich jedoch gegen maßgebliche Perspektiven der Forschungsfelder „Berliner Aufklärung" und „Berliner Klassik". Denn weder lassen sich Ramlers gelegenheitspanegyrische Arbeiten – wie bereits deutlich geworden ist – einem „Formenrepertoire[] der ‚bürgerlichen' Öffentlichkeit im 18. Jahrhundert" zuschlagen,[30] noch tragen sie zur „Konstitution moderner Individualität [...] unter den Bedingungen einer historisch avancierten Urbanität" bei.[31] Ramlers dichterisches Gelegenheitsschaffen und seine bildkünstlerischen Entwürfe stehen vielmehr für eine Öffentlichkeit, die sich der Inszenierung der preußischen Monarchie verschreibt und von ihr zu profitieren versucht. Als nichtadlig-städtischer Akteur zielt Ramler auf eine Vernetzung in höfische Kreise in Berlin und Potsdam, wirbt bereits vor 1786 immer wieder mit Einsendungen seiner panegyrischen Gelegenheitsdichtung um die Aufmerksamkeit potenzieller Gönner und übernimmt Aufträge als Dichter und Gelehrter.

Die Auseinandersetzung mit Ramlers Gelegenheitsschaffen kann folglich dazu beitragen, anscheinend anachronistische Facetten einer Berliner literarischen und künstlerischen Öffentlichkeit zu erhellen, die sich nicht ohne Weiteres in ein „klassisches Paradigma der verspäteten deutschen Bürgergesellschaft" fügen.[32] In diesem Sinne gilt es in der vorliegenden Arbeit, am Beispiel Ramlers die komplexen Verflechtungen zwischen städtischen und höfischen Akteuren sowie die Mechanismen einer repräsentativen Öffentlichkeit im Berlin der Aufklärung und der Frühphase der „Berliner Klassik" nachzuzeichnen.

1.1.4 Quellenbasis

Zu den vermutlich gänzlich verlorenen Quellenbeständen, die Einblicke in Ramlers literarische Praktiken und gelehrte Aktivitäten liefern könnten, zählt seine Bibliothek, die Ramler seit den 1750er Jahren aufbaut.[33] 1798 gehen die Bücher

---

Jahrhunderts, Göttingen 2003, S. 275–307, hier S. 278). Zur Bedeutung von Ramlers *Allegorischen Personen* für die Gestaltung weiterer Grabmäler von Schadow vgl. ebd., S. 302.

[29] Vgl. Pöthe, Zitha: Perikles in Preußen. Die Politik Friedrich Wilhelms II. im Spiegel des Brandenburger Tores, Berlin 2014, S. 249–357.
[30] Lütteken/Pott/Zelle: „Vorbemerkung", S. 9f.
[31] Wiedemann: „Die Klassizität des Urbanen", S. 125.
[32] Ebd., S. 139.
[33] Vgl. Schüddekopf: Karl Wilhelm Ramler bis zu seiner Verbindung mit Lessing, S. 16.

in den Besitz seiner Nichte und Universalerbin Wilhelmine Ritter über, die in Groß Jestin bei Kolberg lebt (heute Gościno, Polen). Bis mindestens 1807 ist Ramlers Bibliothek dort aufgestellt.[34] Ihr weiteres Schicksal ist bisher nicht bekannt.

Ramlers handschriftlicher Nachlass, der sich vor allem aus Briefen *an* ihn zusammensetzt und im Jahr 1798 ebenfalls an Wilhelmine Ritter geht, ist hingegen weitgehend erhalten. Die Briefschaften sind 1793 von Ramler durchgesehen und mit Anmerkungen in roter Tinte versehen worden.[35] Auf zahlreichen Briefen und

Vgl. auch die Erinnerungen eines Onkels von Samuel Heinrich Catel, die Hinweise zur Aufstellung von Ramlers Bibliothek zu Beginn der 1770er Jahre bieten: „Während er [Ramler, M. B.] las, sah ich mich in der Stube um, die für einen Gelehrten mir fast zu sehr in Ordnung schien; denn die Bücher standen sämmtlich streng in Reih' und Glied, auch war kein Papier außer Rand und Band" („Ramler", in: Gubitz, Friedrich Wilhelm (Hrsg.): *Berühmte Schriftsteller der Deutschen. Schilderungen nach Selbstanschauung theils auch berühmter Zeitgenossen [...]*, Bd. 2, Berlin 1855, S. 233–244, hier S. 235f.). Erhaltene Briefe an Ramler liefern zudem Einblicke in die Zusammensetzung seines Buchbesitzes und belegen, dass er wiederholt Bücher an Bekannte ausleiht. So sendet Christiane Wilhelmine von Knobloch im Dezember 1768 François-Vincent Toussaints „Historie der Leidenschaften mit Danck zurück". „Uzen behalte ich noch hier, noch habe ich nichts als sein erstes Buch leichter Lieder gelesen" (GSA 75/109, 2^r). Um welche Sammlung von Johann Peter Uz' Gedichten es sich handelt, muss offenbleiben. In der Folgezeit leiht von Knobloch zudem Ramlers *Bluhmenlese*, Christian Felix Weißes *Crispus* und Salomon Gessners Werke aus. Auch um Racines *Athalie* sowie mehrere Bände von Ramlers Shakespeare-Ausgabe bittet sie (vgl. GSA 75/109, 3^r–11^v). Frau von Schmidel, wie von Knobloch die Gattin eines preußischen Militärs, möchte im Januar 1770 „auf etliche Tage die Französische *Comedie*, denn *Distrêt*", also offenbar Jean-François Regnards *Le Distrait* „vor eine gute Freündin" ausleihen. Ramler möge für Schmidel selbst etwas „aus Ihrer teütschen Bibliotheck [...] beylegen" (GSA 75/194, 1^r–1^v). Im Dezember 1770 dankt sie Ramler schließlich für den Verleih von Wielands *Musarion* (vgl. GSA 75/194, 2^r). Die zitierten brieflichen Hinweise deuten folglich auf die Mehrsprachigkeit von Ramlers Bibliothek.

[34] Vgl. hierzu Marwitz, Friedrich August Ludwig von der: Nachrichten aus meinem Leben. 1777–1808, hg. von Günter De Bruyn, Berlin 1989, S. 279: „Ich stand nun beinahe zwei Monat [sic; August und September 1807, M. B.] in Groß-Gestin. Der dortige Prediger hatte die einzige Tochter [*de facto* die Nichte, M. B.] des Dichters Ramler zur Frau und hatte dessen ganze Bibliothek geerbt, die mir sehr zustatten kam."

[35] Ausgangspunkt sind Vorbereitungen für die Ausgabe von *Gotthold Ephraim Lessings Briefwechsel mit Karl Wilhelm Ramler, Johann Joachim Eschenburg und Friedrich Nicolai* (1794). Am 14. Februar 1793 teilt Ramler Nicolai mit: „Ich bin jetzt mit der Durchsuchung aller meiner Papiere beschäftigt und werde Ihnen bald alle Lessingiana übersenden können" (zit. nach Košenina, Alexander: „Briefwechsel zwischen Friedrich Nicolai und Karl Wilhelm Ramler", in: Lütteken, Laurenz, Ute Pott und Carsten Zelle (Hrsg.): *Urbanität als Aufklärung: Karl Wilhelm Ramler und die Kultur des 18. Jahrhunderts*, Schriften des Gleimhauses Halberstadt 2, Göttingen 2003, S. 399–433, hier S. 427). Bereits am 18. Februar 1793, somit wenige Tage später, sendet er Nicolai 19 Briefe von Lessing und notiert den Abschluss der Sichtung seiner gesamten

Kuverts hält Ramler unter anderem Beruf, Familienverhältnisse und seine Beziehung zum jeweiligen Absender fest.[36] Die Notizen helfen vor allem bei der Zuordnung von Korrespondentinnen und Korrespondenten, die nicht als historisch oder literarisch bedeutende Persönlichkeiten in entsprechenden Lexika erfasst sind. In welchem Ausmaß Ramler seinen Vorlass im Jahr 1793 zensiert und Briefe vernichtet, lässt sich nicht rekonstruieren.[37]

Mit der Erschließung von Ramlers Nachlass beginnt Karl Schüddekopf Mitte der 1880er Jahre und legt mit seiner Dissertation *Karl Wilhelm Ramler bis zu seiner Verbindung mit Lessing* (1886) die bis heute maßgebliche biographische Studie zu Ramler vor.[38] Umfangreiche Teileditionen folgen, darunter der Briefe Christian Felix Weißes an Ramler (1886–1889) sowie des Briefwechsels zwischen Gleim und Ramler (1906/1907).[39] Auf Schüddekopfs Vermittlung hin gelangt der Nachlass schließlich 1907 aus dem Familienbesitz ins Goethe- und Schiller-

---

Korrespondenz: „Ich warf beym Ausziehen aus dem vorigen Quartier alle Briefschaften in einen schwarzen Koffer, und habe sie darin ruhig liegen lassen. Ihnen danke ich, daß nun alle übrigen Briefe gleichfalls in Ordnung sind von 1744 bis 1793" (zit. nach ebd., S. 429).

[36] Hier seien nur zwei Beispiele genannt: „† HErr v. *Brösicke* ein alter Freund von mir, starb an der Schwindsucht" (GSA 75/43, 2ᵛ) sowie „Von der *Demoiselle* [Louise, M. B.] Geelhaar vortreffliche Tochter des Geh. Finanzraths und Schwester meines ersten Zuhörers nachmaligen Geh. Oberrechnungsraths Alle 3 Gestorben" (GSA 75/70, 2ᵛ).

[37] Schätzungen verlorener Briefe sind dort möglich, wo ein fortlaufender Briefwechsel von einer Seite erhalten ist. Überliefert sind beispielsweise rund 60 Briefe an Philipp Erasmus Reich, jedoch nur 3 Briefe von Reich an Ramler. Auf der Rückseite eines der drei Briefe vermerkt dieser explizit: „Buchhändler Reich mein fleißigster Correspondent. Die übrigen Briefe sind cassirt. weil es bloße Geschäftsbriefe sind" (GSA 75/180, 2ᵛ). Parallel ist zu beobachten, dass sich eine Fülle von Briefen aus dem Potsdamer Umfeld Friedrichs II. im Nachlass erhalten hat, obwohl Ramler zeitlebens darum bemüht ist, das Scheitern der Lancierung einer französischen Übersetzung seiner Gedichte bei Friedrich nicht öffentlich werden zu lassen (vgl. Kap. 2.2). Dieser Umstand deutet darauf hin, dass Ramler keine (konsequente) literaturpolitische Zensur seiner Briefschaften vornimmt. Vgl. die gegenläufige Vermutung bei Lütteken, Anett: „Das Literaturarchiv – Vorgeschichte[n] eines Spätlings", in: Dallinger, Petra-Maria, Georg Hofer und Bernhard Judex (Hrsg.): *Archive für Literatur. Der Nachlass und seine Ordnungen*, Literatur und Archiv 2, Berlin u. Boston 2018, S. 63–88, hier S. 78.

[38] Das Goethe- und Schiller Archiv Weimar besitzt Schüddekopfs durchschossenes Handexemplar der Dissertation (GSA 161/1,1). Es ist um zahlreiche handschriftliche Nachträge und Korrekturen ergänzt, die für die vorliegende Arbeit ausgewertet wurden.

[39] Vgl. hierzu den Abschnitt „Gedruckte Briefe" der Ramler-Bibliographie im Anhang dieser Arbeit (Kap. 7.6.3). Schüddekopfs Edition des Korrespondenz Gleim/Ramler bleibt mit lediglich zwei von drei geplanten Bänden (376 von insgesamt 517 erhaltenen Briefen) unvollständig. Das Desiderat einer kompletten Ausgabe des Briefwechsels lösen John Osborne und David Lee mit ihrer Neuedition ein. Herrn Lee danke ich herzlich für die Überlassung des Typoskripts, nach dem ich die (bei Schüddekopf fehlenden) Briefe zwischen Gleim und Ramler aus den Jahren 1760 bis 1797 zitiere.

Archiv Weimar, wo er sich bis heute befindet.[40] Einen Splitternachlass, der sich maßgeblich aus zwei Schenkungen zusammensetzt (2007 sowie 2010), besitzt das Archiv der Berlin-Brandenburgischen Akademie der Wissenschaften.[41]

Die Gesamtzahl der als Autographe erhaltenen, im Auszug oder vollständig gedruckten Briefe an Ramler beläuft sich auf etwa 1000 Stück.[42] Rund 400 Briefe an Ramler, die sich im Weimarer Nachlass befinden, sind bisher nicht ediert oder durch die Forschung ausgewertet worden. Sie wurden ebenso wie der Berliner Splitternachlass im Zuge der vorliegenden Arbeit gesichtet. Hinzu kommen rund 800 als Autographe oder in gedruckter Form überlieferte Briefe *von* Ramler. Die erhaltenen Autographe verteilen sich auf zahlreiche deutsche und weitere europäische Archive. Knapp zwei Drittel der nachweislichen Briefe von Ramler sind gedruckt.[43] Ausgewertet wurden für die vorliegende Arbeit neben den publizierten

[40] Vgl. https://ores.klassik-stiftung.de/ords/f?p=401:70:14693553285337::NO:RP:P70_REGION:1 (zugegriffen am 14.09.2020). Den neuesten Beitrag zu Schüddekopf bietet Reinecke, Thomas: „,Sie haben, Verehrtester, für den Kreis der Dichter, die sich um Gleim sammelten, oder sich vorübergehend an ihn lehnten, schon so viel gethan!'. Carl Schüddekopf (1861–1917)", *Gemeinnützige Blätter* 26/50 (2019), S. 4–26. Bedeutend ist Schüddekopf zudem als Sammler zeitgenössischer Ausgaben von Ramlers Werken (vgl. ebd., S. 13–16). Ein Handexemplar der *Lyrischen Gedichte* (1772) und ein annotiertes Exemplar seiner *Ode an die Venus Urania* (1770) gehen nach Schüddekopfs Tod in den Besitz der SB Berlin über. Schüddekopfs Exemplar der *Oden* (^{2}1768) befindet sich heute im Besitz der Bibliothek der Stiftung Stadtmuseum Berlin (Sign. 1/7/15 18. Jh.). Auf dem Schmutztitel findet sich der Vermerk „Ex libris C. Schüddekopf 1884." Vgl. zu allen drei Publikationen: Bücher-Sammlung des † Herrn Professor Dr. Carl Schüddekopf [...], Berlin 1918, S. 136 [GSA 161/120]. Für die Verbindung von Bibliophilie und germanistischer Forschung um 1900 steht auch Gotthilf Weisstein. Exemplare der *Lieder der Deutschen* (1766) sowie der *Scherzreden. Aus dem Griechischen des Hierokles* (1782) mit handschriftlichen Zusätzen von Ramler sind verzeichnet in Zobeltitz, Fedor von (Hrsg.): Bibliothek Weisstein. Katalog der Bücher des verstorbenen Bibliophilen Gotthilf Weisstein, Bd. 1, Leipzig 1913, S. 519f. Zum Schicksal der Bibliothek vgl. Goerdten, Ulrich: Bibliographie Gotthilf Weisstein, Bibliographien zur deutschen Literaturgeschichte 19, Bielefeld 2012, S. 9.

[41] Sie stammen aus dem Besitz von Herrn Hugo R. Zimmermann (Schweiz). Ein Großvater von H. R. Zimmermann war in erster Ehe mit Elise Ritter verheiratet, einer Nachfahrin von Ramlers Nichte Wilhelmine Ritter. Die Dokumente, darunter vor allem Briefe an Ramler, dürften spätestens vor der Übergabe des ‚Hauptnachlasses' an das Goethe- und Schiller-Archiv Weimar im Jahr 1907 entnommen worden sein und befanden sich bis zur Schenkung im Privatbesitz. Für diese Hinweise danke ich Frau Braun vom ABBAW.

[42] Ausgangspunkte dieser Recherche-Ergebnisse sind neben der Autographen-Datenbank *Kalliope* einschlägige gedruckte Autographen-Verzeichnisse, Auktionskataloge sowie (bio)bibliographische Handbücher (vgl. Kap. 7.6.1). Hinzu kommen Online-Katalogrecherchen und schriftliche Anfragen bei einzelnen Bibliotheken und Archiven.

[43] Vgl. hierzu den entsprechenden Abschnitt „Gedruckte Briefe" der anhängenden Ramler-Bibliographie (Kap. 7.6.3).

Briefen weitere unveröffentlichte Briefe von Ramler, auf deren Relevanz für entsprechende Fragestellungen Adressat und Zeitpunkt ihrer Abfassung unmittelbar hindeuteten.

Dass Ramlers zeitgenössische Stellung als Konzeptverfasser bisher kaum untersucht worden ist, dürfte auch dem vergänglichen Charakter der von ihm entworfenen Dekorationen und Illuminationen geschuldet sein. Diese wurden nach ihrem Einsatz im Festgeschehen abgebaut und vermutlich meist entsorgt.[44] Mitunter sind jedoch zeitgenössische Graphiken überliefert, die die Gestaltung der Aufbauten dokumentieren. Berliner Archive und Sammlungen (darunter das Kupferstichkabinett) verwahren zudem Entwurfszeichnungen jener bildenden Künstler, mit denen Ramler kooperiert. Hinzu kommen Rechnungen, die Aufschluss über Ramlers Entlohnung und die Gesamtkosten der Festbauten bieten. Sie werden im Rahmen dieser Arbeit erstmals ausgewertet. Wichtigste Quelle sind jedoch Festbeschreibungen, die in Buchform oder als Teil der Berichterstattung der beiden Berliner Zeitungen (*Vossische Zeitung* und *Spenersche Zeitung*) vorliegen.[45] Sie liefern nicht allein detaillierte Beschreibungen von Fassadendekorationen, Triumphbögen und weiteren ephemeren Bauten, sondern weisen Ramler auch die Autorschaft von Entwürfen zu. Überhaupt erhellen Anzeigen, Rezensionen und weitere Meldungen der genannten Berliner Zeitungen zahlreiche Aspekte von Ramlers beruflicher Karriere und literarischen Aktivitäten. Die *Vossische* sowie die *Spenersche Zeitung* gehören daher zu den zentralen Quellen der vorliegenden Arbeit.

1.1.5 Zielsetzung, Ansatz und Struktur der Arbeit

Die Verfestigung zeitgenössischer Urteile prägt das Ramler-Bild der germanistischen Forschung bis heute. Dies gilt für die Übernahme der (polemisch gefärbten) Kritik der „Sturm-und-Drang-Generation"[46] ebenso wie für die Erstarrung der von

---

[44] Zu den Ausnahmefällen gehören die Personifikationen der „Tapferkeit" und „Staatsklugheit" aus dem Trauergerüst für Friedrich II. (vgl. Kap. 4.1.3). Zur Wiederverwertung von Dekorationselementen vgl. Weißmann: „Vom Entwurf zum Ereignis", S. 166.

[45] Zur politischen Relevanz der journalistischen Berichterstattung vgl. Krischer, André: „Zeremoniell in der Zeitung. Periodika des 17. und 18. Jahrhunderts als Medien der ständischen Gesellschaft", in: Schneider, Ulrich Johannes (Hrsg.): *Kulturen des Wissens im 18. Jahrhundert*, Berlin u. New York 2008, S. 309–316. Einzukalkulieren sind idealisierende Tendenzen von Festbeschreibungen, die mitunter nicht den exakten Tathergang schildern, sondern festhalten, wie die Ereignisse ihrer Konzeption nach hätten ablaufen sollen (vgl. Daniel, Ute: „Überlegungen zum höfischen Fest der Barockzeit", *Niedersächsisches Jahrbuch für Landesgeschichte* 72 [2000], S. 45–66, hier S. 61). Ein Abgleich zwischen Festbeschreibungen und weiteren ‚nichtoffiziellen' Zeugnissen, etwa Augenzeugenberichten, und eine spezifischere Quellenkritik sind in Einzelfällen möglich.

[46] Zelle, Carsten: „Autorschaft und Kanonbildung – Barrieren der Ramler-Rezeption in

Ramler betriebenen Profilierung als „deutscher Horaz" zur stereotypen und unhinterfragten Formel. Hinzu treten Abwertungen aus Perspektive eines „nachgoethezeitliche[n] Autorbegriff[s]".[47] Paradigmatisch hierfür dürften Urteile in Erich Schmidts Lessing-Biographie (1884/[4]1923) sein, die an Polemik und Vehemenz nichts fehlen lassen:

> Ohne jede Spur von innerem Beruf [...] preßt er [Ramler, M. B.] akademische Karmina mit kaltem Schweiß heraus, sammelt Lesefrüchte in verschnörkelte Schalen, flickt Horazische Lappen zu kleinen Teppichen und sagt das Nüchternste pompös mit einem mythologisch-allegorischen Aufwand, der gleich einzelnen Versspielereien ans siebzehnte Jahrhundert erinnert. Seine preußisch-patriotischen Trompetenstöße lassen uns heut ebenso kalt wie Friedrich den Großen. Anderseits sinkt diese storchbeinige Poesie zum Thema alter Studentenreime, Kaffee und Rauchtoback, herab. [...] Ramler hat überall nur frostig gearbeitet [...].[48]

Schmidt ergänzt in der Folge weitere Ramler-Topoi: „Zahme Korrektheit", Formalismus sowie wiederholte Verstöße gegen das „Recht der dichterischen Individualität" im Rahmen der werkzentrierten verbesserungspoetischen Arbeit.[49] Auf der Basis (ahistorischer) künstlerischer Wertmaßstäbe werden die zeitgenössische Relevanz von Ramlers Wirken und das entsprechende Erkenntnispotenzial einer literaturwissenschaftlichen Aufarbeitung seiner (gelegenheitspanegyrischen) Aktivitäten folglich ausgeblendet, von einer weiteren Beschäftigung mit Ramler geradezu abgeraten. Wenig attraktiv erscheint damit auch die Erschließung seines Nachlasses und weiterer zeitgenössischer Quellen, die eine Revision etablierter Einordnungen und Abwertungen ermöglichen würde.[50]

Vor dem Hintergrund der literaturgeschichtlichen Marginalisierung, für die Schmidts Charakteristik lediglich *ein* prominentes Beispiel bietet, wird verständlich, dass die vorliegende Studie die erste germanistische Monographie zu Ramler

---

    der Neugermanistik", in: Lütteken, Laurenz, Ute Pott und Carsten Zelle (Hrsg.): *Urbanität als Aufklärung. Karl Wilhelm Ramler und die Kultur des 18. Jahrhunderts*, Schriften des Gleimhauses Halberstadt 2, Göttingen 2003, S. 153–172, hier S. 155.

[47] Ebd.

[48] Schmidt, Erich: Lessing. Geschichte seines Lebens und seiner Schriften, Bd. 1, 4. Aufl., Berlin 1923, S. 247f.

[49] Ebd., S. 248f.

[50] Wie nachhaltig Schmidts Einschätzungen bis in die zweite Hälfte des 20. Jahrhunderts auf Germanistinnen und Germanisten gewirkt haben dürften, deutet sich in Hinweisen von Karl Guthke aus dem Jahr 1979 an. Ausdrücklich benennt er Schmidts Tendenz, die „Umwelt Lessings, namentlich die literarische, im Vergleich zu Lessing zu verkleinern", empfiehlt dessen Lessing-Biographie jedoch knapp 100 Jahre nach ihrem ersten Erscheinen weiterhin als „Standardwerk der Lessingforschung" (Guthke, Karl Siegfried: Gotthold Ephraim Lessing, Sammlung Metzler 65, 3. Aufl., Stuttgart 1979, S. 82).

nach rund hundert Jahren darstellt.[51] Eine Übersicht zur Quellen- sowie zur Forschungslage seit dem 19. Jahrhundert bietet die beigefügte systematische Ramler-Bibliographie. Gelistet werden neben biographischer Literatur vor allem germanistische und musikwissenschaftliche Arbeiten.[52] Gesondert verzeichnet sind Beiträge in den *Mitteilungen des Vereins ehemaliger Schüler des Dom- und Real-Gymnasiums zu Kolberg* (1924–1940). Sie stehen für die preußisch-patriotische und nationalistische Ramler-Rezeption in seiner Heimatstadt bis Anfang der 1940er Jahre.

Zu den zentralen Perspektiven auf Ramlers gelegenheitspanegyrische Aktivitäten zählen in der vorliegenden Arbeit ihre sozialhistorische und literatursoziologische Kontextualisierung. Dieser Zugriff korrespondiert mit der für Ramlers Gelegenheitsliteratur und -kunst maßgeblichen Einbindung in soziale Formationen, ihre Anbindung an politische Ereignisse sowie ihre ökonomische Relevanz, die sich für Ramler neben Honoraren in einer Reihe von Pensionen des preußischen Staates seit Mitte der 1780er Jahre niederschlägt. Im Sinne von Ramlers Profilierung als Vertreter eines heteronomen Autorentyps, der mit seinen Gelegenheitsdichtungen wiederholt heteronome „Positionierungen" im literarischen Feld seiner Zeit liefert,[53] bietet Kapitel 1.2 zunächst biographische sowie ökonomische Koor-

---

[51] Walter Heusckel (Untersuchungen über Ramlers und Lessings Bearbeitung von Sinngedichten Logaus, Diss. phil. Jena 1901) und Josef Kollroß (Ramlers Änderungen in seinen beiden Logau-Ausgaben, Diss. phil. Wien 1915) widmen sich Ramlers werkzentrierter Verbesserungspoetik. Hanns Freydank legt seinen Aufsatz *Goethe und Ramler* (1928) als eigenständige Publikation vor. Die bisher umfangreichste Veröffentlichung zu Ramler ist der interdisziplinäre Sammelband *Urbanität als Aufklärung* aus dem Jahr 2003.

[52] Nicht erfasst sind literaturgeschichtliche Darstellungen, die auf Ramler eingehen. Orientierung zur umfangreichen Literatur bis Mitte des 20. Jahrhunderts bieten Beckmann, Jürgen: Deutsche Literaturgeschichten bis 1955. Bibliographie und Besitznachweise, Landau 1993; Fritsch-Rößler, Waltraud: Bibliographie der deutschen Literaturgeschichten. Bd. 1: 1835–1899. Mit Kommentar, Rezensionsangaben und Standortnachweisen, Frankfurt a. M. u. a. 1994; sowie Schumann, Andreas: Bibliographie zur deutschen Literaturgeschichtsschreibung. 1827–1945, München u. a. 1994.

[53] Bourdieu: „Das literarische Feld. Kritische Vorbemerkungen und methodologische Grundsätze", S. 312f. Für die Existenz eines „relativ autonome[n] System[s]" der Literatur im deutschen Sprachraum seit Mitte der 1760er Jahre plädiert Anz, Thomas: „Literarische Norm und Autonomie. Individualitätsspielräume in der modernisierten Literaturgesellschaft des 18. Jahrhundert", in: Barner, Wilfried (Hrsg.): *Tradition, Norm, Innovation. Soziales und literarisches Traditionsverhalten in der Frühzeit der deutschen Aufklärung*, Schriften des Historischen Kollegs. Kolloquien 15, München 1989, S. 71–88, hier S. 85. Anz' Merkmalskatalog skizziert u. a. Aspekte der Ausweitung des literarischen Markts, darunter eine zunehmende Vielfalt des Angebots, sowie die Entwicklung einer literaturkritischen Öffentlichkeit. Zur Modellierung autonomer Positionen im Feld der (bildenden) Künste seit Mitte der 1780er Jahre (Karl Philipp Moritz, Asmus Jakob Carstens und Carl Ludwig Fernow) vgl. Bätschmann, Oskar:

dinaten seiner literarischen Arbeiten und skizziert seine beruflichen Stationen seit Ende der 1740er Jahre. Vor allem Ramlers entscheidende Bedeutung als Gelegenheitskünstler im Rahmen des preußischen Thronwechsels von 1786 und sein Aufstieg innerhalb staatlicher Institutionen der Kulturförderung sind bisher nur in Ansätzen bekannt. Kapitel 1.3 versteht sich als Komplement des vorangehenden Kapitels 1.2 und skizziert das Panorama sowie die finanzielle Dimension von Ramlers gelegenheitspanegyrischen Aktivitäten seit 1745. Im Zentrum stehen jene institutionellen Kontexte von Ramlers Tätigkeiten, die die Funktionen seiner Texte und Entwürfe zunächst maßgeblich mitbestimmen. Deutlich werden soll, für welche Akteure Ramlers Gelegenheitsarbeiten entstehen, welche Formen von Öffentlichkeit sie bedienen und in welchen Konstellationen der Kooperation mit weiteren Künstlern Ramler tätig ist.

Zentral für Ansatz und Struktur der vorliegenden Arbeit ist darüber hinaus die Beobachtung, dass Ramler vor allem seine Oden im Anschluss an ihre Erstpublikation wiederholt veröffentlicht, kommentiert und in Sammlungen (re)arrangiert. Analog dazu bilden Ramlers Kompetenzen als gelehrter Konzeptverfasser den Ausgangspunkt für die Herausgabe zweier Handbücher zu Allegorie und Mythologie um 1790. Sie bereiten Wissensbestände auf, die der Rezeption und Produktion allegorischer Darstellungen dienen, und referieren auf Ramlers vorangegangene Kooperationen mit Berliner Künstlern. In beiden Bereichen seiner gelegenheitspanegyrischen Aktivitäten lassen sich somit wiederholte Prozesse der Re-Publikation im Sinne der erneuten Zusammenstellung und Rahmung von Texten sowie Wissensbeständen beobachten.

Bereits im Kontext ihrer erstmaligen Präsentation loten Ramlers panegyrische Gelegenheitsarbeiten poeseologische[54] und literaturpolitische „Handlungsspielräume" aus.[55] Ramler stellt sich Konventionen von Kasuallyrik entgegen, setzt eigene

---

Ausstellungskünstler. Kult und Karriere im modernen Kunstsystem, Köln 1997, S. 66f.; sowie Sauder, Gerhard: „Ästhetische Autonomie als Norm der Weimarer Klassik", in: Hiller, Friedrich (Hrsg.): *Normen und Werte*, Annales Universitatis Saraviensis. Reihe: Philosophische Fakultät 18, Heidelberg 1982, S. 130–150, hier S. 131f.

[54] Zu einer Differenzierung von Poeseologie und Poetologie vgl. Barner, Wilfried: „Spielräume. Was Poetik und Rhetorik nicht lehren", in: Laufhütte, Hartmut (Hrsg.): *Künste und Natur in Diskursen der Frühen Neuzeit*, Bd. 1, Wolfenbütteler Arbeiten zur Barockforschung 35, Wiesbaden 2000, S. 33–67, hier S. 34f.: „Eine gewisse Verlegenheit der ‚Poetik' gegenüber, etwas wie ein Antiquiertheitsverdacht, schlug sich nicht zuletzt in der sprachlichen Fehlbildung ‚Poetologie' bzw. ‚poetologisch' nieder [...]. ‚Poetologie' ist insofern falsch gebildet, als sie – im Gegensatz zu einer denkbaren, richtig gebildeten ‚Poeseologie' als Lehre von der Dichtung – die Lehre vom ‚poeta' (oder ‚poietes'), vom ‚Dichter' meint."

[55] Stockhorst, Stefanie: „Feldforschung vor der Erfindung der Autonomieästhetik? Zur relativen Autonomie barocker Gelegenheitsdichtung", in: Joch, Markus und Norbert Christian Wolf (Hrsg.): *Text und Feld. Bourdieu in der literaturwissenschaftlichen Praxis*, Studien und Texte zur Sozialgeschichte der Literatur 108, Tübingen 2005, S. 55–71, hier S. 56. Vgl. ebenso am Fallbeispiel Goethes: Stockhorst, Stefanie: „Goethe als

Themenschwerpunkte und rückt sich als Dichterfigur in Szene. Diese ‚Autonomisierungstendenzen' gegenüber etablierten gelegenheitspanegyrischen Schreibweisen werden von Ramler durch die erneute Publikation und das Re-Arrangieren seiner Texte verstärkt. Dabei erweisen sich zwei Aspekte als entscheidend: *Erstens* betonen programmatische Oden, die Ramler seinen Sammlungen voranstellt, sowie Paratexte und weitere Elemente der Buchgestaltung markante thematische und poeseologische Facetten seiner Texte und Bildentwürfe.[56]

Weimarer Hofpoet. Programmatische Neubestimmungen der Gelegenheitsdichtung im Spannungsfeld von höfischer Repräsentation und künstlerischer Selbstdarstellung", *Rückert-Studien. Jahrbuch der Rückert-Gesellschaft* 16 (2005), S. 173–195. Bereits Anz kritisiert mit Blick auf Arbeiten der 1970er und 1980er Jahre eine schroffe Grenzziehung zwischen (vermeintlicher) Determination von literarischer Praxis in rhetorisch geprägten Bezugssystemen und (vermeintlicher) Normenabsenz innerhalb des Genieparadigmas: „Die Differenzen zwischen Barockrhetorik und Geniedichtung wären nicht mehr mit dem Gegensatz normgebunden und nicht normiert zu beschreiben, sondern als Unterschiede von Normtypen [...]. Individualität, Innovation und Originalität sind in dieser Sichtweise Werte, die nicht jenseits aller Normen liegen, sondern konstitutiver Bestandteil dessen sind, was von einem Autor unter veränderten sozialen Bedingungen in einer modernisierten Literaturgesellschaft erwartet wird" (Anz: „Literarische Norm und Autonomie. Individualitätsspielräume in der modernisierten Literaturgesellschaft des 18. Jahrhundert", S. 82). Als Pendant von Stockhorsts Goethe-Studie ist im Bereich der kunstwissenschaftlichen Sozialgeschichte Martin Warnkes Arbeit zum „Hofkünstler" zu nennen (vgl. Warnke: Hofkünstler). Auch Warnke fragt nach „eine[m] Spielraum an den Höfen, der vom fest bestallten Künstler genutzt werden konnte", wobei ihn im Sinne einer „kritische[n] Kunstgeschichte" vor allem „emanzipative[] Energien" von Kunstwerken interessieren („Martin Warnke im Gespräch mit Matthias Bormuth. Was es heißt, den Hofkünstler zu verstehen [...]", *Frankfurter Allgemeine Zeitung*, 03.08.2016, S. N3). Vgl. zudem jüngst mit Blick auf das 15. und 16. Jahrhundert: Müller, Fabian: Raffaels Selbstdarstellung. Künstlerschaft als Konstrukt, artifex. Quellen und Studien zur Künstlersozialgeschichte, Petersberg 2018; sowie Müller, Matthias: „Adelige Kunst jenseits der Funktion? Zum schwierigen Verhältnis von Autonomie und Pragmatismus in der höfischen und adeligen Kunst der Frühen Neuzeit", in: Sittig, Claudius und Christian Wieland (Hrsg.): *Die „Kunst des Adels" in der Frühen Neuzeit*, Wolfenbütteler Forschungen 144, Wiesbaden 2018, S. 315–337.

[56] Einen Aufriss von Parametern zur Analyse von (Werk-)Ausgaben und damit zahlreiche Anknüpfungspunkte für die Untersuchung von Ramlers Re-Publikationen bietet Ajouri, Philip: „Wie erforscht man eine Werkausgabe? Heuristische Skizze mit Beispielen aus der Geschichte der Werkausgaben", in: Ajouri, Philip, Ursula Kundert und Carsten Rohde (Hrsg.): *Rahmungen. Präsentationsformen und Kanoneffekte*, Beihefte zur Zeitschrift für Deutsche Philologie 16, Berlin 2017, S. 201–221, hier S. 204–215. Das von Ajouri skizzierte Forschungsprogramm wird im Folgenden insofern unterlaufen, als eine „hermeneutische Lektüre" von Texten und die Rekonstruktion von Funktionen peritextueller Elemente (etwa Vignetten) nicht getrennt werden, sondern einander ergänzen (ebd., S. 203). Denn erst mit Blick auf das poeseologische Programm von Ramlers Texten und die von ihm (mit)konzipierten weiteren Publikationselemente klären sich

Zweitens bedeuten Ramlers Re-Publikationen den gezielten Zuschnitt auf Adressatengruppen. Hierfür kann Ramler unter anderem die institutionelle Anbindung jener Berliner Verlage und Publikationsorgane nutzen, in denen er seine Texte (erneut) veröffentlicht. Darüber hinaus lässt er potenziellen Förderern Exemplare seiner Publikationen zukommen. Das erneute Publizieren und Lancieren der eigenen Gelegenheitsarbeiten wird so zum zentralen Instrument von Ramlers Literaturpolitik im Sinne poeseologischer Positionierungen und einer adressatenorientierten Profilierung als Dichterfigur und Gelehrter. Sie geht im Falle von Ramlers Gelegenheitspanegyrik einher mit der deutlichen Fokussierung auf eine ständeübergreifende Berliner Öffentlichkeit sowie die Umfelder der preußischen Höfe in Berlin und Potsdam. Ramlers Publikationen, deren geschmackspolitische Intentionen auf ein überregionales deutschsprachiges Publikum zielen, erscheinen hingegen vor allem im Leipziger Verlag von Philipp Erasmus Reich – etwa die Batteux-Adaption sowie zahlreiche von Ramlers Anthologien und Übersetzungen.[57]

Die Frage, wie es Ramler als ausdrücklichem Vertreter gelegenheitsgebundener Panegyrik gelingt, diese im Kontext einer Berliner Öffentlichkeit und in Kooperation mit zahlreichen weiteren Akteuren – unter ihnen Verleger, Übersetzer und bildende Künstler – zum literaturpolitischen Instrument in eigener Sache auszubauen, steht folglich im Zentrum der vorliegenden Arbeit. In diesem Sinne rückt – wie zu betonen ist – weniger die historische Persönlichkeit als vielmehr die Autorfigur Ramler in den Fokus, insofern die zeitgenössischen medialen Praktiken ihrer gezielten Konstruktion und facettenreichen Profilierung untersucht werden. Die Arbeit geht zwei basalen Erkenntnisinteressen nach: Neben Kernbausteinen von Ramlers (impliziter) Poetik sollen die Publikationsgeschichte programmatischer Texte sowie die Genese und Konzeption seiner Gedichtsammlungen und Handbücher rekonstruiert werden. Parallel gilt es Diskurse, in denen Ramlers poeseologische Programme zu verorten sind, ebenso wie institutionelle Zusammenhänge und persönliche Konstellationen herauszuarbeiten, die als Foren poeseologischer und kulturpolitischer Debatten die Adressatenkreise von Ramlers literaturpolitischen Bemühungen bilden.

---

mitunter Zielsetzungen und Effekte von Ramlers Veröffentlichungen. Eine „heuristische Typologie [...] schriftstellerische[r] Inszenierungspraktiken" auf Basis terminologischer Prägungen Gérard Genettes findet sich wiederum bei Jürgensen, Christoph und Gerhard Kaiser: „Schriftstellerische Inszenierungspraktiken – Heuristische Typologie und Genese", in: Jürgensen, Christoph und Gerhard Kaiser (Hrsg.): *Schriftstellerische Inszenierungspraktiken – Typologie und Geschichte*, Heidelberg 2011, S. 9–30, hier S. 11f. Einen knappen Überblick und kritische Hinweise zu Genettes Terminologie bietet Voß, Thorsten: „Drumherum geschrieben?" Zur Funktion auktorialer Paratexte für die Inszenierung von Autorschaft um 1800. Mit einer Einleitung von Thomas Wegmann, Thorsten Voß und Nadja Reinhard, Hannover 2019, S. 8–18.

[57] Zur lokalen Differenzierung von Ramlers literaturpolitischen Bemühungen vgl. den Rück- und Ausblick dieser Arbeit (Kap. 6).

Je eine poeseologische beziehungsweise literaturpolitische Koordinate von Ramlers Gelegenheitskunst steht im Zentrum von Kapitel 2 bis 4. Ramlers Anspruch, mit der ‚wohlklingenden' Faktur seiner Oden in Konkurrenz gegenüber französischer Sprache und Dichtung treten zu können, lässt ihn zu einem der entschiedenen Kritiker der frankophilen Kulturpolitik Friedrichs II. werden. Zugleich ist er intensiv um die Anerkennung des preußischen Königs bemüht (Kap. 2). Gegenstand von Kapitel 3 sind Ramlers Strategien und Implikationen der Selbstinszenierung als „deutscher Horaz". Zu den Kennzeichen dieser Facette von Ramlers literarischer Profilbildung zählt unter anderem die Integration verschiedener Textsorten. Neben panegyrischen Gelegenheitsgedichten sind daher auch Ramlers Horaz-Übersetzungen und ihre Publikationsformen zu betrachten.

Ein zentrales Stilmittel von Ramlers Gelegenheitsarbeiten sind mythologische Allegorien. Seine Handbücher zu Allegorie und Mythologie erweisen sich wiederum als Manifeste für die ästhetische Legitimität allegorischer Gelegenheitskunst und machen Ramler zu einem Kontrahenten von Karl Philipp Moritz' autonomieästhetischer Kunsttheorie (Kap. 4). Abschließend soll die Genese von Ramlers postumer Werkausgabe beleuchtet werden (Kap. 5). In ihrer Zusammenstellung von Texten, Sachkommentaren und aufwendiger Bildausstattung synthetisieren und erschließen die *Poëtischen Werke* (1800/1801) Ramlers Aktivitäten als Gelegenheitsdichter und gelehrter Inventor. Sie tradieren seine Inszenierungen der preußischen Monarchen Friedrich II. und Friedrich Wilhelm II. und beschließen seine literaturpolitische Profilierungsarbeit. Der Blick soll zudem auf Ramlers Verbesserungsarbeit am eigenen Text fallen, die erst mit seinem Tod endet.

1.2 Ramlers literarische Karriere

Ramler finanziert seinen Lebensunterhalt zeitlebens auf Basis einer „Mischkalkulation".[58] Einen festen Grundstock bietet ihm bis Ende der 1780er Jahre sein Sold als Lehrer für Logik und schöne Wissenschaften am Berliner Kadettenkorps. Die lediglich spärliche Vergütung veranlasst ihn zugleich, Kapital aus gelehrten und literarischen Aktivitäten zu ziehen. So hält Ramler unter anderem Privatvorlesungen, wird Herausgeber einer Zeitschrift, publiziert eine Vielzahl von Übersetzungen und Anthologien, arbeitet als Verlagslektor und Korrektor. Für seine Gelegenheitsarbeiten erhält er neben teils großzügigen Honoraren auch Geschenke adliger Gönner, darunter Tabakdosen.[59]

Nach dem Regierungsantritt Friedrich Wilhelms II. kommen Pensionen und Ämter hinzu, die Ramler komfortabel absichern. Sein Spektrum literarischer und gelehrter Tätigkeiten, an die sich Erwerbsmöglichkeiten binden, schränkt er jedoch nicht ein. Noch in den 1790er Jahren publiziert Ramler umfangreiche

---

[58] Martus, Steffen: Aufklärung. Das deutsche 18. Jahrhundert – ein Epochenbild, Berlin 2015, S. 435.
[59] Vgl. zu solchen Geschenken Kap. 3.3.1.

Übersetzungen und korrigiert Druckfahnen für seinen Verlegerfreund Friedrich Nicolai. In diesem Sinne steht Ramler für einen „gemischten Autorentypus", wie ihn die sozialgeschichtliche Forschung der 1970er und 1980er Jahre ausgemacht hat.[60] Folgt man darüber hinaus Geoffry Turnovsky, repräsentiert Ramler das Gros der Autorinnen und Autoren des 18. Jahrhunderts:

> For in truth, writers who claimed the social autonomy of the market invariably remained reliant on patronage to a greater or lesser degree, and no eighteenth-century writer can meaningfully be said to have ‚liberated' himself from that dependence; they all ultimately lived what from our vantage point seem hybrid lives based on a mix of commercial and noncommercial pay.[61]

Der ökonomischen Situation sind Ramlers literarische (Selbst-)Stilisierungen an die Seite zu stellen. Sie stehen gängigen Modellierungen von Autorpositionen im Verlauf des 18. Jahrhunderts entgegen. So gehen Ramlers Übersetzungen und Anthologien mit finanziellen Interessen einher. Mögliche Konflikte mit der „Ehrauffassung" einer von wirtschaftlichem Kalkül unabhängigen ‚ständischen' Autorschaft scheinen für Ramler jedoch nicht virulent.[62] Ebenso wenig zielt er (vorder-

---

[60] Jaumann, Herbert: „Emanzipation als Positionsverlust. Ein sozialgeschichtlicher Versuch über die Situation des Autors im 18. Jahrhundert", *Zeitschrift für Literaturwissenschaft und Linguistik* 11/42 (1981), S. 46–71, hier S. 49. Der „Mischtyp" verbindet nach Jaumann „Merkmale[] des sogenannten *ständischen Gelehrten-Dichters*, der [abgesichert durch eine berufliche Stellung oder entsprechendes Privatvermögen, M. B.] „im Extremfall noch fernab vom literarischen Markt produziert" mit „solchen des sogenannten *freien Schriftstellers* mit überständischem Ethos und bei reiner Ausprägung in völliger Abhängigkeit vom Literaturmarkt, und das bedeutet vom wirtschaftlichen Erfolg und der Freigebigkeit des Verlegers". Als dritte mögliche Komponente deutet Jaumann die höfische Einbindung des Autors an (ebd., S. 48).

[61] Turnovsky, Geoffrey: The Literary Market. Authorship and Modernity in the Old Regime, Philadelphia 2010, S. 114; vgl. zudem S. 134. Ganz ähnlich argumentieren Strobel, Jochen und Jürgen Wolf: „Maecenas' Erben. Kunstförderung und künstlerische Freiheit – von der Antike bis zur Gegenwart", in: Strobel, Jochen und Jürgen Wolf (Hrsg.): *Maecenas und seine Erben. Kunstförderung und künstlerische Freiheit – von der Antike bis zur Gegenwart*, Stuttgart 2015, S. 7–47, hier S. 35f. Turnovsky wiederum beobachtet im Frankreich des 18. Jahrhundert zwei Varianten der Selbstlegitimierung von Autorschaft: *Zum einen* die Betonung von Wohlstand und gesellschaftlichem Prestige, für die um 1750 vor allem die Enzyklopädisten stehen. Literarische Tätigkeit und wirtschaftliches Interesse werden von ihnen vordergründig entkoppelt, ihre Autorschaft entsprechend als ‚interesselos' aufgewertet. *Zum anderen* die Klage über angebliche Unterbezahlung. Mit ihr – so Turnovsky – streichen Autoren, die solide Honorare erhalten, weder sozial noch aufgrund der literarischen ‚Qualität' ihrer Werke jedoch einen herausgehobenen Status genießen, einen vermeintlichen Idealismus heraus, der ihre publizistische Tätigkeit trotz mangelnder Lukrativität motiviere (vgl. Turnovsky: The Literary Market. Authorship and Modernity in the Old Regime, S. 103–146).

[62] Vgl. hierzu Jaumann: „Emanzipation als Positionsverlust", S. 61: „Der freie Schriftstel-

gründig) auf eine Existenz als ‚freier' Schriftsteller, der sich primär den Bedingungen eines literarischen Marktes unterwirft.[63] Vielmehr strebt Ramler ausdrücklich nach fürstlichen Zuwendungen als Form der materiellen und symbolischen Anerkennung von deutscher Sprache und Literatur.[64] Als er im Zuge der gewandelten Kulturpolitik unter Friedrich Wilhelm II. schließlich in königliche Institutionen eingebunden wird und Pensionen erhält, erscheint dies nicht als „Rückweg" im Prozess eines fortschreitenden sozialen Autonomiegewinns von Autorinnen und Autoren.[65] Vielmehr erfüllt sich mit der (suggerierten) Nähe von literarischer und höfischer Elite in Berlin und Potsdam ein maßgebliches Ziel von Ramlers Literaturpolitik.

Das folgende Kapitel unternimmt in diesem Sinne zweierlei: *Zum einen* sollen das Panorama von Ramlers literarischen und literaturpädagogischen Aktivitäten sowie die ökonomische Relevanz seiner Tätigkeiten seit Ende der 1740er Jahre skizziert werden. Ausgeklammert bleiben allein das Spektrum sowie die institutionellen Kontexte von Ramlers Gelegenheitsarbeiten, die im Mittelpunkt von Kapitel 1.3 stehen. Deutlich werden soll, welche radikale Veränderung für Ramlers wirtschaftliche Situation und sozialen Status der preußische Regierungswechsel von 1786 bedeutet. *Zum anderen* gilt es, die mediale Begleitung des Regierungswechsels nachzuzeichnen. Mit Ramlers Ode *Auf die Geburt Friedrich Wilhelms* und Johann Baptist Alxingers Ode *An den König von Preußen Friedrich Wilhelm*

---

ler lebt, um in diesem Sinne ‚frei' [von „ständische[r] Bindung"] sein zu können, mit dem Widerspruch zwischen Lohnarbeit und überlieferter gelehrter Ehrauffassung". Die von Jaumann skizzierte Perspektive zeigt bemerkenswerte Übereinstimmungen mit der von Turnovsky identifizierten ‚elitären' Autorposition, die jedoch in einer dezidiert adligen Kultur verankert ist.

[63] Weder in ökonomischer Perspektive, noch seinem Selbstverständnis nach bestätigt Ramler daher Haferkorns teleologische Perspektive, wonach der ständische Dichter im Verlauf der zweiten Hälfte des 18. Jahrhunderts durch den freien Schriftsteller abgelöst werde (vgl. Haferkorn, Hans Jürgen: „Zur Entstehung der bürgerlich-literarischen Intelligenz und des Schriftstellers im Deutschland zwischen 1750 und 1800", in: Lutz, Bernd (Hrsg.): *Literaturwissenschaft und Sozialwissenschaften 3. Deutsches Bürgertum und literarische Intelligenz. 1750–1800*, Stuttgart 1974, S. 113–275, hier S. 215; vgl. a. Wittmann, Reinhard: Geschichte des deutschen Buchhandels, 3. Aufl., München 2011, S. 155).

[64] Vgl. parallel zu Pensionen des dänischen Hofes – samt einem Ausblick auf Schillers Förderung seit 1791 – Koch, Manfred: „Schöngeistige Literatur und Mäzenatentum. Der dänische Hof und seine Pensionszuwendungen an Klopstock, M. Claudius, J. G. Müller und Hebbel", in: Ritter, Alexander (Hrsg.): *Freier Schriftsteller in der europäischen Aufklärung. Johann Gottwerth Müller von Itzehoe*, Steinburger Studien 4, Heide 1986, S. 33–61; sowie zu Jean Paul Fertig, Ludwig: „Die Brüder Dalberg und die Dichter. Zur Tradition des literarischen Mäzenatentums", *Archiv für hessische Geschichte und Altertumskunde* N. F. 75 (2017), S. 59–82, hier S. 78–82.

[65] So Jaumann mit Blick auf die Weimarer Klassik und die höfische Bindung ihrer Protagonisten (Jaumann: „Emanzipation als Positionsverlust", S. 64).

werden zwei Texte, die im Herbst 1786 (erneut) erscheinen, im Rahmen von Exkursen näher beleuchtet. Beide Gedichte dienen als Beispiele der literaturpolitisch motivierten Kommentierung von Ramlers Aufstieg zum Kulturbeamten. Ein Überblick zu Ramlers beruflichen Aufgaben seit 1786/1787 beschließt Kapitel 1.2.

1.2.1 Gelehrter und Dichter unter Friedrich II.

Nach zwei Hauslehrerstellen, die Ramler seit 1746 in der Nähe von Werneuchen und in Berlin bekleidet,[66] übernimmt er am 1. August 1748 das Amt eines „Maître[] der *Logic*" am Berliner Kadettenkorps und unterrichtet in der Folge jugendliche Offiziersanwärter.[67] Ramlers monatliches Gehalt beträgt zunächst 12 Taler und erhöht sich zwischenzeitlich auf 15 Taler. Erst nach Ende des Siebenjährigen Kriegs steigt seine Besoldung merklich, nämlich auf 25 Taler im Monat.[68] Ramlers Lehrdeputat wird hingegen bereits 1760 von acht auf sechzehn Wochenstunden verdoppelt.[69] Das von Ramler geforderte Unterrichtsformat sind Vorlesungen, die er durchweg am Nachmittag hält und im Halbjahresrhythmus einrichtet.[70] Überliefert sind Rahmenvorgaben aus dem Jahr 1765:

---

[66] Vgl. Schüddekopf: Karl Wilhelm Ramler bis zu seiner Verbindung mit Lessing, S. 12–14.
[67] Vgl. den Eintrag im Adres-Calender, Der Königl. Preuß. Haupt- und Residentz-Städte Berlin, und der daselbst befindlichen hohen und niederen Collegen, Instantien und Expeditionen, Auf das gemeine Jahr MDCCXLIX. [...], [Berlin] 1749, S. 4f.; sowie Crousaz, Adolf von: Geschichte des Königlich Preußischen Kadetten-Corps, nach seiner Entstehung, seinem Entwicklungsgange und seinen Resultaten [...], Berlin 1857, S. 113.
[68] Vgl. hierzu die Mitteilung von Johann Jobst von Buddenbrock, Chef des Kadettenkorps, an Ramler vom 30. Juli 1763: „Der König haben noch 3. Neue *Professores* beym *Cadetten-Corps* angesetzt, Bey dieser Gelegenheit ist Ihr Gehalt, von 180, zu 300rth. Jährlich vermehret worden und gehet diese Verbeßerung vom 1st[en] augusti an, worauf Sie vors künftige staat nachen [machen, d. h. sich verlassen, M. B.] können" (GSA 75/45, 1ʳ).
[69] Vgl. Schüddekopf: Karl Wilhelm Ramler bis zu seiner Verbindung mit Lessing, S. 14f.
[70] Vgl. Ramlers Bemerkung gegenüber Gleim am 12. Februar 1750: „Sie glauben, ich werde wegen meines vielen studirens kranck. Nein, nein. Vormittags von 9–12 sind nur drey Stunden, die Nachmittage bringe ich auf dem Cadettenhofe und unter unsern Freunden zu, ausgenommen, daß ich noch gantz spät bey nächtlicher Lampe ein Paar Stunden den Erdball erleuchte" (zit. nach BGR I, S. 213). Am 24. Februar 1760 beklagt er schließlich die Verdopplung seines Deputats: „Die Anzahl der Ziegel sind mir verdoppelt worden, oder, ohne Metapher, ihr schwacher Ramler hat viermal die Woche von 2 bis 6 Uhr hintereinander Lection zu geben" (zit. nach DH, S. 801). Karl Ludwig Knebel notiert am 22. Februar 1771 im *Tagebuch meines Lebens*: „Als wir bald Mittags gegessen hatten kam Madeweis. Ramler ging in Kadettenhof [...]. Von da, weil es noch nicht 5. Uhr war, als um welche Stunde sich Ramlers Collegium sich endigte, ging ich

> Der *Professor Ramler* Lieset die Logic und verbindet sie mit denen schönen Künsten und Wissenschaften nach Anweisung des *Batteux*, kurz, aber doch so, daß sie eine Generalidee von denen Gattungen bekommen, die zur Prosa und Poesie gehören. Auch bildet er ihren Geschmack an den übrigen sogenannten Künsten, damit sie hiervon in ihrem künftigen Leben zu urtheilen und von ihrem Urtheil Rechenschaft zu geben im Stande sind. Er kan hierbey historisch anführen, wie die schönen Künste und Wissenschaften ihre Epochen gehabt, daß ihr Ursprung unter denen Griechen angefangen, und die großen Männer in unserm Seculo nennen, welche sich am meisten darin hervorgethan. Vom ersten Zeitpunkt entstand der zweyte, unterm *Cäsar* und *Augustus*. Die Einnahme von *Constantinopel* durch die Türken hat die 3te Epoche zuwege gebracht, in Italien, da die Wiederherstellung der Wissenschaften unter den *Medicis* zu Florenz von neuem geblühet, und nachher unter dem Ludwig XIV. in Frankreich zur Vollkommenheit gebracht worden. Zuletzt können ihnen kürtzlich die berühmtesten Leute angeführet werden, so sich in unseren Zeiten hervorgethan. [...] Beyde HErrn *Professores* [Ramler und Friedrich Grillo, M. B.] entwerfen sich selbsten in kurtzen ein *project* zu diesem *Collegio* und lesen darüber so, daß sie in 6 Monathen endigen und dann selbiges wieder von neuen anfangen, da sie dann diejenigen neu angekommenen Cadets zu Zuhörern bekommen, welche im Stande sind von diesem *Collegio* zu profitiren.[71]

Ramler verbindet folglich seine spezifischen Kompetenzen im Bereich von Gattungspoetik und Literaturgeschichte mit der Aufgabe, das strukturierte (‚logische') Denken der Schüler zu fördern.[72] Auf Basis seiner Übersetzung von Batteux' *Cours de belles lettres* vermittelt Ramler Grundwissen zu literarischen Gattungen, sorgt für die Geschmacksbildung und literaturkritische Kompetenz seiner Zuhörer und liefert ihnen die Grundlinien einer westlichen Kulturgeschichte. Folgt man den Hinweisen von Ramlers späterem Herausgeber Goeckingk, resultiert Ramlers

---

gegen das Königsthor spazieren. Nach 5. Uhr kam ich zu Hn Raml[er] der eben seine Zuhörer von sich gelassen hatte" (GSA 54/348, 20ᵛ–21ʳ). Für den 7. Februar 1772 hält Knebel fest: „Wir blie begleiteten um 2. Uhr Nachmittags Ramler in das Cadettenhaus" (GSA 54/348, 57ʳ).

[71] So die Anweisungen der *Instruction für sie sämmtlichen Professores und Lehrers des Königlichen Kadetten-Corps, zu Folge welcher Sie nach Ihro Majestät des Königs Intention die jungen Edelleute unterrichten sollen* von 1765 (Crousaz: Geschichte des Königlich Preußischen Kadetten-Corps, nach seiner Entstehung, seinem Entwicklungsgange und seinen Resultaten [...], Beilage B, S. 21–24, hier S. 22; vgl. ebd., S. 128).

[72] Vgl. den Anspruch der *Instruction* von 1765: „Die *Philosophie* und die schönen Wissenschaften, wovon die *Logic* ein wesentliches Stück ist, muß so tractiret werden, daß Sie mit Nutzen und auf eine vernünftige Art denen jungen Leuten beigebracht wird. Es ist unnöthig, sich lange bei denen verschiedenen Formeln der Venunft-Schlüsse aufzuhalten, die in den Schulen üblich seyn, die meiste Sorge muß auf die Richtigkeit der Begriffe gehen" (Crousaz: Geschichte des Königlich Preußischen Kadetten-Corps, nach seiner Entstehung, seinem Entwicklungsgange und seinen Resultaten [...], Beilage B, S. 22).

Unterrichtsprogramm vor allem aus einer gezielten Anpassung an den intellektuellen Horizont seiner Schüler:

> Ramler sah bald ein, dass Geschichte und schöne Wissenschaften das Herz solcher Jünglinge, die gewöhnlich unmittelbar aus oft unkultivirten Provinzen und vom Aufenthalt unter Landleuten in das Institut kamen, leichter und sicherer gewinnen könnten, als Anleitung zu Definitionen, Distinctionen und Schlüssen, wozu sie gar nicht vorbereitet waren, da die mehrsten, von armen Eltern geboren, und frühzeitig verwaiset, zu Hause keine literarische Erziehung genossen hatten. Daher suchte er sie durch wohlgewählte Beyspiele aus der Geschichte, durch ausgesuchte Stellen aus klassischen Schriftstellern aller Nationen, und durch die Schönheiten der Dichtkunst selbst, an sich zu ziehen. Sein Vortrag ward ihnen das Muster des gewählten Deutschen Ausdrucks. Denen, welche ihre Kräfte in Übungen des Styls versuchen wollten, ward er durch seine feine Kritik nützlich.[73]

Als charismatischer Pädagoge, so Goeckingk, habe Ramler das ästhetische Empfinden seiner Schüler geweckt und ihre Eloquenz gefördert. In diesem Sinne integriert er den Vortrag literarischer Texte in seine Unterrichtsstunden und regt seine Schüler zur Deklamation von Dichtung an.[74] Neben Textbeispielen und Batteux' *Cours* stützt sich Ramler in seinen Vorlesungen nachweislich auf ein eigenständiges Manuskript, das postum unter dem Titel *Kurzgefaßte Einleitung in die schönen Künste und Wissenschaften* erscheint.[75] Hinzu kommt die Vermittlung grammati-

---

[73] Goeckingk, Leopold Friedrich Günther von: „Ramlers Leben", in: Ramler, Karl Wilhelm: *Poëtische Werke. [...] Zweyter Theil: Vermischte Gedichte*, Bd. 2, hg. von Leopold Friedrich Günther von Goeckingk, Berlin 1801, S. 305–326, hier S. 309.

[74] Vgl. hierzu Schüddekopf: Karl Wilhelm Ramler bis zu seiner Verbindung mit Lessing, S. 15. Schüddekopf notiert im Handexemplar (durchschossenes Blatt gegenüber von S. 15) weitere Autoren und Texte, die Ramler im Kadettenkorps vorträgt: Wielands *Alceste*, Gessners *Idyllen*, Eberts *Leonidas* und Lessings *Emilia Galotti* (vgl. GSA 161/1,1).

[75] Vgl. die Hinweise der vorangestellten Notiz *An die Leser*: „Es enthält diese Schrift seine kurze Einleitung in die schönen Wissenschaften, welche er zu der Zeit, als er noch Professor der schönen Wissenschaften bei dem adelichen Kadettenkorps zu Berlin war, seinen Zuhörern in die Feder diktirte. Als er nach dem Tode Friedrichs des Einzigen seine Professur niederlegte, verehrte er dieses sein eigenhändiges Manuskript einem seiner vertrautesten Freunde" (Ramler, Karl Wilhelm: [K]urzgefaßte Einleitung in die schönen Künste und Wissenschaften, Görlitz 1798, [unpaginiert]). Ein fragmentarisches Manuskript mit dem Titel *Kurzer Inbegriff der schönen Künste und Wissenschaften zu Vorlesungen bestimmt* befindet sich in Ramlers Nachlass (GSA 75/4). Es setzt sich zusammen aus Passagen von Schreiberhand, in die Ramler eigenhändige Korrekturen eingetragen hat, sowie durchgehend autographe Passagen. Auffällig ist, dass Ramlers Korrekturen sich im Görlitzer Druck nicht finden. Mit diesem Befund korrespondiert eine Rezension der *Kurzgefaßten Einleitung*, die Karl Ernst Adolf von Hoff für Nicolais *Neue allgemeine Deutsche Bibliothek* liefert. Hoff merkt an, er habe den „Abdruck [...] mit einer Abschrift verglichen, die er schon seit vielen Jahren von dem

kalischer Grundkenntnisse[76] sowie spätestens in den 1760er Jahren die Einführung in antike Mythologie samt Grundwissen zur Kunstform der Allegorie.[77] Diese maßgebliche Verschiebung des Unterrichtsschwerpunkts von der „Logic" hin zu literarischer und kultureller Bildung spiegelt sich auch in Ramlers Berufsbezeichnungen. Seit Anfang der 1760er Jahre führt er den Titel „Professor", zunächst mit dem Zusatz für „Philosophie" beziehungsweise „in der Logic".[78] Seit 1767 listet ihn der Berliner Adresskalender als „Prof. der schönen Wissenschaften".[79]

Parallel zu seiner Lehrtätigkeit am Kadettenkorps bietet Ramler von 1752 bis 1754 mit seinem Mitbewohner, dem Juristen Lukas Friedrich Langemack, Privatvorlesungen an. Ihre Veranstaltungen organisieren beide ebenfalls in halbjährlichen Zyklen, deren Beginn von ihnen in den Berliner Zeitungen inseriert wird. Veranstaltungsort ist ihre gemeinsame Wohnung, zwischenzeitlich steht beiden auch das Haus von Domküster Schmidt zur Verfügung. Ramlers „Collegium der schönen Wissenschaften" findet zunächst fünfstündig am Vormittag zwischen 10 und 11 Uhr (Sommersemester 1752) beziehungsweise 11 und 12 Uhr statt (Wintersemester 1752). Langemack hält seine juristischen Vorlesungen am Nachmit-

---

Ramlerischen Grundrisse in Händen hat, und sich durch diese Vergleichung überzeugt, daß R. nicht bey dem einmal gemachten Entwurfe es hat bewenden lassen; sondern daß er Vieles umgearbeitet, und bey der in jenem Grundrisse noch sehr mangelhaften Literatur die Hinzusetzung mehrerer und späterer literarischer Angaben nicht vernachlässigt hat". Auf dieser Vergleichsbasis kritisiert Hoff zudem die „Abänderungen, Berichtigungen und Zusätze" des Herausgebers (Hoff, Karl Ernst Adolf von: „Karl Wilhelm Ramlers kurzgefaßte Einleitung in die schönen Künste und Wissenschaften. Görliz, bey Anton. 1798. [...]", *Neue allgemeine deutsche Bibliothek* 45/2 [1799], S. 312f., hier S. 313). Festhalten lässt sich, dass mehrere Abschriften des Vorlesungsmanuskripts von Ramlers Hand existierten. In welcher Beziehung die Weimarer Handschrift und das von Hoff erwähnte Exemplar zueinander stehen, muss offenbleiben.

[76] Vgl. Ramler an Johann Christoph Adelung am 24. Juni 1782: „Empfangen Sie zuerst meinen großen Dank für den ersten Band Ihres Lehrgebäudes der teutschen Sprache. Ganz Teutschland wird mit mir Ihnen dafür auf immer danken. Meine Beiträge dazu würden in der That nur sehr mager ausfallen. Was ich zusammen schrieb, war fast nur den Knaben zu Gefallen gesammelt, die sich die Regeln der Sprache leichter ins Gedächtniß bringen sollten" (zit. nach B. (Hrsg.): „Drei Briefe von Ramler an Adelung", *Der neue teutsche Merkur* 1 [1807], S. 45–54, hier S. 51f.).

[77] Vgl. hierzu Kap. 4.2.1.

[78] Als „Profess. Philosophie" erscheint Ramler erstmals im Adres-Calender, Der Königl. Preußl. Haupt- und Residentz-Städte Berlin, und der daselbst befindlichen hohen und niederen Collegen, Instantzien und Expeditionen. Auf das Jahr MDCCLXIII. [...], [Berlin] 1763, S. 11. Bereits am 6. Juni 1762 bezeichnet er sich gegenüber Gleim „als ein[en] Professor der Logik beym Cadettencorps" (zit. nach DH, S. 886). In den Folgejahren nennt ihn der Kalender als Professor „in der Logic".

[79] Adres-Calender, der Königl. Preuß. Haupt- und Residentz-Städte Berlin, und derer daselbst befindlichen Hohen und Niederen Collegien, Instanzien und Expeditionen. Auf das gemeine Jahr MDCCLXVII. [...], [Berlin] 1767, S. 11.

tag.[80] Das von Ramler geforderte Hörergeld beträgt pro Halbjahr 20 Taler. Anfangs scheint das Interesse des Berliner Publikums jedoch mäßig und die Zahl der Hörer bleibt gering.[81] Im Sommersemester 1753 stellt Ramler sein Lehrangebot breiter auf: Zu einer Einführung in die „Humaniora", also einem ‚geisteswissenschaftlichen' Propädeutikum,[82] das er zweistündig am Mittwoch und Samstag zwischen 10 und 11 Uhr liest, kommt ein vierstündiges Kolleg zur „Metaphysik". Dieses findet an den übrigen Tagen der Woche (abgesehen vom Sonntag) zwischen 11 und 12 Uhr statt.[83] Bereits im Wintersemester 1753 kehrt Ramler zu den

---

[80] Vgl. Ramler, Karl Wilhelm und Lukas Friedrich Langemack: Ankündigung eines Collegii der schönen Wissenschaften und eines Collegii der Rechte, Welche den 16ten April des jetztlauffenden Jahres ihren Anfang nehmen sollen, Berlin 1752, S. 5: „Das Collegium wird alle Tage, den Sonnabend ausgenommen, von 10 bis 11 Uhr gehalten und der Cursus in einem halben Jahre geendiget werden"; sowie „[Anzeige]", *Berlinische Nachrichten von Staats- und gelehrten Sachen* 128 (24.10.1752), [unpaginiert]: „Den Liebhabern wird hierdurch bekannt gemacht, daß das Collegium der schönen Wissenschaften, welches von dem Herrn Ramler alle halbe Jahre geendigt wird, nunmehro seinen Anfang nimmt. Die Herrn Zuhörer, und auch diejenigen, die es *pro hospite* mit anhören wollen, können sich also in dem Hause des Domküsters, Herrn Schmidts, am Eck der Brüderstraße, von 11 bis 12 Uhr einfinden. Auch wird eben daselbst, Nachmittags von 3 bis 4 Uhr, das Collegium der Rechte von dem Herrn Langemack wiederum anfangen, und gleichfalls auf Ostern geendigt. Wer mit beyden Herrn in ihrer eigenen Behausung sprechen will, der beliebe sich am heil. Geist-Kirchhofe, bey dem Herrn Controlleur Denstädt, zu melden."

[81] Vgl. Ramlers Bemerkung gegenüber Gleim Ende Oktober 1752: „Morgen lese ich wieder ein Collegium, mein liebster Gleim; die Deutschen wollen sich aber nicht klug machen laßen. Ich glaube ich werde wol bey dem Sprichworte bleiben müßen tres faciunt collegium. Eine Schande für Berlin, würde mein Gleim sagen, einem so witzigen Kopfe für ein halbes Jahr Witz zwantzig Thaler!" (zit. nach BGR I, S. 381).

[82] Vgl. hierzu die Definition des Zedler: „*Humaniora* oder *Humanitatis Studia*, werden die freyen Künste geheissen, welche uns zur Erlernung höherer *Facultäten* geschickt machen. Man versteht aber gemeiniglich unter diesen *Humanioribus* die *Philosophie*, Historie, *Antiquitäten*, Poesie, *Oratorie*, *Grammatic* und Sprachen, gleich als ob sie den Menschen von denen übrigen Thieren unterschiedeten" („Humaniora", in: *Grosses vollständiges Universal-Lexicon Aller Wissenschaften und Künste [...]*, Bd. 13, Leipzig u. Halle 1739, Sp. 1155f., hier Sp. 1155).

[83] Vgl. „[Anzeige]", *Berlinische Nachrichten von Staats- und gelehrten Sachen* 55 (08.05.1753), S. 230: „Es dient zur Nachricht, daß künftigen Montag, den 7ten May, Vormittag von 11 bis 12 Uhr, mein Collegium über die Metaphysik seinen Anfang nimmt, welches wöchentlich viermahl gehalten und in einem halben Jahre absolvirt werden soll. Den 9ten wird das Collegium über Humaniora angefangen und allemahl Mittewochs und Sonnabens, Vormittags von 10 bis 11 Uhr, fortgesetzt und in einem Jahr zu Ende gebracht werden. Diejenigen, die gesonnen sind, eines oder beyde mit anzuhören, belieben sich in dem Hause des Herrn Controlleur Denstädts, am Heil. Geist-Kirchhofe, zu melden. Ramler."

„schönen Wissenschaften" zurück, die er nochmals im Frühjahr/Sommer 1754 vierstündig zwischen 4 und 5 Uhr am Nachmittag liest.[84]

Über Ramlers Vorlesungsprogramm informiert am ausführlichsten eine Broschüre, die er und Langemack ihrer ersten Veranstaltungsreihe im Frühjahr 1752 vorausschicken. Gegenstand von Ramlers „Collegium der schönen Wissenschaften" sind Mustertexte in Prosa und Vers („Beredsamkeit und Poesie"), an deren Beispiel er „die allgemeinen Regeln des Schönen entdecken" will.[85] Im Zentrum steht also die Förderung der literaturkritischen und stilistischen Kompetenz seiner Zuhörer:

> Man wird bey der Fabel, der Tragödie, der Ode und allen übrigen Dichtungs-Arten einige Fehler der neuern aufdecken und die vielen Schönheiten der Alten in ihr Licht setzen; welches man auch mit den alten Rednern, Geschichtschreibern und Philosophen thun wird, damit die Zuhörer sich gewöhnen, die alten Autores nicht blos der Redensarten wegen zu lesen, sondern sie ihrer Gedancken wegen hochzuschätzen und ihnen die Kunst abzulernen gleich natürlich, gleich richtig und gleich angenehm zu schreiben. Ausser den wenigen guten Dichtern unsers eignen Volcks sollen ihnen zugleich die besten Ausländer bekant gemacht und mit einer bestimten Critick begleitet werden.[86]

Ramler benennt die Vielfalt der Textgrundlagen seines Kurses und verspricht die Vermittlung von literaturgeschichtlichem Überblickswissen: Sowohl antike Autoren als auch Literatur in den europäischen Volkssprachen, darunter auch deutsche Texte, bilden den Ausgangspunkt des Unterrichts. Zugleich durchzieht eine klassizistische Perspektive Ramlers Kanon: Die „neuer[e]" Literatur und die „wenigen guten Dichter[]" in deutscher Sprache seien sehr viel kritischer zu lesen als die antiken Schriftsteller mit ihren „vielen Schönheiten". Darüber hinaus sollen Rezeption und Produktion unmittelbar ineinander übergehen. Es gelte, den Texten „die Kunst abzulernen gleich natürlich, gleich richtig und gleich angenehm zu schreiben". Damit ist Ramlers Ideal eines ungekünstelten, sprachlich korrekten und gefälligen Stils benannt. Als Methoden schlägt er das Übersetzen „einige[r] alte[r] oder neue[r] Meisterstücke" sowie das selbständige Verfassen und den lauten Vortrag von Texten vor: „Man wird ihnen auch nach ihrer vorzüglichen Neigung zu einer gewissen Art der Poesie oder der gesammten Beredsamkeit selbst

---

[84] Vgl. „[Anzeige]", *Berlinische Nachrichten von Staats- und gelehrten Sachen* 48 (20.04.1754), S. 192: „Da das Privat-Collegium über die schönen Wissenschaften, welches ich bisher nach Anleitung des Herrn *Batteux* gelesen habe, mit diesen Ostern zu Ende gegangen ist: so habe ich hiedurch anzeigen wollen, daß ich es auf den Montag, als den 22ten April von 4 bis 5 Uhr abermahls anfangen, es wöchentlich viermal fortsetzen und in einem halben Jahre zu Ende bringen werde. Diejenigen, die noch gesonnen sind, es mit anzuhören, belieben sich in dem Hause des Herrn *Controlleur* Denstädts am heil. Geist Kirchhofe zu melden. Berlin, den 17 April 1754. Ramler."
[85] Ramler/Langemack: Ankündigung eines Collegii, S. 3.
[86] Ebd., S. 4.

etwas auszuarbeiten anrathen, um es hernach öffentlich vorzulesen."[87] Zu den Werbestrategien von Ramlers Ankündigung zählt die Adressierung eines breiten Publikums:

> Gute Briefe sind für jeden Stand unentbehrlich, und man sieht sie als eine Probe unserer Talente und Gemüthsgaben an. Vortreffliche Rede sind vornehmlich dem geistlichen Stande eigen, und göttliche Wahrheiten die mit schönen Worten vorgetragen werden, haben die grösseste Gewalt auf das menschliche Hertz. Philosophische und andere gelehrte Berichte und Abhandlungen zu machen, haben besonders diejenigen nöthig, die den Nahmen der gelehrtesten Männer ihrer Zeit verdienen wollen, und es wäre wohl zu wünschen, daß dergleichen Schriften unter uns Deutschen nicht mehr auf eine so pedantische Art verfasset werden möchten, sondern daß man künftig so schön und so gelehrt zugleich schriebe, wie Addison unter den Engelländern und unter den Franzosen Saint Mard. Kurtz, es muß ein jeder, der sich zu der Zahl der Gelehrten rechnen will, schöner reden und schreiben lernen, als ein gemeiner Mann und es darinn den besten Ausländern nachthun, die auf die Sprache ihres Landes mehr Fleiß wenden als auf eine fremde.[88]

Ramler kombiniert eine topische Kritik an gelehrter Pedanterie mit dem suggerierten Bedarf einer Breitenförderung stilistischen Könnens: Die Wirkung von Briefen als Aushängeschild ihres Schreibers sei „für jeden Stand" notwendig. Sein Kolleg will jedoch nicht allein sprachliche Schlüsselkompetenzen vermitteln, die den gesellschaftlichen Erfolg der Zuhörer fördern. Ramler stellt auch den ethischen Anspruch seiner Lehrtätigkeit heraus:

> Wenn sie nun alle Arten schöner Schriften kennen und sich einen guten Geschmack erworben haben, so werden sie künftig am besten wissen, womit sie ihre einsamen Stunden besetzen sollen, es sey daß sie sich dem Hofe, der Kirche oder den Rechten widmen, ja es sey auch daß sie die Handlung oder irgend eine freye Kunst erlernen wolten. Denn die schönen Wissenschaften gehen nicht so wol den Hoffmann, den Juristen, den Künstler, als vielmehr den Menschen an, und der würcklich gute Geschmack in den Wissenschaften, breitet sich natürlicher Weise über das gantze Leben des Menschen aus. Zugleich wird dieser Unterricht dazu dienen, ihnen den Geschmack an unedlen Zeitverkürtzungen zu verleiden und sie auf ihre künftige Lebenszeit gesitteter und weiser zu machen, indem er ihnen die Stunden der Verführung und des Müßiggangs vernünftig und angenehm besetzet.[89]

Die Ausbildung des „guten Geschmack[s]" wird damit zum umfassenden Bildungsprogramm. Ramlers Vorlesungen erschließen seinen Zuhörern literarische Praktiken, die nicht allein „ihre einsamen Stunden" ausfüllen, sondern ihre Lebensgestaltung insgesamt prägen sollen. Dignität gewinnt die Beschäftigung mit Sprache und Literatur im Kontrast zu moralisch fragwürdigen Freizeitaktivitäten.

---

[87] Ebd.
[88] Ebd., S. 3f.
[89] Ebd., S. 4f.

Sie bedeute gerade keine lasterhafte Untätigkeit, sondern fördere die ‚Sittlichkeit' und ‚Weisheit', indem sie „vernünftig[es]" Handeln und Vergnügen paare.

Signifikant ist zudem, dass Ramler bereits 1752 die Auseinandersetzung mit Batteux' ästhetischen und gattungspoetischen Grundlagenwerken in seine Lehre einbindet:

> Weil man gewöhnlicher massen ein Buch zum Grunde zu legen pflegt, so wehlt man hiezu des Herrn *Batteux* kleines Werck: *Les beaux arts reduits à un même principe*, welches unter dem Titel: die schönen Künste auf Einen Grundsatz eingeschrenckt, übersezt ist. Doch wird man fürnemlich sein grösseres Werk: *Cours de belles Lettres* vor Augen haben, als das vollständigste so in dieser Art bisher erschienen ist.[90]

Ramlers Vorlesungen bilden somit das Parallelprojekt seines Unterrichts am Kadettenkorps, der sich ebenfalls auf Batteux' *Cours* stützt. Zudem zeigt sich, dass Ramlers Batteux-Rezeption und die Adaption seiner vierbändigen Gattungspoetik für ein deutschsprachiges Lesepublikum von Beginn an mit pädagogischer Praxis verbunden sind.

Dass Ramler seine Lehrtätigkeit zu Beginn der 1750er Jahre ausdehnt, dürfte vor allem als Versuch zu werten sein, den finanziellen Ertrag seiner Batteux-Studien zu steigern. Neben seinem Privatkolleg hält Ramler darüber hinaus auch „auf der Realschule (jetzt Friedrich-Wilhelms-Gymnasium)" „Vorlesungen über die schönen Wissenschaften".[91] Schüddekopf vermutet zudem, dass Ramler noch in späteren Jahren sein Privatkolleg veranstaltet.[92] Ihrem Format nach weist Ramlers

---

[90] Ebd., S. 5. Ramler bezieht sich hier auf Batteux, Charles und Johann Adolf Schlegel: [...] Einschränkung der schönen Künste auf Einen einzigen Grundsatz, aus dem Französischen übersetzt, und mit einem Anhange einiger eignen Abhandlungen versehen., Leipzig 1751.

[91] So jedenfalls Goeckingk: „Ramlers Leben", S. 316.

[92] In Schüddekopfs Dissertation heißt es noch: „Das privatkolleg scheint die 50er jahre über bestanden zu haben" (Schüddekopf: Karl Wilhelm Ramler bis zu seiner Verbindung mit Lessing, S. 40). Im Handexemplar notiert er schließlich „und länger, vgl. Böttigers LZuZ, II, 112" (GSA 161/1,1, durchschossene Seite gegenüber S. 40). Schüddekopf stützt sich auf folgenden Hinweis: „Lange Zeit, da er nur den mäßigen Gehalt eines Professors beim Cadettencorps hatte, waren seine Umstände nicht die glänzendsten. Doch hielt er Privatvorlesungen in seiner Wohnung, die gut bezahlt wurden, und sammelte früh schon ein kleines Capital" (Böttiger, Karl August: „Karl Wilhelm Ramler. (Im August 1797.)", in: Böttiger, Karl Wilhelm (Hrsg.): *Literarische Zustände und Zeitgenossen. In Schilderungen aus Karl Aug. Böttiger's handschriftlichem Nachlasse*, Bd. 2, Leipzig 1838, S. 112–120, hier S. 112). Böttigers Bemerkung ist jedoch mit Vorsicht zu bewerten. Zum einen nennt er keinen konkreten Zeitraum, zum anderen finden sich in seinem Bericht überhaupt zahlreiche Fehler und polemische Überspitzungen, vgl. hierzu Sanders „Zusätze zu dem Aufsatz über Ramler" in: Maurach, Bernd (Hrsg.): Die Briefe Johann Daniel Sanders an Carl August Böttiger, Bd. 1, Bern u. a. 1990,

und Langemacks Privatakademie auf jene Vorlesungen voraus, mit denen Markus Herz seit den späten 1770er Jahren einen Mittelpunkt des Berliner Kulturlebens etabliert.[93] Mit seiner Batteux-Übersetzung *Einleitung in die schönen Wissenschaften* (1756–1758/⁴1774) und der *Kurzgefassten Einleitung* (1798) legt Ramler wiederum Standardwerke vor, die Universitätsprofessoren noch bis Ende des 18. Jahrhunderts als Unterrichtsgrundlage dienen.[94]

Zur Lehrtätigkeit kommen seit Anfang der 1750er Jahre eine Fülle von Herausgebertätigkeiten. Gemeinsam mit Johann Georg Sulzer übernimmt Ramler im Januar 1750 die Redaktion eines Rezensionsorgans für den Berliner Verlag Haude und Spener. Inwiefern er für die Herausgabe der *Critischen Nachrichten* bezahlt wird und durch die Bereitstellung von Rezensionsexemplaren profitiert, ist nicht festzustellen. Aufgrund des Ausfalls seines Mitherausgebers und einer wachsen-

---

S. 204–206. Böttigers Ausführungen dürften sich konkret auf folgende Anmerkung von Sander stützen: „Er las ehemals Collegia über die schönen Wissenschaften, in seiner Wohnung, die ihm eine Beihülfe verschafften; auch hatte er noch andren Nebenerwerb, u. lebte so ordentlich, daß er schon vor dem Jahre 86 sammeln konnte u. einige Kapitale auf Zinsen untergebracht hatte" (ebd., S. 204). Sanders letzte Bemerkung wird durch eine autographe Quittung bestätigt, die sich im Bestand des Stadtmuseums Berlin erhalten hat: „Fünf und zwanzig Rthlr einjahrigen Zins in *Courant* von 500 Rthlr. *Capital* in *Courant* à fünf *Pro Cent*, aus der *Obligation* vom 25^{tn} *Aug*. 1758 an den Herrn Prediger *Cruciger*, welche den 25^{tn} *Aug*. 1777. an mich *cedi*ret worden, habe ich vom 25 *Aug*. 1780 bis dahin 1781. aus Eines HochEdlen Magistrats Kämmerey baar ausgezahlt erhalten, worüber ich hiermit quitire. Berlin, den 25$\underline{^{tn}}$*Aug*. 1781 [...] Karl Wilhelm Ramler." (Stiftung Stadtmuseum Berlin, Sammlung Literatur V 72/643 R).

[93] Vgl. Lund, Hannah Lotte: „,ich habe so viele sonderbare Menschen hier' – Vergesellschaftungsformen im Hause Herz der 1790er-Jahre", in: Lund, Hannah Lotte, Ulrike Schneider und Ulrike Wels (Hrsg.): *Die Kommunikations-, Wissens- und Handlungsräume der Henriette Herz (1764–1847)*, Schriften des Frühneuzeitzentrums Potsdam 5, Göttingen 2017, S. 23–44, hier S. 29.

[94] Franz Joseph Bob (1733–1802) unterrichtet als Professor für Kameralistik und deutsche Redekunst in Freiburg 1773/1774 „Eloquentia Germanica secundum Batteux Einleitung in die Schönen Wissenschafften [!] von Ramlern übersetzt: ab hora 8. ad 9. diebus Martis et Jovis". In Leipzig liest Johann Georg Eck d. J. im Sommersemester 1800 nach Ramlers *Kurzgefasster Einleitung* (vgl. Hlobil, Tomáš: Geschmacksbildung im Nationalinteresse. Die Anfänge der Prager Universitätsästhetik im mitteleuropäischen Kulturraum 1763–1805 [...], Bochumer Quellen und Forschungen zum 18. Jahrhundert 2, Hannover 2012, S. 29 [Anm. 36] sowie S. 113). Vgl. zudem ebd., S. 100: „Die Halleschen Ordinarien Eberhard, Jakob und Maaß lasen Ästhetik meist nach eigenen Büchern und Unterlagen. Weitere Lehrpersonen verwendeten verschiedene Vorlagen, meist Eschenburg, Eberhard oder Snell. Gerade durch die Verwendung dieser Bücher unterschied sich der Beobachtungszeitraum von früheren Zeiten, während in Halle Batteux, Riedel und Meier herrschten. Auch die Leipziger Ästhetiker gingen nicht von einer einzigen Vorlage aus. Vereinzelt stützten sie sich auf Pope, Ramler und Eberhard, häufiger gingen sie von Kants *Kritik der Urteilskraft* aus, von den Kant-Lehrbüchern der Gebrüder Snell und von eigenen Ausführungen."

den Arbeitslast gibt Ramler seine Tätigkeit binnen Jahresfrist wieder auf.[95] Wesentliche Posten, die zu Ramlers Lebensunterhalt beitragen, werden in der Folgezeit Verleger-Honorare für Übersetzungen und Anthologien. Während Ramlers panegyrische Gelegenheitsdichtungen durchweg in Berliner Verlagen erscheinen, erweist sich für den Erfolg seiner Aktivitäten als Übersetzer und Herausgeber die Kooperation mit der Weidmannschen Buchhandlung in Leipzig und ihrem Geschäftsführer Philipp Erasmus Reich (1717–1787) als entscheidend.[96] Ramler ist als ‚Autor' des renommierten Leipzigers Verlags ans Zentrum des deutschen Buchhandels angebunden. Seine Publikationen werden mit Reich zudem von einem der führenden Verleger des deutschen Sprachraums betreut, der zur Zahlung einträglicher Honorare in der Lage ist.

[95] Vgl. hierzu Goldenbaum, Ursula: „Ramler als Mitherausgeber einer gelehrten Zeitung. Die *Critischen Nachrichten aus dem Reiche der Gelehrsamkeit* im Jahre 1750", in: Lütteken, Laurenz, Ute Pott und Carsten Zelle (Hrsg.): *Urbanität als Aufklärung. Karl Wilhelm Ramler und die Kultur des 18. Jahrhunderts*, Schriften des Gleimhauses Halberstadt 2, Göttingen 2003, S. 355–388. Hingewiesen sei auch auf den kommentierten Abdruck des „Vorberichts" in Ausgabe 1 der *Critischen Nachrichten* (vgl. Sulzer, Johann Georg: Gesammelte Schriften. Kommentierte Ausgabe. Bd. 7. Dichtung und Literaturkritik, hg. von Annika Hildebrandt und Steffen Martus, Basel 2020, S. 96f. sowie S. 352–354).

[96] Erhalten haben sich rund 60 Briefe, die Ramler zwischen 1759 und 1793 an Philipp Erasmus Reich und die Weidmannsche Buchhandlung sendet. Allein 41 Briefe sind heute im Besitz der SUB in Hamburg. Weitere Briefe befinden sich in den Beständen der BSB (München), der SLUB (Dresden), der ZLB (Berlin) und der SB Berlin (je ein Brief). Je zwei Briefe besitzen das Freie Deutsche Hochstift Frankfurt und die UB Leipzig, je fünf Briefe die Stadtbibliothek Stralsund sowie die Biblioteka Jagiellońska Krakau. Das ABBAW besitzt Abschriften von insgesamt 46 Briefen (NL Ramler, Nr. 21), die sich in den 1880er Jahren im Besitz von Hans Reimer befanden und bereits Schüddekopf zur Verfügung standen (vgl. Schüddekopf: Karl Wilhelm Ramler bis zu seiner Verbindung mit Lessing, S. IV). Ein Konvolut von 23 Briefen, die 1872 für das Börsenblatt ausgewertet wurden, ist in seiner Zusammensetzung nur teilweise zu rekonstruieren. Zwei von drei Briefen, die mit vollem Datum zitiert werden, sind offenbar verloren. 14 Briefe, die sich noch bis zum Zweiten Weltkrieg im Besitz der Bibliothek des Börsenvereins befanden, gehören ebenso zu den Kriegsverlusten wie ein Brief, der im Stadt-Archiv Altona lag (vgl. Frels, Wilhelm: Deutsche Dichterhandschriften von 1400 bis 1900. Gesamtkatalog der eigenhändigen Handschriften deutscher Dichter in den Bibliotheken und Archiven Deutschlands, Österreichs, der Schweiz und der ČSR, Leipzig 1934, S. 230f.). Ein weiterer Brief ist nur im Auszug überliefert (vgl. Buchholtz, Arend: Carl Robert Lessings Bücher- und Handschriftensammlung [...], Bd. 2, hg. von Gotthold Lessing, Berlin 1915, S. 231). Charlotte Kurbjuhn untersucht Ramlers Briefe an die Weidmannsche Buchhandlung seit 1772 mit einem Fokus auf Elemente der Buchgestaltung und deren Genese (vgl. Kurbjuhn, Charlotte: „Preußische Leistungsschau. Bernhard Rode illustriert Karl Wilhelm Ramlers *Poetische Werke*", in: Haischer, Peter-Henning u. a. (Hrsg.): *Kupferstich und Letternkunst. Buchgestaltung im 18. Jahrhundert*, Heidelberg 2016, S. 473–538, hier S. 481–492).

Für die erste Auflage seiner Batteux-Übersetzung erhält Ramler Ende der 1750er Jahre insgesamt 300 Taler, somit mehr als das doppelte seines Jahresgehalts am Kadettenkorps (144 Taler). Für die Folgeauflagen überarbeitet und aktualisiert er seine *Einleitung* immer wieder und bezieht erneut einträgliche Honorare: 219 Taler für die zweite Auflage (1762/1763), sowie je 200 Taler für die dritte und vierte Auflage (1769/1774).[97] Lessing und Ramler erhalten für ihre Ausgabe von Logaus *Sinngedichten* im Jahr 1759 insgesamt 175 Taler (5 Taler pro Bogen).[98] Für Band 1 seiner *Lyrischen Bluhmenlese* von 1774 kommen Ramler 236 Taler (8 Taler pro Bogen) und 50 Freiexemplare, für Band 2 der *Bluhmenlese* von 1777 hingegen ‚lediglich' 130 Taler zu (5 Taler pro Bogen). *Christian Wernikens Überschriften* von 1780 tragen Ramler 162 Taler ein (rund 5,5 Taler pro Bogen). Seine *Fabellese* von 1783 bringt Ramler 222 Taler (6 Taler pro Bogen).[99]

Mit einem Bogenhonorar zwischen 5,5 und 8 Talern liegt Ramler über der durchschnittlichen Autorenvergütung, die sich in der zweiten Hälfte des 18. Jahrhundert zwischen 4,9 und 6,6 Talern pro Bogen bewegt.[100] Als die Weidmannsche Buchhandlung nach Reichs Tod im Jahr 1787 den Bogenpreis für ihren Stammautor auf 3 Taler drückt, beendet Ramler den geschäftlichen Kontakt.[101] Seine Auswahlausgabe von Catulls *Carmina* erscheint 1793 im Berliner Verlag Franke. Ramler erhält 220 Taler und 30 Freiexemplare.[102] Damit kommt er erneut auf

---

[97] Vgl. Buchner, Karl: „Aus den Papieren der Weidmannschen Buchhandlung. Neue Folge. III. Karl Wilhelm Ramler", *Börsenblatt für den Deutschen Buchhandel und die mit ihm verwandten Geschäftszweige* 222 (1872), S. 3495f., hier S. 3495; sowie Buchner, Karl: „Aus den Papieren der Weidmannschen Buchhandlung. Neue Folge. III. Karl Wilhelm Ramler. (Schluß aus Nr. 222)", *Börsenblatt für den Deutschen Buchhandel und die mit ihm verwandten Geschäftszweige* 228 (1872), S. 3586–3588, hier S. 3587.

[98] Vgl. Buchner: „Aus den Papieren der Weidmannschen Buchhandlung. Neue Folge. III. Karl Wilhelm Ramler", S. 3495.

[99] Vgl. Buchner: „Aus den Papieren der Weidmannschen Buchhandlung. Neue Folge. III. Karl Wilhelm Ramler. (Schluß aus Nr. 222)", S. 3587.

[100] Vgl. Faulstich, Werner: Die bürgerliche Mediengesellschaft (1700–1830), Die Geschichte der Medien 4, Göttingen 2002, S. 187. Vgl. auch die Einschätzung von Lehmstedt: „Bogenhonorare von 5 bis 6 rt. bildeten nicht die Unter-, sondern die Obergrenze des Durchschnittshonorars für die Weidmannschen Autoren; zudem waren 5 rt. je Bogen, die erstmals im Jahre 1759 an Ramler und Lessing bei Herausgabe (!) von Logaus ‚Sinngedichten' gezahlt worden waren und damals noch weit über dem Gewöhnlichen lagen, erst in den 80er Jahren als relativ verbindlich durchgesetzt" (Lehmstedt, Mark: Struktur und Arbeitsweise eines Verlages der deutschen Aufklärung. Die Weidmannsche Buchhandlung in Leipzig unter der Leitung von Philipp Erasmus Reich zwischen 1745 und 1787, Diss. Leipzig 1990, S. 47).

[101] Vgl. Buchner: „Aus den Papieren der Weidmannschen Buchhandlung. Neue Folge. III. Karl Wilhelm Ramler. (Schluß aus Nr. 222)", S. 3588.

[102] In Ramlers Nachlass hat sich der Vertrag mit dem Verlag Franke erhalten. Dieser sichert Ramler ein „*Honorarium* von Vier und vierzig Friedrichs d'or nebst 30 Exemplaren auf gutem holl[ändischen] Papier" zu (GSA 75/7, 1ʳ).

einen Bogenpreis von rund 8 Talern, übernimmt jedoch zudem die zweite und dritte Fahnenkorrektur. Darüber hinaus tritt Ramler seine Rechte an einer überarbeiteten Neuauflage ausdrücklich ab.[103]

Zu Ramlers Herausgeberschaften kommen seine Tätigkeiten als Lektor und Verlagskorrektor. Als solcher besetzt Ramler teils eine Schnittstelle zwischen Verlegern sowie Autorinnen und Autoren.[104] Seit 1777 überarbeitet er beispielsweise im direkten Austausch mit Ludwig Heinrich Nicolay dessen Texte im Rahmen einer Werkedition, die im Verlag von Friedrich Nicolai erscheint. Parallel konzipiert Ramler in Rücksprache mit L. H. Nicolay und F. Nicolai die Motive für buchgraphische Elemente, etwa Frontispize, sowie die Einrichtung der Bände von Nicolays Werkausgabe. Dass Ramlers Arbeit an Text- und Buchgestalt bis ins Detail reicht, zeigt ein bisher unveröffentlichter Brief an Friedrich Nicolai aus dem Jahr 1795:

> Hier, liebster Freund, ein Wörtchen von Autorsachen! Unser Poet Nicolay läßt immer, wie er Ihnen im letzten Briefe schrieb 2 Theile seiner Gedichte zusammenbinden. Nun hat der *III* u. *IV Theil* 482 Seiten: (nehmlich III. *cum. tit*[*ulo*] 218 *IV. c. tit.* 246 *Adde dedicat*[*ionem*] *ad imper*[*atorem*] 18/f. 482). Unser *VII* neuer Theil hat schon jetzt 336 Seiten, und ich habe ausgerechnet, daß noch ungefähr 54 Seiten hinzukommen werden, bis die 12 Gesänge der *Angelika* geendigt sind: das macht alsdenn 390 Seiten aus. Es bleiben also, ehe dieser *VII* Theil so stark wird, wie der *III* u. *IV* zusammen sind, noch 92 Seiten übrig; und so viel brauchen wir nicht einmahl zu beykommen 4 Erzählungen, welche Sie Herrn Unger zuzustellen belieben werd[en], [Nicolai zwischen den Zeilen: „Gleich mittages gesandt d 3 Febr 95."]

---

[103] Vgl. die entsprechenden Punkte des Vertrags: „3., der Hr. Verfasser übernimmt die zweite Correktur, und wenn es nöthig seyn sollte, auch die dritte", sowie „5., der Hr. Verfasser überlässet es dem p [„dem Geheimen *Secretaire*" des Verlags, M. B.] *Hertzberg*, das Werk zu seinem Vortheil so oft wieder aufzu legen, als es ihm gefällig ist, ohne ihm oder seinen Erben weiter baares Geld dafür auszuzahlen, wenn er gleich einige Veränderungen damit vornehmen sollte. In diesem Fall erbiethet der Hr. Verfasser sich abermahls zur Correktur und ist mit dreyßig Exemplaren auf gutem Holländischen Papier zufrieden" (GSA 75/7, 1ʳ–1ᵛ).

[104] Vgl. hierzu mit Blick auf Philipp Erasmus Reich: Rosenstrauch, Hazel: Buchhandelsmanufaktur und Aufklärung. Die Reformen des Buchhändlers und Verlegers Ph. E. Reich (1717–1787). Sozialgeschichtliche Studie zur Entwicklung des literarischen Marktes, Frankfurt a. M. 1986, S. 104. Zum breiten Tätigkeitsspektrum von Verlagskorrektoren/„Castigatoren" vom späten 15. bis frühen 17. Jahrhundert vgl. Grafton, Anthony: The Culture of Correction in Renaissance Europe, London 2011. Bisher kaum beleuchtet sind die Wechselwirkungen zwischen Ramlers Tätigkeit als Korrektor seit den 1740er Jahren und seiner Praxis als Vertreter der werkzentrierten Verbesserungspoetik. Auf den Konnex und entsprechende Traditionen, in denen Ramler steht, deutet bereits Graftons abschließende These: „collaborative authorship was the correctors' most original and important creation" (ebd., S. 214; vgl. zudem S. 53f.).

mit der Ordre, sie zur *Angelika* hinzuzudrucken. Dieß war auch der Wille des Auttors, der mir schrieb: Hängen Sie diese Erzähl[ung] der Angelika auf den Schwanz. Ich bin ganz der Ihrige *Ramler*. B. d[en] 3ᵗⁿ Febr. 1795.[105]

Für Nicolai übernimmt Ramler zudem die Fahnenkorrektur der Werkausgabe und erhält dafür nachweislich Honorare sowie Freiexemplare.[106] Nicolay wiederum bedankt sich für Ramlers Lektorat, indem er ihm wiederholt Kaviar schickt.[107] Eine entsprechende Aufmerksamkeit („ein Fäßchen Caviar") sendet ihm ebenso der Verleger Johann Friedrich Hartknoch, als 1766 der Druck von Ramlers *Sammlung der besten Sinngedichte der deutschen Poeten* in Riga stockt.[108]

---

[105] Ramler an Friedrich Nicolai am 3. Februar 1795 (Autographen-Sammlung der ehemaligen Preussischen Staatsbibliothek zu Berlin, jetzt in der Biblioteka Jagiellońska, Ramler, 1ʳ). Ramlers Rechnung („nehmlich [...]") steht in kleinerer Schrift und ist innerhalb der Zeile in vier eigenen Zeilen abgesetzt, die jeweils von der Angabe der Seitenzahl abgeschlossen werden. Zwischen der dritten und vierten Zeile steht ein horizontaler Strich, hier als Schrägstrich transkribiert. Der Brief ist am linken Rand des Blattes um folgendes Postskriptum ergänzt: „Seit dem Donnerstage bin ich nicht aus dem Hause gekommen, wegen einer sehr heftigen Halskrankheit. Jetzt fange ich an mich zu bessern. Leben Sie gesünder! Laugier und Le roi kommen hier mit großem Danke zurück." Bisher nicht bekannt bzw. gedruckt ist zudem ein Brief von Nicolai an Ramler vom 17. August 1789. Nicolai sendet aus Pyrmont einen goldenen Ring im Auftrag des Fürsten von Waldeck-Pyrmont, mit dem sich dieser für Ramlers Inschrift zu einem Denkmal für Friedrich II. bedankt (vgl. ABBAW: NL Ramler, Nr. 16). Zum Kontext vgl. Kap. 1.3.6.

[106] Vgl. Ramlers Bemerkung am 12. April 1793: „Die 50rt. für Durchsicht des 3 u. 4 Theils der Nicolaischen Gedichte, womit sie mich einmahl verwöhnt haben, sind mir richtig eingehändigt worden, wofür ich meinen freundschaftlichsten schuldigen Dank entrichte" (zit. nach Košenina: „Briefwechsel zwischen Friedrich Nicolai und Karl Wilhelm Ramler", S. 432). Brieflichen Bemerkungen zufolge erhält Ramler Anfang der 1780er Jahre pro Band der Werkausgabe drei Freiexemplare (vgl. ebd., S. 422f.).

[107] Am 19. Januar 1781 meldet Ramler sein Interesse an: „Fängt man denn in dieser Kriegeszeit keinen Stör mehr? Es kömmt so wenig Caviar in Berlin an, daß ich nur erst einmahl eine Tasse davon zum Geschenk erhalten habe" (zit. nach Ischreyt, Heinz (Hrsg.): Die beiden Nicolai. Briefwechsel zwischen Ludwig Heinrich Nicolay in St. Petersburg und Friedrich Nicolai in Berlin (1776–1811). Ergänzt um weitere Briefe von und an Karl Wilhelm Ramler, Johann Georg Schlosser, Friedrich Leopold Graf zu Stolberg, Johann Heinrich Voss und Johann Baptist von Alxinger, Schriftenreihe Nordost-Archiv 28, Lüneburg 1989, S. 96). Am 28. September 1782 dankt Ramler schließlich Nicolays Frau „für das mir doppelt angenehme Geschenk des nettesten Französischen Briefes und des frischesten und wohlschmeckendsten Caviars" (zit. nach ebd., S. 124). Diesen Dank wiederholt Ramler im Juli 1788 und im März 1794 (vgl. ebd., S. 258 sowie S. 390).

[108] Vgl. Johann Friedrich Hartknoch an Ramler am 22. Dezember 1766 und 2. Januar 1767 (GSA 75/86, 1ʳ).

Auch Wein zählt zu jenen Naturalien, die Ramler für seine literarischen Aktivitäten erhält. Seit den frühen 1760er Jahren wirkt er als Koautor und literarischer Agent von Johann Nikolaus Götz.[109] Im Zuge der Arbeit an dessen postumer Werkausgabe bittet Ramler Götz' Sohn, den Verleger Gottlieb Christian Götz, ‚lediglich' darum, ihm „zur Wiederherstellung meiner Gesundheit so viel ehrlichen deutschen sechziger Rheinwein" zukommen lassen, „als Sie belieben. [...] Handeln mit dem Sohne meines Freundes mag ich nicht gern; aber auf diese Weise, die ich vorschlage, kann ich sagen, wir beschencken einander als Freunde."[110] Auch Joseph von Beroldingen, „Domherr" in Hildesheim, schickt Ramler im Juli 1787 Wein und dankt für die „Gefälligkeit, das Richteramt über die auf den Tod des guten Printzen v. Braun-Schweig eingegangenen Oden, zu übernehmen".[111]

Bei Geschenken wie Wein und Kaviar handelt es sich somit primär um Zeichen der Erkenntlichkeit. Auch wenn Ramler diese mitunter einfordert, lässt sich eine gänzliche Ökonomisierung seiner literarischen Aktivitäten folglich nicht beobachten: Neben bezahlte Aufgaben treten zahlreiche weitere Tätigkeiten, die Ramler ausdrücklich als kostenlose Freundschaftsdienste markiert. Dass er Lektorats-Aufgaben sogar im größeren Stil unentgeltlich übernimmt, zeigt seine jahrzehntelange Zusammenarbeit mit Christian Felix Weiße. Weder Weißes Briefe an Ramler noch die seines Leipziger Verlegers Johann Gottfried Dyk deuten darauf hin, dass Ramlers Arbeit jemals vergütet wird.[112] Vielmehr übernimmt Weiße in Leipzig seinerseits die Fahnenkorrektur von Ramlers Buchprojekten, die durch die Weidmannsche Buchhandlung verlegt werden.[113]

---

[109] Vgl. hierzu Nowitzki, Hans-Peter und Peter-Henning Haischer: „Verbesserungsästhetik als Editionsprinzip. Karl Wilhelm Ramlers Bearbeitung von Johann Nikolaus Götz' Gedichten", *Zeitschrift für Germanistik* 27/1 (2017), S. 87–107.

[110] Ramler an Gottlieb Christian Götz am 1. Mai 1784 (AdK, Berlin, Wolfgang-Goetz-Archiv, Sign. 363, 2ʳ). Götz geht auf Ramlers Bitte bereits am 10. Mai 1784 ein und will ein Fass Rheinwein senden. Am 29. Januar 1785 bedauert er hingegen, dass Ramler seinerseits 21 Taler Steuergebühren für den Erhalt habe entrichten müssen (vgl. Schüddekopf, Carl (Hrsg.): Briefe von und an Johann Nikolaus Götz, Wolfenbüttel 1893, S. 122). Vgl. auch Voß' Hinweise: „Im August erhielt *Ramler*, als Geschenk der dankbaren Freundschaft, einen Ohm 66ger Rheinwein, wofür er über 21 Rthlr. Impost, und zum Auffüllen noch 7 Rthlr., bezahlte. Das störte ihm nicht den Genuß ‚des wohlschmeckenden und seiner Gesundheit wohlthätigen Tranks', und willfährig sandte er dem Schenkenden das verlangte Bildnis seines Götz zum Gegengeschenk" (Voß, Johann Heinrich: Ueber Götz und Ramler. Kritische Briefe, Mannheim 1809, S. 150f.).

[111] Joseph von Beroldingen an Ramler am 27. Juli 1787 (GSA 75/23, 1ʳ).

[112] Dyks Ausführungen beschränken sich auf Bemerkungen und Bitten. Vgl. etwa am 21. November 1775: Sollte Ramler nach Leipzig kommen, „Dann könnt' ich Ihnen mündlich für die überschickten Correkturen der Theaterchronologie danken, und über manches mir noch Ihren Rath ausbitten", sowie die Rückfrage: „Wollen Sie die Jagd und den Aerntekranz [von Weiße, M. B.] noch verbeßern helfen, und soll ich Ihnen von diesen Stücken etwann durchschoßene Exemplare überschicken?" (GSA 75/60, 4ᵛ–5ʳ).

[113] Vgl. Lehmstedt: Struktur und Arbeitsweise, S. 124f.

1.2.2 Kulturpolitischer Umbruch im Spätsommer 1786

Friedrich II. stirbt am 17. August 1786 in Potsdam. Bereits wenige Tage später zeichnet sich ab, dass der Thronwechsel eine doppelte kulturpolitische Dynamik freisetzt: Friedrich Wilhelm II. markiert *seinerseits* den Abbruch einer vorrangigen Förderung von französischer Sprache, Dichtung und Kultur, indem er Vertretern deutschsprachiger Literatur Pensionen gewährt und sie in prestigereiche Ämter beruft. Symbolträchtig ist auch die großzügige finanzielle Unterstützung der Lyrikerin Anna Louisa Karsch und des Dichters Joachim Christian Blum. Für Karsch genehmigt Friedrich Wilhelm im Frühjahr 1787 den Bau eines Hauses in Berlin.[114] Blum lässt er 2000 Taler für die Instandsetzung seines Landhauses zukommen.[115] Friedrich Wilhelm – so die unmissverständliche Botschaft – macht Brandenburg-Preußen zum Wohnsitz der deutschen Musen.[116]

Im Gegenzug befördern deutschsprachige Autoren *ihrerseits* die Deutung der Ereignisse im Herbst 1786 als Auftakt eines einschneidenden kulturpolitischen Wandels. Sie lancieren Gelegenheitsgedichte, treten als Festredner auf oder veröffentlichen, wie Johann Wilhelm Ludwig Gleim, ihren brieflichen Austausch mit Friedrich Wilhelm II. in den Berliner Zeitungen. Gleim verfolgt in seinem Schreiben an den neuen preußischen König eine Strategie, die sich in der Folgezeit für die postume Deutung Friedrichs II. als paradigmatisch erweist:

> Unter den Millionen von Menschen, welche mit Hoffnung auf *Ewr. Königl. Majestät* glorreiches Leben über den erlittenen Verlust sich trösten, befindet sich ein alter

---

[114] Vgl. „Berlin, den 1. Februar", *Königlich-privilegirte Berlinische Zeitung von Staats- und gelehrten Sachen* 14 (11.02.1787), [unpaginiert]: „Madam *Karschin*, die durch ihre Gedichte berühmt ist, hielt vor kurzem bei *Sr. Majestät dem Könige* an, daß *Höchstdieselben* ihr ein Haus bauen lassen möchten. Obgleich der Bau-Etat für dieses Jahr schon regulirt war, haben *Se. Majestät* dennoch ihr Gesuch gnädigst bewilligt, und noch in diesem Jahre wird ihr ein Haus auf einer bisher leeren Stelle gebauet werden." Die zeitgenössische Symbolwirkung erschließt sich im Kontrast zu Friedrich II., von dem sich Karsch bereits in den 1760er Jahren den Bau eines Hauses erhofft. Kleinere Beiträge kommen ihr allerdings bis Anfang der 1780er Jahre zu (vgl. Henzel, Christoph: „Die Schatulle Friedrichs II. von Preussen und die Hofmusik (Teil 2)", *Jahrbuch des Staatlichen Instituts für Musikforschung Preußischer Kulturbesitz* [2000], S. 175–209, hier S. 208f.). Zur konfliktreichen brieflichen Auseinandersetzung zwischen Gleim und Karsch, was die Legitimität finanzieller Unterstützung durch den König und das letztliche Geschenk eines Hauses angeht, vgl. Pott, Ute: Briefgespräche. Über den Briefwechsel zwischen Anna Louisa Karsch und Johann Wilhelm Ludwig Gleim [...], Göttingen 1998, S. 95–117.

[115] Vgl. die Zusammenstellung von Blums Versepisteln und der Antwortschreiben Friedrich Wilhelms II. unter dem Titel „Königliche Wohlthat gegen einen vaterländischen Dichter", *Berlinische Monatsschrift* 11/2 (1788), S. 131–137.

[116] Zur Bautätigkeit als Beweis fürstlicher Größe und Freigiebigkeit vgl. Warnke: Hofkünstler, S. 231–234.

Mann, bekannt unter dem angenommenen Charakter eines Preußischen Grenadiers, welcher in den unvergeßlichen Jahren 1756 und 1757 seinen Zeitgenossen unglaubliche Begebenheiten des Krieges sang, und glaubliche Fabeln dichtete dem Königlichen Neffen. Dieser alte Mann, wenn nicht Krankheit ihn hinderte, machte sich auf, mit dem heißesten Wunsche seines patriotischen Herzens, zuvorzukommen den Millionen der Hoffenden; er forschte den Augenblick aus, in dem er's wagen dürfte, dem sorgevollen Landesvater unter die Augen zu treten und *Ihm* zu sagen: „Es hätten unter *Friedrich dem Einzigen* nur allein die deutschen Musen geklagt; sie hätten in ewigen Gesängen Ihn singen wollen; Er hätte mit Seiner Liebe zu den ausländischen Musen die Muse des Vaterlandes beynahe zum Stummseyn gebracht; die Zeiten des *Einzigen* würden gewesen seyn, wie die goldnen Sprachzeiten Alexanders, Augusts, Leo's, Carls und Ludwigs; *Ewr. Königl. Majestät* aber hätte die Vorsehung aufbehalten, das sechste Weltalter der Musen zu stiften!["].[117]

Gleim, der sich als etablierter Preußen-Panegyriker einführt, ergänzt die Stilisierung des verstorbenen Königs zum Ausnahmeherrscher („*Friedrich dem Einzigen*") um die pointierte Kritik an seiner Kulturpolitik. Als Manko von Friedrichs Regentschaft sei „nur allein" die ausbleibende Anerkennung und Förderung deutschsprachiger Dichtung zu werten. Damit gelingt es Gleim, Friedrich II. als Monarchen zu überhöhen und parallel jenes Feld abzustecken, auf dem sich Friedrich Wilhelm II. von seinem Vorgänger absetzen könne. Gezielt lenkt Gleim das Interesse des neuen Preußenkönigs auf die Förderung eines „sechste[n] Weltalter[s] der Musen" und erhält am 27. August 1786 positive Antwort von Friedrich Wilhelm: Er werde „mit Vergnügen" als „Beschützer" der deutschen Literatur tätig.[118]

Ramler wiederum avanciert unmittelbar nach Friedrichs Tod zu einem zentralen Protagonisten der skizzierten doppelten Dynamik und wechselseitigen Bestätigung des kulturpolitischen Wandels, der durch den neuen preußischen Monarchen und herausragende Vertreter der deutschsprachigen Literatur in Preußen befördert wird. Zwei Faktoren dürften hierfür entscheidend sein: *Erstens* gehört Ramler zu den profilierten und bestens vernetzten Vertretern panegyrischer Gelegenheitskunst in Berlin. Dies erklärt, warum ihm Ende August 1786 die Mitorganisation der Potsdamer Trauerfeierlichkeiten für Friedrich II. übertragen wird. Im Rahmen der Huldigungsfeierlichkeiten der Kurmark am 2. Oktober 1786 ist

---

[117] „Berlin, vom 12. September", *Berlinische Nachrichten von Staats- und gelehrten Sachen* 109 (12.10.1786), S. 817f., hier S. 818. Gleims Brief datiert auf den 23. August 1786. Die *Vossische Zeitung* druckt Gleims Brief und Friedrich Wilhelms Antwort in ihrer Ausgabe vom 14. September 1786 ab (vgl. „Berlin, den 14. September", *Königlich-privilegirte Berlinische Zeitung von Staats- und gelehrten Sachen* 110 [14.09.1786], [unpaginiert]).

[118] „Berlin, vom 12. September", S. 818. Zu Gleim, Karsch und Blum vgl. Bleich, Erich: Der Hof des Königs Friedrich Wilhelm II. und des Königs Friedrich Wilhelm III., Geschichte des preußischen Hofes 3,1, Berlin 1914, S. 77.

Ramler zudem gleich mehrfach als Inventor von Illuminationen gefragt.[119] *Zweitens* zählt Ramler seit Anfang der 1750er Jahre zu den prominenten Kritikern der frankophilen Kulturpolitik Friedrichs II.[120] Sein Nachfolger Friedrich Wilhelm kann somit im August und September 1786 darauf bauen, dass der Anschub von Ramlers Karriere eine besondere Signalwirkung entfaltet.

Bereits Ende August 1786, nur wenige Tage nach dem Tod Friedrichs II., erhält Ramler die Zusage einer Pension durch den neuen preußischen König:

> Hochgelahrter, Lieber, Getreuer. Eure bekannten Verdienste, um die Wißenschaften, haben Meiner Aufmercksamkeit nicht entgehen können, und Euch Meinen Beyfall erworben. Zugleich habe Ich Euch aber auch Meinen *Estim* [Wertschätzung, M. B.] dadurch thätig bezeugen wollen, daß Ich die *ordre* gestellt habe, daß Ihr, alljährlich, aus der *General Domainen Casse*, in den gewöhnlichen *Terminen*, eine *Pension* von Acht hundert Tal[ern] ausgezahlt erhalten sollet. Ich bin Euer gnädiger König [...].[121]

Die Pension entspricht knapp dem Dreifachen von Ramlers jährlichem Einkommen als Professor am Kadettenkorps (zuletzt 300 Taler) und bildet den Auftakt finanzieller Zuwendungen durch Friedrich Wilhelm II.[122] Folgt man einem Hin-

---

[119] Vgl. hierzu Kap. 4.1.
[120] Vgl. hierzu Kap. 2.
[121] Friedrich Wilhelm II. von Preußen an Ramler am 27. August 1786 (ABBAW: NL Ramler, Nr. 11, 1ʳ). Vgl. zudem den Hinweis bei Böttiger: „Um mich aufs Angenehmste zu überraschen, schickte der König unterdessen, daß ich in Potsdam war, ein sehr gnädiges Handschreiben an mich in Berlin, worin er mir meinen Gehalt [korrekt: Pension, M. B.] auf 800 Thaler vermehrte" (Böttiger: „Karl Wilhelm Ramler. (Im August 1797.)", S. 117). Ramler schließt seine Vorbereitungen der Trauerfeierlichkeiten in Potsdam bereits Ende August/Anfang September ab und kehrt nach Berlin zurück. Auf einem Schreiben Ewald von Hertzbergs an Ramler vom 29. August 1786 findet sich der nicht datierte Hinweis „ist schon wieder nach Berlin zurück" (GSA 75/90, 2ᵛ). Aus Urania Wesselys Brief an Ramler vom 3. September 1786 geht wiederum hervor, dass Ramler spätestens am 2. September 1786 zurück in Berlin ist: „Da ich gestern das vergnügen nicht hatte zu haüße zu seyn, als Sie mir die Ehre Ihres besuchs gönten, so wage ich es Ihne[n] hiermit schriftlich zu bitten, da mein Sohn heüte in seinen 20ᵗⁿ jahre tritt diese kleine familien freüde, durch Ihre gegenwarth vollkommen zu machen" (GSA 75/231, 1ʳ).
[122] Wie beträchtlich die Summe ausfällt, zeigt auch der Vergleich zu Klopstock, dessen dänische Pension seit 1750 400 Taler beträgt, in den 1760er Jahren auf 600 Taler steigt, zwischenzeitlich leicht sinkt und erst 1789 auf 800 Taler erhöht wird (vgl. Pape, Helmut: Die gesellschaftlich-wirtschaftliche Stellung Friedrich Gottlieb Klopstocks, Diss. Bonn 1962, S. 55–65). Seit Mitte der 1770er Jahre bezieht Klopstock zusätzlich eine Pension des Markgrafen von Baden, die „rund 550 Rth" sowie Kost und Logis umfasst (ebd., S. 89). Beide Pensionen machen um 1775 zusammen „etwa 1.150 Rth" aus (ebd.). Nach 1789 dürften es sogar ca. 1350 Taler gewesen sein. Ramlers Einkommen aus Pensionen beläuft sich seit 1786 auf insgesamt 1000, Mitte der 1790er Jahre schließlich auf 1400 Taler (s. u.).

weis von Ramlers späterem Verleger Johann Daniel Sander, geht die Gewährung der Pension auf die Protektion durch Johann Christoph von Wöllner zurück.[123]

Markant sind die Deutungen, um die beide Berliner Zeitungen ihre Mitteilungen zur Gewährung der Pension ergänzen. Die *Berlinischen Nachrichten* stellen Ramler im Gegensatz zu Friedrich Wilhelm II. nicht als Gelehrten („Verdienste, um die Wissenschaften"), sondern als patriotischen Lyriker heraus. Der neue preußische König habe „zu Bezeigung Dero besondern Wohlgefallens, dem vaterländischen Dichter, Herrn Professor Ramler, eine jährliche Pension von achthundert Thalern anweisen zu lassen allergnädigst geruhet".[124] Die *Vossische Zeitung* hingegen betont Ramlers Doppelrolle als Dichter und Gelehrter: „*Se. Maj. der König* haben dem Herrn Professor Ramler aus besonderer Gnade wegen seiner Verdienste um die deutsche Poesie, Sprache und Litteratur eine jährliche Pension von 800 Rthlr. zu ertheilen geruhet."[125] Damit dürfte die Annonce der *Vossischen Zeitung* auch auf die kulturpolitischen Konfrontationen mit Friedrich II. anspielen. Beiden Deutungen gemeinsam ist, dass sie die Pension als symbolischen Akt der Anerkennung und Aufwertung einer genuin ‚deutschen' Literatur einordnen. Ramler avanciert damit bereits Ende August zu einem zentralen Repräsentanten preußischer Panegyrik und deutschsprachiger Gelehrtenkultur in Berlin, dessen Karriere stellvertretend für den Prestigegewinn deutscher Sprache und Dichtung steht.

Wenige Tage später erreichen Ramler entsprechende Glückwunschschreiben aus seinem persönlichen Umfeld. Bereits am 29. August schreibt ihm Minister Ewald von Hertzberg, nachdem er von Ramlers Pension „aus den Zeitungen" erfahren hat. Er „gratulire [...] von Herzen zu dieser so wohl u[nd] so lange verdienten Belohnung".[126] Antoinette Bamberger, deren Mann seit 1780 als Hof- und Garnisonprediger in Potsdam wirkt,[127] beglückwünscht Ramler am 3. September 1786. Inzwischen habe sie „die Nachricht von der Gerechtigkeit unsers Königs gegen Ihre Verdienste" gelesen.[128] Ebenfalls am 3. September wendet sich Urania Wessely an Ramler:

---

[123] Vgl. Sanders „Zusätze zu dem Aufsatz über Ramler" vom 18. November 1797: „Uebrigens sage ich Ihnen noch im Vertrauen, daß Ramler die Pension Wöllnern zu verdanken hatte" (zit. nach: Maurach (Hrsg.): Die Briefe Johann Daniel Sanders an Carl August Böttiger, Bd. 1, S. 206 [Unterstreichung im Original]).

[124] „Berlin, vom 29. August", *Berlinische Nachrichten von Staats- und gelehrten Sachen* 103 (29.08.1786), S. 771.

[125] „Berlin, den 29. August", *Königlich-privilegirte Berlinische Zeitung von Staats- und gelehrten Sachen* 103 (29.08.1786), [unpaginiert].

[126] Vgl. Ewald Friedrich Graf von Hertzberg an Ramler am 29. August 1786 (GSA 75/90, 1^r).

[127] Vgl. Denina, Carlo: „Bamberger (Jean Pierre)", in: Denina, Carlo: *La Prusse littéraire sous Fréderic II [...]*, Bd. 1, Berlin 1790, S. 228f., hier S. 228.

[128] Antoinette Bamberger an Ramler 3. September 1786 (GSA 75/18, 13^r).

ich habe seit all der großen und wichtigen begebenheiten, noch das vergnügen nicht haben können, Ihnen wertester H[err] Proffesor! meine glückwünsche mündlich darüber abzustatten, ich will ja nicht hoffen daß Sie stolz gegen ihre freünde werden können; doch nein! der große Ramler ist grösserer Ehre wehrt als er empfun[den, M. B.] wie kan da stolz in seine Seele kommen?[129]

Karl Philipp Moritz, der sich auf dem Weg nach Italien befindet, adressiert Ramler am 4. September aus Nürnberg und gratuliert ebenfalls im Anschluss an seine Zeitungslektüre, „daß der jetzige König Ihre Verdienste erkannt und belohnt hat".[130] Dass Bamberger und Moritz das Stichwort der *Vossischen Zeitung* übernehmen („Verdienste") und auch Hertzberg auf besagte Annoncen verweist, deutet auf die wichtige Rolle beider Berliner Zeitungen für die öffentliche Wahrnehmung des Thronwechsels im Spätsommer 1786.[131]

Zur Pension von 800 Talern kommt Ramlers Aufnahme in zwei herausgehobene Institutionen der staatlichen Kulturförderung. Bereits im Juni 1786 wird er gemeinsam mit dem Schriftsteller und Philosophen Johann Jakob Engel zum Ehrenmitglied der Akademie der Künste ernannt. Friedrich Anton Freiherr von Heinitz, der im Februar 1786 die Oberaufsicht und Geschäftsleitung der Akademie übernimmt, setzt sich noch in den letzten Monaten der Regierung Friedrichs II. für eine Aufstockung der finanziellen Mittel ein, lässt die Statuten überarbeiten und belebt die institutionellen Aktivitäten.[132] Entscheidender Faktor für Ramlers Auf-

---

[129] Urania Wessely an Ramler am 3. September 1786 (GSA 75/231, 1ʳ). Von Ramlers Verbundenheit mit der Familie Wessely zeugt auch seine Zusammenarbeit mit dem Komponisten Bernhard Wessely, vgl. Kap. 1.3.5.

[130] Karl Philipp Moritz an Ramler am 4. September 1786 (zit. nach Eybisch, Hugo: Anton Reiser. Untersuchungen zur Lebensgeschichte von K. Ph. Moritz und zur Kritik seiner Autobiographie, Probefahrten 14, Leipzig 1909, S. 199).

[131] Mit deutlichem Zeitabstand folgt am 23. September die Gratulation von Ramlers „Schul Freund" Daniel Hinrich Bohm aus Kolberg zu den „Gnaden Bezeugungen" Friedrich Wilhelms II. (GSA 75/33, 1ʳ). Christoph F. R. Lisiewsky, Bruder der Malerin Dorothea Therbusch, gratuliert Ramler am 9. Oktober aus Ludwigslust zur Pension und Mitgliedschaft bei der Akademie der Wissenschaften („die großen Gnaden Bezeugungen Unsers Theuresten Königs gegen Männer von *Talenten* und Verdiensten"). Auch er habe davon aus der Zeitung („öffentliche Blätter") erfahren (GSA 75/133, 1ʳ). Der Dichter Joachim Christian Blum wendet sich schließlich am 26. Oktober 1786 aus Rathenow an Ramler. Ihr gemeinsamer Bekannte „Stechow" habe Ramler möglicherweise bereits Blums ‚Freude' mitgeteilt, dass Ramlers „so lange verkannten Verdienste königlich erkannt und belohnt" worden seien. Er hoffe auf eine weitere Förderung der deutschen Literatur (GSA 75/29, 18ʳ; zu Blum vgl. a. Kap. 1.3.4). Die drei erhaltenen Schreiben bezeugen die überregionale Aufmerksamkeit für Ramlers Karriere seit August 1786. Johann Bapstist von Alxinger dehnt sie mit seiner Ode *An den König* (s. u.) publikumswirksam auf Wien aus.

[132] Vgl. Müller, Hans: Die Königliche Akademie der Künste zu Berlin. 1696 bis 1896. Erster Teil. Von der Begründung durch Friedrich III von Brandenburg bis zur Wiederherstellung durch Friedrich Wilhelm II von Preußen, Berlin 1896, S. 154f.

nahme dürfte wiederum die Freundschaft und etablierte Kooperation mit dem Maler und Graphiker Christian Bernhard Rode sein. Sie lässt eine entsprechende Unterstützung von Rodes Seite vermuten, der seit 1783 als Direktor der Akademie der Künste amtiert.[133]

In der Akademie-Sitzung vom 11. Mai 1786 wird unter anderem die Aufnahme von Ramler und Johann Jakob Engel beschlossen. Am 18. Mai 1786, somit bereits eine Woche später, präsentieren sich beide jeweils mit einer kurzen programmatischen Rede.[134] Ramler erörtert die Frage, „wie akademische Mitglieder sich unter einander am nützlichsten werden können".[135] Knapp umreißt er das Ideal eines gemeinsamen Strebens nach künstlerischer Vollkommenheit („daß [...] einer zu des andern Verbesserung etwas beytragen soll").[136] Basis seien die Einsicht in die Vielfalt der Talente und die notwendige künstlerische Spezialisierung. Auch eine Relativierung der Gattungshierarchien erleichtere die gegenseitige Anerkennung. Ramler setzt dabei potenziellen Spannungen im Rahmen des künstlerischen Wettbewerbs ein Ethos der Zusammenarbeit in ausdrücklich patriotischer Fluchtlinie entgegen: Der Künstler solle zur „Ehre" und zum „Lobe seines Vaterlandes" arbeiten.[137]

In der Sitzung vom 8. Juni 1786 werden Engel und Ramler schließlich „zu Assessoren mit Sitz und Stimme ernannt".[138] Dass Heinitz ihnen als Neumitgliedern eine entscheidende Rolle für die Öffentlichkeitswirkung der Akademie zuweist, zeigt auch sein „Vorschlag einer ‚solemnen und completten Versammlung der Academie' am Geburtstag des Königs [Friedrich Wilhelm II., M. B.] mit Lob-

---

[133] Vgl. Jacobs, Renate: Das graphische Werk Bernhard Rodes (1725–1797), Kunstgeschichte. Form und Interesse 35, Münster 1990, S. 32–37.
[134] Vgl. Lacher, Reimar F. (Hrsg.): Die Konferenzen der Berliner Kunstakademie 1786–1815. Annalen des Berliner Kunstalltags., „Berliner Klassik. Eine Großstadtkultur um 1800/Online-Dokumente", Berlin-Brandenburgische Akademie der Wissenschaften 2004, S. 27, http://www.berliner-klassik.de/forschung/dateien/lacher_protokolle_adk.pdf (zugegriffen am 27.08.2021).
[135] Vgl. Ramler, Karl Wilhelm: „Rede, von der Art, wie akademische Mitglieder sich unter einander am nützlichsten werden können. [...]", *Ephemeriden der Litteratur und des Theaters* 24 (17.06.1786), S. 369–374. Nochmals gedruckt wird die Rede im November 1788 (vgl. „Rede, von der Art, wie akademische Mitglieder sich unter einander am nützlichsten werden können?", *Monats-Schrift der Akademie der Künste und mechan. Wissenschaften zu Berlin* 2/5 [1788], S. 197–203).
[136] Vgl. Ramler: „Rede, von der Art, wie akademische Mitglieder sich unter einander am nützlichsten werden können. [...]", S. 373.
[137] Ebd., S. 370 bzw. S. 374.
[138] Lacher (Hrsg.): Die Konferenzen der Berliner Kunstakademie 1786–1815, S. 27. Vgl. auch Stiftung Archiv der Akademie der Künste (Hrsg.): „...alle, die zu dieser Academie Beruffen". Verzeichnis der Mitglieder der Berliner Akademie der Künste. 1696–1996, Berlin 1996, S. 230.

rede von Engel oder Ramler".[139] Überliefert ist Ramlers Rede, die er im Rahmen der Festsitzung am 29. September 1786 vorträgt, allerdings nicht.[140] Nochmals prestigeträchtiger ist Ramlers Aufnahme in die Akademie der Wissenschaften. Ein erster Versuch im September 1771 scheitert bereits an der internen Vorauswahl der Kandidaten.[141] Am 29. August 1786 hingegen, kaum zwei Wochen nach Friedrichs Tod, schlägt Minister von Hertzberg dem König vor, Ramler umgehend aufzunehmen.[142] Friedrich Wilhelms Zustimmung folgt prompt. Bereits in der Sitzung vom 31. August wird die Aufnahme eingeleitet:

> Elle [l'Académie] a ensuite déclaré que l'intention de S. M. [Sa majesté, M. B.] étoit que M. le Marquis Lucchesini fut mis au nombre des Honoraires, M. Ramler comme Membre ordinaire dans la Classe de Belles-Lettres, & M. Beguelin fut Directeur de la Classe de Philosophie.[143]

Eine Woche später, in der Sitzung vom 7. September, benennt Kurator Hertzberg auch Johann Jakob Engel als Neumitglied.[144] Ramler, der zu diesem Zeitpunkt

---

[139] Lacher (Hrsg.): Die Konferenzen der Berliner Kunstakademie 1786–1815, S. 29.

[140] Ebd., S. 29f. Vgl. zu weiteren Details Müller: Die Königliche Akademie der Künste zu Berlin, S. 161: „Um auch das Geburtstagsfest des Königs nach altem Brauch durch eine öffentliche Sitzung der Akademie zu feiern, schrieb Heinitz am 9. September 1786 aus Oppeln an den Direktor, er wünsche, dass die Akademie diesen Tag von jetzt ab jährlich durch eine Konferenz mit einer Rede auf den König festlich begehe. Laut Protokoll vom 22. September 1786 beschloss die Akademie, diesen Vorschlag auszuführen; Rode sollte dieserhalb den ihm befreundeten Ramler und, wenn er ablehnen würde, Meil junior den Professor Engel bitten, etwas zum Lobe des Königs zu sagen; würde auch dieser ablehnen, so wollte Bergrat Moelter dies thun. [...] Karl Wilhelm Ramler, Professor der schönen Wissenschaften (1725–1798), der 1786 zum Ehrenmitglied ernannt wurde, hielt die Festrede."

[141] Der Jurist Johann Christian Uhden schlägt Ramler in der Sitzung vom 26. September 1771 als eines von drei potenziellen Mitgliedern der „Classe de Philosophie Spéculative" vor, unter denen Friedrich II. einen Kandidaten auswählen soll. Ramler unterliegt in der Vorauswahl mit fünf Ja- gegenüber 15 Nein-Stimmen (vgl. https://akademieregistres.bbaw.de/data/protokolle/1072-1771_09_26.xml [zugegriffen am 15.09.2019]).

[142] Vgl. Hertzbergs Schreiben an Friedrich Wilhelm II. vom 29. Augsut 1786, das Lucchesini und Ramler als herausragende Gelehrte vorstellt: „Comme j'assisterai demain pour la première fois à la séance de l'Academie en qualité de Curateur, je prens la liberté de demander les ordres de Vôtre Majesté, si Elle approuve 1.) que je présente le Marquis de Lucchesini et le Professeur Ramler pour membres de l'academie. Ils le méritent sûrement tous les deux par l'étendue de leur érudition, qui les met au rang des Sçavans les plus distingués" (ABBAW, PAW (1700–1811), I-III-4, 2ʳ).

[143] Registres de l'Académie Royale des Sciences et Belles-Lettres à Berlin depuis Le 24 Août 1786 (ABBAW, PAW (1700–1811), I-IV-33, 2ʳ).

[144] „Son Excellence a proposé pour nouveaux Académiciens, Mʳ. le Dr. Selle, Mʳ. de Castillon le fils[?], & Mʳ. le Professeur Engel, dans la Classe de Philosophie, & Mˢ. le Professeur Garve comme Membre externe" (ABBAW, PAW (1700–1811), I-IV-33, 2ᵛ).

noch in die Vorbereitungen der Trauerfeierlichkeiten für Friedrich II. in Potsdam eingebunden ist, hat sich bereits brieflich an Jean Henri Samuel Formey, den Sekretär der Akademie, gewandt:

> Da ich mich in der Geschwindigkeit im Französischen nicht so gut ausdrücken kann, als in meiner gewöhnlichen Sprache, so ersuche ich Sie, diese meine Deutsche Antwort auf Ihr Schreiben nicht ungütig zu nehmen. Zuerst sage ich Ihnen meinen verbindlichsten Dank für die Stimme, die sie zu meiner Aufnahme so freundschaftlich gegeben haben. Hiernächst ersuche ich Sie, wegen der dringenden Geschäfte, womit ich überhäuft worden bin, mich entschuldigt zu halten, dass ich den nächsten Donnerstag noch nicht in der Akademie erscheinen und meine kurze Danksagungsrede halten kann. So bald meine Geschäfte geendigt sind, werde ich Sie sogleich davon benachrichtigen.[145]

Dass die Wahl der deutschen Sprache in Ramlers Schreiben nicht allein pragmatischen Gründen und mangelnder Sprachbeherrschung geschuldet ist, zeigt ein zweites Schreiben. Ramler lässt Formey am 10. September, einen Tag nach der feierlichen Beisetzung Friedrichs II. in Potsdam, im Voraus seine Dankesrede zur Akademieaufnahme zukommen:

> Als ich des Herrn Ministers von Herzberg Excellenz fragte, in welcher Sprache ich meine Danksagung der Academie der Wissenschaften abstatten müßte, so ertheilten Sie mir die Antwort, ich könnte solches in der Deutschen Sprache thun. Ich habe mich also dieser Erlaubniß bedient, und sende Denenselben meine kleine Anrede. Es steht nun völlig in Ihrem Belieben, ob Sie mir eine kurze deutsche Antwort geben wollen, oder ob Sie mir Französisch antworten wollen, da Sie wissen, daß ich diese Sprache verstehe, indem ich manches daraus übersetzt habe, ob ich sie gleich nicht gut spreche. [...] Den nächsten Donnerstag werde ich die Ehre haben auf der Akademie zu erscheinen.[146]

Ramler bricht in Rücksprache mit Hertzberg, bei aller Diplomatie und Betonung seiner passiven Sprachkenntnisse, mit dem Gebrauch des Französischen als offizieller Akademiesprache unter Friedrich II. Die Wahl der deutschen Sprache in

---

[145] Ramler an Jean Henri Samuel Formey am 2. September 1786 (Autographen-Sammlung der ehemaligen Preußischen Staatsbibliothek zu Berlin, jetzt in der Biblioteka Jagiellońska, Ramler, 1^r). Der Brief ist durchweg in lateinischen Buchstaben geschrieben, womit Ramler dem französischen Muttersprachler Formey und den französischsprachigen Akademiemitgliedern entgegenzukommen scheint. Auf Kursivierung wird hier verzichtet. Lucchesinis und Ramlers Schreiben werden von Formey in der Akademiesitzung am 7. September vorgelesen: „Le Secretaire a lu les Lettres de M^r le Marquis Lucchesini & de M^r. Ramler, que les circonstances empêchent de venir aujourdhui à l'Academie" (ABBAW, PAW (1700–1811), I-IV-33, 2^v).

[146] Ramler an Jean Henri Samuel Formey am 10. September 1786 (Autographen-Sammlung der ehemaligen Preußischen Staatsbibliothek zu Berlin, jetzt in der Biblioteka Jagiellońska, Ramler, 1^r–1^v).

Ramlers Antrittsrede wird zur Botschaft und inszeniert die Anerkennung deutschsprachiger Autoren und die Aufwertung des Deutschen als Dichter- und Gelehrtensprache im institutionellen Kontext der Akademie der Wissenschaften. An ihrer wöchentlichen Sitzung am 14. September 1786 nehmen neben Ramler erstmals der Mediziner Christian Gottlieb Selle, der Übersetzer und Philosoph Frédéric de Castillon sowie Johann Jakob Engel teil. Alle vier tragen als „Recipiendaires" ihre „Discours de reception" vor.[147] Ramler erhält als Mitglied der Akademie nun eine weitere „jährliche Pension von 200 Thalern".[148]

1.2.3 Literarische Spiegelungen: Ramlers Ode *Auf die Geburt Friedrich Wilhelms* und Alxingers Ode *An den König von Preußen Friedrich Wilhelm*

Friedrich Wilhelm II. feiert am 25. September 1786 seinen 42. Geburtstag, der am 28. September 1786 mit einer „Assemblée publique" in der Berliner Akademie der Wissenschaften begangen wird. Anwesend sind „les deux Princes fils ainés du Roi", also Kronprinz Friedrich Wilhelm (III.) und sein Bruder Prinz Ludwig, zudem „Prince Frederic de Brunswick", Mitglieder der Akademie sowie „Plusieurs personnes de distinction, Ministres étrangers Seigneurs de la Cour, Gens de Lettres, &c. &c.".[149]

Unter den Festrednern befindet sich Ramler, der seine Ode *Auf die Geburt Friedrich Wilhelms, jetztregierenden Königes von Preußen* vorträgt.[150] Die Symbolkraft dieses Auftritts lässt sich kaum überschätzen. Denn kein französisches Gedicht Friedrichs II., sondern eine Ode in deutscher Sprache erhält im September 1786 die öffentliche Aufmerksamkeit einer höfischen und kulturellen Elite in Berlin. Ramler trägt seine Ode als Neumitglied der Akademie der Wissenschaften zudem ausgerechnet in jener Institution vor, die seit den 1740er Jahren zu den Prestigeobjekten von Friedrichs frankreichorientierter Kulturpolitik zählt:[151]

> Gebt mir den königlichen Rebensaft,
> Erzeugt am Rhein, gereift am letzten Hügel
> Von Africa, der meiner Seele neue Flügel
> Und einen kühnern Taumel schafft!

---

[147] ABBAW, PAW (1700–1811), I-IV-33, 3r.
[148] Vgl. Goeckingk: „Ramlers Leben", S. 315.
[149] ABBAW, PAW (1700–1811), I-IV-33, 4r.
[150] Vgl. ABBAW, PAW (1700–1811), I-IV-33, 4v: „M. le Professeur Ramler a déclamé une Ode Allemande Sur la naissance du Roi."
[151] Vgl. Ramlers Auseinandersetzung mit Friedrichs Ode auf die Wiedereröffnung der Berliner Akademie der Wissenschaften, die am 25. Januar 1748 im Rahmen der Geburtstagssitzung der Akademie vorgetragen wird und zu den wichtigen Prätexten von Ramlers *Granatapfel-Ode* gehört (vgl. hierzu Kap. 2.1.6).

5   Denn hört ihr nicht? uns ist ein *Brennussohn*,
    Ein König ist der jungen Welt geboren:
    Es rufen dreyßig ehrne Schlünde, (meinen Ohren
    Ein jubelgleicher Donnerton!)

    Daß wir mit Weinlaub unsre Locken heut,
10 Mit Myrten unsrer Nymphen Stirne kränzen,
    Die Nacht mit Rundgesängen feyern und mit Tänzen,
    Bis *Phosphor* uns die Flucht gebeut. –

    O wehe! wie durchraset mir der Geist
    Des Bassareus die Seele! Gnade! Gnade!
15 Gern will ich singen, Gott der taumelnden Mänade,
    was deine trunkne Wuth mich heißt.

    Ja, singen will ich von der Seligkeit
    Des fehdelosen Landes: von der Beute
    Der goldnen Gärten, von den Spielen junger Bräute
20 Am Weinfest und zur Aerntezeit.

    Ich sing', o Cypern, Tyrus und Athen!
    Ich singe Schiffe, die mit allen Kronen
    Der Künste, mit den besten Blüthen aller Zonen
    Die Wind' in deine Thore wehn;

25 Auch deinen neuen Helikon, umringt
    Von Galliern und Britten, deine weiten
    Amphitheater auch, wohin von allen Seiten
    Die ganze Fluth Europens dringt.

    Ich selber, nicht mehr Kämpfer um den Preis,
30 Ermuntre dann durch meinen Zuruf, kröne
    Durch meinen Beyfall dann des goldnen Alters Söhne,
    Schon längst ein schwanenfarbner Greis.

    Zu glücklich, wenn ich dann das Loos erhielt',
    Ich Unbestechlicher, mit milden Händen
35 Die theuren Urnen und Tripoden auszuspenden
    Den edeln Barden, die gespielt,

    Die Flöte süß gespielt, die Laute süß,
    Und kühn die Mäonidische Drommete:

>   Die Laute, wie der Greis von Teos, und die Flöte
> 40   Die Syrakusens Hirte blies.
>
>   Und hätte meinem Busenfreunde dann
>   Entzückt vor allem Volk den Kranz gegeben,
>   Und es zerrisse mir die Parze schnell mein Leben,
>   Und *dieser König* säh' es an![152]

Hingewiesen sei zunächst auf eine Notiz, die den Abdruck von Ramlers Ode in der *Vossischen Zeitung* ergänzt. Dieser erfolgt bereits am 26. September und damit zwei Tage vor der Akademiesitzung am 28. September 1786:

> Diese erste Ode auf den Geburtstag unsers bewunderten Königs, welche vor 42 Jahren von unserm großen Dichter damals verfertigt ward, als Friedrich Wilhelm der Menschenfreund den heißen Wünschen der patriotischen Preußen von der Vorsehung geschenkt worden, liefern wir jetzt, gewiß zum Vergnügen aller Leser, hier wiederum, da die schönen und glänzenden Prophezeyungen, welche darin enthalten sind, zur Freude der getreuen Unterthanen jetzt in Erfüllung gegangen sind.[153]

Die Anmerkung skizziert zwei Szenarien der „Erfüllung". *Erstens* habe die „Vorsehung" im September 1744 mit Friedrich Wilhelms Geburt die „heißen Wünsche[] der patriotischen Preußen" Wirklichkeit werden lassen. *Zweitens* seien mit dessen Regierungsantritt im August 1786 die „schönen und glänzenden Prophezeyungen" in Ramlers Ode Realität geworden, was bei den „getreuen Unterthanen" ebenso für „Freude" gesorgt habe. Ramler wird dementsprechend die Aufmerksamkeit eines breiten Publikums sowie die Rolle als *poeta vates* zugeschrieben, der sich mit seinem Gedicht nicht allein zum frühestmöglichen Zeitpunkt als Panegyriker des kommenden preußischen Königs betätigt, sondern als dichterischer ‚Prophet' auch die ‚Zwangsläufigkeit' von Friedrich Wilhelms Regierungsantritt und die „Erfüllung" der mit dem Thronwechsel verbundenen Erwartungen verbürgt.[154] Literarische und politische Öffentlichkeit werden folglich im Namen eines preußischen Patriotismus kurzgeschlossen. Der „bewunderte[] König[]" und der „große[] Dichter" legitimieren ihre Rollen in der wechselseitigen Bezogenheit aufeinander.

Bereits die Kontexte der Erstpublikation von Ramlers Ode zeigen wiederum, dass es sich hierbei um ein bewusstes Konstrukt handelt. Der Text ist von Beginn

---

[152] Ramler, Karl Wilhelm: „Auf die Geburt Friedrich Wilhelms, jetztregierenden Königes von Preußen. Den 25sten September 1744", *Königlich-privilegirte Berlinische Zeitung von Staats- und gelehrten Sachen* 115 (26.09.1786), [unpaginiert].
[153] Ebd.
[154] Tiedemann, Rüdiger von: „Poeta Vates", in: Landfester, Manfred (Hrsg.): *Der neue Pauly. Enzyklopädie der Antike. Rezeptions- und Wissenschaftsgeschichte*, Bd. 15/2, Stuttgart u. Weimar 2002, Sp. 378–382.

an ein fingiertes Gelegenheitsgedicht, das nicht etwa 1744 erscheint, sondern erstmals 1767 in der *Berlinischen privilegirten Zeitung*. Dem anonymen Abdruck geht hier folgende Notiz voran:

> Da morgen das Geburtsfest Sr. Königl. Hoheit, des Prinzen von Preußen, von allen erfreuten Preußischen Unterthanen gefeyert wird: so theilen wir den Lesern eine Ode mit, die im Jahre der Geburt des Prinzen verfertigt seyn soll, und noch nie im Druck erschienen ist.[155]

Die tentative Rückdatierung der Ode auf 1744 verschleiert ebenso den Umstand, dass Ramler erst im Frühjahr 1745 nach Berlin kommt, wie die Tatsache, dass Friedrich Wilhelm erst nach dem Tod seines Vaters, Prinz Ferdinand, im Dezember 1758 zur Nummer eins der preußischen Thronfolge aufrückt.[156] Erneut abgedruckt – nun unter Ramlers Namen – ist das Gedicht im *Göttinger Musenalmanach* für 1771. Im Folgejahr wird es in die chronologisch geordnete erste Abteilung der „Oden" seiner *Lyrischen Gedichte* aufgenommen.[157]

Der Text umfasst elf Strophen zu je vier Versen. Zusammengehalten werden die Strophen durch einen umarmenden Reim. Das jambische Versmaß und die Kombination von zweimal fünf sowie sechs und vier Hebungen variieren diejenigen kreuzgereimten jambischen Strophenformen, die Ramler auch in seinen panegyrischen Gelegenheitsgedichten während des Siebenjährigen Kriegs nutzt.[158] Formal suggeriert er auf diese Weise die Nähe der Ode zur erhabenen Zeitungslyrik auf Friedrich II.

Im ersten Drittel des Textes häufen sich die Marker für den anlassbezogenen Enthusiasmus der Ode („neue Flügel", „kühnern Taumel", „durchraset", „trunkne Wuth", V. 3f. sowie V. 13–16). Der Genuss des „königlichen Rebensaft[es]" (V. 1) inspiriert das lyrische Ich zum freudeerfüllten Ausblick auf die zukünftige Herrschaft des Prinzen. Im Mittelpunkt der folgenden Strophen des Genethliakons steht zunächst ein Ausblick auf Friedrich Wilhelms Herrschaft. So sagen die zentralen drei Strophen des Gedichts seinen Einsatz für den Frieden in einem „fehdelosen" Preußen, den landwirtschaftlichen und ökonomischen Aufschwung („goldne[] Gärten", V. 18f.) sowie eine kulturelle Blüte voraus. Herausragende Literatur (der „neue[] Helikon") und Schauspielkunst in deutscher Sprache (die „weiten Amphitheater") werden, so Ramlers Ode, die Aufmerksamkeit und

---

[155] Ramler, Karl Wilhelm: „Von Gelehrten Sachen [darin ‚Ode auf die Geburt des Prinzen Friderich Wilhelms von Preußen. Berlin, den 25sten September 1744.']", *Berlinische privilegirte Zeitung* 115 (24.09.1767), S. 509.

[156] Vgl Meier, Brigitte: Friedrich Wilhelm II. König von Preußen (1744–1797). Ein Leben zwischen Rokoko und Revolution, Regensburg 2007, S. 43.

[157] Vgl. Ramler, Karl Wilhelm: „Ode auf die Geburt des Prinzen Friedrich Wilhelms von Preussen. Berlin, den 25. Sept. 1744", in: *Musen-Almanach. A. MDCCLXXI*, Göttingen 1770, S. 1–5; sowie Ramler, Karl Wilhelm: Lyrische Gedichte, Berlin 1772, S. 9–13.

[158] Vgl. hierzu Kap. 3.2.3.

Anerkennung einer europäischen Öffentlichkeit erregen („Von Galliern und Britten [...]/ Die ganze Fluth Europens", V. 25–28).

Im letzten Drittel der Ode (Strophen 8 bis 11) rückt schließlich die Rolle des lyrischen Ich ins Zentrum, somit die Dichterfigur Ramler. Bereits der Umfang von vier Strophen gegenüber dreien, die sich Friedrich Wilhelms Regierung widmen, führt vor Augen, dass Ramler sein Gelegenheitsgedicht auf die Geburt des (präsumptiven) Monarchen maßgeblich in eigenen Absichten nutzt. Als bereits „schwanenfarbner Greis" komme ihm die Aufgabe eines unabhängigen Literaturkritikers zu, der im Zuge eines klassizistischen internen Wettstreits die deutschen „Barden" mit Preisen und Trophäen auszeichnet (V. 32–36). Als solche dienen ihm „theure[] Urnen und Tripoden" sowie ein „Kranz" (V. 35 sowie V. 42). Berlin wiederum wird zu einem Zentrum klassizistischen Literaturschaffens. Denn die von Ramler prämierten Autoren sollen sich in den Gattungen Epos, Lyrik und Idylle betätigen und als Nachahmer Homers, Anakreons und Theokrits auftreten. Den Höhepunkt und Abschluss in Ramlers dichterischer Laufbahn stelle schließlich die Auszeichnung seines „Busenfreunde[s]" unter den Augen von „Volk" und „König" dar (V. 41–44). Ramler präsentiert sich damit im September 1786 als potenzieller Gründervater und bestätigende Autorität einer preußischen Klassik, die auf den engen Kontakt mit dem Monarchen und auf Patronage von fürstlicher Seite setzt.

Einen externen Reflex auf den kulturpolitischen Umbruch im Spätsommer 1786 liefert wiederum der Wiener Dichter Johann Baptist Alxinger mit seiner Ode *An den König von Preußen Friedrich Wilhelm*. Ramler und Alxinger kennen sich seit dessen Berlin-Aufenthalt im Sommer 1784. Mit Friedrich Nicolai steht Alxinger bis Mitte der 1790er Jahre in brieflichem Austausch und lässt wiederholt auch Johann Erich Biester grüßen, den Mitherausgeber der *Berlinischen Monatsschrift*.[159] Nimmt man Ramlers enorme Präsenz als Horaz-Übersetzer in der *Berlinischen Monatsschrift* hinzu,[160] so wird verständlich, dass Alxinger seine Ode im Herbst 1786 nicht allein Ramler zukommen lässt, sondern ihn ausdrücklich darum bittet, das Gedicht in jene Zeitschrift einrücken zu lassen:

> Meine Freude, liebster Ramler, über ihre freylich spät genug angelangte, Beförderung, und meine Dankbarkeit gegen ihren braven König brachte diese Ode hervor. Sehen Sie sie als einen Beweis meiner warmen Freundschaft und ewigen Verehrung an; und übergeben Sie dieselbe unserem Biester für die Journ Monatschrift. Wollen

---

[159] Vgl. Alxingers Bitten an Nicolai vom 23. Oktober 1784 sowie 22. Oktober 1786: „Umarmen Sie meinen *Ramler* und *Biester* recht herzlich", „Empfehlen Sie mich allen, die mein gedenken, besonders Biestern und Ramlern" (zit. nach Wilhelm, Gustav (Hrsg.): „Briefe des Dichters Johann Baptist Alxinger", *Sitzungsberichte der Philosophisch-historischen Classe der Kaiserlichen Akademie der Wissenschaften* 140 [1899], S. 1–99, hier S. 12 bzw. S. 25).

[160] Vgl. hierzu Kap. 3.1.2.

Sie dieselbe einiger Verbesserungen würdigen, desto besser für mich, Biestern und das Publikum[.][161]

Die Nachrichten vom kulturpolitischen Wandel nach dem Tod Friedrichs II. und Ramlers Karriereschub dienen Alxinger somit als Ausgangspunkt seiner lyrischen Adresse an den neuen preußischen Monarchen.[162] Ramler soll zudem nicht allein als literarischer Kontakt zu den Herausgebern der *Berlinischen Monatsschrift* aktiv werden, sondern ist ausdrücklich zur Überarbeitung des Textes aufgefordert („desto besser"). Dass Alxinger sich als Verfechter der werkzentrierten Verbesserungspoetik präsentiert, ist zunächst als programmatische Reverenz und Anerkennung von Ramlers literarischer Kompetenz zu werten.[163] Darüber hinaus zielt Alxingers *captatio benevolentiae* darauf, Ramler in die Werkgenese seiner Ode zu involvieren. Diesem wiederum bietet sich mit Alxingers Einsendung die Möglichkeit, seine Wahrnehmung als prominenter Vertreter der deutschsprachigen Literatur und Gelehrsamkeit in Berlin aktiv zu steuern. Folgt man einer Bemerkung von

---

[161] Johann Baptist von Alxinger an Ramler, o. D. (GSA 75/13, 3ᵛ).

[162] Dass Alxinger in Wien (mit Verzögerung) auch detaillierte Darstellungen der Vorgänge in Berlin und Potsdam erreichen, zeigt ein Kommentar gegenüber Nicolai vom 22. Oktober 1786. Alxinger bezieht sich auf Lucchesinis Trauer-Ode auf Friedrich II., die Ramler im Vorfeld der Begräbnisfeierlichkeiten in Potsdam übersetzt (vgl. hierzu Kap. 4.1.3): „Ist es denn wahr, dass mein lieber Ramler die Uebersetzung der lateinischen in der Invalidenkirche gesungenen Ode gemacht hat. Nicht als ob sie seiner nicht würdig wäre; was man aus solch einem Wirrwarr machen konnte, hat der Uebersetzer *redlich daraus gemacht; nicht so redlich, wäre hier redlicher*. Aber es kränkt mich, dass die Feder eines grossen Mannes einem Stümper hat nacharbeiten müssen, der in Einer Strophe 3 Prosodieschnitzer gemacht hat. Noch ist zu uns, toto divisos orbe, Ramlers Ode auf den König nicht gekommen; ich bin äusserst neugierig darauf" (zit. nach Wilhelm (Hrsg.): „Briefe des Dichters Johann Baptist Alxinger", S. 25).

[163] Sie bestimmt bereits seine Reminiszenz im Anschluss an den Berlin-Aufenthalt von 1784: „Es sind wenig Leute in der Welt die ich so verehre so liebe, wie Sie. Die Stunden, die ich mit Ihnen zubrachte gehören unter die glücklichsten meines Lebens. Warum sind sie so schnell verschwunden? Warum kann ich nicht ihres belehrenden Umgangs ihres freundschaftlichen Herzens geniessen! Doch das letztere, hoffe ich, wird mir nie geschlossen seyn; und Belehrung kann man ja aus ihren für die Ewigkeit geschriebenen Gesängen hohlen. auch hohle ich sie mir; und nicht selten wenn ich unter der beschwerlichen Arbeit einer nun 5 Monate fortdauernden Verbesserung meiner Ritterepopee beynahe erliege; so macht mich der gedanke ‚das wird mein Ramler billigen, stark: ich lasse nicht nach, bis ich glaube, daß es ihr prüfendes Auge vertragen kann" (Johann Baptist von Alxinger an Ramler, o. D. [GSA 75/13, 1ʳ–1ᵛ]). Dass Alxingers skrupulöses Korrigieren auch durch die (spannungsreiche) Konfrontation mit der Literaturöffentlichkeit des ‚protestantischen' Deutschland bedingt ist, zeigt Füssel, Stephan: „Johann Gottfried Seume als Lektor von J. B. v. Alxingers ‚Bliomberis'", in: Drews, Jörg (Hrsg.): *„Wo man aufgehört hat zu handeln, fängt man gewöhnlich an zu schreiben". Johann Gottfried Seume in seiner Zeit [...]*, Bielefeld 1991, S. 157–185, hier S. 167f. sowie S. 170f.

Alxinger gegenüber Friedrich Nicolai, braucht es dennoch einige Überzeugungsarbeit: „Ich danke Ihnen auf das Verbindlichste mein theuerster Herr und Freund: dass Sie Ramlern bewogen haben in meine Bitte zu willigen und es geschehen zu lassen, dass ich ihm diese Art Verehrung bezeuge."[164]

Abgesehen von wenigen orthographischen Veränderungen verzichtet Ramler auf eine (konzeptionelle) Überarbeitung der Ode *An den König von Preußen Friedrich Wilhelm*. Sie erscheint schließlich in der Ausgabe der *Berlinischen Monatsschrift* vom November 1786:

> Groß war Dein Oheim; herrlich spielt' er manche Scene
> Des königlichen Schauspiels. Doch er sprach
> Der deutschen Muse Hohn: drum schweige sie; ihm töne
> Nie ihre Leier nach*).

5 Dir aber, Edler Fürst, Dir töne sie entgegen!
> Du winkst: die Göttin naht, umflicht Dein Haar
> Mit unbethräntem Lorbeer, bringet ihre [sic] Segen
> Und ihren Dank dir dar.

> Denn Du vergaßest selbst an Deiner Herrschaft Morgen,
10 Der einen göttlich heitern Tag verspricht,
> Vergaßest, überall von neuen Königssorgen
> Bestürmet, ihrer nicht.

> Du lohntest, ehrtest sie in dem, aus dessen Spiele,
> Schon dazumal ein süßer Zauber klang,
15 Als er mit Weisheit und prophetischem Gefühle
> Bei Deiner Wiege sang*).

> Vollende denn, o Fürst, was Du so schön begonnen:
> Begünstige der Musen Reihentanz;
> Dem deutschen Genius dem gönne sich zu sonnen
20 An deutschem Fürstenglanz!

> Dann werden wir (mein Lied darf kühne Wahrheit singen,
> Dein Ohr beleidigt nicht ihr rauher Ton)
> Wir, die von unsern Purpurträgern nichts empfingen,
> Als Undank oder Hohn;

---

[164] Johann Baptist von Alxinger an Friedrich Nicolai am 22. Oktober 1786 (zit. nach Wilhelm (Hrsg.): „Briefe des Dichters Johann Baptist Alxinger", S. 24).

25   Wir werden dann zur Spree in Feierkleidern wallen,
      Und jubiliren, bis die Welt es hört:
      Du seist – nicht viele sinds von Deutschlands Fürsten allen –
      Des deutschen Namens werth![165]

Alxingers Ode, die auf „Wien, den 25. Sept. 1786" datiert ist,[166] bietet zweierlei: Ein nachträgliches Geburtstagsgedicht auf den regierenden preußischen Monarchen und eine Hommage an Ramler. Mit der Wahl von Jambus, Kreuzreim und der Kombination von sechs, fünf, sechs sowie drei Hebungen erinnert Alxingers Gedicht formal an die Strophenformen von Ramlers Gelegenheitslyrik um 1760. Die Datierung der Ode auf den 25. September 1786 erklärt sie darüber hinaus zum Pendant von Ramlers *Ode auf die Geburt Friedrich Wilhelms*. Korrespondierend bestätigt das Gedicht Ramlers Selbststilisierung zum Panegyriker Friedrich Wilhelms II. von dessen „Wiege" an (V. 16) und bekräftigt Ramlers herausgehobene Stellung als ‚Prophet' des kulturpolitischen Umbruchs. Mit der Förderung seiner Karriere habe der neue preußische König der „deutschen Muse" (V. 3) stellvertretend die ‚Ehre' erwiesen (V. 13).

Zudem profiliert Alxinger die von Friedrich Wilhelm II. in Aussicht gestellte Förderung der Künste mit Hilfe überzeichneter Kontraste. Friedrich Wilhelms Patronage setzt er sowohl dem „Hohn" seines Vorgängers Friedrichs II. (V. 3) als auch dem „Undank oder Hohn" der regierenden deutschen Fürsten entgegen („Purpurträger[]", V. 23f.). Die Förderung einer ausdrücklich „deutschen" Kunst (V. 3) wird damit zum patriotischen Akt. Friedrich Wilhelm sei nicht allein „Edler Fürst", sondern „von Deutschlands Fürsten allein – / Des deutschen Namens werth!" (V. 5 sowie V. 27f.). Zu den Pointen von Alxingers Ode zählt schließlich die Ortsangabe „Wien". Mit ihr nimmt er einerseits eine Außenperspektive ein und betont die Wahrnehmung des Berliner kulturpolitischen Umbruchs im gesamten deutschen Sprachraum. Andererseits inszeniert er den Regierungsantritt Friedrich Wilhelms II. als gesamtdeutschen Aufbruch im Bereich der Künste, die in Berlin ihr neues Zentrum finden sollen. Auch aus der Kapitale der Habsburgermonarchie

---

[165] Alxinger, Johann Bapstist von: „An den König von Preußen Friedrich Wilhelm", *Berlinische Monatsschrift* 8/11 (1786), S. 373–375. Die beiden Anmerkungen lauten: „*) Ich hoffe, hier nichts zu sagen, was der Verehrung, die man diesem seltenen Monarchen schuldig ist, zu nahe träte; wenn ich behaupte: daß die deutschen Musen Keinem, der sie verachtet, Weihrauch streuen müssen, wenn der Verächter auch einer der größten Menschen, wenn er auch Friedrich ist. Anm. d. Verfass. – Nach unserm Gefühle, werden die deutschen gerechten und uneigennützigen Musen (denn das sind die deutschen Musen gewiß) jeden Fürsten preisen, welcher preiswüdig ist; gesetzt auch, er hätte diese Musen selbst völlig verkannt. Anm. d. Herausg." sowie „*) S. Ramlers Ode: bei der Geburt des Prinzen Friedrich Wilhelms, d. 25 Sept. 1744." Die Ode nimmt Alxinger 1788 in die Gesamtausgabe seiner Lyrik auf (vgl. Alxinger, Johann Bapstist von: [...] *Sämmtliche Gedichte*, Bd. 1, Klagenfurth u. Laybach 1788, S. 134f.).

[166] Alxinger: „An den König von Preußen Friedrich Wilhelm", S. 375.

werde man „zur Spree in Feierkleidern wallen" (V. 25). Wie bereits Ramler in seiner Ode *Auf die Geburt Friedrich Wilhelms* schließt Alxinger hierbei monarchische Herrschaft und literarische Blüte kurz: Der „deutsche[] Genius" werde sich in Berlin „[a]n deutschem Fürstenglanz" „sonnen" (V. 19f.).

1.2.4 Ramlers Tätigkeiten seit 1786

Mit zwei Pensionen verfügt Ramler seit September 1786 über einen finanziellen Grundstock von 1000 Talern. Hinzu kommt sein Gehalt von 300 Talern als Professor am Kadettenkorps. Parallel weiten sich Ramlers Aufgaben als Figur des öffentlichen Lebens und das Spektrum seiner gelehrten Aktivitäten aus. Wöchentlich nimmt er nun an den Sitzungen der Akademie der Wissenschaften teil. Neben dem Vortrag von Gelegenheitsdichtungen[167] dient ihm die Akademie als Forum seiner übersetzungsphilologischen Ambitionen. So präsentiert Ramler bis 1795 in nahezu jedem Jahr seine Übersetzungen und Kommentare ausgewählter Texte von Horaz, Martial und Catull.[168] Die Akademie der Wissenschaften sowie die Akademie der Künste bieten ihm um 1790 zudem eine Bühne als gelehrter Inventor. Ramler stellt seine Entwürfe für Berliner Bau- und Kunstvorhaben zur Diskussion und lanciert seine Handbücher zu Allegorie und Mythologie im Umfeld der Berliner Kunstakademie.[169]

Mitte 1787 wird Ramler darüber hinaus zum Mitglied der Direktion des königlichen Nationaltheaters am Gendarmenmarkt berufen. Zu seinen Kollegen zählt hier Johann Jakob Engel. Neben Fragen der Organisation und Finanzierung des Spielbetriebs ist Ramler an der Spielplangestaltung beteiligt und überarbeitet

---

[167] Vgl. hierzu Kap. 1.3.5.
[168] Vgl. die Einträge in den *Registres de l'Académie Royale des Sciences et Belles-Lettres à Berlin depuis Le 24 Août 1786:* „M. le Professeur Ramler a lu la traduction en Vers de la XVI Epode d'Horace Ad Populum Romanum Suivie de ses Remarques" (19. Oktober 1786); „M. Ramler a lu Horazens Ode an den Aristius Fuscus in verse übersetzt und mit einem Commentar begleitet" (1. November 1787); „Mr Ramler lit une tráduction métrique de deux Odes d'Horace Qualem ministrum fulminis alitem pp. et Quae jura patrum, quaeque Quiritium pp avec des remarques intéressantes (en allemand)" (27. Mai 1794); „Mr Ramler lit une Traduction (Allemande) en vers de l'ode de Horace (III.5) tonantem, etc, et du poëme seculaire avec des remarques" (27. August 1795; ABBAW, PAW (1700–1811), I-IV-33, 6ʳ, 32ʳ, 195ʳ bzw. 222ᵛ). „M. Ramler a lu en Allemand l'annonce d'une traduction des Epigrammes de Martial" (17. Juli 1788); „Mr Ramler a lu: Atys, poëme Galliambique de Catulle, traduit en vers allemands, avec un discours préliminaire et des remarques" (15. Dezember 1791); „Mr Ramler a lu Une traduction allemande, métrique de l'Epithalame de Pélée et de Thétis, poëme de Tibulle [Catull, M. B.], avec un discours préliminaire, et des remarques" (21. März 1793; ebd., 52ᵛ, 135ᵛ, 168ᵛ).
[169] Vgl. hierzu Kap. 4.2.1.

Textbücher, betätigt sich also gewissermaßen als Dramaturg.[170] Aufgrund der entsprechend gestiegenen Arbeitslast überlegt Ramler bereits im Sommer 1787, seine Tätigkeit als Lehrer am Kadettenkorps aufzugeben.[171] Im November 1789 wird er schließlich durch seinen Vorgesetzen Karl Rudolf von Mosch in den Ruhestand verabschiedet:

> Wer wie Ew: Wohlgebohrn, bey allgemein anerkannten Verdiensten, 42 Jahre lang ein mühsames Lehr:Amt mit immer gleicher Anhänglichkeit, Beyfalls würdig verwaltete, dem kann man wohl bey herrannahendem von Kräncklichkeit begleitetem Alter, Sehnsucht nach einiger Ruhe und minder beschwerlichen Geschäfften, auf keine Weise verargen. Ich billige daher, wiewohl mit wahrhafftem Leidwesen, die von Ew Wohlgebohrn mir bekant gemachte Niederlegung Ihres bey dem *Cadetten-Corps* bis hierher so Ruhm voll verwalteten Amtes und ernenne den H[errn] *Rector Wippel*, dem ich ohne hin die erste bey diesem mir anvertrauten *Institut* offen werdende *Professur* versprochen hatte, mit so mehrerem Vergnügen zu Ihrem Nachfolger, da Ew: Wohlgebohrn als ächter Gelehrter und richtiger Beurtheiler, ihn dieses Vorzugs selbst würdig finden. Im Nahmen Dero lezteren Schüler und aller derer die vormals als *Cadets* Ihres bildenden Unterrichts genoßen, statte ich Ew: Wohlgebohrn hiermit den lebhaftesten Danck ab.[172]

Für seine Tätigkeiten am Nationaltheater erhält Ramler zunächst keine finanziellen Zulagen zur Pension von 800 Talern.[173] Als Engel Mitte des Jahres 1794 die

---

[170] Einen Überblick bietet Henzel, Christoph: „Carl Wilhelm Ramler als Intendant", in: Lütteken, Laurenz, Ute Pott und Carsten Zelle (Hrsg.): *Urbanität als Aufklärung. Karl Wilhelm Ramler und die Kultur des 18. Jahrhunderts*, Schriften des Gleimhauses Halberstadt 2, Göttingen 2003, S. 261–272.

[171] Am 12. August 1787 bemerkt Antoinette Bamberger, die Ramler in der Zwischenzeit bereits einen Herrn Sander als möglichen „Nachfolger" für die Professur vorgeschlagen hat: „Daß Sie sich aber lieber Freund dieses beschwehrlichen Amtes jetzt entledigen daran [?] handeln Sie als ein ehrlicher Mann an Ihrer Gesundheit, an die Sie doch auch eimahl denken müßen" (GSA 75/18, 18ᵛ).

[172] Karl Rudolf von Mosch an Ramler am 13. November 1789 (GSA 75/151, 1ʳ). Auch Crousaz datiert Ramlers Pensionierung auf 1789 (vgl. Crousaz: Geschichte des Königlich Preußischen Kadetten-Corps, nach seiner Entstehung, seinem Entwicklungsgange und seinen Resultaten [...], S. 113 [Anm. 7]). Dafür sprechen neben dem Zeitpunkt von Moschs Schreiben zudem die Erwähnung von Ramlers Nachfolger Wilhelm Jakob Wippel (1761–1834) sowie der Umstand, dass dieser sein Amt bereits 1789 antritt (vgl. Wienecker, Friedrich: „Wippel, Wilhelm Jakob", in: Historische Commisssion bei der königl. Akademie der Wissenschaften (Hrsg.): *Allgemeine Deutsche Biographie*, Bd. 55, Leipzig 1910, S. 107f., hier S. 108). Die biobibliographische Ramler-Literatur datiert das Ende seiner Tätigkeit am Kadettenkorps bisher hingegen durchgehend auf 1790.

[173] Vgl. hierzu den „Etat des Königlichen National Theaters zu Berlin" von 1793/1794, der für Ramler keinen eigenen Posten aufführt (vgl. Henzel, Christoph: „Dokumente zu Ramlers Intendantentätigkeit", in: Lütteken, Laurenz, Ute Pott und Carsten Zelle

Direktion des Nationaltheaters verlässt, wird Ramler jedoch die Hälfte von Engels Gehalt zugesprochen. Ramler erhält nun jährlich weitere 400 Taler, die seinen ‚Verdienstausfall' am Kadettenkorps kompensieren.[174] Auch nach dem Regierungswechsel von 1786 verfolgt Ramler literarische Großprojekte. Seine Übersetzungen der Epigramme Martials erscheinen zwischen 1787 und 1794 in insgesamt sieben Bänden.[175] Hierfür erhält er von der Weidmannschen Buchhandlung in Leipzig überwiegend 6 Taler pro Bogen.[176] Am 16. Dezember 1796 gewährt ihm Friedrich Wilhelm II. schließlich den Rückzug als Mitdirektor des Nationaltheaters, während Ramler „zum Beweise Meiner Theilnahme und Achtung das ganze bisher bezogene Gehalt" weiterhin gezahlt wird.[177] Ramler, der inzwischen 71 Jahre alt ist, unterbricht zwischen September 1796 und Juni 1797 zudem erstmals seine Teilnahme an den wöchentlichen Sitzungen der Akademie der Wissenschaften. Letztmalig anwesend ist er am 1. März 1798.[178] Am 11. April 1798 stirbt er schließlich in seiner Wohnung am Hackeschen Markt an „Auszehrungsfieber" und wird am 14. April auf dem Friedhof der Berliner Sophienkirche beigesetzt.[179] In einem zweiten chronologischen Durchgang von den

(Hrsg.): *Urbanität als Aufklärung. Karl Wilhelm Ramler und die Kultur des 18. Jahrhunderts*, Schriften des Gleimhauses Halberstadt 2, Göttingen 2003, S. 391–398, hier S. 394). Johann Jakob Engel, „Ober Director" des Nationaltheaters und Ramlers Kollege, erhält hingegen 800 Taler „Gehalt" (ebd.).

[174] Vgl. Johann Daniel Sanders Anmerkung in seinen „Zusätze[n]" zu Böttigers Ramler-Beitrag: „Engel hatte vom Theater 800 Thaler. Als er Berlin verließ, hielten die Mit-Direktoren Ramler u. G. R. von Warsing um diese Summe an; u. sie wurde ihnen (jedem die Hälfte) von Fr. Wilh. II. bewilligt" (Maurach (Hrsg.): Die Briefe Johann Daniel Sanders an Carl August Böttiger, Bd. 1, S. 204).

[175] Vgl. Lütteken: „Verzeichnis der zeitgenössischen Drucke Karl Wilhelm Ramlers", S. 491f.

[176] Vgl. die teils summarischen Anmerkungen zu den Honoraren der Weidmannschen Buchhandlung: Philipp Erasmus Reich (1717–1787) „hatte noch einen Band Martial'scher Sinngedichte gedruckt – Honorar 3 Thaler für den Bogen – den zweiten bis fünften Band druckte dann die Geschäftsführung auf Grund alter Abmachungen, 6 Thaler für den Bogen bewilligend. Ebenso gab ein Neudruck des dritten Theils der Fabellese, des Logau und der Druck eines Anhangs zum ersten Theil des Martial zu weiteren Briefen und Zahlungen Anlaß" (Buchner: „Aus den Papieren der Weidmannschen Buchhandlung. Neue Folge. III. Karl Wilhelm Ramler. (Schluß aus Nr. 222)", S. 3588).

[177] Friedrich Wilhelm II. von Preußen an Ramler am 16. Dezember 1796 (ABBAW: NL Ramler, Nr. 11, 1^r). De facto handelt es sich um Ramlers Pension von 800 Talern, die er bereits seit 1786 erhält. Ramler dankt Friedrich Wilhelm II. bereits am 17. Dezember 1796 für die Entlassung (vgl. GStA PK, I. HA, GR, Rep. 36, Hof- und Güterverwaltung, Nr. 2405, 66^r). Zum Konvolut, das Ramlers Schreiben vom 17. Dezember beschließt, vgl. Henzel: „Carl Wilhelm Ramler als Intendant", S. 263f.

[178] Vgl. den Eintrag der *Registres* (ABBAW, PAW (1700–1811), I-IV-33, 283^v), die „Rammler" als Teilnehmer der Sitzung listen.

[179] Vgl. den Eintrag im Bestattungsbuch der Sophien-Kirchengemeinde Berlin (ELAB/KB Sophien/7118/11, 382^r): „Hrr. *Carl Wilhelm Rammler*. Königl[icher] Professor. u[nd]

1740er bis in die 1790er Jahre sollen im folgenden Kapitel das Spektrum und die institutionellen Kontexte von Ramlers panegyrischen Gelegenheitsaktivitäten beleuchtet werden.

1.3 Mediales Spektrum und Wandel der institutionellen Kontexte von Ramlers Gelegenheitsliteratur und -kunst

1.3.1 Initialmomente: Bielfeld, Gleim und Ramler (1745)

Bereits kurze Zeit nach seiner Ankunft in Berlin trifft Ramler im Frühjahr 1745 auf Johann Wilhelm Ludwig Gleim (1719–1803), der sein literarischer Mentor wird.[180] Unter anderem vermittelt ihm Gleim eine ‚Stelle' als literarischer Gesellschafter bei Jakob Friedrich von Bielfeld, der seit den 1730er Jahren zum vertrauten Zirkel um Friedrich II. gehört.[181] Als Gleim im Mai 1745 Berlin aus beruflichen Gründen verlassen muss,[182] rückt Ramler in eine Vermittlerrolle. Er steht im brieflichen Kontakt mit Gleim und richtet Bielfeld im Rahmen persönlicher Treffen Gleims „Empfehlungen" aus, macht Bielfeld mit Gleims anakreontischer Lyrik vertraut[183] und lenkt das Gespräch wiederholt auf dessen Suche nach einer

---

Mitglied der *Accademie*. der Wissenschaft u[nd] Künste ist d[en] 11 April an ein Auszehrungsfieber gestorben u[nd] d[en] 14 *ej*[us] begraben[.] alt. 73 Jahr. hiebey seine bruder Tochter zu *Gros Gestinen* [?]".

[180] Allein Gleim berichtet von seiner ersten Begegnung mit Ramler in der Buchhandlung Rüdiger (vgl. Gleim, Johann Wilhelm Ludwig: „Ramler", *Neue Berlinische Monatsschrift* 7 [1802], S. 356–362, hier S. 359). Eine kritische Einschätzung zur Zuverlässigkeit von Gleims polemisch gefärbter Darstellung bietet Schüddekopf: Karl Wilhelm Ramler bis zu seiner Verbindung mit Lessing, S. 9.

[181] Näheres zu Bielfeld in Kap. 2.1.7. Gegenüber Uz erwähnt Gleim am 11. April 1743, er habe Bielfelds Komödie „[D]ie Beschwerlichkeiten des Hoflebens [...] im Manuscript gelesen" (zit. nach Schüddekopf, Carl (Hrsg.): Briefwechsel zwischen Gleim und Uz, Bibliothek des Literarischen Vereins in Stuttgart 218, Tübingen 1899, S. 42). Bereits zu diesem Zeitpunkt scheint somit eine nähere Verbindung zu bestehen.

[182] Ausgangspunkt ist Gleims Stellung als Sekretär bei Leopold von Anhalt-Dessau (vgl. Wappler, Gerlinde: Gleims Leben und seine Beziehungen zu berühmten Zeitgenossen in Daten, Halberstadt 1988, S. 9).

[183] Vgl. Ramler an Johann Wilhelm Ludwig Gleim am 20. Mai 1745: „Ich mache es jetzt mit dem 2ten Theil der scherzhaften Lieder und dem Catull ebenso, wie mit Salomons Liedern und dem Horaz, und solches darum, damit mir die Uebersetzung besser gerathen möge. Der Herr Baron v. B.[ielefeld] weiß schon davon und seine Critik kömmt mir zu statten" (zit. nach BGR I, S. 3). Gleim wiederum gibt er Bielfelds Urteile durch: „Das will ich Ihnen noch sagen, daß er die gereimten von den scherzhaften Liedern nicht hochschätzt, und sich wundert warum Sie nicht gut reimen könten" (Ramler an Johann Wilhelm Ludwig Gleim am 6. Juli 1745, zit. nach ebd., S. 18).

einträglichen Position im höfischen Umfeld.[184] Aufmerksamkeit verdient die Dreieckskonstellation zwischen Bielfeld, Ramler und Gleim hier vor allem als wichtiger Kontext für Ramlers erste panegyrische Gelegenheitspublikation. Bereits im Juli 1745 lotet er Bielfelds Bereitschaft zu dezidiert literarischer Förderung aus:

> Wie schwer wird es mir werden einen Mäcen aus ihm zu machen deßen Beyfall ich erhalten könte. Haben sie die Ode auf die Schlacht bey Friedeberg gelesen die ein Poet aus Glogau gemacht hat; [...] Wie gefällt sie Ihnen? Dem Herrn B[aron] ist sie nach seinem Sinn gerathen.[185]

Die Produktion von Gelegenheitsdichtung auf markante Ereignisse des zweiten schlesischen Kriegs (1745/1746) erscheint Ramler folglich als aussichtsreiches Mittel, um Bielfelds Patronage einzuwerben. Mit der Fülle von zeitgenössischen Gelegenheitsgedichten wird Ramler wiederum als Korrektor für das Verlegerehepaar Schütze vertraut – eine Tätigkeit, die ihm ebenfalls Gleim vermittelt.[186] Ihm gegenüber formuliert Ramler darüber hinaus Qualitätsmaßstäbe panegyrischer Gelegenheitsdichtung:

> Hier sehen sie aber 6 Prosaische Uebersetzungen [von Horaz-Oden, M. B.]. Wenn ich noch nicht recht deutsch und Hagedornisch übersetze: so nehmen Sie sich doch die Mühe und ändern eine von diesen Oden gänzlich und schicken sie mir solche, nach welchem Muster ich mich richten werde. Ehe kann man kaum ein Horatz werden, ehe man seine Denckungsart in die unsrige überbringt. Wie gerne wolte ich in einer solchen Ode meinen König mit ein Paar Worten wegen Friedeberg loben![187]

Ramlers Pläne, zum Gelegenheitsdichter zu avancieren, verbinden sich somit bereits im Sommer 1745 mit dem programmatischen Anspruch, als „deutscher Horaz" aufzutreten.[188] Zunächst ordnet Ramler seine Bemühungen um mäzenatische Förderung jedoch Gleims potenzieller literarischer Karriere unter. Nicht er,

---

[184] Vgl. Ramler an Johann Wilhelm Ludwig Gleim am 3. Juli 1745: „Als ich neulich mit dem Herrn B.[aron] zusammen war und dabey deutlicher als sonst für Sie sprach: so versicherte er mir, ich weiß nicht mit welchem Schwur, daß er sich alle Mühe geben wolte; und er hat Sie schon so lange bedaurt, als er von Ihrer Unlust gehört hat. Er sagte: hätte ich es damals gewust, als der Gesandte nachm Haag ging; so hätte ich die Geheime Secretair Stelle für Ihn gewiß geschaft" (zit. nach BGR I, S. 14f.).

[185] Ramler an Johann Wilhelm Ludwig Gleim am 6. Juli 1745 (zit. nach BGR I, S. 18).

[186] Der Kontakt zum Verlag Schütze besteht spätestens seit der Publikation von Gleims *Versuch in scherzhaften Liedern* (1744/1745). Während Gleims Abwesenheit betreut Ramler als Korrektor offenbar den Druck von Gleims *Blödem Schäfer* (vgl. BGR I, S. 32 und S. 37). Unmittelbar als Korrektor involviert ist Ramler zudem in die Herausgabe eines Gedichtes des Frankfurter Predigers Richter auf *Die Schlacht bey Friedeberg in Schlesien* (vgl. ebd., S. 38).

[187] Ramler an Johann Wilhelm Ludwig Gleim am 23. Juni 1745 (zit. nach BGR I, S. 9f.).

[188] Vgl. hierzu Kap. 3.

sondern Gleim möge ein „witziges" Gedicht „auf die Schlacht bei Friedeberg" liefern, „damit ich Gelegenheit habe mit dem Herrn B[aron] wieder von Ihnen zu sprechen".[189] Bielfeld stellt seinerseits in Aussicht, Gleim als Dichter ‚horazischer' Oden zu fördern.[190] Mitte Oktober berichtet Ramler schließlich von Bielfelds „völlige[m] Beyfall" für Gleims „Ode an Berlin" und der Bereitschaft der Verlegerin Schütze, „Sie gleich drucken [zu] laßen, wenn ich eine dazu machen wolte".[191] Anlässlich der Rückkehr Friedrichs II. aus dem zweiten schlesischen Krieg am 28. Dezember 1745 erscheinen Ramlers und Gleims *Oden Bey Der Wiederkunft Des Königs Verfertigt*.[192]

Damit lassen sich bereits zu Beginn von Ramlers Berliner Zeit zentrale Koordinaten seiner gelegenheitspanegyrischen Aktivitäten erkennen: *Erstens* ihre Anbindung an militärische Ereignisse und Festivitäten in der Residenzstadt Berlin, etwa der Rückkehr des Monarchen aus dem Krieg. *Zweitens* die Kombination von literarischer Ambition (Horaz-Imitatio) und gezielter Werbung um die Aufmerksamkeit des persönlichen Umfelds von Friedrich II. *Drittens* der enge Kontakt zu Verlagshäusern, die ein Interesse an Ramlers Texten artikulieren, den Druck verantworten und die Distribution übernehmen.

Diese zuletzt genannten ‚organisatorischen' Aspekte sollen im Folgenden näher beleuchtet werden. Das Spektrum der literarischen Gattungen und Medien, die Ramler als Gelegenheitsdichter und Inventor bedient, ist dabei ebenso zu umreißen wie die institutionellen Kontexte seiner gelegenheitspanegyrischen Produktion: Für wen entstehen Ramlers Arbeiten, mit welchen Künstlern kooperiert er und in welchem Rahmen werden seine Texte und Entwürfe präsentiert? Wo ermittelbar, sind auch die finanziellen Dimensionen von Ramlers Aktivitäten zu beleuchten. Sie deuten auf die ökonomische Relevanz der Gelegenheitsaktivitäten für seinen Lebensunterhalt.

---

[189] Ramler an Johann Wilhelm Ludwig Gleim am 10. Juli 1745 (zit. nach BGR I, S. 23).

[190] Vgl. Ramler an Johann Wilhelm Ludwig Gleim am 11. September 1745: „Dem Herrn Baron ist es recht lieb daß Sie sich eine ernsthaftere Dichtungs Art erwehlet haben, er wünschte es schon ehe sie mir solches entdeckten, und die Horatischen Oden werden ihm lieb seyn, er wird sich eine Ehre draus machen wenn sie ihm dedicirt werden" (zit. nach BGR I, S. 33f.).

[191] Ramler an Johann Wilhelm Ludwig Gleim, 10. bis 14. [?] Oktober 1745 (zit. nach BGR I, S. 37 bzw. 39).

[192] Vgl. Gleims Auskunft gegenüber Uz am 30. Juni 1746: „Die erste Ode auf die Zurückkunft des Königs ist von mir, die andere von HE. Ramler, und zwar an HE. v. Bilefeld, wie sie gemuthmaßet haben" (zit. nach Schüddekopf (Hrsg.): Briefwechsel zwischen Gleim und Uz, S. 115). Ramler sendet die zweite der *Oden* möglicherweise bereits am 18. Oktober an Gleim: „Hier sehen sie aus beyliegendem, daß ich ein Vielschreiber werden will. Es sind meine letzten Fußstapfen die ich in Berlin laße" (zit. nach BGR I, S. 40). Zum Kontext der Feierlichkeiten vgl. Biskup: Friedrichs Größe, S. 74–76.

1.3.2 Zeitungslyrik im friderizianischen Berlin

Im Rahmen abendlicher Illuminationen, die am 4. April 1763 die Berliner Feierlichkeiten zum Ende des Siebenjährigen Kriegs beschließen, präsentiert sich auch die Verlagsbuchhandlung von Christian Friedrich Voss. Die Dekoration ihres Geschäftssitzes fügt sich in eine Vielzahl festlich geschmückter Fassaden, die unter anderem durch den König „in höchsten Augenschein" genommen werden:[193]

> Vor der *Vossischen Buchhandlung*, unter dem Berlinischen Rathause, das Brustbild des Königs, in römischer Heldentracht, auf einem Piedestal. Ueber dem Bildniß die Worte: *Friedrich der Große*. Zur Rechten der Kriegesgott in seiner völligen Rüstung, mit Helm, Schwerdt und Schild, sitzend. Er hält einen Lorbeerkranz in der linken Hand. Seine Miene zeigt Bewunderung an. Neben ihm liegt ein Vossisches Zeitungsblat mit der gewöhnlichen Vignette, die Berichte von der *Schlacht bei Lissa* und der Wiedereroberung der Stadt Breslau, nebst der ausgedrückten Anzahl der bey beyden Vorfällen gemachten Gefangenen, enthaltend. Unten die Worte: *Das gröste Wunder in Geschichten*. Zur Linken des Bildnisses Apoll, jugendlich gebildet, mit umkränzten Haar, in der Rechten einen Lorbeerkranz über das Haupt des Königs haltend, in der Linken aber die Leyer, und mit derselben zugleich die *Poesies diverses*, deren Titelblatt aufgeschlagen ist, darunter die Worte: *Der gröste Meister in Gedichten*. Auf dem Piedestal las man:
>
> Mein Handel blüht durch die Berichte,
> Wie Friedrichs Schwerdt den Feind bezwang;
> Mein Vortheil wächst durch die Gedichte,
> Die dieser grosse Meister sang. [...][194]

Voss inszeniert sich in seiner Doppelrolle als Verleger der *Berlinischen privilegirten Zeitung* mit ihrer staatlich gelenkten Kriegsberichterstattung sowie der *Poësies diverses* Friedrichs II. von 1760.[195] Beide Publikationen sind als Attribute den Personifikationen des Kriegs (Mars) und der Künste (Apollo) beigesellt, die dem König im Jahr 1763 ihren Tribut zollen. Die *Vossische Zeitung* sowie die Druckausgabe von Friedrichs französischen Gedichten werden folglich in antikisierendem Gewand als entscheidende Instrumente der Steuerung seiner öffentlichen Wahrnehmung als souveräner Feldherr und Künstler präsentiert. Voss bindet

---

[193] Voss, Christian Friedrich (Hrsg.): Sammlung der Freudenbezeigungen und Illuminationen [...], Berlin 1763, S. 18.

[194] Ebd., S. 147.

[195] Zur Steuerung der Berichterstattung durch „das preußische Kabinettsministerium und das königliche Hauptquartier" im Siebenjährigen Krieg vgl. Bender, Klaus: „Vossische Zeitung (1617–1934)", in: Fischer, Heinz-Dietrich (Hrsg.): *Deutsche Zeitungen des 17. bis 20. Jahrhunderts*, Publizistik-historische Beiträge 2, Pullach 1972, S. 25–39, hier S. 34; vgl. auch Waßer, Ingrid: „Christian Friedrich Voss (1724–1795)", in: Fischer, Heinz-Dietrich (Hrsg.): *Deutsche Presseverleger des 18. bis 20. Jahrhunderts*, Pullach 1975, S. 40–47, hier S. 44.

darüber hinaus seinen wirtschaftlichen Erfolg als Verleger („Handel"/„Vortheil") ausdrücklich an die mediale Inszenierung des Monarchen.[196]

Abbildung 1: Kopfvignette und Beginn von Ramlers *Ode an seinen Arzt. Berlin, den 24 Jenner 1762*.

Abbildung 2: Kopfvignette zur *Ode an seinen Arzt* (Detail zu Abb. 1)

Diese Beobachtungen lassen sich auf Ramlers Oden aus der Zeit des Siebenjährigen Kriegs (1756–1763) übertragen. Nach vereinzelten panegyrischen Gelegenheitsgedichten, etwa der *Granatapfel-Ode* von 1750,[197] intensiviert Ramler seine dichterische Produktion seit Ende der 1750er Jahre und publiziert zwischen 1758 und 1763 insgesamt zehn Texte in Voss' *Berlinischer privilegirter Zeitung* sowie als Einzeldrucke. Sie erscheinen fast ausnahmslos anonym.[198] Anlässe und Publikationsformate legen eine Binnenstrukturierung in zwei Teilkorpora nahe: Eine

---

[196] Voss' Selbstdarstellung als geschäftstüchtiger Verleger des Königs scheint Kleinheyers Warnung vor der anachronistischen Problematisierung von Zensur als Beschränkung der „Meinungsfreiheit" zu bestätigen, während sie für „Drucker und Verleger" v. a. ein ökonomisches Risiko darstelle (Kleinheyer, Gerd: „Zensur zwischen Polizei und Staatsschutz", in: Sösemann, Bernd (Hrsg.): *Kommunikation und Medien in Preußen vom 16. bis zum 19. Jahrhundert*, Beiträge zur Kommunikationsgeschichte 12, Stuttgart 2002, S. 136–143, hier S. 138). Zur Bedeutung der staatlich gelenkten Berichterstattung bis Mitte des 19. Jahrhunderts vgl. Huch, Gaby (Hrsg.): Der preußische Kulturstaat in der politischen und sozialen Wirklichkeit. Band 7,1. Zwischen Ehrenpforte und Inkognito: Preußische Könige auf Reisen. Quellen zur Repräsentation der Monarchie zwischen 1797 und 1871, Acta Borussica. N. F. 2. Reihe: Preussen als Kulturstaat, Berlin u. Boston 2016, S. 178–180.

[197] Vgl. hierzu Kap. 2.1.

[198] Seine Autorschaft markiert Ramler lediglich im Falle der letzten seiner zehn Oden aus der Zeit des Siebenjährigen Kriegs (vgl. Ramler, Karl Wilhelm: Ode auf die Wiederkunft des Königes[.] Berlin, den 30 März, 1763. von Karl Wilhelm Ramler.).

Serie von drei Oden, die Ramler im Herbst/Winter 1760 publiziert, bezieht sich in Titel und Datierung ausdrücklich auf Kriegsereignisse in Kolberg, Berlin und Torgau.[199] Ob diese Oden parallel in der *Vossischen Zeitung* erscheinen oder angezeigt werden, muss offen bleiben, da der entsprechende Jahrgang 1760 nicht überliefert ist.

Abbildung 3: Kopfvignette und Beginn von Ramlers *Ode an die Göttinn der Eintracht. Berlin, den 24 Jenner 1763.*

Abbildung 4: Kopfvignette zur *Ode an die Göttinn der Eintracht* (Detail zu Abb. 3)

Die weiteren sieben Oden bilden ein zweites Korpus und datieren auf Neujahr (1),[200] den Geburtstag des Königs am 24. Januar (4)[201] sowie die Feierlichkeiten im Zuge der Friedenschlüsse (2).[202] *Berlins einmüthiger Wunsch beym Anfange des 1758sten Jahres* findet sich lediglich in der *Vossischen Zeitung*, drei der vier

---

[199] Vgl. *Lied der Nymphe Persantëis. Kolberg den 24ten September 1760; Ode auf ein Geschütz, wodurch, am Tage der Belagerung Berlins, eine Kugel, bis mitten in die Stadt getrieben wurde. Berlin den 3. October 1760* sowie *Ode an den Fabius. Nach der Schlacht bey Torgau, den 3. November 1760.*

[200] Vgl. *Berlins einmüthiger Wunsch beym Anfange des 1758sten Jahres*, das die Ausgabe der *Vossischen Zeitung* vom 3. Januar 1758 eröffnet.

[201] Vgl. *Ode an die Stadt Berlin. den 24 Jenner 1759; Ode an die Feinde des Königes. Den 24. Jenner 1760; Ode an seinen Arzt. Berlin, den 24 Jenner 1762* und *Ode an die Göttinn der Eintracht. Berlin, den 24 Jenner 1763.*

[202] Vgl. *Ode bei dem Friedensfeste. Berlin am 24sten May 1762* sowie *Ode auf die Wiederkunft des Königes. Berlin, den 30 März, 1763. von Karl Wilhelm Ramler*. Zu Karschs Gelegenheitsdichtung, ihren insgesamt zehn *Gesängen bey Gelegenheit der Feierlichkeiten Berlins*, von denen sich allein vier Gedichte auf Friedrichs Einzug am 30. März beziehen, sowie dem Kontext ihrer Ode *An Gott* vgl. Bohnengel, Julia: „Neue Friedenstöne. Zu Anna Louisa Karschs Ode *An Gott bey dem Ausruf des Friedens. Den 5ten März, 1763*", in: Böhn, Andreas, Ulrich Kittstein und Christoph Weiß (Hrsg.): *Lyrik im historischen Kontext. Festschrift für Reiner Wild*, Würzburg 2009, S. 55–69, hier S. 55–61.

Geburtstagsgedichte sowie Ramlers *Ode auf die Wiederkunft des Königes* (1763) erscheinen hingegen parallel in der *Vossischen Zeitung* und als Einzeldruck.[203] Beide Teilkorpora werden durch die Ausstattung der Einzeldrucke verbunden: Korrespondierend zur kriegerischen Thematik findet sich als Kopfvignette auf den Einzeldrucken zwischen Januar 1759 und Januar 1762 (vgl. Abb. 1 u. Abb. 2) ein „kampfbereite[r] preußische[r] Adler auf und über Fahnen und Waffen".[204] Dieses Armaturen-Motiv ist offenbar der Rückseite preußischer Gold- und Silbermünzen seit 1750 nachgebildet. Ab Mai 1762 weisen die Einzeldrucke hingegen eine variierende Ausstattung auf (vgl. Abb. 3 u. Abb. 4),[205] die mit einer Verabschiedung der Kriegsperspektive einhergeht. Den Titeln der Oden entsprechend stehen nun das *Friedensfest*, die *Eintracht* und Friedrichs *Wiederkunft* aus dem Siebenjährigen Krieg im Zentrum.

Ausgehend von diesen Beobachtungen sind drei zentrale Punkte zu Ramlers Oden um 1760 herauszuarbeiten: *Erstens* beteiligen sich Ramler und sein Verleger Voss an einem literarischen Markt, der das Berliner Publikum während des Siebenjährigen Kriegs mit Gelegenheitsdichtung versorgt.[206] In der Kopfvignette zu Ramlers Oden zwischen 1759 und 1762 schließen sich Kriegsthematik und ökonomisches Interesse kurz. Als wiederholtes Element der Einzeldrucke verortet die Armaturen-Vignette Ramlers jeweilige Ode zudem in einer Serie lyrischer Produktion. Die Vignette wird damit zum Markenzeichen für Ramlers Lyrik innerhalb der Fülle zeitgenössischer Gelegenheitsschriften.

Zweitens fügen sich Ramlers Oden überwiegend in ritualisierte Formen der medialen Begleitung privater Ereignisse im Leben des regierenden Monarchen sowie (innen)politischer Ereignisse.[207] Im Falle der Zeitungsdrucke stellt sich Ramler in den Dienst der königlich privilegierten Institution *Vossische Zeitung*, die sich an den regierenden Monarchen mittels panegyrischer Gedichte *und* die Leserschaft als Empfängerin lyrisch-patriotischer Kommentare zu Kriegsereignissen richtet. Etablierte und wiederkehrende Anlässe sind Neujahr und der Geburtstag des Königs am 24. Januar.[208]

---

[203] Vgl. Lütteken: „Verzeichnis der zeitgenössischen Drucke Karl Wilhelm Ramlers", S. 445–447 sowie S. 460.

[204] Kluge, Bernd: Die Münzen König Friedrichs II. von Preussen. 1740–1786 [...], Berliner Numismatische Forschungen. N. F. 10, Berlin 2012, S. 58; vgl. auch Steguweit, Wolfgang und Bernd Kluge: Suum cuique. Medaillenkunst und Münzprägung in Brandenburg-Preußen, Das Kabinett. Schriftenreihe des Münzkabinetts 10, Berlin 2008, S. 256–259.

[205] Zur Programmatik der Kopfvignette zu Ramlers *Ode an die Göttinn der Eintracht* vgl. Kap. 3.2.1.

[206] Zu Ramlers Oden als patriotischer Lyrik vgl. Häker: „Brennus in Preußen – Geschichte eines Mythos", S. 302–305; sowie Lee: „Karl Wilhelm Ramler as Prussian Patriot".

[207] Zu Gelegenheitstypen mit Blick auf das erste Drittel des 18. Jahrhunderts vgl. Heldt: Der vollkommene Regent, S. 25–29.

[208] Auch im Falle Augusts des Starken sind „[s]eine Geburts- und Namenstage [...]

Drittens erscheinen Ramlers Oden in unmittelbarer zeitlicher Nähe zum jeweiligen Anlass. Nachdrucke von Ramlers Texten in auswärtigen Blättern, etwa in Hamburger Zeitungen oder den *Königsbergschen Gelehrten und Politischen Zeitungen* erfolgen zeitversetzt.[209] In diachroner Perspektive hebt sich die *Vossische Zeitung* als Organ der Berliner Tagespresse und Publikationsort für Gelegenheitsdichtung zudem von der periodischen Presse im Dresden Augusts des Starken ab. Sie übernimmt nämlich erst ex post die Dokumentation der (dem Monarchen) überreichten Kasuallyrik.[210]

Im Falle beider Berliner Zeitungen, sowohl der *Vossischen* als auch der *Spenerschen*, zählt die Produktion von Kasuallyrik zu Neujahr und dem Geburtstag des Königs zu den Aufgaben ihrer Redakteure. Entsprechend deuten Arend Buchholtz' Hinweise, Ramler habe „an dem gelehrten Artikel" der *Berlinischen privilegirten Zeitung* „mitgearbeitet" und sei „viele Jahre lang, namentlich während des Siebenjährigen Krieges, der Hauspoet der Zeitung gewesen", auf den professionellen Hintergrund seiner Gelegenheitsoden um 1760.[211] Dimension und Formen von Ramlers redaktioneller Tätigkeit sind jedoch nur ausschnitthaft zu

---

    obligatorische Gratulationsdaten, und auch das jährlich übliche Neujahrsgedicht richtet sich an den Kurfürsten persönlich" (ebd., S. 25).

[209] Ramlers *Ode auf die Wiederkunft des Königes* druckt der *Hamburgische Correspondent* am 5. April 1763, somit wenige Tage nach ihrem Erscheinen in der *Vossischen Zeitung* vom 31. März 1763 (vgl. Lütteken: „Verzeichnis der zeitgenössischen Drucke Karl Wilhelm Ramlers", S. 461). Die *Kaiserlich privilegirte Hamburgische neue Zeitung* bringt Ramlers *Das Fest des Daphnis und der Daphne*, einen Dialog auf die zweite Hochzeit Friedrich Wilhelms (II.) in der Ausgabe der *Vossischen Zeitung* vom 15. Juli 1769, bereits am 18. Juli 1769. Einen Überblick zu Ramlers Dichtungen in den *Kanterschen Zeitungen* bietet Kohnen, Joseph: „Poetische Wüste. Zu den lyrischen Beiträgen in den ersten Jahren der *Königsbergschen Gelehrten und Politischen Zeitungen* (1764–1768)", *Das Wort. Germanistisches Jahrbuch Russland* (2014/2015), S. 99–126, hier S. 113f. Lediglich bei Ramlers Epithalamium *Ptolomäus und Berenice* handelt es sich um ein Gelegenheitsgedicht auf ein Mitglied der königlichen Familie, das in den *Kanterschen Zeitungen* erscheint. Zudem wird es erst im September 1765 nachgedruckt, somit einige Monate nach der Hochzeit von Kronprinz Friedrich Wilhelm (II.) und Elisabeth Christine Ulrike von Braunschweig-Wolfenbüttel im Juli 1765. Auf den Abdruck von Texten Ramlers in den *Mitauischen Politischen und Gelehrten Zeitungen* verweist Müller, Adelheid: Sehnsucht nach Wissen. Friederike Brun, Elisa von der Recke und die Altertumskunde um 1800, Berlin 2012, S. 29.

[210] Vgl. Heldt: Der vollkommene Regent, S. 18. Zu Gelegenheitsgedichten im *Holsteinischen* bzw. *Hamburgischen Correspondenten* zwischen 1721 und 1730 vgl. Meunier, Ernst und Hans Jessen: Das deutsche Feuilleton. Ein Beitrag zur Zeitungskunde, Zeitung und Zeit 2, Berlin 1931, S. 26f. Mit Ausblick ins 19. Jahrhundert zum Typus „Festgedicht" vgl. Reichardt, Martha Hedwig: Die Zeitungspoesie und ihre Vorläufer, Diss. München 1944, S. 39–44.

[211] Buchholtz, Arend: Die Vossische Zeitung. Geschichtliche Rückblicke auf drei Jahrhunderte. Zum 29. Oktober 1904, Berlin 1904, S. 43.

greifen.[212] Für die Verbindung von journalistischer Tätigkeit und lyrischer Produktion stehen im zeitgenössischen Berlin neben Ramler unter anderem Johann Victor Krause[213] und Gottlob Wilhelm Burmann.[214] Zwischen 1740 und 1751

[212] Zu den wenigen Rezensionen (zudem deutlich nach Ende des Siebenjährigen Kriegs), die Ramler zugeschrieben werden, zählt die Reaktion der *Vossischen Zeitung* auf das Erscheinen von Lessings *Emilia Galotti* (vgl. Ramler, Karl Wilhelm: „Emilia Galotti, ein Trauerspiel von G. E. Lessing, Berlin 1772 [...]", *Berlinische privilegirte Zeitung* 38 [28.03.1772], S. 185; vgl. Lütteken: „Verzeichnis der zeitgenössischen Drucke Karl Wilhelm Ramlers", S. 463). Auch die durchweg positive Kritik zu Goethes *Götz* und dessen Berliner Erstaufführung im April 1774 stamme „wahrscheinlich" von Ramler (Meunier/Jessen: Das deutsche Feuilleton. Ein Beitrag zur Zeitungskunde, S. 39; vgl. Ramler, Karl Wilhelm: „Das so viel Aufsehen in Deutschland verursachte Schauspiel: Götz von Berlichingen mit der eisernen Hand [...]", *Berlinische privilegirte Zeitung* 46 [16.04.1774], S. 230f.). Laut Wahnrau handelt es sich hierbei zudem um „die erste ausführliche Theater-Kritik in der Geschichte Berlins" (Wahnrau, Gerhard: Berlin. Stadt der Theater, Bd. 1, Berlin 1957, S. 123). Die beiden Dramen- bzw. Theaterkritiken der 1770er Jahre könnten im Kontext von Ramlers Zusammenarbeit mit Kochs Theatertruppe entstanden sein (s. u.). Nach Gleims Auskunft rezensiert Ramler im November/Dezember 1780 Friedrichs II. Essay *De la littérature allemande*, die Rezension wird jedoch zurückgezogen (vgl. Kap. 2.1.7). 1788 veröffentlicht Ramler kommentierte Auszüge einer Publikation Susanne von Bandemers (vgl. Ramler, Karl Wilhelm: „Poetische und prosaische Versuche von Susanne v. B. geb. von Franklin. Berlin 1787. [...]", *Königlich-privilegirte Berlinische Zeitung von Staats- und gelehrten Sachen* 35 [20.03.1788], [unpaginiert]; Ramler, Karl Wilhelm: „Beschluß der Rezension von den poetischen und prosaischen Versuchen [...] (Siehe das 35ste Stück dieser Zeitung.)", *Königlich-privilegirte Berlinische Zeitung von Staats- und gelehrten Sachen* 38 [27.03.1788], [unpaginiert]). Vgl. hierzu Gleims Brief an Caroline von Klencke vom 7. April 1788: „Diesen Morgen hab ich im 38. Stück der berl[inischen] Zeitungen die Fortsetzung der, in ihrem letzten Schreiben erwehnten Ramlerschen Recension gelesen; der Anfang soll im 35^n St. zu lesen seyn, ich werde vermuthl[ich] auch diesen zu lesen bekomm[en]" (GH, Hs. A 5771, 1^r–1^v). Zu analogen Schwierigkeiten bei der Zuweisung von Autorschaft und Eigenständigkeit der Rezensionen im Falle Lessings vgl. Guthke, Karl Siegfried: „Besuch in einem Kartenhaus. Lessings Rezensionen", in: *Der Blick in die Fremde. Das Ich und das andere in der Literatur*, Edition Patmos 3, Tübingen u. Basel 2000, S. 351–392, hier S. 351–362.

[213] Krauses Texte finden sich als Abteilung „Glückwünschungs-Gedichte auf das Allerdurchlauchtigste Königl. Preuß. Haus welche der Verfasser dieser Gedichte in die Berlinischen Nachrichten von Staats- und gelehrten Sachen mit eingerückt hat von 1740 bis 1751" in: Krause, Johann Victor: Auserlesene Deutsche Gedichte [...], 2. Aufl., Berlin 1751, S. 1–50. Zu Krause, der noch während des Siebenjährigen Kriegs für die *Berlinischen Nachrichten* schreibt, vgl. Widdeke, Erich: Geschichte der Haude- und Spenerschen Zeitung. 1734–1874, Berlin 1925, S. 40–42.

[214] Vgl. Wendler, Walter: Gottlob Wilhelm Burmann (1737–1805). Ein Beitrag zur Welt- und Lebensanschauung des Bürgertums in der zweiten Hälfte des 18. Jahrhunderts, Breslau 1937, S. 9–12. Eine Übersicht der „Glückwünschungsgedichte Burmanns zu Neujahr, zum Geburtstag des Königs und zu dem der Königin" findet sich ebd., S. 38f.

beziehungsweise 1774 und 1785 versorgen sie die *Berlinischen Nachrichten* (= *Spenersche Zeitung*) mit panegyrischen Gelegenheitsgedichten. Ramlers Vorgänger bei der *Berlinischen privilegirten Zeitung* (= *Vossische Zeitung*) ist Gotthold Ephraim Lessing, der zwischen 1752 und 1755 jener „Pflichtübung" nachkommt, „die vom Herausgeber des Rezensionsteils der BPZ an jedem Neujahrstag und an Friedrichs Geburtstag, am 24. Januar, erwartet wurde".[215] Zwischen 1782 und 1786 liefert schließlich Karl Philipp Moritz Neujahrs- und Geburtstagsgedichte für die *Berlinische privilegirte Zeitung*.[216]

1.3.3 Medaillen, Festbauten und Illuminationen

Seit Anfang der 1760er Jahre beteiligt sich Ramler parallel zur Produktion von panegyrischen Kasualgedichten an der Konzeption und Herausgabe von Medaillen auf militärische und politische Ereignisse in Preußen. Bis in die 1790er Jahre hinein verantwortet er Entwürfe, die die Graphiker Christian Bernhard Rode und Johann Wilhelm Meil in zeichnerische Vorlagen übersetzen.[217] Anknüpfungspunkte sind freundschaftliche und berufliche Kontakte. So sticht Meil seit den späten 1750er Jahren eine Vielzahl von Vignetten zu Ramlers Publikationen.[218] Die Prägestempel fertigen vor allem die Medailleure Jacob Abraham und sein Sohn Abraham Abramson. Beide sind in Berlin für die königliche Münze tätig.[219] Ebenso

---

[215] Nisbet, Hugh Barr: Lessing. Eine Biographie, übers. von Karl Siegfried Guthke, München 2008, S. 156. Zu Lessings Oden vgl. auch Grimm, Gunter E.: „Nachwort", in: Lessing, Gotthold Ephraim: *Sämtliche Gedichte*, hg. von Gunter E. Grimm, Stuttgart 1987, S. 385–440, hier S. 414–417.

[216] Vgl. Moritz, Karl Philipp: Gedichte, hg. von Christof Wingertszahn, Kleines Archiv des achtzehnten Jahrhunderts 36, St. Ingbert 1999, S. 63f. sowie S. 69–71.

[217] Im Kupferstichkabinett Berlin hat sich ein Avers-Entwurf (KdZ 8804) erhalten, den Christian Bernhard Rode für Jacob Abrahams Medaille zur Huldigung der Stadt der Marienburg im Jahr 1772 anfertigt (vgl. Hoffmann: Jacob Abraham und Abraham Abramson, S. 59).

[218] Vgl. Dorn, Wilhelm: Meil-Bibliographie. Verzeichnis der von dem Radierer Johann Wilhelm Meil illustrierten Bücher und Almanache, Berlin 1928. Bereits Lessings und Ramlers Logau-Ausgabe, die 1759 bei Weidmann in Leipzig erscheint (*Friedrichs von Logau Sinngedichte*), ist mit einem Frontispiz sowie einer Titelvignette von Meil ausgestattet.

[219] Abraham ist seit 1750 für die Berliner Münze tätig. Abramson arbeitet seinem Vater bereits seit 1771 zu, 1782 wird er schließlich von der königlichen Münze eingestellt (vgl. Hoffmann: Jacob Abraham und Abraham Abramson, S. 17; sowie Steguweit, Wolfgang: „Berlin als künstlerisch-technisches Zentrum der Medaillenherstellung von den Anfängen unter Kurfürst Joachim I. (1499–1535) bis zur Gegenwart. Eine Einführung", in: *Kunst und Technik der Medaille und Münze. Das Beispiel Berlin*, Die Kunstmedaille in Deutschland 7, Berlin 1997, S. 13–56, hier S. 31).

liefert Ramler Entwürfe für die Medailleure Nikolaus Georgi und Daniel Friedrich Loos. Auch sie arbeiten für die Berliner Münze.[220] Mitunter entstehen die von Ramler konzipierten Medaillen „mit königl. Genehmigung" und werden von Friedrich II. als Zeichen der Anerkennung verschenkt.[221] Ramler, Rode und Meil übernehmen in diesem Fall die Rolle jener Hofkünstler und Gelehrten (Knobelsdorff, Pesne, Maupertuis), die in den 1740er Jahren die Konzeption von Medaillen im Austausch mit dem König verantworten.[222] Darüber hinaus dürfen Abraham und Abramson das Stoßwerk der Berliner Münze für eigene Unternehmungen nutzen.[223] Da Friedrichs Interesse an einer aktiven Mitgestaltung von Medaillenprägungen seit 1750 nachlässt, kommt gerade solchen Privatinitiativen seit dem Siebenjährigen Krieg eine entscheidende Rolle für die Medaillenproduktion in Berlin zu.[224] Ramler als Inventor, Rode und Meil als Zeichner sowie die beteiligten Medailleure betreiben folglich primär „freiwillige multiplizierende Imagepflege".[225]

Ramlers numismatische Aktivitäten gehören im Umfeld der Berliner Aufklärer nicht zur Ausnahme. Auch Moses Mendelssohn und Friedrich Nicolai beschäftigen sich während des Siebenjährigen Kriegs mit der Konzeption von Münzen und Medaillen. Mendelssohn habe, wie Friedrich Nicolai berichtet, Nathan Veitel Heine Ephraim und weiteren „Münzunternehmer[n]" „zu ein Paar Denkmünzen

---

[220] Vgl. Steguweit/Kluge: Suum cuique, S. 25 sowie S. 28.
[221] So im Falle der beiden Medaillen auf den „Entsatz" und die „Verteidigung der Festung Colberg", deren Entwürfe von Ramler stammen: „Eine ‚Gesellschaft wohlgesinnter Personen' in Berlin, an ihrer Spitze *Sulzer*, veranlaßte mit königl. Genehmigung diese Denkmünze". Friedrich lässt Kommandant von der Heyde und Generalmajor von Werner schließlich Exemplare in Gold und Silber zukommen (Hoffmann: Jacob Abraham und Abraham Abramson, S. 53f.). Ramler wiederum scheint von der Heyde zusätzlich sein *Lied der Nymphe Persantëis* zugeschickt zu haben, das die Befreiung Kolbergs thematisiert, vgl. von der Heydes Dankesschreiben vom 21. März 1761 (GSA 75/93). Zum motivischen Zusammenhang von Medaille und Gedicht vgl. Kap. 5.5.2.
[222] Vgl. Steguweit: „Berlin als künstlerisch-technisches Zentrum der Medaillenherstellung", S. 30.
[223] Vgl. Hoffmann: Jacob Abraham und Abraham Abramson, S. 38; vgl. mit Blick auf Loos zudem Bannicke, Elke: „Der Münzbuchstabe A von 1750 bis 1997 – Die Entwicklung der Münzstätte Berlin von der Königlichen Münze zum Münzamt der Bundesrepublik Deutschland", in: *Kunst und Technik der Medaille und Münze. Das Beispiel Berlin*, Die Kunstmedaille in Deutschland 7, Berlin 1997, S. 59–168, hier S. 107.
[224] Vgl. Steguweit: „Berlin als künstlerisch-technisches Zentrum der Medaillenherstellung", S. 30f.
[225] So Jutta Schumann zur Inszenierung des Habsburger-Kaisers Leopold I. (1640–1705) auf Medaillen und deren Verbreitung, die ebenfalls maßgeblich von Privatunternehmern geleistet wird (vgl. Schumann, Jutta: Die andere Sonne. Kaiserbild und Medienstrategien im Zeitalter Leopolds I., Colloquia Augustana 17, Berlin 2003, S. 321–339, hier S. 339).

auf Schlachten, die sie prägen ließen, die Erfindungen an die Hand" gegeben.[226] Darüber hinaus setzt sich Mendelssohn für den breitentauglichen Vertrieb antikisierender Inszenierungen des Königs auf Münzen ein. Er

> schlug [...] den Münzunternehmern vor, kupferne Ein- und Zweigroschenstücke von der Größe eines kupfernen Dreyers und größer zu prägen. Auf der rechten Seite aller sollte der Zahlungswerth angezeigt werden. Der Kehrseiten sollten aber so mancherley seyn als die verschiedenen denkwürdigen Thaten Friedrich des Großen. Diese Kehrseiten sollten mit antiker Simplicität erfunden, und von guten Künstlern gezeichnet und geschnitten werden. [...] Aber ein unglückliches Mißverständnis mit dem verstorbenen W. Meil, welcher die Zeichnungen zu den Kehrseiten, die Ramler und Moses und auch ich [Nicolai, M. B.] erfinden wollten, zeichnen sollte, war Ursache, daß dieses schöne Unternehmen nicht zu Stande kam.[227]

Im Juli 1763 bittet Mendelssohn wiederum Ramler, er möge für die königliche Münze eine „Friedens-Medaille" konzipieren, denn er

> befürchte, wo Sie nicht bald eine Idee einsenden, Hr. E[phraim] lässt seine Illumination ganz wie sie war, samt Lampen und Kieverlaub auf die Medaille bringen. Retten Sie also die Ehre unseres Geschmaks, theuerster Freund! und senden dem Herrn Meil je eher, je lieber, eine oder, da Ihnen die Erfindungen weniger kosten als den Münzherren ihr Gold und Silber, einige dazu ein. Haben sie aber die Gewogenheit Ihre Gedanken etwas weitläufig auseinander zu setzen, damit sie der Künstler so gleich begreiffe, ohne Ihre Erläuterung einzuholen.[228]

Mendelssohns Brief belegt neben der erneuten Zusammenarbeit mit Ramler bei der Konzeption von Münzen und Medaillen, welche Bedeutung er ihrer gelungenen Gestaltung als künstlerisches Produkt zumisst (für „die Ehre unseres Geschmaks"). Zudem scheint Mendelssohn mit erheblicher Aufmerksamkeit für die Medaille zu rechnen. Sollte Ramler Mendelssohns Bitte entsprochen haben, stammt

---

[226] Lessing, Gotthold Ephraim: [S]ämmtliche Schriften. Sieben und zwanzigster Theil. Gotthold Ephraim Lessing's Briefwechsel mit Karl Wilhelm Ramler, Johann Joachim Eschenburg und Friedrich Nicolai [...], Bd. 27, 2. Aufl., Berlin u. Stettin 1809, S. 512. Zum Kontext vgl. Kluge, Bernd: „‚Unter grosser Gefahr und Risico bei mässigem Vortheil' – Die jüdischen Münzentrepreneurs in Preussen unter Friedrich dem Grossen 1740–1786", in: Backhaus, Fritz, Raphael Gross und Liliane Weissberg (Hrsg.): *Juden. Geld. Eine Vorstellung*, Frankfurt a. M. 2013, S. 132–144.

[227] Lessing: [S]ämmtliche Schriften. Sieben und zwanzigster Theil., S. 513. Vgl. hierzu Hoffmann: Jacob Abraham und Abraham Abramson, S. 12f.; sowie Biskup: Friedrichs Größe, S. 140.

[228] Moses Mendelssohn an Ramler am 19. Juli 1763 (zit. nach Mendelssohn, Moses: Gesammelte Schriften. Jubiläumsausgabe. Bd. 12,1. Briefwechsel, Bd. 2,1, hg. von Alexander Altmann, Stuttgart-Bad Cannstatt 1976, S. 17).

von ihm der Entwurf zu Nikolaus Georgis Medaille auf den Frieden von Hubertusburg (15. Februar 1763).[229]

Auch von Angehörigen des kurländischen Hofes wird Ramler als Inventor konsultiert. Ausgangspunkt ist ein Besuch Friedrich Wilhelms (II.) in der Residenzstadt Mitau. Herzog Peter und der preußische Kronprinz besichtigen am 26. Juli 1780 unter anderem die dortige Academia Petrina. Das akademische Gymnasium steht als Vorzeigeprojekt für den engen Austausch zwischen dem kurländischen Hof und den Berliner Aufklärern. Johann Georg Sulzer liefert Anfang der 1770er Jahre die Schulordnung und ist an der Besetzung der Professuren beteiligt.[230] Friedrich Wilhelm von Raison, kurländischer Minister, tritt im Anschluss an das Mitauer Treffen mit Ramler in Kontakt. Dieser überarbeitet das Konzept für eine Erinnerungsmedaille und stellt den Kontakt zum Berliner Medailleur Daniel Friedrich Loos her. Bereits im September 1780 bedankt sich Raison für die

> Gütigkeit [...], mit welcher Euer Wohlgeboren nicht allein einen Künstler auszumachen beliebt haben, welcher die Verfertigung des Schaustücks in der bestimmten Zeit übernimmt, sondern überdies für eine vorteilhafte Veränderung in dem Entwurf der Zeichnung Sorge tragen zu wollen [...]. Die in den beiden Überschriften, die Euer Wohlgeboren neben einander zur Wahl stellen, ausgedrückten Gedanken sind so nah miteinander verwandt, daß mir der Vergilianische notwendig beifallen mußte, da ich auf ein Motto für unsre Münze dachte. Vielleicht war es bloß der Zufall, der mich auf die nascentia templa brachte und den Ausdruck des Statius vorziehen ließ.[231]

Im Dezember 1781 übersendet Herzog Peter von Kurland schließlich ein Exemplar der „Gedächtnis Münze" und dankt Ramler für die Unterstützung bei deren Umsetzung.[232] Während auf der Vorderseite der Medaille das Profil Friedrich Wilhelms (II.) im Harnisch abgebildet ist, zeigt die Rückseite einen Herkules mit Keule und Löwe. Er lehnt sich an einen „stattlichen Obelisken, dessen obere

---

[229] Vgl. Olding, Manfred: Die Medaillen auf Friedrich den Großen von Preußen. 1712 bis 1786 [...], Die Medaillen der Kurfürsten und Könige von Brandenburg-Preußen 2, Regenstauf 2003, S. 148.

[230] Vgl. Meyer, William: „Die Gründungsgeschichte der Academia Petrina in Mitau. Ein Beitrag zur Geschichte der Aufklärungszeit in Kurland", in: *Sitzungsberichte der Kurzemer (Kurländischen) Gesellschaft für Literatur und Kunst [...]*, Riga 1937, S. 35–168, hier S. 73–77.

[231] Friedrich Wilhelm von Raison an Ramler am 24. September 1780, zit. nach Clemen, Otto: „Kaiser Joseph II. von Österreich und Kronprinz Friedrich Wilhelm von Preußen 1780 in Mitau", *Historische Vierteljahrschrift* 18 (1918), S. 386–394, S. 390f. Sommer ordnet Loos „zumindest" die Vorderseite aufgrund stilistischer Eigenschaften zu (Sommer, Klaus: Die Medaillen des königlich preussischen Hof-Medailleurs Daniel Friedrich Loos und seines Ateliers, Monographien zur Numismatik und Ordenskunde 2, Osnabrück 1981, S. 35).

[232] Peter von Kurland an Ramler am 12. Dezember 1781 (GSA 75/124, 3ʳ).

Hälfte sich in Wolken verliert".²³³ Motiv und Motto aus Statius *Silvae* 3,1 (*Huc ades et genium templis nascentibus infer*), eine Ansprache des Herkules zur Errichtung eines Tempels durch Pollius Felix („Komm hierher und bring deinen Genius zu dem entstehenden Tempel!") korrespondieren somit exakt.²³⁴ Als Besucher der Academia Petrina wird Friedrich Wilhelm zum ‚preußischen Herkules' stilisiert.

Im Rahmen der Berliner Feierlichkeiten zum Ende des Siebenjährigen Kriegs im März und April 1763 ist Ramler erstmals als Inventor aufwändiger Festdekorationen zu greifen. Für den Berliner Magistrat entwirft er zwei Triumphbögen.²³⁵ Der eine bietet am 30. März die Kulisse für die Begrüßung des Königs durch den Magistrat, der andere ist Teil der abendlichen Illuminationen am 4. April 1763. Im Falle dieser erleuchteten Ehrenpforte arbeitet Ramler mit seinem Graphiker- und Malerfreund Christian Bernhard Rode zusammen, der zwölf Gemälde nach Ramlers Vorgaben anfertigt. Erhalten hat sich ein Konvolut von Rechnungen und Quittungen der Magistrats-Kämmerei, die den Gesamtaufwand für beide Ehrenpforten im September 1763 auf insgesamt 2091 Taler und 11 Groschen beziffern.²³⁶ Ramler erhält im Juli 1763 50 Taler „wegen der Invention der Sinnbilder zur Rathhäußl[ichen] Illumination, und zur Ehrenpforte bey Ankunft des Königes May[estät]".²³⁷ Rode wiederum wird „für Anfertigung der Mahlerey zur Illumination des Rathhauses" bereits im Mai 1763 mit 340 Talern entlohnt.²³⁸

Aus den Folgejahren sind weitere Aufträge aus Potsdam belegt, die von Amtsträgern stammen. So wendet sich der Potsdamer Hofprediger Leonhard Cochius im Namen von „H[errn] Graf *Pinto*", also Oberstleutnant Franz Ignatz Graf von Pinto, einige Wochen vor der Geburt des späteren Königs Friedrich Wilhelm (III.) im August 1770 an Ramler.²³⁹ Dieser hat bereits ein Gelegenheitsgedicht geliefert („die gütigst übersandten, fürtreflichen Zeilen"), das als Grundlage zur Einrichtung einer Illumination „nach Wiederherstellung der Printzeßin" dient:

---

²³³ Clemen: „Kaiser Joseph II. von Österreich und Kronprinz Friedrich Wilhelm von Preußen 1780 in Mitau", S. 391.
²³⁴ Statius, Publius Papinius: Silvae. [...], übers. von Heinz Wissmüller, Neustadt a. d. Aisch 2016, S. 72.
²³⁵ Zur Gestaltung der Triumphbögen vgl. Kap. 4.4.1.
²³⁶ Vgl. hierzu Stiftung Stadtmuseum Berlin, Dokumentensammlung IV 84/55 Q 21.
²³⁷ Stiftung Stadtmuseum Berlin, Dokumentensammlung IV 84/55 Q 7.
²³⁸ Stiftung Stadtmuseum Berlin, Dokumentensammlung IV 84/55 Q 3.
²³⁹ Leonhard Cochius an Ramler am 25. Juli 1770 (GSA 75/51, 1ʳ). Vgl. den Bericht der *Vossischen Zeitung* zu Cochius' Einbindung als „Hofprediger": „Heute des Nachmittags nach 3 Uhr geschahe der Taufactus des Prinzen, von welchen Ihro Königl. Hoheit, die Prinzeßin von Preussen entbunden worden. Die Höchsten Taufzeugen waren: Se. Majest. der König, welche den Prinzen selbst über die Taufe, die der Königl. Hofprediger, Herr Cochius verrichtete, und in welcher demselben die Namen, Friedrich Wilhelm, beygeleget wurden, gehalten [...]" („Potsdam, vom 8 August", *Berlinische privilegirte Zeitung*, 11.08.1770, S. 491).

Ew. HochEdelgebohren haben darin [im Gelegenheitsgedicht, M. B.] alles erschöpft, was zu den Vorzügen eines Landes und zur Ehre des regierenden Hauses gehört; und das Objekt Von der Solennität des Tages, mit der Ihnen eigenen Schärfe, in einer kürtzeren Schluß-Zeile ausgedrükt.[240]

Cochius bittet jedoch um die Anpassung von Ramlers Text für das (wie er nun erfahren habe) geplante „Feuerwerk" und fügt dem Schreiben eine „Zeichnung" an, die sich nicht erhalten hat. Ramler möge „entweder diese Zeilen zusammen [...] ziehen, oder 4. biß 6. kurtze [...] entwerfen".[241] Nachdem er Ramler am 16. August nochmals daran erinnert hat, dem Auftrag nachzukommen, dankt Cochius ihm am 21. August 1770 für den Erhalt des überarbeiteten Texts.[242]

Einen weiteren Auftrag für den Entwurf einer Illumination erhält Ramler im September 1777 durch Samuel von Boulet, einen „Kapitän im Ingenieurkorps" des Kronprinzen Friedrich Wilhelm (II.).[243] Boulet bittet im Auftrag eines Potsdamer Militärs um Ramlers Vorschläge für eine Illumination zu Friedrichs Geburtstag im Januar des kommenden Jahres:

> Der H[err] *Lieutenant* von *Stromberg*, des Regiments *Garde*, will ein Fest für das hiesige *Militair* auf dem [sic] Geburtstag – des Königs anstellen, und einige Fenster des Hauses in welchem es gehalten wird, mit paßenden Sinnbildern versehen. Er – wird Sie demnach, werthester Freund, ersuchen, ihm *Ideen* dazu mitzutheilen, damit er solche nach seiner Rückkunft in *Potsdam* sogleich mahlen laßen kann.[244]

Ein dritter Auftrag ist Anfang der 1780er Jahre belegt. Ramler liefert im Vorfeld des Besuches von Großfürst Paul (I.) in Mitau, der im November 1782 stattfindet, nicht allein ein Singspiellibretto im Auftrag von Herzog Peter (s. u.), sondern offenbar auch den Entwurf einer allegorischen Festdekoration:

---

[240] Leonhard Cochius an Ramler am 25. Juli 1770 (GSA 75/51, 1ʳ–1ᵛ). Bei dieser ursprünglichen Fassung könnte es sich nach Cochius' Beschreibung („in einer kützeren Schluß-Zeile") um Ramlers Gelegenheitsgedicht *Auf die Prinzeßinn von Preußen Friederika Louisa, bey der Geburt Ihres ersten Prinzen* handeln. Ramler publiziert es am 4. August 1770 anonym in der *Vossischen Zeitung*, führt seine Gelegenheitsarbeit demnach einer doppelten Verwertung zu.
[241] GSA 75/51, 1ᵛ–2ʳ.
[242] Vgl. Leonhard Cochius an Ramler am 16. August 1770 (GSA 75/51, 3ʳ) sowie Cochius' Schreiben vom 21. August 1770: „Ew. HochEdelgebohrnen haben den Graf ins Paradieß versetzt, so froh ist er über die gütigst übersandten Zeilen, nicht nur ihres Inhalts wegen, der alle Vorzüge des blühenden Zustandes eines Landes erschöpft, sondern auch über dieses, daß sie in seinen Entwurf so gut paßen" (GSA 75/51, 4ʳ).
[243] Düntzer, Heinrich (Hrsg.): Goethes Tagebücher der sechs ersten Weimarischen Jahre (1776–1782) in lesbarer Gestalt herausgegeben und fachlich erläutert, Leipzig 1889, S. 124.
[244] Samuel von Boulet an Ramler am 10. September 1777 (GSA 75/35, 3ʳ).

Noch habe ich keine Nachricht aus Mitau, ob der Obelisk dort zur rechten Zeit angekommen ist, welchen der Herzog hier durch mich zur Ehre des Großfürsten hatte bestellen lassen. Unser Berlinischer Bildhauer ist mit der Figur der Göttinn Curlandia, – die davor stehen und beiden hohen Personen, (deren Medaillen an dem Obelisk aufgehangen waren) ein Weihrauchopfer bringen sollte, – noch nicht fertig geworden. Sie wird von weißem Cararischen Marmor verfertigt, und ihre Stelle wird wohl so lange eine Figur von Gyps vertreten müssen.[245]

1.3.4 Theaterdichtungen und Libretti im fürstlichen Auftrag

Das Spektrum von Ramlers Gelegenheitsarbeiten weitet sich nach dem Ende des Siebenjährigen Kriegs mit Arbeiten für die Theaterbühne aus. Zwischen 1766 und 1775 liefert Ramler mindestens acht Reden für das deutsche Theater in der Berliner Behrenstraße.[246] Das Gros der Epiloge entsteht für das Ensemble von Heinrich Gottfried Koch (1703–1775), der das Haus im März 1771 übernimmt.[247] Ramlers Bekanntschaft mit dem Ehepaar Koch dürfte unter anderem durch Christian Felix Weiße vermittelt sein, dessen Singspiele Kochs Truppe seit 1766 in den Vertonungen von Johann Adam Hiller aufführt.[248]

---

[245] Ramler an Ludwig Heinrich Nicolay am 12. November 1782 (zit. nach Ischreyt (Hrsg.): Die beiden Nicolai, S. 130).

[246] Vgl. hierzu das „Spielplanverzeichnis" bei Glaeser, Günter: Heinrich Gottfried Koch und seine Schauspielergesellschaft. Ein Beitrag zur deutschen Theater- und Musikgeschichte des 18. Jahrhunderts, Diss. Greifswald 1982, S. A 1–78.

[247] Vgl. Wahnrau: Berlin. Stadt der Theater, S. 115–121. Bereits 1766 schreibt Ramler eine Rede für die Truppe von Franz Schuch jun. und überarbeitet sie 1767 für Carl Theophil Döbbelins Truppe. Zu den wesentlichen Veränderungen der (zudem erst 1791 publizierten) zweiten Version zählt ein zu Beginn eingeschalteter Exkurs. Er skizziert die Legitimität und Attraktivität der Vorstellungen aus christlicher und moralischer Perspektive und präsentiert sie als Zeitvertreib für Beamte, Militärs und ‚Weltmänner' (vgl. „Rede auf dem Deutschen Theater zu Berlin, von einer Schauspielerinn gehalten im Jahr 1767", *Berlinische Monatsschrift* 18/4 [1791], S. 289–299, hier S. 290–293; sowie die Vorlage: „Abdankung zu B. 1766. gehalten von Mad. Schuch", *Königsbergsche Gelehrte und Politische Zeitungen* 102 [21.12.1767], S. 415–417). Einen Überblick zur gesamten Rede in der Fassung von 1791 bietet Jakob, Hans-Joachim: „‚Dann ist Berlin für uns die ganze weite Welt'. Theaterreden mit dem Aufführungsort Berlin in den Theaterjournalen des 18. Jahrhunderts", in: Goldenbaum, Ursula und Alexander Košenina (Hrsg.): *Berliner Aufklärung. Kulturwissenschaftliche Studien*, Bd. 6, Hannover 2017, S. 109–143, hier S. 124–126.

[248] Vgl. Wild, Reiner: „Weiße, [...] Christian Felix", in: Kühlmann, Wilhelm (Hrsg.): *Killy Literaturlexikon. Autoren und Werke des deutschsprachigen Kulturraumes*, Bd. 12, 2. Aufl., Berlin u. Boston 2011, S. 257–259, hier S. 258. Zwischen September 1772 und März 1773 unternimmt die Koch'sche Truppe „ein längeres auswärtiges Gastspiel" (Wahnrau: Berlin. Stadt der Theater, S. 120). Bereits am 26. September 1772 meldet Christiane Henriette Koch, fast „die ganze Gesellschaft, bis auf H. Löwen, der noch immer das Bette hütten muß", sei in Leipzig angekommen. Koch listet bisher gespielte

Ramlers Reden markieren und thematisieren als Komponente herausgehobener Vorstellungen wichtige Ereignisse von Kochs Theaterbetrieb,[249] darunter die Berliner Eröffnungsvorstellung am 10. Juni 1771 sowie der Schluss der ersten Berliner Spielzeit im September 1772. Auch die *Abschiedsrede* der verwitweten Christiane Henriette Koch im April 1775 liefert Ramler[250] und übernimmt damit für das Ehepaar Koch wiederholt die Rolle des Theaterdichters.[251] Zur wiederholten *captatio benevolentiae* für das Spiel der Truppe treten in Ramlers Reden Reflexionen zu Zielsetzungen und zur Legitimität der Institution Theater. Hinzu kommt die forcierte Konkurrenz gegenüber Paris als politischem und kulturellem Zentrum Frankreichs. Ästhetisches Programm und patriotische Haltung verbinden sich in einer Geste der künstlerischen Unabhängigkeit deutscher Dramatik, die auf der Berliner Bühne präsentiert wird:

> O beste königliche Stadt,
> Die nicht den kleinern Ehrgeiz hat,
> Das andere Paris zu werden;
> Die stets nach einem höhern Ziele stand:
> Die erste Stadt des ersten Volks auf Erden,
> Des alten, edeln, tapfern Volks zu werden,
> Das allen Völkern Künst' erfand,
> Das ganz Europen Könige gegeben;

Stücke, dankt für Ramlers „Gewogenheit und Freundschaft" in Berlin sowie die vermittelten „Empfehlungsschreiben" an Weiße und Philipp Erasmus Reich (GSA 75/110, 1ʳ–1ᵛ). Auch während Ramlers Sommerfrische 1773 in Kerstin stehen sie in Verbindung. Verspätet reagiert Chr. H. Koch am 8. Juli auf zwei Briefe Ramlers. Grund für die Verzögerung seien ein „Schelmenstreich" von Herrrn Löwen, der Geld aus der Kasse genommen habe, und das „Fieber" von Herrn Brückner (GSA 75/110, 3ʳ).

[249] Korpora von Theaterreden haben sich bereits aus der Leipziger Zeit der Truppe erhalten. Die „Sammlungen aller bei der Kochischen Schauspielergesellschaft gehaltenen Reden, von den Jahren 1750 bis 1768; von Steinel, Koch, Dreyer, Eckhof, Schiebeler, Eschenburg, Clodius u. a." (SB Berlin, Handschriftenabteilung, Sign. Ms. germ. 4° 747) vereinen Reden aus der Vor-Berliner Zeit. Der Band setzt sich aus Abschriften und Drucken zusammen. Auch in der Anthologie *Sammlung theatralischer Gedichte nebst einigen Gedichten und Epigrammen auf Schauspieler und Schauspielerinnen. Erste Sammlung.* Leipzig 1776 finden sich Texte aus der Vor-Berliner Zeit der Koch'schen Truppe (vgl. hierzu Prick, Elisabeth: Heinrich Gottfried Koch und seine Schauspielergesellschaft bis zum Bruche mit Gottsched., Diss. Frankfurt a. M. 1923, S. 67–71, besonders S. 68 [Anm. 4]).

[250] Vgl. zu beiden Prologen Wahnrau: Berlin. Stadt der Theater, S. 118f. bzw. S. 126–128.

[251] Vgl. Siebert-Didczuhn, Rolf: Der Theaterdichter. Die Geschichte eines Bühnenamtes im 18. Jahrhundert, Theater und Drama 11, Berlin 1938, S. 63: „Gehörte Weiße auch nicht als Theaterdichter zur Truppe [Kochs, M. B.], so blieb er doch der ‚Hausdichter' und lieferte jährlich seine Erfolgsoperette. Auch auf dem Gebiete des Schauspiels beherrschte er in auffallender Weise den Spielplan. Zur Verfertigung der üblichen Gelegenheitsdichtungen stand in Berlin die Feder Ramlers zur Verfügung."

> Willst du, o königliche Stadt,
> Der Landessöhne Muth beleben:
> So wird Germanien die feinern Künste bald
> Dem Nachbar, der bisher noch triumphiret hat,
> Vollkommner wiedergeben,
> Als sie der Nachbar ihm geliehen hat.[252]

Die zeitgenössische Aufmerksamkeit für Ramlers Theaterreden belegt der Briefwechsel zwischen Weißes Leipziger Verleger Johann Gottfried Dyck und Johann Benjamin Michaelis. In den Jahren 1770/1771 ist Michaelis als Theaterdichter der Seylerschen Truppe engagiert und erhält von Dyck folgendes Kompliment:

> Nur Sie und [Johann Jakob, M. B.] Dusch machen Prologe, die man auch außer der Beziehung gerne hört und liest. Selbst Ramlern gelingen sie nicht, wie Sie aus beyliegendem sehen können, in den Ihnen auch der supplicirende Ton anstößig seyn wird.[253]

1772 reagiert Dyck hingegen überaus positiv auf Ramlers *Rede am sechzigsten Geburtstage des Königs*: „Haben Sie Ramlers köstlichen Prolog [de facto Epilog, M. B.] zum Geburtstage des Königs gelesen?"[254] Ramlers *Rede* hebt sich von seinen weiteren Epilogen für das Ehepaar Koch bereits durch ihren Anlass ab, handelt es sich doch um Ramlers einzige Theaterrede auf einen Geburtstag Friedrichs II. Vorgetragen wird sie im Rahmen einer Festvorstellung am 25. Januar 1772:

> Heute wird die von Sr. Königl. Majestät in Preussen allergnädigst privilegirte Kochische Gesellschaft deutscher Schauspieler aufführen: *Hermann*, ein heroisches Schauspiel in 5 Akten, und in Versen, ein Original vom Herrn Prof. Schlegel. Nach dem Beschluß dieses Stücks wozu besonderen Kleidungen verfertigt worden, gesellet sich zu den agirenden Personen ein Haufen vergnügter Schäfer. Darauf hält *Madame Kochin* eine Rede in Versen auf den sechzigsten *Geburtstag des Königs*. Nach Endigung derselben ziehn sich die Schäfer hervor und tanzen zur Bezeugung ihrer Freude über dieses Fest, ein Ballet.[255]

---

[252] Ramler, Karl Wilhelm: „Antrittsrede bey der Eröffnung des Kochischen Theaters in Berlin, von Ramler. (Gesprochen von Madame Koch, den 10. Jun. [1771])", *Almanach der deutschen Musen auf das Jahr 1772*, S. 132–134, hier S. 133f.

[253] Johann Gottfried Dyck an Johann Benjamin Michaelis, Anfang Juli 1771 (GH, Hs. A 530, 1ᵛ). Michaelis' Theaterreden finden sich gesammelt in: Michaelis, Johann Benjamin: Sämmtliche Poetische Werke [...]. Erste vollständige Ausgabe, Bd. 4, Sammlung der vorzüglichsten Werke deutscher Dichter und Prosaisten 20, Wien 1791, S. 203–255. Vgl. zum Entstehungskontext und zur Klärung der Autorschaft Reclam, Ernst: Johann Benjamin Michaelis. Sein Leben und seine Werke, Probefahrten 3, Leipzig 1904, S. 45–51 sowie S. 130–133.

[254] Johann Gottfried Dyck an Johann Benjamin Michaelis am 6. März 1772 (GH, Hs. A 537, 2ʳ).

[255] „[Anzeigen]", *Berlinische privilegirte Zeitung* 11 (25.01.1772), S. 56.

Zudem erscheint Ramlers *Rede* bereits parallel zur Ankündigung der Vorstellung in der *Berlinischen privilegirten Zeitung* vom 25. Januar.[256] Mit dieser Vorabpublikation weitet sich das Zielpublikum auf die Zeitungsleserinnen und -leser aus und erhöht die mediale Reichweite von Ramlers panegyrischer Gelegenheitsdichtung. Seine Rede wird so gleichzeitig zum Pendant der Zeitungsoden auf den Geburtstag des Königs während des Siebenjährigen Kriegs.[257] Ob Ramlers Arbeiten für Kochs Theater entlohnt werden, lässt sich jedoch nicht rekonstruieren. Denkbar ist, dass es sich um Gefälligkeitsarbeiten handelt, zumal Ramler als Zuschauer rege am Berliner Theaterleben teilnimmt, auch jenseits der Vorstellungen im Austausch mit Schauspielerinnen und Schauspielern steht und diese mitunter im Bühnenvortrag unterrichtet.[258]

Neben Theaterreden liefert Ramler für Kochs Ensemble auch das Libretto zum musikalischen „Vorspiel" *Das Opfer der Nymphen* [...] *Am Geburtsfeste des Königs von Preußen.*[259] Aufgeführt wird Ramlers *Opfer* erstmals Ende Januar 1774 im Rahmen aufwändiger Festvorstellungen zum Geburtstag Friedrichs II. und in leicht überarbeiteter Form im Folgejahr wiederholt.[260] Johann Abraham Peter

---

[256] Vgl. Ramler, Karl Wilhelm: „Rede am sechzigsten Geburtstage des Königs. Gehalten auf dem Deutschen Theater zu Berlin, nach der Vorstellung des heroischen Schauspiels Hermann", *Berlinische privilegirte Zeitung* 11 (25.01.1772), S. 55.

[257] Zum Typus ‚Geburtstagsrede' vgl. Jakob: „Dann ist Berlin für uns die ganze weite Welt", S. 114–120.

[258] Erhalten haben sich in Ramlers Weimarer Nachlass u. a. Briefe der Schauspielerinnen und Schauspieler Johann Christian und Esther Charlotte Brandes, Joseph Anton Christ, Carl Theophil Döbbelin, Anna Christine Henke, Christiane Henriette Koch, Katharina Friederike Neuhoff und Johanne Christiane Starck. Als Deklamator unterweist Ramler etwa die Schauspielerin Charlotte Brandes (vgl. Brandes, Johann Christian: Meine Lebensgeschichte, Bd. 2, Berlin 1800, S. 59). Auch Sophie Becker notiert Ende 1785 im Rahmen einer privaten Theateraufführung im Hause Friedrich Nicolais: „Um 6 Uhr fuhr ich zu Nicolai, um die Generalprobe zu machen. Ich fand sie noch sehr beschäftigt mit Errichtung des Theaters [...]. Ramler fand ich schon da, und er deklamierte jedem seine Rolle etwas vor" (Karo, E. und M. Geyer (Hrsg.): Vor hundert Jahren. Elise von der Reckes Reisen durch Deutschland 1784–1786 nach dem Tagebuche ihrer Begleiterin Sophie Becker, Stuttgart 1884, S. 222).

[259] Vgl. Ramler, Karl Wilhelm: Das Opfer der Nymphen, Ein Vorspiel. Am Geburtsfeste des Königs von Preußen, den 24. Januar, 1774. auf dem Deutschen Theater zu Berlin aufgeführt, Berlin 1774; bzw. Ramler, Karl Wilhelm: Das Opfer der Nymphen und Flußgötter. Ein Vorspiel. Am Geburtsfeste des Königs von Preußen, den 24. Januar, 1775. auf dem Deutschen Theater zu Berlin aufgeführt, Berlin 1775. Die wenigen Texteingriffe in Ramlers zweiter Fassung resultieren v. a. aus der Ersetzung der Nymphe „Viadrina" durch den Flussgott „Viadrus". Dabei handelt es sich möglicherweise um eine Anpassung der Besetzung an die Kapazitäten des Ensembles.

[260] Vgl. die jeweiligen Anzeigen der *Vossischen Zeitung*: „Heute wird die von Sr. Königl. Majestät in Preussen allergnädigst privilegirte Kochische Gesellschaft teutscher Schauspieler nochmahls auf vieler Verlangen aufführen: das Geburtsfest des Königs, in tiefster Unterthänigkeit gefeyert. Betitelt: *Das Opfer der Nymphen*. Ein Vorspiel. Darauf

Schulz' Vertonung ist in Teilen überliefert.[261] Unter den Zuschauern befindet sich im Januar 1774 nach Ramlers Auskunft auch Friedrich Wilhelm (II.), der in der zweiten Arie der Nymphe „Viadrina" bei den Worten „Verschleuss den Janustempel, / Quirinus! – Holder Numa, / Nie schleuß ihn wieder auf!"[262] ausdrücklich von der Sängerin adressiert wird.[263] Ramlers „Vorspiel" stilisiert den preußischen König und seinen Thronfolger somit in Anwesenheit des Letzteren zu Romulus und Numa Pompilius, dem zweiten König Roms, und wird auf diese Weise zum Mittel bühnenwirksamer Direktkommunikation und Huldigung.

Auf das ökonomische Interesse des Theaterbetriebs und die zusätzliche Finanzierung aufwändiger Abendveranstaltungen verweist wiederum der Verkauf des gedruckten Librettos von Ramlers *Opfer der Nymphen* am „Eingange" des Theaters.[264] Mit teils längeren Sacherklärungen in Fußnoten wird der Druck zugleich zur eigenständigen Komponente der Vorstellung, die Verständnishilfen für das Bühnengeschehen anbietet. In einer brieflichen Bitte, die Gleim im April 1774 an Anna Louisa Karsch richtet, deutet sich zudem die zeitgenössische Rezeption des

folgt: *Philotas* Ein Heroisches Schauspiel in einem Akte von Herrn Lessing. Den Beschluß macht ein neues pantomimisches Heldenballet. *Scipio, der Africaner.* [...]" („[Anzeigen]", *Berlinische privilegirte Zeitung* 12 [27.01.1774], S. 59); bzw. „Mit Sr. Königl. Majestät von Preussen allergnädigstem Privilegio wird von der Kochischen Gesellschaft deutscher Schauspieler heute, als am *Geburtsfeste des Königs* aufgeführet: *Das Opfer der Nymphen und Flußgötter.* Ein Vorspiel[.] Den Schluß macht: Ein Ballet. Darauf folgt: *Der Edelknabe.* Ein Lustspiel in einem Aufzuge von J. J. Engel. Den gänzlichen Beschluß macht: Ein Ballet von Hirten. [...]" („[Anzeigen]", *Berlinische privilegirte Zeitung* 10 [24.01.1775], S. 49).

[261] Die autographe Partitur (SB Berlin, Musikabteilung mit Mendelssohn-Archiv, Sign. Mus. ms. autogr. Schulz, J. A. P. 2) umfasst lediglich die erste Arie der Pregolla („Lebe glücklich, bester Vater") sowie Rezitativende („Empfang ihn, bester Genius Germaniens") und Arie des Viadrus („Schöpfer eines weisen Volkes"). Dass nicht Viadrina, sondern Viadrus als Personifikation Schlesiens erscheint, legt eine Entstehung der Abschrift im Kontext der zweiten Aufführung von 1775 nahe.

[262] Ramler: Das Opfer der Nymphen, Ein Vorspiel, S. 11.

[263] Vgl. Ramler, Karl Wilhelm: Poëtische Werke. [...] Zweyter Theil: Vermischte Gedichte, Berlin 1801, S. 278. Da Ramler in der überarbeiteten Fassung von 1775 die Nymphe durch ein männliches Pendant „Viadrus" ersetzt, dürfte es sich um die Erstaufführung von 1774 gehandelt haben. Bei der Datierung des *Opfers* in den *Poëtischen Werken* auf „[d]en 24. Januar 1773 auf dem Berlinischen Theater" dürfte es sich hingegen um einen Irrtum handeln (ebd., S. 59). Auch in den Ausgaben der *Berlinischen privilegirten Zeitung* vom Januar 1773 finden sich keine Hinweise auf eine Aufführung.

[264] Vgl. beide Anzeigen von 1774 und 1775 in der *Vossischen Zeitung*: „Das Vorspiel ist am Eingange für 4 Gr. gedruckt zu bekommen, wobey der Inhalt vom Ballet zugleich ausgegeben wird" „[Anzeigen]", *Berlinische privilegirte Zeitung* 12 [27.01.1774], S. 59); bzw. „Das Vorspiel ist am Eingange für 4 Gr. gedruckt zu bekommen" („[Anzeigen]", *Berlinische privilegirte Zeitung* 10 [24.01.1775], S. 49).

„Vorspiels" als Lesedrama an, das seine Wirkung über Berlins Theater hinaus entfaltet: Karsch möge ihm ein Exemplar des Libretto-Drucks nach Halberstadt senden.[265]

Neben Ramlers Engagement als Theaterdichter und -librettist sind während der Regierungszeit Friedrichs II. drei Aufträge zu Kantaten- beziehungsweise Singspiel-Libretti von fürstlicher Seite belegt. Prinzessin Anna Amalia von Preußen, eine Schwester Friedrichs II. und seit 1755 Äbtissin von Quedlinburg,[266] bestellt bei Ramler in den Jahren 1754 und 1761 zwei Passionskantaten. Sie ist damit während Friedrichs Regierungszeit das einzige Mitglied der königlichen Familie, von dem Ramler Aufträge erhält. Entsprechend der biblischen Thematik und den Vorgaben, die Anna Amalia zu Aufbau und Inhalt der Kantatenpartien setzt, betätigt sich Ramler als geistlicher Dichter.[267] Anna Amalia plant als Musikerin und Komponistin in beiden Fällen die Vertonung von Ramlers Texten, zielt also auf eine künstlerische Auseinandersetzung und Selbstinszenierung als komponierende Adlige.[268]

Vermittelt wird der Auftrag zur ersten Passionskantate (*Der Tod Jesu*) offenbar durch Charlotte Albertine von Kannenberg, die Ramlers Berliner Nachbarin ist und bereits seit den 1730er Jahren zum geselligen Kreis um Friedrich II. und dessen Frau Elisabeth Christine zählt.[269] Als weiterer Kontakt zu Anna Amalia

---

[265] Vgl. Johann Wilhelm Ludwig Gleim an Anna Luisa Karsch am 7. April 1774: „Für die Nachrichten vom Kochischen Theater bin ich Ihnen sehr verbunden, mehr noch wär' ichs, wenn es Ihnen gefallen hätte, Ramlers Drama, mir zu übersenden, denn ohne Zweifel war's gedruckt zu haben. Die Arie, die sie abgeschrieben hatten, gefiel mir nicht; Sie war nicht zum Gesange gemacht, – *Nachwelt* ist kein poetisches Wort – aber ich habe keine lust zu kunstrichtern" (zit. nach Pott, Ute (Hrsg.): „Mein Bruder in Apoll". Briefwechsel zwischen Anna Louisa Karsch und Johann Wilhelm Ludwig Gleim. Band 2. Briefwechsel 1769–1791, Göttingen 1996, S. 66).

[266] Vgl. Debuch, Tobias: Anna Amalia von Preußen (1723–1787). Prinzessin und Musikerin, Berlin 2001, S. 33–39. Zum Entstehungskontext des *Tod Jesu* vgl. a. Lölkes, Herbert: Ramlers „Der Tod Jesu" in den Vertonungen von Graun und Telemann. Kontext – Werkgestalt – Rezeption, Marburger Beiträge zur Musikwissenschaft 8, Kassel 1999, S. 39–51.

[267] Ausschnitte aus dem Entwurf zum *Tod Jesu* zitiert Ramler gegenüber Gleim am 29. Juni 1754 (vgl. BGR II, S. 112–114).

[268] Im Falle des *Tod Jesu* nimmt Ramler noch am 29. Juni 1754 an, „Herr Capellmeister Graun wird die Mühe über sich nehmen, den Text zu componiren" (zit. nach BGR II, S. 112). Von Gleim erfährt er schließlich am 8. Juli 1754: „Nicht Herr Graun, sondern die Prinzeßin selbst, will die Cantate in Musick setzen" (zit. nach ebd., S. 115f.). Im Falle der zweiten Passionskantate informiert ihn Anna Amalias Sekretär Flesche am 22. Juli 1761, die Prinzessin sei „willens die Cantate Selbst zu componiren" (GSA 75/64, 1r).

[269] Zu Kannenberg vgl. Klopstock, Friedrich Gottlieb: Werke und Briefe. Abt. Briefe. Bd. 2. 1751–1752, hg. von Rainer Schmidt, Berlin u. New York 1985, S. 277. Ramler will „seiner Nachbarin der Frau v. Kanneberg" (2. September 1754) nach Abschluss der Arbeit am 11. August 1754 „für Ihre Empfehlung an die Princeßin dancken" (zit.

fungiert Hofprediger August Friedrich Sack. Durch ihn lässt diese Ramler Ende Juli 1754

> ein Geschenck von hundert Thalern an gutem Golde überreichen [...], mit Lobsprüchen die mehr wehrt waren als alles Gold in ihrem Schatze. Sie hat hinzugefügt, daß dieses das wenigste wäre, was man für ein solches Gedicht geben könte pp. Gestern hat sie wiederum hingeschickt, und auch so gar alles Lob darüber verbeten, und nur verlangt, mich selber zu sprechen. Morgen werde ich mich zeigen, und mich für den Beyfall und für das Gold bedancken.[270]

Ramlers Auftragsarbeit wird damit zum einträglichen Geschäft, entsprechen 100 Taler doch zwei Dritteln seines Jahreslohns am Kadettenkorps. Ramlers Hoffnungen auf eine weitergehende Förderung durch Prinzessin Anna Amalia, etwa eine Stelle an ihrem Hof, erfüllen sich hingegen nicht.[271]

Im Herbst 1760 wendet sich Ramler jedoch erneut an Anna Amalia. Ausgangspunkt ist vermutlich das Erscheinen seiner gesammelten *Geistlichen Kantaten*, für deren Übersendung sich die Prinzessin zunächst bedankt:

> Hochgelahrter Herr; Wenn Ich ihm zuförderst für die Mir überschickte zwey neüe Stücke vielmahls dancke, so versichere Ich demselben zu gleich, daß Ich jederzeit mit vorzüglicher Achtung und Bereitwilligkeit ihm Gefälligkeiten zu erzeigen, seyn werde deßen wohl *affectionirte Amelie*.[272]

Im Juli 1761 äußert sich die zugesagte Förderung in einem zweiten Kantatenauftrag an Ramler:

> Mein guter Herr *Ramler*. Ich habe wiederum zu Meinem Vergnügen einen Entwurf zu einer *Passions-Music* verfertiget, und da Ich durch die verschiedenen Proben von Seinem dichterischen Geist versichert bin, daß Ich um solchen in einer [sic] ordentlichen *cantate* und zur *musicalischen composition* fähig, gebracht zu haben, Mich an niemand beßers als an denselben *addresiren* könne: so überschicke Ich Ihm anschließlich Meinen Plan und ersuche Ihn, diese für seiner [sic] Geschicklichkeit und Fertigkeit in Dichten kleine arbeit noch einmahl zu übernehmen. Ich glaube

---

nach BGR II, S. 137 bzw. S. 129). Gleim wiederum steht mit Frau von Kannenberg im Austausch und erfährt durch sie von Ramlers Auftrag (vgl. Johann Wilhelm Ludwig Gleim an Ramler am 18. Juni 1754; BGR II, S. 111).

[270] Ramler an Johann Wilhelm Ludwig Gleim, Ende Juli 1754 (zit. nach BGR II, S. 121).
[271] Sowohl Ramler als auch Gleim erhoffen eine Verstetigung von Anna Amalias Patronage: „Wißen sie auch wohl, daß die Princeßin Amalia, einmahl Aebtißin in Quedlinburg seyn wird. Da könten sie Ihr Geheimder, und ich ihr Hoffrath seyn p." (Johann Wilhelm Ludwig Gleim an Ramler am 8. August, zit. nach BGR II, S. 128). Nach einer Audienz bei Anna Amalia, von der Ramler Gleim am 25. August 1754 berichtet, sieht er seine Hoffnungen jedoch enttäuscht (vgl. BGR II, S. 135).
[272] Anna Amalia von Preußen an Ramler am 30. September 1760 (GSA 75/170, 1ʳ). Die Unterschrift ist eigenhändig, alles Weitere dürfte von der Hand Fleschs stammen.

nicht nöthig zu haben dem Herrn *Rammler*, Meine weitere Gedancken darüber zu eröfnen; mein Entwurf ist *détailliret* und ob Ich gleich den Dichter im geringsten nicht *géniren* will, so sehe Ich doch gerne, daß die an handt gegebene haupt-*idéen* beybehalten würden, die *Recitative* können ungereimt und ungebunden seyn, die *arien* aber möchte Ich gerne gereimet haben. Wie sehr ich Ihm für diese arbeit, von welcher Ich Mir nicht anders als Vollkommenheit versprechen kann, verbunden seyn werde, wird die Erkenntlichkeit beweisen, welche Ich niemahls anstehen werde demselben zu zeigen, die Ich übrigens mit vieler Gewogenheit bin deßen *affectionirte Amelie.*[273]

Das Lob von Ramlers dichterischem Vermögen ergänzt Anna Amalia erneut um genaue Vorgaben zur thematischen und formalen Gestalt der bestellten Kantate. Die Höhe der Entlohnung wird nicht benannt. Anna Amalia formuliert ihren Auftrag vielmehr als Bitte („ersuche Ihn") und versichert ihre ‚Verbundenheit' sowie anhaltende „Erkenntlichkeit".

Ramler steht in den folgenden Monaten vor allem mit Anna Amalias Sekretär Flesche in brieflichem Austausch. Noch im Juli 1761 nimmt er den Auftrag der Prinzessin mit dem Versprechen an, bis Herbst 1761 zu liefern. Flesche unterstreicht seinerseits Ende Juli 1761 noch einmal das Interesse der Prinzessin an Ramlers Text und dessen rascher Fertigstellung:

Ihre Königl[iche] hoheit geben denenselben auch nebst Versicherung Dero fortdauernden Gewogenheit anheim, diese Arbeit nach dero Bequemlichkeit zu verfertigen, wenn Sie nur dero Geneigtem Versprechen, solche gegen *Michaelis* fertig zu schaffen, nachkommen.[274]

Aus Krankheitsgründen scheint Ramler die Arbeit an der Kantate im Spätsommer und Herbst 1761 aufzuschieben. Anfang Oktober 1761 wird er schließlich durch Flesche an die Auftragsfrist erinnert.[275] Ramler sendet in der Folge den Beginn seines Librettos an Anna Amalia. Diese dankt ihm Ende November 1761 lobend für den „Anfang Seiner Mir überschickten Paßions-*Cantate*" und bedauert Ramlers „Unpäßlichkeiten", da sie „Mich fürchten laßen Er werde dadurch von baldiger Verfertigung des Texts verhindert". Abschließend „wünsche" Anna Amalia „demselben daher eine baldige vollkommene Genesung".[276]

Dieser Mahnung kommt Ramler offenbar nicht nach. Ende Dezember 1761 teilt ihm Sekretär Flesche schließlich mit, Ramler möge das Konzept der Kantate zurücksenden, da Anna Louisa Karsch den Auftrag übernommen habe.[277] In der

---

[273] Anna Amalia von Preußen an Ramler am 5. Juli 1761 (GSA 75/170, 3ʳ). Auch hier ist die Unterschrift eigenhändig, alles Weitere dürfte von der Hand Flesches stammen.
[274] Flesche an Ramler am 22. Juli 1761 (GSA 75/64, 1ʳ).
[275] Vgl. Flesche an Ramler am 2. Oktober 1761 (GSA 75/64, 2ʳ).
[276] Anna Amalia von Preußen an Ramler am 23. November 1761 (ABBAW: NL Ramler, Nr. 4).
[277] Vgl. Flesche an Ramler am 30. Dezember 1761 (GSA 75/64, 3ʳ). Ramler möge „Sich

Folge ist Ramler darum bemüht, den Eindruck bewusster Saumseligkeit zu zerstreuen.[278] Zu weiteren Aufträgen der Prinzessin kommt es jedoch nicht. Als Anna Amalia im Bayrischen Erbfolgekrieg (1778/1779) Ramlers *Schlachtgesang* vertont, geschieht dies ohne vorherigen Auftrag.[279] Dass sie hingegen noch in dieser Zeit Bedarf für die Vergabe von Kantaten-Aufträgen sieht, zeigt ihre Konzeption eines Oratoriums mit dem Titel *Hiskias*. Das Libretto wird gegen Ende der 1770er Jahre von Joachim Christian Blum ausgearbeitet. Ramler wiederum zählt seit Blums Berliner Schulzeit zu dessen literarischen Mentoren.[280]

wegen weiterer Ausarbeitung der *Passions-Cantate* keine Mühe [...] geben, indem Sie [Anna Amalia, M. B.] einen von der Frau *Karschin* <...> noch nicht vierzehn tagen verfertigte Poesie *approbiret* und solche zu dero *Composition* tauglich gefunden haben." Ins Gespräch kommen Anna Louisa Karsch und Anna Amalia im Zuge eines Theaterbesuchs Ende Oktober 1761 (vgl. Nörtemann, Regina (Hrsg.): „Mein Bruder in Apoll". Briefwechsel zwischen Anna Louisa Karsch und Johann Wilhelm Ludwig Gleim. Band 1. Briefwechsel 1761–1768, Göttingen 1996, S. 36). Ende Dezember 1761 erhält jene „woll hundert thaler [...] von Madam de Mouportir im Nahmen Ihrer Prinzeßin" und berichtet Gleim, Amalia habe bereits einen Choral und eine Arie vertont. Am 27. Dezember informiert Karsch Gleim nachträglich: „ich habe Ihnen in meinem lezten brieffe vom 24 vergeßen zu sagen daß ich die harffe auß der Hand gelegt und fertig war, virzen Tage hab ich darauff gespielt, [...] Ich habe die Arien die Cohralls und die Recitatiff auffs Papier gesungen" [...] (zit. nach ebd., S. 53f. bzw. S. 56). Vor seinem Weggang nach Hamburg (1768) erhält Carl Philipp Emanuel Bach von Anna Amalia den Titel eines Hofkapellmeisters. Anzunehmen ist, dass es sich bei den Texten Karschs von 1761 um die Textvorlage seiner Matthäuspassion (1768/1769) bzw. seiner Passionskantate (1772) handelt, die Nagel als „Reverenz Bachs an die Prinzessin Anna Amalia" deutet (Nagel, Anette: Studien zur Passionskantate von Carl Philipp Emanuel Bach, Europäische Hochschulschriften. Reihe 36, Musikwissenschaft 146, Frankfurt a. M. u. a. 1995, S. 15; vgl. zudem ebd., S. 27–30 sowie S. 53–57).

[278] Vgl. Flesches Brief an Ramler vom 10. Januar 1762: Er „bitte Ew: HochEdelgeb[oren] gehorsamst, Sich versichert zu halten, daß Ihro Königl[iche] Hoheit es im mindesten nicht einer Saumseligkeit, sondern allein dero gefährlicher Kranckheit zuschreiben, daß die *Cantate* nicht so bald, als Höchstdieselben es gewünschet, fertig geworden" (GSA 75/64, 4ʳ).

[279] Vgl. Hasse, Michaela: Anna Amalia von Preußen. Porträt einer Komponistin unter besonderer Berücksichtigung des soziologischen und des analytisch begründeten Standorts, Staatsexamensarbeit Münster 1993, S. 61. Gustav Lenzewski veröffentlicht das in der Handschrift erhaltene Lied (SB Berlin, Musikabteilung mit Mendelssohn-Archiv, Sign. Am.B.604.5.c) während des Ersten Weltkriegs in patriotischer Absicht (vgl. ebd., S. 61 bzw. Anhang; sowie Lenzewski, Gustav (Hrsg.): Kriegslied (Schlachtgesang von Ramler). Komponiert von Anna Amalie, Prinzessin von Preußen, Berlin 1915).

[280] Vgl. Fischer, Axel: Das Wissenschaftliche der Kunst. Johann Nikolaus Forkel als Akademischer Musikdirektor in Göttingen, Abhandlungen zur Musikgeschichte 27, Göttingen 2015, S. 261f.; sowie Fricke, Hermann: „Joachim Christian Blum. Der Spaziergänger von Ratenau", *Jahrbuch für brandenburgische Landesgeschichte* 8 (1957), S. 5–12, hier S. 5f. Insgesamt haben sich 12 Briefe von Joachim Christian Blum an Ramler im

Auch Ramlers Singspiel-Libretto *Cyrus und Cassandane* (1782) ist auf die Bedürfnisse fürstlicher (Selbst-)Inszenierung zugeschnitten. Herzog Peter von Kurland bestellt den Text im Vorfeld eines Staatsbesuches des russischen Großfürsten Paul (I.) in Mitau, der für November 1782 angesetzt ist:

> Aber eine neue Bitte, Mein theurer Herr Profeßor; werden Sie Mir, sie mit Ihrer gewöhnlichen Freundschaft zu gestehen? Bey dem Aufenthalte der Hohen Gäste, die wir bevorstehendes Jahr erwarten, wünschte Ich diesen durch ein Werck Ihrer Muse angenehm zu machen. Darf Ich Sie wohl um eine darauf gerichtete Oper bitten. Zum Sujet ist mir Cyrus und Mandane eingefallen, allein weit sicherer überlaße Ich solches Ihrer Wahl, Sie verbinden Mich sehr, wenn es Ihnen gefällt Mich zu unterrichten, ob Ich darauf hoffen darf [...].[281]

Damit fallen die Vorgaben des Herzogs, der lediglich die Form („Oper") und den Stoff („Sujet") vorschlägt, weitaus geringer als Anna Amalias detaillierte Kantaten-Dispositionen aus. Zudem übernimmt nicht der Herzog selbst, sondern Hofkapellmeister Franz Adam Veichtner die Komposition.[282]

Als Quellen seines Librettos nutzt Ramler vor allem Herodots *Historien* und Xenophons *Kyropädie*.[283] Dass er sein Libretto bewusst auf die politische Funktion der von Herzog Peter bestellten „Oper" zuschneidet, zeigt wiederum ein Schlüssel („Nacherinnerung"), der dem Libretto-Druck von 1784 anhängt.[284] Während Herzog Peter allein die unterhaltende Funktion der musikalischen Aufführung andeutet („angenehm zu machen"), erläutert Ramler bewusste Spiegelungen zwischen Stoff und Anlass:

> Die Durchreise [des Großfürsten, M. B.] geschah im Herbst, zu der Zeit, wenn alle Aernten geendigt sind. Und eben dieses ist die Zeit, in welcher diese Operette spielt. Mehrere Aehnlichkeiten (ohne welche gleichwol das Stück sehr gut bestehen kann)

Weimarer Nachlass erhalten (vgl. GSA 75/29), die sich über einen Zeitraum von mehr als einem Vierteljahrhundert erstrecken (1759 bis 1786).

[281] Peter von Kurland an Ramler am 12. Dezember 1781 (GSA 75/124, 3^r–3^v).

[282] Vgl. hierzu Lütteken, Laurenz: „Zwischen Berlin und Hamburg. Ramler in der Musikkultur des 18. Jahrhunderts", in: Lütteken, Laurenz, Ute Pott und Carsten Zelle (Hrsg.): *Urbanität als Aufklärung. Karl Wilhelm Ramler und die Kultur des 18. Jahrhunderts*, Schriften des Gleimhauses Halberstadt 2, Göttingen 2003, S. 175–194, hier S. 188f. Erhalten hat sich eine Abschrift der Partitur in der Musiksammlung der SUB Hamburg, Sign. D-Hs, ND VII 410.

[283] Vgl. hierzu Ramlers Anmerkungen in der postumen Werkausgabe (Ramler: Poëtische Werke. [...] Zweyter Theil: Vermischte Gedichte, S. 282f.).

[284] Der Druck findet in Kurland selbst statt. Kontext ist die Feier des Geburtstags von Herzog Peter am 15. Februar 1784 (vgl. Lütteken: „Zwischen Berlin und Hamburg. Ramler in der Musikkultur des 18. Jahrhunderts", S. 189). Herzogin Dorothea lässt ihrer Mutter offenbar bereits am 7. Februar 1784 ein Exemplar zukommen (vgl. Kvaskova, Valda (Hrsg.): [...] Briefe der Herzogin Dorothea von Kurland, Historische Quellen 1, Riga 1999, S. 81f.).

> wird der Leser nunmehr selbst entdekken können: Aehnlichkeit, beim Aufzuge des Vorhanges, zwischen der aufgehenden Sonne, welche die Perser verehrten, und zwischen der Person eines künftigen Regenten, welcher gegenwärtig ist; Aehnlichkeit zwischen dem Gottesdienst, wobey keinem Bilde geopfert wird, und der Religion, die keine Bildsäulen in den Kirchen duldet; Aehnlichkeit zwischen der Person des Cyrus und des Großfürsten, die beide auf ihren Reisen einen fremden Nahmen führen; Aehnlichkeit zwischen beiden, die ihre künftigen Gemahlinnen zuerst auf Reisen kennen lernen; Aehnlichkeit zwischen den vielen Königreichen, die dem Cyrus prophezeyt werden, und denen, die der Großfürst zu hoffen hat; Aehnlichkeit zwischen der Mandane, des Cyrus Mutter, und der Mutter des Großfürsten, der Kaiserinn von Rußland, auf deren Person jene Verse vorzüglich passen, in welchen sie als eine Gesetzgeberinn, als eine Beschützerinn der Künste, und als eine siegreiche Heldinn besungen wird.[285]

Ramler behauptet somit die künstlerische Legitimität seines Singspiels als historisches Bühnendrama, das auch an sich „sehr gut bestehen" könne. Seine Hinweise auf Entsprechungen legen zugleich offen, dass sein Text sich primär an die Zarenfamilie wendet. Nicht die Selbstdarstellung der Kurländer steht damit im Mittelpunkt. Vielmehr liefert Ramler ein Drama, mit dem Herzog Peter im Winter 1782 die panegyrische Stilisierung des durchreisenden Großfürsten möglich wird.

Allein ein unerwarteter Trauerfall, der Tod von Herzoginmutter Benigna von Kurland, verhindert die Aufführung von Veichtners Komposition im Mitauer Hoftheater. Erst 1784 wird sie anlässlich des Geburtstags von Herzog Peter nachgeholt.[286] Verständlich wird so auch, dass Ramler noch in den Folgejahren primär um die Aufmerksamkeit von Großfürst Paul bemüht ist, die ihm 1782 versagt bleibt.[287] Seine „Nacherinnerung" aus dem Jahr 1784 reduziert bewusst die Arbitrarität sowie die überhöhende Funktion der Korrespondenzen von Dramenfiguren und Adressaten: Zarin Katharina die Große, Pauls Mutter, sei tatsächlich eine herausragende „Gesetzgeberinn, [...] Beschützerinn der Künste, und [...] siegreiche Heldinn". Mit seinen Anmerkungen überspringt Ramler folglich die Rolle eines ‚bloßen' Auftragsdichters, der sich in den Dienst von Herzog Peter stellt, und rückt selbst zum Panegyriker der Romanows auf.

1.3.5 Unter Friedrich Wilhelm II.

Mit dem Tod Friedrichs II. im August 1786 setzt eine rund zweimonatige Phase ein, in der Ramler sowohl als Inventor von Medaillen als auch ephemerer Architektur besonders gefragt ist. Analog zu seinem institutionellen Aufstieg und der

---

[285] So die „Nacherinnerung" in: Ramler, Karl Wilhelm: Cyrus und Kassandana. Eine Singespiel [...], o. O. 1784, S. 35f.
[286] Vgl. Erhardt, Sonja: Europäischer Musiktransfer. Russland im späten 18. Jahrhundert, Kulturtransfer und ‚Kulturelle Identität' 3, Paderborn 2019, S. 118.
[287] Vgl. ebd., S. 117–119.

Gewährung von Pensionen wird er erstmals umfassend von königlicher Seite beauftragt: Er ist mitverantwortlich für die Dekoration der Potsdamer Garnisonkirche zur Beisetzung Friedrichs II., konzipiert in Rücksprache mit Minister Ewald von Hertzberg Medaillen, die zu den Huldigungen der preußischen Landesteile ausgegeben werden, und entwirft für die Berliner Huldigungsfeierlichkeiten im Oktober 1786 unter anderem die Illumination der Akademie der Künste.[288]

Zudem bieten Ramler die Akademie der Wissenschaften und Akademie der Künste ein Podium als Deklamator gelegenheitspanegyrischer Texte. Nachdem er bereits zum Geburtstag des Königs im September 1786 seine *Ode Auf die Geburt Friedrich Wilhelms* vorgetragen hat, deklamiert Ramler am 25. Januar 1787 in der Akademie der Wissenschaften seine Kantate *Die Krönung des Königes Friedrich Wilhelm des Zweyten*.[289] Am 23. August 1787 folgt Ramlers *Dankopfer für den Landesvater, eine Davidische Kantate* im Rahmen einer „Assemblée publique" zum 53. Geburtstag des Königs.[290] Formal handelt es um einen Cento, den Ramler aus Moses Mendelssohns Psalmen-Übersetzung zusammenstellt, die ihm dieser im Jahr 1783 gewidmet hat.[291]

Beide Kantaten werden darüber hinaus von Bernhard Wessely vertont und im Rahmen privat organisierter Konzertveranstaltungen aufgeführt, für die eine Reihe von Anzeigen und Berichten in der Berliner Tagespresse wirbt.[292] Bereits am 27.

---

[288] Vgl. hierzu ausführlich Kap. 4.1.4.

[289] Vgl. den Eintrag der *Registres*: „M. le Professeur Ramler décla[m]a une Cantate en Allemand, intitulée le Couronnement du Roi Fréderic Guillaume II" (ABBAW, PAW (1700–1811), I-IV-33, 13ʳ). Ein Widmungsexemplar des Librettodrucks für Ramlers Nichte Wilhelmine (samt autographen Ergänzungen) findet sich im Bestand der HAB (Ramler, Karl Wilhelm: Die Krönung des Königes Friederich Wilhelm des Zweyten. Eine Kantate, bey Gelegenheit der Jahresfeyer des Preussischen Krönungsfestes [...], Berlin 1787; HAB, Sign. Textb. 571).

[290] Vgl. ABBAW, PAW (1700–1811), I-IV-33, 24ᵛ: „M le Professeur Ramler déclama une Cantate intitulée: Sacrifice pour le Pere du peuple".

[291] Vgl. Ramler: Poëtische Werke. [...] Zweyter Theil: Vermischte Gedichte, S. 272: „Jeder einzelne Vers ist aus den Davidischen Psalmen entlehnt, welche der Jüdische Weltweise Moses Mendelssohn *metrisch* übersetzt und in den Druck gegeben hatte. Man hat an dieser Übersetzung nichts geändert, sondern bloss aus den zerstreuten Versen der Psalme, einen Glückwunsch für unsern *allgeliebten* König Friedrich Wilhelm II. zusammen geordnet." Damit spielt Ramler möglicherweise auf Mendelssohns höflichen, aber bestimmten Verzicht auf Ramlers Lektorat der *Psalmen* an (vgl. Mendelssohn, Moses: „An Herrn Professor Ramler", in: Mendelssohn, Moses: *Die Psalmen*, Berlin 1783, S. III–VIII).

[292] Zu Wessely, der bereits im Frühjahr 1786 Ramlers *Trauerkantate auf den Tod Mendelssohns* (*Sulamith und Eusebia*) vertont, vgl. Gerhard, Anselm: „Einleitung. Die Bedeutung der jüdischen Minderheit für die Musikkultur der Berliner Aufklärung", in: Gerhard, Anselm (Hrsg.): *Musik und Ästhetik im Berlin Moses Mendelssohns*, Wolfenbütteler Studien zur Aufklärung 25, Tübingen 1999, S. 1–26, hier S. 13–16; sowie Sela-Teichler, Yael: „Music, Acculturation, and Haskalah between Berlin and Königsberg

Januar, somit wenige Tage nach Ramlers Vortrag in der Akademie der Wissenschaften, und nochmals am 30. Januar 1787 kündigt Wessely sein Konzert in der *Vossischen Zeitung* an. Veranstaltungsort ist der Konzertsaal des Hotels „Stadt Paris":

> Der Hr. Professor Ramler hat mir seine vortrefliche große Kantate: *Die Krönung Friedrich Wilhelms des Zweiten*, in Musik zu setzen anvertrauet, und ich bin gesonnen, solche Mittewoch [sic] den 31. Januar im Concertsaale der Stadt Paris aufzuführen. Billets zu dieser Musik sind bei Hrn. Dacke in der Stadt Paris, bei mir auf dem Haakschen Markt in der Wittwe Riebes Hause, wie auch beim Eingang für 1 Gulden zu haben. Der Anfang ist wegen der Länge des Stücks um 5 Uhr. *Bernhard Wessely*[.][293]

Am 6. Februar erscheint schließlich ein knapper Bericht zur Aufführung, der Wessely formelhaft lobt und betont, dass „auch einige *Prinzen des königl. Hauses*" die Veranstaltung „mit ihrer Gegenwart beehrten".[294] Sowohl ein städtisches als auch höfisches Publikum ergänzt damit die ‚akademische' Zuhörerschaft von Ramlers Deklamation am 25. Januar 1787.

Im Falle der *Davidischen Kantate* wird Wesselys Komposition sogar bereits vor Ramlers Auftritt als Festredner am 25. September 1787 aufgeführt. Wessely bewirbt sein Konzert schon am 13. September 1787 in der *Vossischen Zeitung*:

> Da ich die von dem Hrn. Professor Ramler verfertigte vortrefliche Davidische Kantate, betitelt: *Dankopfer für den Landesvater*, in Musik gesetzt habe; so bin ich Willens, dieselbe, nebst der von mir bereits im Januar dieses Jahres aufgeführten Krönungskantate, von demselben berühmten Dichter, künftigen Mittwoch, als den 19ten dieses, im Konzertsaale der Stadt Paris, mit einer vorzüglichen Besetzung, aufzuführen. Entreebillets zu 16 Gr[oschen] sind beim Eingange sowohl, als bei Hrn. Dake [sic] in der Stadt Paris, wie auch bei mir auf dem Haakschen Markt, in der Wittwe Riebes Hause, zu haben. Der Anfang ist um 5 Uhr. Textbücher sind beim Eingange für 2 Gr[oschen] zu haben. *Bernhard Wessely*.[295]

Für den Erfolg der Veranstaltung spricht ihre Wiederholung am 27. September 1787. Nicht die Krönungskantate, sondern Grauns *Te deum* bildet nun die zweite Hälfte des Konzerts:

---

in the 1780s", *The Jewish Quarterly Review* 103/3 (2013), S. 352–384.

[293] „[Anzeige]", *Königlich-privilegirte Berlinische Zeitung von Staats- und gelehrten Sachen* 13 (30.01.1787), [unpaginiert].

[294] „[Berlin, den 6. Februar]", *Königlich-privilegirte Berlinische Zeitung von Staats- und gelehrten Sachen* 16 (06.02.1787), [unpaginiert].

[295] „[Anzeige]", *Königlich-privilegirte Berlinische Zeitung von Staats- und gelehrten Sachen* 110 (13.09.1787), [unpaginiert].

Zur Feier des allerhöchsten Geburtsfestes Sr. Majestät des Königs, wird heute im Conzert für Kenner und Liebhaber in der Stadt Paris eine Kantate vom Hrn. Professor Ramler nach Hrn. Wessely's Komposition, nebst dem *Te Deum* von Graun aufgeführt. [...] Auswärtige konnen [sic] Billets a 16 Gr[oschen] in der Rellstabschen Musikhandlung erhalten.[296]

Ramler kann somit 1787 als Deklamator und Librettist panegyrischer Kantaten auf den preußischen König einer breiten Wahrnehmung durch die Berliner Öffentlichkeit sicher sein. Panegyrische Gelegenheitsoden rezitiert er nochmals 1790 sowie 1793 im Rahmen von Sondersitzungen der Akademie der Künste zum Geburtstag Friedrich Wilhelms II.[297]

Auch die Produktion von Theaterreden nimmt Ramler in den Jahren 1786 und 1787 mit der Gründung des Königlichen Nationaltheaters wieder auf. Seine Rede zur *Eröffnung des neuen Nationaltheaters in Berlin* kommt aufgrund von Spannungen mit dessen vorübergehendem Leiter Carl Theophil Döbbelin nicht zum Vortrag.[298] Weitere Texte liefert Ramler nach seiner Ernennung zum Direktionsmitglied im Sommer 1787: Der Geburtstag des Kronprinzen Friedrich Wilhelm (III.) bietet den Anlass für Festvorstellungen am 3. und 4. August 1787. Ramlers „Prolog" wird von Caroline Maximiliane, Döbbelins Tochter, vorgetragen:

> Heute wird das höchste Geburtsfest Sr. Königl. Hoheit des Kronprinzen in tiefster Unterthänigkeit wiederholt gefeiert durch ein [sic] Prolog, gesprochen von Mademoiselle Döbbelin. Die Komposition des Chors ist vom Hrn. Kapellmeister Reichardt. Hierauf wird wiederholt: Thomas More. Ein Trauerspiel in 5 Akten von J. G. Dyk. Morgen werden beide Stücke nochmals aufgeführt.[299]

Seine Reden auf den Geburtstag des Königs und der Königin von 1788 und seine Rede auf den Geburtstag des Kronprinzen im August 1790 erscheinen darüber hinaus parallel zum Bühnenvortrag in der *Vossischen Zeitung*.[300] Zudem ver-

---

[296] „[Anzeige]", *Königlich-privilegirte Berlinische Zeitung von Staats- und gelehrten Sachen* 116 (27.09.1787), [unpaginiert].

[297] Vgl. Lacher (Hrsg.): Die Konferenzen der Berliner Kunstakademie 1786–1815, S. 52 sowie S. 67; sowie Badstübner-Gröger: „Karl Wilhelm Ramler und die Königliche Akademie der Künste und mechanischen Wissenschaften [2003]", S. 279.

[298] Vgl. Wahnrau: Berlin. Stadt der Theater, S. 169–171.

[299] „Nationaltheater", *Königlich-privilegirte Berlinische Zeitung von Staats- und gelehrten Sachen* 93 (04.08.1787), [unpaginiert].

[300] Vgl. „Rede am Geburtsfeste Sr. Majestät des Königes Friedrich Wilhelm des Zweiten, gehalten auf dem königlichen Nationaltheater in Berlin, den 25. September 1788", *Königlich-privilegirte Berlinische Zeitung von Staats- und gelehrten Sachen* 117 (27.09.1788), [unpaginiert]; zudem „Rede am Geburtsfeste Ihrer Majestät der Königin Friderike Luise von Preussen, gehalten auf dem königlichen Nationaltheater in Berlin. Den 16ten Oktober 1788", *Königlich-privilegirte Berlinische Zeitung von Staats- und*

öffentlicht Ramler seine Reden zeitversetzt in der *Berlinischen Monatsschrift* und steigert auf diese Weise erneut die printmediale Präsenz seiner Panegyrik.[301] Ein letzter großer Auftrag erreicht ihn, wenige Monate vor seinem Tod, im November 1797. Anlässlich der Bestattung von König Friedrich Wilhelm II. soll Ramler das Libretto der Trauerkantate verfassen, verzichtet zu diesem Zeitpunkt jedoch bereits aus gesundheitlichen Gründen und reicht den Auftrag an Karl Alexander Herklots weiter.[302]

1.3.6 Denkmal- und Grabinschriften

Carl August Böttiger, der Ramler im Sommer 1797 in Berlin aufsucht, notiert in seinem polemisch gefärbten Portrait, dieser habe „lange Zeit das Monopol in Berlin gehabt, [...] die Inschriften auf Denkmünzen und öffentliche Denkmäler anzugeben. Aber grade dies war wol nie seine Stärke. Besonders sind ihm die lateinischen Inschriften oft verunglückt".[303] Der maliziöse Gestus von Böttigers Kommentar dürfte Ramlers zeitgenössische Bedeutung nochmals unterstreichen. Zu den prominenten Denkmälern, deren Inschriften er liefert, zählen Tassaerts Mendelssohn-Büste (1785),[304] die Denkmäler für Leopold von Braunschweig in Frankfurt an der Oder (1787)[305] und Friedrich den Großen in Pyrmont (1788)[306] sowie

> *gelehrten Sachen* 126 (18.10.1788), [unpaginiert]; sowie „Rede am Geburtsfeste Sr. Königl. Hoheit des Kronprinzen Friedrich Wilhelm von Preussen, gehalten auf dem Königlichen Nationaltheater zu Berlin, den 3ten August 1790", *Königl privilegirte Berlinische Zeitung. Von Staats- und gelehrten Sachen* 93 (05.08.1790), [unpaginiert].

[301] Vgl. Lütteken: „Verzeichnis der zeitgenössischen Drucke Karl Wilhelm Ramlers", S. 468–470.

[302] Vgl. Johann Daniel Sander an Böttiger am 21. November 1797: „Den Text der Cantate macht der Theaterdichter [Karl Alexander] Herklots, ein guter Versificateur, weil Ramler, der deshalb angegangen worden ist, sich mit seiner Kränklichkeit entschuldigt u. den genannten jungen Dichter vorgeschlagen hat" (zit. nach Maurach, Bernd (Hrsg.): Die Briefe Johann Daniel Sanders an Carl August Böttiger, Bd. 2, Bern u. a. 1990, S. 15). Herklots' Libretto, das von Friedrich Heinrich Himmel vertont wird, erscheint 1787 unter dem Titel *Trauer-Cantate zu Begräbnissfeyer Seiner Königlichen Majestät von Preussen, Friedrich Wilhelm II.*

[303] Böttiger: „Karl Wilhelm Ramler. (Im August 1797.)", S. 120.

[304] Vgl. Mendelssohn, Moses: Gesammelte Schriften. Jubiläumsausgabe. Bd. 24. Moses Mendelssohn. Portraits und Bilddokumente, hg. von Gisbert Portstmann, Stuttgart-Bad Cannstatt 1997, S. 50–56.

[305] Vgl. Ulferts, Gert-Dieter: „„Denkmaale' für einen Helden der Aufklärung. Bildkünstlerische Reaktionen auf den Tod Herzog Leopolds von Braunschweig 1785", in: Römer, Christof (Hrsg.): *Braunschweig-Bevern. Ein Fürstenhaus als europäische Dynastie. 1667–1884*, Braunschweig 1997, S. 465–478.

[306] Vgl. Falk, Rainer: „Wallfahrten zum Königsberg. Der Aufklärer Friedrich Nicolai und das Pyrmonter Denkmal für Friedrich den Großen", in: Alfter, Dieter (Hrsg.): *Friedrich der Große. König zwischen Pflicht und Neigung*, Monumente. Publikationen der

für das Grabmal des Grafen Alexander von der Mark in Berlin (1790).[307] Ramler ist somit über die Konzeption ephemerer Bauten und Illuminationen hinaus an der postumen Inszenierung von Mitgliedern der königlichen Familie beteiligt.

Abbildung 5: Entwurf zum Grabmal für Marie von Gaudi, Detail aus Zedlitz' Brief an Ramler vom 14. Dezember 1786

Abbildung 6: Grabmal der Marie von Gaudi (Zustand um 1905)

Als Spezialist für Ikonographie wirkt Ramler zudem mit seinen *Allegorischen Personen* auf die Gestaltung zeitgenössischer (Berliner) Grabmäler.[308] Erhalten hat sich darüber hinaus eine Anfrage des preußischen Ministers Karl Abraham von Zedlitz, die Einblicke in Ramlers Arbeitsprozess als Epigraphiker gewährt:

> Der Minist. *Gaudy*, über den Todt seiner Tochter noch z[u] aufgebracht als daß er sich mit etwas das unmittelbaar Beziehung auf diesen Todt hat, abgeben könte, hat mir die Besorgung eines Monuments für dieses geliebte einzige Kind aufgetragen. ich habe das Simpelste gewält, eine auf einem hohen *Piédestal* stehende Vase
>
> [Zeichnung, vgl. Abb. 5]

Deutschen Stiftung Denkmalschutz, Bonn 2004, S. 141–157.
[307] Vgl. hierzu bereits Kap. 1.1.3.
[308] Vgl. Badstübner-Gröger: „Karl Wilhelm Ramler und die Königliche Akademie der Künste und mechanischen Wissenschaften [2003]", S. 302.

es soll eine deutsche Inschrift den Besuchern des Kirchhofs vor dem Halleschen Thor, d[ie] Todte namhaft machen u[nd] dem Vater Theilnahme [?] seines Schmerzes verschaffen. u[nd] wegen dieser Inschrift nehme ich meine Zuflucht z[u] Apolls u[nd] der Musen Prophete[.] ich dächte man sagt in Prosa, etwa

> [...] *Wer Schmerzen kennt, bedauert den Vater, der hier sein einziges Kind begrub.*
> *Es war dem ...* [graph. Platzhalter] *von Gaudy gebor. d. 1768 gestorben d 19 Nov 1786.*

und wenn es Platz genug auf einer Seite wäre, und <...> die Tafel <...>4 3 Fuß Höhe hat so mußte man die vordre u[nd] hintre Seite daz[u] nehmen, u[nd] dann nur statt: *Es war*, blos Namen Geb. u[nd] Todeszeit setzen auf die eine Seite setzen.[309]

Zedlitz wendet sich folglich im Namen seines Ministerkollegen Leopold Otto von Gaudi an Ramler und vertritt Gaudi als privaten Auftraggeber. Dieser hat wenige Wochen zuvor seine 18-jährige Tochter Marie verloren. Ein zeichnerischer Entwurf des Grabmals legt bereits den Ort der Inschrift fest (vgl. Abb. 5). Zudem skizziert Zedlitz eine Zweiteilung der Tafel, die sowohl ein Epigramm als auch die Lebensdaten der Verstorbenen enthalten soll. Zu den weiteren Vorgaben zählt die Wahl der deutschen Sprache für Inschrift und Lebensdaten. Auf Basis dieser Vorentscheidungen adressiert Zedlitz Ramler ausdrücklich als Dichter („Apolls u[nd] der Musen Prophete"), der den skizzierten Grundgedanken der Inschrift metrisch reguliert ausgestalten soll. Nicht Ramlers Kompetenzen als Inventor sind somit gefragt, sondern sein dichterisches Potenzial im Rahmen der *elocutio*.

Marie von Gaudis Grabmal ist bis heute auf dem Jerusalemer Friedhof in Berlin-Kreuzberg zu finden (vgl. Abb. 6).[310] Lebensdaten und Inschrift sind auf der Vorderseite des Sockels angebracht und haben sich gut erhalten. Zedlitz' Vorgaben und die von Ramler gelieferte Inschrift lassen sich daher abgleichen:[311]

> Marie Amalie Charlotte
> von Gaudi
> Geb. d. XXIII Iun. MDCCCLXVIII
> Gest. d. XVIII. Nov. MDCCLXXXVI
> ---
> Wer vorüber geht
> und einen Vater beweinet
> der hier sein einziges Kind begrub
> dem müsse kein eigenes Leid
> Künftig Thraenen kosten

[309] Karl Abraham von Zedlitz an Ramler am 14. Dezember 1786 (GSA 75/237, 2ʳ).
[310] Vgl. auch Bloch, Peter und Ludwig Scherhag: Grabmäler in Berlin, Bd. 3, Berliner Forum 7/80, Berlin 1980, S. 53f.
[311] Die Inschrift steht im Original durchweg in Majuskeln. In antikisierender Manier erscheinen sowohl der u-Vokal als auch der u-Umlaut als „V".

Zwei trochäische Dreiheber rahmen drei daktylisch geprägte Verse. Ramler verzichtet durchgehend auf Endreime. Die Hebungszahl der drei mittleren Verse ist ebenso symmetrisch gestaltet: Vers 2 und 4 weisen drei, allein der zentrale dritte Vers vier Hebungen auf. Form und Inhalt der Inschrift korrespondieren entsprechend. So fokussiert die erste Hälfte der Inschrift (Vers 1 bis 3) Leopold Otto von Gaudis Schmerz über den Verlust seiner „einzige[n]" Tochter. Ramler bindet diesen Umstand in die Perspektive des mitleidenden Friedhofsbesuchers ein, der Gaudi „beweinet". Bereits Zedlitz gibt diesen Blickwinkel vor („*Wer Schmerzen kennt, bedauert den Vater, der hier sein einziges Kind begrub*"). Die Spiegelung der emotionalen Anteilnahme ‚gipfelt' in der dritten und längsten Zeile der Inschrift, die den Tod der Tochter als Traueranlass benennt. Ramler übernimmt diesen Vers exakt nach Zedlitz' Vorgabe. Die beiden abschließenden Verse bestätigen ex negativo den herausragenden Charakter von Gaudis „Leid". Ramler führt das Konditionalgefüge („Wer [...] dem") ebenso wie die vermittelte Perspektive fort und steigert Zedlitz' Vorgaben nochmals: Jeder Mitleidende erkenne mit Blick auf Gaudis Trauer die Geringfügigkeit des eigenen Schmerzes. Korrespondierend reduziert sich in Vers 4 und 5 die Zahl der Silben kontinuierlich.

Auch in den Folgejahren ist Ramler als Dichter und Inventor mit Gaudi verbunden: Zu dessen (erneuter) Hochzeit im April 1788 liefert er im Auftrag von Johann Gottfried Mölter ein *Epithalam auf die Vermählung Sr. Exzellenz des Königl. Preuss. Staats-Ministers, Herrn Leopold Otto von Gaudi*.[312] 1789 stirbt Gaudi bereits und wird neben seiner Tochter bestattet. Den Sockel von Gaudis Grabmal zieren die Attribute der „Staatsklugheit" (Staatsruder, Schlange und Spiegel). Sie zählt zu den häufigen Allegorien in Ramlers Dekorationsentwürfen und geht 1788 in sein ikonographisches Handbuch *Allegorische Personen* ein.[313]

---

[312] So der Titel des Gedichts in der *Monats-Schrift* der Berliner Kunstakademie (vgl. Ramler, Karl Wilhelm: „Epithalam auf die Vermählung Sr. Exzellenz des Königl. Preuss. Staats-Ministers, Herrn Leopold Otto von Gaudi", *Monats-Schrift der Akademie der Künste und mechan. Wissenschaften zu Berlin* 1/4 [1788], S. 151–153). Ein Exemplar des Einzeldrucks mit den beiden Medaillons des Ehepaares Gaudi besitzt die HAB (vgl. http://portraits.hab.de/werk/6569/ [zugegriffen am 17.09.2020]). Zum Zusammenhang von Einzel- und Zeitschriftendruck vgl. Anzeige sämmtlicher Werke von Herrn Daniel Berger [...], Leipzig 1792, S. 152f.: „Brustbild des Etats Ministers von *Gaudi*; ovales Medaillon in achteckiger Einfassung. *Wagner del.* 12mo. Die ganze Platte gross 4to und gehört solche sowohl als Anfangsverzierungskupfer zu *Der glücklichste Tag im April. Seiner Excellenz – L. O. v. Gaudi – gewidmet von – Moelter. Berlin, gedruckt bey Unger*. als das Epithalam bey dessen Vermählung von Prof. *Ramler* verfertigt, gr. 4to. und nachhero gleichfalls abgedruckt in der *Monats-Schrift der Akademie der Künste – zu Berlin – Erster Band. Viertes Stück. pag.* 151 als Anfangsverzierungskupfer des *Epithalam's* auf die *Vermählung Hr. L. O. v. Gaudi.*" Nur am Rande sei darauf verwiesen, dass Ramler das Hochzeitsgedicht auf Gaudi nutzt, um sich als „deutscher Horaz" in Szene zu setzen (vgl. hierzu Kap. 3).

[313] Vgl. hierzu Ramlers Entwürfe zum Castrum doloris für Friedrich II., seine Konzeptionen zu Illuminationen im Rahmen der Berliner Huldigungsfeierlichkeiten von 1786

Eine entsprechende Wirkung des Kompendiums auf den Entwurf des Grabmals oder Ramlers Beteiligung als Inventor lassen sich daher vermuten.

Vor dem Hintergrund von Ramlers literarischer Karriere und den institutionellen Koordinaten seiner Gelegenheitsliteratur und -kunst stehen in den folgenden drei Kapiteln zentrale poeseologische Dimensionen seiner panegyrischen Texte sowie ästhetische Koordinaten seiner Tätigkeit als Inventor im Mittelpunkt. Deutlich werden soll vor allem, wie Ramler seine Gelegenheitsarbeiten als Medien der Literatur- und Kunstpolitik nutzt. Den Auftakt macht seine Auseinandersetzung mit der Kulturpolitik Friedrichs des Großen.

sowie seine *Alcäische Ode* (vgl. Kap. 4.1.4). Abgebildet ist Gaudis Grabmal u. a. bei Voss, Georg: Grabdenkmäler in Berlin u. Potsdam aus der Zeit der Neubelebung des antiken Stils Ende des 18. u. Anfang des 19. Jahrhunderts, Berlin 1905, Tafel 21; sowie bei Bloch/Scherhag: Grabmäler in Berlin, S. 54f. Die Inschrift ist aufgrund starker Verwitterung inzwischen nur noch in Teilen zu entziffern.

2 Konfrontationen mit Friedrich II.

Friedrich II. von Preußen (1712–1786) orientiert sich bereits in seiner Kronprinzenzeit am französischen Klassizismus als „Barometer kultureller Höhe". Seit der Thronbesteigung (1740) richtet er seine Kulturpolitik zudem konsequent auf die Förderung „französische[r] Literatur des *Grand Siècle* und der ersten Hälfte des 18. Jahrhunderts" aus.[1] Mit der strategischen Frankophilie und korrespondierenden mäzenatischen Anstrengungen, deren prominentes Beispiel Voltaires Potsdam-Aufenthalt in den Jahren 1750 bis 1752 ist, zielt Friedrich auf einen gesamteuropäischen Prestigegewinn der preußischen Monarchie. Auch im Zuge der Wiederbelebung der Berliner Akademie der Wissenschaften fördert Friedrich II. maßgeblich frankophone Intellektuelle.[2] Kehrseite dieser Politik ist die Abwertung von deutscher Sprache und Literatur im friderizianischen Berlin. In Reaktion hierauf nutzt Ramler seine panegyrische Gelegenheitslyrik und deren Re-Publikation wiederholt, um für die Anerkennung deutschsprachiger Dichtung im Umfeld des Königs zu werben und das Ausbleiben königlicher Patronage für deutsche Autorinnen und Autoren zu kritisieren.[3] Seine Konfrontationen mit dem preußischen

---

[1] Biskup: Friedrichs Größe, S. 96f.

[2] So machen Schweizer Gelehrte an der Académie Royale des Sciences et Belles-Lettres ein Drittel der ordentlichen Mitglieder aus. Unter ihnen befinden sich vor allem Philosophen und Mathematiker wie Euler, Béguelin, Merian und Sulzer (vgl. Eisenmann, Olivier: Friedrich der Grosse im Urteil seiner schweizerischen Mitwelt, Diss. Zürich 1971, S. 67; sowie Im Hof, Ulrich: „Friedrich II. und die Schweiz", in: Fontius, Martin und Helmut Holzey (Hrsg.): *Schweizer im Berlin des 18. Jahrhunderts*, Aufklärung und Europa. Beiträge zum 18. Jahrhundert, Berlin 1996, S. 15–32, hier S. 26). Das ihnen geläufige Französisch als Sprache der Akademie und der reformierte Glaube, das offizielle Bekenntnis des preußischen Hofs, erweisen sich von Vorteil für ihre Aufnahme (vgl. ebd., S. 27; sowie Goldenbaum: „Ramler als Mitherausgeber", S. 361). Zu den hugenottischen (am Rande auch den Schweizer) Akademiemitgliedern vgl. Fuhrich-Grubert, Ursula: „Minoritäten in Preußen: Die Hugenotten als Beispiel", in: Neugebauer, Wolfgang (Hrsg.): *Handbuch der preußischen Geschichte*, Bd. 1, Berlin u. New York 2009, S. 1125–1224, hier S. 1191–1198. Zur wechselseitigen Unterstützung von Mitgliedern der Akademie der Wissenschaften am Beispiel von Jean Henri Samuel Formey und Louis de Beausobre vgl. wiederum Baillot, Anne: „Formeys Pygmalions? Unterstützen und Unterstütztwerden im literarischen Preußen", in: Götze, Jannis und Martin Meiske (Hrsg.): *Jean Henri Samuel Formey. Wissensmultiplikator der Berliner Aufklärung*, Aufklärung und Moderne 36, Hannover 2016, S. 105–119, hier S. 105–112.

[3] Zur Verquickung staatspolitischer Interessen auf Seiten der preußischen Monarchie und der Förderung sprachlicher Kultivierungsarbeit um 1700 vgl. Keller, Andreas: „Johann Ulrich König (1688–1744) als Nachlaßverwalter und Herausgeber Johann von Bessers.

König – gewissermaßen ein Parallelunternehmen zu Klopstocks Bemühungen um die institutionell verankerte Förderung von Kunst und Wissenschaft durch Kaiser Joseph II.[4] – stehen im Zentrum des folgenden zweiten Kapitels.

Kapitel 2.1 widmet sich Ramlers Poetik des „Wohlklangs" und seiner Ode *Auf einen Granatapfel, der in Berlin zur Reife gekommen war* (1750). Das Gedicht zählt zu den frühen Mustertexten von Ramlers Poetik, die auf eine Adaption sprachlicher und literarischer Qualitätsmaßstäbe zielt, wie sie Friedrich II. der französischen Sprache und Literatur zuschreibt. Ramlers Poetik des „Wohlklangs" liefert auf diese Weise die poeseologische Argumentationsbasis seiner wiederholten Kritik gegenüber Friedrichs strategischer Orientierung am französischen Klassizismus. Auch das Deutsche, so Ramler, gehöre zu den Kultursprachen und eine deutsche Hochliteratur existiere bereits.[5] In der Ode *An den König* entwickelt er diese Argumentation weiter. Das Gedicht steht am Beginn von Ramlers gesammelten *Oden* (1767), verleiht seiner Lyrik aus der Zeit des Siebenjährigen Kriegs eine retrospektive Programmatik und inszeniert erneut eine Konkurrenzsituation

---

Ein Autor-Editor im Spannungsfeld des preußisch-sächsischen Kulturraums", in: Golz, Jochen und Manfred Koltes (Hrsg.): *Autoren und Redaktoren als Editoren [...]*, Beihefte zu editio 29, Tübingen 2008, S. 91–116, hier S. 111–115. Ramlers literaturpatriotische Bemühungen dürften, zumal sie mit der Produktion von gelegenheitspanegyrischer Dichtung während des Siebenjährigen Kriegs einhergehen, in der Nachfolge des von Keller umrissenen „‚preußische[n] Klassizismus' als kulturpolitische Offensive gegen den schlesisch-habsburgischen Kanzleistil [...]" stehen. „Über die Linie Bödiker, Leibniz, Besser, König, ja bis zu Jablonskis enzyklopädischen Unternehmungen zu Sprache und Wissenschaft, würden diese Tendenzen schließlich in einem autoritären Klassizismus gipfeln, den Friedrich II. dann auf den rhetorischen Prinzipien der ‚claritas' zu errichten wünscht und der vehement bestimmt ist durch das eindeutig unterordnende Verhältnis von Poesie und Staatswesen" (ebd., S. 114).

[4] Vgl. Hurlebusch, Rose-Maria und Karl Ludwig Schneider: „Die Gelehrten und die Großen. Klopstocks ‚Wiener Plan'", in: Hartmann, Fritz und Rudolf Vierhaus (Hrsg.): *Der Akademiegedanke im 17. und 18. Jahrhundert*, Wolfenbütteler Forschungen 3, Bremen u. Wolfenbüttel 1977, S. 63–96; Kohl, Katrin: Friedrich Gottlieb Klopstock, Sammlung Metzler 325, Stuttgart u. Weimar 2000, S. 42–44; sowie Stauffer, Hermann: „Lyrischer Wettstreit der Europäer. Antike und Moderne in Klopstocks Odendichtung", in: Duchhardt, Heinz und Claus Scharf (Hrsg.): *Interdisziplinarität und Internationalität. Wege und Formen der Rezeption der französischen und der britischen Aufklärung in Deutschland und Rußland im 18. Jahrhundert*, Veröffentlichungen des Instituts für Europäische Geschichte Mainz. Abteilung für Abendländische Religionsgeschichte. Abteilung für Universalgeschichte 61, Mainz 2004, S. 187–208, hier S. 187–195.

[5] Damit stehen Ramlers Bemühungen auch in der Fluchtlinie von Gottscheds literaturpolitischen Aktivitäten, die wiederum den deutschen Sprachraum in seiner Gesamtheit adressieren (vgl. Fulda, Daniel: „Zwischen Gelehrten- und Kulturnationalismus. Die ‚deutsche Nation' in der literaturpolitischen Publizistik Johann Christoph Gottscheds", in: Schmidt, Georg (Hrsg.): *Die deutsche Nation im frühneuzeitlichen Europa. Politische Ordnung und kulturelle Identität?*, Schriften des Historischen Kollegs. Kolloquien 80, München 2010, S. 267–291, hier S. 272).

zwischen deutscher und französischer Kultur. Ramler akzentuiert nun jedoch die erinnerungspolitische Relevanz seiner ‚wohlklingenden' Lyrik. Allein sie verbürge die affektiv aufgeladene Erinnerung an die ruhmvollen Taten Friedrichs II.

Die Konfrontation mit den kulturtheoretischen Standpunkten und der Kulturpolitik des preußischen Königs im Rahmen von Gelegenheitsgedichten ergänzt Ramler um den (brieflichen) Austausch mit Friedrichs Potsdamer Umfeld. Seit den frühen 1760er Jahren ist er wiederholt darum bemüht, die Aufmerksamkeit des Königs für seine Gedichte zu erregen, profitiert durch Förderer aus Friedrichs persönlicher sowie militärischer Umgebung und kann ihm Mitte der 1770er Jahre eine französische Übersetzung seiner Gedichte zukommen lassen. Ihre Entstehungsgeschichte, Programmatik und Lancierung sollen in Kapitel 2.2 skizziert werden.

Ein Epilog (Kap. 2.3) beleuchtet Ramlers retrospektive Einschätzung seiner Auseinandersetzung mit Friedrich II. Zudem ist zu zeigen, dass der kulturpolitische Umbruch im Spätsommer 1786 Ramler neue institutionelle Wirkungsmöglichkeiten als Sprachwissenschaftler eröffnet. Sie stehen zugleich in der Kontinuität seines Engagements für eine ‚Hebung' deutschsprachiger Literatur seit Ende der 1740er Jahre.[6]

Ziel dieses zweiten Kapitels ist es auch, bisherige Einschätzungen zum Verhältnis zwischen zeitgenössischen deutschen Autoren und Friedrich II. zu revidieren. So spricht Helmuth Fechner von einem lediglich „indirekte[n] Einfluß" des Königs auf die zeitgenössische deutsche Literatur: Sein militärisches Handeln werde durch die Gelegenheitsdichtung während des Siebenjährigen Kriegs gespiegelt.[7] Den vielfältigen direkten Austausch zwischen deutschen Autorinnen und Autoren, dem König und dessen höfischem Umfeld blendet Fechner somit aus.[8]

---

[6] Zur Förderung deutscher Autorinnen und Autoren nach dem Tod Friedrichs II. sowie Ramlers Aufnahme in die königlichen Wissenschafts- und Kulturinstitutionen der preußischen Hauptstadt vgl. Kap. 1.2.2.

[7] Vgl. Fechner, Helmuth: Friedrich der Große und die deutsche Literatur, Braunschweig 1968, S. 10–26, vgl. zudem S. 91f. Fechners Perspektivierung des Konnexes von Literatur und Siebenjährigem Krieg steht in der Tradition von Goethes Urteilen in *Dichtung und Wahrheit*. Zu deren Bedeutung für die Literaturgeschichtsschreibung des 19. Jahrhunderts vgl. Hildebrandt, Annika: Die Mobilisierung der Poesie. Literatur und Krieg um 1750, Studien zur deutschen Literatur 220, Berlin u. Boston 2019, S. 1–6. Verwiesen sei auch auf die Friedrich-Epik des 18. Jahrhunderts (vgl. Martin, Dieter: Das deutsche Versepos im 18. Jahrhundert. Studien und kommentierte Gattungsbibliographie, Quellen und Forschungen zur Sprach- und Culturgeschichte der germanischen Völker N. F. 103, Berlin u. New York 1993, S. 203–246).

[8] Eine verwandte Position nimmt Ursula Goldenbaum ein, wenn sie betont, dass Friedrich mit der relativen Liberalität in Preußen (etwa der zurückhaltenden Zensur theologischer Werke) die Bedingungsfaktoren der Berliner Aufklärung geschaffen habe, den direkten Austausch jedoch ausklammert (vgl. Goldenbaum, Ursula: „Friedrich II. und die Berliner Aufklärung", in: Lottes, Günther (Hrsg.): *Hofkultur und aufgeklärte Öffentlichkeit. Potsdam im 18. Jahrhundert im europäischen Kontext*, Berlin 2006, S. 123–141, hier S. 127).

Prinzipielle Abwertung von Kasuallyrik und eine Fokussierung der „großen Themen der deutschen Literatur des 18. Jahrhunderts [...] (bürgerliche Selbstfindung, Sozialkritik, Subjektivismus, Humanität)" bedingen wiederum Horst Steinmetz' Ansicht, dass „von Friedrich, aus seinem persönlichen und geistigen Umkreis, überhaupt aus der preußischen Gesinnung und Geisteshaltung, wie sie vom König gepflegt und begünstigt wurde, nichts Stimulierendes für die deutsche Literatur erwartet werden konnte".[9] Deutlich werden soll jedoch im Folgenden, dass Ramlers Poetik des „Wohlklangs" für die poeseologisch überaus fruchtbare Auseinandersetzung mit Friedrichs literarischem Geschmack und seiner Kulturpolitik steht. Gerade jene Barrieren, die sie deutschen Autorinnen und Autoren bis 1786 setzen, wirken sich bei Ramler als Stimulus seiner literarischen Aktivitäten aus.

2.1 Kulturpolitischer Appell: Ramlers Poetik des „Wohlklangs"

2.1.1 Ausgangspunkt: Ramlers *Granatapfel-Ode* (1750)

Unter der Rubrik „Gelehrte Sachen" veröffentlicht Ramler seine Ode *Auf einen Granatapfel, der in Berlin zur Reife gekommen war* erstmals in der Ausgabe der *Berlinischen Nachrichten* vom 1. Januar 1750.[10] Der Text ergänzt das offizielle Neujahrsgedicht der Zeitung. In ihm formuliert Johann Victor Krause gute Wünsche für die Mitglieder der königlichen Familie sowie die preußischen Untertanen und dankt rückblickend auf das „abgewichne Jahr" für Friedrichs Regentschaft:

> Du baust den Musen Tempel auf;
> Befreyst das Recht von List und Ränken;
> Verschaffst dem Fleisse Lust und Lauf;
> Pflegst Armen Huld und Brodt zu schencken;
> Führst selbst Dein Heer, erschreckst den Feind;

---

[9] Steinmetz, Horst: „Nachwort", in: Steinmetz, Horst (Hrsg.): *Friedrich II., König von Preußen, und die deutsche Literatur des 18. Jahrhunderts. Texte und Dokumente*, Stuttgart 1985, S. 333–352, hier S. 346f. Zur Abwertung von Gelegenheitsdichtung vgl. ebd., S. 334: „Die zahllosen Gedichte während und kurz nach dem Ende des Siebenjährigen Krieges können hier nicht zählen." Fechner wiederum privilegiert gerade diese Texte: „Auch die Ausbeute aus den beiden ersten Schlesischen Kriegen ist nicht sehr groß, wie überhaupt bis zum Jahre 1756 Friedrichs Einfluß auf die Poesie seiner Zeit fast nur auf die Hallenser und ein paar belanglose Zeitungspoeten beschränkt bleibt" (Fechner: Friedrich der Große und die deutsche Literatur, S. 11). In den argumentativen Fluchtlinien von Fechner und Steinmetz bewegt sich Chlewicka, Katarzyna: „Die Arbeit am Friedrichmythos. Karl Wilhelm Ramler und Friedrich II.", in: Jaśtal, Katarzyna u. a. (Hrsg.): *Variable Konstanten. Mythen in der Literatur*, Dresden u. Wrocław 2011, S. 93–102, hier v. a. S. 96 u. S. 102.

[10] So der Titel in der ersten autorisierten Ausgabe von Ramlers *Oden* (1767), während die *Granatapfel-Ode* zunächst ohne Titel erscheint.

Weist, was den Ländern schädlich scheint;
Mit Vater-Sorgfalt abzuwenden.
O! möchte doch der Vorsicht Schluß
Dir den so würdigen Genuß
Von jenes Nestors Jahren senden![11]

Auch Ramlers Ode (vgl. Kap. 7.1), wie das Titelgedicht gebaut aus insgesamt acht Strophen, stellt den kulturellen Aufschwung in Preußen heraus, thematisiert die Leistungsfähigkeit von Landwirtschaft, Gärtnerei sowie Industrie und betont die militärische Stärke Preußens. Ausgangspunkt beziehungsweise ‚Gelegenheit' für Ramlers panegyrisches Resümee der ersten Dekade von Friedrichs Regierung ist das Reifen eines Granatapfels im Garten des Berliner Geheimrats Johann August Buchholtz.[12] Ramler eröffnet seine Ode mit einer Ansprache der exotischen Frucht als „Königin der Früchte" (V. 1), schließt eine mythologische Referenz an (Pluto habe Proserpina mit einem Granatapfel in die Unterwelt gelockt) und leitet so einen Reigen antikisierender Personifikationsallegorien ein: Mit Pomona, Flora und Ceres haben sich die Göttinnen von Obstbau, Blumenzucht und Ackerbau im ehemals kargen märkischen Sand angesiedelt. Garten- und Parkkultur (Sylvan) und Ingenieurskunst (Dädalus) sind ebenso Sinnbild und Instrument einer fortschreitenden Erschließung und Gestaltung des Landes. Parallel hierzu verweisen die Auftritte der antiken Personifikationen in Ramlers Ode auch auf die zeitgenössische allegorische Gartenkunst.[13] Zu den konkreten Bezugspunkten könnte das Obeliskportal im Park von Sanssouci aus dem Jahr 1747 zählen, das Darstellungen der Göttinnen Pomona und Flora von Friedrich Christian Glume zieren.[14] Die

---

[11] Krause, Johann Victor: „[Titelgedicht]", *Berlinische Nachrichten von Staats- und gelehrten Sachen* 1 (01.01.1750), [unpaginiert]. Es handelt sich um die vierte von acht Strophen. Das Gedicht erscheint wie Ramlers Ode ohne Titel und ist wiederabgedruckt in: Krause: Auserlesene Deutsche Gedichte [...], S. 40–43. Zu Krause als Redakteur der *Berlinischen Nachrichten* vgl. Kap. 1.3.2.

[12] Vgl. Lee, David E.: „Berlin, Mitte des Jahrhunderts: Zwei Gedichte von Karl Wilhelm Ramler", *Das Achtzehnte Jahrhundert* 30/1 (2006), S. 30–47, hier S. 41f. Einen Überblick zu den Dimensionen des zeitgenössischen Obst- und Gemüsebaus in Potsdam bietet Schurig, Gerd: „Die Blüte der Fruchtkultur im Sanssouci Friedrichs II.", in: Generaldirektion der Stiftung Preußische Schlösser und Gärten Berlin-Brandenburg (Hrsg.): *Friederisiko. Friedrich der Große. Die Ausstellung [...]*, München 2012, S. 56–61. Vgl. auch Ramlers spätere Anmerkung zur Ananas, die „in den Treibhäusern vieler Berlinischen Gartenbesitzer, und besonders in den königlichen Gärten, häufig gezogen" werde (Ramler, Karl Wilhelm: Poëtische Werke. [...] Erster Theil: Lyrische Gedichte, Berlin 1800, S. 244).

[13] Vgl. hierzu Gamper, Michael: „Die Natur ist republikanisch". Zu den ästhetischen, anthropologischen und politischen Konzepten der deutschen Gartenliteratur im 18. Jahrhundert, Epistemata. Reihe Literaturwissenschaft 247, Würzburg 1998, S. 201–215.

[14] Vgl. Hüneke, Saskia: „Flora und Pomona im Paradies – Garten und Bildhauerkunst in

Granatapfel-Ode wird damit auch zum panegyrischen Preis der Gartenbauprojekte Friedrichs II.

Im Zentrum der Ode (Strophen 4 und 5) steht die Akademie der Wissenschaften als „Pantheon" naturwissenschaftlicher Forschung (V. 30). Zudem hätten Justiz und religiöse Aufklärung in Preußen die personifizierte „Zwietracht" sowie den „Aberglaube[n]" überwunden (V. 41 bzw. 44). Abschließend verbindet Ramler Preußens militärische Stärke (Berlin als preußisches „Sparta", V. 50) und die musiktheatrale Hochkultur der Residenzstadt miteinander. Noch während der schlesischen Kriege habe Friedrich II. auch Apoll, dem Gott der Künste, mit dem königlichen Opernhaus einen „Tempel" gebaut (V. 60). Der titelgebende *Granat-Apfel* wird damit in seiner Doppeldeutigkeit von exotischer Frucht und militärischem Gerät („Granate") zum Symbol der Verschränkung von kulturellem Aufstieg und kriegerischem Potenzial.[15] Pointe der Ode ist der Auftakt der achten und letzten Strophe: Erst hier gibt sich das Gedicht als Personenrede der Muse Kalliope, der personifizierten (epischen) Dichtung, zu erkennen.

Ramlers forcierter Einsatz mythologischer Allegorien steht im Fokus bisheriger Untersuchungen der *Granatapfel-Ode*, die ihren Ausgang von einer Diskussion zur poetischen Legitimität antiker Mythologie gegen Ende der 1760er Jahre nehmen. Angestoßen wird die Debatte durch Christian Adolph Klotz. Johann Gottfried Herder und Johann Jakob Dusch beziehen sich in ihren Beiträgen auf die *Granatapfel-Ode* und bezeugen die anhaltende Bekanntheit des Gedichts – nahezu 20 Jahre nach seinem Erscheinen.[16] In der Forschung unbeachtet geblieben sind hingegen jene poeseologischen Horizonte, institutionellen Kontexte und kultur-

---

Potsdam", in: Generaldirektion der Stiftung Preußische Schlösser und Gärten Berlin-Brandenburg (Hrsg.): *Nichts gedeiht ohne Pflege. Die Potsdamer Parklandschaft und ihre Gärtner [...]*, Potsdam 2001, S. 330–338, hier S. 331f.

[15] Vgl. den etymologischen Hinweis bei Zedler: „Der Name Granate ist wegen einiger Aehnlichkeit mit denen Granat-Aepfeln entstanden, da bey jenen innwendig eine grosse Menge Körner eingeschlossen lieget, gleich wie dieser ihre Höhle mit vielen Pulver-Körnern angefüllet ist" („Granate", in: *Grosses vollständiges Universal Lexicon Aller Wissenschaften und Künste [...]*, Bd. 11, Halle u. Leipzig 1735, Sp. 565–568, hier Sp. 565).

[16] Vgl. Killy, Walter: Elemente der Lyrik, 2. Aufl., München 1972, S. 77–82; sowie Gockel, Heinz: „Herder und die Mythologie", in: Sauder, Gerhard (Hrsg.): *Johann Gottfried Herder. 1744–1803*, Studien zum 18. Jahrhundert 9, Hamburg 1987, S. 409–418. Ausgangspunkt im Falle Herders, der die Ode im dritten Teil seiner *Fragmente* samt Ramlers doppelter Kommentierung einrückt, ist Hamanns Brief vom 29. August 1765. Er lässt Herder eine Abschrift der Granatapfel-Ode, von Ramlers Kommentierung der Ode sowie eine Zusammenfassung von Ramlers *Gedancken über die neuen Versarten* aus den *Critischen Nachrichten* (s. u.) zukommen (vgl. Hamann, Johann Georg: Briefwechsel. Zweiter Band. 1760–1769, hg. von Walther Ziesemer und Arthur Henkel, Wiesbaden 1956, S. 347–351; sowie Herder, Johann Gottfried: Werke in zehn Bänden. Bd. 1. Frühe Schriften. 1764–1772, hg. von Ulrich Gaier, Frankfurt a. M. 1985, S. 459–465 sowie S. 1177).

politischen Implikationen, mit denen Ramler seine Ode im Frühjahr 1750 verknüpft. Nicht das Stilmittel der Allegorie, sondern das literarische Potenzial der deutschen Sprache steht zur Entstehungszeit der *Granatapfel-Ode* im Fokus. Rekonstruiert werden im Folgenden Ramlers publizistische Strategien, mit deren Hilfe er seine *Granatapfel-Ode* und ihr poeseologisches Programm gezielt an eine kulturpolitische Diskussion zum Niveau von deutscher Sprache und Literatur anschließt, die seit den 1730er Jahren im intellektuellen Umfeld Friedrichs II. und in der Akademie der Wissenschaften geführt wird. Dazu zählt die erneute Veröffentlichung und Kommentierung der *Granatapfel-Ode* in der von Ramler redigierten Zeitschrift *Critische Nachrichten aus dem Reiche der Gelehrsamkeit*. Basis für Ramlers literaturkritische Analyse der Ode ist wiederum seine Poetik des „Wohlklangs". Ihr Programm gilt es zu umreißen und nach Anleihen bei zeitgenössischen Literaturtheoretikern zu fragen. Zudem markiert Ramler mittels intertextueller Anleihen bei Friedrichs II. Ode *Le Renouvellement de l'Académie des Sciences*, dass seine *Granatapfel-Ode* die Berliner Akademie der Wissenschaften als Ort königlicher Kulturförderung adressiert. Abschließend soll die Debatte zu Niveau und Förderungswürdigkeit von deutscher Sprache und „Literatur" anhand der Positionen von Jakob Friedrich von Bielfeld und Friedrich II. konturiert werden. Dass Ramler über die Einschätzungen des Königs detailliert unterrichtet ist und seine Poetik des „Wohlklangs" sowie die *Granatapfel-Ode* gezielt an jene Diskussion anschließt, legt der persönliche Austausch mit Bielfeld seit Mitte der 1740er Jahre nahe. Vor diesen Hintergründen erschließt sich die literaturpolitische Tragweite der ‚wohlklingenden' *Granatapfel-Ode*: Mit ihr untermauert Ramler im Frühjahr 1750 die Konkurrenzfähigkeit von deutscher Sprache und Dichtung und wirbt für die Förderung deutscher Autorinnen und Autoren durch den preußischen König.

2.1.2 Erneute Publikation

Ramlers *Granatapfel-Ode* bietet ein frühes Beispiel seiner Re-Publikationen gelegenheitspanegyrischer Texte. Erneut abgedruckt wird das Neujahrsgedicht in den *Critischen Nachrichten aus dem Reiche der Gelehrsamkeit*, einem Rezensionsorgan, das Ramler seit Anfang Januar 1750 gemeinsam mit Johann Georg Sulzer herausgibt.[17] Wie die *Berlinischen Nachrichten* erscheinen die *Critischen Nachrichten* beim Verlag Haude und Spener.[18] Ausschlaggebend für die Gestalt der

---

[17] Die Ankündigung zur ersten Ausgabe der *Critischen Nachrichten* findet sich im Anschluss an den Abdruck der *Granatapfel-Ode* in den *Berlinischen Nachrichten* vom 1. Januar 1750: „Morgen wird das 1ste Stück der *Critischen Nachrichten aus dem Reiche der Gelehrsamkeit* bey den Verlegern dieser Zeitung und in dem Königl. Hof-Post-Amt ausgegeben" („[Anzeigen]", *Berlinische Nachrichten von Staats- und gelehrten Sachen* 1 [01.01.1750], [unpaginiert]).
[18] Zum Kontext vgl. Goldenbaum: „Ramler als Mitherausgeber".

abermaligen Publikation der *Granatapfel-Ode* erweist sich eine briefliche Anfrage, die auf den 16. Januar 1750 datiert, „An den Verfasser der critischen Nachrichten aus dem Reiche der Gelehrsamkeit" gerichtet ist und sich in Ramlers Nachlass erhalten hat.[19] Ebenso wie Ramler und Sulzer in den *Critischen Nachrichten* nicht namentlich als Herausgeber auftreten, bleibt der Absender des Briefes ungenannt und wählt das Pseudonym „Musophilus".[20] Den „Verfasser" adressiert er mit einer Reihe von Bitten: Da die *Granatapfel-Ode* und *Critischen Nachrichten* im selben Verlag erschienen seien und aufgrund „dero Bemühungen [...], welche Dieselben in den erstern Blättern der critischen Nachrichten angewendet haben, die Schönheiten in den lyrischen Gedichten kentlich zu machen", bittet Musophilus darum, „bei Gelegenheit in dero gelehrten Blättern diese Ode ebenmäßig durchzugehen, die Schönheiten derselben näher anzuzeigen, und zugleich denen Stellen ein Licht zu geben, welche nur den Berlinern verständlich gnug sein können".[21] In diesem Sinne schließt der anonyme Einsender eine Liste mit kommentierungswürdigen Stellen, Fragen und Vermutungen an.

Ramler reagiert auf Musophilus' Zuschrift in der Ausgabe der *Critischen Nachrichten* vom 6. Februar 1750 (vgl. Kap. 7.1), somit wenige Wochen nach dem Erstdruck der *Granatapfel-Ode* vom 1. Januar 1750. Den erneuten Abdruck des Gedichts ergänzt er um eine doppelte Kommentierung. Zu einem Sachkommentar und der Entschlüsselung mythologischer Anspielungen in Fußnotenform kommt eine gesonderte Analyse des „Wohlklangs" der Ode. Ramler entspricht somit durchweg Musophilus' Bitten. Mit seinem Fußnotenapparat kommt er der Aufforderung nach, Ortsunkundigen notwendiges Hintergrundwissen zur Berliner Stadtlandschaft zu liefern. Teils nutzt Ramler seine Anmerkungen auch, um direkt auf Musophilus' Fragen einzugehen, die etwa grammatikalische Details betreffen.[22]

---

[19] „Musophilus" an Ramler am 16. Januar 1750 (GSA 75/245, 2ᵛ).

[20] Ramlers Anonymitätskonstrukte dienen – wie im Folgenden noch zu zeigen ist – einer bewussten Verschleierung seiner Autorschaft und Rolle als Kommentator im Rahmen beider Abdrucke der *Granatapfel-Ode* im Frühjahr 1750. Daher ist nicht auszuschließen, dass auch das Schreiben unter dem Pseudonym „Musophilus" letztlich auf Ramler zurückgeht. Sollte dies der Fall sein, hätte Ramler mit ihm einen vorgeblich externen Anlass für den kommentierten Wiederabdruck seines Gedichts in den *Critischen Nachrichten* geschaffen. Ein Vergleich mit Ramlers Handschrift um 1750 legt wiederum nicht unmittelbar nahe, dass Musophilus' Schreiben von seiner Hand stammt.

[21] „Musophilus" an Ramler am 16. Januar 1750 (GSA 75/245, 1ʳ).

[22] Musophilus' Frage, ob der Dichter in der dritten Strophe („Und zarte Bäume trägt, ihr Haupt umschoren / Der Gott Sylvan"; V. 17) den Accusativus graecus nachahme („Strophe III. – – <u>ihr Haupt umschoren.</u> Ist dieses etwa eine griechische Wortfügung, welche Virgil so oft gebraucht, z. E. Aeneid. I. 662. – – *ut faciem mutatus & ora Cupido. i. e. mutatus quoad faciem & ora* [...]"; ebd., 1ᵛ), bestätigt Ramler beispielsweise in Anmerkung 5: „Sylvan ist ein Waldgott. *Teneram ab radice ferens Sylvane Cupressum. Virg.* Hier bemercken wir eine griechische Wortfügung, welche die lateinischen Poeten gleichfalls angenommen haben. *Et teneras arbores portat, circumtonsas caput, Deus Sylvanus*" (Ramler, Karl Wilhelm: „Berlin", *Critische Nachrichten aus dem Reiche der*

Darüber hinaus adressieren Ramlers Erläuterungen zur „Göttergeschichte" ein altertumskundlich unbewandertes Publikum („Leserinnen") und sollen hermeneutische Barrieren abbauen.²³ Mit dem sich anschließenden Exkurs zum „Wohlklang" der Ode erfüllt Ramler wiederum Musophilus' Bitte, die „Schönheiten" seines Textes zu erläutern. Beide Kommentare, mit denen Ramler seine Ode im Februar 1750 rahmt, markieren eine entscheidende Funktionsverschiebung: Aus dem panegyrischen Gelegenheitsgedicht wird im Rahmen des erneuten Abdrucks der Gegenstand poeseologischer und literaturkritischer Erörterungen. Nicht das Lob des Königs, sondern Ramlers Ode als sprachliches Kunstwerk steht nun im Zentrum.

2.1.3 Das Programm einer ‚wohlklingenden' Dichtung

Mit den Ausführungen zum „Wohlklang" der *Granatapfel-Ode* in der Ausgabe der *Critischen Nachrichten* vom 6. Februar 1750 schließt Ramler an seine *Gedancken über die neuen Versarten* an.²⁴ Diese finden sich in den Ausgaben der *Critischen Nachrichten* vom 23. und 30. Januar 1750, somit wenige Wochen nach dem Erstdruck der Ode. In den *Gedancken* legt Ramler ein Konzept reimloser und dennoch regulierter Dichtung in deutscher Sprache vor:

> Wenn ein Dichter, der ohne Reime schreibt, Nachfolger haben will, so muß er sich, weil er einem Zwange entgangen ist, einen andern Zwang anthun. Die verjährte Gewohnheit hält solche Verse noch gern für Prosa, daher müssen sie so vortrefflich klingen, daß sich ein jeder schämt sie Prosa zu nennen.²⁵

Damit benennt Ramler das „vortrefflich[e] [K]lingen" als Fluchtpunkt einer bewussten Sprachgestaltung, die auf den Reim als Distinktionsmerkmal dichterischer Sprache gegenüber Prosa verzichtet. Entsprechende Gestaltungsmaßstäbe (‚Zwänge') nichtreimender Dichtung entwickelt er in der Folge anhand von Vergils Hexameter. Bereits die metrische Regulation des Versschlusses, also die Wiederkehr der Kombination Daktylus/Spondeus beziehungsweise Daktylus/Trochäus setze den Hexameter vom „oratorischen Sylbenmasse", also prosaischem Sprachfluss, ab. Weiterhin gebe Vergil seinen Versen einen „harmonische[n] Gang". Er verleihe seinen Hexametern „majestätische Grösse", erzeuge durch die Ersetzbarkeit von Daktylen und Spondeen in den ersten vier Versfüßen „schönste

---

Gelehrsamkeit 6 [06.02.1750], S. 52–55, hier S. 52 [vgl. Kap. 7.1]).
23 Vgl. ebd.: „Wir wollen uns zuerst begnügen die Göttergeschichte umständlicher anzuführen, damit auch Leserinnen sich ohne Mühe in die Entzückung der Calliope setzen können."
24 Ramler, Karl Wilhelm: „Gedancken über die neuen Versarten", *Critische Nachrichten aus dem Reiche der Gelehrsamkeit* 4 (23.01.1750), S. 29–32; sowie Ramler, Karl Wilhelm: „Fortsetzung über die Versarten", *Critische Nachrichten aus dem Reiche der Gelehrsamkeit* 5 (30.01.1750), S. 37f.
25 Ramler: „Gedancken über die neuen Versarten", S. 29f.

Verschiedenheit" und spiegele „die Beschaffenheit seines Inhalts" in der rhythmischen Gestaltung der Verse: „Das Pferd läuft in Dactylen, die Cyclopen schlagen den Ambos in Spondäen, der Ochse fällt in einem einsylbigten Schlußwort."[26] Damit skizziert Ramler den Rhythmus als eine der beiden Dimensionen seiner Poetik des „Wohlklangs". Hierzu zählen metrische Präzision, Variation der Zäsuren sowie die Korrespondenz von Thema und metrischer Gestaltung.

Zweite Dimension des „Wohlklangs" ist die Lautstruktur als solche, deren Ideal die „wohlklingende[] lateinische[] Sprache selbst" verkörpere.[27] Die ausgewogene Kombination von „Consonanten und Vocalen" im Lateinischen bewirke, so Ramler, „dass sie die Sprache weder zu weichlich noch zu hart machen, sondern sich untereinander mildern und stärcken". Daher finde man bei Vergil keine „Hiatus" oder eine „Häufung der Consonanten". Die Korrespondenz von Inhalt und metrischer Einrichtung bei Vergil (als Teil der ersten Bedeutungsdimension von „Wohlklang") parallelisiert Ramler mit Vergils Onomatopoesien, also der Abstimmung von Inhalt und Lautstruktur. Manieristische Tendenzen wehrt er hierbei ab:

---

[26] Ebd., S. 30. Zu parallelen Bestimmungen des „Wohlklangs" bei Sulzer vgl. Weithase, Irmgard: Anschauungen über das Wesen der Sprechkunst von 1775–1825, Germanische Studien 90, Berlin 1930, S. 31f. Ähnliche Kataloge mit teils identischen Beispielen bieten bereits Breitinger, Johann Jakob: Fortsetzung Der Critischen Dichtkunst Worinnen die Poetische Mahlerey In Absicht auf den Ausdruck und die Farben abgehandelt wird [...], Zürich u. Leipzig 1740, S. 25–33; sowie Reichel, Johann Nathanael: Critik Ueber den Wohlklang des Sylben Maases In dem Heldengedichte der Meßias in einem Sendschreiben an Herrn J. F. M. in Leipzig abgefaßet von J. N. R., Chemnitz 1749, S. 8f. Reichel erörtert ebenfalls am Beispiel Vergils (und in der Folge anhand des ersten Gesangs des *Messias*) Korrespondenzen von Inhalt und Rhythmus bzw. Klang und verweist seinerseits auf den Abschnitt *Cadences propres à peindre différens objets* in Charles Rollins *De la maniere d'enseigner et d'etudier les belles lettres* [...], Bd. 1, 4. Aufl., Paris 1732, S. 125–127. Auch Reichels *Fortsezung* stellt solche Korrespondenzen zusammen, nun aus dem zweiten Gesang des *Messias* (vgl. Reichel, Johann Nathanael: Fortsezung der Critik Ueber den Wohlklang des Sylben Maases In dem Heldengedichte der Meßias in einem Sendschreiben an Herrn J. F. Merbitz in Coppenhagen [...], Chemnitz 1752, S. 30–59). Zum „Wohlklang" bei Klopstock vgl. wiederum Hellmuth, Hans-Heinrich: Metrische Erfindung und metrische Theorie bei Klopstock, Studien und Quellen zur Versgeschichte 4, München 1973, S. 213–215. Ramlers Beispiele von 1750 kehren darüber hinaus im Rahmen seiner Batteux-Adaption wieder: „Ein Vers, worinn der Hammer der Cyclopen in schweren Spondeen auf den Ambos fällt, und ein Vers, in welchem das muntere Roß in schnellen Dactylen läufft, werden in gleich langer Zeit ausgesprochen" (Batteux, Charles und Karl Wilhelm Ramler: Einleitung in die schönen Wissenschaften [...] mit Zusätzen vermehret, Bd. 1, Leipzig 1756, S. 157).

[27] Ramler: „Gedancken über die neuen Versarten", S. 30. V. a. zu diesem Aspekt vgl. Haßler, Gerda: „Wohlklang", in: Haßler, Gerda und Cordula Neis (Hrsg.): *Lexikon sprachtheoretischer Grundbegriffe des 17. und 18. Jahrhunderts*, Bd. 1, Berlin u. New York 2009, S. 921–929.

> Er [Vergil, M. B.] nimmt zu angenehmen Sachen, Wörter, die leicht und angenehm auszusprechen sind, zu widrigen Dingen, widrige, mahlt er eine Oefnung, so öfnet sich das Wort. Doch sieht man hierin keine gezwungene Kunst. Er häuft diese Thöne nicht aufeinander, sondern giebt nur mit wenigen Worten seinen Mahlereyen eine musicalische Hülfe.[28]

Damit stehen beide Aspekte von Ramlers Poetik des „Wohlklangs" (Rhythmus und Lautstruktur) in der Fluchtlinie eines lateinischen Klassizismus. Deutlich wird dies auch mit Blick auf Johann Joachim Winckelmanns *Erläuterung der Gedanken Von der Nachahmung der griechischen Werke in der Malerey und Bildhauerkunst* (1756). Wenige Jahre nach Ramlers *Gedancken* von 1750 erklärt Winckelmann die ‚wohlklingende' Lautstruktur der griechischen Sprache zu ihrem Alleinstellungsmerkmal:

> Der Vorzug der griechischen vor allen bekannten Sprachen ist unstreitig: ich rede hier nicht von dem Reichthume, sondern von dem Wohlklange derselben. Alle nordischen Sprachen sind mit Consonanten überladen, welches ihnen oftmals ein unfreundliches Wesen giebt. In der griechischen Sprache hingegen sind die Vocalen mit jenen dergestalt abgewechselt, daß ein jeder Consonant seinen Vocalen hat, der ihn begleitet: zwey Vocalen aber stehen nicht leicht bey einem Consonant, daß nicht so gleich durch die Zusammenziehung zwey in einem solten gezogen werden[.][29]

Auch die Fähigkeit des Griechischen zu Onomatopoesien („durch den Klang und durch die Folge der Worte auf einander die Gestalt und das Wesen der Sache selbst auszudrücken") führt Winckelmann analog zu Ramlers Analyse des Lateinischen an.[30] Folglich begründet Wickelmann den Vorrang des Griechischen auf Basis beider Dimensionen, die Ramlers Poetik des „Wohlklangs" ausmachen: Der regelmäßigen Abwechslung von Konsonanten und Vokalen sowie Korrespondenzen von Inhalt, Lautstruktur und Syntax. Winckelmanns ausdrückliches Ziel ist im Gegensatz zu Ramler jedoch die Abwertung des Lateinischen:

> Eine solche Sprache [die griechische, M. B.] erforderte also feine und schnelle Werkzeuge, für welche die Sprachen anderer Völker, ja die römische selbst nicht gemacht schienen; so daß sich ein griechischer Kirchenvater beschweret, daß die römischen Gesetze in einer Sprache, die schrecklich klinge, geschrieben wären.[31]

---

[28] Ramler: „Gedancken über die neuen Versarten", S. 31.
[29] Winckelmann, Johann Joachim: Kleine Schriften. Vorreden. Entwürfe, hg. von Walther Rehm, Berlin 1968, S. 97–144, hier S. 101.
[30] Ebd., S. 101.
[31] Ebd. Zu diesem Argument für den „Vorrang der griechischen Kultur" vgl. Lessing, Gotthold Ephraim: Von der Aehnlichkeit der Griechischen und Deutschen Sprache, hg. von Mark-Georg Dehrmann und Jutta Weber, Göttingen 2016, S. 259f.

Ramler wiederum bekräftigt seinen lateinischen Klassizismus nochmals, indem er in den *Gedancken* Überlegungen zur Einrichtung des deutschen Hexameters sowie der Adaption lyrischer Maße nach Horaz' Vorbild anschließt.[32] Auch der Verweis auf Horaz' Verbesserungspoetik und Vergils ungezwungene Verskunst betonen die Orientierung an der augusteischen Literatur:

> Und wo ist der neuere witzige Kopf der sein Werk, nach Horazens Art, so lange behalten will, bis er von jedem Worte Rechenschaft geben kann, warum er es gesetzt hat, warum zu dieser Zeit, warum in dieser Verbindung, warum vor allen andern? Ja mancher kömt auf die Gedancken, er schwäche durch solchen Fleiß sein Genie, man würde seinem Gedichte den Zwang ansehen können. Allein er muß so lange arbeiten, bis er auch den Zwang versteckt hat: und sein Genie wird nicht erdrückt werden, wenn er zuerst seinem guten Geschmack und seiner erhitzten Phantasey gefolgt ist, zuletzt aber die philosophische Critik zur Muse anruft.[33]

Die Arbeit am sprachlichen „Wohlklang" integriert Ramler damit in einen mehrstufigen Dichtungsprozess. Bereits zu Beginn reguliert das ästhetische Urteilsvermögen („gute[r] Geschmack") die Einbildungskraft („Phantasey") des ‚genialen' Poeten. Die wiederholte Prüfung und Überarbeitung seiner Texte schließt sich an, der Dichter selbst wird zu seiner ‚kritischen' Instanz. Ziel ist eine Konvergenz von Natürlichkeit und Regelhaftigkeit im literarischen Kunstwerk. Vollkommen werde ein Gedicht durch die scheinbare Mühelosigkeit von Dichtungsprozess und -produkt („bis er auch den Zwang versteckt hat").[34] Seine Forderung einer gründlichen Überarbeitung des dichterischen Rohmaterials konkretisiert Ramler in den *Gedancken* wiederum als bewusste und ausdauernde Arbeit an der Lautstruktur des Deutschen. Dichter müssten die deutsche Sprache „gelinder" machen, Vokale und Konsonanten ins Gleichgewicht bringen: „Es ist schwer bey unsrer harten nordischen Sprache, aber es ist einem arbeitsamen Dichter, oder einem Schüler des *Virgil* und *Horaz* nicht unmöglich."[35]

---

[32] Vgl. Ramler: „Gedancken über die neuen Versarten", S. 31; sowie Ramler: „Fortsetzung über die Versarten".

[33] Ramler: „Gedancken über die neuen Versarten", S. 29. Ramler dürfte zu Beginn auf Hor. ars, 388 anspielen (*nonumque prematur in annum*). Horaz wird im lateinischen Original, soweit nicht anders angegeben, hier und im Folgenden zitiert nach Quintus Horatius Flaccus: Opera [...], hg. von Friedrich Klingner, Leipzig 1950.

[34] Zu Hor. ars, 388 als *locus classicus* der Verbesserungspoetik und den traditionsgeschichtlichen Bezügen der von Ramler geforderten Trias von Natürlichkeit, Regelhaftigkeit und Mühelosigkeit vgl. Kap. 5.2.3.

[35] Ramler: „Gedancken über die neuen Versarten", S. 31. Einen Katalog von „Mittel[n]", mit denen sich die „Härte" des Deutschen verringern lasse und ihr „Wohllaut" gefördert werde, stellt Ramler schließlich 1758 im vierten Band seiner Batteux-Adaption zusammen (vgl. Ramler, Karl Wilhelm: Einleitung in die Schönen Wissenschaften. Nach dem Französischen des Herrn Batteux mit Zusätzen vermehret [...], Bd. 4, Leipzig 1758, S. 126–130, hier S. 126; sowie Ramlers Vorlage: Batteux, Charles: Cours de belles-

2.1.4 Poeseologische Kontexte

Programmatische Akzente von Ramlers Poetik ‚wohlklingender' Dichtung werden auch mit Blick auf vorangehende Bestimmungen des „Wohlklangs" deutlich.[36] Bereits Johann Jakob Breitinger führt diesen in seiner *Critischen Dichtkunst* (1740) als „Quelle eines neuen sinnlichen Ergetzens" ein und koppelt ihn als Element gelungener *elocutio* an den Gehalt der Aussage.[37] Der „Wohlklang" solle dazu „dienen [...], die wesentliche Schönheit der Gedancken zu erheben, und vollkommener zu machen".[38] Zwei Möglichkeiten, diese Forderung zu realisieren, stellen für Breitinger die Spiegelung von Gegenstand und Rhythmus einerseits sowie die Onomatopoesie andererseits dar.[39] Ramler übernimmt beide Aspekte für seine Poetik des „Wohlklangs".

Johann Christoph Gottsched wiederum rechnet in seiner *Critischen Dichtkunst* (^{3}1742) „alles" zum „Wohlklange",

> was an den Versen ins Gehör fällt; die Abwechselung langer und kurzer Sylben, den Abschnitt [Zäsuren, M. B.], die Schlußpuncte in den Strophen, die Reime, und wo sonst noch etwas die Ohren kützeln, und dadurch das Gemüth eines Lesers oder Zuhörers belustigen kann.[40]

---

lettres, ou Principes de la litterature. Nouvelle edition, Bd. 4, Paris 1753, S. 106–110). Die Ausarbeitung seiner Poetik des „Wohlklangs" und die Auseinandersetzung mit Batteux fallen bereits 1750 zusammen. Ab Mai 1750 veröffentlicht Ramler in den *Critischen Nachrichten* Rezensionen bzw. Zusammenfassungen der ersten drei Bände von Batteux' *Cours des belles lettres distribué par exercises* in insgesamt sieben Nummern (XIX, S. 177–179; XX, S. 188–191; XXI, S. 197–200; XXIV, S. 226–230; XXV, S. 238–240; XXVI, S. 246–248; XXVIII, S. 267–272), vgl. hierzu Goldenbaum: „Ramler als Mitherausgeber", S. 369 [Anm. 44]. Die in den *Critischen Nachrichten* vorangegangenen Abhandlungen zum „Wohlklang" präsentiert Ramler hier bereits als Pendant zu Batteux' Brief *Sur l'Harmonie oratoire*: „Der achte Briefe handelt von der oratorischen Harmonie. Wir haben vom Wohlklange in der Poesie bey andern Gelegenheiten geredet und ihn bis auf die Buchstaben verfolgt. Hier werden diese Regeln auch auf die Redekunst angewand, doch wird zugleich erinnert, daß sie darinn versteckter seyn müssen, als in der Dichtkunst" (Ramler, Karl Wilhelm: „Cours de Belles Lettres. Tome Troisiéme", *Critische Nachrichten aus dem Reiche der Gelehrsamkeit* 26 [26.06.1750], S. 246–248, hier S. 248; vgl. Batteux, Charles: Cours de belles lettres distribué par exercises, Bd. 3, Paris 1748, S. 36–78).

[36] Vgl. das Kapitel „Von dem wahren Werth der Worte, und dem Wohlklang" in Breitinger: Fortsetzung Der Critischen Dichtkunst, S. 3–41; sowie das Kapitel „Von dem Wohlklange der poetischen Schreibart, dem verschiedenen Sylbenmaße und den Reimen" in Gottsched, Johann Christoph: Versuch einer Critischen Dichtkunst. [...], 3. Aufl., Leipzig 1742, S. 377–412.

[37] Breitinger: Fortsetzung Der Critischen Dichtkunst, S. 17.

[38] Ebd., S. 22f.

[39] Vgl. ebd., S. 24–34.

[40] Gottsched: Versuch einer Critischen Dichtkunst. [...], S. 377. Zu Gottscheds

Gottsched betont somit ebenso wie Breitinger die sinnliche ‚belustigende' Dimension des „Wohlklangs". Zu diesem trügen sowohl die metrisch regulierte Sprache mit ihrem alternierenden Rhythmus, ihren Zäsuren und Kadenzen, als auch der Reim bei. Lediglich im Zuge der Adaption antiker Versmaße im Deutschen, etwa von Hexameter und Distichon, fordert Gottsched einen Verzicht auf Reime.[41] Er wolle „deswegen nicht behaupten, daß man die Reime ganz und gar aus unsrer Poesie abschaffen solle".[42] Ramlers Poetik des „Wohlklangs" bietet als Programm einer prinzipiell reimfreien Dichtung folglich eine Zuspitzung von Gottscheds Position: Die Lyrizität dichterischer Sprache (in Abgrenzung zur Prosa) solle ausdrücklich nicht mehr durch Endreime, sondern allein durch die bewusste sprachliche und rhythmische Gestaltung der Verse verbürgt werden.

„Wohlklang" wird damit jedoch nicht zum ersten Mal der Inbegriff reimloser Lyrik. Vielmehr kann Ramler an die Forderung einer ‚wohlklingenden' reimfreien Dichtung anknüpfen, wie sie Georg Friedrich Meier in seiner *Vorrede* zu Samuel Gotthold Langes *Horatzischen Oden* (1747) formuliert:

> Es ist noch eine Art der Schönheit übrig, vermöge welcher der poetische Ausdruck den Ohren gefält, in so fern er ein Schall ist, und welche *Sonoritas* genennt wird. Diese Schönheit befindet sich entweder in einzeln Worten, oder in mehrern zugleich. Zu jener gehört der Reim nicht, weil ein einzelnes Wort keinen Reim ausmacht. Wenn sich was angenehmes in mehrern Worten zugleich befindet, so kan dasselbe entweder in einer Proportion der Sylben bestehen, oder in einer blossen Aehnlichkeit derselben. Jenes wird durchs Sylbenmaaß hervorgebracht, und es verursacht die musikalische Harmonie der Verse, welche das Ohr kützelt, und es ist unleugbar, daß der Reim dazu nichts beyträgt: denn er ist ja nur eine blosse Aehnlichkeit. [...] Dem Homer, Horaz, Virgil ist es nicht einmal eingefallen, diese Kleinigkeit zu der Schönheit ihrer Gedichte hinzuzufügen, ob sie gleich eine musikalische Harmonie der Worte aufs fleißigste hervorzubringen gesucht haben.[43]

Mit wörtlichen Anleihen bei Gottsched unterstreicht Meier die Differenzen seiner Position: ‚Ohrenkitzel' könnten allein der Rhythmus eines Verses („Proportion der Sylben") oder der „Wohlklang" („*Sonoritas*") eines einzelnen Wortes erzeugen.[44]

Bezugsautoren im Bereich der Metrik vgl. Birke, Joachim Wilfried: Gottscheds Critische Dichtkunst: Voraussetzungen und Quellen, Diss. Illinois 1964, S. 151–157.

[41] Vgl. Gottsched: Versuch einer Critischen Dichtkunst. [...], S. 393–395.
[42] Ebd., S. 402.
[43] Vgl. Meier, Georg Friedrich: „Vorrede", in: Lange, Samuel Gotthold: *Horatzische Oden nebst Georg Friedrich Meiers Vorrede vom Werthe der Reime*, Halle 1747, S. 3–21, hier S. 8f.
[44] Bergmann zeichnet die Reim-Debatten im Vorfeld sowie im Anschluss an Meiers *Vorrede* nach und stellt als maßgeblichen Bezugspunkt von Meiers Bestimmungen des „Wohlklangs" Baumgartens *Philosophische Brieffe* heraus (vgl. Bergmann, Ernst: Die Begründung des deutschen Ästhetik durch Alex. Gottlieb Baumgarten und Georg Friedrich Meier, Leipzig 1911, S. 123). Dieser rechnet den „Wohlklang oder Euphonie" zur

Den Reim wertet Meier hingegen als „blosse Aehnlichkeit" der Lautstruktur zweier Worte ab. Ramler wiederum reduziert den „Wohlklang" gerade nicht auf das „Sylbenmaaß" oder den Klang von Einzelworten. Vielmehr entwickelt er einen umfassenden Kriterienkatalog ‚wohlklingender' Dichtung, der auf Korrespondenzen zwischen Inhalt und sprachlicher Gestaltung zielt.[45]

Von einer Konzentration auf Versmaß und Lautstruktur als solche distanziert sich Ramler sogar ausdrücklich am Beispiel von Johann Peter Uz' reimloser Ode *Der Frühling* (1743). Analog zu Meier erklärt Johann Wilhelm Ludwig Gleim in seiner kurzen Vorrede zu Uz' *Lyrischen Gedichten* (1749) den „Wohlklang" der *Frühlings-Ode* auf Basis ihres „Sylbenmaasses".[46] Uz sei „den eigenen Regeln der lateinischen Prosodie" gefolgt, adaptiere also die Positionslänge als Merkmal quantitierender Metrik.[47] Am Beispiel der Positionslänge betont Ramler in seinen

---

„Concinnitas" im Sinne eines „Verhältniß[es] derer Theile einer Rede gegen einander, bis auf die kleinste Stücke derselben, nach welcher sie angenehm ins Ohr fällt. Der Wohlklang kann durch mancherley Mittel erlangt werden. Z. E. wenn selbst lautende und mitlautende Buchstaben, offne und geschloße Sylben, oxytona, paroxytona, proparoxytona, perispomena, u. s. w. geschickt mit einander vermischt werden. Hauptsächlig läßt sich der Wohlklang durch eine abgemeßne Mischung langer und kurzter Sylben, das Sylben-Maaß erlangen" (Baumgarten, Alexander Gottlieb: Philosophische Brieffe von Aletheophilus, Frankfurt u. Leipzig 1741, S. 30). Festzuhalten ist, dass Baumgarten den „Wohlklang" als Dimension ‚vollkommener' Dichtung per se aufwertet und das *concinnitas*-Konzept der klassischen Rhetorik neu akzentuiert – bezieht sich dieses doch auf „syntaktische Eleganz und klanglich-rhythmische Ebenmäßigkeit [...] syntaktisch gleichwertiger oder korrespondierender Sätze bzw. Gedanken [...] bzw. Kola" (König, Jens: „Concinnitas", in: Ueding, Gert (Hrsg.): *Historisches Wörterbuch der Rhetorik*, Bd. 2, Darmstadt 1994, Sp. 317–335, hier Sp. 317).

[45] Zudem transponiert Ramler die Diskussion um den Reim im Rahmen der theologisch-ästhetischen Programmatik Pyras und Langes in den Kontext der sprachpatriotischen Konfrontation mit dem französischen Klassizismus, wie im Folgenden noch zu zeigen ist. Zu Pyra, Lange und Meier vgl. Kurbjuhn, Charlotte und Steffen Martus: „Ästhetische Transformationen der Antike: ‚Der Tempel der wahren Dichtkunst' und die ‚Freundschaftlichen Lieder' im Kontext Halles", in: Hildebrandt, Annika, Charlotte Kurbjuhn und Steffen Martus (Hrsg.): *Topographien der Antike in der literarischen Aufklärung*, Publikationen zur Zeitschrift für Germanistik N. F. 30, Bern u. a. 2016, S. 233–267, hier S. 250–258. Es gehe „beim Streit um den Reim – oder das affektive Potential des Silbenmaßes – um mehr [...], als nur um das Wesen der poetischen Sprache. [...] Einem komplexen Wahrnehmungsapparat sollte auch ein entsprechend komplexes Wahrnehmungsangebot gemacht werden, um den Menschen auf diese Weise eingängiger, umfassender und vor allem effektiver zu bespielen und ihn für das große Ganze des Heilsgeschehen [sic] zu sensibilisieren und empfänglich zu machen" (ebd., S. 253f.).

[46] Uz, Johann Peter: Lyrische Gedichte, Berlin 1749, S. 4. Zu Gleims Vorrede vgl. Zeltner, Helena Rosa: Johann Peter Uz. Von der „Lyrischen Muse" zur „Dichtkunst", Diss. Zürich 1973, S. 15.

[47] Uz: Lyrische Gedichte, S. 4; vgl. Petzet, Erich: „Das Uzische Frühlingsmetrum",

Gedancken hingegen ausdrücklich die Differenzen zwischen lateinischer und deutscher Prosodie:

> Uns Deutschen, und uns neuern überhaupt, klingen die Wörter noch nicht wegen zwey aneinandergränzenden Consonanten lang, sonst wären wir auch schuldig unser Jambisches und Trochäisches Genus darnach einzurichten. Daß es unser Verfasser [Uz, M. B.] aber mit grossem Fleisse nach dem zärtlichen Römischen Ohr ausgearbeitet hat, ist lobenswürdig, weil das erste neue Sylbenmaß lieber im Wohlklange zu viel als zu wenig thun muß, damit es Nachfolger bekomme.[48]

Ramler fordert somit statt einer Übernahme prosodischer Eigenheiten des Lateinischen eine gezielte Aneignung von Eigenschaften ‚wohlklingender' Sprache und Dichtung für das Deutsche.[49]

Auch wenn er Uz' sprachgestaltende Arbeit als Harmonisierung der Lautstruktur des Deutschen aufwertet, markieren Ramlers *Gedancken* den Abschluss seiner imitatorischen Auseinandersetzung mit Uz' Gedicht. Bereits 1748 erscheinen Auszüge von Ramlers Ode *Sehnsucht nach dem Winter* in den *Zürcher Freymüthigen Nachrichten*.[50] Thematisch wählt Ramler den jahreszeitlichen Gegensatz. Formal adaptiert er Uz' „Frühlingsstrophe", erprobt sich somit in der Nachahmung der lateinischen Prosodie.[51] Der anonyme Einsender und Kommentator der Ode – womöglich Ramler selbst – betont wiederum, er „finde so viel Schall, so viel Wolklang [sic] in diesen Zeilen", und formuliert ein ausdrücklich abwägendes Plädoyer für reimlose Dichtung:

Zeitschrift für vergleichende Litteraturgeschichte N. F. 10 (1896), S. 293–299, hier S. 294f.

[48] Vgl. Ramler: „Fortsetzung über die Versarten", S. 37f.

[49] Zu Uz' ‚Rückkehr' zur endreimenden Dichtung und Reaktionen aus Gleims Umfeld (Kleist, Ramler) vgl. Schuppenhauer, Claus: Der Kampf um den Reim in der deutschen Literatur des 18. Jahrhunderts, Abhandlungen zur Kunst-, Musik- und Literaturwissenschaft 91, Bonn 1970, S. 354–359. Ramlers theoretische Überlegungen zur ‚wohlklingenden' Dichtung werden von Schuppenhauer hingegen ausgeblendet. Ramler sei „von einer ästhetischen Deutung des Reims, wie sie die theoretisierenden Zeitgenossen zu entwickeln getrachtet hatten, weit entfernt" gewesen. Seine Leistung beschränke sich auf „die Nachbildung antiker Metren und Strophenformen" (ebd., S. 359).

[50] „Eingesandtes Schreiben", *Freymüthige Nachrichten von Neuen Büchern, und andern zur Gelehrtheit gehörigen Sachen* 10 (06.03.1748), S. 75f. Da es sich dem Titel nach um eine Einsendung handelt, könnte der Kommentar von Ramler selbst oder aus seinem Berliner Umfeld stammen. Schüddekopf vermutet, Ramlers Ode sei „wohl durch Sulzers vermittlung" in Zürich gedruckt worden (Schüddekopf: Karl Wilhelm Ramler bis zu seiner Verbindung mit Lessing, S. 19).

[51] Auch Ramlers Oden *An Lalagen* (1746) und *Amynt und Chloe* variieren Uz' „Frühlingsstrophe" (vgl. Schüddekopf: Karl Wilhelm Ramler bis zu seiner Verbindung mit Lessing, S. 19).

Gehen sie aber nicht, mich bey den Leuten zu verkleinern, als ob ich alle Symphonie in dem Verse hassete, wenn ich allein das Geklingel hasse. Ich liebe die Harmonie des Verses, aber ich suche sie nicht bloß in den gleichtönenden letzten Sylben zwoer Zeilen, noch in der einförmigen Gleichheit der Füsse, des Abschnittes, und der Punkte an gewissen Stellen; sondern in der harmonischen wol getemperirten Mischung der Selbst- und der Mitstimmer in einer Zeile, und in der Abwechselung verschiedener Füsse.[52]

Die bewusste „Mischung der Selbst- und Mitstimmer in einer Zeile", also von Vokalen und Konsonanten, dürfte auf die Adaption der lateinischen Prosodie in Ramlers *Sehnsucht* zielen. Die „Abwechselung verschiedener Füsse" weist voraus auf die Aufwertung metrischer Variation in den *Gedancken*. Dass Ramler in ihnen ein Programm dezidiert reimloser Dichtung entwickelt und damit gänzlich auf das „Geklingel" der Endreime verzichten will, markiert die entscheidende Entwicklung hin zu seiner Poetik des „Wohlklangs".

2.1.5 Ramlers Analyse der *Granatapfel-Ode*

Ramlers Analyse zum „Wohlklang" der *Granatapfel-Ode* (vgl. Kap. 7.1) schließt an seine *Gedancken* von 1750 an und lässt deutlich werden, dass er seine Programmatik ‚wohlklingender' Dichtung im Rahmen der *Granatapfel-Ode* nur in Teilen umsetzt. Entsprechende Spannungen zwischen den zuvor aufgestellten Normen ‚wohlklingender' reimloser Dichtung und der eigenen poetischen Praxis reflektiert Ramler jedoch ausdrücklich.

Für seine *Granatapfel-Ode* wählt er im Januar 1750 statt des Hexameters oder eines antikisierend-lyrischen Maßes eine Strophenform, die jambische Verse in zwei kreuzgereimten Gruppen kombiniert. Mit der Entscheidung für den Endreim kommt er offenbar den Konventionen panegyrischer Gelegenheitsdichtung im Medium Zeitung entgegen. In seiner Analyse der Ode ist Ramler bemüht, sowohl das jambische Versmaß als auch den Endreim in seine Programmatik ‚wohlklingender' Dichtung zu integrieren: Das Alternieren der Kadenzen (weiblich/männlich) korrespondiere mit der Verkürzung der Verse des zweiten Kreuzreimpaares um je einen Versfuß gegenüber der ersten Hälfte der Strophe („ihre Zeilen lauffen schmal zusammen und spitzen sich mit einer *männlichen* Schlußsilbe, fast wie ein Pfeil"). Die Effekte seien sowohl ein schönes Druckbild als auch „Wohllaut".[53]

Die Verwendung des Reimes problematisiert Ramler nicht, parallelisiert vielmehr dessen durchgehende Variation mit Eigenschaften von Horaz' Dichtung und verortet die Endreime seiner *Granatapfel-Ode* so innerhalb des klassizistischen Horizonts: „Vom Reim müssen wir auch gestehen, daß keiner zweymahl vorkömmt. *Horaz* schließt gleichfalls keinen Vers zweymahl mit einerley Worten."[54]

---

[52] „Eingesandtes Schreiben", S. 76.
[53] Ramler: „Berlin", S. 55 [vgl. Kap. 7.1].
[54] Ebd.

Wesentliche Merkmale beider Aspekte des „Wohlklangs", wie sie die *Gedancken* entwickeln, sieht Ramler hingegen verwirklicht: Varianz der Zäsuren (Punkt 2), Spiegelung des Inhalts in der metrischen Gestaltung (Punkt 3), Ausgewogenheit von Vokalen und Konsonanten (Punkte 4–6) sowie die Vermeidung des Hiats (Punkt 7). Damit legt Ramler in Theorie und Praxis einen präzisen Katalog lyrischer Qualitäten vor.

Entscheidend für die literaturpolitische Funktionalisierung des Kommentars erweist sich, dass Ramler in den *Critischen Nachrichten* weder als Herausgeber noch als Autor oder Kommentator seiner Ode namentlich auftritt. Dass diese mehrfache Wahrung der Anonymität möglicherweise einer langfristigen Planung entspringt, deutet sich in einer Notiz an, die dem Erstdruck der *Granatapfel-Ode* in den *Berlinischen Nachrichten* vom 1. Januar 1750 vorangeht:

> Folgende Ode ist uns zugesendet worden, um selbige unsern Lesern mitzutheilen. Die neulich allhier zur Reife gekommenen Granat-Aepfel haben diese poetischen Gedancken veranlasset. Der Herr Ueberschicker will es bey dem Herrn Verfasser verantworten, daß wir seine Ode gemein machen.[55]

Da Ramler als Mitherausgeber der *Critischen Nachrichten* im geschäftlichen Verhältnis und direkten Kontakt zum Verlag Haude und Spener steht, bei dem auch die *Berlinischen Nachrichten* erscheinen, erweist sich die zweifache Anonymität von „Ueberschicker" und „Verfasser" als bewusstes Konstrukt. Dieses trägt, ebenso wie die anonyme Publikation der Kommentare zum „Wohlklang" der *Granatapfel-Ode* in den *Critischen Nachrichten*, entscheidend zur Suggestion literaturkritischer Kommunikation bei. Die ‚Geheimhaltung' seiner Autorschaft der *Granatapfel-Ode*, der Urheberschaft seiner Poetik des „Wohlklangs" sowie der Verantwortung für die spätere Kommentierung der Ode erlauben Ramler eine fiktive Trennung von poetischer Produktion und externer Literaturkritik. In der Folge kann er die produktionsästhetischen Maßstäbe seines Textes als Resultat einer poeseologischen Analyse von dritter Seite präsentieren. Die *Granatapfel-Ode* erscheint nicht als bewusstes Ergebnis seiner Bemühungen um eine ‚wohlklingende' Dichtung, sondern vielmehr – wie Ramler in der Einleitung seiner Kommentare vom 6. Februar betont – als glücklicher Fund der Herausgeber, denen es „lieb" sei, „daß wir hier eine Poesie bekommen haben, die recht nach unserm Sinn wohlklingend ist".[56]

Welche Relevanz Ramler diesen Anonymitätskonstrukten und der (vermeintlich) externen Perspektive seiner poeseologischen Analyse beimisst, deutet sich bereits im Briefwechsel mit Gleim an. Selbst gegenüber dem Freund streitet er seine Autorschaft anfänglich ab:

---

[55] „Gelehrte Sachen", *Berlinische Nachrichten von Staats- und gelehrten Sachen* 1 (01.01.1750), [unpaginiert].
[56] Ramler: „Berlin" [vgl. Kap. 7.1].

> Man sagt, es ist aber eine heimliche Nachricht, daß der König [Albrecht von, M. B.] Haller herberufen wollen, um ihm viertausend Thaler zu geben, er habe es aber ausgeschlagen. Wie schön wäre es, wenn die deutsche Muse einmahl zu Ehren käme! Wie gefällt Ihnen das Stück in der Haudenschen Zeitung, O die du dich zur Königin der Früchte p. Der Verfaßer ist durch keine menschliche Kraft auszuspüren, wären *sie* hier, so wüsten wir ihn gewiß. Thun sie mir doch in ihrem nächsten Schreiben, den Gefallen, und halten mich davor.[57]

Der thematische Übergang in Ramlers Ausführungen – von den Verhandlungen zu Hallers Berufung als Mitglied der Berliner Akademie der Wissenschaften hin zur *Granatapfel-Ode* – deutet auf einen programmatischen Konnex, den Ramler zwischen beiden Ereignissen herstellt.[58] In beiden Fällen scheint es ihm um einen Prestigegewinn für deutsche Literatur zu gehen, den die Akademie als herausragende Wissenschaftsinstitution und Ort fürstlicher Kulturpatronage vermitteln soll. Auf den springenden Punkt deuten Ramlers Anmerkungen zur *Granatapfel-Ode*, die sich wenige Tage später im Briefwechsel mit Gleim anschließen:

> Er [Sulzer, M. B.] sagt mir ferner, daß sie mich für den Odendichter halten, der sich hier gemeldet hat. Ich dancke ihnen zuförderst dafür, und schwöre ihnen daß ich auf den Granatapfel, diese vortrefliche Gelegenheit, hertzlich gern etwas gemacht hätte, wenn mir mein Apollo diesen Einfall gegeben hätte. Aber es ist nicht geschehen, der Teufel hohle mich! Ich ärgere mich recht, daß ich diesen Einfall nicht gehabt habe. Ein Brief aus dem Mecklenburgischen hat uns veranlaßt die Ode in das 6te Stück unsrer Zeitungen aufzunehmen; Wir hätten sie ohnedem Krausen abgejagt. Daß ich den Wohlklang damit habe bestärcken können ist mir so lieb, als wenn ich 30 Thaler in der Lotterie gewonnen hätte. Mehr darf ich wol mit gutem Gewißen nicht sagen.[59]

---

[57] Ramler an Johann Wilhelm Ludwig Gleim, Mitte Januar 1750 (zit. nach BGR I, S. 206). Vgl. auch Johann Georg Sulzers Bemerkung gegenüber Johann Jakob Bodmer am 31. Dezember 1749 und damit noch vor dem offiziellen Erscheinungsdatum der *Granatapfelode*: „Wenn es angeht, so werde ich Ihnen auch noch das erste Blatt unsrer Gel. Zeitung mit schiken, darin sie eine Probe von Hrn. Ramlers Critik sehen werden, ingleichen eine Ode die von einem ungenannten in der hiesigen Zeitung gestanden hat und mich ihres durchlesens ganz würdig dünkt" (zit. nach Sulzer, Johann Georg: Gesammelte Schriften. Kommentierte Ausgabe. Bd. 10/1. Johann Georg Sulzer – Johann Jakob Bodmer. Briefwechsel. Kritische Ausgabe, hg. von Elisabeth Décultot und Jana Kittelmann, Basel 2020, S. 114).

[58] Zu den letztlich scheiternden Verhandlungen zwischen Pierre de Maupertuis und Albrecht von Haller vgl. Le Sueur, Achille: „Préface", in: Le Sueur, Achille (Hrsg.): *Maupertuis et ses correspondants [...]*, Montreuil-sur-mer 1896, S. 5–83, hier S. 65–73; sowie Harnack, Adolf: Geschichte der Königlich Preussischen Akademie der Wissenschaften zu Berlin [...], Bd. 1,1, Berlin 1900, S. 324.

[59] Ramler an Johann Wilhelm Ludwig Gleim am 12. Februar 1750 (zit. nach BGR I, S. 214).

Ramler schlägt somit die Profilierung als Autor der *Granatapfel-Ode* sowohl öffentlich als auch im Briefwechsel mit Gleim mehrfach aus. Er sei gerade nicht der „Odendichter", freue sich jedoch ungemein, seine Poetik des „Wohlklangs" und die Existenz ‚wohlklingender' Lyrik am Beispiel des Gedichts bestätigt zu finden. Ramler geht es somit primär um die Verschleierung der Autorschaft, während er Gleim gegenüber unumwunden als Dichtungsprogrammatiker und Literaturkritiker auftritt.[60] In seinem Kommentar gegenüber Gleim deutet sich zudem ein weiteres Detail von Ramlers Vorgehen an. So wahrt er möglicherweise auch verlagsintern das Geheimnis seiner Autorschaft, indem er Johann Victor Krause, dem Redakteur der *Berlinischen Nachrichten*, seine Ode Ende 1749 anonym zukommen lässt. So wäre verständlich, warum er und Sulzer als Herausgeber der *Critischen Nachrichten* erst um die Erlaubnis zum Wiederabdruck bitten müssen („Wir hätten sie ohnedem Krausen abgejagt").

Im Folgenden gilt es, den Hintergrund dieses Vorgehens nachzuzeichnen: Ramlers Poetik des „Wohlklangs" und die Lancierung der *Granatapfel-Ode* gehen weit über individuelle literarische Ambitionen hinaus. Vielmehr zielen sie darauf, das literarische Potenzial deutscher Sprache zu steigern und die Möglichkeit einer deutschen Hochliteratur zu beweisen. Indem Ramler auf die Nennung als Dichter und (gegenüber der Leserschaft der *Critischen Nachrichten*) als poeseologischer Programmatiker verzichtet, präsentiert er seine literaturpolitischen Bemühungen weniger als singuläres Projekt denn als Ausdruck überindividueller Tendenzen der zeitgenössischen deutschen Dichtung. Ramlers Anonymitätskonstrukte dienen vor allem einem Ziel. Sie sollen die generelle Förderungswürdigkeit deutscher Literatur unterstreichen und so Ramlers Werben um die Aufmerksamkeit der Akademie der Wissenschaften als Ort fürstlicher Patronage plausibilisieren.

2.1.6 Intertextueller Dialog: Friedrichs Ode *Le Renouvellement de l'Academie des Sciences*

Die erneute Publikation der *Granatapfel-Ode* in den *Critischen Nachrichten* bedeutet ihre doppelte Refunktionalisierung: Aus dem panegyrischen Gelegenheitsgedicht wird einerseits ein Gegenstand von Literaturkritik, andererseits wendet sich Ramler mit seiner Ode nun gezielt an die Berliner Akademie der Wissenschaften. Das Thema des Gedichts und sein zweiter Publikationsort spiegeln dabei einander. Als Institution kulturellen Fortschritts steht die Akademie der Wissenschaften im Zentrum von Ramlers Ode (Strophen 4 und 5). Die *Critischen*

---

[60] Noch am 31. Mai 1750 hält Gleim gegenüber Ramler in einem Gemeinschaftsbrief mit Friedrich Gottlieb Klopstock und Johann Christoph Schmidt fest: „absonderl. muß ich ihnen sagen daß Sie der Verf. der Ode sind, sie mögen sagen, was sie wollen. Bodmern hatte ich nicht so leicht für den Verf. des Noah gehalten, als sie dafür" (zit. nach Klopstock, Friedrich Gottlieb: Werke und Briefe. Abt. Briefe. Bd. 1. 1738–1750, hg. von Horst Gronemeyer, Berlin u. New York 1979, S. 77f.).

Nachrichten erscheinen wiederum „[m]it Genehmhaltung", also ausdrücklicher Zustimmung „der Köngl. Academie der Wissenschaften", berichten von ihren Aktivitäten und rezensieren Publikationen ihrer Mitglieder. Darüber hinaus erscheint bei Haude und Spener das offizielle Publikationsorgan der Akademie, die *Histoire de l'Academie Royale des sciences et belles lettres*.[61] Durch den Wiederabdruck seiner *Granatapfel-Ode* in den *Critischen Nachrichten* verstärkt Ramler folglich die institutionelle Anbindung seines Gedichts. Zudem unterstreicht der erneute Abdruck eine Appellstruktur, die bereits in Ramlers Gedicht angelegt ist. Intertextuelle Anspielungen auf Friedrichs II. Ode *Le Renouvellement de l'Academie des Sciences* markieren nämlich, wie im Folgenden deutlich werden soll, dass Ramler seine *Granatapfel-Ode* an die Berliner Akademie der Wissenschaften richtet.

Friedrichs Gelegenheitsgedicht wird anlässlich seines 36. Geburtstags im Januar 1748 vorgetragen. Der Bau des neuen repräsentativen Sitzes der Akademie in Schlossnähe (1747–1749) ist zu diesem Zeitpunkt noch nicht vollendet. In der *Histoire de l'Academie Royale des sciences et belles lettres* erscheint die Ode schließlich 1749.[62] Friedrich formuliert in insgesamt zehn Strophen eine Synthese von literarischem Klassizismus und „aufklärerische[m] Fortschrittsdenken[]".[63] Wissenschaften und Künste sollen maßgeblich zum Abbau von „Aberglauben und religiöse[m] Fanatismus" beitragen.[64] Entsprechend kündigt Friedrich mit der Wiedererrichtung der Akademie seinem „Vaterland" (*patrie*) die endgültige Durchsetzung der Aufklärung an: „Das dumme Vorurteil, der Irrtum und die Barbarei" (*L'ignorant préjugé, l'erreur, la barbarie*) würden zurückgedrängt und die

---

[61] Vgl. zur Nähe der *Critischen Nachrichten* und der Berliner Akademie Goldenbaum: „Ramler als Mitherausgeber", S. 355–361.

[62] Vgl. Friedrich II. von Preußen: Potsdamer Ausgabe. Bd. 7. Werke des Philosophen von Sanssouci. Oden, Episteln, Die Kriegskunst [...], hg. von Jürgen Overhoff und Vanessa de Senarclens, übers. von Hans W. Schumacher, Berlin 2012, S. 537f. Johann Friedrich Reichardt vertont die Ode nahezu vierzig Jahre später und führt sie am 24. Januar 1787 im Rahmen einer Gedenkfeier für Friedrich II. auf (vgl. Walter Salmen: „Die Funeralmusik zur Bestattung von Friedrich II. in der Garnisonkirche zu Potsdam 1786", *Jahrbuch 2013 des Staatlichen Instituts für Musikforschung Preußischer Kulturbesitz* [2014], S. 233–252, hier S. 248f.; sowie Reichardt, Johann Friedrich: Deux odes de Frédéric le Grand mises en musique [...] et dédiées a toutes les academies et institus des sciences et des arts, Berlin 1800, S. 1–10).

[63] Schröder, Claudia: „Siècle de Frédéric II" und „Zeitalter der Aufklärung". Epochenbegriffe im geschichtlichen Selbstverständnis der Aufklärung, Quellen und Forschungen zur Brandenburgischen und Preußischen Geschichte 21, Berlin 2002, S. 55.

[64] Ebd., S. 62. Diese für Friedrichs Geschichtsdenken wichtige Doppelperspektive korrespondiert mit seiner Orientierung am französischen Klassizismus: „Zusammenfassend läßt sich sagen, daß für Friedrich das bisher letzte ‚grand siècle' ein Zeitalter ist, in dem einerseits Dichtung und Kunst ihre klassizistische Vollendung erreichen, andererseits sich in Wissenschaft, Geschichte und Politik frühaufklärerische Positionen durchgesetzt haben" (ebd., S. 70).

„schönen Tage" brächen an (*l'époque où naîtront tes beaux jours*; V. 1–3).[65] Gleichzeitig verpflichtet er Rhetorik, Dichtung und Geschichtsschreibung in der siebten Strophe auf einen ausdrücklich römischen Kanon:

> *Je vois ma déité, la sublime éloquence,*
> *Des beaux jours des Romains nous ramener les temps,*
> *Ressusciter la voix du stupide silence,*
> *Des flammes du génie animer ses enfants;*
> *Ici coulent des vers, là se dicte l'histoire,*
> *Le bon goût reparaît, les filles de Mémoire*
> *Dispensent de ces lieux leurs faveurs aux mortels,*
> *N'écrivent dans leurs fastes,*
> *De leurs mains toujours chastes,*
> *Que des noms immortels.*[66]

Zu den Pointen von Ramlers *Granatapfel-Ode* gehört, dass er gerade die von Friedrich geforderten literarischen Aktivitäten im Kontext der Akademie (Rhetorik, Dichtung, Geschichtsschreibung) – in deren offizieller Sprache Französisch – unterschlägt. Mit dem Gesang der Muse Kalliope in deutscher Sprache setzt er der französischsprachigen Schriftkultur vielmehr stillschweigend ein deutsches Pendant entgegen. Diesen Akzent verstärken die teils wörtlichen Parallelen zu *Le Renouvellement*, in denen sich Ramler auf die astronomischen und meteorologischen Forschungen sowie auf optische Experimente im Umfeld der Akademie bezieht. Zitiert seien die Passage aus der fünften und sechsten Strophe von Friedrichs Ode sowie die entsprechenden Verse aus Ramlers Ode (V. 33–35):

> *Les astres sont décrits dans leur oblique course,*
> *Les torrents découverts dans leur subtile source,*
> *Ils ont suivi les vent, ils ont pesé les airs*
> *[...]*
> *L'un, par un prisme adroit et d'une main savante,*
> *Détache cet azur, cet or et ces rubis*
> *Qu'assemble des rayons la gerbe étincelante*
> *Dont Phébus de son trône éclaire le pourpris;*[67]

---

[65] Friedrich II. von Preußen: Potsdamer Ausgabe. Bd. 7, S. 50f. Das französische Original wird auch im Folgenden durchgehend kursiv zitiert.

[66] „Ich sehe wie meine Gottheit, die erhabene Beredsamkeit, / die Zeit der schönen Tage Roms zurückbringt, / die Stimme dem dumpfen Schweigen entreißt, / ihre Kinder mit den Flammen des Geistes belebt. / Hier fließen die Verse, dort wird Geschichte diktiert, / der gute Geschmack ersteht wieder, die Töchter der Erinnerung / schenken von dort aus ihre Gunst den Sterblichen. / In ihren Jahrbüchern / schreiben sie mit / ihren stets keuschen Händen / nur unsterbliche Namen" (ebd., S. 54f.).

[67] „[D]ie Sterne werden in ihrem geneigten Lauf beschrieben, / die Fälle des Wassers

> Sagt, Sterbliche, den Sphären ihre Zahlen,
> Und lehrt dem tollen Winde seinen Lauf,
> Und wägt den Mond, und spaltet Sonnenstrahlen[.][68]

Darüber hinaus stilisiert Friedrich in seiner Ode von 1748 die Berliner Akademie zur Kultstätte des Apollo (*temple magnifique / Au dieu de tous les arts et de la vérité*; V. 14f.) und die Akademiemitglieder zu Priestern Apollos sowie ihrer personifizierten Fachdisziplinen ([*c*]*es sages confidents, ces minitres des dieux*; V. 82).[69] Ihren Dienst verrichten sie im neu errichteten Akademiesitz, der sich auf einem *monument d'un ruineux portique* „erhebt" ([*s*]*'élève*; V. 11–13).[70] Selbst die „Unwissenden", so Friedrichs Ode, zollten diesen Priestern Anerkennung (*C'est au peuple ignorant d'honorer vos autels*; V. 94).[71] Nahezu wörtlich übernimmt Ramler diese antikisierende Inszenierung der Akademie und ihres Gebäudes in der vierten Strophe seiner *Granatapfel-Ode* (V. 29–32):

> Ihr Götter! prächtig aus Ruinen
> Erhebt sich euer Pantheon:
> Die Weisen alle dienen,
> Die Völcker lernen schon.[72]

Ebenso wie Friedrich verbindet Ramler darüber hinaus den ‚Apollkult' der Akademie (*Au dieu de tous les arts et de la vérité*, s. o.) mit aufklärerischer Lichtmetaphorik: „Der Aberglaube kämpft, und flieht zugleich, / Wie vor den kühnen

---

werden in ihrem feinen Lauf entdeckt, / sie [die Naturwissenschaftler, M. B.] folgten den Winden, sie haben die Luft gewogen, / [...] Der eine, mit dem Prisma und einer weisen Hand, / entdeckt dies Blau, dies Gold und diese Rubinen, / die die glitzernde Garbe der Strahlen versammelt, / mit der Phöbus [Apoll, M. B.] von seinem Thron aus den Himmel erhellt" (ebd., S. 52f.).

[68] Ramler: „Berlin", S. 53 [vgl. Kap. 7.1]. Ramlers Kommentierung der Ode in seinen *Poëtischen Werken* stellt weitere Detailbezüge her: „Von dem Ursprunge der Winde sehe man die Preisschrift der Berlinischen Akademie der Wissenschaften: *Réflexions sur la cause générale des vents, par Mr. d'Alembert*". „Die bekannte Zertheilung der Sonnenstrahlen durch das Prisma hat nach Newton's System Algarotti, ein Mitglied der Berlinischen Akademie, weitläufig abgehandelt, und für alle Leser fasslich zu machen gesucht." Newton wiederum habe das Gewicht des Monds „durch den Druck desselben auf die Luft, und den fortgepflanzten Druck auf das Meer und die dadurch verursachte Ebbe und Fluth zu berechnen versucht" (Ramler: Poëtische Werke. [...] Erster Theil: Lyrische Gedichte, S. 179f.). Zur „Allegorie der Chain of Being" in der zweiten Hälfte der fünften Strophe von Ramlers *Granatapfel-Ode* vgl. Alt, Peter-André: Begriffsbilder. Studien zur literarischen Allegorie zwischen Opitz und Schiller, Studien zur deutschen Literatur 131, Tübingen 1995, S. 504–506.

[69] Friedrich II. von Preußen: Potsdamer Ausgabe. Bd. 7, S. 50 bzw. S. 54.
[70] Ebd., S. 50f.
[71] Ebd., S. 56f.
[72] Ramler: „Berlin", S. 53 [vgl. Kap. 7.1].

Sonnen-Pferden / Die blinde Nacht" (V. 44f.).[73] Den Gegensatz zwischen „Tartarus" und Oberwelt, auf den der Beginn der Ode im Rahmen des Proserpina-Mythos verweist, entscheidet Ramler in diesem Sinne zugunsten des „Sonnenlichte[s]" (V. 3–6).[74] Metonymisch steht es für den Ort der Reife der Frucht und verweist zugleich auf die Aufklärung in Preußen. Ihren Anbruch symbolisiert zudem der Granatapfel als Kind der Morgenröte Aurora. Auch in Ramlers Ode beginnen folglich die „schönen Tage" (*beaux jours*, s. o.), die Friedrichs Ode ankündigt. Mit der gehäuften Lichtmetaphorik seiner *Granatapfel-Ode* adaptiert Ramler ebenfalls Friedrichs panegyrische Selbststilisierung, der sich in Apollo als Gott des Lichtes, der Künste und Wissenschaften spiegelt und in seiner Ode *Le Renouvellement* als Schutzherr des aufklärerischen Fortschritts in Preußen ausweist.

Dass Ramler sich auf diese Weise gerade an die Berliner Akademie der Wissenschaften wendet, dürften vor allem zwei Faktoren erklären. Die Akademie zählt *erstens* zu den herausragenden Orten königlicher Kulturpatronage in Preußen und dient *zweitens* als öffentliches Forum, in dem Ende der 1740er Jahre über das schriftkulturelle Niveau des deutschen Sprachraums beziehungsweise Preußens debattiert wird. Dies belegt ein Bericht von Johann Georg Sulzer zur Akademiesitzung vom 3. Juli 1749:

> Es ward auch von der Brandenb. *belles lettres* gesprochen. Man konnte aber keinen *autorem* citiren als den v. Canitz, der mit dem Titel des *Pope des allemans* [sic] beehret worden. Die deütsche Sprach [sic] ward einer großen *Barabarey* [sic] beschuldigt, doch hoffte man, daß sie nach und nach sich beßern würde. Heüte habe ich mit *Mr. de Maupertuis* davon gesprochen und ihn versichert, daß wir weit beßre *Scribenten* aufweisen können, als den Caniz, ich werde suchen ihn ein andermal weiter zu führen, und ihm welche zu nennen. Wenn er sie dem König wieder nennen kann, so kommen sie durch den besten weg in des Königs Ohren.[75]

Sulzers Bericht skizziert die abwertenden Einschätzungen der frankophonen Akademie. Die deutsche Sprache sei unterentwickelt („große[] *Barabarey*") und eine Riege herausragender Autoren fehle. Die Förderung deutscher Schriftsteller

---

[73] Ebd., S. 54.
[74] Ebd., S. 52.
[75] Johann Georg Sulzer an Johann Jakob Bodmer am 4. Juli 1749 (zit. nach Sulzer: Gesammelte Schriften. Kommentierte Ausgabe. Bd. 10/1. Johann Georg Sulzer – Johann Jakob Bodmer. Briefwechsel. Kritische Ausgabe, S. 86). Ausgangspunkt der Diskussion ist die Verlesung von Friedrichs „Pieçe [...] *sur les moeurs, coutumes & industrie des brandenbourgeoises*" (ebd.), vgl. hierzu Schröder: Siècle de Frédéric II, S. 61f. Das Sitzungsprotokoll vermerkt lediglich den Vortrag, nicht jedoch die von Sulzer skizzierte Diskussion im Anschluss: „Mr le Conseiller Privé Darget a lu ensuite un Memoire, intitulé Des Moeurs, des Coutumes, de l'Industrie et des progrés de l'Esprit humain, dans les Arts et dans les Sciences" (https://akademieregistres.bbaw.de/data/protokolle/0136-1749_07_03.xml [zugegriffen am 18.09.2019; Unterstreichung im Original]).

erscheint nicht als Option, vielmehr sei eine allmähliche ‚Besserung' abzuwarten. Sulzer widerspricht dieser Diagnose nicht nur, sondern betont seine literaturpolitische Einsatzbereitschaft. Vermittelt über den Akademiepräsidenten Pierre de Maupertuis wolle er Friedrich II. von der nicht allein punktuellen Existenz deutschsprachiger Hochliteratur überzeugen.

Im Folgenden gilt es zu zeigen, dass Ramlers Poetik des „Wohlklangs" und seine *Granatapfel-Ode* sich ebendiesem Ziel verpflichten und die Akademiesitzung im Juli 1749 einer langfristigen Diskussion zuzuordnen ist, die Friedrich II. und sein intellektuelles Umfeld Ende der 1730er Jahre eröffnen.

2.1.7 Kulturtheoretische Implikationen: Friedrich II., Jakob Friedrich von Bielfeld und die deutsche „Literatur"

Mit Blick auf Friedrichs Einstellungen zur deutschen Literatur sowie die Reaktionen deutscher Autorinnen und Autoren auf die ästhetischen Positionen des preußischen Königs ist eine Fixierung der Forschung auf Friedrichs Essay *De la littérature allemande* (1780) sowie die von ihm ausgelöste publizistische Debatte in den Jahren 1780/1781 zu beobachten. Dieser Fokus verbindet sich mit drei Tendenzen bisheriger Untersuchungen: *Erstens* wird Friedrichs Stellungnahme zum Niveau der deutschen Literatur (*la littérature allemande*) aus der Perspektive eines anachronistisch verengten Literaturbegriffs beleuchtet. Im Zentrum des Interesses stehen vor allem Friedrichs Urteile zur deutschsprachigen ‚schönen Literatur'. So gerät aus dem Blick, dass *De la littérature allemande* einem älteren, subjektzentrierten Literaturbegriff verpflichtet ist („Literatur" im Sinne von Bildung) und Friedrich in seiner „Programmschrift"[76] auf „die gesamte[] Schriftkultur" sowie deutschsprachige Bildungslandschaft seiner Zeit eingeht.[77] Mit der Verengung des Literaturbegriffs steht die Forschung zugleich in der Tradition der zeitgenössischen Debatte um Friedrichs Essay: Die publizistischen Reaktionen aus den Jahren 1780/1781 konzentrieren sich auf die Urteile des Königs zur schönen Literatur

---

[76] Stackelberg, Jürgen von: „Überlegungen zu Friedrichs des Großen *De la littérature allemande*", *Germanisch-Romanische Monatsschrift* 62/4 (2012), S. 471–477, hier S. 472. Stackelberg verbindet seine treffende Gattungszuordnung jedoch mit einem engen Literaturbegriff und sieht *De la littérature allemande* v. a. in der Tradition von Joachim Du Bellays *Defénse et illustration de la langue française* von 1549 (vgl. ebd., S. 472f.).

[77] Auf dieses Problem verweist Fulda, Daniel: „*De la littérature allemande*. Friedrich II. von Preußen, das deutsche Publikum und die Herausbildung des modernen Literaturbegriffs", *Germanisch-Romanische Monatsschrift* 63/2 (2013), S. 225–243, hier S. 240. Eine Zusammenstellung und Kritik der jüngeren Forschung findet sich ebd., S. 231f. [Anm. 19]. Ältere Forschungsbeiträge verzeichnen Henning, Herzeleide und Eckart Henning: Bibliographie Friedrich der Grosse 1786–1986. Das Schrifttum des deutschen Sprachraums und der Übersetzungen aus Fremdsprachen, Berlin u. New York 1988, S. 341–343 sowie S. 345–347.

und tragen sprachgeschichtlich wesentlich zur semantischen Verengung des Begriffs „Literatur" bei.[78]

Zweitens wird in der Forschung die zeitgenössische Frontstellung zwischen Friedrich II. und deutschen Autoren weitergetragen. Im Mittelpunkt der Argumentation steht entsprechend eine Abwertung von Friedrichs eingestreuten literarischen Urteilen (maßgeblich zu Goethes *Götz von Berlichingen*) und Vorschlägen zu Sprache und Bildungswesen, die als ignorant, ahistorisch und borniert disqualifiziert werden.[79]

Drittens erweckt die bisherige Forschung den Eindruck, die Resonanz von Friedrichs Positionen gegenüber deutscher Sprache und Schriftkultur falle maßgeblich in die 1780er Jahre und damit in die Spätphase der friderizianischen Ära. Indessen markiert die Debatte um *De le littérature allemande* in den Jahren 1780 und 1781 bereits den Abschluss jener kulturtheoretischen Diskussion, die um 1750 längst im literarischen Umkreis des Königs etabliert ist. Dies gilt auch für Ramler. Als er Friedrichs Essay umgehend nach dessen Erscheinen im Winter 1780 rezensiert,[80] liegen bereits 30 Jahre der kritischen Auseinandersetzung mit den literarischen Präferenzen und der kulturpolitischen Orientierung des Königs hinter ihm.

Anhand von Briefen und Publikationen Friedrichs II. sowie Jakob Friedrich von Bielfelds sollen im Folgenden markante Positionen innerhalb der Kontroverse nachgezeichnet werden. Parallel ist zu zeigen, dass sie neben der Diskussion um eine reimfreie Dichtung in deutscher Sprache zu den entscheidenden diskursiven Kontexten zählt, in die Ramler seine Poetik des „Wohlklangs" und die *Granatapfel-Ode* stellt. Darauf deuten neben Ramlers ausdrücklicher Adressierung der Akademie der Wissenschaften auch sein persönlicher Kontakt zu Bielfeld seit Mitte der 1740er Jahre sowie die Mitarbeit an dessen *Progrès des Allemands dans les sciences, les belles-lettres & les arts* (1752/²1767).

---

[78] Vgl. Fulda: „*De la littérature allemande*", S. 240f.
[79] Vgl. etwa Steinmetz: „Nachwort", S. 347–352.
[80] Vgl. hierzu Johann Wilhelm Ludwig Gleim an Leopold Friedrich Günther von Goeckingk am 15. Dezember 1780: „Ramler, sagt man, hätte von dem Minister von Herzberg den Auftrag erhalten, des Königs Schrift *de la litterature allemande* zu recensiren, der Minister aber hätte die Recension gemißbilligt, und diejenige machen laßen, die sie werden gelesen haben haben [sic], in der berl[inischen] Zeitung – Ramler soll nun arbeiten an einer <u>Epistel</u> an den König. Ich werde mich freuen, wenn ers so gut macht, wie Dorat oder Gockingk es machen würden, schwerlich aber wirds dem deutschen Horatz gelingen, in dieser Dichtart in welcher der König ohne Zweifel die schönsten Sachen der Franzosen Voltärens vornemlich gelesen hat" (GH, Hs. A 4868, 4^v–5^r). Weder Ramlers Rezension noch seine „Epistel" scheinen sich (im Manuskript) erhalten zu haben. Zu Hertzbergs Beteiligung am und Gleims Reaktionen auf das Erscheinen von Friedrichs Essay vgl. Gutknecht, Christoph und Peter Kerner: „Vorwort", in: Friedrich II. von Preußen: *De la littérature allemande. Französisch-Deutsch. Mit der Möserschen Gegenschrift. Kritische Ausgabe*, hg. von Christoph Gutknecht und Peter Kerner, Hamburg 1969, S. 5–29, hier S. 10–12.

Dass Friedrich II. die argumentativen Kernpunkte seiner „Programmschrift" *De la littérature allemande* während der Kronprinzenzeit entwickelt und sich die Umrisse der Debatte zur deutschen „Literatur" folglich bereits vor 1740 abzeichnen, zeigt Friedrichs vielzitierter Brief an Voltaire vom 6. Juli 1737.[81] In ihm verbindet Friedrich die vergleichende Bewertung von französischer und deutscher Schriftkultur mit einer Analyse ihrer institutionellen Rahmenbedingungen. Das Niveaugefälle zwischen deutscher und französischer Literatur führt er auf die Zersplitterung Deutschlands in Sprachräume und politische Territorien zurück. Versuche sprachlicher Normierung seien aussichtslos, solange keine „Akademie" existiere, die im gesamten deutschen Sprachraum anerkannt sei. Hinzu komme die ‚Verachtung' von Bildung auf Seiten der deutschen „Fürsten" und ein entsprechender Mangel an Patronage: *Il ne rest donc plus d'autre ressource à nos savants que d'écrire dans des langues étrangères; et comme il est très-difficile de les posséder à fond, il est fort à craindre que notre littérature ne fasse jamais de fort grands progrès.*[82]

Diese Diagnose treffe auch auf Preußen zu. Sein Großvater Friedrich I. und Königin Sophie Charlotte hätten die repräsentativen und kulturpolitischen Bemühungen Ludwigs XIV. adaptiert und die Gründung der Akademie der Wissenschaften initiiert. Unter dem gegenwärtigen König Friedrich Wilhelm I. gingen die „Künste" hingegen zugrunde: *A présent les arts dépérissent de jour en jour; et je vois, les larmes aux yeux, le savoir fuir de chez nous, et l'ignorance, d'un air d'arrogance, et la barbarie des mœurs s'en approprier la place.*[83] Ex negativo inszeniert sich Friedrich damit bereits vor seinem Regierungsantritt als Förderer von Aufklärung und Wissenschaften. Selbstbild und Diagnose zum Stand deutscher „Literatur" lassen verständlich werden, welche symbolische Bedeutung er der späteren Wiederherstellung der Berliner Akademie zumisst und mit welchem

---

[81] Zu einem knappen Abriss der Entstehungsgeschichte vgl. ebd., S. 7–11; sowie Nowitzki, Hans-Peter: „Über Sprache, Wissenschaften und Geschmack der Teutschen [Kommentar]", in: Wezel, Johann Karl: *Gesamtausgabe in acht Bänden. Jenaer Ausgabe*, Bd. 6, hg. von Hans-Peter Nowitzki, Heidelberg 2006, S. 635–962, hier S. 636–639. Vgl. a. Schröder: Siècle de Frédéric II, S. 52f.; sowie Stackelberg: „Überlegungen zu Friedrichs des Großen *De la littérature allemande*", S. 472.

[82] Koser, Reinhold und Hans Droysen (Hrsg.): Briefwechsel Friedrichs des Großen mit Voltaire, Bd. 1, Publikationen aus den K. Preußischen Staatsarchiven 81, Leipzig 1908, S. 72; vgl. Pleschinski, Hans (Hrsg.): Voltaire – Friedrich der Große. Briefwechsel, 2. Aufl., München 2012, S. 77: „Es bleibt unseren Gelehrten also nichts anderes übrig, als in fremden Sprachen zu schreiben; aber da es höchst schwierig ist, diese gründlich zu beherrschen, steht zu befürchten, daß unsere Literatur niemals Fortschritte machen wird." Das französische Original wird im Folgenden durchgehend kursiv zitiert.

[83] Koser/Droysen (Hrsg.): Briefwechsel Friedrichs des Großen mit Voltaire, S. 71; vgl. Pleschinski (Hrsg.): Voltaire – Friedrich der Große. Briefwechsel, S. 76: „Derzeit verkümmern die Künste mit jedem Tag mehr; mit Tränen in den Augen sehe ich das Wissen von hier entfliehen und dünkelhafte Unwissenheit, plumpe Sitten seinen Platz einnehmen."

Nachdruck er in seiner Ode *Le Renouvellement de l'Académie des Sciences* die Durchsetzung der Aufklärung in Preußen ankündigt.

Zugleich umreißt Friedrich gegenüber Voltaire seine literarischen Maßstäbe. In der französischen Geschichtsschreibung pflege man stilistische „Klarheit", also syntaktische Transparenz, und „Schönheit" (*la clarté et la beauté du style historique*).[84] Es gebe ausgezeichnete *traductions* sowie schöne Literatur, die sich durch ‚Natürlichkeit' und ‚Geschliffenheit' der Sprache auszeichne (*les muses naturelles et polies*). Weiterhin fordert er „Genauigkeit" (*l'exactitude*) und „Reinheit der Sprache" (*la pureté de la langue*).[85] Friedrich vertritt damit ein rationalistisches Sprach- und Stilideal in der Tradition der antiken grammatikalischen beziehungsweise rhetorischen Leitkonzepte von *puritas/latinitas* und *perspicuitas*.[86] Deutschen Autoren wiederum bescheinigt er intellektuelle Stärke, jedoch fehlende Transparenz in der Darstellung und einen Mangel an sprachlicher Gefälligkeit:

> *Quant aux Allemands, leur défaut n'est pas de manquer d'esprit. [...] Les Allemands sonit laborieux et profonds; quand une fois ils se sont emparés d'une matière, ils pèsent dessus. Leurs livres sont d'un diffus assommant. Si on pouvait les corriger de leur pesanteur et les familiariser un peu plus avec les Grâces, je ne désespérais pas que ma nation ne produirait de grands hommes.*[87]

Jakob Friedrich von Bielfeld (1717–1770), der seit 1739 zu Friedrichs Umfeld gehört,[88] setzt Friedrichs Einschätzungen mit seinen *Progrès des Allemands dans les*

---

[84] Zum klassizistischen Ideal der „clarté" in *De la littérature allemande* vgl. Stackelberg: „Überlegungen zu Friedrichs des Großen *De la littérature allemande*", S. 475–477. Zur zeitgenössischen deutschsprachigen Diskussion zum Sprachmaßstab „Klarheit" vgl. Faulstich, Katja: Konzepte des Hochdeutschen. Der Sprachnormierungsdiskurs im 18. Jahrhundert, Studia Linguistica Germanica 91, Berlin u. New York 2008, S. 486–490.

[85] Pleschinski (Hrsg.): Voltaire – Friedrich der Große. Briefwechsel, S. 73 bzw. S. 75; Koser/Droysen (Hrsg.): Briefwechsel Friedrichs des Großen mit Voltaire, S. 69f.

[86] Vgl. Faulstich: Konzepte des Hochdeutschen, S. 467; sowie Lausberg, Heinrich: Handbuch der literarischen Rhetorik. Eine Grundlegung der Literaturwissenschaft, 4. Aufl., Stuttgart 2008, S. 274–277.

[87] Koser/Droysen (Hrsg.): Briefwechsel Friedrichs des Großen mit Voltaire, S. 72; vgl. Pleschinski (Hrsg.): Voltaire – Friedrich der Große. Briefwechsel, S. 77: „Was die Deutschen angeht, so ist ihr Fehler nicht ein Mangel an Geist. [...] Die Deutschen sind tüchtig und gedankentief; haben sie sich einmal einer Sache angenommen, dann erweisen sie sich als beharrlich. Ihre Bücher sind von betäubender Konfusion. Wenn man ihre Schwere ein wenig behöbe und sie ein wenig mit den Grazien aussöhnen könnte, so zweifelte ich nicht daran, daß auch meine Nation bedeutende Gestalten hervorzubringen vermöchte." Zu Friedrichs negativen Urteilen gegenüber der deutschen Sprache vgl. auch Petersilka, Corina: Die Zweisprachigkeit Friedrichs des Großen. Ein linguistisches Porträt, Tübingen 2005, S. 80f.

[88] Einen ausführlichen Überblick zu Bielfelds Leben und Werk bietet erstmals Zeller, Friedrich: Jakob Friedrich von Bielfeld und seine Werke. (Ein Beitrag zur Geschichte

sciences, les belles-lettres & les arts, particuliérement dans la poësie & l'éloquence (1752/²1767) ein optimistischeres Korrektiv entgegen.[89] Friedrichs Essay

> der französischen Literatur in Deutschland), Diss. Würzburg 1922. Gerda Voss' werkbiographische Darstellung stützt sich auf eine Fülle von Archivmaterial, vgl. Voss, Gerda: Baron von Bielfeld. Ein Beitrag zur Geschichte Friedrichs des Großen und des ausgehenden Rationalismus, Diss. Berlin 1928; sowie Voss, Gerda: Jakob Friedrich Freiherr von Bielfeld. Ein Jugendfreund Friedrich des Großen. [...] Vorwort von Stephan Kekule von Stradonitz, Berlin 1928 (ungekürzte Fassung). Friedel Stößls Wertungen erfolgen aus der Warte nationalsozialistischer Ideologie, vgl. Stößl, Friedel: Jakob Friedrich von Bielfeld. Sein Leben und Werk im Lichte der Aufklärung, Diss. Erlangen 1937. Bielfeld, der Sohn eines Hamburger Kaufmanns, engagiert sich nach einem Jura-Studium in Leiden (1732–1735) und einer Kavalierstour seit 1737 in Freimaurerkreisen. Einen Überblick zu diesen freimaurerischen Aktivitäten zwischen 1737 und 1755 bietet Kekule von Stradonitz (vgl. Voss: Jakob Friedrich Freiherr von Bielfeld, S. 5–11). Vgl. a. dessen „Nachwort zum Vorwort" bezüglich Bielfelds Geburtsjahr (vgl. Voss: Jakob Friedrich Freiherr von Bielfeld, S. 117). 1738 lernt Bielfeld Friedrich (II.) bei dessen Einführung in die Freimaurerei in Braunschweig kennen und gehört seit 1739 zum Rheinsberger Umfeld des Kronprinzen (vgl. ebd., S. 7 sowie 17). Ausgehend von einem ausgeprägten Interesse für deutsche Sprache und Literatur ist er 1743 beteiligt an der Gründung der „Nouvelle Société Littéraire de Berlin", einer literarischen Vereinigung aus dem Umfeld des Königs, die 1744 mit der „Königlich Preußischen Sozietät der Wissenschaften" fusioniert (vgl. hierzu Harnack: Geschichte der Königlich Preussischen Akademie der Wissenschaften zu Berlin [...], S. 265–285). Nach seinem Ausscheiden aus preußischen Diensten (1755) betätigt sich Bielfeld u. a. als Schriftsteller und Publizist. Auf die Bedeutung seiner Beiträge zur politischen Theorie verweisen neuere Publikationen von Sánchez-Blanco, Francisco: „El Barón von Bielfeld. Absolutismo prusiano y absolutismo español", in: Briesemeister, Dietrich und Harald Wentzlaff-Eggebert (Hrsg.): *Von Spanien nach Deutschland und Weimar-Jena. Verdichtung der Kulturbeziehungen in der Goethezeit*, Heidelberg 2003, S. 17–34; Kraus, Hans-Christof: Englische Verfassung und politisches Denken im Ancien Régime. 1689 bis 1789, Veröffentlichungen des Deutschen Historischen Instituts London 60, München 2006, S. 507–514 (Anm. 74 mit weiterer Forschungsliteratur); sowie Scattola, Merio: „Literarisches Gattungssystem und politischer Diskurs. Johann Christoph Gottsched übersetzt den Lehrbegriff der Staatskunst von Jakob Friedrich Bielfeld", in: Achermann, Eric (Hrsg.): *Johann Christoph Gottsched (1700–1766). Philosophie, Poetik und Wissenschaft*, Werkprofile. Philosophen und Literaten des 17. und 18. Jahrhunderts 4, Berlin 2014, S. 359–377.

[89] Zu den *Progrès* vgl. Zeller: Jakob Friedrich von Bielfeld und seine Werke, S. 24–74; Voss: Jakob Friedrich Freiherr von Bielfeld, S. 26–32; Stößl: Jakob Friedrich von Bielfeld, S. 23–39; Geißler, Rolf: „„... il n'est pas possible qu'un Allemand ait de l'esprit ...'. Beiträge zur Überwindung eines Vorurteils im Frankreich des 18. Jahrhunderts (Grimm – Beausobre – Bielfeld)", in: Krauß, Henning (Hrsg.): *Offene Gefüge. Literatursystem und Lebenswirklichkeit. Festschrift für Fritz Nies zum 60. Geburtstag*, Tübingen 1994, S. 357–375, hier S. 364–372; sowie Genton, François: Des Beautés plus hardies ... Le théâtre allemand dans la France de l'ancien régime (1750–1789), Bibliothèque d'études germaniques, hébraïques et juives de l'Université Paris 8/Série

De la littérature allemande wird von der Forschung als Antwort auf Bielfelds *Progrès* gehandelt.[90] Gewidmet ist dessen Schrift wiederum der Berliner Akademie der Wissenschaften, die auch Ramler mit seiner *Granatapfel-Ode* adressiert.[91]

Bielfeld vertritt in den *Progrès* einen kulturellen Kosmopolitismus. Die „gelehrte Welt" (*le monde littéraire*) sei „ein einziges Gemeinwesen" (*une seule république*), „in dem jedes Volk eine Familie bildet und jeder Gelehrte Bürger ist" (*dont chaque peuple fait une famille & chaque savant un citoien*).[92] Den deutschen Beitrag zu dieser *République des Lettres*, wie Bielfeld in der Neuauflage seiner *Progrès* von 1767 festhält,[93] gelte es vorzustellen und gegen Vorurteile zu verteidigen, die aus Ignoranz gegenüber deutscher Sprache und Literatur resultierten.[94] Bielfeld teilt folglich mit Friedrich den breiten Literaturbegriff. Entsprechend liefern seine *Progrès* (1752) einen Überblick zu Entwicklung und Stand der Wissenschaften und Künste (Kapitel 2 und 3) sowie Beredsamkeit (Kapitel 12) in Deutschland. Im Fokus steht jedoch die deutsche schöne Literatur mit einer kommentierten Anthologie nachahmenswerter Autoren seit Opitz (*les grands hommes, que je leur propose ici pour guides*),[95] zu denen Canitz, Haller, Hagedorn und Gellert zählen. In der zweiten Auflage von 1767 ergänzt Bielfeld weitere sechs Kapitel zur schönen Literatur, verstärkt diesen Schwerpunkt also nochmals.

---

d'études germaniques 4, Saint-Denis 1999, S. 104–113 und S. 193–199.

[90] Vgl. Nowitzki: „Über Sprache, Wissenschaften und Geschmack der Teutschen [Kommentar]", S. 638.

[91] Vgl. die Widmungsschrift (Bielfeld, Jakob Friedrich von: Progrès des Allemands dans les sciences, les belles-lettres & les arts, particuliérement dans la poësie & l'éloquence, Amsterdam 1752, S. 3–6). Bereits vor Erscheinen der *Progrès* präsentiert Bielfeld seine Überlegungen im Rahmen der Akademie-Sitzung vom 16. Dezember 1751, vgl. die knappe Notiz des Protokolls: „Mr le Baron de Bielfeld a commencé la lecture d'un Mémoire Sur les Progrès des Lettres et des Arts en Allemagne" (https://akademieregistres.bbaw.de/data/protokolle/0240-1751_12_16.xml [zugegriffen am 20.09.2019; Unterstreichung im Original]). Auch Sulzer, der seit Oktober 1750 Akademie-Mitglied ist, nimmt an dieser Sitzung teil (vgl. ebd.).

[92] Bielfeld: Progrès des Allemands dans les sciences, les belles-lettres & les arts, particuliérement dans la poësie & l'éloquence, S. 8. Das französische Original wird im Folgenden (abgesehen von Blockzitaten) durchgehend kursiv zitiert.

[93] Bielfeld, Jakob Friedrich von: Progrès des Allemands, Dans les Sciences, les Belles-Lettres & les Arts, particulièrement dans la Poësie, l'Eloquence & le Théatre. [...] Troisieme Edition revue & considerablement augmentée. [...], Bd. 1, Leiden 1767, S. IX. Die Neuauflage weist sich fälschlicherweise als bereits dritte Ausgabe aus (vgl. Genton: Des Beautés plus hardies ... Le théâtre allemand dans la France de l'ancien régime (1750–1789), S. 112f. sowie S. 193).

[94] Vgl. Bielfeld: Progrès des Allemands dans les sciences, les belles-lettres & les arts, particuliérement dans la poësie & l'éloquence, S. 8.

[95] Bielfeld: Progrès des Allemands, Dans les Sciences, les Belles-Lettres & les Arts, particulièrement dans la Poësie, l'Eloquence & le Théatre. [...] Troisieme Edition revue & considerablement augmentée. [...], S. X.

Gleim wird in den *Progrès* mit einer Auswahl von sieben Texten aus beiden Teilen des *Versuchs in scherzhaften Liedern* (1744/1745) und der *Lieder* (1749) als Anakreontiker vorgestellt.[96] Dass Bielfeld dessen Amt als Halberstädter Domsekretär eigens nennt (*emploié au service du roi à halberstadt*),[97] steht im Kontext der panegyrischen Diagnose, Preußen besitze aufgrund der von Friedrich II. und seinen Vorgängern gewährten „vollkommenen Gedankenfreiheit und großzügigen Förderung" die höchste Dichte an „herausragenden Gelehrten" und „Schriftstellern". Damit erscheint auch Gleim als Protégé des Königs:

> [S]*i l'on y fait attention, on verra* [...] *que la plûpart des savans célébres, que j'ai cités sans aucune partialité ni prédilection, la plûpart des artistes, &c. dont j'ai parlé, ont vécu dans les états du roi notre maître* [...]; *depuis longtems les augustes princes de la maison de brandebourg ont eû la glorieuse maxime d'accordèr* [sic] *à leurs sujets, une entiére liberté de penser & une protection généreuse à tous les talens; voilà ce qui a produit chez eux tant de grands hommes*[.][98]

Die kulturelle Blüte in Preußen bezeugen für Bielfeld zudem Zahl und Qualität der (höheren) Schulen.[99] Außerdem habe Friedrich II. der Berliner Akademie der Wissenschaften seit ihrer Reorganisation von 1744 seine „kraftvolle Förderung" (*la puissante protection*) zukommen lassen.[100]

---

[96] Vgl. das zehnte Kapitel „Monsieur GLEIM" (Bielfeld: Progrès des Allemands dans les sciences, les belles-lettres & les arts, particuliérement dans la poësie & l'éloquence, S. 259–268).

[97] Ebd., S. 260.

[98] Ebd., S. 407f. „Achtet man darauf, so wird man sehen, dass ein Großteil der berühmten Gelehrten, die ich ohne Voreingenommenheit oder Bevorzugung angeführt habe, ein Großteil der Künstler usw., von denen ich gesprochen habe, in den Landen des Königs, unseres Herrn, gelebt haben; seit langem hatten die erhabenen Fürsten aus dem Hause Brandenburg den ruhmvollen Grundsatz, ihren Untertanen vollkommene Gedankenfreiheit und allen Begabten großzügige Förderung zukommen zu lassen; dies hat große Männer unter ihnen hervorgebracht" (Übersetzung M. B.). Ein paralleles Vorgehen weist der von Ramler gewählte Titel für seine Bearbeitungen von Lichtwers *Fabeln* (1761) auf. Ramler führt den Autor als „Königl. Preußischen Hof- und Regierungsrath[] im Fürstenthume Halberstadt" (vgl. Thomalla, Erika: Anwälte des Autors. Zur Geschichte der Herausgeberschaft im 18. und 19. Jahrhundert, Göttingen 2020, S. 126f.).

[99] Vgl. Bielfelds „Conclusion" (Bielfeld: Progrès des Allemands dans les sciences, les belles-lettres & les arts, particuliérement dans la poësie & l'éloquence, S. 407–411). In der erweiterten Auflage von 1767 ist diese um einen längeren Exkurs zu Geschichte, Struktur und Aktivitäten der Franckeschen Stiftungen ergänzt (Bielfeld, Jakob Friedrich von: Progrès des Allemands, Dans les Sciences, les Belles-Lettres & les Arts, particulièrement dans la Poësie, l'Eloquence & le Théatre. [...] Troisieme Edition revue & considerablement augmentée. [...], Bd. 2, Leiden 1767, S. 858–861).

[100] Bielfeld: Progrès des Allemands dans les sciences, les belles-lettres & les arts, particuliérement dans la poësie & l'éloquence, S. 7.

Mit der Akzentuierung fürstlicher Gönnerschaft bestätigt Bielfeld die Einschätzung Friedrichs II., der bereits im Juli 1737 gegenüber Voltaire die Relevanz fürstlicher Wissenschafts- und Kunstförderung für das kulturelle Niveau eines Landes herausarbeitet. Was hingegen das Potenzial des Deutschen als Literatursprache angeht, relativiert Bielfeld Friedrichs Diagnose. Die Fokussierung auf die Gelehrtensprache Latein seit dem Mittelalter habe die Vervollkommnung des Deutschen behindert (*à perfectionner la langue maternelle*). Dennoch habe Luther mit dem „sehr klaren und sehr korrekten Stil" (*un stile fort pur & fort correct*) seiner Bibelübersetzung einen sprachlichen Standard geschaffen.[101] Auch der Sprache des 17. Jahrhunderts attestiert Bielfeld – bei aller Skepsis gegenüber barocker Literatur – ‚Korrektheit' und sprachliche Reinheit (*ils* [die Texte der Zeit, M. B.] *sont écrits fort correctement & sans mélange même d'un seul mot d'aucune langue étrangére*). „Barbarisch" sei das Deutsche (*un jargon barbare*) erst in Folge eines massiven Fremdwörtergebrauchs mit Anleihen aus dem Französischen und dem Lateinischen geworden.[102] Gottsched wiederum habe sich einer Wiederherstellung des Deutschen und einer Steigerung seiner „Anmut" gewidmet (*rétablir la langue dans son ancien lustre & [...] lui donner des graces nouvelles*).[103] Seine Bemühungen hätten die Gründung zahlreicher *académies allemandes* angeregt, deren Arbeit allmählich ein Sprachideal etabliere, wie es Friedrich bereits 1737 skizziert.[104] Das Deutsche werde ‚geschliffen' und „natürlich", die Syntax gewinne an Knappheit, die Semantik an Klarheit, die Sprache werde reiner und exakter.[105]

Darüber hinaus kommentiert Bielfeld den deutschen Partikularismus, wie ihn bereits Friedrich II. gegenüber Voltaire im Sommer 1737 problematisiert. Es sei zu wünschen, dass sich die verschiedenen ‚Deutschen Gesellschaften' (*ces savantes sociétés*) verbänden, um mit einer gemeinsamen Grammatik und einem Wörterbuch den sprachlichen Normierungsprozess (*fixer la langue*) voranzutreiben und einheitliche Standards in den *différentes provinces d'allemagne* durchzu-

---

[101] Ebd., S. 17.
[102] Ebd., S. 19f.
[103] Ebd., S. 20.
[104] Ebd., S. 21. Einen Überblick zu den von Gottsched angeregten Akademiegründungen und seinen Akademieprojekten bietet aus sozialgeschichtlicher Perspektive: Dülmen, Richard van: Die Gesellschaft der Aufklärer. Zur bürgerlichen Emanzipation und aufklärerischen Kultur in Deutschland, 2. Aufl., Frankfurt a. M. 1996, S. 48–53.
[105] Bielfeld: Progrès des Allemands dans les sciences, les belles-lettres & les arts, particuliérement dans la poësie & l'éloquence, S. 21: *notre langue se polit de plus en plus. le stile pur & naturel est celui dont on fait usage; & les élocutions bizarres, les longue périodes & parenthéses, les mots étrangers, & les expressions ténébreuses sont reléguées dans la plûpart de nos chancelleries, qui y trouvent encor je ne sai quoi d'expressif & de nerveux.* („Unsere Sprache verfeinert sich immer mehr. Man nutzt einen reinen und natürlichen Stil; die seltsamen Ausdrücke, die langen Sätze und Einschübe, die fremden Wörter und die dunklen Begriffe sind in den meisten unserer Kanzleien verbannt, die bereits zu einer gewissen Ausdrucksstärke und Kraft finden"; Übersetzung M. B.).

setzen.[106] Mit diesem polyzentrischen Ansatz hebt sich Bielfeld gegenüber Friedrich ab, der eine zentralistisch organisierte und in den gesamten deutschen Sprachraum wirkende Akademie für deutsche Sprache favorisiert.[107]

Bei allen Differenzen in Detailfragen und grundsätzlichen Einschätzungen zum Potenzial von deutscher Sprache und Schriftkultur verweisen zentrale Aspekte von Bielfelds Argumentation auf Eckpunkte der Diskussion zum literarischen Niveau ‚Deutschlands' seit Ende der 1730er Jahre: Friedrich II. und Bielfeld betonen beide die Relevanz von Patronage und sprachlicher Normierung, zudem formulieren sie ähnliche Qualitätsmaßstäbe für deutsche Sprache und Literatur. Einen ‚Beleg' für die Möglichkeit präziser Übersetzungen aus dem Französischen ins Deutsche liefert Bielfeld darüber hinaus bereits 1742 anhand einer der Lieblingslektüren des Königs, Montesquieus *Considérations sur les causes de la grandeur des Romains et de leur décadence*.[108]

Als entscheidend erweist sich mit Blick auf die intellektuellen Kontexte von Ramlers *Granatapfel-Ode*, dass er und Gleim Anfang der 1750er Jahre aktiv an der Entstehung von Bielfelds *Progrès* teilnehmen: Ramler steht auch nach seiner Zeit als Bielfelds Gesellschafter im Jahr 1745 in Kontakt zu ihm und dient weiterhin als Mittlerfigur für Gleim.[109] Nachdem dieser im November 1747 als Domsekretär nach Halberstadt gewechselt ist, soll sich Ramler bei Bielfeld persönlich für Gleims finanzielle Interessen in Gestalt von Pfründen einsetzen.[110] Zudem baut

---

[106] Ebd., S. 22. Tatsächlich treten in den 1730er Jahren massive Schwierigkeiten bei der Etablierung überregionaler orthographischer Standards auf, um die sich Mitglieder der Berliner Akademie der Wissenschaften im Austausch mit den Deutschen Gesellschaften in Leipzig und Jena bemühen (vgl. Döring, Detlef: Die Geschichte der Deutschen Gesellschaft in Leipzig. Von der Gründung bis in die ersten Jahre des Seniorats Johann Christoph Gottscheds, Frühe Neuzeit 70, Tübingen 2002, S. 290–302). Persönliche „Zwistigkeiten und Alleinvertretungsansprüche[]" lassen das Unternehmen scheitern (ebd., S. 299).

[107] Hinweise auf grundlegende Differenzen zwischen den deutschen Gesellschaften des 17. und 18. Jahrhunderts, die primär auf die interne Arbeit und nicht auf „Außenwirkung" bedacht sind, sowie den europäischen Akademien, die „eingebunden in das Staatswesen" auf „Anwendung" und „Nützlichkeit" verpflichtet sind, finden sich bei Joos, Katrin: Gelehrsamkeit und Machtanspruch um 1700. Die Gründung der Berliner Akademie der Wissenschaften im Spannungsfeld dynastischer, städtischer und wissenschaftlicher Interessen, Stuttgarter Historische Forschungen 13, Köln, Weimar, Wien 2012, S. 88–90; sowie Dülmen: Die Gesellschaft der Aufklärer, S. 51. Zu den Bemühungen der Deutschen Gesellschaft in Leipzig, ihre öffentliche Wahrnehmung zu steigern, einen fürstlichen Mäzen zu finden und die Gesellschaft in eine Akademie zu transformieren vgl. Döring: Die Geschichte der Deutschen Gesellschaft in Leipzig, S. 279–290.

[108] Vgl. Montesquieu, Charles de: Betrachtungen über die Ursachen der Grösse und des Verfalles der Römer. [...], übers. von Jakob Friedrich von Bielfeld, Berlin 1742; vgl. hierzu Stößl: Jakob Friedrich von Bielfeld, S. 14.

[109] Zur Dreieckskonstellation zwischen Bielfeld, Gleim und Ramler vgl. bereits Kap. 1.3.1.

[110] Vgl. Johann Wilhelm Ludwig Gleim an Ramler am 5. Januar 1748 (BGR I, S. 95).

Gleim auf Bielfelds literaturpolitisches Engagement für deutsche Autoren. So empört sich Gleim Ende 1749 gegenüber Ramler, was die ausbleibende Förderung der deutschen Literatur im Umfeld der Akademie angeht, und hofft auf Bielfelds Einsatz:

> Gehen sie denn gar nicht einmahl wieder zu Bielefeld? [...] Vielleicht schreibe ich ihm bald einmahl. [...] Schreiben sie mir doch etwas von dem Bau der neuen Akademie. Wird das Hauß für die Mahler, Bildhauer, und übrigen Künste wieder mit angelegt. Ist es nicht abscheulich, daß die arme deutsche Muse sich allein muß ausgeschloßen sehen. Warhaftig, ihr Berliner, seyd durch nichts aufzubringen. Was für schöne Gelegenheit zu einer Satyre auf den grösten König.[111]

Ende 1750 bemüht sich Bielfeld seinerseits um „Hülffe und Beystand" in zwei Rechtsstreitigkeiten, die seine Frau Dorothea Juliana von Reich betreffen.[112] Gleim unterstützt Bielfeld, will im Gegenzug auf die Gestalt von Bielfelds *Progrès* einwirken und teilt Ramler daher mit:

> Herr von Bilefeld [sic] hat mir geschrieben, daß er an dem Beweise, daß die Deutschen auch einigen Witz hätten, arbeitete. Er will die besten Stücke übersetzt liefern. Was für eine Wahl wird er treffen! Er hat mir nach einigen guten Cantaten die des Roußeau seinen zu vergleichen wären gefragt. Ich werde ihm antworten, daß er bey ihnen sich am besten Raths erholen könte. Soll ich ihm sonst noch was sagen? Ich habe Gelegenheit, denn ich soll ihm hier ein Dienst thun, den er *wesentlich* belohnen will. Was heißt doch bey den Hofleuten wohl das wesentlich? Wäre er im Stande ihnen zu dienen, so wolte ich ihm sagen, daß er mir alsdann wesentlich lohnt.[113]

Gleim erhält die angestrebte „Vikarstelle mit Präbende" jedoch erst 1749 (Wappler: Gleims Leben und seine Beziehungen zu berühmten Zeitgenossen in Daten, S. 10).

[111] Vgl. Johann Wilhelm Ludwig Gleim an Ramler am 8. Dezember 1749 (zit. nach BGR I, S. 201f.).

[112] Vgl. Bielfelds Schreiben vom 3. Dezember 1750, das an einen „Krieges-Rath", also nicht an Gleim selber adressiert ist (GH, Hs. A 279, 1ʳ). Der Empfänger möge eine „Einlage" an „H. *Advocat Wiese*" zustellen, diesen sprechen und sich bei Syndicus „*Kloecker*" nach dem Verlauf der zweiten Rechtssache erkundigen. Bielfeld appelliert an die lang bestehende „Freundschaft" zum Adressaten, zudem „kenne [er, M. B.] keinen Menschen in Halberstadt außer Ew. HochEdelgeb[oren]" und „werde nicht ermangeln denenselben von meiner aufrichtigen Dankbarkeit reelle Proben zu geben" (ebd., 1ʳ–2ʳ).

[113] Johann Wilhelm Ludwig Gleim an Ramler am 1. Oktober 1751 (zit. nach BGR I, S. 309). Bielfeld bezieht sich in seinem Übersendungsschreiben, das am 26. August 1752 das Gleim zugedachte Exemplar begleitet, offenbar auch auf finanzielle Angelegenheiten in Halberstadt: „Mrs. de Rossi veulent me rembourser le Capital qui a servi autrefois de caution au Chapitre, mais ils me redemandent den ad acta gegebenen Cautions-Schein. Je ne l'ai point, & il doit se trouver aux Archives de la Regence. Wäre es nicht möglich selbigen aufsuchen zu laßen, und würde H. Wiese nicht allenfalls auf

Ramler möchte anfangs „die besten Stücke von Ihnen [Gleim, M. B.], von Utz, Götz, von den neuen Beyträgern und von mir selbst [Ramler, M. B.] mittheilen, und ihm [Bielfeld, M. B.] im Uebersetzen einigen guten Rath geben, wenn er noch jetzt sich unterweisen lassen kann".[114] Im Februar 1752 fordert Gleim schließlich Ramler auf, Bielfeld jene Texte aus Gleims *Versuch in scherzhaften Liedern* zu nennen, „die er übersetzen soll".[115] Gleim und Ramler arbeiten Bielfeld somit während der Entstehung der *Progrès* zu, was Gleims Präsenz in der Publikation als zentraler Vertreter der deutschsprachigen Anakreontik erklärt.[116] Ramler wiederum kann durch die Mitarbeit an Bielfelds *Progrès* zu Beginn der 1750er Jahre seine literaturpatriotische Adressierung der Akademie der Wissenschaften fortsetzen.

Auf den ausbleibenden Erfolg von Bielfelds Bemühungen verweist jedoch die Publikation von Friedrichs Essay *De la littérature allemande* (1780). Hier spricht Friedrich dem Deutschen erneut den „Wohlklang" ab und wendet sich damit noch 30 Jahre nach Bielfelds *Progrès* (1752) gegen dessen Diagnose einer allmählichen ‚Hebung' der deutschen Sprache. Friedrich wiederholt seine Einschätzungen von 1737: Der deutsche Sprachraum sei zersplittert, die Verständigung über Regionen hinaus schwierig und entsprechende Instrumente zur sprachlichen Normierung fehlten.[117] Auch Friedrichs literatursprachliche Maßstäbe bleiben unverändert. Normativer Kern seiner Überlegungen in *De la littérature allemande* ist das Bildungsideal strukturierten Denkens, das er durch eine präzise und syntaktisch transparente Sprache bedingt sieht.[118] „Lehrer"

---

dero Verlangen die Mühe über sich nehmen können, si cela vous cause trop d'embarras: Vous m'obligeriez infiniment" (GH, Hs. A 280, 1ᵛ). Leider bricht das unvollständig erhaltene Schreiben an dieser Stelle ab.

[114] Ramler an Johann Wilhelm Ludwig Gleim am 18. Oktober 1751 (zit. nach BGR I, S. 315).

[115] Johann Wilhelm Ludwig Gleim an Ramler am 20. Februar 1752 [(zit. nach BGR I, S. 323).

[116] Vgl. auch Bielfelds Brief an Gleim vom 22. Februar 1752, der auf weitere Ergänzungsvorschläge reagiert (vgl. Geißler: „„... il n'est pas possible qu'un Allemand ait de l'esprit ...'. Beiträge zur Überwindung eines Vorurteils im Frankreich des 18. Jahrhunderts (Grimm – Beausobre – Bielfeld)", S. 366f.).

[117] Vgl. Friedrich II. von Preußen: De la littérature allemande. Französisch-Deutsch. Mit der Möserschen Gegenschrift. Kritische Ausgabe, hg. von Christoph Gutknecht und Peter Kerner, Hamburg 1969, S. 80f. Friedrich bemängelt hier u. a., dass noch keine „Auswahl von Wörtern und Wendungen" existiere, „die die Regeln für eine reine Sprache vorschreibt". Der spätere Hinweis auf Adelungs *Wörterbuch* (1774–1786) deutet zugleich auf verschiedene Redaktionsstufen des Essays (vgl. ebd., S. 115).

[118] Zu zwei Varianten der Verhältnisbestimmung von klarem Denken und klarem Ausdruck in der zeitgenössischen sprachwissenschaftlichen Diskussion vgl. Faulstich: Konzepte des Hochdeutschen, S. 502–505. Zum einen werden „Sprache und stilistische Gestaltung als Voraussetzung des Denkens" gedacht. Zum anderen findet sich die Position, dass „nur derjenige, der klar und deutlich denkt, auch klare und deutliche Äußerungen produzieren" könne. Dem „Denken" kommt hierbei folglich „ein Primat vor der

> *développeront le germe des talents où la nature en a semés; ils perfectionneront le jugement de leurs Ecoliers en les accoutumant à ne point décider sans connoissance de cause, ainsi qu' à tirer des conséquences justes de leurs principes. La Rhétorique rendra leur esprit méthodique; ils apprendront l'art d'arranger leurs idées, de les joindre, et de les lier les unes aux autres par des transitions naturelles, imperceptibles, et heureuses; ils sçauront proportionner le Style au sujet, employer à propos les figures, tant pour varier la Monotonie du Style, que pours répandre des fleurs sur les endroits qui en sont susceptibles [...].*[119]

Im Sinne dieser am Trivium orientierten Schulbildung erscheint Friedrich die deutsche Sprache als defizitär. Ihr fehle es an „Wohllaut" (*harmonie*), der „uns rühren und überzeugen" könne, sowie an „Genauigkeit der bildlichen Ausdrücke" (*l'exactitude des métaphores*).[120] Die Häufung von Parenthesen und die Verb-Endstellung ließen den zur Hypotaxe tendierenden „Satzbau" (*construction*) intransparent werden. Daher bedürfe das Deutsche

> *d'être limée et rabottée; elle a besoin d'être maniée par des mains habiles. La clarté est la primiére regle que doivent se prescrire ceux qui parlent et qui écrivent, parce qu'il s'agit de peindre sa pensée ou d'exprimer ses idées par des paroles.*[121]

Über die Schulbildung hinaus konzipiert Friedrich somit Sprache als „Werkzeug", das er in Wortwahl und Satzbau erneut auf den Grundsatz der *perspicuitas*

Sprache" zu (ebd., S. 502f.). Friedrichs Position scheint zwischen beiden Varianten zu schwanken.

[119] Friedrich II. von Preußen: De la littérature allemande, S. 58 bzw. S. 97: „Lehrer" sollten „die Keime der natürlichen Anlagen zur Entwicklung bringen, die Urteilsfähigkeit ihrer Schüler bilden, sie daran gewöhnen, nicht ohne Kenntnis des Grundes zu entscheiden und richtige Schlüsse aus ihren Regeln zu ziehen. Die Rhetorik wird ihren Geist methodisch schulen. Sie werden die Kunst lernen, ihre Gedanken zu ordnen, in Zusammenhang zu bringen und sie durch natürliche, unmerkliche und geschickte Übergänge zu verknüpfen. Sie werden es lernen, den Stil dem Gegenstand anzupassen, treffende Bilder zu wählen, um Abwechslung in die Monotonie des Stils zu bringen und an geeigneten Stellen Blumen einzustreuen". Das französische Original wird im Folgenden durchgehend kursiv zitiert.

[120] Ebd., S. 94 bzw. S. 55 sowie S. 89 bzw. S. 50.

[121] Ebd., S. 48 bzw. S. 86: Die deutsche Sprache müsse „gefeilt und gehobelt werden, sie muß von geschickten Händen gehandhabt werden. Klarheit ist die erste Regel für alle, die reden und schreiben, weil es darum geht, seine Gedanken zu veranschaulichen, seine Ideen durch Worte auszudrücken." Vgl. Friedrichs Insistieren auf syntaktischer Eindeutigkeit auch an anderer Stelle: „Um die Klarheit des Stils, die oberste Pflicht jedes Schriftstellers, zu bewahren, dürfen sie nie von den Regeln der Grammatik abweichen, damit sich aus der Stellung der Verben, die die Sätze regieren, keine Zweideutigkeit [*aucun sens amphibologique*] ergeben kann" (ebd., S. 95 bzw. S. 56).

verpflichtet.[122] Kein „Schriftsteller" (*auteur*) könne „gut [...] schreiben [...], wenn die Sprache, die er spricht, nicht ausgebildet [*formée*] und geschliffen [*polie*]" sei.[123] Eine prominente Rolle räumt er dabei den „Dichter[n]" (*Poëtes*) ein. Denn „in Griechenland, Italien und Frankreich" seien diese „die ersten" gewesen, „die ihre Sprache geschmeidig und wohlklingend [*flexible et harmonieuse*] machten, wodurch sie unter der Feder der nach ihnen kommenden Prosaschriftsteller [*auteurs, qui après eux écrivirent en prose*] bildsamer und leichter zu handhaben wurde".[124] Seinen „provisorische[n] Hilfsmittel[n]" zur Verbesserung der deutschen Sprache (*quelques progrès en employant des secours intermédiaires*) sagt Friedrich hingegen geringen Erfolg voraus:

> *Il sera plus difficile d'adoucir les sons durs dont la plûpart des mots de notre langue abondent. Les voyelles plaisent aux oreilles; trop de Consonnes raprochées les coquent, parcequ'elles coûtent à prononcer et n'ont rien de sonore: nours avons de plus quantité de verbes auxiliaires et actifs dont les derniéres Syllabes sont sourdes et désagréables, comme sagen, geben, nehmen: Mettez un a au bout des ces terminaisons et faites en sagena, gebena, nehmena, et ces sons flatteront l'oreille.*[125]

---

[122] Vgl. Friedrich II. von Preußen: De la littérature allemande, S. 81: „Verlangt man von einem Phidias, eine knidische Venus zu formen, so gebe man ihm einen tadellosen Marmorblock, feine Meißel und gute Spitzhämmer; erst dann wird er etwas leisten können: ohne Werkzeuge kein Künstler."

[123] Ebd., S. 80 bzw. S. 42.

[124] Ebd., S. 93 bzw. S. 54. Vgl. auch Friedrichs Hinweis auf die sprachprägende Kraft der griechischen Dichter (vgl. ebd., S. 79). Eine entsprechende Hierarchisierung von Dichter und Prosaautor relativiert auch den von Kästner und Petersilka formulierten Vorwurf, Friedrich argumentiere zirkulär: „Bald findet er es einleuchtend, daß die ausgebildete Sprache allein Boden der Literatur ist; bald, daß die Sprache selber ohne die formale Kraft literarischer Virtuosen nicht vollkommen werden könne" (vgl. Kästner, Erich: Friedrich der Große und die deutsche Literatur. Die Erwiderungen auf seine Schrift „De la littérature allemande", Studien zur Poetik und Geschichte der Literatur 21, Stuttgart u. a. 1972, S. 24; vgl. Petersilka: Die Zweisprachigkeit Friedrichs des Großen. Ein linguistisches Porträt, S. 79).

[125] Friedrich II. von Preußen: De la littérature allemande, S. 56 bzw. S. 95: „Es wird schwerer sein, die harten Laute zu mildern, an denen die meisten Wörter unserer Sprache reich sind. Die Vokale schmeicheln dem Ohr. Zu viele Konsonanten hintereinander verletzen es, da sie schwer auszusprechen sind und keinen Wohllaut haben. Auch haben wir viele Tätigkeits- und Hilfszeitwörter, deren letzte Silbe stumm und unschön ist, wie sagen, geben, nehmen. Man füge diesen Endungen ein a hinzu und bilde daraus sagena, gebena, nehmena: diese Laute schmeicheln dem Ohre." Christoph Heinrich Myller bezieht sich 1782 im Kontext seiner Edition mittelhochdeutscher Dichtung gegenüber Friedrich II. ausdrücklich auf diesen Vorschlag, den er im Mittelhochdeutschen des Nibelungenliedes erfüllt sieht (vgl. Knoll, Gerhard: „Friedrich der Große und die ‚vaterländischen Altertümer'", in: Wehinger, Brunhilde (Hrsg.): *Geist und Macht. Friedrich der Große im Kontext der europäischen Kulturgeschichte*, Berlin 2005, S. 83–95, hier S. 91–95).

Zugleich zeigen diese Vorschläge, welche Relevanz Friedrich der Verbesserung des „Wohlklangs" im Deutschen zumisst. Ihren Fluchtpunkt findet die Arbeit am „halb-barbarische[n]" Deutschen (*une langue à demi-barbare*) im kulturellen Aufstieg:[126] „[U]m aus unseren Feldern alle Wurzeln der Barbarei [*ronces de la barbarie*], die sich dort noch finden, auszurotten, um so den erwünschten Fortschritt [*ces progrès si désirables*] zu beschleunigen" müsse „man damit beginnen [...], die Sprache zu vervollkommnen."[127]

Um ein Fazit zu ziehen: Friedrichs Brief an Voltaire (1737), Bielfelds *Progrès* (1752/²1767) sowie Friedrichs Essay *De la littérature allemande* (1780) markieren drei Positionen innerhalb einer Debatte zum Entwicklungsstand der deutschsprachigen Schriftkultur, die in den späten 1730er Jahren einsetzt und durch die Kontinuität der negativen Einschätzungen des preußischen Kronprinzen und Königs geprägt ist. Zudem werden bereits im Brief an Voltaire die kulturtheoretischen Dimensionen der von Friedrich geforderten Arbeit am Deutschen deutlich: Die Sprache als solche sei zentraler Indikator für den kulturellen Entwicklungsstand eines Sprachraums, die Verbesserung des Deutschen folglich der maßgebliche Ausgangspunkt für die geforderte ‚Hebung' der deutschen (Schrift-)Kultur und des gesamtkulturellen Niveaus. Entscheidende Verantwortung für die Entwicklung einer jeden Sprache sieht Friedrich im Essay von 1780 auf Seiten der Dichter.

Ramlers Einbindung in diesen Diskussionszusammenhang belegt wenige Jahre nach der Entstehung seiner Poetik des „Wohlklangs" und *Granatapfel-Ode* die Mitarbeit an Bielfelds *Progrès*. Der Kontakt zu Bielfeld seit Mitte der 1740er Jahre und die Zusammenarbeit mit Johann Georg Sulzer, der 1749 regen Anteil an der Debatte zum Niveau des Deutschen im Umkreis der Académie Royale nimmt, lassen darüber hinaus vermuten, dass Ramler bereits in den Jahren 1749/1750 umfassend mit den Positionen im Umfeld des Königs vertraut ist. Die Debatte zum literarischen Potenzial der deutschen Sprache dürfte daher zu den entscheidenden diskursiven Kontexten zählen, die Ramlers Arbeit an der Poetik des „Wohlklangs" motivieren und in die er seine *Granatapfel-Ode* stellt. Hierbei schließt Ramler die poeseologische Diskussion zu Qualitäten ‚wohlklingender' (reimfreier) Dichtung, die im Verlauf der 1740er Jahre unter anderem von Breitinger, Gottsched, Meier und Uz getragen wird, mit der kulturtheoretischen und literaturkritischen Debatte in Berlin und Potsdam kurz. Die entscheidenden Adressaten von Ramlers *Granatapfel-Ode* und Poetik des „Wohlklangs" sind neben ‚Dichterkollegen' nun vor allem das Umfeld der Akademie der Wissenschaften sowie der persönliche Umkreis Friedrichs II.

Aus dieser Perspektive gewinnt die Poetik des „Wohlklangs" kulturtheoretische Implikationen und wird zur kulturpolitischen Position. Indem Ramler die Personalunion von Dichter und Kritiker mittels konsequenter Wahrung seiner Anonymität kaschiert und in den *Critischen Nachrichten* eine literaturkritische

---

[126] Friedrich II. von Preußen: De la littérature allemande, S. 80 bzw. S. 42.
[127] Ebd., S. 86 bzw. S. 48.

Kommunikation über seine *Granatapfel-Ode* inszeniert, kann er das bestehende Potenzial des Deutschen als Literatursprache präsentieren. Die Existenz ‚wohlklingender' Dichtung spiegelt er wiederum in der Themensetzung seines Gedichts: Ramlers *Granatapfel-Ode* streicht das gesamtkulturelle Niveau Preußens heraus, präsentiert den Aufschwung in Landwirtschaft und Gartenbau, in Wissenschaften, Architektur und Künsten und ‚bestätigt' damit in eigenem Sinne Friedrichs These einer wechselseitigen Abhängigkeit von sprachlicher und kultureller Entwicklung. Indem er sein poeseologisches Programm und seine *Granatapfel-Ode* darüber hinaus im Umfeld der Akademie der Wissenschaften als herausragender Institution königlicher Kulturförderung publiziert, legt Ramler die argumentative Basis sowie zwei Manifeste für die Patronagewürdigkeit deutschsprachiger Autorinnen und Autoren vor.

2.1.8 Erinnerungspolitischer Zuschnitt: *An den König* und die Ausgabe der *Oden* (1767)

Ramler führt die Auseinandersetzung mit der mangelnden Anerkennung und Förderung deutschsprachiger „Literatur" unter Friedrich II. im Rahmen seiner *Choriambischen Ode an den König* weiter. Das Gedicht erscheint erstmals am 24. Januar 1767 und dient als lyrische Adresse der *Berlinischen privilegirten Zeitung* zum 55. Geburtstag des Monarchen.[128] In den Fokus soll zunächst eine „Nachricht" rücken, die dem Abdruck der *Choriambischen Ode* folgt:

> Man hat an einem auswärtigen Orte die Oden des Herrn *Pr. Ramlers*, so viel man davon hat habhaft werden können, zusammen gedruckt; welches denselben bewogen hat, dem Verleger dieser Zeitung eine verbesserte und zugleich vermehrte Ausgabe mitzutheilen, welche die nächste Ostermesse erscheinen wird, und wovon obige Ode an den König den Eingang ausmacht.[129]

Funktion und Bedeutung des Gedichts überschreiten somit bereits im Zuge der Erstpublikation den Kontext gelegenheitsgebundener Panegyrik. Ramlers Beitrag zum Geburtstag des Königs wird selbst zur Gelegenheit, sich von einer Ausgabe seiner *Gedichte* (1766) zu distanzieren, die Johann George Scheffner im Vorjahr in Königsberg herausgegeben hat. Zudem kündigt Ramler eine eigene Ausgabe im Verlag von Christian Friedrich Voss an, die einige Monate später erscheint.[130]

---

[128] Christian Wagenknecht schlägt ‚lyrische Anreden' als Bezeichnung für „widmungs- oder vorredenartige[] Gedichte" vor, die „oft etwas irreführend *Widmungsgedichte* genannt" würden (Wagenknecht, Christian: „Widmung", in: Weimar, Klaus, Harald Fricke und Jan-Dirk Müller (Hrsg.): *Reallexikon der deutschen Literaturwissenschaft*, Bd. 3, 3. Aufl., Berlin u. a. 2007, S. 842–845, hier S. 843).

[129] Ramler, Karl Wilhelm [?]: „Nachricht", *Berlinische privilegirte Zeitung* 11 (24.01.1767), S. 43.

[130] Angezeigt werden Ramlers *Oden* („Carl Wilhelm Ramlers Oden, 8vo") in der

Bereits die Anzeige im Januar 1767 skizziert wiederum jene Dimensionen, die Ramlers *Oden* als maßgebliche Sammlung seiner lyrischen Gedichte autorisieren sollen: Sie erscheinen *erstens* nicht „an einem auswärtigen Orte", sondern in Berlin. Ramler betont somit die lokale Bindung seiner Gelegenheitslyrik. Eine Vielzahl seiner Gedichte bezieht sich auf Ereignisse in der preußischen Residenzstadt. Zudem erscheint hier Voss' *Berlinische privilegirte Zeitung*, die eine Reihe von Ramlers Texten um 1760 erstmals abdruckt.[131] *Zweitens* ist es Ramler selbst, der seinem Berliner Verleger eine Neuausgabe seiner Gedichte vorschlägt, während Scheffner lediglich einen Nachdruck verstreut publizierter Texte veranstaltet habe. Bereits die Kontingenz der Korpus-Bildung („so viel man davon hat habhaft werden können") diskreditiert Scheffners Initiative als eigenmächtige Aneignung von Ramlers Texten. *Drittens* legt Ramler seine Gedichte in überarbeiteten Fassungen vor, die eine gesteigerte literarische Vollkommenheit versprechen („eine verbesserte [...] Ausgabe"). Scheffners Sammlung verliert damit an Aktualität und literarischer Legitimität.[132] *Viertens* bietet Ramlers Sammlung als „vermehrte

Vossischen Zeitung vom 28. April 1767 als Neuerscheinung zur Messe in Leipzig („Auf bevorstehender Leipziger Jubilatemesse werden daselbst in der *Vossischen* Buchhandlung, in der Nicolstrasse unter dem Huhnischen Hause, folgende *neue* Bücher zu haben seyn"); „[Anzeigen]", *Berlinische privilegirte Zeitung* 51 (28.04.1767), S. 227. Nochmals inseriert werden sie am 19. Mai 1767: „Karl Wilh. Ramlers Oden, 8. Berl. 767. 6 Gr[oschen]" („[Anzeigen]", *Berlinische privilegirte Zeitung* 60 [19.05.1767], S. 265). Zum Briefwechsel und der literarischen Zusammenarbeit von Ramler und Scheffner vgl. Plehwe, Arthur: Johann George Scheffner, Diss. Königsberg 1934, S. 31–34 sowie S. 60f. Scheffners Ausgabe der *Gedichte, von Herrn Karl Wilhelm Ramler* erscheint bei Kanter in Königsberg ohne Herausgeber, Orts- und Verlagsangabe in zwei Ausführungen, beide im Oktav-Format und datiert auf 1766. Der abweichende Umfang (152 bzw. 80 Seiten) ergibt sich durch Unterschiede in der Gestaltung des Satzes (vgl. Sembritzki, Johannes: „Scheffners Ausgabe von Ramlers Gedichten 1766", *Zeitschrift für Bücherfreunde [...]* N. F. 6/1 [1914], S. 72). Sein eigenmächtiges Vorgehen erläutert Scheffner gegenüber Ramler am 9. September 1766: „So muss manns mit den Schriftstellern machen, die so saumselig sind Gedichte nach denen sich ein jeder Liebhaber des Geschmacks sehnt, herauszugeben [...]. All meine Wünsche sind erreicht wenn dieser kleine Streich Sie bewegt eine grössere Ausgabe ihrer Gedichte zu besorgen" (zit. nach Warda, Arthur und Carl Diesch (Hrsg.): Briefe an und von Johann George Scheffner, Bd. 4, München u. Leipzig 1931, S. 29). Ramler sieht sich in seiner Antwort gegen Jahresende „gezwungen, meine Kleinigkeiten selbst herauszugeben". Er habe „bereits zu einer Ausgabe von Fern Anstalt gemacht; und wäre hier kein Mangel an Papier gewesen: so wäre Vossens Ausgabe zugleich auf die Messe gekommen" (zit. nach ebd.).

[131] Vgl. hierzu Kap. 1.3.2.

[132] Vgl. Spoerhase, Carlos: „Was ist ein Werk? Über philologische Werkfunktionen", *Scientia Poetica. Jahrbuch für Geschichte der Literatur und der Wissenschaften* 11 (2007), S. 276–344, hier S. 339: „Die von der Konvention supplementärer Erklärung abgesicherten retroaktiven Eingriffsrechte des Autors in sein Werk haben [...] zur Konsequenz, daß die Rezipienten des Werks immer nur mit einem vorläufigen Interpretationsgegenstand konfrontiert sind, dessen Eigenschaften immer unter einem

Ausgabe" eine Reihe bisher unveröffentlichter Texte. Jene Gedichte, die sich bereits in Scheffners Ausgabe von 1766 finden (14 Oden, die Idylle *Der Mai* sowie die Solokantate *Ino*), ergänzt Ramler um neun weitere Oden. Scheffners Sammlung ist aus dieser Perspektive unvollständig.

Darüber hinaus schickt Ramler seinen *Oden* mit dem Vorabdruck der *Choriambischen Ode an den König* in der *Vossischen Zeitung* bereits eine literaturpolitische Programmatik voraus. Nicht die Absetzbewegung von Scheffners *Gedichten* wie in der „Nachricht", sondern die Adressierung des preußischen Monarchen steht hier im Fokus. Unter dem verkürzten Titel *An den König* eröffnet die Ode auch in der Folgezeit sämtliche autorisierte Ausgaben von Ramlers Gedichten:

> Friedrich! Du, dem ein Gott das für die Sterblichen
> Zu gefährliche Loos eines Monarchen gab,
> Und, o Wunder! der Du glorreich Dein Loos erfüllst,
> Siehe! Deiner von Ruhm trunkenen Tage sind
> 5   Zwanzig tausend entflohn! Ihnen folgt allzubald
> Jedes Denkmaal von Dir; alle die Tempel, der
> Pallas und dem Apoll und dem verwundeten
> Kriegesgotte geweiht, werden Ruinen seyn.
> Zwar das Jahrbuch der Welt nennt, wann der Eifergeist
> 10 Stolzer Könige schläft, Dich den Eroberer,
> Dich den Großen: doch ach! heißt dieß ein Leben für
> Deine Tugenden? So lebt in Europens und
> In der ältern Welt Asiens mancher Fürst,
> Dir an Weisheit nicht gleich. Selbst der unsterbliche
> 15 Macedonier, wie lebt er? bewundert und
> Nicht geliebt; denn er fand keinen Dircäischen
> Herold, dessen Gesang weiter, als Phidias
> Marmor, oder Apells athmende Farbe, strebt. –
> Aber, siehe! wie lebt Cäsar Oktavius
> 20 Durch den Edeln in Rom? (Edel im Buche der
> Großen Götter, obgleich nicht auf der Rolle des
> Censors:) ewig geliebt, ewig ein Muster der
> Väter jegliches Volks. – Glücklicher Barde, der
> Unverdächtig, ein Lob, reiner als beider Lob,
> 25 In sein Saitenspiel singt! Glücklicher Barde, der
> Nicht den Feldherrn allein und den geschäfftigen

Revisionsvorbehalt seitens des Autors stehen. [...] Taktiken der Werkherrschaft sind Taktiken des offenen Werks", die „dort eine Rolle [spielen], wo der Autor für sich beanspruchen kann, noch nicht fertig gesprochen zu haben. Hier findet eine Zerdehnung des Kommunikationsakts statt, der sich tendenziell zum gesamten, zu Lebzeiten nie vollendeten Œuvre eines Autors ausdehnen kann." Zu Ramlers Verbesserungspoetik vgl. eingehend Kap. 5.2.3.

	Landesfürsten in Dir; der auch den Vater des
	Hauses, der auch den Freund, der auch den fröhlichen
	Weisen, groß in der Kunst jeder Kamöne, singt!
30	Götter! wäre doch ich dieser beneidete
	Barde! selber zu schwach, aber durch meinen Held,
	Und die Sprache gestärkt, die wie Kalliopens
	Tuba tönet: wie weit liess ich euch hinter mir,
	Sänger Heinrichs! und dich, ganze Zunft Ludewigs![133]

Ramlers Ode setzt zunächst Friedrichs „glorreich[e]" Herrschaft, deren Vergänglichkeit und die adäquate Überlieferung ihres „Ruhm[s]" ins Verhältnis (V. 3f.). Die Perspektive der *Granatapfel-Ode* kehrt sich hier um. Nicht der kulturelle Aufschwung und die Wiedererrichtung der Akademie der Wissenschaften stehen im Mittelpunkt („Ihr Götter! prächtig aus Ruinen / Erhebt sich euer Pantheon", V. 29f.).[134] Vielmehr betont Ramler das Ungenügen von Akademie, Oper und Invalidenhaus als ‚Denkmäler' der kulturellen und zivilisatorischen Errungenschaften unter Friedrich II. Ihr Verfall sei nämlich abzusehen: Die „Tempel, der Pallas, und dem Apoll, und dem verwundeten Kriegesgotte geweiht / werden Ruinen seyn" (V. 6–8).

Auch Geschichtsschreibung („das Jahrbuch der Welt", V. 9) und bildende Künste („Phidias/Marmor, oder Apells athmende Farbe", V. 17f.) versagten als Medien der Erinnerung an eine herausragende Herrscherpersönlichkeit.[135] Lediglich die Werke eines Dichters vom Format Pindars („Dircäische[r] / Herold", V. 16f.) oder Horaz' (der „Edel[e] in Rom", V. 20) könnten die Verbundenheit späterer Generationen („geliebt", V. 22) zu Friedrichs „Tugenden" und „Weisheit" verbürgen (V. 12–14).[136] Damit aktualisiert Ramlers Ode den literarischen Topos,

---

[133] Ramler, Karl Wilhelm: „Choriambische Ode an den König", *Berlinische privilegirte Zeitung* 11 (24.01.1767), S. 43.

[134] Ramler: „Berlin", S. 53 [vgl. Kap. 7.1].

[135] Ramlers Variante in den *Poëtischen Werken* von 1800 („Ach! kein Denkmahl aus Stein himmelan aufgethürmt / Sagt der Nachwelt dein Lob.") findet sich bereits im durchschossenen Exemplar der *Poesies lyriques* für Cacault von 1791 (Ramler: Poëtische Werke. [...] Erster Theil: Lyrische Gedichte, S. 3f. [hier V. 4f.] sowie BNF, Sign. 8-RE-13097, durchschossene Seite gegenüber von S. 3; zum Exemplar vgl. Kap. 2.2.5). Sie verweist auf die Verzögerungen bei der Realisation eines Denkmals für Friedrich II. in Berlin (vgl. Kurbjuhn: „Preußische Leistungsschau", S. 507f.).

[136] Referenzpunkt für die von Ramler behauptete Unterlegenheit der bildenden Künste gegenüber Dichtung dürfte Horaz' *Augustus-Epistel* sein. Ihr Sprecher-Ich hebt zunächst hervor, welche Wertschätzung Apelles und Lysippos durch Alexander den Großen erfahren hätten, der in Fragen der Literatur jedoch unbewandert gewesen sei, um in der Folge festzuhalten (Hor. epist. 2, 1, 248–250): „Nie gibt ein Erzbild die Züge berühmter Männer so herrlich/Wieder, wie eines Dichters Werk ihren Geist und Charakter [*mores animique*]/Vor uns entfaltet" (Quintus Horatius Flaccus: Satiren. Briefe. Sermones. Epistulae. Lateinisch-deutsch, hg. von Gerhard Fink, übers. von Gerd Herrmann,

dass „die Poesie dem Besungenen ewigen Nachruhm verleiht",[137] und entwickelt zwei entscheidende Argumente: Die (relative) Resistenz einer nichtunikalen Überlieferung, wie sie der Buchdruck gewährleiste, gegenüber endgültiger materieller Zerstörung sowie das Potenzial dichterischer Sprache, Persönlichkeiten eingehend zu charakterisieren und bei den Rezipienten eine korrespondierende affektive Anteilnahme zu erregen.

Den Fokus seiner Reflexionen verschiebt Ramler im letzten Drittel der Ode *An den König*. Nicht mehr Friedrich, sondern eine ausdrücklich auf ihre ‚germanischen' Wurzeln verpflichtete Dichterfigur („Barde") steht nun im Mittelpunkt. Mit ihr identifiziert sich Ramler im Rahmen eines Wunsches („wäre doch ich dieser beneidete / Barde", V. 30f.) und imaginiert sich als zentrale Gestalt friderizianischer Erinnerungspolitik. Gerade er wolle Friedrichs militärische, innenpolitische und künstlerische Leistungen verherrlichen. Damit bindet Ramler sein literarisches Prestige („beneidet[]", V. 30) an die Inszenierung des preußischen Monarchen. Ausdrücklich verzichtet er zudem auf eine Entlohnung seines Gelegenheitsgedichts, kombiniert diesen Verzicht mit der topischen Abwehr des Schmeichelei-Vorwurfs („[u]nverdächtig", V. 24)[138] und schließt eine Überlegenheitsgeste

---

Sammlung Tusculum, Düsseldorf u. Zürich 2000, S. 236f.). Zur Konkurrenz von Literatur und bildenden Künsten in der Frage (künstlerischen) Ruhms vgl. Warnke: Hofkünstler, S. 114f.

[137] Zur antiken und mittelalterlichen Tradition vgl. Curtius, Ernst Robert: Europäische Literatur und lateinisches Mittelalter, 8. Aufl., Bern u. München 1973, S. 469. Die Rolle des Topos in der italienischen Renaissance skizziert Verweyen, Theodor: „Dichterkrönung. Rechts- und sozialgeschichtliche Aspekte literarischen Lebens in Deutschland", in: *Literatur und Gesellschaft im deutschen Barock*, GRM-Beiheft 1, Heidelberg 1979, S. 7–29, hier S. 26f. (Anm. 49 mit weiterer Forschungsliteratur). Auf die Rolle des Verewigungstopos in deutschsprachigen Poetiken und Gelegenheitsgedichten des Barock verweisen Braungart, Georg: Hofberedsamkeit. Studien zur Praxis höfisch-politischer Rede im deutschen Territorialabsolutismus, Studien zur deutschen Literatur 96, Tübingen 1988, S. 113f.; Verweyen, Theodor: „Dichtungstheorie und Dichterverständnis bei den Nürnbergern", in: Paas, John Roger (Hrsg.): *der Franken Rom. Nürnbergs Blütezeit in der zweiten Hälfte des 17. Jahrhunderts*, Wiesbaden 1995, S. 178–195, hier S. 189f.; sowie Heldt: Der vollkommene Regent, S. 19, S. 49–52 und S. 58. Ausdrücklich unterscheidet Curtius den Verewigungstopos vom Topos des Dichterruhms, wie ihn Hor. carm. 3, 30 modellhaft formuliert (vgl. Curtius: Europäische Literatur und lateinisches Mittelalter, S. 469); vgl. hierzu Werle, Dirk: Ruhm und Moderne. Eine Ideengeschichte (1750–1930), Das Abendland – N. F. 38, Frankfurt a. M. 2014, S. 71–75.

[138] Vgl. Klopstocks parallele Bemühungen, im Zuge der Widmung von *Hermanns Schlacht* (1769) an Kaiser Joseph II. den Verdacht der Schmeichelei zu umgehen (vgl. Schramm, Gabriele: Widmung, Leser und Drama. Untersuchungen zu Form- und Funktionswandel der Buchwidmung im 17. und 18. Jahrhundert, Hamburg 2003, S. 470f. sowie S. 480–484). Die herrschaftskritischen Implikationen der Zurückweisung von „Schmeichelei" und einer Legitimation von Herrscherlob auf Basis fürstlicher Leistungen betont Rudorf: Poetologische Lyrik und politische Dichtung, S. 28–33.

gegenüber Pindar und Horaz an: Die Authentizität von Ramlers Panegyrik verbürge der Umstand, dass er gerade kein Auftragsdichter oder Günstling aus dem Umkreis des Monarchen sei („Glücklicher Barde, der / Unverdächtig ein Lob, reiner als beider Lob, / In sein Saitenspiel singt!", V. 23–25).

Zu den Pointen von Ramlers Horaz-Aemulatio zählt *erstens*, dass er mit seiner Ode *An den König* eine motivische Synthese von Horaz' Ode 4, 8 (*Donarem pateras grataque commodus*), die zu den *loci classici* des Verewigungstopos zählt,[139] und Horaz' Eröffnungsgedicht des ersten Buchs seiner *Carmina* liefert (*Maecenas atavis edite regibus*).[140] Im Gegensatz zu Horaz koppelt Ramler sein Selbstverständnis als Dichter vordergründig jedoch gerade nicht an die Anerkennung eines „Mäzens" aus dem Umfeld des Herrschers.[141] Vielmehr betont er bereits mit dem ersten Wort seiner Ode („*Friedrich*" anstatt *Maecenas*) die programmatische Fixierung auf Friedrich II. und überspringt mit der direkten Adressierung der Ode an den preußischen König mögliche Vermittlerfiguren. Im Sinne der Profilierung als authentischer literarischer Zeuge der friderizianischen Ära blendet Ramler damit auch seine wiederholten Kontaktaufnahmen in das Potsdamer Umfeld des Monarchen seit Mitte der 1740er Jahre aus.[142] *Zweitens* ahmt Ramlers Ode *An den*

---

[139] Vgl. Hor. carm. 4, 8, 28f. in Ramlers Version von 1769: „Ja, die Muse, mein Freund, lohnt mit Unsterblichkeit / Jede würdige That. Selber der Himmel ist / Unsrer Muse Geschenk" (Ramler, Karl Wilhelm: Oden aus dem Horaz, Berlin 1769, S. 13).

[140] Hor. carm. 1, 1, 1.

[141] Als Vertrauter des Augustus zählt Gaius Cilnius Maecenas (ca. 70–8 v. Chr.) zeitweise zu den politisch einflussreichen Figuren des Prinzipats. Als Patron römischer Dichter (unter ihnen Horaz) erscheint er in späterer Zeit als Prototyp eines „Förderers von Texten" (Erben, Dietrich, Susanne Rode-Breymann und Ute Schneider: „Mäzen", in: Jaeger, Friedrich (Hrsg.): *Enzyklopädie der Neuzeit*, Bd. 8, Stuttgart 2008, Sp. 181–188, hier Sp. 182). Eine genuin politische Dimension von Maecenas' Literaturförderung weist Peter Schmidt zurück: „Darüber hinaus eine von Augustus gesteuerte, präzis definierte Kulturpolitik erkennen zu wollen, ist offenbar ein mod[ernes] Mißverständnis" (Schmidt, Peter Lebrecht: „Maecenas", in: Cancik, Hubert und Helmuth Schneider (Hrsg.): *Der neue Pauly. Enzyklopädie der Antike*, Bd. 7, Stuttgart u. Weimar 1997, Sp. 633–635, hier Sp. 634). Umso deutlicher zeichnet sich vor diesem Hintergrund die (literatur)politische Akzentuierung von Ramlers Ode *An den König* ab. Einen Forschungsüberblick zum Verhältnis zwischen „Horaz und Maecenas" bis Anfang der 1970er Jahre bietet Lefèvre, Eckard: „Horaz und Maecenas", in: Temporini, Hildegard (Hrsg.): *Aufstieg und Niedergang der römischen Welt. Geschichte und Kultur Roms im Spiegel der neueren Forschung*. Bd. 2,31,3, Berlin u. a. 1981, S. 1987–2029. Ausgehend von Horaz' Œuvre stellt Lefèvre Horaz' „Emanzipation" vom finanziell abhängigen intellektuellen Gesellschafter (*convictor*) hin zum Vertrauten auf Augenhöhe in den Mittelpunkt. Horaz' zentrales Movens sei „eine[] andersgeartete[] Lebensweise und Lebensauffassung" (ebd., S. 1988).

[142] Vgl. neben Ramlers Kontakt zu Jakob Friedrich von Bielfeld seit 1745 (vgl. Kap. 1.3.1) die Vermittlung von Buchgeschenken durch Akteure aus dem persönlichen und militärischen Umfeld des Königs. Sie steht im Mittelpunkt von Kap. 2.2.

König auch formal Horaz' Oden 1, 1 und 4, 8 nach. Beide Prätexte stehen in stichischen Asklepiadeen, weisen somit in ihrem Zentrum je zwei Choriamben auf. Diese metrische Entscheidung benennt Ramler bereits mit dem ursprünglichen Titel der *Choriambischen Ode an den König*, kündigt die Horaz-Imitatio somit im Voraus an und steigert auf diese Weise die Aufmerksamkeit für seine Horaz-Aemulatio im Verlauf des Gedichts.

Die suggerierte erinnerungspolitische Interessenkoalition zwischen Monarch und Dichter bereitet den Schluss der Ode vor. Ramler tritt auch mit François de Malherbe und Voltaire, den „Sänger[n] Heinrichs",[143] in eine selbstbewusste Konkurrenz und projektiert die Überwindung des französischen Klassizismus (der „ganze[n] Zunft Ludewigs", V. 34).[144] Zwei Aspekte scheinen den Erfolg des Unternehmens zu garantieren: *Erstens* die politische Überlegenheit Preußens gegenüber dem Frankreich Ludwigs XIV., wie sie Ramler in seiner Ode behauptet. An diese Vorrangstellung kann Ramler anknüpfen, indem er Friedrichs Verherrlichung in den Mittelpunkt seiner Lyrik rückt („durch meinen Held, / [...] gestärkt", V. 31f.). *Zweitens* eine „Sprache, die wie Kalliopens / Tuba tönet" (V. 32f.). Damit spielt Ramler auf seine *Granatapfel-Ode* als Lied der Kalliope an. Bereits im Januar 1750 lässt er sie „mit ihrer goldnen Tuba" als Sinnbild der Verbreitung ruhmvoller Taten auftreten.[145] Im Zentrum der Ode *An den König* steht nun jedoch die erinnerungspolitische Relevanz seiner Poetik des „Wohlklangs" („tönet").[146] Ramlers Ode mahnt die Notwendigkeit und Möglichkeit dichterischer Hochleistungen in deutscher Sprache an, die die Erinnerung an die Taten Friedrichs II. sowie die emotionale Bindung an den König im deutschen Sprachraum wachhalten.

---

[143] Zur Bedeutung François de Malherbes (1555–1628) als „Reformer der französischen Versdichtung" und „Gesetzgeber der französischen Metrik (und einer klaren, sorgfältig durchgefeilten Prosa)" vgl. Stackelberg, Jürgen von: Die französische Klassik. Einführung und Übersicht, München 1996, S. 38–43, hier S. 38.

[144] Auf die Brisanz dieser Überbietungsgeste deutet die französische Übersetzung von Ramlers Oden, mit der er Friedrich II. adressiert (vgl. hierzu Kap. 2.2). Nur hier entschärft Ramler die Konkurrenz zu Voltaire, indem er den Plural „euch [...] / Sänger Heinrichs" (V. 33f.) durch den Singular: „te [...], Chantre de Henri!" ersetzt und in der Anmerkung lediglich auf „Malherbe" verweist (Ramler, Karl Wilhelm und François Cacault: Poesies Lyriques de Monsieur Ramler. Traduites de l'Allemand, Berlin u. Paris 1777, S. 6). Im Kommentar seiner postumen Werkausgabe ist dieser strategische Eingriff wieder zurückgenommen: „Malherbe hat in seinen Oden, Voltaire in seiner Henriade den König in Frankreich Heinrich den Vierten besungen" (Ramler: Poëtische Werke. [...] Erster Theil: Lyrische Gedichte, S. 163).

[145] Vgl. V. 57f.: „So sang Calliope, die voll Entzücken / Umhängt mit ihrer goldnen Tuba kam" (Ramler: „Berlin", S. 54 [vgl. Kap. 7.1]). Zur zentralen Rolle der Muse in der buchgraphischen Ausstattung von Ramlers *Poëtischen Werken* vgl. Kap. 5.2.1.

[146] In der französischen Übersetzung von Ramlers Oden wird diese Bezugnahme mit dem Verweis auf die ‚Sonorität' seiner Dichtung noch deutlicher: „soûtenu par un langage sonore comme la trompête de Calliope" (Ramler/Cacault: Poesies Lyriques de Monsieur Ramler. Traduites de l'Allemand, S. 6).

Diese Mahnung überformen die Schlussverse zur kulturellen Übertrumpfungsgeste. An literarischem Potenzial stehe das Deutsche dem Französischen in nichts nach, und Ramler könne als Panegyriker Friedrichs II. den französischen Klassizismus übertreffen („wie weit liess ich euch hinter mir", V. 33). Auf Basis seiner Poetik des „Wohlklangs" räumt sich Ramler damit zugleich die Rolle eines ‚deutschen Malherbe' ein, der die sprachlichen und poeseologischen Grundlagen einer in Aussicht gestellten preußischen Klassik liefert.

2.2 Netzwerke in Potsdam und die *Poesies lyriques* (1765–1776)

Über die kulturpolitische Adressierung der Akademie der Wissenschaften im Zuge der *Granatapfel-Ode* und die erinnerungspolitische Mahnung an den preußischen König im Auftaktgedicht seiner *Oden* hinaus wirbt Ramler mit Buchgeschenken um Aufmerksamkeit im höfischen Umfeld von Friedrich II. Bereits während des Siebenjährigen Kriegs gelingt es ihm offenbar, Friedrich ein Exemplar seiner *Ode an die Feinde des Königes* (24. Januar 1760) zukommen zu lassen. Das Geburtstagsgedicht gehört zu den wenigen Beispielen deutscher Literatur in den Bibliotheken des Monarchen.[147] Zweimal ist zudem der Einsatz von Friedrichs Flötenlehrer Johann Joachim Quantz zu greifen. Im Januar 1761 übergibt er Ramlers *Ode an den Fabius* (1760).[148] Im Herbst 1766 lässt Ramler dem König durch Quantz zwei weitere Gedichte zustellen, darunter sein Genethliakon *An den Herrn Johann*

---

[147] Vgl. Krieger, Bogdan: Friedrich der Große und seine Bücher, Berlin u. Leipzig 1914, S. 171. Der Bestand aus dem königlichen Schloss in Breslau, zu dem das Exemplar der auf 1761 datierten zweiten Auflage des Einzeldrucks gehörte, ist seit 1945 nicht mehr aufzufinden (vgl. Kaiser, Wolfgang J. (Hrsg.): Die Bücher des Königs. Friedrich der Grosse. Schriftsteller und Liebhaber von Büchern und Bibliotheken [...], Berlin 2012, S. 193).

[148] Vgl. Johann Wilhelm Ludwig Gleim an Ramler am 28. Januar 1761: „Als herr Quanz herauskam, sagte er, der König hat herrn Ramlers Oden gelesen, sie haben ihm wohlgefallen, er hat sich dafür bedancket – Ich machte diese fürtreflichen Oden dem Major Quintus [Icilius, s. u.] bekant, der bey dem Könige itzt das Wort in deutschen Sachen hat. [...] Sie böser Mann aber, haben dis Gedicht an den Fabius, für mich geheim gehalten" (zit. nach DH, S. 839); vgl. Pröhle, Heinrich: „Ramler und die politisch-literarische Bewegung in Berlin zur Zeit des siebenjährigen Krieges", in: Pröhle, Heinrich: *Friedrich der Große und die deutsche Literatur. Mit Benutzung handschriftlicher Quellen*, Berlin 1872, S. 93–106, hier S. 104. Kontext von Gleims Bericht im Januar 1761 ist ein Aufenthalt Friedrichs II. in Leipzig, in dessen Zuge er zahlreiche Gelehrte und Schriftsteller zur Audienz vorlässt (vgl. Rödenbeck, Karl Heinrich Siegfried: Tagebuch oder Geschichtskalender aus Friedrich's des Großen Regentenleben [...], Bd. 2, Berlin 1841, S. 76f.). Vgl. zudem Ramlers Vermerk in der postumen Werkausgabe: „Diese kleine Ode war dem Könige zu Gesichte gekommen und mochte nach seinem Geschmacke seyn: er befahl daher einem der Umstehenden, ihn nach geendigtem Kriege an den Verfasser zu erinnern" (Ramler: Poëtische Werke. [...] Erster Theil: Lyrische Gedichte, S. 204).

Joachim Quanz, ersten Kammermusikus des Königs, beym Antritt Seines 70ten Jahres (1766). Erhalten hat sich Quantz' Replik an Ramler:

> Seit dem der Printz Heinrich hier gewesen, haben wir kein Concert gehabt, welches denn eine Hindernüß gemacht, dero Ode den bestimmten Tag zu übergeben, es ist aber sogleich den Tag nach der Abreise geschehen, wie nicht weniger diese, mit welcher Sie mich zu meinem Geburtstag beehret haben, und beyde Oden haben des Königs *Maj.* sehr wohl gefallen, und gnädige auf genommen.[149]

Darüber hinaus begegnet Ramler Friedrich II. bereits im Mai 1763 persönlich, verzichtet jedoch bewusst darauf, als Dichter auf sich aufmerksam zu machen. Anlass ist ein Besuch des Königs im Kadettenkorps:

> Ich habe ihn aber nicht als sein Poet, sondern als sein Schullehrer gesprochen. Er besuchte unsern Cadettenhof, gieng in alle Zimmer, Lehrzimmer, Wohnzimmer, Speisezimmer, erkundigte sich nach allem, wie ein guter König. Mich frug er nach Vaterland, Universität, Anzahl der Zuhörer, Lectionen, nur nicht nach meinem Namen, und ich war zu bescheiden, ihm meinen Namen aufzudringen, von dem ich wußte, daß er ihm bekannt geworden war. Herr Quanz, h. Krause, h. Bach sagen, ich hätte es hierinn gewiß nach seinem Sinne gemacht; man würde mir für diese Discretion Dank wissen. Ich selbst weiß nicht, ob ich es recht gemacht habe [...].[150]

Ramlers ausgestellte Bescheidenheit und „Discretion" deuten auf die engen Konventionen einer offiziellen Begegnung, bei der Ramler die Rolle eines Professors für schöne Wissenschaften im Staatsdienst zugewiesen ist. Doch auch in den Folgejahren zählt eine private Audienz bei Friedrich II. nicht zu Ramlers Zielen und taktischen Instrumenten der literaturpolitischen Profilierungsarbeit. Vielmehr

---

[149] Johann Joachim Quantz an Ramler am 22. Oktober 1766 (GSA 75/174, 2ʳ). Zum biographischen Kontext und der Tradition von Gelegenheitsgedichten auf Musiker vgl. Busch-Salmen, Gabriele: „,Auf Herrn Quanzens Geburtstag' – Hintergründe zu einem Huldigungs-Epigramm von Carl Wilhelm Ramler", *Tibia. Magazin für Holzbläser* 22,1 (1997), S. 321–325. Dass Ramler und Quantz im Montagsklub zusammentreffen, geht aus dessen Brief an Ramler vom 9. Januar 1761 hervor: „An die werthgeschätzte Cluben Gesellschafft, bitte meine Empfehlung zu machen" (GSA 75/174, 1ᵛ).

[150] Ramler an Johann Wilhelm Ludwig Gleim am 29. Mai 1763 (zit. nach DH, S. 921f.); vgl. Pröhle: „Ramler und die politisch-literarische Bewegung in Berlin zur Zeit des siebenjährigen Krieges", S. 104. Johann Georg Sulzer erwähnt das Ereignis bereits am 10. Mai 1763 gegenüber Johann Jakob Bodmer. Seine Einschätzung ist offenbar durch die zwischenzeitliche Entfremdung von Ramler gefärbt: „Der König hat auch seine *Cadetten* Schule besucht, an welcher Ramler als Lehrer steht. Der Monarch hat jeden Lehrer insbesonder [sic] um seine Methode gefragt und von allen hat ihm Ramler am wenigsten gefallen. Vermuthlich hat er in der Wendung der Ode geantwortet. Denn der K. hat nichts von seinen Antworten verstehen können" (zit. nach Sulzer: Gesammelte Schriften. Kommentierte Ausgabe. Bd. 10/1. Johann Georg Sulzer – Johann Jakob Bodmer. Briefwechsel. Kritische Ausgabe, S. 589).

greift er stets auf vermittelnde Bekannte zurück, die sich in der Nähe des Königs oder im Umfeld ihm nahestehender Personen aufhalten. Zentrale Vermittlerpositionen übernehmen seit Mitte der 1760er Jahre der Militärhistoriker und Offizier Karl Gottlieb Guichard (Beiname Quintus Icilius) sowie ein Kreis befreundeter Militärs im Potsdamer Umfeld des Königs. Als entscheidendes Vehikel für das Werben um Friedrichs Aufmerksamkeit projektiert Ramler wiederum seit Beginn der 1770er Jahre eine französische Übersetzung seiner Gedichte. Ramlers Kontakte, die Netzwerkbildung im militärischen und persönlichen Umfeld des Königs sowie die Entstehungsgeschichte, Programmatik und Lancierung der *Poesies lyriques* in Potsdam sollen im Folgenden rekonstruiert werden.

2.2.1 Karl Gottlieb Guichard

Karl Gottlieb Guichard (1724–1775) bewegt sich seit 1758 im engeren Umfeld des preußischen Königs.[151] Den Kontakt zu Ramler dürfte Friedrich Nicolai Mitte der 1760er Jahre hergestellt haben.[152] Bis 1772 lässt Ramler Guichard Neuerscheinungen und Abschriften eigener Texte auf dem Postweg zukommen, wendet sich an ihn als literarischen Kenner und setzt auf sein mündliches Werben gegenüber Friedrich II.[153]

---

[151] Vgl. Zopf, Hans: „Karl Theophil Guichard gen. v. Quintus Icilius", in: Henning, Martin und Heinz Gebhardt (Hrsg.): *Jahrbuch für brandenburgische Landesgeschichte*, Bd. 9, Berlin 1958, S. 5–15, hier S. 6; sowie Lippe, Ernst Graf zur: „Quintus Icilius, Seigneur de Wassersuppe, alias Guichard", in: Lippe, Ernst Graf zur: *Militaria aus König Friedrichs des Großen Zeit*, Berlin 1866, S. 101–107, hier S. 105: „Quintus fungirte vom April 1763 ab als beständiger Theilnehmer an der abendlichen literarischen Conversation des Philosophen von Sanssouci; eine Ehre, die er lange Zeit mit dem Marquis d'Argens theilte. Häufig wurde Quintus auch zur Königlichen Mittagstafel befohlen." Einen umfangreicheren biographischen Überblick zu Guichard bieten auch Janssen, Johann Philipp: Quintus Icilius oder der Gehorsam. Abenteuer zwischen Absolutismus und Aufklärung. Ein Essay, München 1992; sowie Legal, Claus und Gert Legal: Friedrich II. von Preußen und Quintus Icilius. Der König und der Obrist [...], München 2020.

[152] Vgl. Nicolai, Friedrich (Hrsg.): Anekdoten von König Friedrich II. von Preussen, und von einigen Personen, die um Ihn waren. [...], Bd. 6, Berlin u. Stettin 1792, S. 129: „Ich war sehr genau mit ihm bekannt, bin mehrmals in Potsdam bey ihm gewesen, und wenn er in Berlin war, sah ich ihn sehr oft und mehrmals stundenlang. Er liebte sehr litterarische Unterhaltungen und besonders über mehrere Theile der deutschen Litteratur, worin er anfänglich etwas fremd war." Guichard wiederum dankt Ramler am 20. April 1765 „fur die ubersandten drey letzten Bucher des fleißigen *Zachariae*" und bittet darum, Nicolai den Auftrag für „samtliche Theile der ~~Krieges~~ Breßlauer Kriegs *bibliotheque* in frantzband" im Namen von „Hln Obrist Lieut[nant] von *Anhalt*" zukommen zu lassen (GSA 75/84, 1ᵛ).

[153] Kontinuität und Zielsetzung heben den Austausch zwischen Ramler und Guichard somit von jenen Formen punktueller Förderung ab, für die Guichards Vermittlung spontaner Audienzen für Christian Fürchtegott Gellert (1760) sowie Anna Louisa Karsch

Erhalten haben sich allein Guichards Antwortschreiben an Ramler, deren Auftakt ein Brief vom 20. April 1765 bildet:

> Ihr liebreiches Schreiben so wohl, als ihre Ode haben mir ein wahres Vergnügen gemacht. Der Ton, der Geist der in ihrer *Ode* herrscht, ist wahrhafftig *Lyrisch*, selten, und anjetzo neü. [...] Ich bewundre darin außer der Erhöhung des Geistes, den Adel der Gedancken und die glückliche Wendungen annoch das K̶l̶a̶r̶e̶ Deütliche welches *Pindars Oden* u. vielleicht einigen ihrer bereits gedruckten fehlt, ohne dennoch dadurch vieles von ihren [sic] Werth verlohren zu haben. Ihr Abschied von denen Helden verdient gleich falls alle Achtung, und ist im großen *Tone*. So haben *Pindar* u Horatz gedichtet, so haben sie von sich selbst gedacht, und so urtheilen die wenige Kenner von dem Schicksahl ihrer *Oden*. Wie hertzlich wünsche ich <...> daß ein guter Gott ihnen den Aonischen mit Bächen und Gebüsch durchflochtenen Winckel der Erde verleihe, d̶ damit ihre Verheißungen erfüllt werden; dürffte ich wohl einen Kühnen Wünsch [sic] wagen, so ware es dieser, daß da mir die Natur versagt Horatzen nachzufliegen, das Gluck mir das <...> Vermögen eines *Maecenas* gäbe; sie sollten ein *Tivoli* ein *Tusculum* oder in denen angenehmen Gegenden von *Tarent*, das einfacheste und lustigste Landgut haben.[154]

Im Rahmen seines Schreibens bestätigt Guichard Ramlers doppelte Stilisierung als deutsches Pendant von Pindar und Horaz („so haben *Pindar* u Horatz gedichtet"). Ausgangspunkt hierfür ist Ramlers Ode *Abschied von den Helden*, die Guichard vorliegt und auf die er sich mit teils wörtlichen Anleihen immer wieder bezieht. Zitiert seien die entsprechenden Verse aus Ramlers Gedicht:

> Noch viele goldne Pfeile ruhn unversucht
> Im Köcher eines Dichters, der frühe schon
> Sein Leben ganz den liederreichen
> Schwestern Uraniens angelobt hat;
>
> [...]
>
> Verleiht, bevor diess Haupthaar der Reif umzieht,
> Ein guter Gott mir Einen Aonischen

(1763) stehen. Gellert schildert seine Audienz bei Friedrich II. (11. Dezember 1760) in Briefen an Johanna Erdmuth von Schönfeld (12. sowie 15. Dezember 1760), Gottlieb Wilhelm Rabener (5. Februar 1761) sowie an Unbekannt (1761) (vgl. Gellert, Christian Fürchtegott: Briefwechsel, Bd. 3, hg. von John F. Reynolds, Berlin u. New York 1991, S. 78–81, S. 83f., S. 99–101; sowie Gellert, Christian Fürchtegott: Briefwechsel, Bd. 5, hg. von John F. Reynolds, Berlin u. New York 2013, S. 299–303). Karsch berichtet Vorbereitung und Verlauf ihrer Audienz bei Friedrich II. am 11. August 1763 im Brief an Gleim vom 15. August 1763 (vgl. Nörtemann (Hrsg.): „Mein Bruder in Apoll". Briefwechsel zwischen Anna Louisa Karsch und Johann Wilhelm Ludwig Gleim. Band 1. Briefwechsel 1761–1768, S. 182–185).

[154] Karl Gottlieb Guichard an Ramler am 20. April 1765 (GSA 75/84, 1ʳ–1ᵛ).

Mit Bächen und Gebüsch durchflochtnen
Winkel der Erde: so sollen alle

Durch alle Winde fliegen, den Weisesten
Ein süsser Klang, dem Ohre des blöden Volks
Unmerklich. [...]¹⁵⁵

Als ‚deutscher Pindar' stilisiert sich Ramler in der ersten Strophe mithilfe einer Anspielung auf dessen zweite olympische Ode.¹⁵⁶ In ihr hält Pindars lyrisches Ich fest, es „[habe] [v]iele schnelle Geschosse [...] unter dem Ellbogen / in meinem Köcher, / die den Verständigen etwas sagen; für die Menge bedürfen sie der Deuter".¹⁵⁷ An die Auslegung der Verse als Manifest für „eine betont elitäre Auffassung des eigenen Dichtens"¹⁵⁸ schließt Ramler im *Abschied von den Helden* an. Seine Oden seien „den Weisesten / Ein süsser Klang, dem Ohre des blöden Volks / Unmerklich" (s. o.). Guichard wiederum spiegelt den exklusiven Charakter von Ramlers Dichtung, indem er sich im Schreiben als einer der „wenige[n] Kenner" präsentiert, die den Wert von Ramlers Odendichtung erfassen.

Parallel inszeniert sich Ramler in seiner Ode als „deutscher Horaz". Hierzu imaginiert er die Abgeschiedenheit von Horaz' sabinischem Landgut in der Nähe von Tibur und wünscht, wie dieser in ländlicher Umgebung („Aonischen [...] Winkel") seiner musischen Tätigkeit nachgehen zu können.¹⁵⁹ Guichard verstärkt

---

¹⁵⁵ Ramler, Karl Wilhelm: Oden, Berlin 1767, S. 93f.
¹⁵⁶ Am Rande sei auf den polemischen Gebrauch der vossianischen Antonomasie in Nietzsches *Vom Nutzen und Nachtheil der Historie für das Leben* (1874) verwiesen, der Gottsched und Ramlers literarisches Schaffen u. a. vor dem Hintergrund der Poetik des Sturm-und-Drang perspektiviert: „Immerhin: es giebt jetzt vielleicht hundert Menschen mehr als vor hundert Jahren, welche wissen, was Poesie ist; vielleicht giebt es hundert Jahre später wieder hundert Menschen mehr, die inzwischen auch gelernt haben, was Cultur ist, und dass die Deutschen bis jetzt keine Cultur haben, so sehr sie auch reden und stolziren mögen. Ihnen wird das so allgemeine Behagen der Deutschen an ihrer ‚Bildung' ebenso unglaublich und läppisch vorkommen als uns die einstmalig anerkannte Klassicität Gottscheds oder die Geltung Ramlers als eines deutschen Pindar [...]" (Nietzsche, Friedrich: Sämtliche Werke. Kritische Studienausgabe. Bd. 1. Die Geburt der Tragödie. Unzeitgemäße Betrachtungen I–IV. Nachgelassene Schriften 1870–1873, hg. von Giorgio Colli und Mazzino Montinari, 2. Aufl., München, Berlin, New York 1988, S. 325).
¹⁵⁷ So Pind. O. 2, 83–86 in der Übersetzung von Eugen Dönt (Pindar: Oden. Griechisch/Deutsch, übers. von Eugen Dönt, Stutgart 2001, S. 19).
¹⁵⁸ Nünlist, René: Poetologische Bildersprache in der frühgriechischen Dichtung, Beiträge zur Altertumskunde 101, Stuttgart u. Leipzig 1998, S. 147.
¹⁵⁹ Mit der Wendung „Einen Aonischen / Mit Bächen und Gebüsch durchflochtnen / Winkel der Erde" dürfte sich Ramler auf Hor. epist. 1, 16, 8–13 beziehen. Horaz schildert hier die Vegetation im Umfeld des Sabinums, erwähnt zudem „Quelle" und „Bach" (*fons etiam rivo dare nomen idoneus*, Hor. epist. 1, 16, 12). Dass die Anspielung für Guichard transparent ist, zeigt er in seinem Schreiben mit der Trias „*Tivoli*" (also

Ramlers horazianische Selbststilisierung, indem er die Hoffnung äußert, seinerseits die Rolle eines „*Maecenas*" übernehmen zu können. Die antike prototypische Konstellation von Mäzen und Dichter dient folglich sowohl Ramler als auch Guichard dazu, ihre Suche nach literarischer und materieller Förderung beziehungsweise Förderbereitschaft zu modellieren.

In diesem Sinne kommentiert Guichard im zweiten erhaltenen Schreiben, das aus dem Jahr 1766 stammt, die ausbleibende Förderung deutscher Autorinnen und Autoren in Preußen:

> Unterdeßen kann ich ihnen nicht genug meine Zufriedenheit aus drücken, über der glucklichen Arbeit meiner landesleüte. Wie hart ist es nicht fur mir taglich solche wiedrige Urtheile davon zu hören, und sie wed nicht vertheidgen zu dürffen. Ich weiß es daß wir so viel *genie* besitzen als andre *nationen*, daß es ein unnatürliches Vorurtheil ist welches man gegen unser Vermogen <...> so gut als andre dichter zu kennen heist [?]. Allein Helden müthiger freund, laßen sie sich ja darum nicht abschrecken, dise Bahne weiter zu betreten. Vernünfftge Kenner und die Nachwelt, werden ihnen Gerechtigkeit widerfahren laßen. Ihre *Ode* an den Konig ist ein Meisterstück, und kann ich sie nicht genug bewundern. Bitten sie doch den Himmel fur mir, daß er mir ein ruhiges Gemüthe, Zeit u. muse Muße giebt. Ich will alsdann nichts anders thun, als mich mit mir unsern deutschen Musen [?] abgeben, und den Werth derselben aller Welt anpreisen.[160]

Guichard identifiziert sich mit Ramlers Perspektive und disqualifiziert die „wiedrige[n]" Einschätzungen im Umfeld des Königs aufgrund mangelnder Stichhaltigkeit. Erneut bleibt es „[v]ernünfftge[n] Kenner[n]" vorbehalten, die sprachliche und künstlerische Meisterschaft von Ramler Oden („*genie*") zu erkennen. Eine detaillierte Analyse maßgeblicher Rezeptionshemmnisse liefert Guichard im Folgeschreiben vom Juli 1767:

> Jetzo liebster freünd, herrscht ein gantz andrer Geschmack, u. sie müßen mir gestehen; daß das Lyrische im Erhabene in der Lyrischen Dichtkunst, welches sie so vortrefflich <...> erreichen diejenigen mehr nehren u entzücken muß, welche das Alterthum in seinem Geschmack u. Gewohnheiten kennten als unsere neue teutsche leser die Verstand haben konnen, un[d] doch den Werth ihrer Gedichte nicht einsehen werden. [...] Die Ode die sie auf der Wiederkunfft des Konigs gesungen haben, bleibt ein Meisterstuck, sie gefällt mir des wegen furnehmlich, weil sie [?] um ihre Schonheit zu fühlen, das dencken allein und keine Gelehrsamkeit erfordert wird. So

Tibur), „*Tusculum*" und „*Tarent*". Hierbei verbindet Guichard den Verweis auf Ciceros Landgut *Tusculanum* mit einer Referenz auf Hor. epist. 1, 16, 11: „Sagst vielleicht, hier scheint das grüne Tarent dir nähergerückt schon" (Quintus Horatius Flaccus: Satiren. Briefe. Sermones. Epistulae. Lateinisch-deutsch, S. 199). Die Parallelisierung von Tibur und Tarent findet sich ebenfalls in Hor. epist. 1, 7, 44f.: „Schlichten Menschen ziemt Schlichtes: Nicht Rom mehr, das prächtige, lockt mich, / Nur noch das ruhige Tibur oder Tarent, das so friedvoll" (ebd., S. 173).

[160] Karl Gottlieb Guichard an Ramler am 22. Juli 1766 (GSA 75/84, 3ʳ).

> seynt auch noch andre Oden in der Sammlung dergleichen kein frantzose jemahlen gemacht hat. Was soll ich ihnen aber sagen von dem Geschmack u. Beyfall des Konigs? Niemand hat mehr von ihnen krafftiger zu ihm als ich geredet. Allein dis ist das Schicksahl unserer landesleüte, daß wir den fortgang ~~unserer~~ in der Kunst, und die Verdienste in denen Wißenschafften keinem fursten und Konige zu dancken haben sollen. Friedrich ist der große Held, ~~allein er~~ und verdient ~~den~~ Lorbehr Krantze, den ihm aber die teutsche Musen nicht flechten ~~sollen~~ müßen. Glauben sie gewiß daß [ich, M. B.] keine Gelegenheit vorbey gehen laße, ihre Verdienste dem Undanckbahren zu preisen. Wir hoffen doch.[161]

Mit seinen Überlegungen berührt Guichard zwei prinzipielle Hürden für die Popularität klassizistischer Literaturproduktion: *Zum einen* treffe Ramlers Hochstillyrik auf gewandelte literarische Vorlieben („Geschmack u. Gewohnheiten"), weswegen ihm weit weniger Erfolg beschieden sei als seinen antiken Vorbildern zu ihrer Zeit. *Zum anderen* setze Ramlers literarische Produktion meist klassische Bildung und Kenntnisse der antiken Prätexte voraus („Gelehrsamkeit"), was den Adressatenkreis beschränke. Ausdrücklich hebt Guichard hingegen die Gemeinverständlichkeit von Ramlers Ode *Auf die Wiederkunft des Königes* hervor, bei der „das dencken allein" genüge, um ihre Poetizität („Schonheit") wahrzunehmen. Als zweiter Problemkreis erweisen sich erneut die literarischen Präferenzen Friedrichs II. („Geschmack"). Nachdrücklich betont Guichard seinen Einsatz für Ramlers Wahrnehmung beim König und sieht zugleich die Aussichtslosigkeit seiner Bemühungen („Wir hoffen doch").

Dieser argumentativen Linie – literaturpatriotische Versicherung seines Engagements für Ramler bei gleichzeitiger Problematisierung von Rezeptionsschwierigkeiten – bleibt Guichard auch in der Folgezeit treu:

> Ihre *od*en seynt allezeit fur Kenner schon [schön, M. B.], die auf dem Printz Heinrich vorzüglich. Die Frantzosen verkennen den Styl der oden, u weiß ich gar wohl daß auch unter denen Deütschen wenig seynt die davon einen Begriff haben, vielweniger das Harmonische des *Metrums* fühlen. Wann ich nicht die unbegrifflich geringe Kenntnis der Sprache bey dem *Monarchen*, und den auf Vorurtheile gegründeten Wiederwillen gegen seine Muttersprache kennte, so würde ihm gewiß ihre oden zu lesen geben, oder vorlesen wollen. allein ich wage zu viel bey dieser Unternehmung. Es ist jetzo gewiß daß der *Monarche* <...> die beste Meynung von ihrem Fleiß u. vorzuglichen Verdiensten hat. Eine nicht recht verstandene Ode ~~d~~ worinnen dasjenige was wurcklich schön ist, ihm ein Hauptfehler zu seyn schiene, würde das gute nicht stifften welches man billig davon hoffen sollte.[162]

Ausdrücklich warnt Guichard somit Ramler davor, seine Dichtungen Friedrich II. zu präsentieren. Bereits die mangelhaften Deutschkenntnisse des Königs stünden dem Versuch entgegen, seine Vorurteile gegenüber deutscher Literatur durch die

---

[161] Karl Gottlieb Guichard an Ramler am 21. Juli 1767 (GSA 75/84, 5ʳ–5ᵛ).
[162] Karl Gottlieb Guichard an Ramler am 16. April 1770 (GSA 75/84, 7ʳ–7ᵛ).

Auseinandersetzung mit Texten in der Originalsprache aufzulösen. Vielmehr vertröstet Guichard Ramler mit der paradoxen Strategie, seine Dichtung gegenüber dem König zu loben, ohne dieses Lob jedoch durch ausgewählte Texte anschaulich werden zu lassen oder zu belegen. Allein Ramlers deutsche Prosa-Übersetzung von Friedrichs *Dialogue de morale à l'usage de la jeune noblesse* (1770) habe er diesem als Beispiel für Ramlers literarische Kompetenzen vorgelegt: „Ihre deutsche Übersetzung seines *dialogues* hat ihm unterdeßen besonders gefallen, u. die drey Zeilen die er sich bezwungen hat davon zu lesen, geben Ew. Wohlgeb[oren] ein Recht von ihm Zeichen seiner Gnad zu fordren."[163] Guichard führt seinem Korrespondenzpartner Ramler auf diese Weise noch einmal Friedrichs Abneigung gegenüber deutscher Sprache und Literatur vor Augen. Anschaulich hebt er hervor, welchen ‚Zwang' die Lektüre deutschsprachiger Texte für den König bedeute. Folglich unterbinden bereits die von Guichard gesetzten Rezeptionsschranken Ramlers Versuche, sich als Autor klassizistischer Hochstillyrik gegenüber Friedrich II. zu profilieren.

2.2.2 Offiziere um Knebel

Als entscheidend für Ramlers weitere Bemühungen um eine anerkennende Reaktion des Königs erweist sich die Freundschaft zu Karl Ludwig von Knebel (1744–1834). Knebel tritt bereits 1765 ins Potsdamer Regiment „Prinz von Preußen" ein, das von Kronprinz Friedrich Wilhelm (II.) kommandiert wird, und steht noch im selben Jahr in freundschaftlichem Kontakt zu Johann Dietrich Gilbert (1745–1776). Dieser wirkt seit 1766 als Anwalt am Berliner Kammergericht[164] und dürfte Ramler als Mitglied des Montagsklubs spätestens 1768 kennengelernt haben.[165] Ramlers Bekanntschaft zu Knebel scheint wiederum über Gilbert vermittelt worden zu sein. Für Knebel übernimmt Ramler seit 1769 die Rolle eines literarischen

---

[163] Karl Gottlieb Guichard an Ramler am 16. April 1770 (GSA 75/84, 7ᵛ). Zu Ramlers Übersetzung vgl. Volz, Gustav Berthold und Friedrich von Oppeln-Bronikowski (Hrsg.): Die Werke Friedrichs des Großen, Bd. 8, Berlin 1913, S. 268: „Die Schrift wurde für die *Académie des Nobles* und das Kadettenkorps verfaßt und zugleich mit dem französischen Text in deutscher Übersetzung von Ramler gedruckt." Ramlers Übersetzung erscheint 1770 unter dem Titel *Moralisches Gespräch zum Gebrauch der adelichen Jugend. Aus dem Französischen übersetzt.*
[164] Vgl. den Eintrag seines Bruders Johann Carl Ludwig (Straubel, Rolf: „Steuerrat Johann Carl Ludwig Gilbert (1742–1795)", in: Straubel, Rolf: *Biographisches Handbuch der preußischen Verwaltungs- und Justizbeamten. 1740–1806/1815*, Bd. 1, München 2009, S. 310).
[165] Gilbert tritt dem Klub im Dezember 1767 bei (vgl. Sachse, Gustav Adolf und Karl Rudolf Eduard Droop (Hrsg.): *Der Montagsklub in Berlin. 1749–1899. Fest- und Gedenkschrift zu seiner 150sten Jahresfeier*, Berlin 1899, S. 116f.). Seit 1768 unterhält Ramler nachweislich freundschaftliche Verbindungen zu Gilbert und seiner Frau Sophie, vgl. deren ersten Brief an Ramler vom 2. Dezember 1768 (GSA 75/73).

Mentors.[166] Konstitutiv für den Freundeskreis zwischen Gilbert, Knebel und Ramler sind dabei nicht allein Korrespondenzen, sondern ebenso Knebels Besuche in Berlin. Wie Einträge seines Tagebuchs von 1771/1772 belegen, hält er sich dort in regelmäßigen Abständen auf und trifft unter anderem Gilbert und Ramler.[167] Darüber hinaus wirbt Knebel bei literaturinteressierten Offizieren in Potsdam offensiv für Ramler, was sich in gemeinsamen Besuchen bei ihm niederschlägt.[168]

Auf Basis dieser ausgeweiteten Kontakte in das Potsdamer Umfeld Friedrichs II. wird es Ramler möglich, zu Beginn des Jahres 1772 Guichards weiteres Vorgehen zu beobachten. Entgegen seiner früheren Zurückhaltung übernimmt Guichard einen Versuch, Friedrich II. mit Texten von Ramler bekannt zu machen. Karl Ludwig Knebel erfährt am 18. Februar 1772 durch befreundete Offiziere vom Scheitern der Aktion:

Warnsdorf und Kessel erzählten mir auf Parade den fehlgeschlagenen Versuch des Obristlieu[tenant] Quintus, Ramlers Gedichte bey dem König beliebt zu machen. Der König hat über alles gelacht, und ihm versichert, dass die Deutschen doch nichts machen könnten. – Ich war darüber etwas aufgebracht; und schrieb es Nachmittags an Nicolai.[169]

Am 26. Februar wendet sich Knebel schließlich an Ramler:

Nicht ganz so vermag der preußische grosse Monarch den Werth seines Einzigen Ramlers, der ihm dazu am meisten angehört, einzusehen. Ein neueres Beyspiel davon, ist der leztere Vorfall mit Quintus. Er suchte nochmals Ihre Muse bei dem Könige einzuführen, und wie solches abgelaufen seye, läßt sich wohl errathen. Der König versteht auch nicht die gemeinsten Ausdrücke der deutschen Poësie.

---

[166] Karl Ludwig Knebel eröffnet den Briefwechsel am 22. Januar 1769 (GSA 75/108). Der erste erhaltene Brief von Ramler stammt vom 27. Februar 1769 (vgl. Varnhagen von Ense, Karl August und Theodor Mundt (Hrsg.): K. L. von Knebel's literarischer Nachlaß und Briefwechsel, Bd. 2, Leipzig 1835, S. 31f.).

[167] So begegnet Knebel u. a. Gilbert und Ramler am 21. Februar, 18. April und 30. Juli 1771 in Berlin, vgl. Karl Ludwig von Knebel: Tagebuch meines Lebens, 21. Dezember 1770 bis 27. August 1772 (GSA 54/348, 20ᵛ–21ʳ; 32ᵛ; 39ᵛ). Vom 28. bis 30. August 1771 besucht Ramler als Teil einer „*Gesellschaft*" Potsdam und besichtigt am 29. August u. a. mit Knebel „*ganz Sans Souci*" (ebd., 43ʳ).

[168] Am 18. Oktober 1771 trifft Knebel (gemeinsam mit Karl Wilhelm Byern) erneut Ramler (vgl. GSA 54/348, 46ʳ). Auch am 7. Februar 1771 (vgl. ebd., 56ᵛ–57ʳ) und am 8. Juni 1772 (vgl. ebd., 66ᵛ) hält sich Knebel mit von Byern in Berlin auf. Bereits am 5. Februar 1770, somit parallel zu Guichards Bemühungen, erörtert Friedrich Wilhelm von Aschersleben gegenüber Ramler seine Möglichkeiten, dem König sowie „Sr. Königl[ichen] Hoheit", „dem Printz[en]", Texte von Ramler zuzuspielen (GSA 75/15, 1ʳ). Abschließend übermittelt er u. a. Knebels Grüße, was auf dessen vermittelnde Rolle hindeutet (vgl. GSA 75/15, 2ʳ).

[169] Karl Ludwig von Knebel: Tagebuch meines Lebens, 21. Dezember 1770 bis 27. August 1772 (GSA 54/348, 57ᵛ).

Umhüllt, war ihm ein ganz unverständliches Wort, so wie, eine Hand voll Müden. Quintus, der eben auch nicht der geschickteste Vertheidiger der deutschen Muse seyn mag, nahm die horazischen Oden zur Hand, weil er glaubte, daß der König, aus einiger Bekanntschaft mit dem Originale, dieselben eher verstehen würde. Dieser ließ ihm nicht Zeit etwas daraus vorzulesen, ergrif das Buch zuerst, und traf auf die Stelle, Boreas bellet im Meer p, welches dem guten Könige herzlich zu lachen machte. So viel habe ich von glaubwürdigen Personen hievon gehöret; denn den Obristlieut[enant] Quintus hab' ich selbst nicht gesprochen. Ich habe Ihnen aber davon schreiben wollen, weil ich weiß, daß sie die Sache ansehen, wie ich. So wie Ihnen der Beyfall des Königes von dem äussersten Werthe gewesen seyn würde, so ist Ihnen doch sein Tadel nicht von dem allergeringsten; weil er von einem gänzlichen Unverständlichkeitniße der Sache herkömmt.[170]

Knebels Darstellung ist von einer apologetischen Haltung geprägt. Dass Guichards Vorstoß im Februar 1772 kläglich scheitert, sei maßgeblich auf Friedrichs notorische Unkenntnis des Deutschen sowie auf Guichards halbherzige Bemühungen zurückzuführen, der es im Austausch mit dem König an strategischem ‚Geschick' und Hartnäckigkeit habe fehlen lassen. Guichard wiederum kehrt in Folge dieses Rückschlags zu seiner vormaligen Strategie zurück und lehnt es ab, dem König Ramlers gesammelte *Lyrische Gedichte* (1772) zukommen zu lassen:

> Schicken sie immer davon ein *Exemplar* an den *Monarchen*. Er wird ihren Fleiß u. ihre Bemühungen allezeit loben, ohne ihre Gedichte zu lesen. Denn würcklich ist er dadurch zu entschuldigen, <…> daß er das Teütsche vergeßen hat, u. also unmöglich einen Geschmack, in der Lesung teutscher *Oden* finden kann. Wann ich dem Monarchen sage daß alle Kenner der Dichtkunst ihre Oden als Muster-Stücke betrachten, so habe ich nicht so wohl die Absicht ihn zu bewegen sie zu lesen, als ihm verstehen zu geben wie es einem König der Teütschen zu käme, Teutsche Dichter die seiner Regierung u Zeitalter Ehre machen, wenigstens der Nachwelt zu Gefallen zu belohnen.[171]

Damit stellt Guichard abschließend die Aussichtslosigkeit seiner Bemühungen vor Augen. Ramler könne höchstens mit einem formelhaften Lob rechnen, das der König auf Basis ihm zugetragener Urteile ausspreche. Nicht literarische Wertschätzung, sondern Friedrichs postume Wahrnehmung durch ein deutschsprachiges Publikum sind leitend. Neu hingegen ist, dass Guichard Friedrichs Ignoranz rechtfertigt. Mit Blick auf dessen fehlende Sprachkenntnisse sei sie „zu entschuldigen". Ramler teilt Knebel am Folgetag mit, seine Bemühungen (vorerst) einstellen zu wollen.[172] Dabei bleibt es jedoch nicht. Wegweisend für Ramlers weiteres

---

[170] Karl Ludwig von Knebel an Ramler am 26. Februar 1772 (GSA 75/108, 4ʳ–4ᵛ). Vgl. zu Knebels Brief Maltzahn, Hellmuth Freiherr von: Karl Ludwig von Knebel. Goethes Freund, Jena 1929, S. 23–25.
[171] Karl Gottlieb Guichard an Ramler am 3. Juli 1772 (GSA 75/84, 9ʳ).
[172] Vgl. Ramler an Karl Ludwig von Knebel am 4. Juli 1772: „Das Exemplar, das dem

Vorgehen und den letztlich gelingenden Versuch, seine Gedichte bei Friedrich II. zu lancieren, wird ein Vorschlag Knebels. Bereits Ende Februar 1772 und damit wenige Tage nach dem Potsdamer Fiasko rät dieser, Ramler möge seine Gedichte ins Französische übersetzen lassen. Dies sei das einzig probate Mittel, den Rezeptionsunwillen des Königs zu überwinden.[173]

2.2.3 Entstehungsgeschichte der *Poesies lyriques*

Ramlers *Poesies lyriques* (1776, vordatiert auf 1777) gehören in die Reihe jener französischen Übersetzungen von Texten deutscher Autoren, die als maßgeblichen Rezipienten Friedrich II. adressieren. Schon Samuel Gotthold Lange integriert in seine *Horatzischen Oden* (1747) eine französische Übersetzung des umfangreichen Gedichts *Die Siege Friedrichs, besungen im September*.[174] 1750 wenden sich Bodmer, Sulzer und Kleist mit einer französischen Prosafassung der ersten beiden Gesänge von Klopstocks *Messias* an den Akademiepräsidenten Pierre de Maupertuis und Voltaire, scheitern jedoch mit ihren Bemühungen um Klopstocks Förderung durch Friedrich II.[175] Guichard wiederum überreicht dem König eigenhändige Übersetzungen von Gedichten Anna Louisa Karschs, weckt Friedrichs Interesse und bereitet so Karschs Audienz im August 1763 vor.[176]

    Helden bestimmt war, der am meisten darin gelobt worden ist, steht, wohl eingeklemmt, in meinem Bücherschrank. *Stat aeternumque stabit infelix liber*. Ich getraue es mir nicht vor die Ohren eines im Rousseau und Gresset so belesenen und selbst eben so schön dichtenden Meisters zu bringen" (zit. nach Varnhagen von Ense/Mundt (Hrsg.): K. L. von Knebel's literarischer Nachlaß und Briefwechsel, S. 37).

[173] Vgl. Karl Ludwig von Knebel an Ramler am 26. Februar 1772: „Ich habe Ihnen aber deshalb einen Vorschlag thun wollen! Möchte es nicht gut seyn, wann Sie einige Ihrer Oden, als Z. E. die Erste Ihres Od[en]buches [?], oder die lezte dieses Jahres, wie auch die <u>an den Frieden</u> und dergl[eichen] ins Französische übersezen liessen, solche, wann gleich mit der ganzen Seine und Rhone durchwässert, an den Obristlieut[enant] Quintus schickten, ihm deshalb danckten, daß er es nochmals unternommen habe, Ihre Muse bey dem König einzuführen, und von dem Werthe des Beyfalls des leztern gedrungen, ihn ersuchten, gedachte französische Uebersetzungen doch noch zum leztenmale dem Könige, mit einiger Vorsicht, vorzulegen. Dies ist, nach meiner Einsicht, der lezte Schritt, den Sie hiebey thun können" (GSA 75/108, 4ᵛ).

[174] Vgl. Lange, Samuel Gotthold: Horatzische Oden nebst Georg Friedrich Meiers Vorrede vom Werthe der Reime, Halle 1747, S. 4–21.

[175] Vgl. Pape, Helmut: Klopstock. [...] Idee und Wirklichkeit dichterischer Existenz um 1750, Frankfurt a. M. u. a. 1998, S. 250–260. Die Entstehung von Tscharners Übersetzung der ersten drei Gesänge des *Messias* (seit 1748), auf die Bodmer, Sulzer und Kleist zurückgreifen, rekonstruiert Stoye, Enid: Vincent Bernard de Tscharner. 1728–1778. A study of Swiss culture in the eighteenth century, Fribourg 1954, S. 54–60.

[176] Vgl. Anna Louisa Karsch an Johann Wilhelm Ludwig Gleim am 15. August 1763 (vgl. Nörtemann (Hrsg.): „Mein Bruder in Apoll". Briefwechsel zwischen Anna Louisa Karsch und Johann Wilhelm Ludwig Gleim. Band 1. Briefwechsel 1761–1768,

Auch die *Poesies Lyriques de Monsieur Ramler* sind funktional auf Friedrich II. als primären Rezipienten zugeschnitten. Bereits der Umstand, dass Ramler eine Buchausgabe mit Übersetzungen veranstaltet, ist bemerkenswert: Friedrichs Schwierigkeiten, Ramlers deutsche Originale zu verstehen, hätten sich auch mit (Abschriften von) Übersetzungen ausgewählter Gedichte beheben lassen. Texte von Ramler finden sich beispielsweise in Michael Hubers vierbändigem *Choix de poésies allemandes* (1766), der zeitgenössisch maßgeblichen Anthologie deutscher Dichtungen in französischer Sprache (s. u.).

Mit seiner Buchausgabe weitet Ramler die Anzahl der übersetzten Gedichte jedoch nicht allein aus, er arrangiert sie zudem als repräsentatives Korpus. Die *Poesies lyriques* umfassen auf Basis der *Lyrischen Gedichte* (1772) Ramlers sämtliche Oden in französischen Prosafassungen sowie seine weltlichen musikalischen Dichtungen. Es fehlen hingegen die Übersetzung von John Drydens Ode *Alexanders Fest* sowie die Übersetzungen ausgewählter Horaz-Oden.[177] Gründe hierfür dürften die Konzentration auf Ramlers Werke, also seine Profilierung als ‚Originaldichter' sein, sowie der Umstand, dass die zentrale Leistung der *Oden aus dem Horaz* durch eine Übersetzung in französischer Prosa nicht wiederzugeben wäre: die exakte metrische Nachahmung der lyrischen Maße im Deutschen.[178] Dass auch Ramlers geistliche Kantaten in den *Poesies* konsequent fehlen, ist als strategisches Zugeständnis an Friedrichs Vorbehalte gegen das Christentum zu werten. So übernimmt Ramler für seine *Poesies lyriques* aus Hubers *Choix de poésies allemandes* die Übersetzung seines *Lieds der Nymphe Persantëis*, jedoch gerade nicht Hubers Version des *Tod Jesu*.[179] Dass die Passionskantate in den *Poesies* fehlt, steht zudem im deutlichen Kontrast zur zeitgenössisch enormen Popularität des Textes und seinen vielfachen Vertonungen.

An den Texten der *Poesies lyriques* arbeitet Ramler zwischen 1773 und 1776 zusammen mit François Cacault (1742–1805). Seit 1769 bereist der Franzose das europäische Ausland und hält sich 1772/1773 in Deutschland auf.[180] Die Initiative

S. 182f.).

[177] Zum Kontext der Dryden-Übersetzung vgl. Lütteken: „Zwischen Berlin und Hamburg. Ramler in der Musikkultur des 18. Jahrhunderts", S. 190.

[178] Vgl. hierzu Kap. 3.1.3.

[179] Der *Chant de la Nymphe Persantis* [sic] und *La mort de Jesus* finden sich in Huber, Michael: Choix de poésies allemandes [...], Bd. 2, Paris 1766, S. 211–213 bzw. S. 80–92. Hubers Übersetzung der Ode geht, wie er anmerkt, auf eine frühere Version in der Januarausgabe 1762 des *Journal étranger* zurück (vgl. „Chant de la Nymphe Persantis. A Colberg, ce 24 septembre 1761", *Journal étranger* [1762], S. 222–225). Ramler setzt in den *Poesies lyriques* den Vermerk „*Traduit Par Mr. Huber*" (Ramler/Cacault: Poesies Lyriques de Monsieur Ramler. Traduites de l'Allemand, S. 57).

[180] Charles Joret rekonstruiert v. a. anhand brieflicher Zeugnisse die Stationen von Cacaults Deutschland-Aufenthalt (vgl. Joret, Charles: „Cacault écrivain", *Annales de Bretagne. Revue Trimestrielle. Publiée par la faculté des lettres de Rennes [...]* 20/4 [1904], S. 409–430; auch als Separatdruck [Paris 1905] erschienen). Unter anderem hält sich Cacault von März bis Juni 1773 in Wolfenbüttel auf und bereitet eine

zur Übersetzung geht zunächst von Cacault aus, der spätestens ab Mitte Januar 1773 in Berlin eine erste Fassung im Austausch mit Ramler redigiert.[181] Neben Hubers Übersetzung des *Lieds der Nymphe Persantëis* kann Cacault auf Übersetzungen von Ramlers Solokantaten *Ino* und *Pygmalion* zurückgreifen, die ein Mr. de Virly ihm bereits 1772 in Leipzig zur Verfügung stellt.[182] Ende Februar 1773 verlässt Cacault Berlin und reist über Halberstadt nach Wolfenbüttel. Aus Empfehlungsbriefen an Lessing geht hervor, dass er die Übersetzung in dieser Zeit abschließt und zum Druck nach Paris schickt.[183] Ramler und sein Berliner Verleger

> Auswahlübersetzung von Lessings *Hamburgischer Dramaturgie* vor. Ähnlich wie im Fall von Ramlers *Poesies lyriques* geht die Publikation dieser Übersetzung (mit noch deutlicherem Zeitabstand) im Jahr 1785 nicht mehr auf Cacaults Initiative zurück (vgl. Dramaturgie, ou observations critiques. Sur plusieurs Pieces de Théâtre, tant anciennes que modernes. Ouvrage intéressant, traduit de l'Allemand, de feu M. Lessing, par un Francois. Revu, corrigé & publié par M. Junker [...], Paris 1785). Einen knappen Überblick zu Cacaults Leben, darunter seinem diplomatischen und politischen Wirken seit 1775 sowie seinen Aktivitäten als Kunstsammler, bietet Sarrazin, Béatrice: Catalogue raisonné des peintures italiennes du musée des Beaux-Arts des Nantes. XIIIe–XVIIIe siècle, Paris 1994, S. 21–40. Sarrazin stützt sich in Ihrer Darstellung von Cacaults Reisejahren v. a. auf Bourdeaut, der in seiner Doppelbiographie der Brüder Cacault den Deutschland-Aufenthalt umreißt (vgl. Bourdeaut, A.: „François et Pierre Cacault. Les origines du Concordat et le Musée des beaux-arts de Nantes", *Mémoires de la Société d'Histoire et d'Archéologie de Bretagne* 8/1 [1927], S. 75–182, hier S. 86f.).

[181] Vgl. Karl Lessing an Gotthold Ephraim Lessing am 16. Januar 1773: „An Ramlers Oden hat er so viel Geschmack gefunden, daß er sie übersetzt hat, und die Übersetzung itzt unter Ramlers Aufsicht verbessert und ausfeilt. In Paris sollen sie gedruckt, und unserm Könige dediciert werden" (zit. nach Lessing, Gotthold Ephraim: Werke und Briefe. Bd. 11,2. Briefe von und an Lessing. 1770–1776, hg. von Helmuth Kiesel, Frankfurt a. M. 1988, S. 502).

[182] Vgl. Christian Felix Weißes Hinweis an Ramler vom 6. Mai 1773: „Auf unsers *Cacault* Übersetzung bin ich begierig. Ein gewisser vortrefflicher junger Franzos, der hier etliche Jahre studiret, *M. de Virly* war mit dem, was *Cacault* hier davon übersetzt, nicht ganz zufrieden: hoffet aber, dass er, nachdem er Ihres Rathes dabey genossen, vieles werde geändert haben: er selbst hat die Kantate *Ino* und *Pygmalion* übersetzt und sie auch Hn. *Cacault* dazu gegeben. Dieser *Mr. de Virly* wird Sie mit nächsten in Berlin besuchen, indem er nach Danzig geht. Er ist erst 18. Jahr, hat aber vor 1800 Franzosen Wissenschaft und Verstand" (zit. nach Schüddekopf, Karl (Hrsg.): „Briefe von Ch. F. Weisse an K. W. Ramler. Im Auszuge mitgeteilt. (Fortsetzung)", *Archiv für das Studium der neueren Sprachen und Literaturen* 79 [1887], S. 164–216, hier S. 193f.). Vgl. zudem François Cacaults Brief an Ramler vom 1. Juli 1774 (GSA 75/272, 2ᵛ): „quant aux cantates vous <...> que le jeune homme qui les a traduites n'avoit que 18 ans, qu'il étoit selon le temoignage des professeurs de Leipzig l'étudiant le plus appliqué et laborieux de l'université. si vous en doutez demandez le a Claudius. vous pouvez dire cela sans le nommer. Il est maintenant conseiller au châtelet de Paris [?] et deviendra j'espere un des nos magistrats le plus distingués[.] il s'appelle mr de Virly."

[183] Friedrich Nicolai spricht Ende Februar 1773 gegenüber Gotthold Ephraim Lessing noch

Voss sind über dieses Vorgehen informiert.[184] Die Absicht, die *Poesies lyriques* nicht in Berlin, sondern in der französischen Hauptstadt drucken zu lassen, dürfte als Versuch zu werten sein, das Prestige der Ausgabe zu steigern. Da Cacaults Einsatz vorerst erfolglos bleibt, wendet er sich am 1. Juli 1774 von London aus erneut an Ramler. Ausschlaggebend für die Absagen der Pariser Verleger seien fehlende Absatzmöglichkeiten einer Übersetzung von Ramlers anspruchsvoller Dichtung. Sie sei eben kein „freizügiger", also galanter, Roman:

> nos libraires ne veulent pas dans ce moment cy faire des avances pour des traductions dont le public est disent ils inondé. les messieurs la ne calculent pas d'aprés le jugement des meilleurs connoisseurs, si votre livre étoit un roman licentieux ils nous l'arracheroient des mains.[185]

Cacault, der zwischenzeitlich keine Antwort von Ramler erhalten hat, erkundigt sich nochmals Ende 1774, ob mittlerweile ein Druck in Berlin geplant sei, ist also zu diesem Zeitpunkt noch auffallend darum bemüht, sein Vorgehen mit Ramler abzustimmen. Dieser möge ihn umgehend über den aktuellen Stand in Kenntnis setzen: „Si vous avez pris des engagemens conformement a Ce que je vous ai écrit ditez le moi afin que je vous envoye le manuscript[.] donnez moi promptement de vos nouvelles a fin que nous ne fassions pas chacun de notre côté des choses differentes."[186]

Seit seiner Rückkehr nach Paris zieht sich Cacault hingegen von dem gemeinsamen Projekt zurück.[187] Die abschließende Textredaktion und Entscheidung für

---

    von Plänen: „Er hat Ramlers Oden ins Französische übersetzt, und will sie in Paris drucken lassen." Folgt man Johann Wilhelm Ludwig Gleims Schreiben an Lessing vom 28. Februar 1773, setzt Cacault diese Pläne in der Zwischenzeit um: „Zu Berlin hat er Ramlers Gedichte französiert; sie werden, wie er vermutet, denn er hat seine Übersetzung nach Paris geschickt, nächstens von unsern deutschen Franzosen können gelesen werden" (Lessing: Werke und Briefe. Bd. 11,2. Briefe von und an Lessing. 1770–1776, S. 531 bzw. S. 535).

[184] So informiert Christian Friedrich Voss Ramler am 1. Juli 1773: „*Cacaults* Übersetzung hat sich noch nicht sehen lassen, sie muß wohl noch nicht fertig seyn" (zit. nach Schüddekopf, Karl: „Die Vossische Buchhandlung und Ramler", *Vossische Zeitung, Nr. 49, Morgenausgabe*, 29.01.1905).

[185] François Cacault an Ramler am 1. Juli 1774 (GSA 75/272, 1ʳ). „Unsere Buchhändler wollen derzeit keine Anstalten zu Übersetzungen machen, von denen (wie sie sagen) das Publikum überschwemmt werde. Die Herren rechnen nicht nach dem Urteil der Kenner; wenn Ihr Buch ein freizügiger Roman wäre, würden sie ihn uns aus den Händen reißen" (Übersetzung M. B.).

[186] François Cacault an Ramler am 20. November 1774 (GSA 75/47, 1ʳ). „Sollten Sie bereits Bemühungen, wie ich sie Ihnen geschrieben habe, angestellt haben, sagen Sie es mir, damit ich Ihnen das Manuskript zusenden kann. Geben Sie mir sofort Nachricht, damit keiner von uns beiden seinerseits Abweichendes unternimmt" (Übersetzung M. B.).

[187] Folgt man einem Brief des Herrn von Winanko an Herrn von Briest, datiert auf den 15. Oktober 1777, ist wie im Falle von Lessings *Dramaturgie* auch Georg-Adam Juncker

einen Verlag gehen damit im Verlauf des Jahres 1775 endgültig auf Ramler über.[188] Vordatiert auf 1777 erscheint die Ausgabe seiner *Poesies lyriques* schließlich im Herbst 1776 mit den offiziellen Orts- und Verlagsangaben „A BERLIN, chez. CHRET. FRED. VOSS. Et A PARIS, chez BRUNET, rue des Écrivains, vis-à-vis S. Jaques la boucherie." Wie der Kontakt zum Verlag Brunet zustande kommt und zu welchen Konditionen das gemeinsame Verlegen der *Poesies lyriques* erfolgt, ist aus den erhaltenen Quellen nicht ersichtlich. Die Kooperation mit Voss dürfte die Bedenken des Pariser Verlegers und das Risiko eines magelndes Absatzes in der französischen Hauptstadt abgefedert haben. Mehr als drei Jahre nach dem vorläufigen Abschluss der Übersetzungsarbeiten und den Schwierigkeiten, einen französischen Verleger zu finden, ist es Ramler damit möglich, von einer „Pariser" Ausgabe seiner Gedichte zu sprechen und eine Rezeption seiner Lyrik in Frankreich zu suggerieren. Bereits die Wahl des Französischen und der Erscheinungsort Paris sollen die Dignität der *Poesies lyriques* erhöhen und die Aufmerksamkeit für Ramlers Lyrik im höfischen Umfeld Friedrichs II. fördern.

2.2.4 Zur Programmatik der Ausgabe

Für eine Prestigesteigerung der Ausgabe sorgen darüber hinaus druckgraphische Elemente. Ausgestattet ist Ramlers Ausgabe mit zwei Vignetten, die der Publikation eine literaturpolitische Programmatik voranschicken. Die über dem Beginn der Ode *An den König* (*Au Roi de Prusse*), also dem Auftaktgedicht der Sammlung, platzierte Kopfvignette zeigt im Zentrum eine Trophäe mit antikisierendem

---

an der Übersetzung von Ramlers *Poesies lyriques* beteiligt: „Der, oder vielmehr die Uebersetzer sind Mr. Cacau [sic], *homme de lettres* und Herr Junker, Professor der deutschen Sprache in Paris. Beide Herrn mögen recht gute Literatoren seyn, aber Dichter sind sie nicht. Den Erstern lernte ich vor Jahren bei R[amler] kennen." (Motte Fouqué, Caroline de la (Hrsg.): Blick auf Gesinnung und Streben in den Jahren 1774–1778. Aus einem Briefwechsel dreier Offiziere der Potsdammer Garnison, Stuttgart u. Tübingen 1830, S. 77–82, hier S. 80). Wann und in welchem Ausmaß Juncker tatsächlich beteiligt ist, bleibt jedoch offen.

[188] François Cacault kommentiert im Brief an Karl Ludwig Knebel vom 26. Dezember 1775 seinen Rückzug von einer gemeinsamen Realisation der Publikation. Er habe Ramler die Übersetzung übersandt, damit dieser sie in Berlin drucken lassen könne. Literatur sei für ihn selbst inzwischen nurmehr Freizeitbeschäftigung: „J'ai envoyé a Mr Ramler la traduction de son ouvrage pour que votre libraire l'imprime s'il en a envie. Les livres ne sont plus pour moi qu'une ressource et un delassement travaillez grands genie pour remplir mes loisirs" (GSA 54/134, 1^v). 1776 lässt er Ramler eine Abschrift von dessen Randkorrekturen zukommen: „vous trouverez, Monsieur, a la marge les nottes que vous m'avez demandées. je vous ~~demande~~ prie de me pardoner les negligences de ma copie si cette traduction peut vous faire quelque plaisir j'aurai rempli l'objet que je me suis proposé" (GSA 75/47, 3^r).

Helm, Schild und Lanze sowie einer Rahmung aus Girlanden, Siegerkranz und Posaunen (vgl. Abb. 7 u. Abb. 8).

Abbildung 7: Seite 3 der *Poesies lyriques* mit dem Beginn von Ramlers Ode *Au Roi de Prusse* (An den König)

Abbildung 8: Kopfvignette zur Ode *Au Roi de Prusse* (Detail zu Abb. 7)

Damit wiederholt die Kopfvignette zentrale Elemente jener Titelvignetten von Johann Wilhelm Meil, die sich um 1760 in einer Reihe von Publikationen im Verlag von Christian Friedrich Voss finden. Neben Gleims *Grenadierliedern*, seiner Bearbeitung von Lessings *Philotas* sowie Ewald von Kleists *Sämtlichen Werken* erscheinen Meils Vignetten in Ausgaben von Friedrichs *Poësies diverses*.[189] Seine Buchgraphiken konstruieren, wie Annika Hildebrandt herausgestellt hat, einen „Publikationsverbund" im Verlagsprogramm von Voss und suggerieren „eine literarisch-politische Gemeinschaft von maximaler Reichweite".[190] Die literarische Produktion des Königs und die kriegsbezogene Literatur seiner preußischen Untertanen werden über die Ausstattung der Buchausgaben kurzgeschlossen. Jenen „Publikationsverbund" evoziert auch die Kopfvignette zu Ramlers Ode *Au Roi de Prusse* und schlägt die *Poesies lyriques* der suggerierten „Gemeinschaft" von König und preußischen Dichtern trotz deutlichem Zeitabstand zu. Die inszenierte Nähe zu Friedrichs *Poësies diverses* steigern im Falle von Ramlers *Poesies lyriques* zudem die Übereinstimmung der Sprache sowie die prägnante Ähnlichkeit der Titel. Meils Titelvignette für Ramlers *Poesies lyriques* wiederum setzt die literaturpatriotische Dimension seiner Dichtungen ins Bild (vgl. Abb. 10). Erhalten hat sich

---

[189] Vgl. Hildebrandt, Annika: „Unter Kriegsdichtern. Die *Poësies diverses* Friedrichs II. in der Buchgestaltung der Berliner Aufklärer", in: Haischer, Peter-Henning u. a. (Hrsg.): *Kupferstich und Letternkunst. Buchgestaltung im 18. Jahrhundert*, Wieland im Kontext. Oßmannstedter Studien 2, Heidelberg 2016, S. 361–393.

[190] Ebd., S. 364. Zu Ramlers Zusammenarbeit mit Meil vgl. auch Kurbjuhn: „Preußische Leistungsschau", S. 483–486.

zudem ein (seitenverkehrter) Entwurf von Meil (vgl. Abb. 9). Diagonal stehen beziehungsweise sitzen sich in einem Medaillon zwei lorbeerbekränzte Frauen in antikisierenden Gewändern gegenüber. Den Vordergrund (der gedruckten Vignette, Abb. 10) dominieren in der rechten Bildhälfte ein Felsvorsprung sowie der massive Stamm einer Eiche. Eine der beiden Frauengestalten lehnt sich an diesen und hält zu ihrer Rechten eine bekrönte, mit zwei Adlerköpfen geschmückte Leier. Die Frauengestalt der linken Bildhälfte hingegen stützt sich auf einen behauenen Felsquader. Auch sie hält eine Leier zu ihrer Rechten, deren Fuß drei Lilien schmücken. Ihre rechte Hand ist an einen Wirbel am oberen seitlichen Ende der Leier gelegt. Beide Frauen zupfen mit der Linken die Saiten ihrer Leiern.

Abbildung 9: Entwurf von Johann Wilhelm Meil zur Titelvignette der *Poesies lyriques* (Kupferstichkabinett Berlin, KdZ 10957)

Abbildung 10: Titelvignette von Johann Wilhelm Meil aus *Poesies lyriques de Monsieur Ramler* (Berlin/Paris 1777)

Gedeutet worden ist die Vignette als bildliche Darstellung des Übersetzungsprozesses[191] sowie als allegorischer „Wettstreit der deutschen und französischen Dichtkunst".[192] Meils entscheidende Bildidee dürfte jedoch darüber hinausgehen und gerade in der Identifikation von literarischer Produktion und regierendem Haus liegen, wie sie die Attribute beider Leiern vor Augen führen: Königliches Frankreich (Lilien) und Preußen (Krone und Adler) stehen einander im Medium

---

[191] Vgl. Dorns Beschreibung: „In einem runden Rahmen, an eine Eiche gelehnt, die deutsche Muse. Sie spielt die Leier, die mit Adlerköpfen und einer Krone verziert ist. Die französische Muse stimmt die ihrige, mit drei Lilien verzierte danach" (Dorn: Meil-Bibliographie, S. 174).

[192] Bock, Elfried: Staatliche Museen zu Berlin. Die deutschen Meister. Beschreibendes Verzeichnis sämtlicher Zeichnungen [...], Bd. 1, Berlin 1921, S. 227.

der Dichtung gegenüber. Meil illustriert damit den literaturpatriotischen Gestus von Ramlers Ode *An den König* und setzt die Kopplung einer konkurrenzfähigen deutschen Literatur mit der überlegenen politischen Größe Friedrichs II. ins Bild. Zwei ‚seitenverkehrte' Entwürfe der Vignette, die Meil letztlich nicht realisiert (vgl. Abb. 11 u. Abb. 12), unterstreichen, dass er und Ramler den *Poesies lyriques* ein Programm literarisch-politischer Konfrontation voranstellen. In beiden Fällen prägt ein nach rechts (in der gedruckten Version folglich nach links und damit Richtung Westen) auffliegender Adler die Dynamik der Komposition. Ihm folgt der Blick der personifizierten französischen Dichtung, der von Erstaunen oder Entsetzen geprägt ist.

Abbildung 11: Entwurf von Johann Wilhelm Meil zur Titelvignette der *Poesies lyriques* (Kupferstichkabinett Berlin, KdZ 10955)

Abbildung 12: Entwurf von Johann Wilhelm Meil zur Titelvignette der *Poesies lyriques* (Kupferstichkabinett Berlin, KdZ 10956)

Entscheidend sind die Bildtraditionen. Meil adaptiert mit dem auffliegenden Adler das Motiv zur Devise von Friedrichs Vater: Der preußische Adler weicht der Sonne nicht (*Nec soli cedit*). Während der Regierungszeit Friedrich Wilhelms I. (1713–1740) wird es einheitliches Motiv der preußischen Regimentsfahnen und -standarten.[193] Bauschmuck und Bauplastik im Inneren der Berliner Garnisonkirche (erbaut 1720–1722) sowie der Potsdamer Garnisonkirche (erbaut 1730–

---

[193] Vgl. Klosterhuis, Jürgen: „IV. Der Adler beim Militär", in: Brandt-Salloum, Christiane u. a.: *Adlers Fittiche. Wandlungen eines Wappenvogels. Dokumentation einer Präsentation des Geheimen Staatsarchivs Preußischer Kulturbesitz*, Berlin 2009, S. 49–55, hier S. 49f.

1735) wiederholen es an zahlreichen Stellen.[194] Entsprechend seiner Verwendung im militärischen wie sakralen Kontext unter Friedrich Wilhelm I. schwankt die Deutung des Motivs zwischen einer biblisch-allegorischen und politischen Dimension. Zur Aufforderung zu Gottvertrauen und Überwindung der eigenen Sündigkeit (Jesaja 40, 31), somit der Bezogenheit der preußischen Monarchie auf „den Segen Gottes", kommt die Konkurrenzansage des noch jungen Königreichs Preußen gegenüber dem Frankreich Ludwigs XIV.[195]

Abbildung 13: Kopfvignette der Titelseite der *Berlinischen privilegirten Zeitung* vom 30. Dezember 1745

Unter Friedrich II. ist der zur Sonne auffliegende Adler zudem in der Berliner Medienlandschaft präsent. Bis Mitte der 1740er Jahre findet er sich im Titelseitenkopf der *Berlinischen privilegirten Zeitung* (vgl. Abb. 13).[196] Während des

---

[194] In der Berliner Garnisonkirche finden sich Devise und Motiv auf Kanzel und Orgelprospekt (vgl. Bamberg, Ludwig Christian: Die Garnisonkirchen des Barock in Berlin und Potsdam. Baukunst im Kontext, Studien zur Kunstgeschichte 212, Hildesheim, Zürich, New York 2018, S. 155–159); in Potsdam auf der Wetterfahne, dem Orgelprospekt sowie dem Kanzel-Gruft-Bau (vgl. Kitschke, Andreas: Die Garnisonkirche Potsdam. Krone der Stadt und Schauplatz der Geschichte, Berlin 2016, S. 108–110, S. 113, S. 117f. sowie S. 133).

[195] Kitschke: Die Garnisonkirche Potsdam, S. 110. Sowohl Kitschke als auch Bamberg betonen die Mehrdeutigkeit der Devise, die bereits in kurfürstlicher Zeit (seit 1677) nachzuweisen ist (vgl. ebd., S. 109f.; sowie Bamberg: Die Garnisonkirchen des Barock in Berlin und Potsdam. Baukunst im Kontext, S. 156f.). Zur (poeseologischen) Relevanz des Motivs im Umfeld der Franckeschen Stiftungen vgl. Kurbjuhn/Martus: „Ästhetische Transformationen der Antike", S. 245 sowie S. 258–267.

[196] Vgl. auch die dritte von insgesamt sechs allegorischen Darstellungen, mit denen sich das Verlagshaus Haude und Spener im Rahmen einer abendlichen Illumination zur

Siebenjährigen Kriegs wird das Motiv auf Vivatbändern und Medaillen abgebildet.[197] Friedrich II. reaktiviert schließlich die Devise *Nec soli cedit* mit der Errichtung des Neuen Palais in Potsdam (1763–1769). Sowohl der Mittelrisalit der Gartenseite, dessen Figurenschmuck das Thema kriegerischen Heldentums variiert, als auch der Mittelrisalit der Hofseite, in dessen Bildprogramm Apoll als Sonnengott und Musaget im Zentrum steht, tragen Kartuschen mit auffliegendem Adler (hier ohne Sonne) und Devise.[198] Friedrich II. tilgt somit Ende der 1760er Jahre die religiöse Bedeutungsdimension des *Nec soli cedit*, kombiniert vielmehr die (kultur)politische Konkurrenz gegenüber Frankreich als aktualisiertes Bedeutungsspektrum von Devise und Motiv.

Meils Entwürfe zur Titelvignette knüpfen mit dem Bildelement des auffliegenden Adlers ausdrücklich an diesen zweifachen Überlegenheitsgestus an. Die Vignette verzahnt das literarische Selbstbewusstsein der Dichterfigur Ramler mit der Größe des preußischen Monarchen als Kriegsherr, Politiker, Philosoph und Künstler. Die Plakativität der beiden Entwürfe mit Adler dürfte wiederum erklären, warum Ramler und Meil letztlich auf das Motiv verzichten. Bemerkenswert ist weiterhin, dass auf dem Titelblatt des einzigen Exemplars der *Poesies lyriques* im Besitz der Staatsbibliothek (SB Berlin, Sign. Yl 4140) die von Meil realisierte Vignette fehlt. Sollte es sich um jenes Exemplar handeln, das Ramler dem König im Herbst 1776 zukommen lässt und das in der Folge an die Königliche Bibliothek

---

feierlichen Rückkehr Friedrichs II. aus dem zweiten Schlesischen Krieg präsentiert: „Ein grosser nach der Sonne fliegender Adler, welchem 2 andere folgten. Auf der Erde saß ein junger Adler, der jenen nachsahe und sich gleichfals mit ausgebreiteten Flügeln bemühete, ihnen nach zu fliegen. Unten erschien in einer schönen Gegend die Stadt Berlin mit der Beyschrift: *Fortes creantur fortibus & bonis*" (Beschreibung des Triumphirenden Einzuges welchen Seine Königliche Majestät von Preußen Friedrich der Grosse am 28. Dec. 1745 in Dero Residentz-Stadt Berlin gehalten haben. Nebst den an selbigem Tage und am Friedens-Feste angestellten Illuminationen [...], Berlin 1746, S. 57). Die preußischen Regimentsfahnen zeigen seit 1740 hingegen einen „vorwärtsfliegende[n]" Adler und die Devise *Pro gloria et patria*. Zurückzuführen sei diese Veränderung auf Friedrichs Frankophilie (Klosterhuis: „IV. Der Adler beim Militär", S. 49).

[197] Vgl. Vanja, Konrad: Vivat – Vivat – Vivat! Widmungs- und Gedenkbänder aus drei Jahrhunderten, Schriften des Museums für Deutsche Volkskunde Berlin 12, Berlin 1985, S. 48–53; sowie Hoffmann: Jacob Abraham und Abraham Abramson, S. 52. Politische Ausgangsbasis dürften die Westminster-Konvention und das *Renversement des alliances* sein, also die Bündnis-Verschiebung im Vorfeld des Siebenjährigen Kriegs, in dem sich Preußen und Frankreich nun gegenüberstehen (vgl. Kunisch, Johannes: Friedrich der Grosse. Der König und seine Zeit, 2. Aufl., München 2012, S. 334).

[198] Vgl. Hüneke, Saskia: „‚Nec soli cedit' – Dekoration und Bauskulptur am Neuen Palais", in: Generaldirektion der Stiftung Preußische Schlösser und Gärten Berlin-Brandenburg (Hrsg.): *Friederisiko. Friedrich der Große. Die Ausstellung*, München 2012, S. 286–293, hier S. 291.

weitergegeben worden wäre,[199] dürfte das Fehlen der Vignette als bewusste Entschärfung von Ramlers literaturpatriotischem Auftreten gegenüber Friedrich II. zu werten sein.

2.2.5 Lancierung der *Poesies lyriques* in Potsdam

Als entscheidend für Ramlers erneuten und schließlich erfolgreichen Versuch, Friedrichs Aufmerksamkeit zu erregen, erweist sich der Kontakt zu Kapitän Warnsdorff in Potsdam. Die Verbindung dürfte über Knebel vermittelt worden sein, der 1773 den preußischen Militärdienst verlässt.[200] Noch im Dezember 1774 dient Warnsdorff vor allem als Vermittler zu Guichard. Dieser soll dem König Ramlers *Poesies lyriques* präsentieren,[201] stirbt jedoch bereits 1775. In der Folge avanciert Warnsdorff zu Ramlers zentralem Ansprechpartner und nutzt im Herbst 1776 seine Kontaktmöglichkeiten in Potsdam, um Friedrich II. die französische Übersetzung von Ramlers Gedichten zukommen zu lassen.

Am 16. Oktober 1776 berichtet Warnsdorff zunächst noch von Hindernissen in Potsdam – Friedrich II. sei krank und sein Vorleser Henri de Catt nicht vor Ort.[202] Parallel koordiniert er Ramlers Agieren innerhalb eines „Plan[s]". Ramler solle de Catt „quasi als [...] *Mecen*" adressieren und um die Weitergabe seiner Übersetzung an den König bitten. Exemplar und Begleitschreiben möge er jedoch an Warnsdorff schicken, der als persönlicher Überbringer in Potsdam die Aufmerksamkeit de Catts gewährleisten wolle.[203] Darüber hinaus versichert

---

[199] Zur Erwerbungspraxis der Königlichen Bibliothek unter Friedrich II. vgl. Paunel, Eugen: Die Staatsbibliothek zu Berlin. Ihre Geschichte und Organisation während der ersten zwei Jahrhunderte seit ihrer Eröffnung. 1661–1871, Berlin 1965, S. 78–83.

[200] Hettche, Walter: „Knebel, Karl Ludwig von", in: Kühlmann, Wilhelm (Hrsg.): *Killy Literaturlexikon. Autoren und Werke des deutschsprachigen Kulturraumes*, Bd. 6, 2. Aufl., Berlin u. Boston 2009, S. 517f., hier S. 517.

[201] Vgl. Warnsdorffs ersten Brief an Ramler vom 1. Dezember [1774] (GSA 75/228, 1ʳ): „nur vor einige Zeit habe ich die Gelegenheit gehabt den H[errn] Obristen von Quintus ausführlich wegen Ihrer übersezten Lyrischen Gedichte zu sprechen, er war sehr darüber erfreut und will mit Vergnügen sie in dieser ausländischen Tracht auf das neue an unsern Monarchen *praesentiren*".

[202] Vgl. Warnsdorff an Ramler am 16. Oktober 1776 (GSA 75/228, 3ᵛ): „Zum Exempel *the King had once Ilness that made him unable presently to taste your divine Poems* und dieß [?] muß man abwarten wenigstens, als denn ist *Monsr: de Kat ordinairer Lecteur* des Königs der anjezt die Stelle der *Quintusse* und *de Peaus* verrichtet oder wenigstens verrichten soll ebenfalls wegen einer Kur die er gebraucht außer der Stadt, und dieser Mann gehört vorzüglich zu meinem Plan".

[203] Vgl. Warnsdorff an Ramler am 16. Oktober 1776 (GSA 75/228, 3ᵛ–4ʳ): „an diesen *Mrs: de Cat* rathe ich ihnen also einen wohl *stylisirten* französischen Brief *quasi* als an einen *Mecen* zu schicken, und ihm kürzlich darin zu erklären wie *dero* teutsche Poesien den guten Geschmack gefunden hätten in *Paris* übersezet zu werden, und daß sie sich hiemit erkühnten Ihro *Majestaet* diese Gedichte zu seiner Ehre verfertigt in einer frembden

Warnsdorff, er habe bereits Kontakt zu einem weiteren Unterstützer aufgenommen:

> ich habe auch außerdem mit *dero* Vergünstigung die Sache an einen Liebhaber der *Litteratur* der ihr Freund ist vorgetragen, und er hat mir versprochen bey des Königs Tafel den Werth ihrer *Poesien* zu unterstüzen, dieser Freund nun ist der würdige Obriste *Rhodich* der hiesigen Königl[ichen] Garde an dem [sic] der König sich gemeiniglich bey Tafel wendet wenn ihm dergleichen ist zugeschickt [?] worden, hier sehen sie bester Freund was ich gethan habe und was in diesen Umständen zu thun gewesen ist, seyn sie so gütig mir zu antworten ob sie mit diesem Plan zufrieden seyn und wie sie es halten wollen, um in dem Fall sich darnach richten zu können[.][204]

Mit de Catt und Friedrich Wilhelm von Rohdich gewinnt Warnsdorff somit zwei Vertraute des Königs, die im Rahmen von Tafelrunden regelmäßig mit Friedrich II. zusammentreffen und das Tischgespräch im Sinne eigener Interessen lenken können. Ihnen lässt Ramler bereits Anfang November 1776 zwei Exemplare seiner *Poesies lyriques* samt einem Begleitschreiben an den König zukommen. Auch Vertreter der preußischen Nebenhöfe, darunter Prinz Heinrich, der Bruder des Königs, sowie Kronprinz Friedrich Wilhelm (II.) erhalten Anfang November 1776 Exemplare der *Poesies lyriques*.[205] Mit der parallelen Versendung der Buchgeschenke scheint Ramler auf eine Steigerung der Aufmerksamkeit für seine Gedichte in Potsdam und mögliche Wechselwirkungen zu zielen. Erhalten hat sich der Entwurf seines Schreibens an Friedrich II.:

> Allerdurchl p
> Ew. Majest. wollen es in Gnaden einem Ihrer getreuesten und demüthigsten Unterthanen verzeihen, daß er sich schon seit Dero Gelangung zum Throne, unterstanden hat seines Königes Lob in rauhe Verse zu bringen. Die besten unter seinen geringen Lobgedichten Ew. Maj. zu Füßen zu legen, hat er nicht ehe wagen wollen; als itzo, nun sie in eine wohlklingendere Sprache übersezt worden sind, welche das
>
> Tracht vorzulegen, sie wären unterrichtet von *Mrs: de Cat* guten Geschmack in allen Wißenschaften hoften also er würde *dero* wohlgemeynte Bemühung bey *Ihro Majestaet* zu unterstüzen suchen *etc*: hiebey seyn Sie so gütig ein Exemplar vor *Mrs: de Cat* bey zulegen und alles dieses *adressiren* Sie dann nur ganz gerade an mich, ich werde es dann gewiß bey der allerersten bequemsten Gelegenheit an *Mrs: de Cat* übergeben".

[204] Warnsdorff an Ramler am 16. Oktober 1776 (GSA 75/228, 4ᵛ).
[205] Vgl. Ramlers Brief an seinen Bruder Johann Gottlieb Ramler vom 11. Dezember 1776, der die brieflichen Reaktionen von Friedrich Wilhelm, Prinz Heinrich, Ferdinand von Braunschweig-Lüneburg und Wichard von Möllendorf zusammenstellt (ABBAW: NL Ramler, Nr. 19). Erhalten haben sich der Dank Ferdinands von Braunschweig-Lüneburg vom 9. November 1776 (ABBAW: NL Ramler, Nr. 9) und Prinz Heinrichs Dankesschreiben vom 11. November 1776 (ABBAW: NL Ramler, Nr. 12). Vgl. zu letzterem Brief Schüddekopf, Karl: „Prinz Heinrich und die deutsche Literatur", *Vossische Zeitung Nr. 31, Sonntagsbeilage Nr. 3* (1896), Sp. 4–7.

> Glück gehabt hat, die allgemeine Sprache des gelehrten Europens zu werden. Verlieren sie in dieser Übersetzung gleich das Ebenmaß der Verse und die Kürze des Ausdrucks, so haben sie doch, weil der Parisische Übersetzer mehr ein Philosoph als ein Poet zu seyn scheint, vielleicht an Klarheit und Deutlichkeit etwas gewonnen. Wenn E. Maj. diejenigen Stücke, in welchen ich meines allergnädigsten Königes Verrichtungen im Kriege u. Fried[en] nach der Art des Horaz einzukleiden bemüht gewesen bin, eines Anblicks würdigen, und darinn nicht genug Spuren von dem Geiste des Römischen Dichters antreffen, so bin ich doch versichert, daß ich den Römer in einem einzigen Stücke übertroffen habe, nehmlich darinn, daß ich mir einen besseren Helden gewählt habe, als er.[206]

Ramler präsentiert sich gegenüber Friedrich II. als panegyrischer Dichter seit dessen Regierungsantritt, unterstreicht die Wahl der „rauhe[n]" deutschen Sprache und hebt den größeren „Wohlklang" des Französischen hervor. Auffällig ist, dass er im Zuge der gattungskonventionellen Bescheidenheit seines Begleitschreibens somit Friedrichs Perspektive übernimmt und das Gefälle des literarischen Potenzials zwischen deutscher und französischer Sprache betont. Zugleich relativiert er die sprachliche Überlegenheit der französischen Übersetzung. Seine Texte hätten *„vielleicht* an Klarheit und Deutlichkeit etwas gewonnen" (Herv. M. B.). Damit kristallisiert sich die literaturpolitische Strategie von Ramler Übersendungsschreiben heraus. Dieses ruft mittels zentraler Stichworte die kulturpolitische Debatte im Umfeld Friedrichs II. seit Ende der 1730er Jahre auf und erinnert implizit an Ramlers Bemühungen um die Prestigesteigerung des Deutschen, für die seine Poetik des „Wohlklangs" steht.[207]

Darüber hinaus übernimmt Ramler abschließend den Überlegenheitsgestus der Ode *An den König*. Vor Horaz, als dessen deutsches Pendant sich Ramler ausdrücklich darstellt, zeichne ihn trotz aller denkbaren literarischen Defizite der Gegenstand seiner panegyrischen Dichtungen aus. Damit beschließt ein Lob Friedrichs II. als Ausnahmefürst das Begleitschreiben. Den Erhalt bestätigt Warnsdorff am 5. November 1776:

> Mit dem äußersten Vergnügen habe ich *Dero* werthe Zuschrifft und Französische Uebersezung erhalten, die Exemplare habe richtig abgegeben, der H[err] Obriste von Rhodich läßt sich Ihnen aufs beste empfehlen, und sich die Ehre ihres Besuchs aus bitten wenn Sie einmahl nach Potsdam kommen sollten, dieser würdige Mann hat anjezt so gern er auch gewollt hatte nichts für *Ihnen* thun können da *Ihro* Majestät auch immer unpäßlich und also keine Tisch Gäste zu ihm gebeten werden, sollte es aber jemahlen die Gelegenheit geben so wird er nicht ermangeln nach seiner Ueberzeugung (daß ist zu *Dero* Lobe) von ihnen zu sprechen dem H[errn] von Cat habe erst gestern können zu sprechen bekommen aber desto wärmer waren seine Freundschafts Versicherungen und Dienst Verpflichtungen, er meynte auch

---

[206] Ramler an Friedrich II. von Preußen, undatierter Entwurf (ABBAW: NL Ramler, Nr. 18).
[207] Vgl. hierzu Kap. 2.1.

> ich sollte nicht glauben daß Sie ihm unbekannt wären, nicht allein durch den General Buddenbrock sondern auch außerdem wären sie ihm als ein Mann von Talenten bekannt, er bedauerte nur daß alle diejenigen die bißher versuchet hätten dem Könige eine Neigung zur deutschen Sprache bey zubringen diese wichtige Sache so (*gauchement* wie es sich ausdrückte) angefangen hätten[.][208]

Warnsdorff nutzt somit die Möglichkeit des persönlichen Gesprächs und versichert sich nochmals der Unterstützung von de Catt und Rohdich. Den ‚Ungeschicklichkeiten' Guichards, auf die de Catt zuletzt anspielen dürfte („*gauchement*"), setzt Warnsdorff wiederum das Instrument der persönlichen mündlichen Empfehlung entgegen. Während seines Gesprächs mit de Catt

> kam ein Königlicher Bedienter der *Dero* Exemplar was sie an den König geschickt haben, zu den H[errn] von Cat brachte daß er es durchlesen sollte, *Ihro* Majestat sollten diesen Nachmittag mit ihm darüber sprechen, nunmehr verdoppelte ich meine Beredsamkeit, und schlug ihm die Oden an den König, den General Daun, Glaucus Wahrsagung, und Pygmalion vorzüglich vor dem Könige sie <...>lich zu machen, er versprach es auch mir mit den heiligsten Versicherungen[.][209]

Warnsdorffs führt folglich den bewussten Zuschnitt von Ramlers *Poesies lyriques* auf die thematischen Interessen des Königs fort und versucht den Erfolg von de Catts Präsentation zu steuern, indem er Anregungen zur Textauswahl liefert. Im Nachgang zur Vorstellung der französischen Ausgabe bei Friedrich II. ermöglichen Warnsdorff die Kontakte zu de Catt und Rohdich zudem, umgehend Informationen zum Verlauf des Gesprächs mit dem König einzuholen:

> heute Morgen trieb mich meine Unruhe ihm deßwegen ein Billet zu schreiben, und hierüber erhielt ich diese Inlage zur Antwort, sie werden daraus ersehen, daß wenn ein Franzose zu loben anfängt dann läßt er es auch hoch [?] gehen, sie werden sich denk ich mit dem guten Pindar zu ihren Füßen herzlich belustigen doch verrathen sie mich nicht mit der Ueberschickung dieses Originals, ich wollte vornehmlich wißen was der König gesagt hätte aber davon kein Wort in dieser Antwort und länger wollte ich ihnen doch auch nicht in der Erwartung laßen Er glaubt daß ihnen der König wird haben durch das Cabinet antworten laßen und dies auf das gnädigste, es ist zwar nur eitler Rauch er ist aber doch wohlriechend und angenehm wenn er von so einem Könige kömmt, sollte es noch nicht geschehen seyn so schreiben sie mir es ohnverzüglich so will sich der H[err] von Cat (wie sie aus seinem Billet ersehen werden) darnach erkundigen.[210]

---

[208] Warnsdorff an Ramler am 5. November 1776 (GSA 75/228, 5ʳ–6ʳ).
[209] Warnsdorff an Ramler am 5. November 1776 (GSA 75/228, 6ʳ–6ᵛ).
[210] Vgl. Warnsdorff an Ramler am 5. November 1776 (GSA 75/228, 6ᵛ–5ᵛ). Vgl. zudem Warnsdorff an Ramler am 9. November 1776 (GSA 75/228, 7ʳ): „Ausnehmend war mein Vergnügen über *Dero* leztes Schreiben, Sie haben also einen großen Endzweck erhalten einen gnädigen Brief Wechsel mit ihrem Monarchen gehabt, ich war bey dem H[errn] Obristen von *Rhodich* der hat den Brief abfertigen sehen, und war gar sehr

Das erwähnte Antwortschreiben de Catts hat sich nicht erhalten. Friedrichs Dankesbrief findet sich hingegen im Berliner Splitternachlass. Er datiert auf den 1. November 1776 und ist vom König lediglich unterzeichnet worden:

> Hochgelahrter, lieber getreuer. Es gereichet Mir, zu gnädigstem Wohlgefallen, an Euch, in Meinen Landen, einen Poeten, zu haben, welcher, dem Römischen Dichter Horatz, nachahmet, und, gegen deßen Lieder die Frantzösische Nation Selbst, ihr Vorurtheil abgelegt, und dieselbe, in ihre Sprache, übersetzt hat. Ich danke Euch, für das Mir, von dieser Übersetzung, zugefertigte Exemplar, und zweifle nicht, darinn gleiche Züge von einem Deutschen Original, zu finden, welche Ich ehedem, in den Schrifften eines Gellerts, bewundert habe. Ich versichere Euch dagegen Meiner Königlichen Huld, und bin, Euer gnädiger König.[211]

Das Schreiben bestätigt zunächst Ramlers Horaz-Imitatio und kommentiert in der Folge den Erscheinungsort Paris. Cacaults und Ramlers Strategie, mit einem (vermeintlichen) Druck in der französischen Hauptstadt das Prestige der Übersetzung zu steigern, geht offiziell auf. Dass Ramler selbst die letztliche Textgestalt der *Poesies lyriques* verantwortet, wird ausgeblendet. Vielmehr scheinen die *Poesies lyriques* eine Aneignung von Ramlers Werk durch die „Frantzösische Nation" zu verbürgen. Zudem frappiert, dass Friedrichs Antwortschreiben jene Rezeptionshemmnisse für Ramlers Dichtung reflektiert, die unter dem Stichwort „Vorurtheile" bereits den Briefwechsel mit Guichard durchziehen. Zuletzt bescheinigt das Schreiben Ramler ‚Originalität', sichert ihm die ‚Bewunderung' des Königs zu und stellt ihn auf eine Stufe mit Christian Fürchtegott Gellert.

Für Zweifel an der Authentizität von Friedrichs positiver Resonanz sorgen bereits die Formelhaftigkeit des Schreibens und der Umstand, dass es wohl von Friedrichs Sekretären aufgesetzt wird. Hinzu kommt eine Anmerkung in Warnsdorffs abschließendem Brief an Ramler: Noch habe der König die Übersetzung gar nicht zur Kenntnis genommen.[212] Einen durchschlagenden Erfolg kann Ramler mit der Lancierung seiner *Poesies lyriques* somit nicht verzeichnen. Die Umstände der Überreichung der französischen Ausgabe und der Beantwortung von Ramlers Übersendungsschreiben machen konkrete Effekte auf Friedrichs Einstellungen zur deutschen Literatur und seine Kulturpolitik unwahrscheinlich. Vor diesem Hintergrund dürfte sich erklären, warum Ramler Warnsdorffs Bitte, das Schreiben des

---

vergnügt über deßen Innhalt". Karl Wilhelm von Byern wiederum steht mit Kapitän Warnsdorff in Verbindung und setzt Knebel am 8. Dezember 1776 vom Verlauf der Lancierung von Ramlers *Poesies lyriques* bei Friedrich II. in Kenntnis (vgl. Düntzer, Heinrich (Hrsg.): Zur deutschen Literatur und Geschichte. Ungedruckte Briefe aus Knebels Nachlaß, Bd. 1, Nürnberg 1858, S. 62f.).

[211] Friedrich II. von Preußen an Ramler am 1. November 1776 (ABBAW: NL Ramler, Nr. 10).

[212] Vgl. Warnsdorffs Hinweis an Ramler am 9. November 1776, „daß der König wenn er etwas munterer seyn wird, sich die Uebersezung ihrer Oden von Catten wird vorlesen laßen" (GSA 75/228, 7^r–7^v).

Königs in den Berliner Zeitungen zu veröffentlichen, nicht nachkommt.[213] Zu stark kontrastieren der offizielle Beifall von Friedrichs Seite und seine absehbare Wirkungslosigkeit. Damit bleibt Ramlers intensiven Bemühungen um Friedrichs Anerkennung öffentliche Aufmerksamkeit versagt.

Auch die Funktion der *Poesies lyriques* erschöpft sich mit ihrer Lancierung bei Friedrich II. im Herbst 1776. Zwischenzeitliche Pläne von Ludwig Heinrich Nicolay und François Armand Lafermière, eine überarbeitete Neuausgabe zu veranstalten, werden nicht umgesetzt.[214] Als Ramler schließlich im Jahr 1791 und damit fünf Jahre nach dem Tod Friedrichs II. ein durchschossenes und um handschriftliche Zusätze erweitertes Exemplar der *Poesies lyriques* an François Cacault sendet, steht eine aktualisierte Auflage der Übersetzung nicht mehr zur Debatte.[215]

---

[213] Vgl. ebd., 7ᵛ: „ich rathe ihnen in allem Ernst den genädigen Brief ihres Königes in der Zeitung drucken zu laßen, es muß ihrem großen Könige und seinem Sänger vor der Welt Ehre machen, daß sie auf diese Art an einander geschrieben haben [...]." Dass ein solches Vorgehen durchaus denkbar gewesen wäre, zeigt das Beispiel von Karl Philipp Moritz, der im Januar 1781 Friedrichs positive briefliche Reaktion auf seine *Sechs deutschen Gedichte* in den *Berlinischen Nachrichten* publik werden lässt (vgl. Košenina, Alexander: „Friedrich, ‚die Morgensonne' der Aufklärung: *Sechs deutsche Gedichte, dem Könige von Preussen gewidmet* (1781), von Karl Philipp Moritz", in: Wehinger, Brunhilde (Hrsg.): *Geist und Macht. Friedrich der Große im Kontext der europäischen Kulturgeschichte*, Berlin 2005, S. 113–127, hier S. 115).

[214] Ramler sendet Nicolay am 10. Dezember 1778 ein Exemplar der *Poesies lyriques* und bekundet seine Unzufriedenheit: „Ich lege die französ. Übersetzung meiner lyrischen Sächelchen, von Mons. Cacault in Paris verfertigt, hinzu. Er ist von Ihnen und Ihrem Freund leicht zu übertreffen, weil er in der That nicht Poet genug ist. Wenn Sie beide also Cephalus für Ihren Großfürst[en] übersetzen wollen, (Cacault hat, wegen seiner Berufsgeschäfte, diese Arbeit ganz aufgegeben:) so werde auch ich Ihnen großen Dank sagen, und mir die Übersetzung gelegentlich ausbitten." Im Folgejahr (17. Dezember 1779) teilt Ramler Nicolay aktuelle Varianten seiner Texte mit: „Daß Sie sich meiner übersetzten Gedichte nebst Ihrem Freunde Fermieres annehmen wollen, ist mir eine erfreuliche Nachricht. Ich muß Ihnen also nothwendiger Weise meine neuesten und letzten Verbesserungen mittheilen. Hier sind sie von den zehn ersten Oden. Wenn ich von Ihnen erfahre, daß sie Hand angelegt haben, so übersende ich den Rest mit dem nächsten Briefe" (zit. nach Ischreyt (Hrsg.): Die beiden Nicolai, S. 60–62 bzw. S. 78–80 [Unterstreichung im Original]).

[215] Ausgangspunkt dürfte Cacaults Bitte gegenüber Knebel sein, ihm ein Exemplar zukommen zu lassen (vgl. François Cacaults Brief an Karl Ludwig Knebel vom 12. November 1789; Düntzer (Hrsg.): Zur deutschen Literatur und Geschichte. Ungedruckte Briefe aus Knebels Nachlaß, S. 145f.). Wann und auf welchem Weg Knebel die Bitte an Ramler weiterleitet, muss jedoch offenbleiben. Das Exemplar gibt Cacault an die königliche Bibliothek in Paris weiter, heute Bibliothèque nationale de France (BNF, Sign. 8-RE-13097). Eine Notiz auf der Rückseite des vorderen Einbandes verweist auf das Datum der Übergabe: „Remis àla Bibliotheque du Roi par M. Duclos, dela part de M. Cacault, Secretaire d'Ambassade à Naples, et traducteur de l'ouvrage." Cacault verlässt Neapel 1792, dürfte das Exemplar somit bald nach Erhalt abgegeben haben, vgl. seine

2.3 Epilog – Ramlers Poetik des „Wohlklangs" nach 1786

Mit Friedrichs Tod im Spätsommer 1786 und dem Regierungsantritt seines Nachfolgers Friedrich Wilhelm II. kommt es in Berlin und Potsdam zu einem kulturpolitischen Wandel: Binnen weniger Tage gewährt der neue preußische König deutschsprachigen Autorinnen und Autoren finanzielle Zuwendungen. Auch die Berliner Akademie der Wissenschaften als herausragende Institution staatlicher Kulturförderung wird für deutsche Intellektuelle geöffnet. Unter ihnen befindet sich Ramler als prominenter Vertreter deutscher Literatur.[216] Im Folgenden ist zu zeigen, wie er seine Auseinandersetzung mit Friedrich II. infolge des Umschwungs der preußischen Kulturpolitik seit 1786 neu bewertet und den letztlichen Erfolg seiner literaturpatriotischen Bemühungen herausstreicht. Ramler kann seine Aktivitäten zur ‚Hebung' des Deutschen seit Anfang der 1790er Jahre zudem im neu gewonnenen institutionellen Kontext der Akademie der Wissenschaften fortsetzen.

2.3.1 Die Konfrontation in der Retrospektive

Ein geplanter Besuch Friedrich Wilhelms II. in der *Buchdruckerey* [...], *die mit den Werken des höchstseligen Königs beschäftigt war*, wird für Ramler im Oktober 1787 zur Gelegenheit, sich in der Debatte um den „Wohlklang" des Deutschen erneut zu positionieren:[217]

> eigenhändige Notiz auf dem Schmutztitel: „La traduction a été faite sous les yeux de l'auteur par un françois voyageant en allemagne en 1773. mr Ramler a fait imprimer cette traduction à Berlin en 1777. il a envoyé au traducteur cet exemplaire en 1791 avec cette copie de sa main de ses poesies, corrigées depuis que la traduction est faite[.] voila pourquoi il y a d[?]ans l'original des vers qui ne sont pas rendus dans la traduction[.]" Die Abschriften der überarbeiteten deutschen Fassungen stammen bis Nummer 23 von Ramlers Hand. Die Nummern 24 bis 44 sind von anderer Hand geschrieben, jedoch finden sich vereinzelt Ramlers Korrekturen.

[216] Vgl. hierzu Kap. 1.2.2.
[217] Zu Ramlers „sharper rhetoric of ethnically colored nationalism" und einer entsprechenden Abwertung Frankreichs in Texten der frühen 1770er Jahre, vgl. Lee: „Karl Wilhelm Ramler as Prussian Patriot", S. 123–127, hier S. 125. Ramlers Ode *An Gallinetten* zielt auf die moralisierend-stereotypisierende Abwertung von französischer Sprache, Literatur und Sozialisation gesellschaftlicher Eliten, ohne dem jedoch die Konkurrenzfähigkeit deutscher Sprache unter dem Stichwort „Wohlklang" gegenüber zu stellen. Vgl. Strophen 3 bis 5 der Ode: „Nun erhebst du die Stirn, trotzest der göttlichen / Teutonida? verlockst alle Verehrer ihr / Durch ein leichtes Geschwätz, durch ein verbuhltes Lied, / Durch ein fröhliches Gaukelspiel? // [...] buhle forthin nur mit den Fremdlingen / Unsrer Fluren, o Schmeichlerinn! // Mit den Boten der ausländischen Könige, / Mit dem flüchtigen Trupp eitler Patricier; / Und verderbe den Geist weiser Druiden nicht, / Nicht der heiligen Barden Chor!" (Ramler: Lyrische Gedichte, S. 104f.). Die Ode könnte Ende 1770/Anfang 1771 entstanden sein. Ramler liest sie Knebel am 21. Februar 1771 vor:

Ihn [Friedrich II., M. B.] auch tadelt wohl nicht Einer,
Dass er Frankreichs Sprach' erkohr,
Die gebildeter und feiner,
Und wohlklingender dem Ohr,
Als in Seinen Jugendjahren
Deutschlands Büchersprache war.
Aber das ist sonnenklar,
Hätte *Friedrich* jetzt erfahren,
Welchen Reichthum sie besitzt,
Welche Hoheit, welche Stärke:
Hätt' Er sie wie Du beschützt,
Und wir druckten Deutsche Werke.[218]

Ein Jahr nach Friedrichs Tod im August 1786 ordnet Ramler dessen Vorwurf, deutsche Sprache und Literatur seien nur rudimentär entwickelt, als endgültig historisch ein. In den 1730er Jahren habe die Kritik des verstorbenen Königs noch ihre Berechtigung besessen. Die zwischenzeitliche lexikalische Ausdifferenzierung und gesteigerte Registervielfalt („Reichthum")[219] sowie das Potenzial des Deutschen in der erhabenen Stillage („Hoheit", „Stärke") plausibilisiere jedoch jene Förderung, die Friedrich Wilhelm II. der deutschsprachigen Berliner Intelligenz seit dem Spätsommer 1786 zukommen lasse.[220] Selbst in höfischen

„Wir lenckten bald auf poëtische Neuigkeiten, und Hr Raml. deklamirte mir eine neue Ode *An Gallinette*" (Karl Ludwig von Knebel: Tagebuch meines Lebens, 21. Dezember 1770 bis 27. August 1772 [GSA 54/348, 20ʳ]).

[218] Ramler, Karl Wilhelm: An den König von Preussen Friedrich Wilhelm den Zweyten, als Derselbe die Buchdruckerey besuchte, die mit den Werken des höchstseligen Königs beschäftigt war, o. O. o. J. [hier V. 14–25]. In der UB Erlangen (Ms. 3001, Ernst Meyer-Camberg-Sammlung) findet sich eine Abschrift des Gedichtes von Ramlers Hand. Der (bereits) überarbeitete Titel des Gedichts auf der Rückseite des Blatts ist vollständig durchgestrichen. Eine Notiz, die dem Titel auf der Vorderseite vorangestellt ist, verweist auf die Überarbeitung des Texts im Zuge des Wiederabdrucks im *Berlinischen Musenalmanach für 1792*. Dieser mit Korrekturen versehene (zweite) Titel, an den sich das Gedicht in zwei Kolumnen anschließt, lautet: „*An den König von Preussen Friedrich Wilhelm den Zweyten, als Er im October 1787 die Schlossbuchdruckerey besuchen wollte, die mit den Werken des Höchstseligen Königs beschäftigt war, ward sollte ihm folgendes Gedicht als eine Probe des Druckes überreicht werden.*" Der im *Musenalmanach* gewählte Titel nennt schließlich den Auftrag durch Hofbuchdrucker Decker als weiteres Entstehungsdetail: „An seine Majestät den König von Preussen Friedrich Wilhelm den Zweyten als die französischen Schriften des höchstseligen Königs gedruckt wurden. (Im Namen des Hofbuchdruckers)", in: Jördens, Karl Heinrich (Hrsg.): *Berlinischer Musenalmanach für 1792*, Berlin 1791, S. 85f.

[219] Vgl. Haßler, Gerda: „Reichtum", in: Haßler, Gerda und Cordula Neis (Hrsg.): *Lexikon sprachtheoretischer Grundbegriffe des 17. und 18. Jahrhunderts*, Bd. 1, Berlin u. New York 2009, S. 930–945, hier S. 940.

[220] Vgl. hierzu Kap. 1.2.2.

Kontexten sei die absolute Vorherrschaft des Französischen gebrochen: Unter den veränderten Voraussetzungen, so Ramlers beinahe übermütige Pointe („das ist sonnenklar"), würde auch Friedrich II. das Deutsche als Publikationssprache wählen.

Mit seiner Skizze und Begründung des kulturpolitischen Umbruchs von 1786 attestiert Ramler nicht zuletzt seiner Poetik des „Wohlklangs" eine letztlich durchschlagende Wirkung. Denn weit über die *Granatapfel-Ode* hinaus prägt Ramlers Poetik des „Wohlklangs" seine literarischen Aktivitäten und Bemühungen um die Hebung von deutscher Sprache und Dichtung. Deutlich wird dies bereits anhand eines Parallelprojekts zu Ramlers *Gedancken*. Seit 1747 arbeitet Christian Gottfried Krause gemeinsam mit Ramler an seiner Abhandlung *Von der musikalischen Poesie* (1752).[221] Ihr Ziel ist die Formulierung eines zeitgemäßen ästhetischen Ideals für die Lied- und Kantatendichtung. Korrespondenzen von Inhalt und Rhythmus benennt Krause analog zu Ramler als zentrale Komponente:

> Wenn aber manche Leser ein Gedicht bloß nach dessen Wohlklange beurtheilen, so muß man jedoch eine männliche Anmuth von einer kraftlosen Weichlichkeit unterscheiden, und ich halte den Wohlklang nur alsdenn für eine Schönheit, wenn er die Wortfügung nicht unterbricht, noch mit der Natur der Sachen und der Gedanken streitet, sondern sie vielmehr unterstützet.[222]

Darüber fordert Krause einen prinzipiellen Reichtum an Vokalen: „Ueberhaupt aber sind endlich alle anmuthige, wohlklingende, sonorische Wörter musikalisch".[223] Die Relevanz des „Wohlklangs" perspektiviert er jedoch im Sinne seiner Abhandlung: „Je wohlklingender indessen das Sylbenmaaß ist, je bequemer wird die Ode zur Musik seyn, weil die Melodie dazu, fast nichts anders als eine recht künstliche Declamation ist."[224] Die orientierende Funktion von Krauses Grundsätzen für Ramler zeigt sich Mitte der 1750er Jahre. Während der Arbeit an seiner Passionskantate *Der Tod Jesu* verweist er in Fragen des „Wohlklangs" ausdrücklich auf „unsers Krausens Abhandlung von der Musikalischen Poesie". Diese könne „treffliche Dienste thun. Wenigstens lernen wir die äußerliche Form daraus und erfahren wo der Componist sein a und o und e am liebsten hinwünscht."[225]

---

[221] Vgl. Beaujean, Joseph: Christian Gottfried Krause. Sein Leben und seine Persönlichkeit im Verhältnis zu den musikalischen Problemen des 18. Jahrhunderts als Ästhetiker und Musiker, Diss. phil. Dillingen 1930, S. 23f.
[222] Krause, Christian Gottfried: Von der Musikalischen Poesie, Berlin 1752, S. 190. Vgl. hierzu auch Schimpf, Wolfgang: Lyrisches Theater. Das Melodrama des 18. Jahrhunderts, Palaestra 282, Göttingen 1988, S. 96.
[223] Krause: Von der Musikalischen Poesie, S. 200.
[224] Ebd., S. 207.
[225] Ramler an Johann Wilhelm Ludwig Gleim am 29. Juni 1754 (zit. nach BGR II, S. 113). Zu Herders und Karl Philipp Moritz' bestätigender Einschätzung zum „Wohlklang" in Ramlers Lyrik und Kantatendichtung vgl. Anderegg, Johannes: „Antikisierend: Karl

Weiterhin zählt „Wohlklang" als literatursprachlicher Maßstab zum ausdrücklichen Leitfaden von Ramlers Verbesserungspraxis. So begründet Ramler unter anderem im Rahmen seiner *Oden mit Melodien*, die Mitte der 1750er Jahre ebenfalls in Zusammenarbeit mit Krause entstehen, seine Textbearbeitungen mit dem Hinweis auf die Steigerung des „Wohlklangs". Parallel zu seinen musikalischen Dichtungen zielt er damit vor allem auf die „Sangbarkeit" der zu vertonenden Texte.[226] Auch Christian Felix Weiße dankt Ramler 1769 anlässlich der Überarbeitung eines Singspiels: „sie haben einen solchen Wohlklang in die Liederchen hineingebracht, daß ich sie nun erst mit einer Vaterliebe ansehen kann."[227] Gleim wiederum bekundet Ramler anlässlich des Erscheinens der *Gedichte von dem Verfasser des Frühlings*, also Ewald von Kleists, im Herbst 1756: „Und noch diesen Abend, ich freue mich darauf, will ich sie laut lesen, und den Wohlklang hören, den sie hinein gelegt haben."[228]

Gerade der Blick auf Ramlers Aktivitäten als Ko-Autor und Lektor sowie die Relevanz des dichterischen Qualitätskriteriums „Wohlklang" im Rahmen der werkzentrierten Verbesserungspoetik enthüllen eine Pointe zu Beginn von *De la littérature allemande* (1780). Im Rahmen eines Kanons deutscher Schriftsteller verweist Friedrich II. auf „einen anonymen Autor" (*un Anonyme*),

> *dont j'ai vû les vers non-rimés; leur cadence et leur harmonie résultoit d'un mélange de Dactyles et de Spondées; ils étoint remplis de sens et mon oreille a été flattée agréablement par des sons sonores, dont je n'aurois pas crû notre langue susceptible. J'ose présumer que ce genre de versification est peutêtre celui qui est le plus convenable à notre Idiôme, et qu'il est de plus préférable à la rime; il est vraisemblable qu'on feroit des progrès, si on se donnoit la peine de le perfectionner.*[229]

Wilhelm Ramler", in: Anderegg, Johannes: *Lorbeerkranz und Palmenzweig. Streifzüge im Gebiet des poetischen Lobs*, Bielefeld 2015, S. 147–154, hier S. 154.
[226] Thomalla: Anwälte des Autors, S. 122; vgl. auch ebd., S. 126.
[227] Christian Felix Weiße an Ramler am 16. September 1769 (GSA 75/229, 2, 28ʳ).
[228] Johann Wilhelm Ludwig Gleim an Ramler am 27. Oktober 1756 (zit. nach BGR II, S. 256). Auch als Maßstab der Überarbeitung seiner eigenen Arbeiten erwähnt Gleim den „Wohlklang" (vgl. seine Briefe an Ramler vom 14. Juni 1756 und 9. März 1760, BGR II, S. 244 sowie DH, S. 804).
[229] Friedrich II. von Preußen: De la littérature allemande, S. 44 bzw. S. 82f.: „Den eben Genannten füge ich noch einen anonymen Autor hinzu, dessen reimlose Verse ich las; ihr Tonfall und ihre Harmonie rührten von einer Mischung von Daktylen und Spondäen her; sie waren sehr sinnreich, und mein Ohr wurde angenehm von wohlklingenden Lauten berührt, die ich unserer Sprache nicht zugetraut hätte. Ich wage hier die Vermutung auszusprechen, daß diese Art des Versbaues vielleicht die geeignetste für unsere Sprache und überdies dem Reim vorzuziehen ist; man würde wahrscheinlich Fortschritte machen, wenn man sich bemühte, sie zu vervollkommnen."

Friedrich benennt im Kontext einer ausdrücklich „reimlose[n]" Dichtung beide Aspekte von Ramlers Poetik des „Wohlklangs": Rhythmus und Lautstruktur. Als Friedrichs Anonymus handelt die Forschung wiederum Kleist mit seinem *Frühling* (erstmals erschienen 1749) oder Johann Nikolaus Götz mit seiner Elegie *Die Mädcheninsel* (1772).[230] Zeitgenössische Druckfassungen beider Texte sind wesentlich durch Ramlers Überarbeitungen geprägt, der sowohl mit Kleist als auch mit Götz über Jahre hinweg literarisch kollaboriert.[231] Vor diesem Hintergrund – Ramlers Zusammenarbeit mit Kleist beziehungsweise Götz und die gemeinsame Produktion ‚wohlklingender' Dichtung – erweist sich Friedrichs Lob als versteckte und wohl unbewusste Anerkennung von Ramlers literarischen Leistungen. Sie sei ein wegweisender Beitrag zur ‚Vervollkommnung' der deutschen Literatursprache.

2.3.2 Ramler als Mitglied der „Deutschen Deputation"

Zum eigenständigen Bereich von Ramlers Einsatz für die Kultivierung der deutschen Literatursprache entwickeln sich neben Dichtung, Übersetzung und Lektorat spätestens im Laufe der 1770er Jahre linguistische Studien.[232] Ramlers sprachwissenschaftliche Kompetenzen bilden ihrerseits den Ausgangspunkt seiner Korrespondenz mit Johann Christoph Adelung, die 1779 einsetzt und 1787 endet.[233] Dabei gelingt es Adelung, Ramler in die Arbeit an der *Deutschen Sprachlehre* sowie den *Auszug aus der Deutschen Sprachlehre für Schulen* (beide 1781)

---

[230] Vgl. Fechner: Friedrich der Große und die deutsche Literatur, S. 62 [Anm. 19].

[231] Zu Ramlers kritischer Begleitung des Frühlings seit 1749 vgl. Sauer, August: „Einleitung", in: Sauer, August (Hrsg.): *Ewald von Kleist's Werke*, Bd. 1, Berlin 1880, S. LXXIII–CIV, hier S. LXXXIX–XCIII. Als Götz' Koautor fungiert Ramler seit 1763 und vermittelt den Druck seiner Gedichte. Für die (erneute) Überarbeitung der *Mädcheninsel* dankt Heinrich Christian Boie ihm am 16. Juni 1774: „Die Mädcheninsel ist nun auf alle Weise des Dichters und des Verbeßerers würdig, und ich bin stolz darauf, daß ich es den Kennern zuerst in einer Gestalt bekannt machen kann, worin alle, denen das Stück schon beym ersten Drucke gefiel, es gewiß zu sehn gewünscht haben" (GSA 75/34, 7ʳ). Den Abdruck der *Mädcheninsel* im Göttinger Musenalmanach für 1775 begleitet ein entsprechender Kommentar: „Der Abdruck von 1773 war bloß für Freunde. Man wird den Aenderungen, womit dieß Gedicht hier erscheint, leicht ansehen, wessen Feile wir sie zu danken haben" (Boie, Heinrich Christian (Hrsg.): Musenalmanach. MDCCLXXV, Göttingen 1774 [nachstehendes Inhaltsverzeichnis, unpaginiert]); vgl. hierzu auch Nowitzki/Haischer: „Verbesserungsästhetik als Editionsprinzip", S. 94 [Anm. 40].

[232] Neben Hinweisen in Briefen und sprachwissenschaftlichen Publikationen hat sich in Ramlers Weimarer Nachlass ein vierseitiges, nichtdatiertes Manuskript mit „Ausführungen zur Wortbildung" erhalten (GSA 75/5).

[233] Im Original überliefert sind 14 Briefe von Adelung an Ramler (GSA 75/11). Drei Briefe werden Anfang des 19. Jahrhunderts durch einen anonymen Herausgeber zum Druck befördert (vgl. B. (Hrsg.): „Drei Briefe von Ramler an Adelung").

einzubinden. Zu Adelungs zentralen Motiven für die Kontaktaufnahme dürfte nicht zuletzt der Umstand zählen, dass Ramler im Austausch mit Karl Abraham von Zedlitz steht. Als preußischer Staatsminister und Verantwortlicher für den Schulunterricht gibt Zedlitz beide Grammatiken bei Adelung in Auftrag.[234] Ramler wiederum lässt Adelung bereits 1779 seine Vorarbeiten zukommen:

> Hier empfangen Sie den Anfang von den grammatikalischen Kapiteln, die ich vor einiger Zeit unserm vortrefflichen Minister mitgetheilt hatte. [...] Die Abhandlung von den ungleichfließenden Zeitwörtern war mein Lieblingskapitel, dem zu Gefallen mußte ich auch etwas von den gleichfließenden sagen. [...] Von mir bekommen Sie noch, außer den ungleichfließenden Zeitwörtern, etwas von unsern Nennwörtern, und besonders von der Deklination. Mich dünkt, unsere Grammatiker haben sich bisher alle ersinnliche Mühe gegeben, uns das Deklinieren schwer zu machen. Auch habe ich noch eine Sammlung unserer zahlreichen Interjektionen liegen. Die Abhandlung ist noch ziemlich unreif, sie wird aber in Ihrem Treibhause schon nachreifen.[235]

Ramlers Ausführungen deuten auf die Breite seiner linguistischen Interessen. Zu Fragen der Flexion unregelmäßiger Verben sowie zur Systematisierung der Nominalflexion kommt die Erfassung von „Interjektionen".[236] In den Folgebriefen werden Probleme der Orthographie und Derivation erörtert. Adelung sendet immer wieder Druckfahnen und Auszüge anstehender Publikationen, bittet um kritische Anmerkungen und lässt Ramler zuletzt regelmäßig Ausgaben seines *Magazins für die deutsche Sprache* zukommen.

Ein Forum für seine linguistischen Arbeiten bietet Ramler zu Beginn der 1790er Jahre schließlich die „Deutsche Deputation". Sie wird zwischen 1791 und 1794 von Mitgliedern der Akademie der Wissenschaften unter der Leitung von Ewald von Hertzberg gebildet.[237] Ziel sind die Kultivierung sowie Prestigesteige-

---

[234] Vgl. Aebi Farahmand, Adrian: Die Sprache und das Schöne. Karl Philipp Moritz' Sprachreflexionen in Verbindung mit seiner Ästhetik, Studia Linguistica Germanica 113, Berlin u. Boston 2012, S. 58.

[235] Ramler an Johann Christoph Adelung am 27. November 1779 (zit. nach B. (Hrsg.): „Drei Briefe von Ramler an Adelung", S. 46f.). Zu Ramlers Verbindungen zum Ehepaar Zedlitz vgl. Kap. 1.3.6 sowie Kap. 3.3.2.

[236] Zu Adelungs Anerkennung für Ramlers „Klassifikation der starken Verben" vgl. Schmidt, Hartmut: „Johann Christoph Adelung über den langen Weg der Sprache von ‚roher Naturmusik' bis zum ‚Band der Geschlechter und Völker'", in: Kämper, Heidrun, Annette Klosa und Oda Vietze (Hrsg.): *Aufklärer, Sprachgelehrter, Didaktiker: Johann Christoph Adelung (1732–1806)*, Studien zur Deutschen Sprache 45, Tübingen 2008, S. 39–65, hier S. 43.

[237] Ramlers Zusammenarbeit mit Hertzberg im Rahmen der „Deutschen Deputation" wird u. a. durch drei Briefe dokumentiert, die dieser im Jahr 1793 an Ramler sendet und die sich im Weimarer Nachlass erhalten haben (vgl. GSA 75/90). Die Schreiben vom 10. November und 17. Dezember 1793 beziehen sich auf die Benachrichtigung Joachim

rung der deutschen Sprache.[238] Dem literaturpatriotischen Engagement der „Deutschen Deputation" geht die anhaltende Präsenz des friderizianischen Erbes im Akademiekontext voraus. Für sie sorgt vor allem Carlo Denina mit zahlreichen Beiträgen. Bereits am 31. August 1786, also zwei Wochen nach dem Tod des Königs, referiert er über die gesamteuropäische Wirkung der französischen Literatur des 17. und 18. Jahrhunderts.[239] Zur Fest- und Gedenksitzung anlässlich von Friedrichs Geburtstag am 25. Januar 1787 folgt ein Vortrag über dessen „Präferenz" für französische Literatur und über die „Fortschritte" (*progrès*) der deutschen Literatur während seiner Regierungszeit: „M^r. l'Abbé Denina termina la séance par un Mémoire Sur la préférence que le feu Roi paroissoit accorder à la Littérature francoise, & Sur les progrés qu'a faits la Littérature Allemande sous Son Regne."[240] Mit dem Titel seines Vortrags knüpft Denina folglich an jene Fragen nach dem Niveau deutscher Sprache und Literatur an, die in Friedrichs Umfeld seit den 1730er Jahren diskutiert werden, den Hintergrund von Ramlers Poetik des „Wohlklangs" bilden und in Bielfelds *Progrès des Allemands* (1752) ihren frühen publizistischen Ausdruck finden.[241] Am 10. Juli 1788 folgt Deninas Beitrag „Sur la Littérature Sous le Regne de Frederic II", am 26. September schließt sich sein „Discours Sur les progrés de la littérature dans le Nord de l'Allemagne" an.[242]

Die Gründung der „Deutschen Deputation" gewinnt vor diesem Hintergrund symbolische Bedeutung, steht sie doch für die Einbindung und Konzentration

    Heinrich Campes, der 1793 den von der „Deutschen Deputation" ausgelobten Preis erhält (vgl. hierzu sowie zu Ramlers Beteiligung: Gessinger, Joachim: „Kritik der sprachlichen Unvernunft. Joachim Heinrich Campe und die Preisfrage der Berliner Akademie zur Reinheit der deutschen Sprache", in: Tintemann, Ute und Jürgen Trabant (Hrsg.): *Sprache und Sprachen in Berlin um 1800*, Berliner Klassik. Eine Großstadtkultur um 1800 3, Hannover-Laatzen 2004, S. 13–32).

[238] Vgl. Sedlarz, Claudia: „RUHM oder REFORM? Der ‚Sprachenstreit' um 1790 an der Königlichen Akademie der Wissenschaften in Berlin", in: Goldenbaum, Ursula und Alexander Košenina (Hrsg.): *Berliner Aufklärung. Kulturwissenschaftliche Studien*, Bd. 2, Hannover 2003, S. 245–276, besonders S. 260–263. Vgl. darüber hinaus – mit ausdrücklichem Hinweis auf die parallelen Aktivitäten der „Deutschen Deputation" – Schmidt, Hartmut: „Berlinische Monatsschrift (1783–1796). ‚Diskussion Deutsch' in Berlin am Ende des 18. Jahrhunderts", *Diskussion Deutsch* 103 (1988), S. 507–514.

[239] „M. l'Abbé Denina a lu Sur l'influence qu'ont eue les Auteurs du Siecle de Louis XIV & de Louis XV Sur la Littérature des autres Nations" (ABBAW, PAW (1700–1811), I-IV-33, 2^r).

[240] Ebd., 13^r.

[241] Vgl. hierzu Kap. 2.1.7. Zu Deninas ‚königstreuer' Skepsis gegenüber den Verdiensten deutscher Literatur vgl. Heymann, Jochen: Aufklärungsdiskussion und Aufklärungsskepsis im Werk von Carlo Denina (1731–1813), Diss. Erlangen-Nürnberg 1988, S. 54–65 und S. 99–109; sowie Berger, Günter: „Die Deutschen kommen: Carlo Denina als Vermittler deutscher Literatur", in: Cusatelli, Giorgio u. a. (Hrsg.): *Gelehrsamkeit in Deutschland und Italien im 18. Jahrhundert [...]*, Tübingen 1999, S. 150–159.

[242] ABBAW, PAW (1700–1811), I-IV-33, 52^r bzw. 56^v.

sprachwissenschaftlicher und -normierender Aktivitäten im Kontext der Berliner Akademie, wie sie Friedrich bereits im Brief an Voltaire aus dem Jahr 1737 fordert.[243] In einer knappen Stellungnahme, mit der Ramler im Dezember 1791 seine Kooperation zusagt, fasst er die Kernpunkte seiner sprachwissenschaftlichen Bemühungen zusammen:

> Da ich in den wenigen Jahren, die ich noch vor mir sehe, die Ausführung des ganzen entworfenen schönen Planes schwerlich erleben, und doch gern Antheil an der Verbesserung unserer Sprache nehmen möchte: so schlage ich vor, ob man nicht lieber zuerst Abhandlungen über einzelne Theile der Sprache verfertigt, deren sehr viele sind, und worin sich die Mitarbeiter leicht theilen und nachmahls ihre Ausarbeitungen einander zur Untersuchung mittheilen könnten. Man hat dergleichen Abhandlungen schon hin und wieder: da sie aber noch großer Verbesserungen fähig sind, so wäre eine neue vollständige Ausarbeitung gar sehr nöthig. Wir würden alsdann nach und nach eine vortreffliche deutsche Grammatik erhalten. Auch allgemeine Abhandlungen würde ich auszuarbeiten vorschlagen. Z. E. Über den Reichthum, die Kürze, den Wohlklang, den philosophischen Genius der deutschen Sprache, wovon schon Leibnitz etwas gesagt hat. Was den deütschen Sprachschatz anbetrifft, über dessen Vermehrung die Vota gleich lauten, so will ich das meinige gern dazu beitragen. Am liebsten aber möchte ich praktisch zeigen, welchen Gebrauch man von alten, neuen, fremden Wörtern und Wortfügungen, besonders in der Poesie, machen könne.[244]

Ramler votiert folglich für eine kollektiv zu erarbeitende „Grammatik", stellt sich in die Tradition von Leibniz' sprachpädagogischen Bemühungen und fordert Untersuchungen zu „Reichthum", „Kürze" sowie „Wohlklang" des Deutschen.[245] Zudem betont er dessen Eignung zu sprachlich griffigen und komplexen Argumentationen („philosophische[r] Genius").[246] Abschließend stellt er den Praxisbezug

---

[243] Vgl. Kap. 2.1.7.

[244] ABBAW, PAW (1700–1811), I-V-13a, 11ᵛ. Die Akte umfasst eine Fülle weiterer Ausführungen zu Ramlers Vorträgen, die der Publikation seiner beiden Abhandlungen von 1794 und 1796 (s. u.) vorangehen. Das Autograph von Ramlers Votum ist abgebildet in Klingenberg, Anneliese: „Karl Philipp Moritz als Mitglied der Berliner Akademien", in: Griep, Wolfgang (Hrsg.): *Moritz zu ehren. Beiträge zum Eutiner Symposion im Juni 1993*, Eutiner Forschungen 2, Eutin 1996, S. 135–158, hier S. 155.

[245] Zum Stichwort „Reichtum" vgl. Leibniz, Gottfried Wilhelm: Unvorgreifliche Gedanken, betreffend die Ausübung und Verbesserung der deutschen Sprache. Zwei Aufsätze, hg. von Uwe Pörksen, Stuttgart 1995, S. 27: „*Reichtum* ist das erste und nötigste bei einer Sprache und besteht darin, daß kein Mangel, sondern vielmehr ein Überfluß erscheine am bequemen und nachdrücklichen Worten, so zu allen Vorfälligkeiten dienlich, damit man alles kräftig und eigentlich vorstellen und gleichsam mit lebenden Farben abmalen könne."

[246] Vgl. hierzu Leibniz, Gottfried Wilhelm: „Dissertatio Praeliminaris [...]", in: Marius, Nizolius: *De Veris Principiis Et Vera Ratione Philosophandi Contra Pseudophilosophos, Libri IV. [...]*, hg. von Gottfried Wilhelm Leibniz, Frankfurt 1670 [S. 17 der

seiner lexikalischen Studien heraus: Sie dienten einer Bereicherung deutscher Dichtung („Poesie"). Damit bezeugt Ramlers Stellungnahme die Kontinuität und programmatische Verbindung seiner dichterischen und linguistischen Bemühungen seit Ende der 1740er Jahre.

Wie stark Ramlers sprachwissenschaftliche Interessen auch im Freundeskreis und damit außerhalb der Akademie verankert sind, zeigt sein Austausch mit Leopold Friedrich Günther von Goeckingk. Dieser berichtet im Sommer 1794 an Johann Lorenz Benzler, mit dem Ramler in den Jahren 1782/1783 eine Auswahlausgabe des *Spectator* verantwortet:

> *Ramler* hat mich, seit ich im Garten wohne, sehr fleißig besucht. Er hat mir nach und nach im Mspt. seine Bemerkungen über die Endsylben der deutschen Wörter mitgetheilt, wozu ich ihm einige kleine Beyträge gegeben habe. Auch Ihre Uebers. des englischen *Zuschauers* hat er ein Paar male darin angeführt.[247]

Publizistisch schlagen sich Ramlers sprachwissenschaftliche Studien schließlich 1794 sowie 1796 in zwei Abhandlungen zur Derivation von Adjektiven und Nomina im Deutschen nieder.[248] Sie markieren zugleich den Abschluss seiner

unpaginierten „Vorrede"]: „Illud tamen asserere ausim, huic tentamento probatorio atque examini philosophematum per linquam [linguam, M. B.] aliquam vivam, nullam esse in Europa linguam Germanicâ aptiorem". Zum Publikationskontext von Leibniz' *Dissertatio* vgl. Wolf, Norbert Richard: „Sprachpflege durch Sprachgeschichte. Beobachtungen zu den ‚Unvorgreifflichen Gedancken'", *Deutsche Sprache* 44 (2016), S. 357–365, hier S. 358f. Ramler wiederum notiert im Kommentar seiner postumen Werkausgabe, Leibniz habe „in seinem Tractat, den er von der Vortrefflichkeit der Deutschen Sprache Deutsch geschrieben hat", festgehalten, „die Sprache seiner Landsleute sey philosophischer, als eine jede andre, die ihm bekannt sey" (Ramler: Poëtische Werke. [...] Zweyter Theil: Vermischte Gedichte, S. 269). Zu Leibniz' Bedeutung für die Arbeit der „Deutschen Deputation" vgl. Pörksen, Uwe: „Nachwort", in: Leibniz, Gottfried Wilhelm: *Unvorgreifliche Gedanken, betreffend die Ausübung und Verbesserung der deutschen Sprache. Zwei Aufsätze*, hg. von Uwe Pörksen, Stuttgart 1995, S. 107–131, hier S. 125f.

[247] Leopold Friedrich Günther von Goeckingk an Johann Lorenz Benzler am 30. Juni 1794 (zit. nach Pröhle, Heinrich: „Der Dichter Günther von Göckingk über Berlin und Preußen unter Friedrich Wilhelm II. und Friedrich Wilhelm III.", *Zeitschrift für Preußische Geschichte und Landeskunde* 14 [1877], S. 1–89, hier S. 38).

[248] Ramler veröffentlicht seine Studien zunächst in den Beiträgen zur *Deutschen Sprachkunde*, die Arbeitsergebnisse der „Deutschen Deputation" zusammenfassen. 1796 erscheinen sie gesondert unter dem Titel *Über die Bildung der Deutschen Nennwörter und Beywörter* (vgl. Gräßel, Susanne, Hans Jürgen Höller und Helmut Weiß: „Ramler, Karl Wilhelm", in: Brekle, Herbert E. u. a. (Hrsg.): *Bio-bibliographisches Handbuch zur Sprachwissenschaft des 18. Jahrhunderts. Die Grammatiker, Lexikographen und Sprachtheoretiker des deutschsprachigen Raums mit Beschreibungen ihrer Werke*, Bd. 7, Tübingen 2001, S. 110–115, hier S. 112f. sowie 114f.). Zu Ramlers Adaption von Batteux' übersetzungsphilologischen Ausführungen als Ausgangspunkt beider

Aktivitäten im Rahmen der „Deutschen Deputation". Ramler setzt seine sprachwissenschaftliche Arbeit jedoch bis in die späten 1790er Jahre fort. So berichtet sein späterer Herausgeber Goeckingk, er habe noch „in den letzten Jahren eine kritische Sammlung Deutscher Wörter" begonnen, „die er wenige Tage vor seinem Tode Herrn *Meierotto* zustellte".[249]

Arbeiten zur Derivation vgl. Kap. 3.1.3.
[249] Goeckingk: „Ramlers Leben", S. 315.

3 Inszenierung als „Deutscher Horaz"

Zu den Wegmarken der postumen Ramler-Rezeption zählt Friedrich Schlichtegrolls *Nekrolog* aus dem Jahr 1802.[1] Kritiklos bestätigt er Ramlers Selbst- und zeitgenössische Fremdstilisierung zum deutschen Pendant des römischen Dichters Horaz:

> Beyde Männer [Horaz und Ramler, M. B.] glichen sich an Geist und Herzen, und was dem deutschen Horaz in dem wirklichen Leben an Zärtlichkeit, Anmuth und Welt gebrach, ersetzte die größere Unschuld seines einfachen Lebens, auf dessen Dunkelheit kein August und Mäcenas einen verführerischen Glanz fallen ließ. Beyde waren gleich gutmüthig, edel, bescheiden, Freunde der Freyheit und Unabhängigkeit, und in jeder Rücksicht *keinem Golde feil*, auch selbst dem Golde ihrer Wohlthäter nicht. [...] Der größere *August* des achtzehnten Jahrhunderts [Friedrich II., M. B.] schien einen Seiner würdigen *Horaz* gefunden zu haben. [...] Es ist indeß keineswegs, wie manche zu glauben geneigt gewesen sind, der Gebrauch der Mythologie allein oder vorzüglich, dem *Ramlers* Oden ihren Glanz verdanken; ja, man könnte behaupten, daß die allzubekannten Gemeinplätze der Fabel und Allegorie ihren lyrischen Flug an mehr als einer Stelle hemmen; auch sind seine schönsten Oden nicht die, in denen die mythologischen und gelehrten Anspielungen am meisten gehäuft sind. Aber alle haben ein antikes Gepräge, das aus der ungesuchten Würde, dem steten und feyerlichen Gange, der edeln Ruhe und der Entfernung sentimentalischer Heftigkeit entspringt. In diesen Eigenschaften, zu denen man noch die naive Uebereinstimmung des Gedankens und Ausdrucks rechnen kann, liegt *Ramlers* Verwandtschaft mit *Horaz* mehr, als in der Aehnlichkeit des Stoffes, der Plane und der Wendungen.[2]

Schlichtegroll begründet die Analogie zwischen Horaz und Ramler mit charakterlichen Eigenschaften, die er aus ihren Gedichten als scheinbar authentischen Zeugnissen der jeweiligen Persönlichkeit ableitet. Konkret übernimmt Schlichtegroll

---

[1] Einen biographischen Überblick zu Schlichtegroll, der seit 1807 als Generalsekretär der Bayerischen Akademie der Wissenschaften und seit 1812 als deren kommissarischer Präsident wirkt, bietet Stoermer, Monika: „Friedrich von Schlichtegroll – ein ‚Nordlicht' in München", *Akademie Aktuell* 24 (2008), S. 46–50. Zur zeitgenössischen Wahrnehmung des *Nekrologs* vgl. Köhler, Christoph: „Adolf Heinrich Friedrich Schlichtegrolls ‚Nekrologe der Teutschen'. Zum Genre der Biographie im Zeitalter der Spätaufklärung", in: Ignasiak, Detlef (Hrsg.): *Beiträge zur Geschichte der Literatur in Thüringen [...]*, Palmbaum-Studien 1, Rudolstadt u. Jena 1995, S. 180–189.

[2] Schlichtegroll, Friedrich: „Den 11ten April starb zu Berlin Carl Wilhelm Ramler, Prof. der sch. Wiss. bey dem Cadettenkorps", in: Schlichtegroll, Friedrich: *Nekrolog auf das Jahr 1798*, Bd. 9,1, Gotha 1802, S. 83–114, hier S. 84f. bzw. S. 98–100.

die topische Abwehr des Schmeichelei-Vorwurfs in Ramlers Ode *Der Triumph* („*keinem Golde feil*") und die projektierte Überbietung der Konstellation Augustus/Horaz durch Friedrich II. und Ramler in dessen Ode *An den König*.³

Darüber hinaus unterstreicht Schlichtegroll den antikisierenden Habitus von Ramlers Dichtung. Sie zeichne sich ebenso wie Horaz' Lyrik durch Gravität, „edel[e] Ruhe" und eine Mäßigung der Affekte aus. Der Wortwahl nach erinnert Schlichtegrolls Definition des „antike[n] Gepräge[s]" an Winckelmanns formelhaftes Griechenideal („edle Einfalt und stille Größe"). Ramlers Referenzen auf die griechisch-römische Mythologie wertet Schlichtegroll wiederum als bloßes stilistisches Oberflächenphänomen. Vielmehr attestiert er beiden Dichtern eine ähnliche Denkart und deren analoge sprachliche Fassung. Merkliche Differenzen zwischen Horaz und Ramler werden ebenfalls benannt, jedoch umgehend nivelliert. So habe Ramler (lange Zeit) nicht von fürstlicher Förderung profitieren können und einen entsprechenden Mangel an Urbanität („Zärtlichkeit, Anmuth und Welt") durch die Integrität seines bescheidenen Lebenswandels kompensiert.

Was zu Ramlers Lebzeiten umstritten ist,⁴ wird im Anschluss an Schlichtegroll zum Topos biobibliographischer Artikel und literaturgeschichtlicher Arbeiten.⁵ Sie tradieren bis heute die vossianische Antonomasie „deutscher Horaz" als Kurzcharakteristik für Ramlers literarisches Schaffen. ⁶ Verwiesen sei beispielsweise

---

³ Vgl. Ramler: Oden, S. 81. Zum Schmeichelei-Topos und zu Ramlers Ode *An den König* vgl. Kap. 2.1.8.

⁴ Vgl. Košenina, Alexander: „Ein deutscher Horaz? Karl Wilhelm Ramler in der zeitgenössischen Rezeption", in: Lütteken, Laurenz, Ute Pott und Carsten Zelle (Hrsg.): *Urbanität als Aufklärung. Karl Wilhelm Ramler und die Kultur des 18. Jahrhunderts*, Schriften des Gleimhauses Halberstadt 2, Göttingen 2003, S. 129–152, hier S. 129–139; sowie Aurnhammer, Achim: „Antonomastische Indienstnahmen antiker Dichter im Halberstädter Dichterkreis um Johann Wilhelm Ludwig Gleim", in: Hildebrandt, Annika, Charlotte Kurbjuhn und Steffen Martus (Hrsg.): *Topographien der Antike in der literarischen Aufklärung*, Publikationen zur Zeitschrift für Germanistik N. F. 30, Bern u. a. 2016, S. 283–297, hier S. 293. Zu Gleims paralleler Inszenierung als ‚deutscher Anakreon' vgl. Fischer, Alexander M.: Posierende Poeten. Autorinszenierungen vom 18. bis zum 21. Jahrhundert, Heidelberg 2015, S. 67–87.

⁵ Die direkte Wirkung von Schlichtegrolls Beitrag bezeugen Baur und Hirsching/Ernesti. Ihre Artikel schließen zeitlich unmittelbar an Schlichtegroll an und übernehmen teils ganze Passagen aus dessen *Nekrolog* (vgl. Baur, Samuel: „[...] Karl Wilhelm Ramler. Professor der schönen Wissenschaften beim Kadettenkorps in Berlin", in: Baur, Samuel: *Gallerie historischer Gemählde aus dem achtzehnten Jahrhundert. Ein Handbuch für jeden Tag des Jahres*, Bd. 2, Hof 1804, S. 66–71; sowie Ernesti, Johann Heinrich Martin: „Ramler, Carl Wilhelm", in: Hirsching, Friedrich Carl Gottlob und Johann Heinrich Martin Ernesti (Hrsg.): *Historisch-litterarisches Handbuch berühmter und denkwürdiger Personen, welche in dem achtzehnten Jahrhundert gelebt haben [...]*, Bd. 9,1, Leipzig 1806, S. 53–66).

⁶ Namensgeber der vossianischen Antonomasie ist Gerhard Johann Vossius, der sie in seinen *Oratoriae institutiones* erstmals eingehend beschreibt (vgl. Fischer, Frank und

auf Roswitha Schiebs *Berliner Literaturgeschichte* (2019), die gleich zweifach betont, Ramlers „Dichtungen" hätten „ihm den Beinamen ,der deutsche Horaz'" eingetragen und er sei „[v]on den Zeitgenossen als ,deutscher Horaz' gefeiert" worden.[7] Die Formel wird damit als zeitgenössisches Urteil markiert. Zugleich jedoch rückt die Frage in den Hintergrund, ob Ramler zu Recht als „deutscher Horaz" gelte.

Umso deutlicher wird so, dass bisher weder die poeseologischen und literaturpolitischen Implikationen der Antonomasie hinterfragt wurden, noch in den Blick geraten ist, mit welchen Textsorten und medialen Formen Ramler zu Lebzeiten seine Inszenierung zu verankern versucht. Unklar ist folglich auch das spezifische Profil seiner Selbstdarstellung als „deutscher Horaz", der eine Fülle verwandter Projekte sowohl unter neulateinischen Dichtern des 15. bis 17. Jahrhunderts als auch unter zeitgenössischen Autoren gegenüberstehen.[8]

Dass auch diese bisher kaum beachtet worden sind und damit (zeitgenössische) Vergleichsgrößen für eine Untersuchung von Ramlers Horaz-Imitatio fehlen, dürfte zu den Ursachen für die skizzierten Forschungsdesiderate im Falle Ramlers zählen.[9] Nur in Ansätzen untersucht ist beispielsweise Samuel Gotthold Langes

    Joseph Wälzholz: „Jeder kann Napoleon sein [...]", *Frankfurter Allgemeine Sonntagszeitung*, 21.12.2014, S. 34; sowie Vossius, Gerhard Johann: Commentariorum rhetoricorum, sive oratoriarum institutionum libri sex, 4. Aufl., Leiden 1630, S. 171–176 [Liber IV]). Bei der vossianischen Antonomasie, einem Sonderfall der „Namensersetzung", wird ein Personenname übertragen („Horaz"). Der Zielbereich wiederum kann durch ein ergänzendes Attribut markiert werden („deutscher"). Im Falle der vossianischen Antonomasie „deutscher Horaz" handelt es sich um die „länderbezogene Variante[]" (Fischer/Wälzholz: „Jeder kann Napoleon sein [...]").

[7] Schieb, Roswitha: Berliner Literaturgeschichte. Epochen. Werke. Autoren. Schauplätze, Berlin 2019, S. 24f.

[8] Vgl. Schäfer, Eckart: Deutscher Horaz. Conrad Celtis. Georg Fabricius. Paul Melissus. Jacob Balde. Die Nachwirkung des Horaz in der neulateinischen Dichtung Deutschlands, Wiesbaden 1976; Schäfer, Eckart: „Sarbiewskis patriotische Lyrik und sein ,polnischer Horaz' Jan Kochanowski", in: Schäfer, Eckart (Hrsg.): *Sarbiewski. Der polnische Horaz*, NeoLatina 11, Tübingen 2006, S. 145–176; Seidel, Robert: „Ein deutscher Horaz in Heidelberg. Johannes Adams Parodiae Horatianae (1611)", in: Heil, Andreas, Matthias Korn und Jochen Sauer (Hrsg.): *Noctes Sinenses. Festschrift für Fritz-Heiner Mutschler zum 65. Geburtstag*, Heidelberg 2011, S. 120–128; sowie Haye, Thomas: „Henrich Hudemann (ca. 1595–1628) – Holsteins Horaz", *Philologus* 157/2 (2013), S. 338–360. Auf die generelle Produktivität imitatorischer Literaturprogramme und vossianischer Antonomasien in der frühen Neuzeit verweist auch Korenjak, Martin: Geschichte der neulateinischen Literatur. Vom Humanismus bis zur Gegenwart, München 2016, S. 167: „So galt etwa Marco Girolamo Vida mit seinen Lehrgedichten und Epen als zweiter Vergil, Mathias Casimir Sarbiewski als Horaz des Christentums, Jakob Balde wurde für seine Odendichtung als deutscher Horaz, während seiner Zeit als Rhetorikprofessor in Ingolstadt aber auch als neuer Quintilian gefeiert."

[9] Vgl. hierzu auch Jörg Roberts Hinweis: „Die noch zu schreibende Geschichte der Rezeption des Horaz nach 1650 vollzieht sich wesentlich in der Volkssprache, Ausnahmen

Horaz-Imitatio, der 1747 *Horatzische Oden* veröffentlicht und 1752 Horaz-Übersetzungen folgen lässt (*Des Quintus Horatius Flaccus Oden fünf Bücher und von der Dichtkunst ein Buch*). Lange zählt zu Ramlers unmittelbaren und von ihm kritisch beäugten Vorläufern als „deutscher Horaz".[10] Allein auf zwei Berührungspunkte zwischen beiden Autoren sei hier hingewiesen: Lange stellt sowohl seinen *Horatzischen Oden* als auch seinen Übersetzungen lyrische Adressen an Friedrich II. von Preußen voran. Diese programmatische Bindung horazianischer Lyrik an die Verherrlichung des preußischen Königs scheint Ramler mit seiner Ode *An den König*, dem Auftaktgedicht der *Oden* von 1767, zu adaptieren.[11] Darüber hinaus ist Lange darum bemüht, seine Verbindungen in das Umfeld des Monarchen mit einer offiziellen Widmung seiner Horaz-Übersetzungen an Friedrich II. zu dokumentieren.[12] Analog dazu versucht Ramler in den 1770er Jahren, die Aufmerksamkeit Friedrichs II. mit einer französischen Übersetzung seiner Gedichte zu erregen.[13] Die skizzierten Parallelen lassen es umso wünschenswerter erscheinen, ebenso die tiefgreifenden Divergenzen zwischen Ramlers Inszenierung als „deutscher Horaz" und Langes horazianischem Projekt aus dem Geiste des halleschen Pietismus und Baumgartens Ästhetik näher zu bestimmen.[14]

und Nachzügler wie Christian Adolph Klotz' *Carminum liber unus* (Leipzig 1759) bestätigen die Regel" (Robert, Jörg: „Nachahmung, Übersetzung, Akkulturation. Horaz-Rezeption(en) in der deutschen Lyrik (1580–1650)", in: Laureys, Marc, Nathalie Dauvois und Donatella Coppini (Hrsg.): *Non omnis moriar. Die Horaz-Rezeption in der neulateinischen Literatur vom 15. bis zum 17. Jahrhundert [...]*, Bd. 2, Noctes Neolatinae 35/2, Hildesheim, Zürich, New York 2020, S. 957–976, hier S. 962).

[10] Überliefert ist ein Schreiben Langes an Ramler vom 29. November 1745, in dem er für Ramlers Gewogenheit dankt und ihn als kritischen Leser in die Arbeit an seinen Oden einzubinden versucht (vgl. Wilhelm, Friedrich (Hrsg.): „Briefe an Karl Wilhelm Ramler", *Vierteljahrschrift für Litteraturgeschichte* 4 [1891], S. 41–79 sowie S. 226–263, hier S. 42). Im Briefwechsel mit Gleim signalisiert Ramler in den Folgejahren jedoch Distanz, so am 9. Mai 1749: „Es verdient einen gantzen Bach Poetischer Thränen, daß ein solches Genie [...] nun mit dem Horaz ins ewige Verderben eilt" (zit. nach BGR I, S. 168). Noch in den 1760er Jahren stehen Lange und Ramler jedoch in Kontakt. Erhalten sind zwei Empfehlungsschreiben von Lange sowie ein Brief, in dem er Ramler vom Tod seiner Frau in Kenntnis setzt (vgl. GSA 75/127).

[11] Vgl. hierzu Kap. 2.1.8.

[12] Das wesentlich von Christoph Ludwig von Stille und August Friedrich Eichel geförderte Widmungsverfahren rekonstruiert Fisch, Richard: *Generalmajor v. Stille und Friedrich der Große contra Lessing*, Berlin 1885, S. 52–59. Friedrichs Dankschreiben für Langes Horaz-Übersetzung ist abgebildet bei Lacher, Reimar F.: „Friedrich, unser Held" – *Gleim und sein König*, Schriften des Gleimhauses Halberstadt 9, Göttingen 2017, S. 139.

[13] Vgl. hierzu Kap. 2.2.

[14] Erste Ansätze zu Langes Parallelprojekt liefern Kurbjuhn und Martus, auch wenn sie bewusst Pyras und Langes „*politische[s]* Programm" ausklammern, „das sie [Pyra und Lange, M. B.] in schwärmerischer Verehrung für Friedrich II. [in den *Horatzischen Oden*, M. B.] ausformulieren" (Kurbjuhn/Martus: „Ästhetische Transformationen der Antike", S. 238).

Dass Ramlers Strategien der Selbstinszenierung als „deutscher Horaz" kaum untersucht worden sind, mag auch aus der Vielzahl ineinandergreifender Komponenten resultieren. Bereits Schlichtegrolls biographische Deutung der Oden *Der Triumph* und *An den König* zeigt, dass Ramlers panegyrische Gelegenheitsdichtung zu den zentralen Instrumenten seiner Stilisierung als „deutscher Horaz" zählt. Hinzu kommen einzelne erotische, also nichterhabene Oden nach Horaz' Vorbild (etwa *An Lalage* von 1745) sowie Übersetzungen von Horaz' Oden, die Ramler seit Mitte der 1740er Jahre publiziert. Rezensionen befreundeter Autoren[15] und Ramlers bildkünstlerische Darstellung als „deutscher Horaz" auf Gemälden, Graphiken und Medaillen bestätigen seine Inszenierung aus der Außenperspektive.[16]

Wichtig sind darüber hinaus briefliche Stellungnahmen an Ramler, die ihn in seinem Auftreten als „deutscher Horaz" bestärken, ohne jedoch publik zu werden.[17] Entscheidend erweist sich auch Ramlers Verbesserungspoetik, mit der er sich gezielt in die Tradition einer minutiös ‚feilenden' Textarbeit nach Horaz' Vorbild einreiht.[18] Ramlers Präsentation als Alter Ego des römischen Dichters

[15] Vgl. etwa Nicolais 140. Literaturbrief, der Ramlers *Ode auf ein Geschütz* „wahren horazischen Schwung[]" attestiert, und Mendelssohns/Herders Rezension von Ramlers *Oden* (1767): „*Ramler* hat sich die *Horatzische Ode* ganz zu eigen gemacht. [...] Er tritt sehr oft in die Fußtapfen [sic] des römischen Dichters und füllet sie aus; aber er weis sich auch einen eigenen Weg zu bahnen, der ihn eben so glorreich zum Ziele führet" (Nicolai, Friedrich: „Hundert und vierzigster Brief", *Briefe, die Neueste Litteratur betreffend* 8 [15.01.1761], S. 385–389, hier S. 385; sowie Mendelssohn, Moses und Johann Gottfried Herder: „Karl Wilhelm Ramlers Oden. Berlin, bey Christian Friedrich Voss 1767. [...]", *Allgemeine deutsche Bibliothek* 7/1 [1768], S. 3–28, hier S. 4).

[16] Im Jahr 1775 präsentiert der Medailleur Abraham Abramson Ramler im Rahmen der Serie „Deutsche Gelehrte" als „Romanae fidicen lyrae" („Dichter der römischen Leier", vgl. Hor. carm. 4, 3, 23) – so die Inschrift auf dem Avers der Medaille, deren Revers Ramlers Profil und Namen zeigt (vgl. Hoffmann: Jacob Abraham und Abraham Abramson, S. 141 sowie Tafel 27). Weitere zeitgenössische Darstellungen, die Ramler in antikisierender Manier präsentieren, ohne ihn explizit als „deutschen Horaz" auszuweisen, dürften ebenfalls eine Identifikation mit Ramlers maßgeblichem antiken Vorbild im Bereich der Odendichtung nahelegen. So wird Ramler bereits 1772 von Christoph Friedrich Reinhold Lisiewsky als *poeta laureatus* porträtiert. Das Gemälde dient Heinrich Gottlieb Eckert Mitte der 1770er Jahre als Vorlage für eine Aquatinta und wird 1786 in Berlin ausgestellt (vgl. Kulturstiftung Dessau-Wörlitz (Hrsg.): Christoph Friedrich Reinhold Lisiewsky (1725–1794), Berlin 2010, S. 201). Heinrich Sintzenich wiederholt das Motiv des bekränzten Dichters in seinem Frontispiz zum *Berlinischen Musenalmanach für 1791* (vgl. Gesche, Inga: Heinrich Sintzenich (1752–1830). Druckgraphische Werke, Mannheim 1983, S. 52f.). Zu Ramlers bildkünstlerischer Inszenierung als „deutscher Horaz" im Rahmen der *Poëtischen Werke* (1800/1801) vgl. auch Kap. 5, passim.

[17] Vgl. hierzu die Briefe von Karl Gottlieb Guichard und Friedrich II. an Ramler (vgl. Kap. 2.2) sowie weitere Antwortbriefe auf Ramlers Buchgeschenke im folgenden Kap. 3.3.1.

[18] Vgl. hierzu Kap. 5.2.3.

wird damit zu einem multimedialen Projekt, das durch eine Fülle von Akteuren mitgetragen wird.

Vielfältig sind ebenso die literaturpolitischen Interessen, die sich mit Ramlers Horaz-Imitatio und Inszenierung als „deutscher Horaz" verbinden. Ramler selbst zielt mit seinen Horaz-Übersetzungen unter anderem auf die Geschmacksbildung des deutschen Publikums und mittelbar auf eine Stärkung der Konkurrenzfähigkeit deutscher Literatur im europäischen Vergleich.[19] Johann Wilhelm Ludwig Gleim und weitere Freunde fordern ihn wiederum seit den 1740er Jahren dazu auf, in eigenen Oden Horaz nachzuahmen, als klassizistischer Lyriker und Gelegenheitspanegyriker aufzutreten und bei Friedrich II. für das literarische Niveau deutscher Hochstillyrik zu werben.[20] Eigene programmatische Zielsetzungen und Fremdzuschreibungen befördern einander und lassen sich als Motivationen für die Durchsetzung von Ramlers Apostrophierung als „deutscher Horaz" kaum voneinander trennen. Gemeinsam ist ihnen die Überzeugung von der unanfechtbaren literarischen Größe des römischen Klassikers, der als Dichterfigur zugleich einen Musterfall für die ‚mäzenatische' Anerkennung dichterischer Leistungen durch eine gesellschaftliche Elite liefert.

Im Folgenden sollen Strategien, mit denen Ramler seine Selbststilisierung als „deutscher Horaz" zu plausibilisieren versucht, anhand dreier zentraler Textkorpora nachgezeichnet werden. Kapitel 3.1 widmet sich Ramlers Horaz-Übersetzungen,[21] weitet somit den Blick zunächst über seine Gelegenheitspanegyrik hinaus.

---

[19] Vgl. Ramler an Johann Wilhelm Ludwig Gleim am 7. Mai 1748: Die Leserinnen der geplanten Zeitschrift *Der Mädchenfreund* „wollen wißen wer die Alten sind, nach denen man seinen Geschmack bilden soll. Also theilen sie ihnen den Anacreon mit, ein anderer schenckt ihnen das beste aus dem Horatz, dem Bion und Moschus, dem Catull, Gallus p." (zit. nach BGR I, S. 119). Am 13. September 1749 greift Ramler diesen Plan gegenüber Gleim erneut auf: „[W]ir sind unserm Lande diese Hülfe schuldig, die Nation wird zusehends einen beßern Geschmack gewinnen, und wird nicht mehr jenseit der Pyrenäen und des Canals unwitzig heißen" (zit. nach BGR I, S. 188).

[20] Exemplarisch sei hier Gleims drängende Bitte vom 7./8. Januar 1757 zitiert: „Ich lese seit einiger Zeit ihren Horatz in der Kirche, im Capitul, auf dem Nachtstuhl! Und seit der Schlacht von Lowositz bin ich recht von Herzen böse auf Sie, daß ihnen so wenig daran gelegen ist, der Horaz unsers Friedrichs zu seyn! Und wie leicht wäre es Ihnen, und wenn sie erst nur Horatz wären, so würde Friederich auch bald ihr August seyn, ich bin fest davon überzeugt, so wenig er sonst aus dem Deutschen macht" (zit. nach BGR II, S. 262). Zum Phänomen der „antonomastischen Indienstnahme" im Umfeld von Gleim vgl. Aurnhammer: „Antonomastische Indienstnahmen", S. 286–294. Zu den frühesten Belegen für Aufforderungen an Ramler, Horaz nachzuahmen, zählt neben Gleims Briefen ein Schreiben von Nikolaus Maaß, der sich am 12. Juni 1755 an Ramler wendet: „Lernen Sie die Sprache des Hofes und werden Sie der Preußische Horatz; dis wird Ihnen gewis besser kleiden wenn Sie nur ein hof artiges Hertze hätten, dis ist das einzige was Ihnen an Ihrem Glucke noch fehlet" (GSA 75/137, 14ʳ).

[21] Eine exemplarische Analyse von Ramlers Übersetzungsprämissen anhand von Hor. carm. 1, 9 in der Fassung der postumen Ausgabe von 1800 (*Horazens Oden*) sowie

Zu zeigen ist in einem ersten Schritt, dass bereits der Fokus auf Horaz' Oden und Epoden als zentrale literaturpolitische Entscheidung zu werten ist. Zwei weitere maßgebliche Koordinaten von Ramlers Horaz-Übersetzungen sollen im Anschluss beleuchtet werden: *Erstens* nutzt Ramler eine Vielzahl von Publikationsformen und das wiederholte Re-Publizieren seiner Horaz-Übertragungen, um übersetzerische und dichterische Aktivitäten als Komplemente seines literarischen Schaffens zu präsentieren. *Zweitens* lässt sich die Entwicklung von Ramlers übersetzungsphilologischen Prämissen (von der Uz'schen „Frühlingsstrophe" über Prosa-Versionen hin zur möglichst getreuen Nachahmung der antiken Metren) als gezielter Ausbau der Horaz-Mimesis beschreiben.

Kapitel 3.2 untersucht die Funktion der Horaz-Imitatio in Ramlers panegyrischen Gelegenheitsgedichten während des Siebenjährigen Kriegs. Am Beispiel von Ramlers *Ode an die Göttinn der Eintracht* und Lessings *Eintritt des Jahres 1754* soll deutlich werden, dass Horaz-Referenzen eine Möglichkeit darstellen, die geforderte erhabene Stilebene panegyrischer Zeitungslyrik zu markieren. Im Zuge von Ramlers Re-Publikationen verschiebt sich der Akzent seiner Imitatio: Sie wird zum Element der Selbststilisierung als herausragender Vertreter erhabener Lyrik nach Horaz' Vorbild. Ramler tritt folglich ausdrücklich als Horaz-Nachahmer auf, was ihm unter anderem von Klopstock den Vorwurf mangelnder Eigenständigkeit einträgt.[22]

Literatursoziologische Kontexte und Implikationen der vossianischen Antonomasie „deutscher Horaz" stehen im Zentrum von Kapitel 3.3. Seit den 1760er Jahren nutzt Ramler Buchgeschenke und lyrische Adressen (Dedikationsgedichte), die er handschriftlich in Widmungsexemplare einträgt, um freundschaftliche Kontakte zu pflegen, die Förderung durch adlige Gönnerinnen und Gönner

---

Ramlers Arbeit mit Christian David Janis kommentierter Horaz-Edition bietet Leonhardt, Jürgen: „Ramlers Übersetzungen antiker Texte", in: Lütteken, Laurenz, Ute Pott und Carsten Zelle (Hrsg.): *Urbanität als Aufklärung. Karl Wilhelm Ramler und die Kultur des 18. Jahrhunderts*, Schriften des Gleimhauses Halberstadt 2, Göttingen 2003, S. 323–353, hier S. 334–353.

[22] Vgl. Klopstocks brieflichen Kommentar gegenüber Johann Wilhelm Ludwig Gleim vom 7. September 1769: „Sagen Sie mir, weiß es Ramler, daß die seine schönste Ode ist, in der er am wenigsten oder vielmehr gar nicht nachgeahmt hat? – Und wenn er es weiß, hat er nicht Lust, daraus zu folgern, was wirklich daraus folgt?" (zit. nach Klopstock, Friedrich Gottlieb: Werke und Briefe. Abt. Briefe. Bd. 5,1. 1767–1772, hg. von Klaus Hurlebusch, Berlin u. New York 1989, S. 187f.). Zu Klopstocks gegenläufigem Projekt einer dezidiert schöpferischen Aneignung antiker Dichtungstradition, eines „originalen Klassizismus" vgl. Martin, Dieter: „Klopstocks poetologisches Prooimion", in: Hildebrand, Olaf (Hrsg.): *Poetologische Lyrik von Klopstock bis Grünbein. Gedichte und Interpretationen*, Köln, Weimar u. Wien 2003, S. 17–27, hier S. 27; sowie Elit, Stefan: „Der späte Klopstock und Johann Heinrich Voß. Ein Spannungsverhältnis, poetologisch betrachtet", in: Hilliard, Kevin und Katrin Kohl (Hrsg.): *Wort und Schrift – Das Werk Friedrich Gottlieb Klopstocks*, Bd. 27, Hallesche Forschungen, Tübingen 2008, S. 209–220.

einzuwerben und sich als „deutscher Horaz" zu präsentieren. Erst nach dem Regierungsantritt Friedrich Wilhelms II. (1786) publiziert er wiederum ausgewählte Dedikationsgedichte, darunter seine lyrische Adresse *An den Freiherrn von Gebler* (1791) sowie eine Serie mit dem Titel *Kleine gelegenheitliche Gedichte* (1791). In ihnen präsentiert Ramler seine Kontakte zur literarisch-politischen Elite Österreichs, inszeniert sich als Dichter im Umfeld des preußischen sowie des kurländischen Hofes, referiert hierbei auf das prototypische zweistellige Patronagemodell Maecenas/Horaz und suggeriert Aktualisierungen der antiken Konstellation.

Bereits der Überblick führt vor Augen, dass Ramlers Selbststilisierung zum „deutschen Horaz" durch markante Anpassungen an eine ständisch strukturierte Gesellschaft und die Aneignung literaturpolitischer Praktiken der zweiten Hälfte des 18. Jahrhunderts geprägt ist. Diese treten in Spannung zu jener möglichst ‚unmittelbaren' Nachahmung des literarischen Vorbilds, für die Ramlers Horaz-Übersetzungen und seine imitatorische Hochstillyrik stehen. Auffällig ist dabei nicht allein die bewusste Ausdehnung des Kreises erwünschter Förderer, den Ramler keineswegs auf die preußischen Könige oder das Umfeld der preußischen Höfe beschränkt. Deutlich wird auch die mediale Ausdifferenzierung, die sich mit dem textuellen Spektrum von Ramlers Horaz-Imitatio verbindet. Als Übersetzer und Lyriker beliefert er den anonymen Buchmarkt und bespielt damit eine breite literarische Öffentlichkeit. Parallel adressiert er (potenzielle) adlige Gönnerinnen und Gönner im Rahmen individualisierter dichterischer Ansprachen, die er sowohl in handschriftlicher als auch gedruckter Form lanciert. In diesem Sinne rücken im Folgenden auch die spezifischen medialen und materiellen Bedingungen in den Fokus, die Ramlers horazianische Autorschaft in der zweiten Hälfte des 18. Jahrhunderts ausmachen.

3.1 Übersetzerische Aneignung

3.1.1 Zuschnitt des Übersetzungskorpus

Ramlers Ausgabe von *Horazens Oden, übersetzt und mit Anmerkungen erläutert* erscheint postum im Jahr 1800 und bietet in zwei Bänden die Summe seiner lebenslangen Auseinandersetzung mit Horaz' literarischem Schaffen.[23] Die kommentierte Übertragung der vier Odenbücher sowie der Epoden (gezählt als fünftes Odenbuch) führt zudem vor Augen, dass Ramlers Horaz-Aneignung sich auf dessen lyrisches Schaffen konzentriert.[24] Bestrebungen, auch Horaz' Satiren und Briefe in einer deutschen Fassung vorzulegen, sind hingegen nicht zu

---

[23] Zur Publikationsgeschichte der postumen Horaz-Ausgabe, die Ramler ursprünglich als dritten Band seiner *Poëtischen Werke* plant, vgl. Kap. 5.1.

[24] Lediglich Epode 8 und Epode 12 übergeht Ramler aufgrund moralischer Bedenken (vgl. Leonhardt: „Ramlers Übersetzungen antiker Texte", S. 325).

beobachten.²⁵ Vielmehr lassen Ramlers Pläne zu einer Übersetzungsserie antiker Dichter, die von Gleims und Ramlers Bekanntenkreis mitgetragen werden soll, bereits im September 1749 eine gattungspoetisch orientierte Fokussierung seiner Horaz-Aneignung erkennen. Er sei

> nun fest entschloßen meinen Horatz nicht umsonst in eine wohlklingende Prose zu übersetzen, und [...] die artigsten Oden des Catulls gleichfals [...]. Die Satyren des Horatz nimmt ein andrer Liebhaber, und schreibt dazu einen Carackter von Satyren. Seine Poetische Kunst [die *Ars poetica*, M. B.] übersetzt wiederum ein anderer unter dem Titel der Dogmatischen Gedichte [der Lehrdichtung, M. B.], wohin auch Virgils Feldbau, Hesiodus, Lucretz, gehören.²⁶

Ramler skizziert eine Dreiteilung von Horaz' Werk in Oden, Satiren und Lehrdichtung. Dass seine geplanten Übersetzungen des lyrischen Teils selektiven Charakter besitzen, wird damit zur bewussten Entscheidung. Für sie nennt Ramler zwei Beweggründe. Maßgeblich seien *einerseits* literarische Präferenzen. Der Übersetzer müsse ein „Liebhaber" seines „Leibautor[s]" sein.²⁷ *Andererseits* seien spezifische handwerkliche Kompetenzen unabdingbar: „Wer den Homerus nimmt, muß gute Beywörter zusammensetzen können."²⁸ Mit der Wahl von Horaz' (und Catulls) Oden unterstreicht Ramler gegenüber seinem Korrespondenzpartner Gleim somit nicht allein die Neigung zu römischer Lyrik. Er markiert darüber hinaus das selbstbewusste Vertrauen, den sprachlichen Herausforderungen der geplanten Horaz-Übersetzungen gewachsen zu sein.

Ramlers Entscheidung hat zwei zentrale Effekte: *Erstens* klammert er in formaler Hinsicht Horaz' hexametrische Dichtung weitgehend aus. Damit rückt die Nachahmung der antiken Odenmaße ins Zentrum seiner übersetzerischen Ambitionen. *Zweitens* stellen Ramlers Übersetzungen den „poetischen" Horaz in den Mittelpunkt, während sie den „Moralist[en]" der Satiren und Briefe, also den *Horatius ethicus*, aussparen.²⁹ Eine solche Schwerpunktsetzung ist zeitgenössisch keineswegs ungewöhnlich. So konzentriert sich Christoph Martin Wieland mit

---

25 Auch in seiner Batteux-Adaption folgt Ramler der Vorlage und verzichtet darauf, (Teil-)Übersetzungen aus Horaz' Satiren einzustreuen (vgl. Ramler, Karl Wilhelm: Einleitung in die Schönen Wissenschaften. Nach dem Französischen des Herrn Batteux, mit Zusätzen vermehret [...], Bd. 3, Leipzig 1757, S. 117–119; sowie Batteux, Charles: Cours de belles-lettres, ou Principes de la litterature. Nouvelle edition, Bd. 3, Paris 1753, S. 114–116).
26 Ramler an Johann Wilhelm Ludwig Gleim am 13. September 1749 (zit. nach BGR I, S. 187–189).
27 Ramler an Johann Wilhelm Ludwig Gleim am 13. September 1749 (zit. nach BGR I, S. 188).
28 Ramler an Johann Wilhelm Ludwig Gleim am 13. September 1749 (zit. nach BGR I, S. 189).
29 Albrecht, Michael von: „Horaz und die europäische Literatur", *Gymnasium* 102 (1995), S. 289–304, hier S. 289.

seinen Horaz-Übersetzungen, die seit 1782 erscheinen, auf die Satiren und Briefe, umgeht also im Gegensatz zu Ramler den Lyriker Horaz.[30] Signifikant ist Ramlers selektive Horaz-Rezeption jedoch mit Blick auf seine Selbstinszenierung als „deutscher Horaz". Der Umstand, dass Ramler mit den Satiren und Briefen einen zentralen Teil von Horaz' Œuvre ausklammert und damit keineswegs das ‚ganze' Spektrum von Horaz' Dichtung in seinen Übersetzungen und imitatorischen Gedichten abbildet, scheint die Plausibilität der Formel „deutscher Horaz" wiederum nicht zu untergraben. Einwände von Zeitgenossen, die sich auf die Selektivität von Ramlers Horaz-Imitatio beziehen, sind nicht zu beobachten.

Ramler weist Horaz' Lyrica darüber hinaus ausdrücklich als Domäne seiner übersetzerischen Aneignung aus. Vor Augen führt dies unter anderem die Publikationsgeschichte seiner *Uebersetzung der Dichtkunst des Horatz*. Ramlers Prosa-Version der *Ars poetica* erscheint erstmals 1757 im Rahmen seiner Batteux-Adaption *Einleitung in die Schönen Wissenschaften*.[31] Dass Ramler das ‚Lehrgedicht' entgegen vormaligen Absichten nun selbst übersetzt, ist folglich der französischen Vorlage geschuldet und entspringt keineswegs eigenständigen Ambitionen, sich als deutscher Übersetzer von Horaz' Briefen zu profilieren. In den Folgejahren verzichtet Ramler zudem darauf, seine *Ars poetica*-Übersetzung aus dem Kontext der *Einleitung* herauszulösen, eine separate Ausgabe zu veranstalten oder seine Version der *Dichtkunst* in die Buchausgaben seiner Übersetzungen von Horaz' Oden aufzunehmen. Diese Entscheidung ist umso auffälliger, als seine Prosa-Version einen übersetzerischen Gegenentwurf zur kommentierten Übertragung in gereimten Alexandrinern, die Gottsched seiner *Critischen Dichtkunst* voranstellt ([4]1751), sowie zur reimlosen Alexandriner-Übersetzung von Samuel Gotthold Lange (1752) bietet.[32]

---

[30] Vgl. Kerkhecker, Arnd: „Horaz", in: Heinz, Jutta (Hrsg.): *Wieland-Handbuch. Leben – Werk – Wirkung*, Stuttgart u. Weimar 2008, S. 403–411, hier S. 404.

[31] Vgl. Ramler: Einleitung [...]. Bd. 3 [1757], S. 211–365; sowie Batteux: Cours de belles lettres [...]. Bd. 3 [1753], S. 209–331. In Batteux' Vorlage wechseln sich der zweisprachige Abdruck kürzerer Passagen der *Ars poetica* und eine ausführliche Kommentierung zentraler Begrifflichkeiten ab. Ramler bildet diese Struktur in seiner wortgetreuen Übersetzung exakt nach.

[32] Vgl. Lange, Samuel Gotthold: Des Quintus Horatius Flaccus Oden fünf Bücher und von der Dichtkunst ein Buch poetisch übersetzt [...], Halle 1752, S. 375–408. Zur programmatischen Reimlosigkeit im Umfeld von Lange vgl. Kap. 2.1.4. In seiner *Vorrede* betont Lange wiederum, er sei „kein Feind der Reime, hier aber war es ganz unmöglich, mich derselben zu bedienen" (Lange: Des Quintus Horatius Flaccus Oden fünf Bücher und von der Dichtkunst ein Buch poetisch übersetzt [...], unpaginiert). Bemerkenswert ist zudem, dass die *Vorrede* mit ausgestellter Bescheidenheit bereits auf Ramlers Übersetzer-Qualitäten verweist: „Ich weiß wohl, daß ein Hagedorn, ein Rammler, in ihrer Uebersetzung alle Schönheit der Sprache mit dem Nachdruck des Horatz vereinet haben. Allein sie haben nicht den ganzen Horatz übersetzt, und vielleicht hält sie die Unmöglichkeit, beydes mit einander in allen Oden zu verbinden, davon zurück. Wenn das nicht ist, so räume ich ihnen willig ein, daß sie viel geschickter zu dieser Uebersetzung

Eine erste eigenständige Publikation von Ramlers *Ars poetica*-Übersetzung im Jahr 1777 geht wiederum nicht auf ihn, sondern auf Heinrich Sautier zurück, der seit 1773 als Professor für Poetik am Freiburger akademischen Gymnasium wirkt.[33] In der zweiten Auflage von 1789 ergänzt Sautier Ramlers Prosafassung um Christoph Martin Wielands jambische Übersetzung der *Ars poetica* (erschienen erstmals 1782), kombiniert und kontrastiert also die beiden übersetzungsphilologischen Ansätze und fügt einen eigenen „Entwurf einer Dichtkunst nach Horaz" hinzu.[34] Dass Sautiers Lehrtätigkeit den pragmatischen Kontext beider Ausgaben bildet, zeigt das Vorwort an „seine[] Schüler[]", denen Sautier „das römische Gesetzbuch des guten Geschmacks" in einer deutschen Übersetzung zugänglich machen will.[35] Aufschlussreich ist Sautiers Begründung für die Wahl von Ramlers Übersetzung:

> Lesen Sie [...] den Aristoteles in dem Horaz: prüfen Sie damit alle die Kunstwerke, die jemals der Gegenstand ihrer Beurtheilung seyn werden: Horaz spreche mit Ihnen! Nun können Sie es leichter thun, da Sie die Uebersetzung von einem Manne in Händen haben, welcher sowohl in eigenen Gedichten als in deutschen Abdrücken des Horaz gezeiget hat, daß er den Geist, und Sinn desselben fast in gleichem Grade

sind, als ich; und ich würde mit meiner Arbeit zu Hause geblieben seyn, wenn ich die geringste Hofnung hätte haben können, daß sie sich dieser Arbeit jemals unterziehen würden" (ebd., S. a5r).

[33] Vgl. Sautier, Heinrich (Hrsg.): Dichtkunst des Horaz. Uebersetzt von Karl Wilhelm Ramler, Freiburg 1777. Sautiers Vorlage dürfte ein Wiener Nachdruck der *Einleitung* sein (vgl. Ramler, Karl Wilhelm: Einleitung in die schönen Wissenschaften. Nach dem Französischen des Hrn. Batteux, mit Zusätzen vermehret [...], Bd. 3, Wien 1770, S. 214–341). Ihn verzeichnet der handschriftliche Katalog von Sautiers Bibliothek (*Catalogus Librorum*): „Batteux Einleitung in die schön. WW. nach dem Französ. des H. Batteux von C. W. Ramler 8.° *IV.* Bände. Wien 1770" (UB Freiburg, Hs. 1178, 14ᵛ).

[34] Vgl. Sautier, Heinrich (Hrsg.): Die Dichtkunst des Horaz übersetzt und erklärt in Prosa von K. W. Ramler; in Versen von C. M. Wieland. Zweyte, mit dem Entwurf einer Dichtkunst nach Horaz vermehrte Auflage, Basel 1789. Sautier klammert Wielands Kommentierung aus und druckt lediglich die metrische Übersetzung (vgl. ebd., S. 145–176). Vorlage dürfte die Erstausgabe von Wielands Übersetzung sein (vgl. Wieland, Christoph Martin: Horazens Briefe aus dem Lateinischen übersezt und mit historischen Einleitungen und andern nöthigen Erläuterungen versehen [...], Bd. 2, Dessau 1782, S. 175–261). Sie ist ebenfalls im *Catologus librorum* gelistet, vgl. UB Freiburg, Hs. 1178, 28ᵛ: „Horazens Briefe, übersetzt von C. M. Wieland. gr. 8. Dessau 1782. *II.* Bände." Sautiers didaktische Funktionalisierung und die Aussparung von Wielands Kommentar unterlaufen wiederum dessen Deutung der *Ars poetica* als Versuch, „die Unlehrbarkeit der Dichtkunst ‚schicklich' zu vermitteln" (Jacob, Joachim: „Wielands Horaz – Die *Ars poetica* als Antipoetik", in: Erhart, Walter und Lothar van Laak (Hrsg.): *Wissen – Erzählen – Tradition. Wielands Spätwerk*, Quellen und Forschungen zur Literatur- und Kulturgeschichte 64, Berlin u. New York 2010, S. 315–327, hier S. 322).

[35] Sautier (Hrsg.): Dichtkunst des Horaz. Uebersetzt von Karl Wilhelm Ramler, S. A2ᵛ.

besitzt. Eine Uebersetzung, die ich allen hundert Commentarien, so unsere Welt bisher belastet haben, allein vorziehe.[36]

Sautier attestiert Ramler – abgesehen von einem einschränkenden „fast" – somit eine analoge gedankliche Perspektivierung der Gegenstände seiner Dichtung und erklärt ihn zu Horaz' deutschem Pendant. Ausgangspunkt sind Ramlers Kompetenzen als Dichter und Übersetzer von Horaz' lyrischem Schaffen, die eine literarisch ansprechende und sachlich präzise Wiedergabe der *Ars poetica* bereits im Voraus verbürgen sollen.[37] Im Licht dieser zeitgenössischen Wertschätzung scheint es umso auffälliger, dass Ramler die Übersetzung der *Dichtkunst* nicht selbst nutzt, um das Profil seiner Horaz-Imitatio auszubauen, sondern sich bewusst auf Einzel- und Sammelpublikationen seiner Übersetzungen von Horaz' Oden und Epoden beschränkt.[38]

3.1.2 Publikationsformen und -kontexte der Horaz-Übersetzungen (1745–1787)

Der Publikationsverlauf von Ramlers Horaz-Übersetzungen in Zeitschriften sowie eigenständigen Buchausgaben gliedert sich in drei Phasen und ist durch einen sukzessiven Ausbau seiner Veröffentlichungen zum Instrument der Stilisierung als „deutscher Horaz" gegenüber einer anonymen Käufer- und Leserschaft gekennzeichnet. Im Folgenden sollen die drei Phasen skizziert und dabei vor allem Aspekte der Buchgestaltung beleuchtet werden. Im Anschluss stehen die formalen Entwicklungen von Ramlers Übersetzungen am Beispiel zweier Horaz-Oden im Mittelpunkt.

Als erste Phase ergibt sich der Zeitraum von 1746 bis 1757. Zu den Kennzeichen dieses Abschnitts zählt der sporadische Abdruck einzelner Oden (in Zeitschriften) und ihre Einbettung in poeseologische Erörterungen. Hinzu kommt, dass Ramler seine Übersetzungen in Zeitschriften den zeitgenössischen Gepflogenheiten entsprechend anonym veröffentlicht. Namentlich kann er sich als

---

[36] Ebd., S. A2ᵛ–A3ʳ.

[37] Negativfolie in fachlicher und stilistischer Hinsicht ist Gottscheds Übersetzung, der die *Ars poetica* in seiner *Critischen Dichtkunst* „ohne sie studiert zu haben, mit schleppenden deutschen Reimen entheiliget hat; und von dessen verdorbenem Geschmack bald ein jeder Vers des Originals eine handgreifliche Ueberzeugung ward" (ebd., S. A3ʳ).

[38] Vgl. auch den Hinweis in Gottfried Benedikt Funks „Vorrede zur Uebersetzung" von Dubos' *Reflexions critiques*, die Ramler als Übersetzer *und* potenziellen ‚Originalschriftsteller' heraushebt: „Die Uebersetzung der aus der horazischen Dichtkunst angeführten Stellen ist aus dem deutschen Batteux des Herrn Rammlers genommen, der vielleicht bey vielen den Wunsch erregt haben mag, auch dieses Buch von ihm übersetzt zu sehen. Aber ich glaube noch patriotischer zu denken, wenn ich wünsche, daß Männer wie er, ihrem Vaterlande Originale liefern" (Dubos, Jean-Baptiste: Kritische Betrachtungen über die Poesie und Mahlerey [...], Bd. 1, übers. von Gottfried Benedikt Funk, Kopenhagen 1760, S.)(2ᵛ).

Horaz-Übersetzer einem breiten Publikum daher zunächst nicht bekannt machen. Ramlers erste Veröffentlichung ist seine Übersetzung von Ode 3, 13 (*Der blandusische Quell*), die 1746 in den *Bremer Beiträgen* erscheint.[39] Ramler verzichtet auf jegliche Form der Einleitung oder Kommentierung. Im Juli und August 1750 lässt er in den *Critischen Nachrichten* eine Serie von sechs Oden folgen.[40] Ihnen voran gehen poeseologische Erörterungen, die für den autonomen Charakter von Horaz' (erotischen) Oden argumentieren:

> Es ist eine gefährliche Sache aus den Schrifften eines Mannes seinen Carakter zu bestimmen. [...] *Horaz* lebte nicht desto wollüstiger, je mehr er sang, sondern desto weniger wollüstig. Womit andre Menschen ihre Sinne beschäftigen und ausfüllen, damit gab er seiner Einbildungskraft zu thun. [...] Dieser arbeitsame Dichter hat keine Zeit gehabt der Wollust nachzugehn, er hat den Genuß andern überlassen, und sein verliebtes Temperament mit Ideen gespeist. Oder wollen wir lieber, daß er seine Oden mit unendlichem Fleisse gemacht habe, um etwas von einer Person zu erhalten, die nicht im Stande gewesen ist sie zu verstehn? Der gute Geschmack eines Menschen breitet sich natürlicher Weise in sein ganzes Leben aus: Woher dieser schlechte Geschmack, sich mit einer Buhlerinn abzugeben, die keiner Empfindungen fähig ist? *Horaz* war von Natur blöde und bescheiden. Er konnte bey seiner ersten Audientz mit dem vornehmen *Mäcenas* kaum ein Wort reden, und er wundert sich in einem Briefe an ihn, wie er ihm damals habe gefallen können? Woher hätte er doch die Dreistigkeit nehmen sollen, alle Liebesbegebenheiten zu erfahren, die er uns beschreibt.[41]

Für die Trennung von Autor und Dichterrolle/lyrischem Ich bietet Ramler eine Reihe von Argumenten. *Erstens* besitze Horaz' erotische Dichtung eine kompensatorische Funktion. An die Stelle tatsächlicher Befriedigung sinnlicher Bedürfnisse trete ihr moralisch weit weniger bedenkliches Imaginieren („Einbildungskraft"). In diesem Sinn mahnt Ramler an späterer Stelle grundsätzlich, „daß das Reich der Poesie die Wahrscheinlichkeit ist".[42] *Zweitens* habe das skrupulöse

---

[39] Vgl. Ramler, Karl Wilhelm: „Der blandusische Quell. Die 13. Ode des dritten Buchs aus dem Horaz", *Neue Beytträge zum Vergnügen des Verstandes und Witzes* 3/3 (1746), S. 226f.
[40] Ramler, Karl Wilhelm: „Vom Horaz und seinen Liedern", *Critische Nachrichten aus dem Reiche der Gelehrsamkeit* 30 (24.07.1750), S. 284–287; „Vom Horaz und seinen Liedern", *Critische Nachrichten aus dem Reiche der Gelehrsamkeit* 31 (31.07.1750), S. 290–293; sowie „Horazens Lieder", *Critische Nachrichten aus dem Reiche der Gelehrsamkeit* 33 (14.08.1750), S. 316f. Zu Ramlers Tätigkeit als Herausgeber der *Critischen Nachrichten* vgl. Kap. 2.1.2.
[41] Ramler: „Vom Horaz und seinen Liedern", S. 284f.
[42] Ebd., S. 285. Dass Lessing in seinen *Rettungen des Horaz* (1754) Bodmers und Breitingers Bestimmungen der dichterischen Einbildungskraft adaptiert und „Kriterien, die für die erhabene und rührende Schreibart gelten," auf „Erotika" überträgt, scheint folglich in Ramlers Anmerkungen vorgeprägt (Fick, Monika: Lessing-Handbuch. Leben – Werk – Wirkung, 4. Aufl., Stuttgart 2016, S. 100).

Verbessern der eigenen Dichtung Horaz zeitlich bereits vollkommen in Beschlag genommen. *Drittens* stehe die künstlerische Vollendung von Horaz' Oden der Rezeption durch ungebildete Rezipientinnen („Buhlerinn") entgegen. Ihr Einsatz als Instrumente der Liebeswerbung scheint damit ausgeschlossen. Vielmehr bestätigen die formal-sprachliche Vollendung von Horaz' Gedichten und die Artifizialität ihrer Themen einander. *Viertens* sei in Anbetracht von Horaz' künstlerischem Potenzial die ‚geschmacklose' Neigung zu unkultivierten Frauen unwahrscheinlich. *Fünftens* habe bereits Horaz' Schüchternheit einem forschen Liebeswerben („Dreistigkeit") entgegengestanden. Auffällig scheint in Ramlers Argumentation wiederum, dass er einerseits die Identifikation von lyrischem Ich und Autor zurückweist, andererseits nichtkompromittierende ‚Selbstäußerungen' in Horaz' Texten als scheinbar authentische Vergleichsfolie heranzieht.[43]

Mit seinen Anmerkungen zum Verhältnis von *Horaz und seinen Liedern* adaptiert Ramler das Insistieren zeitgenössischer Anakreontiker auf einer Trennung von literarischer Produktion und Leben.[44] Ramler überträgt den Topos auf Horaz' ‚buhlende' Dichtung und baut ihn am Beispiel des römischen Dichters argumentativ aus. Zugleich bieten seine Ausführungen zentrale Aufschlüsse für die Entscheidung, den „arbeitsamen[]" Lyriker und nicht den Satiriker Horaz ins Zentrum seiner Übersetzungsarbeiten zu stellen. So habe „sich [Horaz, M. B.] nichts geringeres vorgenommen [...], als ein vollkommener Dichter zu seyn" und sich mit diesem Vorsatz für „die Lyrische Dichtungsart" entschieden, „denn hierinn ist es möglich ohne Fehler zu seyn".[45]

Während Ramler auf eine nähere Bestimmung literarischer ‚Vollkommenheit' als Gegenpol zur literarischen ‚Fehlerhaftigkeit' verzichtet,[46] kristallisieren sich zwei entscheidende Faktoren für die behauptete Vervollkommnungsfähigkeit von Dichtung heraus. Diese seien *erstens* die dem Autor verfügbare Zeit zur wiederholten Überarbeitung der eigenen Produktion sowie *zweitens* deren gattungsbedingter Umfang, aus dem sich der zeitliche Aufwand der Revisionen berechne. Für Epos und Tragödie „schien ihm [Horaz, M. B.] sein Leben zu kurz", während im Falle der kompakten Odenform ein Abschluss der Vervollkommnungsarbeit absehbar gewesen sei.[47] Entsprechend will Ramler auch innerhalb von Horaz' Dichtung ein Qualitätsgefälle ausmachen: „Die Satyren hat er lange nicht so sorgfältig ausgearbeitet, als die Oden. Diese sind sein Meisterstück, hievon weiß er selbst daß sie *Monumentum aere perennius* sind."[48] Ramlers Anmerkungen

---

[43] Lessing hingegen reflektiert in den *Rettungen des Horaz* (1754) konsequent die grundlegende „Trennung zwischen Kunst und Historiographie" (Multhammer, Michael: Lessings ‚Rettungen'. Geschichte und Genese eines Denkstils, Frühe Neuzeit 183, Berlin u. Boston 2013, S. 163). Zum Problemzusammenhang vgl. ebd., S. 159–168.
[44] Vgl. Fick: Lessing-Handbuch, S. 100.
[45] Ramler: „Vom Horaz und seinen Liedern", S. 284.
[46] Zu Ramlers Verbesserungspoetik vgl. Kap. 5.2.3.
[47] Ramler: „Vom Horaz und seinen Liedern", S. 284.
[48] Ebd., S. 285f.

behaupten damit abschließend nochmals die herausragende literarische Güte von Horaz' Oden. Ramlers ausgewählte Übersetzungen schließen sich den Ausführungen zu *Horaz und seinen Liedern* an und sollen die vorangehende Argumentation untermauern.

Beschlossen wird die erste Phase der Veröffentlichungen von Ramlers Horaz-Übersetzungen durch den dritten Band seiner Adaption von Batteux' *Cours de belles lettres* (1757). Ramler folgt der Vorlage und integriert im Horaz-Abschnitt des Kapitels zur „lyrischen Poesie" deutsche Prosa-Übersetzungen von insgesamt fünf Oden.[49] Sie dienen Batteux/Ramler wiederum primär als Ausgangspunkt und Belegmaterial der poeseologischen Erörterungen. Ramlers Übersetzungsleistung als solche rückt folglich in den Hintergrund, während er seine Horaz-Übersetzungen in den *Bremer Beiträgen* und den *Critischen Nachrichten* als eigenständige übersetzungsphilologische Bemühungen um Horaz' *Carmina* publiziert. Auch mit Blick auf die Fülle der Textbeispiele in Batteux' vierbändiger Gattungspoetik gelingt es Ramler Ende der 1750er Jahre daher nicht, sich primär als Horaz-Übersetzer zu profilieren.

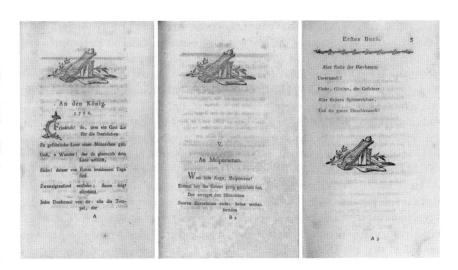

Abbildung 14: Kopfvignette zur Ode *An den König* aus Ramlers *Oden* (1767)

Abbildung 15: Kopfvignette zur Ode *An Melpomenen* aus Ramlers *Oden aus dem Horaz* (1769)

Abbildung 16: Schlussvignette zu Friedrich von Hagedorns *An die Freude* aus Ramlers *Liedern der Deutschen* (1766)

---

[49] Vgl. Ramler: Einleitung [...]. Bd. 3 [1757], S. 44–61.

Dies ändert sich mit *Karl Wilhelm Ramlers Oden aus dem Horaz*, die nach längerer Publikationspause 1769 erscheinen und den Auftakt der zweiten Phase bilden. Mit seinen *Oden* veröffentlicht Ramler als erster deutschsprachiger Horaz-Übersetzer ein Korpus möglichst exakter Nachahmungen der antiken Versmaße und führt in der Folge „einen Paradigmenwechsel in der Horaz-Übersetzungsgeschichte" herbei.[50] Parallel präsentiert er seine Horaz-Übersetzungen erstmals als vollwertigen Bestandteil ‚seines' literarischen Schaffens. Sprechend ist bereits der Titel der Sammlung. Pointiert wird Ramler als ‚Autor' einer Auswahlübersetzung von Horaz' Oden genannt, womit die Titelwahl dem Muster der vorangegangenen Veröffentlichungen von *Karl Wilhelm Ramlers Oden* (1767, ²1768) und *Karl Wilhelm Ramlers geistlichen Kantaten* (1768) folgt. Ramlers gelegenheitspanegyrische Arbeiten, seine Kantatendichtung und die Horaz-Übersetzungen weisen sich damit bereits im Titel als drei zentrale und verbundene Bausteine seines literarischen Schaffens aus.

Diese Vernetzung wird durch weitere Parameter der drei Publikationen verstärkt: Sie erscheinen durchweg im Kleinoktav-Format und ähneln sich im Umfang. Ramlers *Oden* umfassen acht, seine *Geistlichen Kantaten* und *Oden aus dem Horaz* jeweils fünf Bögen. Das gemeinsame Binden der drei schmalen Publikationen zu einem handlichen Oktavband liegt damit nahe und ist zeitgenössisch nachweisbar.[51] Auffällig ist auch die Verwendung eines identischen Repertoires von Holzschnittvignetten, die sich sowohl in Ramlers *Oden* als auch den *Oden aus dem Horaz* finden. In Ramlers *Geistlichen Kantaten* fehlen Kopf- und Schlussvignetten hingegen durchweg. Dass Ramler hier nicht auf das Holzschnittrepertoire zurückgreift, dürfte vor allem dem deutlichen Kontrast zur religiösen Thematik der Kantaten geschuldet sein. So zeigen die Vignetten – teils in Kombination mit Elementen der Rokoko-Ornamentik – Vögel, Amoretten, Bacchusknaben, Trinkgefäße und Musikinstrumente, darunter wiederholt das Leiermotiv (vgl. Abb. 14 u. Abb. 15). Mitunter stehen Muschel-Ornamente und florale Elemente auch für sich.

Der Einsatz der Holzschnittvignetten verstärkt somit vor allem die Parallelisierung von Ramlers *Oden* und seinen *Oden aus dem Horaz*. Zugleich stellen die Vignetten über ihre schmückende Funktion hinaus keine individuellen Text-Bild-Beziehungen her. Vielmehr handelt es sich um ein typisches Arsenal an Motiven der Oden- und Lieddichtung. Darüber hinaus ist zu beobachten, dass sämtliche

---

[50] Fantino, Enrica: „Johann Heinrich Voß als junger Dichter und Übersetzer antiker Lyrik. Zur Entfaltung seiner rigoristischen Methode", in: Baillot, Anne, Enrica Fantino und Josefine Kitzbichler (Hrsg.): *Voß' Übersetzungssprache. Voraussetzungen, Kontexte, Folgen*, Transformationen der Antike 32, Berlin, München, Boston 2015, S. 1–32, hier S. 12.

[51] In der Bibliothek des DHM findet sich beispielsweise ein entsprechender Band, der auf dem Rücken als „Ramlers Poetische Werke. I. Band" ausgezeichnet ist (vgl. Berlin, Stiftung DHM, Bibliothek, Inv.-Nr. R 98/1723<angeb. 3>). Er umfasst neben einer vorgebundenen allegorischen Graphik Ramlers *Geistliche Kantaten* (1769), *Oden* (²1768), *Oden aus dem Horaz* (1769) und die Anthologie *Lieder der Deutschen* (1766).

Vignetten sich bereits in Ramlers *Liedern der Deutschen* von 1766 finden (vgl. Abb. 16).[52] Da Ramlers *Lieder* seinen *Oden* und *Oden aus dem Horaz* nur wenige Jahre vorangehen, darf vermutet werden, dass die Druckstöcke für Ramlers Publikationen von 1768/1769 wiederverwendet wurden. Festzuhalten ist dennoch, dass bereits Titelgebung und Buchgestaltung der *Oden* sowie der *Oden aus dem Horaz* für eine Parallelisierung beider Lyrik-Korpora und eine Überblendung des Lyrikers und Horaz-Übersetzers Ramler sorgen.[53]

Abbildung 17: Titelblatt zur zweiten Auflage von Ramlers *Oden* (1768)

Abbildung 18: Titelblatt zu Ramlers *Geistlichen Kantaten* (1768)

Abbildung 19: Titelblatt zu Ramlers *Oden aus dem Horaz* (1769)

Für die Vernetzung der *Oden*, *Geistlichen Kantaten* und der *Oden aus dem Horaz* sorgt auch die nahezu identische Aufmachung der Titelblätter aller drei Ausgaben (vgl. Abb. 17–19). Bereits Impressum und Titel der drei Veröffentlichungen sind

[52] Zudem findet sich das Leiermotiv bereits als Schlussvignette in der günstigeren Ausgabe von Karschs *Auserlesenen Gedichten* (vgl. Karsch, Anna Louisa: Auserlesene Gedichte [...], Berlin 1764, S. 64). Auch weitere Vignetten, die schließlich in den *Liedern der Deutschen* und Ramlers *Oden/Oden aus dem Horaz* verwendet werden, kommen in den *Auserlesenen Gedichten* zum Einsatz.

[53] Dieses Vorgehen ist keineswegs originell, sondern bereits seit Erfindung des Buchdrucks gängige Praxis von Horaz-Editoren, darunter Jakob Locher und Christian David Jani (vgl. Mundt, Felix: „Sichtbare Aneignungen. Zu Illustration und Gestaltung von Horazausgaben im 18. Jahrhundert", *Zeitschrift für Germanistik* N. F. 27/1 [2017], S. 36–52, hier S. 44f.).

in ihrer Gestaltung aufeinander abgestimmt. So setzen sich letztere aus einer kleineren Antiqua-Type für den Autor und einer merklich größeren Antiqua-Type für markante Schlagwörter der Publikation zusammen. Typographisch wird damit vor allem die Parallelisierung von Ramlers *Oden* und seinen *Oden aus dem Horaz* verstärkt. Darüber hinaus weisen alle drei Publikationen eine identische Rahmung auf. Die Seitenbegrenzungen werden von stilisierten Pflanzenstängeln gebildet, die symmetrisch in gekrümmte Palmwedel und teils muschelartige C-Bögen ausschwingen. Im Zentrum der horizontalen Rahmenstücke stehen asymmetrische Dekorelemente, eine Kombination aus Blättern, Ranken, Blütengirlanden und Früchten. Die Präsenz der Rokoko-Ornamentik wird im Zentrum aller drei Titelblätter durch jeweils individuell gestaltete Vignetten verstärkt, die ebenfalls aus Muschelelementen, Blättern und Früchten zusammengesetzt sind.

Abbildung 20: Titelkupfer zu Ramlers *Geistlichen Kantaten* (1760)

Abbildung 21: Spiegel der Goldenen Galerie im Neuen Flügel von Schloss Charlottenburg

Die Titelblätter präsentieren Ramlers *Oden*, *Kantaten* und *Oden aus dem Horaz* folglich als Publikationsreihe. Dieser Effekt gelingt Ramler und den kooperierenden Graphikern nicht zuletzt, indem sie auf eine Ausgestaltung der Titelblätter verzichten, die den Inhalt der jeweiligen Publikation illustrierend kommentiert.[54] Dass es sich hierbei um eine bewusste Entscheidung handelt, führt der Vergleich zur Erstauflage von Ramlers *Geistlichen Kantaten* aus dem Jahr 1760 vor Augen (vgl. Abb. 20). Johann Wilhelm Meils allegorisches Titelkupfer zeigt im Zentrum eine Lyra, die ein „Cherubimskopf" bekrönt.[55] Sie lehnt an eine Palme und ist umgeben von einem Hirtenstab, Folterwerkzeugen der Passion Christi und der Siegesfahne des Auferstandenen. Als Sinnbild von Ramlers geistlicher Dichtung ist die Leier damit um Attribute ergänzt, die auf die Stoffe von Ramlers Kantaten verweisen: *Die Hirten bey der Krippe zu Bethlehem*, den *Tod Jesu* sowie *Die Auferstehung und Himmelfahrt Jesu*. Neben der orientalisierenden Palme sorgen ein abschüssiges Rasenstück, auf dem Leier und Attribute gelagert sind, ein antikisierender Rundtempel und Wolkenbänder im Hintergrund für einen illusionistischen Bildaufbau.[56] Vertikal gerahmt wird das Titelkupfer durch Stauden und Blattwerk. In Gestalt eines „Diadem[s] im Strahlenkranz", der durch Wolken bricht, „schließt" die himmlische Glorie das Titelkupfer „nach oben ab."[57]

In der Neuauflage der *Geistlichen Kantaten* und im Zuge der beiden *Oden*-Publikationen von 1768/1769 wird die Rokoko-Ornamentik hingegen als solche zur Botschaft. Zwei Dimensionen gilt es herauszustellen: *Erstens* lässt sich die konsequente Entscheidung für ein Rokoko-Dekor, das neben der Aufmachung der Titelblätter auch die Gestaltung der Holzschnittvignetten bestimmt, als Ausrichtung auf die (innen)architektonischen Vorlieben von Friedrich II. deuten. Ihn adressiert Ramler mit dem Eröffnungsgedicht seiner *Oden* von 1767 (²1768), weist

---

[54] Auch in den Folgejahren findet die beschriebene Rahmung Verwendung, etwa auf dem Titelblatt von Ramlers Dryden-Übersetzung *Alexanders Fest* (1770). Eine im Aufbau ganz ähnliche, jedoch filigraner ausgearbeitete Rokoko-Rahmung zeigen die Titelblätter von Ramlers *Opfer der Nymphen* (1774/1775), einem allegorischen Geburtstags-Vorspiel für Friedrich II. (vgl. hierzu Kap. 1.3.4).

[55] Dorn: Meil-Bibliographie, S. 49. Vgl. Ramlers spätere ikonographische Angaben zur Ode: „Sollen geistliche Gesänge oder Psalmen bezeichnet werden, so spielt die Göttinn [die Muse der Dichtkunst, M. B.] auf einer Harfe, die mit einem Cherubskopfe gezieret ist" (Ramler, Karl Wilhelm: Allegorische Personen zum Gebrauche der bildenden Künstler [...]. Mit Kupfern von Bernhard Rode, Berlin 1788, S. 69).

[56] Zur Vernetzung des Titelkupfers mit jenem Frontispiz, das Meil für Gleims *Preussische Kriegslieder* von 1758 liefert, vgl. Hildebrandt, Annika und Steffen Martus: „‚Daß keiner nur durch Macht fällt, stehet, oder steiget'. Konfessionelle und politische Konkurrenzen in der Dichtung des Siebenjährigen Kriegs", in: Oberdorf, Andreas und Jürgen Overhoff (Hrsg.): *Katholische Aufklärung in Europa und Nordamerika*, Das achtzehnte Jahrhundert. Supplementa 25, Göttingen 2019, S. 297–316, hier S. 299–301.

[57] Dorn: Meil-Bibliographie, S. 49. Zur himmlischen Glorie als „Gottes ‚Herrlichkeit'" und von ihr ausgehenden „ewige[n] Erlösung des Menschen bei Gott" vgl. Hecht, Christian: Die Glorie. Begriff, Thema, Bildelement in der europäischen Sakralkunst vom Mittelalter bis zum Ausgang des Barock, Regensburg 2003, S. 22. Zum Motiv der Aureole vgl. ebd., S. 62–65.

sein militärisch-politisches Handeln als entscheidenden Gegenstand der Sammlung und den König – der Intention nach – als prominenten Rezipienten der *Oden* aus.[58] Das Dekor der drei Titelblätter von 1768/1769 erinnert seinerseits an Wandfeld- oder Spiegelrahmungen, wie sie in den von Friedrich erbauten oder ausgestatteten Schlössern in Berlin und Potsdam zahlreich zu finden sind (vgl. Abb. 21).[59]

Darüber hinaus geht der Einsatz des Rokoko-Dekors mit dem konsequenten Gebrauch der Antiqua in allen drei Publikationen einher, während die vorangehenden Einzeldrucke von Ramlers *Oden* und die eingebetteten Veröffentlichungen seiner Horaz-Übersetzungen zwischen 1746 und 1757 durchweg in Fraktur stehen. Dass es sich bei der Wahl der Antiqua, die eine Vielzahl von Ramlers Publikationen kennzeichnet, um eine literaturpolitische Entscheidung handelt, haben bereits Peter-Henning Haischer und Charlotte Kurbjuhn betont. Der Anschluss von Ausgaben deutscher Autoren an typographische Entwicklungen in Frankreich lässt sich (analog zur Wahl des Rokoko-Dekors) als „eine Hommage an den Literaturgeschmack des preußischen Hofes" deuten und zielt parallel auf eine entsprechende Aufwertung deutscher Literatur im europäischen Vergleich.[60]

Zweitens bedeutet der Rückgriff auf Rokoko-Dekor, also die Aufmachung von Ramlers Horaz-Übersetzungen nach der zeitgenössischen Mode in Architektur und Buchgraphik, eine gezielte ‚Vergegenwärtigung' des antiken Lyrikers im

---

[58] Vgl. Kap. 2.1.8.

[59] Zur Verbindung von Buchausstattung und Inneneinrichtung vgl. Haischer, Peter-Henning und Charlotte Kurbjuhn: „Faktoren und Entwicklung der Buchgestaltung im 18. Jahrhundert", in: Haischer, Peter-Henning u. a. (Hrsg.): *Kupferstich und Letternkunst. Buchgestaltung im 18. Jahrhundert*, Wieland im Kontext. Oßmannstedter Studien 2, Heidelberg 2016, S. 13–94, hier S. 54. Zur genuinen Verbindung und Rokoko/Rocaille und Raumdekoration vgl. Fissabre, Anke: „Vom Schiff an Land oder von der Muschel zur Rocaille", in: Priesterjahn, Maike und Claudia Schuster (Hrsg.): *Schwimmender Barock. Das Schiff als Repräsentationsobjekt*, Neue Berliner Beiträge zur Technikgeschichte und Industriekultur [...] 4, Berlin 2018, S. 59–65. Für eine gezielte Referenz auf die Wohn- und Repräsentationskultur des preußischen Königs auf den Titelblättern von 1768/1769 mag auch sprechen, dass Johann Wilhelm Meil als Ornamentstecher in den 1750er Jahren mit dem von Friedrich beschäftigten „Zierratenbilderhauer" Johann Michael Hoppenhaupt zusammenarbeitet. Hoppenhaupt ist u. a. an der Ausstattung von Schloss Sanssouci beteiligt. Meil wiederum liefert zwischen 1751 und 1755 „Ornamentstichvorlagen" nach Zeichnungen von Hoppenhaupt (Eggeling: Raum und Ornament. Georg Wenceslaus von Knobelsdorff und das friderizianische Rokoko, S. 17). Meil ist folglich eingehend mit den innenarchitektonischen Präferenzen des Königs vertraut. Auch wenn die Titelblätter von 1768/1769 im Gegensatz zum Titelkupfer der *Kantaten* von 1760 nicht signiert sind, darf ein Austausch mit Meil im Vorfeld von Ramlers Publikationen Ende der 1760er Jahre angenommen werden. Zu Ramlers intensiver Kooperation mit Meil vgl. Kap. 1.3.3.

[60] Haischer/Kurbjuhn: „Faktoren und Entwicklung der Buchgestaltung im 18. Jahrhundert", S. 41f.

Sinne seiner Präsentation als zeitgenössisch aktuelle Figur. Ramler studiert bereits um 1750 John Pines Prachtausgabe von Horaz' Werken (1733/1737) mit ihrer Fülle von Reproduktionen antiker Kunst- und Gebrauchsgegenstände (darunter Münzen, Gemmen, Plastiken).[61] In seinen *Oden aus dem Horaz* greift er jedoch gerade nicht auf Pines „kalte, museale Ästhetik" zurück und kombiniert seine Übersetzungen nicht mit Abbildungen archäologischer Fundstücke.[62] Vielmehr zielt Ramler auf die buchgestalterische Attraktivität seiner Ausgabe für ein zeitgenössisches, nicht per se antikenaffines Publikum. Nicht die ästhetisierende Distanzierung durch die Kombination von antiken Texten und (gebrauchs)künstlerischen Fundstücken, sondern die aktualisierende Aneignung und betonte Anschlussfähigkeit von Horaz' Dichtung werden damit zum Programm der *Oden* von 1769.

Die Integration der Horaz-Übersetzungen in Ramlers literarisches Gesamtschaffen, die er bereits in seinen Publikationen von 1768/1769 betreibt, verstärkt sich noch einmal in Ramlers *Lyrischen Gedichten*. Sie erscheinen 1772 in einem Band und sind durch den weitgehenden Verzicht auf Dekor gekennzeichnet. Ramlers „Oden aus dem Horaz" bilden nun neben seinen „Oden", den „Musikalische[n] Gedichte[n]" und den „Geistliche[n] Kantaten" eine von vier Abteilungen seines Œuvres. Die vormalige Aufspaltung in Teilbände ist damit überwunden, die Horaz-Übersetzungen fügen sich in das Kontinuum der einbändigen Ausgabe. Dass dieser Effekt von den Zeitgenossen ausdrücklich zur Kenntnis genommen wird, zeigt Herders kritisch-ironischer Kommentar gegenüber Heinrich Christian Boie im Sommer 1772:

> Die Rammlerschen Stücke stehen nun in seinen opera omnia; ein leibhafter dicker Band, wo Ramler vorn und Horaz hinten in Kupfer stehen sollte, oder beide auf

---

[61] Bereits am 23. Juni 1745 schreibt Ramler an Johann Wilhelm Ludwig Gleim: „Mich verlangt nach der Pinellischen Edition von Herzen, denn diese wird wol die accuratesten Abtheilungen haben, welche an manchen Orten so viel Zweydeutigkeiten zu verursachen pflegen" (zit. nach BGR I, S. 10). Dass Ramler die Ausgabe in der Zwischenzeit eingesehen hat und Fragen der Buchgestaltung gegenüber philologischen Schwierigkeiten der korrekten Interpunktion in den Vordergrund rücken, belegt wiederum sein Brief vom 4. Juli 1753: „Die Urne ist aus ihrem Horatz, Woraus ich noch etliche Zeichnungen genommen habe. Besonders möchte ich einen gewißen Bacchuskopf und ein Trinckgefäß der Alten stehlen, wenn ich könte; Weil ich nicht gewiß bin, ob Hempel diese Sachen eben so gut erfinden wird, als Pine und die Griechen. Er ist aber ein wenig eigensinnig und will nicht gern ein Copist seyn, und ich muß ihn nicht böse machen, weil er, so wie ich, und Krause und alle Componisten, par honneur arbeitet" (zit. nach BGR II, S. 38). Gleims Exemplar von Pines zweibändiger Edition befindet sich bis heute im Gleimhaus Halberstadt (GH, Sign. C 6483 und C 6484).

[62] Mundt, Felix: „Klassiker in Kupfer. ‚Pine's Horace' und der Vergil von Henry Justice", in: Haischer, Peter-Henning u. a. (Hrsg.): *Kupferstich und Letternkunst. Buchgestaltung im 18. Jahrhundert, Wieland im Kontext*. Oßmannstedter Studien 2, Heidelberg 2016, S. 165–207, hier S. 176.

Einem Blatte, zwei Büsten auf zwei Terminis, so daß aber Nase an Nase käme. Der Eine mit seinen Pausbacken als ob er deklamirte, versteht sich; und der andre voll Verwundrung, sich so deklamieren zu hören. Gott hab beide Leute selig. In Karlsruh sagte ein junger Hofcavalier von sehr offnem Kopfe: ‚Rammler ist ein recht guter Mann! er wählt so schöne Worte.' Vielleicht ist noch nie ein wahrer und ganzer Urtheil über diesen lepidissimum pedantorum gefället worden.[63]

Eine dritte Phase von Ramlers Horaz-Übersetzungen setzt mit erneut deutlichem Zeitabstand zu Beginn der 1780er Jahre ein. Seit Januar 1783 geben Friedrich Gedike und Johann Erich Biester die *Berlinische Monatsschrift* heraus. Rasch etabliert sich die Zeitschrift als „wirkmächtigste[s] Periodikum der Berliner Spätaufklärung".[64] Bereits im September 1782, also noch während der Vorbereitungen, wendet sich Gedike an Ramler. Sein Mitherausgeber Johann Erich Biester und Ramler kennen sich über ihre gemeinsame Mitgliedschaft im Montagsklub:[65]

> Herr Doktor Biester und ich sind gesonnen, mit Anfang des künftigen Jahrs eine neue Monathsschrift herauszugeben, ohngefähr nach dem Plan des deutsch[en] Museums. Welche starke Empfelung [sic] würde es für diese Schrift sein, wenn Sie, verehrungswürdiger Mann, sich entschließen könnten, sie dann u. wann mit einem Beitrage zu schmüken. Wir wünschten dis vornehmlich gleich für das erste Stük, um sogleich desto zuversichtlicher und stolzer erscheinen zu können. Ohne Zweifel haben Sie ein u. das andre prosaische oder poetische Ganze oder Fragment in Ihrem Pulte liegen. Das gesammte Publikum würde es uns Dank wißen, wenn wir etwas daraus hervorlokken könnten. Und wäre der Beitrag auch noch so klein – so würde er uns dennoch außerordentlich willkommen sein. Ihre bekannte Bereitwilligkeit, litterarische Unternehmungen zu unterstützen, läßt uns hoffen, daß Sie unsre Bitte nicht ganz zurükweisen werden.[66]

Gedike umwirbt Ramler mit dem Kompliment, sein Prestige als „verehrungswürdiger" Autor könne den Erfolg der neuen Zeitschrift maßgeblich befördern. Ausdrücklich gefragt ist Ramler als Dichter und literarischer Übersetzer. Über die Zugkraft seines Namens hinaus sollen Ramlers Beiträge folglich die Genrevielfalt

---

[63] Johann Gottfried Herder an Heinrich Christian Boie vor dem 11. Juni 1772 (zit. nach Herder, Johann Gottfried: Briefe. Zweiter Band. Mai 1771–April 1773, hg. von Wilhelm Dobbek und Günter Arnold, Weimar 1977, S. 190).
[64] Gose: „Berliner Mittwochsgesellschaft [...]", S. 172.
[65] Johann Erich Biester ist seit 1777 Klubmitglied, Gedike wird es 1786 (vgl. Sachse/Droop (Hrsg.): Der Montagsklub in Berlin. 1749–1899. Fest- und Gedenkschrift zu seiner 150sten Jahresfeier, S. 118f. bzw. S. 122f.). Vgl. a. Schmitt, Hanno: „Netzwerke im Zeitalter der Aufklärung: Das Beispiel Friedrich Gedike", in: Tosch, Frank (Hrsg.): *Friedrich Gedike (1754–1803) und das moderne Gymnasium. Historische Zugänge und aktuelle Perspektiven*, Bildungs- und kulturgeschichtliche Beiträge für Berlin und Brandenburg 5, Berlin 2007, S. 69–81, hier S. 72–74.
[66] Friedrich Gedike an Ramler am 18. September 1782 (GSA 75/69, 1ʳ–1ᵛ).

der *Berlinischen Monatsschrift* steigern, die eine ganze Bandbreite intellektueller und literarischer Interessen ansprechen will.[67]

Ramler erfüllt Gedikes Bitte erstmals im April 1783 und publiziert eine Nachdichtung von Psalm 19.[68] Wie entschieden den Herausgebern an Ramlers kontinuierlicher Beteiligung gelegen ist, zeigen briefliche Verhandlungen von Juni bis August 1783. Auf weitere Beiträge hat Ramler in der Zwischenzeit verzichtet, den Herausgebern nun jedoch eine kommentierte Übersetzung von Horaz' 15. Epode angeboten. Ihrer Veröffentlichung im Sommer 1783 stehen allerdings Ramlers Bedenken entgegen, die ironisierte Klage des lyrischen Ich über die Untreue der Neaera könnte missverständliche Deutungen bei der Leserschaft der *Berlinischen Monatsschrift* provozieren. Gedike versucht diese Sorgen zu relativieren:

> Aber für Ihre Uebersetzung der Ode würde noch Raum sein, wenn Sie die Güte haben wollten, sie mir noch heute zuzuschikken. Die Besorgnis, daß manche Leute sie für eine Satyre halten würden, darf Sie nicht abhalten, so treffend ~~manche Stellen~~ der Anfang auch auf meinen Roman paßt. Denn wer wird sich einfallen lassen, daß Horaz eine prophetische Satyre habe machen wollen? Und unsre Schuld ist's ja nicht, daß die Römischen Mädchen ehmals schon eben so wankelmüthig waren als die Berlinischen. Kurz, ohngeachtet ich wol nie mit Horaz sagen werde: *Ast ego vicissim risero*, so stehe ich doch für alle Gefahr, und werde, falls Sie mir es auch nicht noch für dieses Stük mittheilen wollten, dennoch meine Bitte für den Augus[t] wiederholen. Denn ein Beitrag von Ihnen ist mir viel zu wichtig, als daß ich mir ihn durch die Besorgnis einer etwannigen möglichen Misdeutung, die am Ende doch die Sache nicht schlimmer machen kann, gern entreißen ließe. Wenn Sie mir daher die Uebersetzung für den Monat <u>Augus[t]</u> mittheilen, so setze ich ihn unerschrokken an die Spitze dieses Stüks u. biete dadurch allen Misdeutungen Troz. Die Gefahr komme über mich![69]

Auch Gedikes Zusicherungen und das Angebot, die Übersetzung von Horaz' 15. Epode exponiert an den Beginn des August-Heftes zu stellen, zerstreuen Ramlers Bedenken zunächst nicht. Vielmehr ziehen sich die Verhandlungen noch bis Anfang August 1783 hin. Parallel lässt Ramler den Herausgebern eine weitere

---

[67] Vgl. Weber, Peter: „Die ‚Berlinische Monatsschrift' als Organ der Aufklärung", in: Weber, Peter (Hrsg.): *Berlinische Monatsschrift (1783–1796). Herausgegeben von Friedrich Gedike und Johann Erich Biester. Auswahl*, Leipzig 1986, S. 356–452, hier S. 365f.: „Die in der ‚Vorrede' zur BM genannten acht ‚Rubriken' zu erwartender Beiträge stellten nun freilich keine bloße Tarnung der eigentlichen Anliegen dar. Sie waren mit diesen Anliegen vielfältig verbunden und entsprachen darüber hinaus der wichtigen Überlegung, welche Gegenstände bzw. literarischen Formen berücksichtigt werden mußten, wenn ein größeres und möglichst breit gefächertes Publikum gewonnen werden sollte. Es ging dabei sowohl um den Wirkungskreis der Zeitschrift wie um ihre finanzielle Basis."
[68] Vgl. Ramler, Karl Wilhelm: „Lob der Gottheit. Nach dem 19. Psalm", *Berlinische Monatsschrift* 1/4 (1783), S. 311f.
[69] Friedrich Gedike an Ramler am 25. Juni 1783 (GSA 75/69, 2^r–2^v).

Übersetzung zukommen: Horaz' berühmte zweite Epode (*Beatus ille qui procul negotiis*). Ramlers Version der Epode eröffnet das August-Heft 1783.[70] Mit dieser erneuten Veröffentlichung zu Beginn einer Ausgabe räumen die Herausgeber Biester und Gedike Ramlers Übertragungen antiker Dichtung *per se* eine herausgehobene Stellung in der *Berlinischen Monatsschrift* ein und signalisieren, welches Potenzial ihre Zeitschrift für Ramlers breitenwirksame Profilierung als Horaz-Übersetzer bietet. Parallel wirbt Gedike erneut um die Erlaubnis, auch Ramlers Übertragung der 15. Epode zu veröffentlichen:

> Herr Biester schreibt mir, Sie erwarteten die Ode von mir zurük. Ich gehorche, ohngeachtet ich sehr wünschte, Sie ließen sie uns, damit Sie Herr Biester wehrend [?] meiner Abwesenheit (ich werde künftige Woche verreisen) im September, den er allein besorgt, abdrukken ließe. Dann könnte man um so weniger mir <...> eine Absicht dabei zuschreiben. Freuen könnten wir uns allerdings sehr, wenn wir statt Einer Ode zwei von Ihnen erobert hätten. Für Ihr herrliches *Beatus ille* sag auch ich Ihnen den wärmsten Dank. Es ist ein Meisterstük Ihrer Uebersetzungskunst, wobei ein andrer armer Uebersetzer sich kaum des Neides erwehren kann. – Morgen oder übermorgen werden Sie durch mich oder H[errn] Biester das neue Stük erhalten, das stolz mit Ihrem Namen u. Ihrer Arbeit an der Spitze prangt. Wie gesagt, können Sie uns die hier beiliegende Ode lassen, und wollten Sie sie etwa mir gleich wieder mit zurükschikken, so würden Sie uns allen beiden eine sehr große Freude machen.[71]

Gedikes Bemühungen haben letztlich Erfolg. Ramlers Übertragung der 15. Epode eröffnet die September-Ausgabe der *Berlinischen Monatsschrift* von 1783.[72] Gemeinsam mit Ramlers Übersetzung der zweiten Epode (*Lob des Landlebens*) im August 1783 bildet sie den Auftakt für eine Fülle von Beiträgen, die Ramler bis 1796 kontinuierlich in der *Berlinischen Monatsschrift* publiziert, darunter vor allem Horaz- und Martial-Übersetzungen.[73] Damit entwickelt sich die *Berlinische Monatsschrift* durch und für den späten Ramler zu einem zentralen Sprachrohr des literarischen Klassizismus in Berlin. Parallel verstärkt Ramlers anhaltende Publikationstätigkeit in der *Berlinischen Monatsschrift* seine Wahrnehmung als einer der maßgeblichen deutschsprachigen Horaz-Übersetzer. Weit über die preußische Hauptstadt hinaus werden Ramler und Horaz über Jahre hinweg zu Synonymen.

---

[70] Vgl. Ramler, Karl Wilhelm: „Lob des Landlebens. Horazens zweyte Ode des fünften Buchs", *Berlinische Monatsschrift* 2/8 (1783), S. 97–107.

[71] Vgl. Friedrich Gedike an Ramler, o. D. (GSA 75/69, 3ʳ). Terminus ante quem ist das Erscheinungsdatum der August-Ausgabe der *Berlinischen Monatsschrift,* auf dessen Vortag der Brief laut Gedikes Auskunft datiert ist.

[72] Vgl. Ramler, Karl Wilhelm: „An die Neära. Horazens funfzehnte Ode des fünften Buchs", *Berlinische Monatsschrift* 2/9 (1783), S. 193–196.

[73] Ramlers Veröffentlichungen in der *Berlinischen Monatsschrift* verzeichnet Schulz, Ursula: Die Berlinische Monatsschrift (1783–1796). Eine Bibliographie [...], Bremer Beiträge zur freien Volksbildung 11, Bremen 1968, S. 136–145.

Seit 1783 lässt sich eine Pendelbewegung zwischen Einzelpublikationen in der *Berlinischen Monatsschrift* und Buchpublikationen beobachten. 1787 veröffentlicht Ramler eine erweiterte Fassung seiner *Oden aus dem Horaz* und stützt sich hierbei neben der ersten Auflage von 1769 auf vorangegangene Veröffentlichungen in der *Berlinischen Monatsschrift*. Insgesamt erweitert sich das Korpus von 15 Oden im Jahr 1769 auf nun 33 Texte. Auch die Anhänge mit Gedichten von Catull und Anakreon baut Ramler gegenüber der ersten Auflage seiner *Oden aus dem Horaz* aus. Die Publikation ist durch den sparsamen Einsatz von buchgraphischen Elementen, darunter eine klassizistische Vase auf dem Titelblatt, geprägt (vgl. Abb. 22). Dass Ramler auf das üppige Rokoko-Dekor verzichtet, spiegelt geschmackliche Entwicklungen des Buchdrucks. Es lässt sich zugleich als erneute Anpassung an den – nun klassizistischen – Geschmack des regierenden Preußenkönigs Friedrich Wilhelm II. deuten.[74] Ramlers Horaz-Übersetzungen, die nach 1787 in der *Berlinischen Monatsschrift* erscheinen, gehen wiederum in überarbeiteter Form in die postume Ausgabe der Oden und Epoden des Horaz von 1800 ein.[75]

Abbildung 22: Titelblatt zu Ramlers *Oden aus dem Horaz* [...] (1787)

---

[74] Zu Friedrich Wilhelms II. Bedeutung als Förderer des Klassizismus vgl. Vogtherr, Christoph Martin (Hrsg.): Friedrich Wilhelm II. und die Künste. Preußens Weg zum Klassizismus, Berlin 1997.

[75] Zu *Horazens Oden* (1800), die Ramler ursprünglich in die Ausgabe seiner *Poëtischen Werke* integrieren will, vgl. Kap. 5.1.

3.1.3 Formale Ambitionen

Die Entwicklung von Ramlers übersetzungsphilologischen Prämissen lässt sich ausgehend von seinen Horaz-Übersetzungen zwischen 1745 und 1769 als Dreischritt beschreiben. Zu Beginn erscheinen Prosa-Übertragungen und Übersetzungen nach dem metrischen Schema von Johann Peter Uz' „Frühlingsstrophe" als gleichberechtigte Optionen.[76] In den 1750er Jahren, der zweiten Phase, publiziert Ramler wiederum fast ausschließlich Prosa-Paraphrasen ausgewählter Horaz-Oden. In einer dritten Phase seit Mitte der 1750er Jahre geht Ramler zur möglichst exakten Nachahmung von Versmaß, Wortstellung und -sinn über. Dieser Linie bleibt er im Anschluss an seine *Oden aus dem Horaz* (1769) treu und erweitert das Korpus seiner metrischen Übersetzungen stetig bis hin zur postumen Ausgabe von *Horazens Oden* (1800). Der Dreischritt soll im Folgenden anhand zweier Oden exemplarisch nachgezeichnet werden. Deutlich werden soll *erstens*, dass Ramler die Qualitätsmaßstäbe seiner Horaz-Übersetzungen vor allem im brieflichen Austausch mit Johann Wilhelm Ludwig Gleim und in Auseinandersetzung mit den übersetzungsphilologischen Positionen von Charles Batteux und Johann Jakob Breitinger entwickelt. *Zweitens* ist zu zeigen, dass Ramler mit seinen metrischen Horaz-Übersetzungen von 1769 auf eine möglichst vollkommene ‚Reproduktion' der Prätexte zielt. Ihre Präsentation als vollgültige Äquivalente des lateinischen Originals soll zugleich Ramlers antonomastische Identifikation mit Horaz plausibilisieren.

Ramlers Arbeit als Horaz-Übersetzer ist seit 1745 im Briefwechsel mit Gleim greifbar. Ihm sendet er im Juni 1745 eine Reihe von Prosa-Übersetzungen und formuliert den Anspruch, „recht deutsch und Hagedornisch [zu] übersetze[n]".[77] Ramler zielt folglich auf ein korrektes und flüssiges Deutsch, das für lexikalische und grammatikalische Eigentümlichkeiten des Lateinischen idiomatische Äquivalente findet. Dass Ramler als Referenzautor einer solchen Übersetzung Hagedorn nennt, dürfte auf die gleichzeitig geforderte sprachbildnerische Arbeit verweisen. So bemerkt Gleims und Ramlers gemeinsamer Förderer Bielfeld nur wenige Monate später im September 1745, dass „der Herr v. Hagedorn die Deutsche Sprache zu Dingen gebrauchet und gebieget [habe, M. B.], wozu sie dem Scheine nach bisher zu hart und ungeschickt gelaßen hätte".[78] Weiterer Anspruch von Ramlers

---

[76] Zu Uz' „Frühlingsstrophe" im Kontext von Ramlers Poetik des „Wohlklangs" vgl. bereits Kap. 2.1.4.

[77] Ramler an Johann Wilhelm Ludwig Gleim am 23. Juni 1745 (zit. nach BGR I, S. 9f.). Bereits am 15. Juni sendet Ramler „einige übersetzte Stücke aus dem Horatio [...]. Sagen Sie ob es bey der prosaischen Ueberzetzung bleiben soll; jedoch dis ist ohnedem Ihre Meinung". Am 23. Juni folgen noch einmal „6 Prosaische Übersetzungen" (zit. nach ebd., S. 8f.).

[78] Ramler an Johann Wilhelm Ludwig Gleim am 11. September 1745 (zit. nach BGR I, S. 34). Zu Bielfeld vgl. Kap. 2.1.7. Zu Hagedorn als Inbegriff des verbessernden Dichters und einer ‚hagedornischen' Praxis der minutiösen Arbeit am Text vgl. Martus, Steffen:

Prosa-Übersetzungen ist es, Horaz' „Denckungsart", also die Folge der Ideen und Bilder seiner Oden, getreu nachzuahmen.[79]

Parallel überträgt Ramler Horaz-Oden nach dem metrischen Schema von Johann Peter Uz' *Lobgesang des Frühlings*. In dessen reimlosen Strophen zu vier Versen wechseln sich ein längerer und kürzerer Vers, die beide aus Jamben und Anapästen zusammengesetzt sind, zweimal ab ($\cup- \cup- \cup\cup- \cup- \cup- \cup\cup- \cup //$ $\cup- \cup- \cup\cup- \cup\cup-$).[80] Auffällig ist, dass Ramler seine frühen Prosa-Übersetzungen um 1745 gerade nicht publiziert, obwohl sie quantitativ zu überwiegen scheinen. Vielmehr wählt er Mitte 1746 eine metrische Übertragung der Ode 3, 13 (*O Fons Blandusiae*) zur Veröffentlichung in den *Bremer Beyträgen* aus:

> O du kristallener Qvell, der über glänzende Kiesel
> Sich in Blandusiens Auen ergießt,
> Und Wein zur Gabe verdient! Ein Bock begrüsset dich morgen,
> Mit mannigfaltigen Blumen umhängt.
>
> 5 Er fühlt an schwellender Stirn die jungen Hörner sich härten,
> Und wählt bedächtig ein Weibchen, und ficht
> Mit Nebenbuhlern. Umsonst! Der Freund der gaukelnden Heerde
> Vermischt dein kühles Gewässer mit Blut.
>
> Dich trifft kein zorniger Stral, vom hellen Krebse geschleudert.
> 10 Du stillst der flüchtigen Heerde den Durst,
> Und lohnst mit gütigem Frost den Stier, der, müde gedienet,
> Dem saaterwartenden Acker entsteigt.
>
> Der Enkel zählet auch dich zu den unsterblichen Qvellen,
> Weil ich die trotzige Tanne gerühmt,
> 15 Die der halbnackende Fels auf grünem Rücken erduldet,
> Bey welchem murmelnd dein Silberbach springt.[81]

Horaz' Ode umfasst im Original ebenfalls vier Strophen und folgt dem Schema des *Asclepiadeum tertium*. Die metrische Struktur sämtlicher vier Verse der dritten asklepiadeischen Strophe ist durch chorjambische Zentren ($-\cup\cup-$) geprägt:

„Die Entstehung von Tiefsinn im 18. Jahrhundert. Zur Temporalisierung der Poesie in der Verbesserungsästhetik bei Hagedorn, Gellert und Wieland", *Deutsche Vierteljahrsschrift für Literaturwissenschaft und Geistesgeschichte* 73 (2000), S. 27–43, hier S. 27f.

[79] Ramler an Johann Wilhelm Ludwig Gleim am 23. Juni 1745 (zit. nach BGR I, S. 10).
[80] Vgl. Petzet: „Das Uzische Frühlingsmetrum", S. 294.
[81] Ramler: „Der blandusische Quell".

O Fons Blandusiae, splendidior vitro,
Dulci digne mero, non sine floribus,
Cras donaberis hoedo;
Cui frons turgida cornibus

5   Primis, et Venerem et proelia destinat
Frustra: nam gelidos inficiet tibi
Rubro sanguine rivos
Lascivi soboles gregis.

Te flagrantis atrox hora Caniculae
10 Nescit tangere: tu frigus amabile
Fessis vomere tauris
Praebes, et pecori vago.

Fies nobilium tu quoque fontium,
Me dicente cavis impositam ilicem
15 Saxis, unde loquaces
Lymphae desiliunt tuae.[82]

Dass Ramler sich einerseits für eine Horaz-Ode in der dritten asklepiadeischen Strophe und andererseits für die „Frühlingsstrophe" als metrisches Gerüst seiner Übersetzung entscheidet, dürfte aus formalen Ähnlichkeiten resultieren. Ramler gelingt es bei allen metrischen Differenzen, die Chorjamben des Originals im Deutschen nachzuahmen. So lässt sich die Kombination von Jamben-Hebung und

---

[82] Quintus Horatius Flaccus: Opera. Ad optimorum Exemplarium fidem recensita. Accesserunt Variae Lectiones, Quae in Libris MSS. & Eruditorum Commentariis notatu digniores occurrunt, hg. von Jacob Talbot, 2. Aufl., Cambridge 1701, S. 64 (Ligaturen und das &-Zeichen sind aufgelöst, Längungszeichen über Vokalen werden nicht wiedergegeben). Ein früher Hinweis auf lateinische Horaz-Ausgaben, die Ramler zur Verfügung stehen, findet sich am 15. Juni 1745 im Briefwechsel mit Gleim: „Die Edition bey HErrn Hauden ist noch nicht complet, ein Bogen fehlt, weil sie auswertig gedruckt wird" (zit. nach BGR I, S. 8). Die Ausgabe im Berliner Verlag Haude weist sich bereits im Titel als Nachdruck des Texts in John Pines zweibändiger Prachtausgabe von 1733/1737 aus (s. o.): Qvinti Horatii Flacci Opera Ad Exemplar Londinense A Iohanne Pine Tabulis Aeneis Incisum Edita, Berlin 1745. Der Text von Pines Ausgabe wiederum geht zurück auf Talbots Ausgabe. Im Vergleich zu Ausgaben des 20. Jahrhunderts ergibt sich im Falle von Ode 3, 13 lediglich Talbots Vorzug für die Lesart *Blandusiae* (Quintus Horatius Flaccus: Opera. Ad optimorum Exemplarium fidem recensita, S. 64). Klingner entscheidet sich hingegen für *Bandusiae* (Quintus Horatius Flaccus: Opera [...], S. 85). Auf die Konkurrenz beider Lesarten weist Ramler in der postumen Gesamtausgabe hin: „Andre lesen: *fons Bandusiae*, und glauben, ein Dorf habe diesen Nahmen geführet: welches aber von keinem Alten bestätigt wird" (Ramler, Karl Wilhelm: Horazens Oden, übersetzt und mit Anmerkungen erläutert [...], Bd. 2, Berlin 1800, S. 207).

Anapäst nach Uz' Vorbild als Chorjambus deuten (◡–◡ –◡◡– / ◡–◡ –◡◡– ◡ // ◡–◡–◡◡ –◡◡–). Bereits die Suggestion eines chorjambischen Versmaßes verleiht Ramlers Übersetzung antikes Gepräge. Zudem kann Ramler die Teilung der Ode in zwei Gruppen zu acht Versen – die Ankündigung der Opferung eines Ziegenbocks, sowie das Lob der Quelle und den Ausblick auf ihre Verewigung durch Horaz' Ode – mit der vierversigen „Frühlingsstrophe" reproduzieren.

Um deren metrischen Erfordernissen zu entsprechen, nutzt er Paraphrasen, die vor allem in der ersten Strophe zu einer Verschiebung der Versproportionen führen. So füllt eine ausgreifende Umschreibung von Vers 1 (*O Fons Blandusiae, splendidior vitro*) die ersten beiden Verse von Ramlers Übersetzung. Horaz' strophenübergreifendes Enjambement kann Ramler in der Folge nicht nachahmen. Vielmehr wird die Übersetzung von Vers 4 (*Cui frons turgida cornibus*) bereits zum Auftakt der zweiten Strophe von Ramlers Übersetzung. Darüber hinaus ist seine Version von 1746 durch den Versuch gekennzeichnet, das Uzische Strophen-Schema mit einer fließenden deutschen Syntax zu kombinieren. Ramler verzichtet durchweg auf Inversionen und liefert eine Übersetzung, die sich trotz ihrer metrischen Regulation wie Prosa lesen lässt. Möglich wird dies durch Umstellungen ganzer Kola des lateinischen Originals. In seiner Übersetzung zieht Ramler etwa merklich das *et pecori vago* in Vers 12 vor („Du stillst der flüchtigen Heerde den Durst", V. 10). Ramlers Paraphrasen und syntaktische Eingriffe haben einen gemeinsamen Effekt: Die Wortstellung des Originals wird aufgesprengt. Betonungen zu Versbeginn und -ende werden nicht nachgeahmt.

Uz' „Frühlingsstrophe" bleibt als antikisierende Odenform auch über den *Blandusischen Quell* hinaus für Ramler relevant. Im September 1746 berichtet er Gleim von einer erneuten Übersetzung „in dem Geschmack der Beyträge", also nach dem metrischen Schema der „Frühlingsstrophe".[83] Möglicherweise handelt es sich um Ode 2, 13, deren metrische Übersetzung im Sommer 1750 Ramlers Serie ausgewählter Horaz-Übertragungen in den *Critischen Nachrichten* abschließt.[84] Dennoch lässt sich seit Ende der 1740er Jahre eine Präferenz für Prosa-Paraphrasen beobachten, von denen Ramler in den *Critischen Nachrichten* insgesamt fünf Stück veröffentlicht.[85] Da hierzu nicht der *Blandusische Quell* (Ode 3, 13) zählt, sei Ramlers Prosa-Version der sich anschließenden Ode 3, 14 zitiert:

> Cäsar, der auf dem Wege des Hercules einen verhängnißvollen Lorbeer suchte, Cäsar, o Rom, kehrt von Hispaniens Künsten in deine Mauren zurück unüberwindlich. Eile, du Weib eines einzigen Ehegemals, ihm entgegen von deinen Dankaltären, und du, des Helden Schwester, und ihr, mit festlichen Schleyern umhüllt, ihr Mütter der Jungfrauen und der jüngst erretteten Jünglinge, o heiliget euch ihr Knaben und

---

[83] Ramler an Johann Wilhelm Ludwig Gleim am 5. September 1746 (zit. nach BGR I, S. 52).
[84] Vgl. Ramler: „Horazens Lieder".
[85] Ramler: „Vom Horaz und seinen Liedern", S. 286f.; sowie Ramler: „Vom Horaz und seinen Liedern", S. 291–293.

ihr Mädchen an einen Mann gewöhnt! Ja dieser mein Festtag soll jede Sorge weit von mir hinweg führen: Ich fürchte kein Getümmel der Waffen, ich fürchte keinen gewaltsamen Tod, so lange die Erde Cäsars ist. Geh, Knabe, schaffe Salben und Kräntze herbey und Wein vom Marsischen Aufruhr her, wofern noch ein Eimer dem räuberischen Spartacus entgangen ist. Sage auch der liederreichen Neära, daß sie eile, ihr braunes Haar in einen Knoten zu binden, wenn aber der störrische Thorhüter dich aufhält: so gehe zurück. Mein bleichgewordenes Haar hat alle Lust zur Rache und zum muthwilligen Kampfe gedämpft: Ich hätte es nicht gelitten in der Hitze der Jugend, als Plancus Bürgermeister war.[86]

HERCULIS ritu modo dictus, o plebs,
Morte venalem petiise laurum
Caesar, Hispana repetit penates
Victor ab ora.

5   Unico gaudens mulier marito
Prodeat, justis operata Divis;
Et soror clari ducis, et decorae
Supplice vitta.

Virginum matres, juvenumque nuper
10   Sospitum. vos o pueri, et puellae
Jam virum expertae, male ominatis
Parcite verbis.

[...][87]

Bereits der Vergleich der ersten drei Strophen im Original und in Ramlers Übertragung lässt deutliche Tendenzen erkennen. Ramlers Prosa-Übersetzung verstärkt im Vergleich zur metrischen Übertragung von 1746 nochmals die Umstrukturierung der Kola und den grammatikalischen Umbau hin zu einer inversionsfreien Syntax. So zieht Ramler das Subjekt der ersten Strophe („Cäsar", also Augustus) vor, um es an den Beginn seiner Übersetzung zu stellen. Den Nominativus cum infinitivo (*dictus* [...] *petiisse laurum*; ‚von dem gesagt wurde, er habe nach dem Lorbeer gestrebt', V. 1f.) formt Ramler zur Feststellung um („Cäsar, der [...] suchte"). Die Anrede des römischen Volks (*o plebs*, V. 1), die im Original den Nominativus cum infinitivo sperrt, schließt Ramler an den eingeschobenen Relativsatz an und erinnert zuvor nochmals an das Subjekt („Cäsar, o Rom"). Allein das nachgestellte prädikative „unüberwindlich" scheint die betonte Stellung von *Victor* (‚als Sieger') zu Beginn von Vers 4 zu imitieren. Diese partielle

---

[86] Ramler: „Vom Horaz und seinen Liedern", S. 286f.
[87] Quintus Horatius Flaccus: Opera. Ad optimorum Exemplarium fidem recensita, S. 65 (Ligaturen und das &-Zeichen sind aufgelöst, Längungszeichen über Vokalen werden nicht wiedergegeben).

Nachahmung von Wortstellung und Rhythmus der ersten Strophe nimmt Ramler in der überarbeiteten Fassung seiner Übersetzung, die 1757 im dritten Band der Batteux-Adaption erscheint, jedoch zurück:

> Cäsar, der auf dem Pfade des Hercules einen Lorbeer suchte, der ihm das Leben zu kosten drohete, Cäsar, o Rom! kehrt von Hispaniens Küste siegreich in deine Mauren zurück.[88]

Zugleich sorgt er für semantische Präzision. Gegenüber der vormals verknappten Übersetzung des attributiven *morte venalem* [...] *laurum* („verhängnisvollen Lorbeer") wählt Ramler 1757 einen Relativsatz („Lorbeer [...], der ihm das Leben zu kosten drohete"), der den Sinn des Originals exakter wiedergibt.

Ähnliche Entwicklungen zeigt ein Vergleich der zweiten und dritten Strophe von Ode 3, 14 in Ramlers Versionen von 1750 und 1757. In der Erstfassung sind zahlreiche grammatikalische Eingriffe, Paraphrasen und Änderungen der Wortfolge zu beobachten: Den Iussiv der dritten Person Singular (*Prodeat*, V. 6) formt Ramler zum Imperativ („Eile [...] entgegen"), gleicht ihn damit an den Imperativ Plural in Strophe 3 an und stellt ihn an den Satzbeginn. Das *gaudens unico* [...] *marito* in Vers 5 (‚sich freuend über einen einzigen Ehemann') vereinfacht er zum Genetivattribut („eines einzigen Ehegemals"). [*J*]*ustis operata Divis* (‚die den gerechten Göttern geopfert hat', V. 6) verkürzt Ramler metonymisch zu „von deinen Dankaltären". Im abschließenden Satz der dritten Strophe verknappt er schließlich ebenso *male ominatis / Parcite verbis* (‚hütet euch vor den Unheil kündenden Worten', V. 11f.) zu „heiliget euch" und zieht das Prädikat erneut an den Satzanfang. Im Gegensatz hierzu treten in der überarbeiteten Fassung von 1757 wortgetreuere Übersetzungen an die Stelle jener Verknappungen und Paraphrasen:

> O du, die ihr eintziges Glück in diesem Gemahle findet, tritt her zu den Danckaltären der gütigen Götter! und du, des Helden Schwester, und ihr geschmückt mit dem heiligen Schleyer,
> Ihr Mütter der Jungfrauen und der wohlbehaltenen Jünglinge; und ihr alle, o laßt kein unglückliches Wort aus eurem Munde fallen, ihr Knaben, und ihr Mädchen, die ihr der Liebe lebt![89]

Für *unico gaudens* [...] *marito* wählt Ramler nun eine relativische Übersetzung („die ihr eintziges Glück in diesem Gemahle findet"), und bezieht *unico* („eintziges") in Form einer Enallage auf das „Glück" von Augustus' dritter Ehefrau Livia.[90] Der Imperativ „tritt her" (vormals: „Eile [...] entgegen") folgt nun der ergänzten Anrede „O du" und einem eingeschobenen Relativsatz, womit Ramler die

---

[88] Ramler: Einleitung [...]. Bd. 3 [1757], S. 49.
[89] Ebd., S. 49f.
[90] Vgl. Syndikus, Hans Peter: Die Lyrik des Horaz. Eine Interpretation der Oden, Bd. 2, 3. Aufl., Darmstadt 2001, S. 140f.

Wortstellung des Originals nachahmt (*Prodeat* zu Beginn des zweiten Verses). Das metonymische „Danckaltäre[]" ergänzt Ramler um eine genitivische Übersetzung von *justis* [...] *divis* („der gütigen Götter"), die 1750 noch fehlt. Auch die Stellung von *decorae / supplice vitta* (V. 7f.) imitiert Ramler in der überarbeiteten Fassung („geschmückt mit dem heiligen Schleyer", vormals: „mit festlichen Schleyern umhüllt"). Aus dem „heiliget euch" wird das wörtlichere „laßt kein unglückliches Wort aus eurem Munde fallen" (*male ominatis / Parcite verbis*, V. 11f.). Allein beim abschließenden „die ihr der Liebe lebt!" (*Jam virum expertae*, V. 11) paraphrasiert Ramler euphemistisch in Form eines Relativsatzes (vormals: „an einen Mann gewöhnt").

Um ein vorläufiges Fazit zu ziehen: Hinsichtlich der Abweichung von beziehungsweise Imitation der lateinischen Wortfolge lassen sich zwischen 1750 und 1757 keine eindeutigen Entwicklungen beobachten. Dort jedoch, wo Ramler die Wortstellung und Horaz' Versbau nachahmt, vermeidet er Inversionen. Ein ‚ungestörter' deutscher Satzbau ist somit in beiden Fassungen ein maßgebliches Ziel. Kennzeichen hierfür ist unter anderem die häufig relativische Übersetzung von Partizipien. Klar zu erkennen sind ebenso Ramlers Bemühungen, im Rahmen seiner Batteux-Übersetzung von 1757 eine semantisch weitaus präzisere Übersetzung als noch 1750 vorzulegen. Verkürzungen werden ersetzt, was das inhaltliche Verständnis des originalen Wortlauts fördert.

Ramlers Entscheidung für Prosa-Übersetzungen und seine Überarbeitungen im Laufe der 1750er Jahre, wie sie exemplarisch am Beispiel von Ode 3, 14 deutlich geworden sind, dürften maßgeblich auf der Auseinandersetzung mit Batteux' übersetzungstheoretischen Überlegungen zurückgehen. Bereits im Juni 1750 rezensiert Ramler Batteux' *Cours de belles lettres distribué par exercises* und notiert knapp:

> Der sechste Brief handelt besonders von der Uebersetzung der Poeten. Er räth sie in Prosa zu übersetzen und macht selbst einen Versuch mit den Oden des Horaz, wobey er zugleich von seiner Uebersetzung Rechenschaft giebt.[91]

Im besagten sechsten Brief seines *Cours* von 1748 differenziert Batteux zwischen einer ‚vollkommenen' Übersetzung, die das „Original" ersetzen könne, und einer Übersetzung, die die Lektüre des Originals unterstütze.[92] Im Falle von Dichtung sei allein letztere denkbar:

---

[91] Ramler, Karl Wilhelm: „Cours de Belles Lettres. Tome Second. Beschluß", *Critische Nachrichten aus dem Reiche der Gelehrsamkeit* 25 (19.06.1750), S. 238–240, hier S. 240. Die Batteux-Rezensionen finden sich in sieben Nummern der *Critischen Nachrichten* (XIX, S. 177–179; XX, S. 188–191; XXI, S. 197–200; XXIV, S. 226–230; XXV, S. 238–240; XXVI, S. 246–248; XXVIII, S. 267–272) und bieten Zusammenfassungen der ersten drei Bände des *Cours de belles lettres* von 1747/1748 (vgl. Goldenbaum: „Ramler als Mitherausgeber", S. 369).

[92] Vgl. Batteux, Charles: Cours de belles lettres distribué par exercises, Bd. 2, Paris 1748, S. 127.

> La prose ne peut rendre ni le nombre, ni les mesures, ni l'harmonie, qui sont une des grandes beautez poëtiques. Et si on tente la Traduction en vers, supposé qu'on restitue le nombre, les mesures, l'harmonie, on altere les pensées, les expressions, les tours.[93]

Ausgangspunkt von Batteux' Argumentation ist die Gegenüberstellung zweier Dimensionen dichterischer Sprache. Zur formalen Regulation – dem Zählen von Silben („le nombre"), Versmaß („les mesures") und Wohlklang („l'harmonie") – kommen der Inhalt („les pensées") und seine sprachliche Einkleidung („les expressions, les tours"). Das Übersetzen von Dichtung wiederum scheitere an der Verbindung beider Dimensionen in der Zielsprache. In der Prosa-Übersetzung gehe die rhythmisch-klangliche Dimension der Dichtung verloren, die Versübersetzung mache hingegen Modifikationen der „Gedanken" und „Ausdrücke" erforderlich. Da es das Hauptziel des Übersetzens sei, den Gedankenschwung („verve") eines dichterischen Textes nachzuahmen, lässt Batteux allein die Option der Prosa-Übersetzung gelten: Man müsse so wörtlich wie möglich („litteral") Worte und Wendungen („les mots & les tours") übertragen.[94]

Ramlers Anmerkungen, die er im Sommer 1750 seinen prosaischen Horaz-Übersetzungen vorausschickt, lesen sich als knappe Zusammenfassung von Batteux' Ausführungen. Er wolle „zum wenigsten den Schwung der Gedancken deutlich machen, wenn wir auch die angemeßne Kürtze und den Klang des Lyrischen Verses nicht wieder herstellen können".[95] Auch Ramlers Bestrebungen, die inhaltliche Transparenz in den überarbeiteten Prosa-Fassungen von 1757 zu verbessern, dürften der Orientierung an Batteux' Bestimmungen geschuldet sein. Ramler entscheidet sich mit seinen Prosa-Übersetzungen für die verständnisbahnende Übersetzung dichterischer Texte und baut die inhaltliche Präzision seiner Prosa-Fassungen im Laufe der 1750er Jahre gezielt aus.

Batteux' sprachtheoretische Fundierung seiner Forderung, Dichtung prosaisch zu übersetzen, findet sich unter der Überschrift „Principes de la traduction" im vierten Band des *Cours de belles-lettres, ou Principes de la litterature* von 1753,[96] dessen Übersetzung Ramler 1758 vorlegt.[97] Den argumentativen Ausgangspunkt

---

[93] Ebd.
[94] Ebd., S. 133: „Ainsi, supposé qu'en traduisant on ne veuille pas entiérement dégrader ce Poëte & qu'on veuille rendre sa verve, du moins en partie, il faut rendre les mots & les tours: & par conséquent être autant litteral qu'on peut l'être."
[95] Ramler: „Vom Horaz und seinen Liedern", S. 286.
[96] Vgl. Batteux: Cours de belles lettres [...]. Bd. 4 [1753], S. 282–358. Vorlage sind der erste bis dritte Brief in Band 2 des *Cours* von 1748 (vgl. Batteux: Cours de belles lettres [...]. Bd. 2 [1748], S. 7–84). Eine knappe Zusammenfassung bietet Ramlers Rezension von 1750 (vgl. Ramler: „Cours de Belles Lettres. Tome Second. Beschluß"). Zur Unterscheidung von ersetzender und verständnisbahnender Übersetzung in der Fassung von 1753 vgl. Batteux: Cours de belles lettres [...]. Bd. 4 [1753], S. 353–358; sowie Ramler: Einleitung [...]. Bd. 4 [1758], S. 399–404.
[97] Vgl. den Abschnitt „Grundsätze der Kunst zu übersetzen" (Ramler: Einleitung [...].

bilden zeichentheoretische Bestimmungen. „Gedancken" spiegelten als *„innerliches* Bild" Gegenstände der sinnlich wahrnehmbaren Welt. Der „Ausdruck" wiederum sei „ein *äußerliches* Bild, welches den Gedancken mit willkührlichen oder mit natürlichen Zeichen vorstellt".[98] Damit ergibt sich eine gestaffelte Abhängigkeit von Sache (*res*), Gedanke und Wort (*verbum*).

Die Verbindung von „Sachen", „Gedancken" und „Zeichen", also menschlichem Wahrnehmen, Denken und Sprechen, lasse sich – so Batteux – darüber hinaus nach universellen Gesetzmäßigkeiten beschreiben. Prinzipiell gelte, „daß allezeit eine gleiche Ordnung in den Begriffen [also „Gedancken", M. B.], und folglich auch in den Ausdrücken herrschen muß, weil die Menschen überall Menschen sind".[99] Korrespondierend zur Universalität von Denkprozessen entwirft Batteux daher eine „metaphysische" Syntax, bei der die Abfolge der Gedanken und die Anordnung im Satzverlauf, also die Verbindung von „Gedancken" und „Zeichen", einander entsprechen. Die Folge der Zeichen sei hier „auf die Ordnung selbst gegründet [...], in welcher die Begriffe ankommen und sich in dem Verstande zusammenfügen".[100] Zugleich betont er, dass es sich bei dieser „metaphysische[n]" Syntax um ein Konstrukt handele. Von der „idealischen Sprache" und „idealischen Vollkommenheit" seien die „würcklichen Sprache[n]" „alle [...] sehr weit entfernt",[101] da Gedankenfolge und Ausdrucksfolge (also die Seite der *verba*) aufgrund grammatikalischer Eigentümlichkeiten der jeweiligen Sprachen nicht exakt korrespondierten.

Den Ausgangspunkt übersetzerischer Tätigkeit bilden grammatikalische Differenzen, also Unterschiede in der Ausdrucksfolge zwischen „würcklichen Sprache[n]". Als übersetzungsphilologischen Konsens präsentiert Batteux einen Mittelweg zwischen periphrastischer und wörtlicher Übersetzung („weder zu frey,

Bd. 4 [1758], S. 326–405). Vor allem ersetzt Ramler Batteux' französische Beispiele und Erläuterungen nach den Gegebenheiten des Deutschen. Ab der dritten Auflage der *Einleitung* von 1769 ergänzt Ramler den Abschnitt zudem um Exkurse zur Bildung von Nomina und Adjektiven im Deutschen (vgl. Ramler, Karl Wilhelm: Einleitung in die Schönen Wissenschaften. Nach dem Französischen des Herrn Batteux mit Zusätzen vermehret [...], Bd. 4, 3. Aufl., Leipzig 1769, S. 362–367 sowie S. 413–427). Sie sind der Ausgangspunkt für Ramlers umfangreiche Abhandlungen *Über die Bildung der Deutschen Nennwörter und Beywörter* (1796), die er im Zuge seiner Beteiligung an der „Deutschen Deputation" der Berliner Akademie der Wissenschaften in den 1790er Jahren ausarbeitet (vgl. Kap. 2.3.2).

[98] Ramler: Einleitung [...]. Bd. 4 [1758], S. 333 [Herv. M. B.]. Zum Kontext von Batteux' Ikonismus (Sprache als Abbild von Gedanken) und kognitivem Universalismus vgl. Münzberg, Franziska: Die Darstellungsfunktion der Übersetzung. Zur Rekonstruktion von Übersetzungsmodellen aus dem 18. Jahrhundert, Frankfurt a. M. u. a. 2003, S. 163–179.
[99] Ramler: Einleitung [...]. Bd. 4 [1758], S. 356.
[100] Ebd., S. 339.
[101] Ebd., S. 356f.

noch zu sclavisch").[102] Sich „von dem Gange der Lateiner [zu] entfernen", sei beispielsweise erlaubt, „wann uns ihre Casus fehlen, oder die allzuhäufigen Artickel und Hülfswörter uns verwirren".[103] Parallel betont Batteux die Relevanz einer zielsprachenorientierten Übersetzung ins Französische, die Ramler auf das Deutsche überträgt:

> [D]er Latinismus findet sich im Deutschen, wenn man darin solchen Lateinischen Wortfügungen folgt, wozu sich das Deutsche nicht mit guter Art bequemen will. Also bedeuten diese Wörter, Latinismus, Germanismus, Hebraismus etc. nicht anders, als solche Eigenschaften gewisser Sprachen, die ohne Grund in andre Sprachen übergetragen sind.[104]

Ramlers Fokus auf die „verve" von Horaz' Oden, die Wahl der Prosa, der Verzicht auf die Nachahmung des Originalmetrums und metrisch bedingte Paraphrasen in den 1750er Jahren korrespondieren deutlich mit Batteux' übersetzungsphilologischen Forderungen. Dass Ramler eine fließende deutsche Prosa mit Anleihen bei Horaz' Wortfolge kombiniert, ist als Versuch zu werten, keine ‚latinisierende' Übersetzung zu liefern und doch die größtmögliche Nähe zur Vorlage zu wahren. Für diesen Ansatz steht exemplarisch Ramlers deutsche Fassung der Ode 3, 14 (*Herculis ritu*) von 1757. Zugleich scheinen Ramlers syntaktische Umstellungen auf eine ‚Verbesserung' der Gedankenführung nach Batteux' Ideal der „metaphysische[n]" Sprache zu zielen. Darauf deutet unter anderem die häufige Versetzung von Subjekt oder Prädikat an den Satzanfang hin, mit der Ramler die ‚natürliche' Abfolge der Gedanken spiegelt. Im Gegensatz zu einer ebenfalls denkbaren Nachahmung der Originalsyntax sorgen Ramlers Restrukturierungen folglich für ein erleichtertes Textverständnis auf Seiten seiner deutschsprachigen Leserschaft.

Parallel zur Überarbeitung der Prosa-Versionen beginnt Ramler Mitte der 1750er Jahre mit der Arbeit an Übersetzungen von Horaz-Oden, die die Originalmetren nachbilden. Im Oktober 1754 resümiert er seine Ausgangsposition gegenüber Gleim:

> Nemlich, ich übersetze den Poeten prosaisch, wenn ich ihn meinen Landesleuten anpreisen will, und ich übersetze ihn poetisch wenn ich mich selbst eben so sehr als ihn anpreisen will. Hiebey frägt sichs nur: Wer wird das letztere durch Übersetzen thun? Wer wird nicht lieber selbst ein Original werden? Und hierauf antwortet sichs: Wer entweder zum erfinden zu bequem ist, oder nicht eine erstaunliche Eigenliebe besitzt; der wird mit der Ehre zufrieden seyn das Lob mit einem Horatz, Anakreon p. zu theilen. [...] Es kan aber leicht seyn, daß er [Ramler, M. B.] seinen gantzen EhrGeitz, ein eigener Autor zu seyn, fahren läßt, und mit der Ehre ein Uebersetzer des Horatz zu heißen, vorlieb nimmt; Und alsdann wird er ihn ohne

---

[102] Ebd., S. 326. Bzw. im französischen Original: „ni trop libre, ni servile" (Batteux: Cours de belles lettres [...]. Bd. 4 [1753], S. 282).
[103] Ramler: Einleitung [...]. Bd. 4 [1758], S. 377.
[104] Ebd., S. 384.

Zweifel in Verse übersetzen, und wird sich die Mühe nehmen Versarten zu erfinden, die den Lateinischen nicht gleich, sondern ähnlich sind, worinn dieselbigen Regeln in Absicht auf die deutsche Sprache, seiner Einsicht nach, beobachtet sind, die der Römer in Ansehung der Römischen beobachten muste.[105]

Ramler stellt die vermittelnde prosaische und die „poetisch[e]" Übersetzung einander gegenüber. Ein Mangel an Einbildungskraft und bescheidenere literarische Ambitionen seien Motive, um mit metrischen Übersetzungen reüssieren zu wollen. Noch plant Ramler jedoch nicht die möglichst exakte Nachahmung der antiken Strophenformen, wie sie Klopstocks Oden um 1750 paradigmatisch vorführen. Vielmehr wolle er äquivalente „Versarten" nach Maßgabe der deutschen Prosodie „erfinden". Die Originalität des poetischen Übersetzers besteht mithin in einer Übertragungsleistung, die sich auf die dichterische Form bezieht. Damit knüpft Ramler an das Vorgehen in seinen metrischen Übersetzungen nach dem Muster von Uz' „Frühlingsstrophe" an.[106]

Dass Ramler sich mit seinen Plänen in Distanz zu Batteux' Präferenz für die Prosa-Übersetzung dichterischer Texte begibt, markiert eine weitere Bemerkung im Oktober 1754. Er wolle „poetisch übersetzen, und zwar dem Frauenzimmer und den Mahlern zu gefallen", also den Zürchern Johann Jakob Bodmer und Johann Jakob Breitinger als prominenten Vertretern einer ‚malenden' Dichtung.[107] Übersetzungstheoretischer Referenzpunkt von Ramlers Anspielung scheint das Kapitel zur „Kunst der Uebersetzung" in Breitingers *Critischer Dichtkunst* von 1740 sein:

> Die Uebersetzung ist ein Conterfey, das desto mehr Lob verdienet, je ähnlicher es ist. Darum muß ein Uebersetzer sich selber das harte Gesetze vorschreiben, daß er niemahls die Freyheit nehmen wolle, von der Grundschrift, weder in Ansehung der Gedancken, noch in der Form und Art derselben, abzuweichen.[108]

Breitinger skizziert im Gegensatz zu Batteux nicht zwei Optionen des Übersetzens von Dichtung, sondern fordert sowohl die inhaltlich präzise („Gedancken") als auch sprachlich und formal exakte Nachahmung des Originals („Form und Art").

---

[105] Ramler an Johann Wilhelm Ludwig Gleim am 3./4. Oktober 1754 (zit. nach BGR II, S. 153).
[106] Dies bestätigt eine spätere Bemerkung gegenüber Gleim: „Die Übersetzung des horazischen Baums aus d. crit. Nachr. u. den blandusischen Quell aus den brem. Beyträgen hatte ich ein wenig modernisirt, jetzt aber streiche ich sie aus, weil ich den Baum in dem Geschütz [Ramlers *Ode auf ein Geschütz* von 1760, M. B.] bereits männlicher nachgeahmt und den Quell besser übersetzt habe" (Ramler an Johann Wilhelm Ludwig Gleim am 8. November 1761, zit. nach DH, S. 870 [Unterstreichung im Original]).
[107] Ramler an Johann Wilhelm Ludwig Gleim am 3./4. Oktober 1754 (zit. nach BGR II, S. 165).
[108] Breitinger: Fortsetzung Der Critischen Dichtkunst, S. 136–199, hier S. 139.

Beide Parameter seien zentrale Maßstäbe für die Qualität einer Übersetzung.[109] Ramler wiederum hat in den 1750er Jahren bereits langjährige Erfahrung als Horaz-Übersetzer gesammelt und ist in der Auseinandersetzung mit Batteux für die Schwierigkeiten metrischen Übersetzens sensibilisiert. Mit seiner Entscheidung, analoge Strophenformen im Deutschen „erfinden" und nicht (wie Breitinger es nahelegt) die Originalmetren präzise nachahmen zu wollen, scheint Ramler zunächst einen Mittelweg zwischen beiden übersetzungsphilologischen Positionen zu suchen.

Ende 1759 lässt sich schließlich die Absicht greifen, nicht anverwandelnde, sondern möglichst exakte metrische Nachahmungen von Horaz-Oden zu liefern. Dieser Schritt hin zur „*stilhafte[n] Übersetzung*", wie Tycho Mommsen das „Wiedergeben desselben Inhalts in der derselben Form" mit Blick auf Ramler bezeichnet,[110] markiert den endgültigen Bruch mit Batteux' dualistischer Sicht auf die Potenziale prosaischer und metrischer Übersetzungen von Dichtung:

> Was meinen Sie, wenn ich einige Oden des Horaz in das Sylbenmaß übersetzte, worinn sie geschrieben sind? Sie sehen aus dieser Frage, daß ich meinem alten Lieblinge noch nicht ungetreu geworden bin. Ich will Ihnen einige kleine Pröbchen beylegen, und wenn Sie mir auf die leere Seite dieser Zettel einige Anmerckungen schreiben und übersenden werden, so will ich mit dieser Arbeit fortfahren.[111]

Im März 1760 sendet Ramler weitere Übersetzungen an Gleim.[112] Im Dezember 1760 werden sogar bereits die Planungen für die *Oden aus dem Horaz* konkret:

> Noch neun Oden aus dem Horaz und eine aus dem Katull, als eine Probe von Hendekasyllaben, sind mir zu machen übrig; und diese werden, mit einer Abhandlung vom Sylbenmaße und mit dem lateinischen Texte begleitet, und ein wenig auseinander gezerrt, schon ein klein [sic] Bändchen ausmachen.[113]

---

[109] Zur Anfechtung dieses Ansatzes im Gottsched-Umfeld vgl. Poltermann, Andreas: „Die Erfindung des Originals. Zur Geschichte der Übersetzungskonzeptionen in Deutschland im 18. Jahrhundert", in: *Die literarische Übersetzung. Fallstudien zu ihrer Kulturgeschichte*, Göttinger Beiträge zur Internationalen Übersetzungsforschung 1, Berlin 1987, S. 14–52, hier S. 22f.

[110] Mommsen, Tycho: „Die Kunst des deutschen Uebersetzers (Auszug) [1857/1858]", in: Kitzbichler, Josefine, Katja Lubitz und Nina Mindt (Hrsg.): *Dokumente zur Theorie der Übersetzung antiker Literatur in Deutschland seit 1800*, Transformationen der Antike 10, Berlin u. New York 2009, S. 179–198, hier S. 186.

[111] Ramler an Johann Wilhelm Ludwig Gleim am 12. Dezember 1759 (zit. nach BGR II, S. 414).

[112] Vgl. DH, S. 808f.

[113] Ramler an Johann Wilhelm Ludwig Gleim am 17. Dezember 1760 (zit. nach DH, S. 834).

Im November 1761 verfügt Ramler schließlich über ein erstes Korpus von 15 Musterübersetzungen, das er bis zur Publikation im Jahr 1769 offenbar wiederholt überarbeitet.[114] Ramlers übersetzerische Strategien sollen abschließend am Beispiel seiner revidierten Fassung von Ode 3, 13 nachgezeichnet werden:

> O Blandusiens Quell, glänzender als Kristall,
> Werth mit Weine vermählt, mit ihm gekrönt zu seyn!
> Dein ist morgen ein Böckchen,
> Dessen Stirne schon Hörner keimt,
>
> 5   Und schon Kämpfe beschliesst, rüstige Kämpfe mit
> Nebenbuhlern: umsonst! weil der muthwilligen
> Heerde Liebling die Welle
> dir mit Blute bepurpern soll.
>
> Dich trifft Sirius nicht, ob er verderbliche
> 10 Flammen sprühet; du theilst Labsal und Leben aus
> Dem ermüdeten Pflugstier
> Und dem schwärmenden Wollenvieh.
>
> Auch dein Name wird gross unter den Quellen seyn!
> Denn ich singe den Ulm und die beschattete
> 15 Felsengrotte, durch welche
> Dein sanftmurmelndes Wasser rinnt.[115]

Ramler liefert eine Adaption des *Asclepedium tertium*, indem er die Differenz langer und kurzer Silbenwerte in Horaz' quantitierender lateinischer Metrik mit betonten und unbetonten Silben nach Prinzipien einer akzentuierenden deutschen Metrik wiedergibt. Das Fehlen von Doppelbetonungen im Deutschen löst Ramler, indem er die Spondeen zu Beginn aller vier Verse des lateinischen Originals im

---

[114] Vgl. Ramler an Johann Wilhelm Ludwig Gleim am 8. November 1761: „Die 15 übersetzten Oden die ich jetzt für Sie aufs neue abschreiben lasse, sind ja wohl noch gar das beste was ich herausgekünstelt habe; diese muß ich noch erst vollzählig machen, und dann kann ich fröhliche Gäste laden und selber ein fröhlicher Gast seyn" (zit. nach DH, S. 870).

[115] Ramler: Oden aus dem Horaz, S. 22f. Zu Johann Philipp Kirnbergers Teilvertonung der Ode 3, 13 auf Basis von Ramlers Übersetzung in den *Oden mit Melodien* (1773) und der *Anleitung zur Singekomposition* (1782) vgl. Draheim, Joachim: Vertonungen antiker Texte vom Barock bis zur Gegenwart [...], Heuremata 7, Amsterdam 1981, S. 44; sowie Hankeln, Roman: Kompositionsproblem Klassik. Antikeorientierte Versmetren im Liedschaffen J. F. Reichardts und einiger Zeitgenossen, Schriftenreihe der Hochschule für Musik Franz Liszt 6, Köln, Weimar, Wien 2011, S. 53.

Deutschen durch Trochäen ersetzt.[116] Die möglichst getreue metrische Adaption geht in der ersten Strophe mit einer weitgehend wörtlichen Übersetzung einher. Auffallend weicht Ramler lediglich in Vers 2 ab, wo er das adverbiale *non sine floribus* (‚nicht ohne Blumen') abwandelt zu „mit ihm [dem Wein, M. B.] gekrönt". Zwei weitere Parameter zeichnen die Übersetzung der ersten Strophe aus: Die Imitation der Wortpositionen des Originals verbindet sich mit einem inversionsfreien Satzbau.

In der zweiten Hälfte der zweiten Strophe (Verse 6 bis 8) restrukturiert Ramler hingegen die Syntax des Originals und fördert den Lesefluss im Deutschen, indem er das Subjekt aus Vers 8 der Vorlage (*Lascivi soboles gregis*) vorzieht („der muthwilligen / Heerde Liebling", V. 6f.). Zudem bieten der fünfte und sechste Vers eine freiere Paraphrase des Originals. Aus der ‚Bestimmung' (*destinat*) zu „Liebe und Kämpfen" (*Venerem et proelia*, V. 5) formt Ramler die Geminatio „Kämpfe [...], rüstige Kämpfe mit / Nebenbuhlern" (V. 5f.) und schwächt damit das bei Horaz erstgenannte Begehren des Ziegenbocks (*Venerem*) zum Kampfgrund ab. Auch in der dritten und vierten Strophe gehen die gezielte Nachahmung der Wortpositionen sowie Paraphrasen zusammen. In Vers 9 zieht Ramler das Prädikat (*nescit tangere*, V. 10) vor, um die Kopfstellung von *Te* („Dich", jeweils V. 9) imitieren zu können. *Frigus* (‚Kühle') ersetzt Ramler wiederum durch das alliterierende Hendiadyoin „Labsal und Leben" (V. 10). Die Partizipialkonstruktion *cavis impositam ilicem / Saxis* (‚die auf Felsen stehende Eiche', V. 14f.) löst er zur Reihung auf: „den Ulm und die beschattete / Felsengrotte" (V. 14f.). Auffällig ist jedoch, dass Ramlers Paraphrasen und Umstellungen nur in Ausnahmefällen zu einer gänzlichen Veränderung des Wortsinns der Vorlage führen.

Ramlers Version des *Blandusischen Quells* von 1769 erweist sich folglich als übersetzerische Kompromisslösung. Sie ist *einerseits* der Versuch, die metrische Struktur der lateinischen Vorlage sowie die Wortstellung und den Sinn des Originals möglichst präzise zu adaptieren. *Andererseits* bietet Ramler eine zielsprachenorientierte Übersetzung, die in ihrer metrischen Einrichtung die Eigenheiten der deutschen Prosodie beachtet und deren Syntax der deutschen Grammatik folgt.

---

[116] Vgl. hierzu Leonhardt: „Ramlers Übersetzungen antiker Texte", S. 337f.; sowie Batteux/Ramler: Einleitung in die schönen Wissenschaften [...] mit Zusätzen vermehrt, S. 167: „Man kan uns also kein Verbrechen daraus machen, daß wir unsere *Trochäen* anstatt der *Spondeen* in den Vers bringen. Wir haben fast gar keine *Spondeen*: aus der Ursache, weil wir in der geschwinden Aussprache nothwendig der einen Sylbe einen schärfern Accent geben müssen, als der andern. Das Wort *Jüngling* ist, nach unserer Aussprache, ein *Trochäus*, bey dem [sic] Lateinern wäre es ein *Spondeus* gewesen." Ramlers Ausführungen stehen im Kontext der Adaption des lateinischen Hexameters im Deutschen (vgl. den Wiederabdruck u. d. T. „Ist der römische Hexameter der deutschen Sprache möglich?", in: Hellmuth, Hans-Heinrich und Joachim Schröder (Hrsg.): *Die Lehre von der Nachahmung der antiken Versmaße im Deutschen. In Quellenschriften des 18. und 19. Jahrhunderts. Mit kommentierter Bibliographie*, Studien und Quellen zur Versgeschichte 5, München 1976, S. 35–45).

Ramler kombiniert mithin Breitingers Forderung, jegliche Parameter des dichterischen Textes möglichst getreu zu adaptieren, mit Batteux' Anspruch, durchweg idiomatisch und frei von ‚Latinismen' zu übersetzen. Feste Größe in Ramlers Horaz-Übersetzungen seit 1769 ist die prosodisch korrekte Umsetzung akzentuierender Adaptionen von Horaz' quantitierenden Metren. Der Übersetzungsvergleich zeigt wiederum, dass die Gewichtung der weiteren Parameter stark variieren kann. Teils gelingt es Ramler, Metrum, Wortstellung und Wortsinn in seiner Übersetzung gemeinsam abzubilden. Teils scheinen Paraphrasen zwischen den Forderungen des Metrums sowie der möglichst präzisen und verständlichen Wiedergabe der „Gedancken" zu vermitteln.

Um ein Resümee zu ziehen: Mit der Entscheidung, Horaz' Oden metrisch zu übersetzen, emanzipiert sich Ramler Mitte der 1750er Jahre von Batteux' prinzipieller Skepsis gegenüber der Möglichkeit ‚ersetzender' Übertragungen dichterischer Texte. Bereits seit 1746 verfolgt Ramler das Prinzip einer (möglichst) inversionsfreien Syntax und der Beachtung grammatischer Standards in der Zielsprache, setzt dieses Prinzip im Rahmen seiner Prosa-Übersetzungen von 1757 stringent um und überträgt es auf seine metrischen Übersetzungen, die erstmals 1769 erscheinen. Gerade der Anspruch, zielsprachenorientiert zu übersetzen, wird nun zum zentralen Pfeiler von Ramlers Programm, genuin ‚deutsche' Fassungen von Horaz' Oden vorzulegen. Diesen Anspruch unterstreicht er darüber hinaus mit dem konsequenten Verzicht auf den Abdruck des lateinischen Originals in seinen Ausgaben.[117] Ramlers Übersetzungen sollen dem Original in der Zielsprache gleichkommen und den Vergleich obsolet machen. Der Verzicht auf zweisprachige Ausgaben unterstützt damit zugleich Ramlers Inszenierung als „deutscher Horaz", der seine Übersetzungen als vollwertige Äquivalente der lateinischen Vorlagen präsentiert.

3.2 Funktion und Präsentation intertextueller Horaz-Anleihen

Ramler baut intertextuelle Horaz-Anleihen zwischen 1758 und 1763 zu einem Kennzeichen seiner panegyrischen Odendichtung aus. Seit Ende der 1760er Jahre nutzt er dieses ‚Markenzeichen' im Rahmen der wiederholten Re-Publikation seiner Lyrik als Argument, das seine Inszenierung als „deutscher Horaz" plausibilisieren soll. Im Mittelpunkt des folgenden Kapitels 3.2 steht eine entsprechende Verschiebung der Funktionalisierung von Ramlers intertextueller Horaz-Imitatio, die in vier Schritten nachgezeichnet werden soll: *Zunächst* sind Ramlers intertextuelle Strategien am Beispiel seiner *Ode an die Göttinn der Eintracht* zu beleuchten. Ein Seitenblick auf Gotthold Ephraim Lessings *Eintritt des Jahres 1754* führt in einem *zweiten* Schritt vor Augen, dass Ramlers Techniken der Horaz-Imitatio

---

[117] Lediglich im Falle von Band 3 der *Einleitung in die schönen Wissenschaften* bietet Ramler nach Batteux' Vorbild einen zweisprachigen Paralleldruck (vgl. Ramler: Einleitung [...]. Bd. 3 [1757], S. 44–61).

in der panegyrischen Zeitungsode seines Freundes vorgebildet sind. Damit kristallisieren sich Bausteine horazianischer Zeitungslyrik im Berlin der Mitte des 18. Jahrhunderts heraus. In einem *dritten* Schritt soll deutlich werden, dass Lessing und Ramler mit ihrer Horaz-Nachahmung auf literarische Konventionen von Gelegenheitspanegyrik reagieren. Vor dem Hintergrund der Gattungstradition der Ode sowie der zeitgenössischen Horaz-Rezeption markieren sie mithilfe intertextueller Anleihen bei Horaz' *Carmina* die geforderte erhabene Stilebene ihrer Texte. Die autorisierten Ausgaben von Ramlers literarischem Œuvre seit Ende der 1760er Jahre weisen seinen Oden wiederum eine prominente Stellung innerhalb seines Gesamtschaffens zu. Ramlers Re-Publikationen fördern auf diese Weise, wie in einem *vierten* Schritt zu zeigen ist, die metonymische Identifikation von horazianischer Hochstillyrik und der Dichterfigur Ramler. Auf diese Weise tragen sie zu Ramlers Selbststilisierung als „deutscher Horaz" bei.

3.2.1 Ramlers *Ode an die Göttinn der Eintracht* (1763)

Allein die Datierung der *Ode an die Göttinn der Eintracht. Berlin, den 24 Jenner 1763* benennt ihren primären Anlass und verweist auf die Funktion des Gedichts als Genethliakon zum 51. Geburtstag von Friedrich II. Die Adressierung der personifizierten „Eintracht" kündigt hingegen das Thema der Ode an, die sich im Folgenden nicht auf Friedrichs Geburtstag bezieht. Dieses Vorgehen ist charakteristisch für Ramlers Gelegenheitsoden um 1760: Im Kontext der ritualisierten Anlässe panegyrischer Gelegenheitsdichtung lanciert er lyrische Stilisierungen militärisch-politischer Ereignisse.[118]

Welches konkrete Geschehen Ramler wiederum mit der Adressierung der personifizierten *Eintracht* im Januar 1763 aufgreift – gewissermaßen der ‚zweite' Anlass von Ramlers Ode –, klärt sich für die Leserinnen und Leser der *Berlinischen privilegirten Zeitung* über eine Anzeige. Sie schließt sich unmittelbar an den Abdruck des Texts in der Ausgabe vom 25. Januar an, bewirbt einen gesonderten Druck der Ode (im Quart-Format zu 2 Groschen) und verzahnt damit zugleich Zeitungs- und Einzelpublikation. Die Anzeige des Einzeldrucks lautet: „Ode an die Göttinn der Eintracht, mit einer Medaille auf dem [sic] Frieden zwischen

---

[118] Die Reduktion des ‚eigentlichen' Anlasses auf eine Datierung („den 24 Jenner 1763") zeigt, wie vertraut dem zeitgenössischen Publikum die Konvention der gehäuften Publikation gelegenheitsgebundener Panegyrik auf den Geburtstag des Monarchen ist. Erst dies erlaubt Ramler eine eigenständige Themenfindung, die nur locker mit dem primären Anlass des Gedichts verbunden ist. Sowohl die Beschränkung der „Casualdeixis" auf eine Datierung, wobei Friedrichs Geburtstag im Falle der *Ode an die Göttinn der Eintracht* keine weitere Erwähnung findet, als auch Ramlers ‚selbständige' Themenwahl können daher mit Stefanie Stockhorst als Autonomisierungstendenzen im Sinne gezielter Normabweichungen gewertet werden (Stockhorst: „Feldforschung vor der Erfindung der Autonomieästhetik? Zur relativen Autonomie barocker Gelegenheitsdichtung", S. 60).

Preussen, Rußland und Schweden von der Erfindung Hrn. Meils. 4to Berlin den 24 Jan. 1763. 2 Gr[oschen]".[119] Gegenstand von Ramlers *Ode an die Göttinn der Eintracht* ist folglich der Abschluss der Hamburger Friedensverhandlungen zwischen „Preussen, Rußland und Schweden". Sie leiten Ende Mai 1762 das Ende des Siebenjährigen Kriegs für Preußen ein.[120]

Abbildung 23: Johann Wilhelm Meils Kopfvignette zur *Ode an die Göttinn der Eintracht* (s. bereits Abb. 4)

Zu den Besonderheiten des Einzeldrucks von Ramlers Ode zählt die paratextuelle Ausstattung durch die Reproduktion einer Medaille auf besagten Hamburger Friedensschluss, die der Graphiker Johann Wilhelm Meil liefert (vgl. Abb. 23).[121] Für Ramler ist dies nicht die erste intermediale Kombination einer Medaillen-Reproduktion mit einem seiner panegyrischen Gelegenheitsgedichte. Bereits der erneute Einzeldruck der *Ode an die Feinde des Königes* (1761) zeigt die Reproduktion einer von Ramler konzipierten Medaille auf die Schlacht bei Torgau (1760).[122] Sie

---

[119] „[Anzeigen]", *Berlinische privilegirte Zeitung* 11 (25.01.1763), S. 44.
[120] Vgl. Olding: Die Medaillen auf Friedrich den Großen von Preußen. 1712 bis 1786 [...], S. 31.
[121] Zur paratextuellen Ausstattung der Einzeldrucke von Ramlers Oden vgl. bereits Kap. 1.3.2.
[122] Die *Vossische Zeitung* vom 23. Januar 1762 bewirbt diesen erneuten Abdruck: „*Ode an die Feinde des Königs*, nebst einer in Kupfer gestochenen Medaille auf die Schlacht bey Torgau. gr. 4to Berlin 761. 4 Gr[oschen]" („[Anzeigen]", *Berlinische privilegirte Zeitung* 10 [23.01.1762], S. 42). Ein Exemplar des Drucks ist in der (verlorenen) Breslauer Bibliothek Friedrichs II. nachgewiesen (vgl. Krieger: Friedrich der Große und seine Bücher, S. 171).

entsteht ebenfalls in Zusammenarbeit mit Johann Wilhelm Meil und dem Medailleur Jacob Abraham.[123]

Abbildung 24: Avers von Nikolaus Georgis Medaille auf den Frieden von Hamburg (1762)

Abbildung 25: Revers von Nikolaus Georgis Medaille auf den Frieden von Hamburg (1762)

Auffällig ist im Falle der *Ode an die Göttinn der Eintracht* jedoch, dass Text und Reproduktion von Beginn an gezielt aufeinander abgestimmt werden. Deutlich wird dies anhand dreier signifikanter Veränderungen, die Meil gegenüber der Vorlage des Medailleurs Nikolaus Georgi vornimmt (vgl. Abb. 24 und 25).[124] Meil bildet Friedrich II. *erstens* im Kostüm eines römischen Feldherrn mit Lorbeer-

---

[123] Vgl. Hoffmann: Jacob Abraham und Abraham Abramson, S. 54; sowie Olding: Die Medaillen auf Friedrich den Großen von Preußen. 1712 bis 1786 [...], S. 143. Ramler beschreibt die Medaille auch im Kommentar seiner postumen Werkausgabe (vgl. Ramler: Poëtische Werke. [...] Erster Theil: Lyrische Gedichte, S. 203).

[124] Vgl. zudem Olding: Die Medaillen auf Friedrich den Großen von Preußen. 1712 bis 1786 [...], S. 147. Meils Graphik, die im Januar 1763 den Einzeldruck von Ramlers Ode ziert, findet sich kurze Zeit später auch bei Fromery, Alexander: Recueil de Médailles. Pour servir à L'Histoire de Frederic Le Grand [...], Berlin 1764, [unpaginiert, Nr. 43]. Zudem existiert ein Medaillenstempel, der Meils Variante entspricht. Der Stempel wird 1784 bei Rentmeister Francke konfisziert, der in den 1770er Jahren „eine ansehnliche Anzahl von Prägewerkzeugen aus dem Stempelschrank" in der Berliner Münze entwendet und vom „Wappenstecher Krüger" überarbeiten bzw. Kopien anfertigen lässt (Bannicke, Elke: „Die gefälschten Medaillenstempel des Berliner Stempelarchivs", *Beiträge zur brandenburgisch-preussischen Numismatik* 9 [2001], S. 153–168, hier S. 154–157; vgl. Olding: Die Medaillen auf Friedrich den Großen von Preußen. 1712 bis 1786 [...], S. 147). Zu vermuten ist also, dass Krügers Medaille nach Meils variierender Reproduktion von Georgis Medaille entsteht.

kranz ab, zeigt ihn also nicht wie Georgis Medaille mit zeitgenössischer Zopfperücke. Der klassizistische Tempel auf der Rückseite der Medaille rückt im Falle von Meils Reproduktion *zweitens* in den Vordergrund, während *drittens* der Mittelgrund Schiffe auf ruhigem Meer zeigt. Georgis Vorlage stellt im Gegensatz dazu einen Segler auf bewegter See ins Zentrum. Damit verstärken die antikisierenden Modifikationen in Meils Reproduktion den Bezug auf die beiden Motti der Medaille: *Fridericus Borussorum rex iano boreali clauso* und *Pacatum volitant per mare*.[125] Friedrichs Stilisierung zum neuen Augustus, der als Zeichen des Friedens mit den nordeuropäischen Mächten Russland und Schweden den „Janus-Tempel im Norden geschlossen hat", tritt entsprechend hervor.[126] Auch das Motto der Rückseite („Sie eilen über das befriedete Meer") trägt zu dieser Stilisierung bei – handelt es sich doch um ein Zitat aus Horaz' Ode 4, 5, die Augustus' Friedensherrschaft und Rückkehr nach Rom beschwört.[127]

Das Horaz-Zitat bildet in seiner Korrespondenz mit Friedrichs bildlicher Stilisierung zum antiken Feldherrn und ‚preußischen Augustus' zugleich das Scharnier zu Ramlers *Ode an die Göttinn der Eintracht*. Bereits im Voraus schreibt sich Ramler auf diese Weise in eine dyadische Konstellation von Dichter und zu besingendem Herrscher nach dem Vorbild von Horaz und Augustus ein:

> Concordia! – Durch dich rollt jede Sphäre;
> Und wo dein Fuß ein Land betrat,
> Da zeichneten volkreiche Städte, Tänze, Chöre
> Der Jungfraun deinen Pfad.
>
> 5 (Doch Drat und Beil trägt dir mit schnellem Schritte,
> Die Blicke drohend, taub das Ohr,
> Der Brüder Blut, der Ehen Schmach, den Raub der Hütte
> Zu rächen, Ate vor)
>
> Zu dir erheben aus zerstörten Städten,
> 10 Zu dir auf Trümmern um den Strand,
> Zu dir auf Saaten, die des Rosses Huf zertreten,
> Die Völker Mund und Hand;
>
> Zu dir die Pflanzstadt ungeborner Söhne,
> Die deiner milden Künst' entbehrt:
> 15 Daß doch dein Geist den Zorn der Könige versöhne,
> Der itzt die Welt verheert.

---

[125] Vgl. Ramlers Zusammenfassung im Kommentarteil seiner postumen Werkausgabe (Ramler: Poëtische Werke. [...] Erster Theil: Lyrische Gedichte, S. 216).
[126] Vgl. Graf, Fritz: „Ianus", in: Cancik, Hubert und Helmuth Schneider (Hrsg.): *Der neue Pauly. Enzyklopädie der Antike*, Bd. 5, Stuttgart u. Weimar 1998, Sp. 858–861.
[127] Vgl. Hor. carm. 4, 5, 19.

>   Dir hat dein Freund, Teutoniens Erretter,
>   Der Held, der dreymal Frieden heischt,
>   Bevor sein schwerer Arm durch sieben Donnerwetter
> 20 Der Fürsten Raubsucht täuscht,
>
>   Vereint mit Suecien durch deine Bande,
>   Und mit Ruthenien vertraut,
>   Nach langer Arbeit einen Tempel an dem Rande
>   Des alten Belts erbaut.
>
> 25 Schränkt sich Semiramis in ihre weiten,
>   Fruchtreichen Dynastieen [sic] ein,
>   So wird er, mit entzückter Seele, dir den zweyten
>   Auf den Sudeten weihn.[128]

Im Zentrum der ersten Hälfte von Ramlers Ode steht der Wunsch einer weltweiten Zivilbevölkerung nach dem Ende des Siebenjährigen Kriegs und seiner Zerstörungen. Als Sinnbild dieses ersehnten Friedens dient Ramler bereits in der ersten Strophe der Auftritt der personifizierten Eintracht. Militärisch und politisch entscheidend sei wiederum das Handeln der „Könige" (V. 15) und „Fürsten" (V. 20). In diesem Sinne erklärt Ramlers Ode in der fünften und sechsten Strophe das Agieren Friedrichs II. als wegweisend für die endgültige Beilegung der kriegerischen Konflikte im Rahmen des Siebenjährigen Kriegs. Als Erbauer des Friedenstempels wird Friedrich zum Architekten einer neuen Friedensordnung.

Ramlers Gedicht liefert auf diese Weise eine Allegorese des Friedenstempels auf dem Revers von Meils Medaillen-Reproduktion, der den Friedensschluss zwischen Preußen, Schweden („Suecien") und Russland („Ruthenien", V. 21f.) im Mai 1762 versinnbildlicht. Paratext und Ode korrespondieren folglich inhaltlich miteinander. Hinzu kommt der Ausblick auf einen baldigen Friedensschluss mit Maria Theresia („Semiramis", V. 25) und eine Bestätigung der Annexion Schlesiens. Ein „zweyte[r]" Tempel „[a]uf den Sudeten" soll zu deren Denkmal werden (V. 27f.). Damit verdoppelt Ramlers Ode die Allegorie des Friedenstempels und verschafft dem Horaz-Motto der Medaillenrückseite zusätzlichen Nachdruck. Nach dem Einlenken der österreichischen Kaiserin seien sämtliche Konflikte mit Preußen beigelegt und eine ‚Befriedung' im Zentrum Europas erreicht (*Pacatum volitant per mare*).

Bereits das Motto des Medaillen-Revers, das Ramler seiner Ode mittels Meils Graphik im lateinischen Original vorschaltet, deutet auf Horaz als maßgeblichen Referenz-Autor der *Ode an die Göttinn der Eintracht*.[129] Einen Hinweis auf das

---

[128] Ramler, Karl Wilhelm: Ode an die Göttinn der Eintracht. Berlin, den 24 Jenner 1763, [unpaginiert].
[129] Vgl. Ramlers analoges Vorgehen im Einzeldruck seiner *Ode an den Fabius. Nach der Schlacht bey Torgau, den 3. November 1760*, deren Motto sich modifizierend auf Hor.

konkrete Vorbild seiner Ode liefert Ramler wiederum mit der antikisierenden Epiklese „Concordia!". Dass Horaz' Ode 1, 35, die ihrerseits mit der Anrufung der Schicksalsgöttin beginnt (*O diva, gratum quae regis Antium*),[130] tatsächlich als maßgeblicher Prätext seiner Ode fungiert, zeigt Ramler, indem er in der ersten Hälfte seines Gedichts die Struktur von Horaz' Ode nachbildet.[131] So ahmt er in der dritten sowie zu Beginn der vierten Strophe („Zu dir erheben [...]") einen Katalog von Bittstellern nach, die sich in Horaz' Ode an die Göttin des Schicksals wenden. Zitiert seien die entsprechenden Verse in Ramlers Übersetzung der Ode 1, 35:

> Fortuna, die du glorreich dein Antium
> Regierst, aus tiefem Staube den Sterblichen
> Zur höchsten Staffel hebst, in Leichen-
> Züge die stolzen Triumphe wandelst!
>
> Dir fleht der arme Landmann, der kummervoll
> Den Acker pflügt; dir, Wellengebieterinn,
> Wer kühnlich sein Bithynisch Lastschiff
> Durch den Karpathischen Pontus steuert.[132]

Ramlers Ode von 1763 zeigt einen freien Umgang mit dem Prätext. Die Bitten von Bauern und Kaufleuten, die in Horaz' Ode um die Gunst des Schicksals für eine einträgliche Ernte und den Erfolg ihrer wirtschaftlichen Unternehmungen bitten, wandelt Ramler zum ‚Flehen' der bereits Kriegsversehrten ab, die um das Ende der kriegerischen Auseinandersetzungen bittend „Mund und Hand [erheben]". Die inhaltliche Nähe zu Horaz' Vorlage gewährleistet Ramler dennoch, indem er mit dem verwüsteten „Strand" und den „Saaten, die des Rosses Huf zertreten" (V. 9–12), auf Seefahrt und Ackerbau anspielt, wie sie in Ode 1, 35 präsent sind.

---

carm. 2, 1, 34f. bezieht. Hierbei spielt Ramler mit dem Gleichklang zwischen dem Klarnamen des adressierten österreichischen General-Feldmarschalls Leopold Joseph von Daun und den „Daunischen", also apulischen, „Blutbädern" (*Dauniae caedes*) in Horaz' Ode: „Horatius – – – – Quae juga Dauniae non decoloravere caedes".

[130] Hor. carm. 1, 35, 1.
[131] Dieses Vorgehen bemerkt bereits Pick: Der „Päan ‚An die Göttin der Eintracht'" sei „nach dem Plane der horazischen Ode ‚An die Fortuna von Antium' gebaut" (Pick, Albert: „Ueber Karl Wilhelm Ramlers Odentheorie. Eine litteraturgeschichtliche Erinnerung an das Zeitalter Friedrichs des Grossen", in: Wahl, Moritz C. (Hrsg.): *Jahres-Bericht der höheren Handels-Fach-Schule zu Erfurt für das neunzehnte Schuljahr 1886–87*, Leipzig 1887, S. 3–23, hier S. 5).
[132] So Hor. carm. 1, 35, 1–8 in Ramlers postum erschienener Gesamtübersetzung (Ramler, Karl Wilhelm: Horazens Oden, übersetzt und mit Anmerkungen erläutert [...], Bd. 1, Berlin 1800, S. 68).

Dass neben der „Eintracht" in der zweiten Strophe von Ramlers Ode die personifizierte „Strafgerechtigkeit" „Ate" auftritt,[133] lässt sich als zusätzliche strukturelle Anleihe bei Ode 1, 35 werten. So lässt Horaz in der fünften und sechsten Strophe seines Gedichts die Personifikationen der „Notwendigkeit" (*Necessitas*), „Hoffnung" (*Spes*) und „Treue" (*Fides*) als Begleiterinnen der Schicksalsgöttin Fortuna auftreten. Zitiert sei erneut Horaz' Ode in Ramlers Übersetzung:

> Dir bahnt den Weg die harte *Nothwendigkeit*,
> Geschärfte Keil' und Nägel in ehrner Hand;
> Auch fehlt ihr nicht der Todeshaken,
> Noch des geschmolznen Bleyes Marter.
>
> Die Hoffnung und die seltene Treue, weiss
> Gekleidet, dient dir; ja sie begleitet dich,
> Auch wenn du Feindinn wirst, und weiland
> Mächtige Häuser in Trauer hüllest.[134]

Ramlers Vorgehen ist auch hier durch Anverwandlung geprägt. Horaz' allegorisches Verfahren, das im Zentrum der Ode 1, 35 mit ihren insgesamt zehn Strophen steht, komprimiert Ramler in der zweiten Strophe seiner *Ode an die Göttinn der Eintracht*: In Analogie zu Horaz, der die ‚Härte' der personifizierten „Notwendigkeit" durch Marterwerkzeuge und die moralische Integrität von „Hoffnung" und „Treue" durch weiße Gewänder versinnbildlicht, stattet Ramler die Göttin „Ate" mit den Attributen „Draht und Beil" aus (V. 5).[135] Darüber hinaus charakterisiert

---

[133] Vgl. Ramler: Poëtische Werke. [...] Erster Theil: Lyrische Gedichte, S. 214: „Ate, die gerechte Rache, die Strafgerechtigkeit, wird hier der Concordia als eine Dienerinn mit Beil und Drahtgeissel zugeordnet, die bürgerliche Eintracht zu *erhalten*."

[134] Hor. carm. 1, 35, 17–24 (Ramler: Horazens Oden, übersetzt und mit Anmerkungen erläutert [...], S. 69).

[135] Im Kommentar seiner postumen Horaz-Ausgabe ergänzt Ramler die Annahme, dass Horaz „den berühmten Fortunatempel" in Antium besichtigt habe und auf die „eherne[] Bildsäule" anspiele, „welche die Werkzeuge der Kreuzigung in den Händen trug" (ebd., S. 226). Weitere realienkundliche Details zum Einsatz der Attribute der „Notwendigkeit" für Folter und die Todesstrafe schließen sich an. Eine solche Deutung der Attribute, die noch im 20. Jahrhundert gängig ist, weist Syndicus wiederum zurück. Es seien vielmehr „Materialien, mit denen man die einzelnen Bauteile unverrückbar zusammenfügte", was „die Unverrückbarkeit und Unerbittlichkeit der Tatsache des Todes" versinnbildliche (Syndikus, Hans Peter: Die Lyrik des Horaz. Eine Interpretation der Oden, Bd. 1, 3. Aufl., Darmstadt 2001, S. 311; vgl. zudem Anm. 45). Mit Blick auf den allegorischen Doppelauftritt von „Concordia" und „Ate" in der *Ode an die Göttinn der Eintracht* ist zudem bemerkenswert, dass Ramler im Kommentar seiner postumen Ausgabe von *Horazens Oden* diese Doppelstruktur in Horaz' Ode 1, 35 angelegt sieht: „Da man zu Antium eine Glück-bringende und eine Unglück-bringende Fortuna verehrte, so wird von dem Dichter die letztere der ersten sehr scharfsinnig untergeordnet: sie ist die Vollzieherinn der Strafen, und geht, als ein weiblicher Lictor, vor der gebietenden

er sie durch Mimik. „Ate[s]" „drohend[er]" Blick (V. 6) steht für die Fähigkeit, ihre Anliegen durchzusetzen. „Ate[s]" Unempfänglichkeit gegenüber Einwänden und Bitten fasst Ramler metaphorisch als ‚Taubheit' („taub das Ohr", V. 6). Auf diese Weise steigert er den Detailreichtum und die Differenziertheit seiner Personifikationsallegorie im Vergleich zu Horaz.

Um die bisherigen Ergebnisse zusammenzufassen: Als wesentliche Elemente von Ramlers intertextueller Horaz-Imitatio um 1760 erweisen sich am Beispiel seiner *Ode an die Göttinn der Eintracht* der initiale Prätext-Bezug in Form einer Allusion sowie die Übernahme struktureller Elemente aus Horaz' Prätext – die Anrufung einer Gottheit durch verschiedene Personengruppen sowie der Auftritt von Personifikationsallegorien, die durch Attribute und körperliche Merkmale ausgestaltet werden.[136] Ramlers Umgang mit Horaz' Ode 1, 35 ist dabei thematisch sowie formal von einem großen Maß an Freiheit geprägt. Auf eine metrische Nachahmung der alkäischen Strophe nach dem Vorbild von Horaz' Ode 1, 35 verzichtet er gänzlich und nutzt eine gereimte Strophenform, auf die im Folgenden noch einzugehen ist. Auffällig ist zudem, dass das Horaz-Motto in Meils Medaillen-Reproduktion mit Ramlers Entscheidung für intertextuelle Horaz-Anleihen korrespondiert. Die Imitatio wird somit über ein paratextuelles Element angekündigt.

3.2.2 Horaz-Anleihen als Markierung des erhabenen Stils

Einen Schlüssel zur Funktion von Ramlers intertextueller Horaz-Imitatio im Rahmen panegyrischer Gelegenheitslyrik bietet der vergleichende Blick auf Lessings Ode zum Neujahrsfest 1754. Das Gedicht entsteht folglich bereits knapp eine Dekade vor Ramlers *Ode an die Göttinn der Eintracht*:[137]

> Wem tönt dieß kühnre Lied? dieß Lied, zu wessen Lobe,
> Hört es noch manche späte Welt?
> Hier steh' ich, sinne nach, und glüh' und stampf' und tobe,
> Und suche meiner Hymnen Held.
>
> 5 Wer wird es seyn? Vielleicht im blut'gen Panzerkleide
> Des Krieges fürchterlicher Gott?

Glücksgöttinn einher, und führt anstatt Beil und Stecken, weit schrecklichere Strafwerkzeuge in den Händen" (Ramler: Horazens Oden, übersetzt und mit Anmerkungen erläutert [...], S. 225).

[136] Zu einer Typologisierung intertextueller Horaz-Bezüge im Falle von Uz vgl. Schmidt, Peter Lebrecht: „Uz und Horaz", in: Rohmer, Ernst und Theodor Verweyen (Hrsg.): *Dichter und Bürger in der Provinz. Johann Peter Uz und die Aufklärung in Ansbach*, Frühe Neuzeit 42, Tübingen 1998, S. 77–98, hier S. 91–94.

[137] Zum institutionellen Kontext vgl. Kap. 1.3.2.

Um ihn schallt durch das Feld gedungner Krieger Freude,
Und der Erwürgten laute Tod.

Wie, oder ists vielmehr in fabellosen Zeiten
10   Ein neuer göttlicher Apoll,
Der, schwer entbehrt, mit schnell zurückberufnen Saiten
Den Himmel wieder füllen soll?

Wo nicht, so werde der der Vorwurf meiner Lieder,
Der sich als Themis Rächer wies,
15   Und dessen frommes Schwerdt der gift'gen Zanksucht Hyder
Nur drey von tausend Köpfen ließ.

Doch ihn, Apoll und Mars, in *Friedrichen* vereinet,
Vereine, mein Gesang, auch du!
Wann einst ein junger Held bey seinem Grabe weinet,
20   So zähl' ihm seine Thaten zu!

Fang an von jenem Tag' – Nein, welch ein neues Feuer
Reißt mich vom niedern Staub' empor?
Auch Könige sind Staub! Seyd ihnen treu; dem treuer,
Der sie zum besten Staub' erkohr.

25   Wer wird, voll seines Geists, mir seinen Namen melden?
Sein Nam' ist ihm allein bewußt.
Er ist der Fürsten Fürst, er ist der Held der Helden;
Er füllt die Welt und meine Brust.

Er rief sie aus des Nichts nur ihm folgsamen Schlunde;
30   Er ruft sie noch, daß sie besteht.
Sie bebt, sie wankt, so oft ein Hauch aus seinem Munde
Den Fluch in ihre Sphären weht.

O dreymal Schrecklicher! – – doch voller Quell des Guten,
Du bist der Schreckliche nicht gern.
35   Den weiten Orient zerfleischen deine Ruthen;
Uns, Vater, zeigst du sie von fern.

Wie, daß des Undanks Frost die schweren Lippen bindet,
Volk, dem er Heil, wie Flocken, giebt!

>   Ihm dank' es, wann ein Jahr in süßer Ruh verschwindet;
> 40   Ihm dank' es, daß dich *Fried'rich* liebt.[138]

Analog zu Ramler markiert Lessing bereits im ersten Vers seines Gedichts den antiken Prätext. Denn mit dem initialen Fragepronomen „Wem" spielt Lessings Neujahrsgedicht auf Horaz' Ode 1, 12 an (*Quem virum aut heroa*), deren Beginn in Ramlers Übersetzung lautet: „Welchen Helden [*virum*], Halbgott und Gott, o Klio! / Preis't die Leyer oder die helle Flöte?"[139] Darüber hinaus lässt Lessing noch im ersten Vers seiner Ode eine Markierung der begeisterten Sprechhaltung des lyrischen Ich („dieß kühnre Lied") und die Ankündigung seiner panegyrischen Absicht („Lobe") folgen. Die sich in Syntax und dem kurzatmigen Rhythmus spiegelnde Bekräftigung des Enthusiasmus („Hier steh' ich, sinne nach, und glüh' und stampf' und tobe", V. 3)[140] sowie der ausdrückliche Gattungs- und Gegenstandshinweis des lyrischen Ich („meiner Hymnen Held", V. 4) weisen das Gedicht weiterhin bereits in der ersten Strophe als erhabene Ode aus. Zugleich verstärkt die Suche nach dem „Held[en]" in Lessings Ode den Bezug auf Horaz' Prätext, dessen lyrisches Ich ebenfalls nach einem „Mann" (*virum*), „Heros" (*heroa*) oder „Gott" (*deum*) als Gegenstand der Verherrlichung fragt.[141]

In der Folge adaptiert Lessing zudem die Struktur von Horaz' Ode, indem rhetorische Fragen nach Mars, Apoll und Herkules in der zweiten bis vierten Strophe von Lessings Gedicht eine Stilisierung Friedrichs II. zum erfolgreichen Feldherrn und Künstler vorbereiten („Apoll und Mars, in Friedrichen vereinet", V. 17). Einen entsprechenden Katalog von Göttern (Jupiter, Minerva, Bacchus, Diana, Apoll) bietet auch Horaz in der vierten bis sechsten Strophe seiner Ode 1, 12:

>   Wen besing' ich eher als Ihn, der Götter
>   Und der Menschen König [Jupiter, M. B.], den Allgepries'nen?
>   Erd' und Meer regiert er, regiert der Horen
>   Ewigen Wechsel.

---

[138] Lessing, Gotthold Ephraim: Sämtliche Schriften, Bd. 1, hg. von Karl Lachmann und Franz Muncker, 3. Aufl., Stuttgart 1886, S. 146f., hier nach den Varianten des Erstdrucks vom 1. Januar 1754 zitiert; vgl. a. Lessing, Gotthold Ephraim: Werke und Briefe. Bd. 3. 1754–1757, hg. von Conrad Wiedemann, Frankfurt a. M. 2003, S. 11f.

[139] So Hor. carm. 1, 12, 1–3 in der Übersetzung von Ramler (Ramler: Horazens Oden, übersetzt und mit Anmerkungen erläutert [...], S. 25). Zur Horaz-Imitatio der Ode vgl. Lessing: Werke und Briefe. Bd. 3. 1754–1757, S. 879; sowie Claus, Madeleine: Lessing und die Franzosen. Höflichkeit – Laster – Witz, Romanistik 34, Rheinfelden 1983, S. 93f.

[140] Zur entscheidenden Bedeutung des Enthusiasmus in der zeitgenössischen Odentheorie vgl. Krummacher, Hans-Henrik: „Odentheorie und Geschichte der Lyrik im 18. Jahrhundert", in: Krummacher, Hans-Henrik: *Lyra. Studien zur Theorie und Geschichte der Lyrik vom 16. bis zum 19. Jahrhundert*, Berlin u. Boston 2013, S. 77–123, hier S. 93–101.

[141] Vgl. Hor. carm, 1, 12, 1–3.

Nichts erzeugt er Grösseres, als er selbst ist;
Nichts lebt, was ihm gleicht und den zweyten Rang heischt:
Aber seinem höheren Thron am nächsten
Setze sich Pallas [Athene, M. B.].

Kühner Streiter Bacchus, auch dich verschweig' ich
Nicht, noch dich, o Jungfrau [Diana, M. B.], den wilden Thieren
Furchtbar; dich nicht, Delius [Apollo, M. B.], mit unfehlbar
Treffendem Bogen![142]

Als Zentrum der Ode leitet die fünfte Strophe von Lessings *Eintritt des Jahres 1754* zu einer Erinnerung an die irdische Vergänglichkeit über, was im Lob Gottes und in der Aufforderung an das Publikum mündet, Gott für Friedrichs Regierung zu danken. Diese Wendung zählt einerseits zu den Topoi des Formats Neujahrsgedicht,[143] bezieht sich andererseits erneut auf Ode 1, 12:

Vater und Erhalter der Welt, Saturns Sohn!
Dir empfahl das Schickal des grossen Cäsars
Wohlfahrt, dir verlieh er den ersten Zepter:
Gönn' ihm [Augustus, M. B.] den zweyten.

Er beherrsche – wann er die stolzen Parther,
Die Roms Gränzen droheten, im Triumph führt;
Wann er an Eoischer Künste *Seren*
Bändigt und *Inder*, –

Dir an Grösse weichend den weiten Erdkreis.
Den Olymp erschüttre dein Donnerwagen;
Du wirf in die gräuelbefleckten Wälder
Strafende Blitze.[144]

Lessing aktualisiert somit im Rahmen seines Neujahrsgedichts die Konstellation Jupiter/Augustus, wie sie in Horaz' Ode zu beobachten ist, in der gottgewollten

---

[142] Hor. carm. 1, 12, 13–24 (Ramler: Horazens Oden, übersetzt und mit Anmerkungen erläutert [...], S. 25f.).

[143] Vgl. etwa den Beginn der ersten und letzte Strophe von Johann Victor Krauses Gedicht auf Neujahr 1750: „Zurück in die verfloßne Zeit! / Zurück, ihr forschenden Gedancken! / Setzt niemahls der Erkenntlichkeit, / Setzt niemahls der Verehrung Schrancken. / Durchlauft das abgewichne Jahr, / Stellt euch das Gute lebhaft dar, / Das GOtt, und *Friedrich*, uns erzeigten. [...] Das Reich, das *Friedrichs* Witz regiert, / Muß Seegen, Ruh und Wachsthum schauen; / Da wird kein Leid, kein Gram, gespürt; / Da hilft die Weisheit selber bauen. / Der Allmacht unumschränckte Hand / Beschirme ferner jeden Stand [...]" (Krause: Auserlesene Deutsche Gedichte [...], S. 40 bzw. S. 42f.).

[144] Hor. carm. 1, 12, 49–60 (Ramler: Horazens Oden, übersetzt und mit Anmerkungen erläutert [...], S. 27).

Herrschaft Friedrichs II. Die erneute Strukturparallele zu Ode 1,12 markiert so neben gelehrten, teils christianisierten Anspielungen auf griechisch-römische Gottheiten (Mars, Apoll, Herkules, Jupiter) und der prominenten Allusion zu Beginn von Lessings Ode noch einmal den Bezug auf Horaz' Prätext. Wie Ramlers Oden um 1760 zeichnet sich Lessings Ode jedoch durch den Verzicht auf die formale Nachahmung des Vorbilds aus. Auch Lessing nutzt eine gereimte Strophenform.[145]

Nimmt man die Beobachtungen zu Lessings Neujahrsode von 1754 und Ramlers *Ode an die Göttinn der Eintracht* aus dem Jahr 1763 zusammen, so wird deutlich, dass Horaz beiden Autoren mittels gehäufter intertextueller Anleihen als maßgeblicher Referenzautor ihrer panegyrischen Gelegenheitsgedichte dient. Darüber hinaus greifen Lessing und Ramler zu ähnlichen Strategien, um auf ihren jeweiligen Prätext anzuspielen. Mit Blick auf die Chronologie ihrer Aktivitäten als Kasualdichter für die *Vossische Zeitung* erscheint Lessing daher in gewissem Sinne als Ramlers Vorgänger. Sein Neujahrsgedicht von 1754 zeigt, dass es sich bei Ramlers intertextueller Horaz-Imitatio im Rahmen von Gelegenheitspanegyrik um kein Unikum handelt. Vielmehr ist der Korrelation von panegyrischer Gelegenheitsdichtung als solcher und Horaz-Imitatio nachzugehen.

Sie klärt sich vor dem Hintergrund der zeitgenössisch dominierenden Wahrnehmung der Ode als „erhabene[r] Dichtungsart" und einer korrespondierenden Fokussierung der Horaz-Rezeption auf dessen erhabene Lyrik. So ist es nach Hans-Henrik Krummacher

> das Ergebnis einer längeren Deutungs- und Rezeptionsgeschichte, in welcher die von den Kommentatoren zuerst durchaus wahrgenommene Unterschiedlichkeit der Stilhaltungen [in Horaz' Oden, M. B.] unter dem wachsenden Einfluß des einen Musters, Pindars, immer mehr zurücktritt, sodaß in englischen, französischen, deutschen Ausgaben des 18. Jahrhunderts auch Horaz vielfach nur noch als Dichter hohen Stils angesehen wird.[146]

Vor dem Hintergrund der Dreistillehre, wie in sie in der antiken Rhetorik vorgeprägt ist, wird Horaz somit im Verlauf des 18. Jahrhundert im Gattungskontext der Ode zur Autorität des erhabenen Stils (*genus grande*). Seine erotischen Carmina als dichterische Realisierung des niederen Stils (*genus humile*) geraten hingegen aus dem Blickfeld. Kasuallyrik wiederum zählt seit dem 17. Jahrhundert zu den prominenten Anwendungsfeldern einer Normierung durch die Lehre der *genera dicendi*.[147] Vermittelt über die Konvention des *aptum* – der Entsprechung von *res*

---

[145] Vgl. hierzu Kap. 3.2.3 (Metonymische Identifikation [...]).
[146] Krummacher, Hans-Henrik: „Principes Lyricorum. Pindar- und Horazkommentare seit dem Humanismus als Quellen der neuzeitlichen Lyriktheorie", in: Krummacher, Hans-Henrik: *Lyra. Studien zur Theorie und Geschichte der Lyrik vom 16. bis zum 19. Jahrhundert*, Berlin u. Boston 2013, S. 3–76, hier S. 51.
[147] Vgl. Bauer, Barbara: „Aptum, Decorum", in: Weimar, Klaus, Harald Fricke und Jan-

und *verba* – sieht sich die panegyrische Gelegenheitsdichtung noch Mitte des 18. Jahrhunderts auf die Verherrlichung gesellschaftlicher Eliten im *genus grande* verpflichtet.[148] Vor diesem doppeltem Hintergrund – der zeitgenössisch dominierenden Horaz-Wahrnehmung sowie der Kopplung von Panegyrik und erhabener Stillage – erweist sich die Horaz-Imitatio somit *eo ipso* als Möglichkeit, dem „Decorumpostulat des hohen Stils" zu entsprechen.[149] Auf diese Strategie deutet im Falle von Lessing und Ramler auch der freie Umgang mit den horazischen Prätexten, der die formale Nachahmung ihres Vorbilds gänzlich ausblendet. Weniger der Ausweis ihres artistischen Könnens als die *genus*-markierende Signalwirkung ihrer Horaz-Imitatio scheint damit im Mittelpunkt zu stehen.

Dirk Müller (Hrsg.): *Reallexikon der deutschen Literaturwissenschaft*, Bd. 1, 3. Aufl., Berlin u. a. 2007, S. 115–119, hier S. 117: „Die in den deutschen Poetiken seit Martin Opitz spezifizierten Regeln für eine ideale Korrespondenz zwischen Stilhöhe, dichterischer Gattung und dem sozialen Rang der in der Dichtung vorkommenden Personen, Gegenstände und Situationen setzen einen Begriff des Angemessenen und Schicklichen voraus, der an die mittelalterliche Interpretation der horazischen Genus dicendi-Vorschriften nach dem Schema der ‚rota Virgilii' anknüpft [...]. Diese Regeln werden an den Mustergattungen der Kasualpoesie exemplifiziert." Zur Ablehnung der Dreistillehre bei Bodmer und Breitinger sowie der Transformation der Dreistillehre bei Gottsched, beides vor dem Hintergrund ihrer Longin-Rezeption, vgl. wiederum Till, Dietmar: Das doppelte Erhabene. Eine Argumentationsfigur von der Antike bis zum Beginn des 19. Jahrhunderts, Studien zur deutschen Literatur 175, Tübingen 2006, S. 263–309.

[148] Vgl. im Gegenzug die sensationelle Wirkung von Gleims *Grenadierliedern*, die die Konventionen des *aptum* aufbrechen und Friedrich II. in der fiktiven Sprecherrolle eines einfachen Soldaten in Liedform verherrlichen (vgl. Hildebrandt: Die Mobilisierung der Poesie. Literatur und Krieg um 1750, S. 13f. sowie S. 249).

[149] Heldt: Der vollkommene Regent, S. 19, vgl. zudem S. 158–162 zum „Decorum als sozialer Maßstab der Metaphorik". Vgl. aus produktionsästhetischer Perspektive im Ausgang von Lessings Fabeltheorie zudem Gaier, Ulrich: „Formen und Gebrauch neuer Mythologie bei Herder", in: Menges, Karl u. a. (Hrsg.): *Herder Jahrbuch. Studien zum 18. Jahrhundert*, Stuttgart u. Weimar 2000, S. 111–133, hier S. 116: „Der Begriff der Bestandheit" werde im Falle von Lessing zum „Begriff einer literaturspezifischen Kenntnis, eines durch eine literarische Gattung und ihren Diskurs festgelegten und ihren Vollzug bedingenden Zeichenvorrats [...]. Dieser Begriff ließ sich unschwer übertragen auf die griechisch-römische Mythologie", so dass „Ramler in seinen klassizistischen *Oden* (1767) mit den in ihrer Bestandheit festen Bildzeichen wie mit zusammengesetzten Wörtern operieren und ‚Sätze' höherer Art daraus bilden" konnte. Auch wenn Lessings *Abhandlungen über die Fabel* erst 1759 erscheinen, dürfte sich dieses poetische Verfahren bereits auf sein Neujahrsgedicht von 1754 übertragen lassen.

3.2.3 Metonymische Identifikation: Die Prominenz der horazianischen Hochstillyrik in Ramlers Werkausgaben

Ramlers Funktionalisierung der Horaz-Imitatio wandelt sich spätestens seit Ende der 1760er Jahre und ist an die Präsentation seiner panegyrischen Zeitungslyrik als prominenter Teil seines literarischen Schaffens gekoppelt. Zur Wahrnehmung seiner Gelegenheitslyrik als Korpus trägt Ramler bereits in den Jahren 1758 bis 1763 bei, indem er das Repertoire der Strophenformen begrenzt. Sieben seiner zehn Oden aus dem genannten Zeitraum folgen zwei einander ähnlichen Schemata: Neben einem „Vierzeiler aus je einem jambischen Fünf-, einem Vier-, einem Sechs- und einem Dreiheber im Kreuzreim bei weiblich/männlich wechselnden Kadenzen",[150] wie er im Falle der Ode *An die Göttinn der Eintracht* vorliegt, verwendet Ramler einen nahezu identischen Vierzeiler, der im dritten Vers der Strophe allerdings einen jambischen Fünfheber (statt Sechsheber) aufweist. Als Kontinuitätsmomente bieten die Strophenformen von Ramlers panegyrischen Oden um 1760 ein weiteres Erkennungs- und Markenzeichen seiner anonym publizierten Texte. Zusätzlich zu gleichbleibenden Elementen des Buchschmucks[151] unterstreichen sie weiterhin den seriellen Charakter von Ramlers Gelegenheitslyrik während des Siebenjährigen Kriegs.

Ähnliches lässt sich im Falle von Lessings Zeitungs-Oden aus den Jahren 1753 bis 1755 beobachten. Denn Lessing verwendet für seine Neujahrs- und Geburtstagsoden auf Friedrich II. vierzeilige kreuzgereimte Strophen, bei denen sich ein jambischer Sechsheber mit weiblicher Kadenz entweder mit einem jambischen Dreiheber oder einem Vierheber mit jeweils männlicher Kadenz abwechselt (in seiner Neujahrsode von 1754 realisiert Lessing die zweite Variante).[152] Mit Blick auf Ramlers Inszenierung als „deutscher Horaz" scheint wiederum zentral, dass Lessing seinem ohnehin schmalen lyrischen Korpus in späteren Werkausgaben

---

[150] Frank, Horst Joachim: Handbuch der deutschen Strophenformen, 2. Aufl., Tübingen u. Basel 1993, S. 257.

[151] Vgl. hierzu Kap. 1.3.2.

[152] Dass Ramler und Lessing sich mit den „Versuchen, eigene deutsche Odenstrophen zu schaffen", an den Endreim binden, deutet auf die Konventionen einer breitentauglichen panegyrischen Gelegenheitsdichtung hin (Frank: Handbuch der deutschen Strophenformen, S. 257). In seiner *Ode an Herrn C[hristian] G[ottfried] Krause*, die anlässlich der Hochzeit des befreundeten Komponisten, Musikschriftstellers und Juristen im Jahr 1762 entsteht, lehnt Ramler sich hingegen in reimlosen chorjambischen Versen an die asklepiadeischen Strophenformen an (vgl. Ramler, Karl Wilhelm: Ode an Herrn C. G. Krause, Rechtsgelehrten und Advocaten zu Berlin. Berlin, den 3ten Junius, 1762. [...]). Zum privaten Produktions- und Rezeptionskontext des Epithalamiums, die Ramler eine größere formale Freiheit zu erlauben scheinen, vgl. seinen Brief an Johann Wilhelm Ludwig Gleim vom 6. Juni 1762: „Indessen sehen Sie hier noch ein Gedankenspähnchen, liebster Gleim! Ich bin, nebst der halben Clubb [dem Montagsklub, M. B.], auf unsers lieben Krausens hochzeit gewesen, und von dieser hochzeit habe ich Ihnen dieses mitgebracht" (zit. nach DH, S. 885).

keine prominente Stellung einräumt.[153] Ramler hingegen präsentiert seine Hochstillyrik seit Ende der 1760er Jahre im Rahmen von Re-Publikationen als markante Facette seines literarischen Œuvres. Im Frühjahr 1767 eröffnet er eine Reihe von Sammelausgaben seiner Dichtungen mit den *Oden* und lässt 1768 die *Geistlichen Kantaten* sowie 1769 die *Oden aus dem Horaz* folgen.[154] Auf diese Weise löst Ramler seine panegyrischen Gelegenheitsgedichte, die um 1760 vor allem für die *Vossische Zeitung* entstehen, aus ihren ursprünglichen Produktionskontexten, vereint und strukturiert sie als Korpus, lässt dieses unter seinem Namen erscheinen und markiert seine panegyrische Gelegenheitsdichtung als herausgehobenen Bereich des eigenen literarischen Schaffens. Auch in den *Lyrischen Gedichten* (1772), ihrer französischen Übersetzung unter dem Titel *Poesies lyriques* (1776) sowie den postumen *Poëtischen Werken* (1800/1801) setzt Ramler seine Hochstillyrik an den jeweiligen Beginn der Ausgaben.

Im Kontext dieser Re-Publikationen verschiebt sich ebenso die Relevanz der Horaz-Nachahmung. Aus der Möglichkeit, die geforderte erhabene Stilebene seiner panegyrischen Texte zu kennzeichnen, wird in der Zusammenschau der Gedichte ein stilistisches Charakteristikum von Ramlers Lyrik *in toto*.[155] Eine Bekräftigung seiner Apostrophierung als „deutscher Horaz" leistet die Präsentation der horazianischen Hochstillyrik wiederum auf dem Wege der metonymischen Identifikation: Ramlers Fähigkeit, in seinen panegyrischen Gelegenheitsgedichten horazische Versatzstücke einzubauen, soll ihn als Lyriker und Dichterfigur per se auszeichnen.[156] Ramlers Name wird in der Folge zum Inbegriff einer panegyrischen Gelegenheitsdichtung nach Horaz' Vorbild, was die Plausibilität des Titels „deutscher Horaz" verstärken soll.

Als Aufforderung zur metonymischen Identifikation von Werk und Dichterfigur, die der horazianischen Selbststilisierung zuarbeitet, lässt sich neben der Strukturierung von Ramlers Publikationen sowie paratextuellen Elementen (Portraits und Motti) vor allem das Auftaktgedicht sämtlicher autorisierter Gedichtsammlungen deuten.[157] Im Rahmen der Ode *An den König* tritt Ramler in die programmatische Auseinandersetzung mit Horaz' Ode 1, 1 und skizziert als Panegyriker Friedrichs II. seine Überlegenheit gegenüber dem antiken Vorbild.[158] Auch formal

---

[153] Vgl. die kompakte Zusammenstellung des Odenkorpus in Lessing: Sämtliche Schriften, Bd. 1, S. 135–148.
[154] Zur Buchausstattung der drei Ausgaben vgl. Kap. 3.1.2.
[155] Hinweise auf die horazischen Prätexte von Ramlers Oden finden sich bei Pick: „Ueber Karl Wilhelm Ramlers Odentheorie"; sowie Stemplinger, Eduard: Das Fortleben der horazischen Lyrik seit der Renaissance, Leipzig 1906.
[156] Zur metonymischen Gleichsetzung von Œuvre und Autor, dessen Name „werkkonstitutive[] [Funktion]" erhält, vgl. Spoerhase: „Was ist ein Werk?", S. 297–300.
[157] Zu paratextuellen Elementen, die Ramlers Anspruch auf die Rolle des „deutschen Horaz" vor allem im Rahmen der postumen Werkausgabe unterstreichen, vgl. Kap. 5, passim.
[158] Vgl. Kap. 2.1.8.

markiert Ramlers Ode *An den König*, die in stichischen Asklepiadeen steht, die entscheidende Bedeutung der Horaz-Imitatio und -Aemulatio für Ramlers dichterisches Profil. Auf Basis seiner Arbeit an einer metrischen Auswahlübersetzung der *Carmina*, die schließlich 1769 erscheint (vgl. Kap. 3.1.3), fügt Ramler die Nachbildung der antiken lyrischen Versmaße seinen ‚Originaldichtungen' im Verlauf der 1760er Jahre als weitere horazianische Dimension hinzu. Seine Ode *An den König* gewinnt als Auftaktgedicht folglich doppelte Signalwirkung. Sie kündigt nicht allein die thematische Horaz-Imitatio als Konstante von Ramlers Lyrik an, sondern profiliert bereits 1767 die Adaption der antiken lyrischen Versmaße als dichterische Leistung und entscheidende Facette seines lyrischen Korpus.[159]

3.3 Modellierung und Inszenierung mäzenatischer Förderung

Mit den lyrischen Adressen *An den Freiherrn von Gebler*, *An den König Friedrich Wilhelm II.* sowie *An die regierende Herzoginn Dorothea von Curland und Semgallen* publiziert Ramler 1791 drei kürzere, teils panegyrische Gelegenheitsgedichte.[160] Als literarisch-stilisierte Formen der Kommunikation mit drei Vertreterinnen und Vertretern der politischen Eliten in Österreich, Preußen und dem Herzogtum Kurland untermauern sie seinen Anspruch auf den Titel „deutscher Horaz". Im Folgenden sollen die literaturpolitischen Zielsetzungen und Pointen von Ramlers lyrischen Adressen herausgearbeitet werden. Zu diesem Zweck sind zwei Exkurse voranzuschicken, die die pragmatischen Hintergründe der 1791 publizierten Gelegenheitsgedichte klären und den zeitgenössischen Rezipientinnen und Rezipienten bei der Lektüre von Ramlers Texten vor Augen gestanden haben dürften.

Ein erster Exkurs widmet sich Ramlers literaturpolitischer Praxis, Freiexemplare seiner Publikationen an zahlreiche Freundinnen und Freunde beziehungsweise (potenzielle) Gönnerinnen und Gönner zu senden. Deutlich werden soll in diesem Kontext auch, dass eine Reihe erhaltener Dankesschreiben Ramlers Stilisierung zum „deutschen Horaz" bestätigt, was auf die Relevanz seiner Buchgeschenke für die Präsenz und den Erfolg seiner Inszenierung hindeutet. Ein zweiter Exkurs skizziert Ramlers Individualisierung der zu verschenkenden Exemplare durch die handschriftliche Eintragung von Dedikationsgedichten. Mit dem Abdruck ausgewählter lyrischer Adressen, darunter jener drei Gedichte aus dem Jahr 1791, nutzt Ramler schließlich die Druckmedien Almanach und Zeitschrift, um seine Kontakte in höfische Kreise gegenüber einem breiten Publikum zu unterstreichen und sich erneut als „deutscher Horaz" zu präsentieren.

---

[159] Vgl. Ramlers *Alcäische Ode auf die Huldigung des Königes von Preussen Friedrich Wilhelms* als weiteres Beispiel einer Ode im antiken Versmaß (Kap. 4.1.4).
[160] Zur lyrischen Form der Adresse vgl. ebenfalls Kap. 2.1.8.

3.3.1 Buchgeschenke für Freunde und das Werben um Gönner

Im April 1781 verhandelt Ramler mit seinem Leipziger Verleger Philipp Erasmus Reich über die Vertragsmodalitäten der *Fabellese*, einer Anthologie zeitgenössischer deutscher Fabeln, die schließlich 1783 erscheint. Ramlers Schreiben an Reich führt exemplarisch vor Augen, dass Buchgeschenke bereits im Vorfeld seiner Publikationen zum wichtigen Baustein der ökonomischen und literaturpolitischen Kalkulation zählen:

> Weil dieses Werk lustiger, leichter und gemeinnütziger seyn wird, als die lyr. Bluhmenlese, so wird es besonders viele Abnehmerinnen finden: daher ich mir wohl dieses mahl 60 feine Exemplarien auszubitten habe, womit ich sowohl Freundinnen als Freunde beschenken kann, die Gönner (Prinzen und Excellenzen) mit eingeschlossen: Der Preis des Bogens bleibt, nehmlich 6 Rthlr. in Friedrichdor.[161]

Aufgrund ihres Unterhaltungswerts und abgesenkter Rezeptionsanforderungen werde die *Fabellese*, so Ramler, im Vergleich zu den beiden Bänden der *Lyrischen Bluhmenlese* (1774/1778) ein breiteres Publikum ansprechen. Den in Aussicht gestellten ökonomischen Erfolg des Buches koppelt Ramler mit entsprechenden Honorarforderungen, die 60 Freiexemplare auf hochwertigem Papier („feine Exemplarien") einschließen.[162] Ramlers Absicht, die Freiexemplare „sowohl Freundinnen als Freunde[n]" zukommen zu lassen, soll die Legitimität seiner hohen Forderung unterstreichen. Denn eine Lohnsteigerung im eigentlichen Sinne bedeute sie für ihn nicht. Zudem skizziert Ramler zwei Modi der Distribution seiner *Fabellese*: Zum Verkauf über den Buchhandelsweg kommen Buchgeschenke, deren Exklusivität bereits die Beschränkung der Freiexemplare auf 60 Stück und ihre gehobene materielle Ausstattung unterstreichen.

Reaktionen auf Ramlers Versendung der *Fabellese* haben sich im Weimarer Nachlass erhalten. Eleonora von Döring bedankt sich im Februar 1784 für Ramlers „Geschenke", darunter ein Exemplar seiner *Fabellese*, das in ihrem Hause „immer zum Nachtisch, (als ungarischer Wein) gelesen" werde.[163] Döring präsentiert sich somit als Literaturliebhaberin, die Pflege einer ‚privaten' Beziehungen steht im Fokus. Im Gegensatz hierzu dankt Karl August Kütner im Februar 1784 für Ramlers *Fabellese* („das herrliche Geschenk, das Sie mir durch unsern jungen Medem

---

[161] Ramler an Philipp Erasmus Reich am 30. April 1781 (zit. nach Günther, Otto (Hrsg.): „Unbekannte und vergessene Autographen", *Zeitschrift für vergleichende Litteraturgeschichte* N. F. 10 [1896], S. 438–453, hier S. 445). Zu Ramlers Buchhonoraren vgl. Kap. 1.2.1.

[162] Die *Fabellese* erscheint in zwei Ausstattungen: Einer Groß-Oktavausgabe „auf Holländ[ischem] Papier", auf die sich Ramler hier bezieht, und einer Klein-Oktav-Ausgabe auf „ordin[ärem] Schreibp[a]p[ier]" (Eschenburg, Johann Joachim: „Karl Wilhelm Ramlers FABELLESE. Leipzig, bey Weidmanns Erben und Reich. 1783. [...]", *Allgemeine deutsche Bibliothek* 58/1 [1784], S. 5–12, hier S. 5).

[163] Eleonora von Döring an Ramler am 13. Februar 1784 (GSA 75/57, 9^r bzw. 10^r).

gemacht haben") und kündigt die Zusendung der „ersten Stücke" seiner „kurländische[n] Monatsschrift" sowie seiner „kleinen Dichter" an.[164] Ramlers Übereignung von Veröffentlichungen an befreundete Autoren kann damit zum reziproken Akt des Austauschs von Neuerscheinungen und des Werbens um Aufmerksamkeit werden. Eine dritte Variante bietet Ramlers Dedikation eines *Fabellese*-Exemplars an Wilhelmina Christina von Zedlitz, die Ehefrau des preußischen Ministers Abraham von Zedlitz. Ramler wirbt mit dem Buchgeschenk und der lyrischen Adresse um die Anerkennung seiner literarischen Aktivitäten auf Seiten der politisch-administrativen Elite Preußens (s. u.).

Buchgeschenke an potenzielle Förderer zählen jedoch lange vor Ramlers *Fabellese* zu den wichtigen Elementen seiner literaturpolitischen Aktivitäten. Das wohl prominenteste Beispiel ist die Lancierung der französischen Übersetzung seiner Gedichte bei Friedrich II. im Herbst 1776. Ramler nutzt sein Begleitschreiben an den preußischen König unter anderem dazu, die Horaz-Imitatio seiner Hochstillyrik herauszustreichen und in die panegyrisch getönte Konkurrenz mit dem römischen Dichter zu treten: Friedrich überflügele den von Horaz besungenen Augustus, was Ramlers Gelegenheitsgedichten auf Friedrich per se einen Vorrang verschaffe.[165]

Darüber hinaus lässt Ramler einigen Mitgliedern der preußischen Nebenhöfe, also dem Umfeld der Geschwister des Königs und seines Thronfolgers Friedrich Wilhelm (II.), sowie preußischen Militärs bereits seit den 1760er Jahren eigene Publikationen zukommen. Zu Ramlers Adressaten zählt unter anderem Prinz Heinrich, ein Bruder Friedrichs II., an den sich Ramler mit seiner Ode *An die Muse. Berlin, den 18 Jenner, 1764* wendet. Den Anlass markiert – wie im Falle der *Ode an die Göttinn der Eintracht* – allein die Datierung des Gedichts, feiert Prinz Heinrich doch am 18. Januar 1764 seinen 38. Geburtstag. Ramlers Text stellt wiederum Heinrichs militärische Erfolge während des Siebenjährigen Kriegs in den Mittelpunkt und führt damit den thematischen Akzent seiner panegyrischen Oden auf die Geburtstage Friedrichs II. (1759–1763) fort. Auch im Falle von Prinz Heinrich verknüpft Ramler den Anlass ‚Geburtstag' mit dem panegyrischen Lob militärisch-politischer Leistungen.

Seit Januar 1764 ist die *Ode an die Muse* als Einzeldruck im Berliner Buchhandel erhältlich.[166] Ramler sendet im Zuge der Geburtstagsfeierlichkeiten zudem zwei Exemplare an Heinrichs Adjutanten Friedrich Adolph von Kalckreuth.[167]

---

[164] Vgl. Karl August Kütner an Ramler am 15. Februar 1784 (GSA 75/121, 2ʳ–2ᵛ).
[165] Vgl. hierzu Kap. 2.2.5.
[166] Vgl. die Anzeige der *Vossischen Zeitung* vom 24. Januar 1764, also wenige Tage nach dem Anlass, die Ramlers Ode zusammen mit seinem Gedicht auf Christian Felix Weißes Hochzeit aus dem Vorjahr bewirbt: „1) Ode an die Muse. Berlin den 18ten Jenner 1764. 2 Gr[oschen] 2) Ode an Hymen 4to Berlin 763. 2 Gr[oschen]" („[Anzeigen]", *Berlinische privilegirte Zeitung* 10 [24.01.1764], S. 36).
[167] Zu Kalckreuth, der zwischen 1758 und 1766 zu Heinrichs Umfeld gehört, vgl. Vogtherr, Christoph Martin: „Favoriten am Hof des Prinzen Heinrich", in: *Prinz Heinrich von*

Damit verkettet er zwei Momente: Seine Ode als gelegenheitsgebundene Panegyrik in Form eines Genethliakons und den Auftritt als Gratulant, indem er Exemplare seiner Ode als literarisches Geschenk einreicht. Die Verbindung dieser zwei Momente ermöglicht Ramler die direkte Bewerbung als Protégé des Prinzen. In seiner Antwort vom 26. Januar 1764 tritt Kalckreuth als Vermittler zu Prinz Heinrich und dessen Frau Wilhelmine auf:

> Hochedler Insonders hochgeehrtester Herr Professor Ich habe Euerhoched[elgeboren] Verlangen zufolge die durch <...> von <...> mir zu geschickten *exemplare* der Ode Sr. Königl[ichen] Hoheit dem Printzen u[nd] Sr. Königl[ichen] Hoheit der Prinzeß in Euer hoched[elgeboren] Nahmen unterthänigst vorgelegt. Sr. Königl[ichen] Hoheiten habe mir beyderseits gnädigst aufgegeben Euerhoched[elgeboren] dafür Dancke zu sagen.[168]

Prinz Heinrichs Dank findet seinen Ausdruck in einem nicht näher beschriebenen Geschenk („beykommendes") sowie der Einladung zur Audienz. Er wolle Ramler vor seiner „Abreise nach Rheinsberg noch [...] sprechen u[nd] kennen [...] lernen".[169] Wie nachhaltig es Ramler im Frühjahr 1764 gelingt, Heinrichs Aufmerksamkeit zu gewinnen, zeigt wiederum sein Bericht an Gleim:

> Sie können leicht denken, daß bey dieser Audienz von den deutschen Musen gesprochen wurde und daß man mein Gedichtchen für gut aufnahm pp Gestern besuchte eben dieser vortrefflichste Prinz unsern Cadettenhoff in Begleitung seines Neveu des Prinzen Heinrichs. Er sprach mit mir, wie mit allen übrigen, sehr leutselig, und bey meinem Gespräche mit ihm sagte er noch ein Wort von unserer kurz vorhergegangenen Privatunterredung; so daß es laut wurde, was ich doch, (ich Antipode von denen Leuten, die, wie Sie neulich schrieben, nicht ohne Ordensbänder leben können) was ich doch nicht ausgeplaudert hatte. Doch es ist recht gut wenn ich öfter in solche <u>ganz hohe</u> Gesellschaft komme, und wenn es auskommt, daß sie mich wohl aufgenommen haben.[170]

Ramlers Kommentar skizziert den strategischen Einsatz ausgestellter Bescheidenheit. Mit seinem „Gedichtchen" und im Rahmen des ersten Gesprächs mit Prinz Heinrich habe er sich vor allem für die Anerkennung der deutschen Literatur als solcher einsetzen wollen. Persönliche Interessen blendet er gegenüber Gleim aus. Publik geworden sei die Audienz darüber hinaus erst im Rahmen eines zweiten Zusammentreffens mit dem Prinzen an Ramlers Dienstort. Sein Werben um die Aufmerksamkeit des Prinzen und die vorläufige Diskretion generieren somit eine

---

Preussen. Ein Europäer in Rheinsberg, München 2002, S. 495f.; sowie Ziebura, Eva: Prinz Heinrich von Preußen, Berlin 1999, S. 114 u. S. 186f.
[168] Friedrich Adolph von Kalckreuth an Ramler am 26. Januar 1764 (GSA 75/100, 1ʳ).
[169] Ebd.
[170] Ramler an Johann Wilhelm Ludwig Gleim am 8. Februar 1764 (zit. nach DH, S. 879 [Unterstreichung im Original]).

doppelte Anerkennung: Zur Ehrung durch das Interesse des Prinzen kommt die Wertschätzung von Ramlers (ausgestellter) Bescheidenheit.

Mit Herzog Ferdinand von Braunschweig-Lüneburg und Johann Jobst von Buddenbrock adressiert Ramler in den 1760er Jahren darüber hinaus zwei hochrangige Militärs. In beiden Fällen beziehen sich seine Gelegenheitsoden und Buchgeschenke nicht auf konkrete private Anlässe (etwa Geburtstage), was sie von jenen Gedichten auf Mitglieder der königlichen Familie abhebt. Ramler sendet Ferdinand, der während des Siebenjährigen Kriegs als Generalfeldmarschall und Vertrauter Friedrichs II. zu den Schlüsselfiguren auf preußischer Seite zählt,[171] im Frühjahr 1765 vermutlich seine Ode *Glaukus Wahrsagung. Als die Französische Flotte aus dem Hafen von Brest nach Amerika segelte* (1765). Sie verherrlicht Ferdinands militärische Leistungen.[172] Im Gegenzug erhält Ramler eine nicht näher beschriebene „Kleinigkeit",[173] bei der es sich um „eine schwere goldene Dose" gehandelt haben dürfte.[174] Auch wenn er Ferdinand von Braunschweig-Lüneburg einige Jahre später als „meinen alten Gönner" bezeichnet,[175] handelt es sich bei dieser Aufmerksamkeit wie im Falle von Prinz Heinrich um einen sporadischen Achtungserfolg.

Nachweislich für Ramlers materielle Interessen setzt sich während der Regierungszeit Friedrichs II. hingegen Johann Jobst von Buddenbrock (1707–1781) ein. Seit 1732 zählt er zu Friedrichs militärischem und geselligem Umfeld, zunächst in Ruppin und Rheinsberg. Ab 1759 leitet er das Berliner Kadettenkorps.[176] Die Verbindung zwischen Ramler und seinem Vorgesetzten Buddenbrock ergibt sich also zunächst auf dem Dienstweg. Bereits während des Siebenjährigen Kriegs – Buddenbrock hält sich in der Festung Magdeburg auf – scheint ihm Ramler ein

---

[171] Vgl. Mediger, Walther: „Ferdinand, Herzog von Braunschweig-Lüneburg", in: *Neue Deutsche Biographie*, Bd. 5, 1961, S. 87f.; vgl. ausführlich Mediger, Walther und Thomas Klingebiel: Herzog Ferdinand von Braunschweig-Lüneburg und die alliierte Armee im Siebenjährigen Krieg (1757–1762), Quellen und Darstellungen zur Geschichte Niedersachsens 129, Hannover 2011.

[172] Vgl. zudem Strophe 3 und 4 in Ramlers *Ode an die Muse*, die bereits den militärischen Ruhm und die Nähe Herzog Ferdinands zu Friedrich II. hervorhebt: „Singst du den *ersten König* in die Saite, / Die Patareus [Apoll, M. B.] dir aufgespannt, / Ihn? oder *Seinen Bruder*? oder wählst du heute / *Den Gwelfen Ferdiand*? // In königlicher Weisheit unterwiesen, / Zu Kriegestugenden erhitzt, / Sind Beide hoher Hymnen werth. – Bald singe Diesen, / O Muse, Jenen itzt" (Ramler, Karl Wilhelm: Ode an die Muse. Berlin, den 18 Jenner, 1764, [unpaginiert]).

[173] Ferdinand von Braunschweig-Lüneburg an Ramler am 30. März 1765 (ABBAW: NL Ramler, Nr. 9, 1ʳ).

[174] Ramler an Johann Gottlieb Ramler am 11. Dezember 1776 (ABBAW: NL Ramler, Nr. 19, 1ᵛ).

[175] Ebd.

[176] Vgl. Poten, Bernhard von: „Buddenbrock, Johann Jobst Heinrich Wilhelm Freiherr von", in: Historische Commisssion bei der königl. Akademie der Wissenschaften (Hrsg.): *Allgemeine Deutsche Biographie*, Bd. 47, Leipzg 1903, S. 335–337.

Epithalamium zukommen zu lassen. Darauf deutet, dass Ramlers Korrespondent Wiesinger ihm mitteilt, „Herr General, die Frau Generalinn und der Herr von Buddenbrock" ließen grüßen, um einen Dank für Exemplare von Ramlers *Ode an Herrn C. G. Krause* anzuschließen:

> Für das letzte schöne Gedicht auf das Hochzeitfest des Herrn Advocat Krause, danke ich Ihnen noch mals auf das verbindlichste. Die Exemplare sind nach ihrer Bestimmung vertheilt worden, und das Gedicht hat allenthalben eine solche Aufnahme gehabt, wie es solches verdient. Wer den Horaz für eine Zierde seines Volks hält, wird nie einen Ramler lesen, ohne einigen Nationalstolz. Laßen Sie ja Ihre Muse nicht lange feyern; Ihre Leser würden zuviel dabey verlieren.[177]

Wiesinger verbindet sein literarisch-patriotisches Lob für die eingesandte Ode folglich mit der Bestätigung von Ramlers Stilisierung als „deutscher Horaz". Ein ähnlicher Tenor prägt Buddenbrocks Brief vom 30. Juli 1765, in dem er Ramler kurz nach Kriegsende die Erhöhung seiner Besoldung mitteilt:

> Ihre May[estät] der König, laßen so viel möglich, alle berühmte *Professores* von ausländischen *Unversitaeten* nach den unserigen beruffen, und machen Ihnen alle mögliche *avantagen*, um Sie ins Land zu ziehen. Dieses weiß ich aus des Königes Munde selber [...]; unterdeßen, was ich Ihnen versichern kann, ist dieses, daß ein Mann, der wie ein *Horace* des Königes große Thaten besungen, nicht ohne Belohnung bleiben wird. Der König haben noch 3. Neue *Professores* beym *Cadetten-Corps* angesetzt, Bey dieser Gelegenheit ist Ihr Gehalt, von 180, zu 300rth. Jährlich vermehret worden und gehet diese Verbeßerung vom 1st[en] augusti an, worauf Sie vors künftige staat nachen [machen, d. h. sich verlassen, M. B.] können.[178]

Buddenbrock knüpft Ramlers Anspruch auf die angekündigte Lohnerhöhung an dessen literarische Leistungen während des Siebenjährigen Kriegs. Als panegyrischer Gelegenheitsdichter habe Ramler „des Königes große Thaten besungen" und sich als deutscher „*Horace*" erwiesen. Damit aktualisiert Buddenbrock die zweistellige Patronage-Konstellation Horaz/Augustus.[179] Friedrich II., so suggerieren seine Ausführungen, verstehe Ramlers Gehaltserhöhung als Anerkennung seines dichterischen Einsatzes in den vergangenen Jahren. Auch Buddenbrocks Dank für ein Exemplar von Ramlers *Oden*, das dieser Buddenbrock im Frühjahr 1767 zukommen lässt, zeigt, wie vertraut ihm die Stilisierung als „deutscher Horaz" ist: „Bey jeder Lesung dieser Oden findet man ein neües Vergnügen, und einen Beweiß, daß die Spree, so wohl wie die *Tiber*, *Horatz*sches Feüer und Begeisterung geben kan."[180] Die Spiegelung und Bestätigung von Ramlers Stilisierung als

---

[177] F. Wiesinger an Ramler am 12. Juli 1762 (GSA 75/233, 1ᵛ–2ʳ).
[178] Johann Jobst Heinrich Wilhelm von Buddenbrock an Ramler am 30. Juli 1763 (GSA 75/45, 1ʳ). Vgl. hierzu Kap. 1.2.1.
[179] Vgl. hierzu bereits Kap. 2.1.8.
[180] Johann Jobst Heinrich Wilhelm von Buddenbrock an Ramler am 17. Mai 1767 (GSA

„deutscher Horaz" erscheint damit als adäquate Reaktion und Anerkennung seiner literarischen Bestrebungen. In Buddenbrocks Dank wiederholt sich das Muster von Wiesingers Kompliment aus dem Jahr 1762.

Zu Kronprinz Friedrich Wilhelm (II.) pflegt Ramler bereits vor dessen Regierungsantritt im Spätsommer 1786 regelmäßigen Kontakt: „[A]ls junger Prinz" sucht jener „mit seinem Gouverneur den Dichter mehrere Male" auf.[181] Hinzu kommen Buchgeschenke und Gelegenheitsgedichte. So sendet Ramler Friedrich Wilhelm im März 1765, vermutlich parallel zu Ferdinand von Braunschweig-Lüneburg, *Glaukus Wahrsagung*.[182] Anlässlich von Friedrich Wilhelms Hochzeiten mit Elisabeth Christine Ulrike von Braunschweig-Wolfenbüttel (1765) und Friederike Luise von Hessen-Darmstadt (1769) entstehen die Dialoge *Ptolomäus und Berenice. Berlin, den 15ten des Julius 1765*[183] sowie das *Lied des Daphnis und der Daphne*.[184] Mit dem reimgebundenen Dialog und der Stilisierung zum hellenistischen Prinzen- beziehungsweise Schäferpaar erweitert Ramler zudem das formale Repertoire seiner panegyrischen Kasuallyrik. Die Ode *Auf den Tod des preußischen Prinzen Friedrich Heinrich Karls 1767* (erschienen 1770) bedient wiederum den gelegenheitsgebundenen Typus des Epicediums. Über Samuel von

---

75/45, 2ʳ).
[181] Goeckingk: „Ramlers Leben", S. 316.
[182] Vgl. Friedrich Wilhelms Antwort vom 17. März 1765, in der der Kronprinz für Ramlers Schreiben vom 13. März und seine nicht näher bezeichnete „Ode" dankt. Er „wollte wünschen im Stande zu seyn alle Schönheiten so daran zu empfinden als solche es verdienen". Dass auch sein „Bruder" Ramler „seine *Complimente*" mache und „sehr empfindlich" sei „für die Höflichkeit welche Sie gegen Ihm gehabt", verweist auf weitere Kontakte in Friedrich Wilhelms Umfeld (GSA 75/171, 1ʳ).
[183] Vgl. a. die Werbung für *Ptolomäus und Berenice* im Anzeigenteil der *Vossischen Zeitung* vom 16. Juli 1765 („[Anzeigen]", *Berlinische privilegirte Zeitung* 85 [16.07.1765], S. 371). Vertont worden ist das Gedicht von Gottlob Wilhelm Burmann (Ptolomaeus und Berenice mit Melodien fürs Clavier, Berlin 1765). Dessen Kontakt zu Ramler bezeugt wiederum ein Brief vom 30. Januar 1767, in dem ihm Burmann nicht näher gekennzeichnete „Tändeleyen" zukommen lässt (GSA 75/46, 1ʳ).
[184] Vgl. den Abdruck unter Pseudonym in der Rubrik „Gelehrte Sachen" der *Vossischen Zeitung* vom 15. Juli 1769 (Ramler, Karl Wilhelm: „Das Fest des Daphnis und der Daphne, ein Wettgesang. Am Tage der Vermählung des Prinzen Friederich Wilhelms von Preussen, und der Prinzeßin Friderike Louise von Hessendarmstadt, gesungen von E. D. v. N. g. v. W.", *Berlinische privilegirte Zeitung* 84 [15.07.1769], S. 417). Zum repräsentativen Kontext vgl. Schönpflug, Daniel: „Hymenaeus und Fama: Dynastische und stadtbürgerliche Repräsentation in den Hohenzollernhochzeiten des 18. Jahrhunderts", in: Biskup, Thomas und Marc Schalenberg (Hrsg.): *Selling Berlin. Imagebildung und Stadtmarketing von der preußischen Residenz bis zur Bundeshauptstadt*, Beiträge zur Stadtgeschichte und Urbanisierungsforschung 6, Stuttgart 2008, S. 45–57; sowie Schönpflug, Daniel: Die Heiraten der Hohenzollern. Verwandtschaft, Politik und Ritual in Europa. 1640–1918, Kritische Studien zur Geschichtswissenschaft 207, Göttingen 2013, S. 212–227.

Boulet, einen Offizier im Potsdamer Regiment des Kronprinzen, lässt Ramler das Gedicht dem Kronprinzen zukommen und erhält Anfang Juni 1770 Antwort von Boulet:

> Ew. Wohlg[e]b[oren] sehr geehrtes Schreiben nebst hoher Einlage, ist mir richtig zugestellt worden. Ich habe schuldigermaßen letztere dem Printzen zukommen laßen. Sr: Königl[iche] Hoheit hatten von der Ode auf den Tod Höchstderoselben Herrn Bruders seit längstens schon gehöret, allein, wegen Erinnerung des schmertzlichen Verlustes, solche nicht zu sehen verlangt. Nun aber, da Ew: Wohlgeb[oren] sie Sr: Königl[ichen] Hoheit zugeschicket, haben Höchstdieselbe solche, nebst den andern *Piecen*, mit vielem Vergnügen durchgelesen, und Höchstderoselbe Zufriedenheit darüber geäußert.[185]

Ramler macht Friedrich Wilhelm zudem wiederholt auf seine literaturpatriotischen Anthologie-Projekte aufmerksam. Ende 1774 schickt er den ersten Band seiner *Lyrischen Bluhmenlese*.[186] Im Mai 1780 folgen der zweite Teil der *Lyrischen Bluhmenlese* (1778) und *Christian Wernikens Überschriften* (1780).[187]

Darüber hinaus wendet sich Ramler bereits im Sommer 1783, also noch während der Regierungszeit Friedrichs II., mit einer Ode an Christian Friedrich Gottlieb Behnisch, den Erzieher des knapp 13-jährigen Friedrich Wilhelm (III.), und erhält folgende Antwort:

> Dieses Ihr erneuertes Andenken hat meinem Prinzen so wie mir keine geringe Freude gemacht; mein fürstl[icher] Zögling empfiehlt sich Ihnen und hat Ihre schöne Ode so lange gelesen, bis ich nach meiner Zurükkunft Muße gewinne, ihm

---

[185] Samuel von Boulet an Ramler am 2. Juni 1770 (ABBAW: NL Ramler, Nr. 6, 1ʳ). Zu Boulet vgl. Düntzer (Hrsg.): Goethes Tagebücher, S. 124. Ramlers Kontakt zu Boulet dürfte über Karl Ludwig Knebel vermittelt sein, der gemeinsam mit Boulet von 1765 bis 1773 im Regiment des Kronprinzen dient (vgl. ebd.).

[186] Vgl. Samuel von Boulet an Ramler am 15. Dezember 1774: „Ew: Wohlgeb[oren] geehrtes und mir sehr angenehmes Schreiben, nebst der *lyrische* [sic] *Bluhmenlese*, für den Printzen von Preußen, und für mich, habe wohl erhalten. Ersteres habe deßelben Tages gehörigen Orts selbst abgegeben. Sr: Königl[iche] Hoheit haben solche mit vielem Vergnügen angenommen, und jetzt lesen Höchstdieselben diese schöne Samlung – poetischer – Bluhmen" (GSA 75/35, 1ʳ).

[187] Vgl. Friedrich Wilhelm (II.) von Preußen an Ramler am 28. Mai 1780 (ABBAW: NL Ramler, Nr. 11, 1ʳ). Ein von Bogdan Krieger initiiertes Inventar, das die 1928 existierenden Bestände aus Friedrich Wilhelms II. Bibliotheken verzeichnet, listet neben Ramlers *Poesies lyriques* (1776) zudem die *Ode auf die Wiederkunft des Königes* (1763) sowie die *Fabellese* von 1783 (vgl. SPSG, Plankammer, Inventar Nr. 779, FW II. 727–729; zum Inventar vgl. Dorst, Klaus und Hannelore Röhm: „Der ‚Catalogus der Bücher im Königlichen neuen Garten bei Potsdam'", in: *Die Gotische Bibliothek Friedrich Wilhelms II. im Neuen Garten zu Potsdam*, Stiftung Preußische Schlösser und Gärten Berlin-Brandenburg 1998, S. 103–140, hier S. 103).

das Erhabne davon selbst eindrüklich zu machen. Da es ihm weder an Verstand noch an Empfindung fehlt, so hoffe ich, daß Ihr Endzwek beym ersten Lesen schon guten theils erreicht worden ist.[188]

Behnisch unterstreicht nicht allein das Interesse des Prinzen an Ramlers Text, sondern auch seinen gezielten Einsatz als Element literarischer Bildung. Friedrich Wilhelm verfüge bereits über das notwendige Sensorium und Behnisch werde ihm Ramlers gekonnten Einsatz des pathetischen Stils umgehend erläutern.[189]

Insgesamt dokumentieren die erhaltenen Reaktionen die Breite jenes adligen Adressatenkreises, um dessen Aufmerksamkeit Ramlers literarische Einsendungen werben. Einige der Antwortschreiben belegen zudem, dass Referenzen auf Ramlers horazianische Selbststilisierung als Signal der Anerkennung seiner literarischen Leistungen dienen und von Ramlers Korrespondenzpartnern genutzt werden, um die (suggerierte) Förderung von königlicher Seite zu modellieren.[190] Dass es sich bei Ramlers Selbstinszenierung als „deutscher Horaz" im Rahmen seiner Buchgeschenke und Dedikationsgedichte jedoch keineswegs um ein statisches Modell handelt, sondern dieses einem ganzen Spektrum (potenzieller) Patronagekonstellationen angepasst werden kann, soll in Kap. 3.3.3 deutlich werden.

3.3.2 Zwei Dedikationsgedichte an Wilhelmina Christina Elisabeth von Zedlitz und Luise Ebert

Zu den wichtigen Komponenten von Ramlers Buchgeschenken, die das jeweilige (literaturpolitische) Anliegen unterstützen können, zählt neben einem Begleitschreiben die vorangehende „Singularisierungsarbeit"[191] in Form von

---

[188] Christian Friedrich Gottlieb Behnisch an Ramler am 15. Juni 1783 (GSA 75/21, 1ʳ). Zum Kontext des Briefes, den Behnisch Ramler während einer Reise nach Karlsbad zukommen lässt, vgl. Rimpau, Wilhelm: „Behnisch, der erste Erzieher des nachmaligen Königs Friedrich Wilhelm III.", *Hohenzollern-Jahrbuch* 5 (1901), S. 220–251, hier S. 239.

[189] Stamm-Kuhlmann erwähnt zudem, Ramler habe in späteren Jahren Friedrich Wilhelm (III.) in den schönen Wissenschaften unterrichtet, sein Amtskollege am Berliner Nationaltheater, Johann Jakob Engel, den Kronprinzen 1791 wiederum in die Philosophie eingeführt (vgl. Stamm-Kuhlmann, Thomas: König in Preußens großer Zeit. Friedrich Wilhelm III. der Melancholiker auf dem Thron, Berlin 1992, S. 44–47).

[190] Zur Präsenz der Antonomasie im Austausch mit Karl Gottlieb Guichard und Friedrich II. vgl. Kap. 2.2.

[191] Spoerhase, Carlos: Das Format der Literatur. Praktiken materieller Textualität zwischen 1740 und 1830, Göttingen 2018, S. 442. Zum Buchgeschenk vgl. zudem Höppner, Stefan: „Resonanzen. Buchgeschenke in Goethes Bibliothek", in: Höppner, Stefan u. a. (Hrsg.): *Autorschaft und Bibliothek. Sammlungsstrategien und Schreibverfahren*, Göttingen 2018, S. 241–265.

handschriftlich eingetragenen Übereignungen und „dedizierenden Gelegenheitsgedichten".[192] Ihren Anlass (‚Gelegenheit') erzeugt Ramler mit der Absicht, ein Buchexemplar zu verschenken und dieses zuvor einer adressatenorientierten Unikalisierung zu unterziehen. Ramlers Kombination von Übereignung und Dedikationsgedicht an Wilhelmina Christina von Zedlitz stammt aus einem Exemplar seiner *Fabellese* von 1783 (vgl. Abb. 26).[193]

Der Schmutztitel des Exemplars ist von Ramler zweiseitig beschriftet worden. Recto adressiert er Wilhelmina Christina Elisabeth von Zedlitz mit einer Widmung als Ehefrau des preußischen Ministers Abraham von Zedlitz: „*Der Frau Staatsministerinn Freyherrinn von Zedlitz Excellenz von Deroselben unterthänigstem Diener, dem Herausgeber.*"[194] Verso findet sich ein Gedicht, in dem Wilhelmina Christina von Zedlitz in Blankversen als Empfängerin der *Fabellese* angesprochen wird. Dass das Ehepaar Zedlitz unter die Gruppe von Ramlers Gönnern („Prinzen und Excellenzen") zu rechnen ist, auf die sich Ramler bereits in seinen Verhandlungen mit Philipp Erasmus Reich bezieht, markieren über den Titel der Widmung hinaus („Excellenz") ihr devoter und formelhafter Stil, der zentrierte ‚Satz' sowie die großzügige Verteilung des Widmungstextes auf der Vorderseite des Blattes. Auch was die Schriftgröße angeht, scheint Ramler die Typographie gedruckter Widmungen an adlige Förderer nachzuahmen. Der Gebrauch lateinischer Buchstaben ist als handschriftliches Äquivalent der Antiqua zu werten und unterstreicht das klassizistische Gepräge von Ramlers Dedikation. In Korrespondenz hierzu kombiniert er in seiner lyrischen Anrede an Wilhelmina Christina von Zedlitz ihre Stilisierung zur ‚erhabenen' Adressatin „Celsa" mit einem vertraulichen Ton:

---

[192] Stört, Diana: „Form- und Funktionswandel der Widmung. Zur historischen Entwicklung und Typologisierung eines Paratextes", in: Kaukoreit, Volker, Marcel Atze und Michael Hansel (Hrsg.): „*Aus meiner Hand dies Buch ...*" *Zum Phänomen der Widmung [...]*, Sichtungen 8/9, Wien 2006, S. 79–112, hier S. 92. Ein gedrucktes Dedikationsgedicht findet sich allein in Ramlers *Geistlichen Kantaten* (1760/²1768), denen eine *Ode an der* [sic] *Prinzessinn Amalia Aebtissinn zu Quedlinburg Königliche Hoheit. Bey Ueberreichung der Kantate vom Tode Jesu, welche nach Ihrem eigenhändigen Entwurfe verfertiget ward, um von Ihr selbst in Musik gesetzt zu werden*, vorangestellt ist.

[193] Es handelt sich um ein Einzelblatt im Bestand der BSB (E. Petzetiana V. Ramler, Karl Wilhelm), das erst zu einem späteren Zeitpunkt aus dem Widmungsexemplar herausgetrennt worden sein dürfte. An den Rändern finden sich (außer an der linken Seitenkante) rote Farbspuren, die auf einen Farbschnitt des von Ramler dedizierten Exemplars deuten. Dass es sich um ein Blatt aus einem Exemplar der *Fabellese* von 1783 handelt, legt das Format nahe (ca. 18,5 x 10,3 cm). Die Höhe entspricht der des ‚vollständigen' Exemplars in der SB Berlin, Sign. 50MA43933 (ca. 18,5 x 11 cm). Die geringere Breite des Münchener Blattes mit Ramlers Dedikation dürfte dem späteren Heraustrennen aus dem Buchblock geschuldet sein. Vermutlich handelt es sich um den Schmutztitel. Denn abgesehen vom Vorsatzblatt aus wesentlich stärkerem Papier, das im Falle des Berliner Exemplars zudem auf einer Seite rötlich getönt ist, handelt es bei diesem um die einzige beidseitig unbedruckte Seite der *Fabellese*.

[194] BSB, E. Petzetiana V. Ramler, Karl Wilhelm, recto (vgl. Abb. 26).

Wenn Dein Gemahl, o Celsa, tiefer Weisheit,
Der Kenntniss aller Sphären, der Erforschung
Des unermesslichen Naturgebiethes
Die Stunden weihet, die von Staatsgeschäften
Ihm übrig sind, so prüfe Du die Schöpfung
Des herrlichsten Geschöpfes, Phantasien
Des Menschen, der, Beherrscher des Naturreichs,
Die Thier' und Pflanzen, ja die Steine selber
Mit neuen Zungen reden heisset. Nimm jetzt
aus funfzig Dichtern unsers Vaterlandes
Gewählte Fabeln, wähle Dir die schönsten,
Mit dieser Auswahl geh zu Deinem Celsus,
Und mach' Ihm wieder Lust zum Spiel der Dichter[.][195]

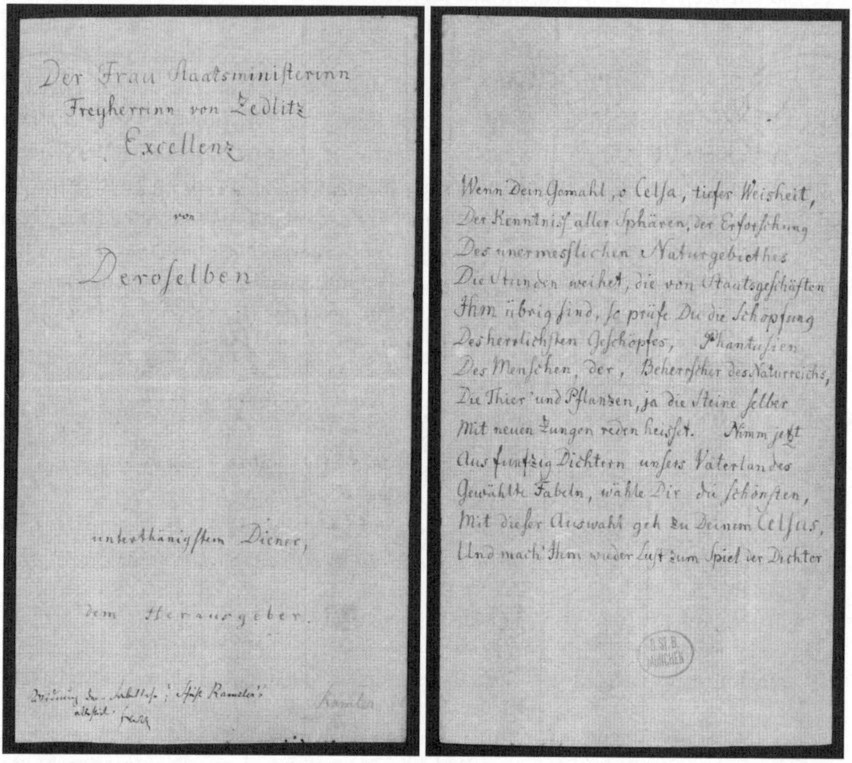

Abbildung 26: Ramlers autographe Widmung und sein Dedikationsgedicht zur *Fabellese* (1783) an Wilhelmina Christina Elisabeth von Zedlitz (r/v)

[195] BSB, E. Petzetiana V. Ramler, Karl Wilhelm, verso (vgl. Abb. 26). Auf die Kursivierung des Gedichts, das durchgehend in lateinischer Schrift steht, wird hier verzichtet.

Ramlers Dedikationsgedicht modelliert die Aufnahme seiner *Fabellese* durch das Ehepaar Zedlitz. Während Abraham von Zedlitz seine Nebenstunden naturwissenschaftlichen Studien widme, möge Wilhelmina in Ramlers Anthologie lesen und ihrerseits eine „Auswahl" der gelungensten Fabeln erstellen. Entscheidend wird ihr literarisches Urteil, das Ramler mit Zedlitz' wissenschaftlicher Arbeit parallelisiert. Wilhelmina Christina von Zedlitz solle ihre literaturkritische Kompetenz zudem nutzen, um den Ehemann mit Ramlers *Fabellese* vertraut zu machen und bei ihm für schöne Literatur (das „Spiel der Dichter") zu werben.

Darüber hinaus deutet Ramler die patriotische Grundierung seiner Ausgabe an („funfzig Dichter[] unsers Vaterlandes"). Auf diese Weise verschaltet er sein Dedikationsgedicht mit dem programmatischen *Schreiben des Herausgebers an einen Französischen Gelehrten*, das der *Fabellese* als Vorwort vorangestellt ist:

> Und nun, mein Herr, bewundern Sie unsern Reichthum auch in dieser Gattung und nehmen Ihr Urtheil zurück. Aus funfzig [sic] Poeten finden Sie hier Stücke, die, wie ich hoffe, alle nach Ihrem Geschmack seyn werden. Sie lieben die Mannichfaltigkeit, und diese finden Sie hier gewiss [...] Auf den übersandten Epigrammatisten Wernike [die Anthologie *Christian Wernikens Überschriften* von 1780, M. B.], den ich vorzüglich für Sie unter die Feile genommen hatte, haben sie mir noch nicht geantwortet, und ich weiss doch, dass Sie ihn erhalten haben. Ich nehme es Ihnen aber nicht im geringsten übel. Ich hatte Ihnen in drey Jahren nicht geschrieben, und verdiente also wohl einige Strafe, und verdiene sie auch von vielen meiner besten Landesleute, die ich herzlich liebe und verehre, aber nicht Zeit habe, es ihnen schriftlich zu sagen.[196]

Ramlers Widmung, sein Dedikationsgedicht und das *Schreiben* sind nicht allein thematisch miteinander verbunden. Auch mit ihrer typographischen Gestaltung und der Textsortenwahl sorgt Ramler für Affinitäten. Die Gestaltung seiner handschriftlichen Eintragungen lehnt sich an Konventionen des Buchdrucks an. Sein „gedruckte[r] Brief" *an einen Französischen Gelehrten* imitiert wiederum das Format des (handschriftlichen) Begleitschreibens und suggeriert die Übersendung der Fabellese an das französische Publikum als Geste literaturpolitischen Selbstbewusstseins.[197] Dass Ramler mit dieser Botschaft de facto vor allem eine deutschsprachige Leserschaft anspricht, zeigt die Wahl der deutschen (und nicht der französischen) Sprache für seine Vorrede.

Diese Beobachtungen bestätigen sich mit Blick auf eine zweite überlieferte handschriftliche Dedikation. Eingetragen ist sie in ein Exemplar des ersten Bandes der *Kurzgefaßten Mythologie*, die 1790 erscheint (vgl. Abb. 27). Adressatin des Gedichts ist mit Luise Ebert die inzwischen verwitwete Ehefrau von Ramlers lang-

---

[196] Ramler, Karl Wilhelm: Fabellese, Leipzig 1783, S. V sowie S. IXf.
[197] Ebd., S. X.

jährigem Korrespondenten Johann Arnold Ebert.[198] Ramler wendet sich folglich an eine Bürgerliche, die ihm darüber hinaus aus privaten Kontexten bekannt ist.

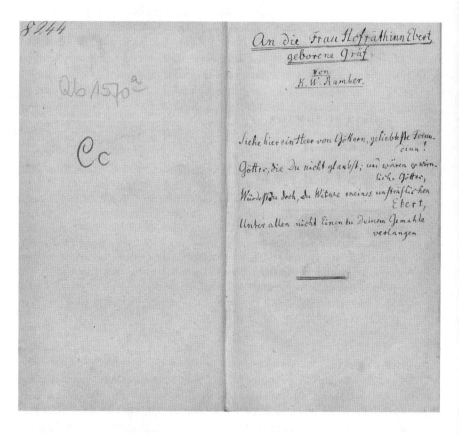

Abbildung 27: Ramlers autographes Dedikationsgedicht an Luise Ebert in Band 1 der *Kurzgefaßten Mythologie* von 1790

---

[198] Die Widmung findet sich auf dem Schmutztitel eines Exemplars von Band 1 der *Kurzgefaßten Mythologie* (1791) im Besitz der SB Berlin, Sign. Qb 1570a. Zu datieren ist die Widmung einige Jahre nach dem Erscheinen von Ramlers *Mythologie*, denn Ebert stirbt im März 1795. Bereits im Sommer 1791 scheint Ramler ein Exemplar an Adam Friedrich Oeser gesandt zu haben, den Direktor der Leipziger Zeichenakademie. Damit lanciert Ramler sein Handbuch im professionellen Kontext. Oeser bedankt am 11. Juni 1791 brieflich bei Ramler: „Sie haben durch dieses schöne Werk, der Kunst, und dem Künstler eine Wohlthat erwiesen, für welche Sie noch die Nachwelt preisen wird" (GSA 75/160, 1ʳ).

Diese sozialen Differenzen spiegeln sich deutlich in der Anlage der lyrischen Adresse: Ramler verzichtet auf eine Zweiteilung von Widmung und Dedikationsgedicht. Stattdessen wählt er die kombinierte Form der lyrischen Adresse (*An die Frau Hofräthinn Ebert, geborene Gräf, von K. W. Ramler*),[199] womit die Nennung der ‚Widmungsträgerin' im Titel des Gedichts aufgeht. Darüber hinaus markiert Ramler mit seiner Nennung als Autor der lyrischen Adresse („*von K. W. Ramler*") die partielle Herauslösung des Textes aus sozialen Konventionen. In seiner Widmung an Wilhelmina Christina von Zedlitz tritt er hingegen zunächst als „*unterthänigste[r] Diener*" auf.

Weiterhin nutzt Ramler Vorder- und Rückseite des Schmutztitels nicht separat, sondern platziert seine lyrische Adresse lediglich in der oberen Hälfte der Vorderseite (recto). Mit vier Versen ist sie zudem merklich kürzer als die Adresse an Wilhelmina Christina von Zedlitz mit ihren 13 Versen. Auffällig sind – wiederum analog zur Widmung an Frau von Zedlitz – Unterstreichungen des Gedichttitels und ein zentrierter Doppelstrich, der den Abschluss des Vierzeilers an Luise Ebert markiert. Ramler ahmt offenbar auch hier typographische Elemente nach. Zudem imitiert er ein Brechen der Verse in Abhängigkeit vom Buchformat und setzt die Versschlüsse stets eingerückt in die folgende Zeile:

> Siehe hier ein Heer von Göttern, geliebteste Freundinn!
> Götter, die Du nicht glaubst; und wären es wirkliche Götter,
> Würdest Du doch, Du Witwe meines unsträflichen Ebert,
> Unter allen nicht Einen zu Deinem Gemahle verlangen.[200]

Bereits die Form der lyrischen Adresse spiegelt das Sujet des dedizierten Werkes. Ramlers Hexameter, dessen Daktylen nicht allein im sechsten Versfuß mitunter durch Trochäen ersetzt werden, korrespondiert als heroisches Versmaß mit den erhabenen Gegenständen der antiken Mythologie. Darüber hinaus leistet das Gedicht viererlei: Ramler markiert den fiktionalen Status des antiken Pantheons, an das man keineswegs mehr ‚glauben' könne, betont seine affektive Bindung an das Ehepaar Ebert, stellt die moralische Integrität des „unsträflichen" Verstorbenen heraus, die ihn den Göttern ebenbürtig mache, und betont die eheliche Treue von Luise Ebert. Festzuhalten ist, dass Ramlers lyrische Adressen an Wilhelmina Christina von Zedlitz und Luise Ebert die überreichte Publikation sowie die jeweilige Adressatin in den Mittelpunkt rücken. Ramler als Dedikant und Dichterfigur bleibt im Gegensatz hierzu im Hintergrund. Dieses Verhältnis verlagert sich im Zuge der Publikation ausgewählter lyrischer Adressen zu Beginn der 1790er Jahre.

---

[199] SB Berlin, Sign. Qb 1570a, Schmutztitel. Auf die Transkription der doppelten und einfachen Unterstreichungen wird hier verzichtet.
[200] Ebd. Auf die Kursivierung des Gedichts, das durchgehend in lateinischer Schrift steht, wird hier verzichtet.

3.3.3 An den Freiherrn von Gebler und die Kleinen gelegenheitlichen Gedichte (1791)

Mit der Aufnahme von Ramlers Dedikationsgedichten in Anthologien und Zeitschriften wandelt sich ihre kommunikative Funktion maßgeblich: Ramler unterläuft den vormals individuellen und privaten Charakter der handschriftlichen Widmung. Aus Gedichten, die die Übereignung eines Exemplars von Ramlers Publikationen an einen spezifischen Adressaten markieren und dessen Rezeption lenken sollen, werden lyrische Kurzformen, mit denen Ramler sich zugleich an ein anonymes Publikum wendet und seine Beziehung zum Adressaten ausstellt.[201] Das Potenzial zur medialen Transformation – von der unikalen Handschrift hin zum Druck – scheint in der ‚typographischen' Gestaltung von Ramlers Dedikationsgedichten angelegt zu sein, wie die Beispiele seiner lyrischen Anreden an Wilhelmine von Zedlitz und Luise Ebert vor Augen führen. Gleichzeitig ist zu beobachten, dass Ramler den medialen Wechsel mit einer gezielten thematischen Auswahl der zu veröffentlichenden lyrischen Adressen kombiniert. In den Mittelpunkt rückt im Gegensatz zu den Dedikationsgedichten für Zedlitz und Ebert seine Stilisierung als Dichterfigur, darunter die Inszenierung als „deutscher Horaz".

Deutlich wird diese Entwicklung am Beispiel von Ramlers lyrischer Adresse *An den Freiherrn von Gebler, Kaiserlichen Staatsrath. 1783. (In die übersandte Fabellese geschrieben.).* Das Gedicht erscheint im *Berlinischen Musenalmanach für 1792*. Ramler markiert seine Publikation bereits im Titel als vormals unikalen Paratext, den er im Jahr 1783 in ein Exemplar seiner *Fabellese* für den österreichischen Staatsbeamten und Dramatiker Tobias Philipp von Gebler (ca. 1720–1786) eingetragen hat.[202] Damit handelt es sich um jene Publikation, die Ramler mit Widmung und Dedikationsgedicht unter anderem Wilhelmina Christina von Zedlitz zukommen lässt. Ramler wählt jedoch gerade nicht die lyrische Adresse an Zedlitz, sondern jene an Gebler für die Veröffentlichung aus:

> Hätt' ich deine Talente mein Gebler* ich sammelte Früchte
> Für die Bühne von Wien, und reinigte mühsam den Weizen
> Von dem Unkraut, und legte den reichen Segen dem Schutzgott
> Deines Landes zu Füßen: Doch Schwachheit und Alter verbeut mir
> Diesen patriotischen Fleiß. Nimm, was ich vermochte:
> Meines Pfeffels und Lessings und Nicolai gepflanzte
> Bluhmen, mir selbst zur Pflege vertrauet. Die Schatten der ältern
> Pflanzer werden nicht zürnen, auch ihre verpfleget zu finden.
> Wenn du diesen Garten durchwanderst, der Bluhmen dich freuest,

---

[201] Vgl. hierzu Stört: „Form- und Funktionswandel der Widmung", S. 80.
[202] Vgl. Kriegleder, Wynfried: „Gebler, Tobias Philipp von", in: Kühlmann, Wilhelm (Hrsg.): *Killy Literaturlexikon. Autoren und Werke des deutschsprachigen Kulturraumes*, 2. Aufl., Berlin u. Boston 2009, S. 124f., hier S. 124: „1752 wechselte er nach Wien, konvertierte zum Katholizismus u. trat in den österr. Staatsdienst ein. Seine Karriere gipfelte in der Position eines Vizekanzlers der böhmisch-österr. Hofkanzlei."

Und den Gärtner zu lieben fortfährst: o so berühr' ich
Wie mein Flaccus mit hocherhabener [sic] Scheitel die Sterne.[203]

Zu Beginn des Gedichts wird Gebler in seiner Doppelrolle als „*Kaiserliche[r] Staatsrath*" und nebenberuflicher Dramatiker angesprochen. In der Folge baut Ramler hingegen die eigene Stilisierung als Vertreter der werkzentrierten Verbesserungspoetik zum Leitthema aus und kleidet seine Tätigkeit als Herausgeber von Blütenlesen in die Metaphorik landwirtschaftlicher Tätigkeiten. Eine ‚verbesserte' Ausgabe österreichischer Dramatik (deren „Früchte" es zu sammeln und „Unkraut" zu jäten gelte) verbiete sich Ramler durch den ungeheuren Kraftaufwand, den er mit gehäuften Bescheidenheitstopoi hervorhebt. Vielmehr habe Ramler sich als „Gärtner" der deutschen Fabel betätigt und bitte Gebler um Gewogenheit bei der Lektüre der *Fabellese*.

Entscheidend ist die Schlusswendung der lyrischen Anrede: Gebler rückt in die Rolle des Maecenas, wird folglich zu Ramlers literarischem Förderer und maßgeblicher literaturkritischer Instanz stilisiert, indem dieser die prospektive Anerkennung des Wiener Freundes nach den Schlussversen von Horaz' Ode 1, 1 gestaltet (*quodsi me lyricis vatibus inseres, / sublimi feriam sidera vertice*).[204] Während Ramler die erste Hälfte von Horaz' Konditionalgefüge („wenn dann auch du mich den lyrischen Sängern wirst beigesellen") im Sinne seiner Aktivitäten als Anthologie-Herausgeber modifiziert, übernimmt er die Konsequenz (dann „rühre ich mit erhabenem Scheitel hoch an die Sterne")[205] exakt nach Horaz' Vorbild:

> Wenn du diesen Garten durchwanderst, der Bluhmen dich freuest,
> Und den Gärtner zu lieben fortfährst: o so berühr' ich
> Wie mein Flaccus mit hocherhabener Scheitel die Sterne (s. o.).

Dass es sich um ein Zitat handelt, markiert Ramler darüber hinaus mit der Nennung von Horaz' *cognomen* „Flaccus". Den Anspruch auf die tatsächliche Aktualisierung der antiken Konstellation bekräftigt die Vergleichspartikel „wie". Mit dem Possessivpronomen „mein" streicht Ramler zudem seine Verbundenheit zu Horaz heraus. Damit bildet die Stilisierung zum „deutschen Horaz" den Fluchtpunkt seines Dedikationsgedichts. Zugleich führt die lyrische Adresse *An den Freiherrn von Gebler* die adressaten- und anlassbezogene Anpassungsfähigkeit

---

[203] Ramler, Karl Wilhelm: „An den Freiherrn von Gebler, Kaiserlichen Staatsrath. 1783. (In die übersandte Fabellese geschrieben.)", in: Jördens, Karl Heinrich (Hrsg.): *Berlinischer Musenalmanach für 1792*, Berlin 1791, S. 133f. Die Anmerkung lautet: „Er hat drei Bände theatralischer Werke geschrieben. Von ihm ist der Minister, Clementine, Adelheid von Siegmar, Thamos König in Aegypten, die Versöhnung, Leichtsinn und gutes Herz, die fünf Theresen und noch einige andere Stücke, die einzeln gedruckt und verbessert erschienen sind. Er starb zu Wien im Jahre 1786" (ebd., S. 133).

[204] Hor. carm. 1, 1, 35f. Zu Maecenas und Horaz vgl. bereits Kap. 2.1.8.

[205] So die Übersetzung von Bernhard Kytzler (Quintus Horatius Flaccus: Oden und Epoden. Lateinisch/Deutsch, hg. von Bernhard Kytzler, Stuttgart 2018, S. 7).

seiner Selbstinszenierung exemplarisch vor Augen. Mit ihr verfügt Ramler – wie deutlich wird – über ein Modell, das die Rolle des Maecenas/Augustus in immer neuen Variationen zuweisen kann und auf diese Weise situative Adaptionen ermöglicht. Im Falle seiner Anrede an Gebler erweitert Ramler nicht zuletzt die lokale Fokussierung seiner Inszenierung auf das Umfeld der preußischen Höfe in Berlin und Potsdam um das politische Zentrum der Habsburgermonarchie.

Dieses Einpassungspotenzial führen auch seine *Kleinen gelegenheitlichen Gedichte* vor Augen, die in zwei Serien im Mai und Juli 1791 in der *Berlinischen Monatsschrift* erscheinen.[206] Ramler kombiniert in beiden Serien Dedikationsgedichte, einen Stammbucheintrag sowie Gelegenheitsgedichte, die nicht ausdrücklich an Buchgeschenke gebunden sind. Der Titelzusatz „kleine" bezieht sich offenbar auf den Umfang und den Gattungsrang der Texte (darunter Epigramm und Fabel), die sich von Ramlers sublimen Gelegenheitsoden abheben. Dass er jedoch auch in den *Kleinen gelegenheitlichen Gedichten* eine teils erhabene Stillage wählt, korrespondiert analog zu seinen Oden mit den namentlich ausgewiesenen Adressatinnen und Adressaten der Texte. Unter ihnen befinden sich König Friedrich Wilhelm II. von Preußen, Herzogin Dorothea und Herzog Peter von Kurland sowie Minister Abraham von Zedlitz.[207] Im Folgenden soll die literaturpolitische Zielsetzung der *Kleinen gelegenheitlichen Gedichte* nachgezeichnet werden. Mit beiden Serien erbringt Ramler im Sommer 1791 den geballten ‚Nachweis' seiner Nähe zur Elite des preußischen Staates und der Patronage von fürstlicher Seite. Im Zentrum steht hierbei seine Inszenierung als „deutscher Horaz".

Die erste Serie der *Kleinen gelegenheitlichen Gedichte* wird von Ramlers Epigramm *An König Friedrich Wilhelm II. Nach geendigter Uebersetzung des Martialis (Nach dem vierten Sinngedicht des zwölften Buches.)* eröffnet. Die lyrische Adresse verknüpft folglich die Anrede des preußischen Monarchen mit der Fertigstellung von Ramlers fünfbändiger Auswahlübersetzung der Epigramme Martials (1787–1791). Diese Verbindung des Gedichts *An König Friedrich Wilhelm II.* mit einem von Ramlers literarischen Langzeitprojekten, seine Stellung zu Beginn der Serie und die formale Entscheidung für das Epigramm, also eine ‚Aufschrift' in elegischen Distichen, sorgen für eine Nähe zu Ramlers Dedikationsgedichten, auch wenn die lyrische Anrede an Friedrich Wilhelm II. sich nicht als solche ausweist.

---

[206] Vgl. Ramler, Karl Wilhelm: „Kleine gelegenheitliche Gedichte", *Berlinische Monatsschrift* 17/5 (1791), S. 397–402; sowie Ramler, Karl Wilhelm: „Kleine gelegenheitliche Gedichte", *Berlinische Monatsschrift* 18/7 (1791), S. 1–5.

[207] Dieser Reigen adliger Gönnerinnen und Gönner hebt Ramlers *Kleine gelegenheitliche Gedichte* zudem von der vorangegangenen Publikation einzelner Dedikationsgedichte in den Zeitschriften *Olla potrida* und der *Berlinischen Monatsschrift* ab (vgl. Ramler, Karl Wilhelm: „An Herrn Anthing aus Gotha. In ein Exemplar des Martialis", *Olla Potrida* 1 [1788], S. 1; sowie Ramler, Karl Wilhelm: „An des Königl. Preussischen Staatsministers Freyherrn von Zedlitz Excellenz; bey Uebersendung der Sinngedichte Martials", *Berlinische Monatsschrift* 11/6 [1788], S. 588–590).

Seinem Titel nach dürfte das Gedicht *An König Friedrich Wilhelm II.* zudem als Gegenstück zu Ramlers Ode *An den König* konzipiert sein. Als Eröffnungs- und Dedikationsgedicht, das von Beginn an auf Publizität zielt, bildet Ramlers Ode den Auftakt sämtlicher autorisierter Ausgaben seiner gesammelten Dichtungen seit 1767.[208] Im thematischen Gegensatz zur kritischen Auseinandersetzung mit Friedrichs frankophiler Kulturpolitik und der ausbleibendem Förderung von deutscher Literatur in der Ode *An den König* stellt Ramlers Adresse an Friedrich Wilhelm II. jedoch die großzügige Förderung deutscher Autorinnen und Autoren durch den neuen preußischen Monarchen in den Mittelpunkt:

> Was Mäcenas, der Ritter, erzeugt von fürstlichen Ahnen,
> Für den erhabnen Virgil, Flaccus und Varius war,
> Sage der Welt mein spätestes Blatt und die Zunge der Fama,
> War der Brennussohn Friederich Wilhelm für mich:
> Er verlieh mir Kräfte zur Arbeit und glückliche Muße;
> Was ich im Alter vermag, hab' ich, o König, von Dir.[209]

Anlass und Machart des Textes werden von Ramler ausdrücklich verknüpft. Als Gedicht auf den Abschluss der Auswahlübersetzung von Martials Epigrammen weist sich der Text als Variation von Epigramm 12, 4 aus. Dessen Übersetzung findet sich unter dem Titel *An den Priscus* im vierten Band von Ramlers Martial-Übersetzung, der im Vorjahr (1790) erscheint:

> Was Mäcenas der Ritter, erzeugt von fürstlichen Ahnen,
> Dem erhabnen Virgil, Flaccus und Varius war,
> Sage der Welt mein spätestes Blatt und die Zunge der Fama
> War der Musenfreund Priscus Terentius mir.
> Er verlieh mir Geist, er gab mir anständige Musse:
> Alles, was ich vermag, hab' ich, o Priscus, von dir.[210]

Martials lyrisches Ich beziehungsweise die Dichterfigur Martial stellt ihre Förderung durch den „Musenfreund Priscus Terentius" in die Tradition der literarischen Patronage des Maecenas-Kreises („Virgil, Flaccus und Varius"). Deutlich ist die Anspielung auf den Beginn von Horaz' Ode 1, 1 (*Maecenas atavis edite regibus*, „Mäcenas [...], erzeugt von fürstlichen Ahnen"). Ramler übernimmt Martials Sprechhaltung in ‚seinem' Epigramm und nutzt sie zur Stilisierung als „deutscher Horaz", der in Friedrich Wilhelm II. seinen Mäzen gefunden hat. Entscheidend ist hierbei die vermittelte Referenz auf Horaz' Ode 1, 1. Sie verstärkt zugleich die Korrespondenz zu Ramlers Ode *An den König* (1767), deren zentraler Prätext ebenfalls Horaz' Eröffnungsgedicht des ersten Odenbuchs ist.

---

[208] Vgl. hierzu Kap. 2.1.8.
[209] Ramler: „Kleine gelegenheitliche Gedichte", S. 397.
[210] Ramler, Karl Wilhelm: Marcus Valerius Martialis in einem Auszuge lateinisch und deutsch, Bd. 4, Leipzig 1790, S. 134.

Im Falle des Epigramms *An den König Friedrich Wilhelm II.* sorgen die lediglich geringfügigen Ersetzungen gegenüber Martials Prätext beziehungsweise Ramlers Übersetzung für weitere Pointen: Martials ironisierende Schlusswendung, Priscus fördere nicht allein die Inspiration (*tu facis ingenium*), sondern ermögliche es ihm auch, seine angeborene Trägheit auszuleben (*tu das ingenuae munera pigritiae*), deutet Ramler bereits in seiner Übersetzung euphemistisch zur „anständige[n] Musse" um.[211] Seine Adaption verstärkt diese Tendenz nochmals. Aus der Patronage des Königs ziehe er „die Kräfte zur Arbeit und glückliche Muße". Zudem modifiziert Ramler den Schlussvers seiner Übersetzung: Nicht „[a]lles" (*si quid posse videmur*), sondern „[w]as ich im Alter vermag", werde durch die Anerkennung und die materiellen Zuwendungen des Königs möglich. Die zeitliche Dimension und der indirekte Bezug auf den kulturpolitischen Umbruch im Spätsommer 1786 ermöglichen es Ramler somit, Friedrich Wilhelm II. als Mäzen gegenüber Friedrich II. zu profilieren, ohne beide Preußenkönige ausdrücklich einander gegenüberzustellen. Dabei fällt auf, dass Friedrich Wilhelm II. im Rahmen einer zweistelligen Konstellation in der Doppelrolle eines „Mäcenas" und „König[s]" erscheint, während Ramlers Ode *An den König* von 1767 die dyadische Konstellation von Dichter und Herrscher (Horaz/Augustus) in den Mittelpunkt stellt, ohne Friedrich II. als potenziellen Mäzen anzusprechen. Vor diesem Hintergrund marginalisiert Ramlers Epigramm zu Beginn der 1790er Jahre zugleich jene Spannung, die vor 1786 zwischen seiner Inszenierung als „deutscher Horaz" und der ausbleibenden Anerkennung durch Friedrich II. besteht. Das Gedicht soll vielmehr die gelungene Übertragung der Selbststilisierung in die Ära Friedrich Wilhelms II. markieren.

Wie entschieden Ramler das Format der *Kleinen gelegenheitlichen Gedichte* nutzt, um auch nach dessen Regierungsantritt seine Nähe zu weiteren fürstlichen Förderinnen und Förderern herauszustellen, zeigt wiederum die lyrische Anrede *An die regierende Herzoginn Dorothea von Curland und Semgallen. (Auf dem herzoglichen Landhause Friedrichsfelde nahe bey Berlin)*.[212] Ramlers Text knüpft an einen Besuch auf Schloss Friedrichsfelde am 3. Oktober 1785 an, präsentiert sich folglich als Gelegenheitsgedicht. Der Verlauf des Besuchs ist wiederum im Tagebuch von Sophie Becker überliefert, die sich als Reisebegleiterin Elisa von der Reckes, der Schwester Dorothea von Kurlands, in den Jahren 1784 und 1785 über mehrere Wochen hinweg in Berlin aufhält. Auch Ramler begegnet sie wiederholt bei Gesellschaften im Hause Friedrich Nicolais.[213]

Am 30. September 1785, einem Freitag, lädt Dorothea von Kurland schließlich Ramler ein, gemeinsam mit Moses Mendelssohn nach Friedrichsfelde zu kommen: „Gestern lernte ich den verdienstvollen Mendelssohn kennen – wie kurz schienen mir die zwey Stunden in seinem unterrichteten Umgang. Mendelssohn,

---

[211] Ramler merkt zudem die textkritische Variante „Al. jus mihi pigritiae" an (ebd.).
[212] Vgl. Ramler: „Kleine gelegenheitliche Gedichte", S. 398f.
[213] Vgl. Karo/Geyer (Hrsg.): Vor hundert Jahren, S. 21–25 sowie S. 182–192.

hat mir versprochen Montag nach Friedrichsfeld zu kömmen Sie würden uns beyderseits ein Vergnügen machen wenn Sie ihn begleiteten".[214] Gesellschaft leistet ihnen auf Schloss Friedrichsfelde zudem Sophie Becker, die die Ereignisse im Tagebuch notiert:

> Das Wetter war sehr heiter, und die Herzogin hatte Mendelssohn und Ramler herausgebeten, weil der Herzog gerade auf der Jagd war und sie die Gesellschaft dieser Männer allein besser zu genießen hoffte. Den Morgen brachte ich mit Dorothea in ihrem traulichen Schreibzimmer zu [...]. Wir sprachen und lasen einander hundert Dinge und hätten gar nicht ans Aufhören gedacht, wenn nicht ein Jäger die Ankunft der beiden Gelehrten angekündigt hätte. [...] Ich mußte heraus und sie so lange im Garten umherführen, bis die Herzogin mit der Toilette fertig wäre. So ging ich nun in den hohen Alleen von zwei hohen Geistern begleitet.[215]

Becker zeichnet im Folgenden den Gesprächsverlauf nach. Salomon Gessners Idylle *Amyntas* dient ihr und Mendelssohn als Ausgangspunkt moralphilosophischer Erörterungen, die jedoch unterbrochen werden,

> weil die Herzogin eben im Garten hereinschwebte. Nun ließ ich sie mit den Männern und ging, mich anzukleiden. Als wir zum Speisen gerufen wurden, war Mendelssohn ins Wirtshaus gegangen. Wir saßen nur sehr kurz am Tische, um die Gesellschaft des Mannes nicht lange zu entbehren. Nun saßen wir alle im Kreise um Dorothea und bald erzählte sie etwas aus Italien, bald las Ramler aus Nathan und andern Blättern etwas vor. Bernhard sein Gedicht auf der Herzogin ihren Geburtstag kam auch vor und ich freute mich, Mendelssohn leise vor sich sagen zu hören: „Ein braver Dichter!" Dann wurden Zeichnungen gesehen und ein paar Liedchen gespielt und gesungen. Um fünf nahmen unsre lieben Gäste Abschied, wobei Mendelssohn mit glänzendem Auge sagte: „Ich habe heute mit dem Geiste geschwelgt."[216]

Beckers Notat ist durch eine Reihung verschiedener Nachmittagsaktivitäten geprägt, ohne Details der Gespräche und der gemeinsamen Auseinandersetzung mit Literatur, bildender Kunst und Musik auszumalen. Allein Mendelssohns knappen Reaktionen kommt Aufmerksamkeit zu. Sein abschließendes Urteil, er „habe heute mit dem Geiste geschwelgt", verbürgt den gelungenen Besuch der beiden Gelehrten bei Dorothea von Kurland. Ramler hingegen ist lediglich als Rezitator von Lessings *Nathan der Weise* präsent.

Diese Tendenzen verstärkt Sophie Becker in der literarischen Bearbeitung der Begegnung, die Eingang in ihre *Briefe einer Curländerinn auf einer Reise durch Deutschland* findet. Den Besuch der beiden Berliner Gelehrten und Lessing-

---

[214] Dorothea von Kurland an Ramler am 30. September 1785 (ABBAW: NL Ramler, Nr. 7, 1r).
[215] Karo/Geyer (Hrsg.): Vor hundert Jahren, S. 192f.
[216] Ebd., S. 193.

Freunde im Herbst 1785 baut sie nun zu einer Gedenkstunde für den 1781 verstorbenen Schriftsteller aus:

> Gegen die Zeit des Mittagsessens hatte sich Mendelssohn stillschweigend entfernt, und war in das nächste Wirtshaus gegangen, wo er sich sein Essen bestellt hatte; denn aus einem gewiß sehr ehrwürdigen Grunde läßt dieser philosophische Mann sich nie zu den Mahlzeiten der Christen einladen. Wahrscheinlich thut er es, um dadurch seiner Nation lieb zu bleiben und mehr auf sie wirken zu können. Den Nachmittag mußten wir der Herzoginn in ihr obenerwähntes Museum folgen, wo sie uns eine schöne Sammlung aus Italien mitgebrachter Zeichnungen vorlegte, und mit ihrer ganz eigenen Anmuth theils einige Gegenden dieses irdischen Paradieses schilderte, theils die Geschichte verschiedener Künstler erzählte, welche sie dort kennen gelernt hatte. Angelika Kaufmann ist besonders ihr Liebling; [...] Ramler wurde nunmehr aufgefodert, etwas zu lesen, und da gerade *Nathan der Weise* auf dem Tisch vor uns lag, so wählte er etwas daraus. Wenn es Verstorbenen erlaubt ist, an den Beschäftigungen ihrer Erdenfreunde Theil zu nehmen, so wird der Geist dieses großen Mannes über die Verehrung, welche ihm in unserm Cirkel geleistet wurde, die reinste Freude gefühlt haben. Wenn die Herzoginn, Ramler und Ihre Sophie von der Wahrheit seiner Gedanken oder von dem trefflichen Charakter des Nathan zur lauten Bewunderung hingerissen wurden, so saß Mendelssohn mit verschlossenem Munde da, und seine Seele schien sich bloß in die Augen zurückgezogen zu haben. Ach, was mußte *Er* auch dabey empfinden, da Lessing ihm so ganz Freund im Leben gewesen war. Indessen würde Lessing den Charakter des Nathan minder schön gezeichnet haben, wenn er nicht in seinem Freunde Mendelssohn das Urbild dazu gekannt hätte. Unsere ernsten Empfindungen sanfter zu stimmen, trat endlich die liebe Herzoginn an ihr Clavier und spielte ein Paar Arien mit dem angenehmsten Ausdruck. Beym Schlusse derselben empfahl sich Mendelssohn, indem er mit einer Thräne im Auge versicherte, er hätte heute mit dem Geiste geschwelgt.[217]

Den Nachmittag in Friedrichsfelde strukturiert Becker nach einer dreischrittigen Choreographie. Zunächst stellt sie den Kunstsinn der Herzogin heraus, deren Erinnerungen an das „irdische[] Paradies[]" Italien den Auftakt des Treffens bilden. Ramlers Vortrag aus Lessings *Nathan* leitet die zweite Phase ein. Becker imaginiert die Präsenz des ‚himmlischen' Beobachters Lessing, während der Protagonist seines Dramas in Gestalt von Moses Mendelssohn als „Urbild" des Nathan tatsächlich anwesend sei. Die moralische Erbauung der Frauen und Mendelssohns gedankenversunkene Erinnerung an den verstorbenen Freund („seine Seele schien sich bloß in die Augen zurückgezogen zu haben") greifen ineinander. Die emotionale Intensität soll in einem dritten Schritt der musikalische Vortrag der Herzogin dämpfen. Als Nachspiel zu Ramlers Vortrag markiert dieser das Ende der Veranstaltung, die Mendelssohn „mit einer Thräne im Auge" verlässt. Sein ‚Schwelgen im Geiste' verbürgt nun die intensive Verbundenheit zum verstorbenen Lessing.

---

[217] Becker, Sophie: Briefe einer Curländerinn auf einer Reise durch Deutschland, Bd. 2, Berlin 1791, S. 175–178.

Der Blick auf Beckers Darstellung der Begegnung zwischen Ramler, Mendelssohn und Dorothea von Kurland lässt in beiden Fassungen – dem Tagebuch und den *Briefen einer Curländerinn* – umso deutlicher jene Verschiebung der Perspektive deutlich werden, die Ramler mit seinem Gedicht *An die regierende Herzoginn Dorothea von Curland und Semgallen* vornimmt:

> Mitten unter drey Künsten saß ich: die silbernen Saiten,
> Von der Engelsstimme begleitet, entzückten die Seele;
> Nathans Weisheit belehrte den Geist und rührte das Herz mir*);
> Werke des meisterhaften Pinsels stellten dem Auge
> Gegenden vor, worin sich die Musen am liebsten ergehen**).
> Nicht war zu wünschen mir übrig, als mit erneuerten Kräften
> Eine Hütte, nicht fern von jenem Palast, zu bewohnen,
> Dessen Fürstinn die Künste rund um sich versammelt; wie Flaccus
> Frey von Amtsgeschäften, den Abend des Lebens zu schließen.
> Doch ich bin angefesselt, und darf nichts weiter begehren,
> Als zuweilen ein Lied in jenem Garten zu singen,
> Wo mich *Dorothea* mit himmlischer Freundlichkeit aufnahm*).[218]

Moses Mendelssohn und Sophie Becker sind in Ramlers Gedicht nicht einmal präsent. Auch die Ergriffenheit durch die gemeinsame Lektüre des *Nathan* formt Ramler zum individuellen Erlebnis um. Zudem restrukturiert er den Verlauf des Nachmittags und seine Bedeutung: Dorotheas musikalische Darbietung, der Vortrag aus dem *Nathan* und die Betrachtung der aus Italien mitgebrachten Bilder weisen nun das vielseitige musische Interesse der Herzogin aus.

Auf dieser Basis spielt Ramler in der zweiten Hälfte des Gedichts auf Horaz' zweite Epode (*Beatus ille qui procul negotiis*) an.[219] Sie umkreist (in ironischer Brechung) die Unbeschwertheit des Landlebens aus Perspektive des Wucherers Alfius. Den Eingangsvers der Epode evoziert Ramler zu Beginn des neunten Verses: „Frey von Amtgeschäften" (eben *procul negotiis*) wolle er seine literarische Laufbahn im ländlichen Friedrichsfelde beschließen. Indem Ramler seinen Referenzautor („wie Flaccus") ausdrücklich benennt, weist er sich analog zum Dedikationsgedicht an Gebler als deutsches Pendant des römischen Dichters aus. Darüber hinaus unterfüttert Ramler seine Stilisierung zum „deutschen Horaz" mit der Anmerkung, Herzog Peter habe ihm „drey Zimmer" des Schlosses als Sommer-

---

[218] Ramler: „Kleine gelegenheitliche Gedichte", S. 398f. Die Anmerkungen lauten: „*) Der Verfasser ward von der Herzoginn aufgefodert, Ihr einige Scenen aus Lessings Nathan dem Weisen vorzulesen." „**) Die Herzoginn zeigte dem Verfasser die schönsten Gegenden Italiens in Gemählden" (ebd., S. 398); sowie: „*) Der Herzog räumte dem Verfasser wegen dieses Gedankens drey Zimmer ein, den Sommer in Friedrichsfelde zuzubringen: er konnte aber damahls wegen seiner täglichen Amtsgeschäfte Berlin nicht verlassen" (ebd., S. 399).

[219] Hor. epod. 2, 1.

wohnsitz angeboten.[220] Der Annahme fürstlicher Patronage stehen allein Ramlers berufliche Verpflichtungen entgegen. Damit profiliert Ramlers Gedicht an Dorothea von Kurland, das auf die letzten Jahre der Regierung Friedrichs II. datiert, zugleich die Förderung durch dessen Nachfolger. Nicht mehr „angefesselt" an seine Brottätigkeiten kann Ramler zum Zeitpunkt der Publikation der *Kleinen gelegenheitlichen Gedichte* (1791) literarische „Arbeit und glückliche Muße" (s. o.) verbinden. In diesem Sinne wird die Vielgestaltigkeit der Patronage-Beziehungen des „deutschen Horaz" zur programmatischen Botschaft der Gedicht-Serie. Gerade die Spiegelung der Förderung durch das kurländische Herzogspaar und der Patronage durch den preußischen König soll Ramlers Stilisierung im Jahr 1791 legitimieren.

---

[220] Der Wunsch des lyrischen Ich, „mit erneuerten Kräften / Eine Hütte, nicht fern von jenem Palast, zu bewohnen", ließe sich darüber hinaus als Anspielung auf Klopstocks Ode *Der Zürchersee* lesen. Ihre Geselligkeitsapotheose mündet in die Aussicht eines Zusammenlebens im Freundeskreis (V. 78–81): „O so bauten wir hier Hütten der Freundschaft uns! / Ewig wohnten wir hier, ewig! Der Schattenwald / Wandelt' uns sich in Tempe, / Jenes Thal in Elysium!" (Klopstock, Friedrich Gottlieb: Werke und Briefe. Historisch-kritische Ausgabe. Bd. 1. Oden. Bd. 1. Text, hg. von Horst Gronemeyer und Klaus Hurlebusch, Berlin u. New York 2010, S. 97). Mit der Gegenüberstellung von „Hütte" und „Palast" prononciert Ramlers Gedicht wiederum den mäzenatischen Charakter seiner ‚Freundschaft' zum Herzogspaar.

4 Vertreter allegorischer Kunst

Personifikationsallegorien zählen zu den zentralen Techniken der Themen- und Bildfindung, die Ramler für seine panegyrische Gelegenheitskunst der 1750er bis 1790er Jahre nutzt.[1] Damit steht seine künstlerische Praxis der theoretischen Höhenkammdebatte seit Winckelmanns *Versuch einer Allegorie* (1766) entgegen, die einen allmählichen Verlust der ästhetischen Legitimität allegorischer Sujets im letzten Drittel des 18. Jahrhunderts nahezulegen scheint.[2] Für Verwunderung sorgt aus diesem Blickwinkel ebenfalls, dass Ramler mit seinen *Allegorischen Personen* und seiner *Kurzgefassten Mythologie* um 1790 zwei Handbücher publiziert, die der Produktion und Entschlüsselung (mythologischer) Allegorien dienen.[3]

[1] Vgl. bereits die Analyse von Ramlers *Granatapfel-Ode* aus dem Jahr 1750 (Kap. 2.1) sowie der *Ode an die Göttinn der Eintracht* von 1763 (Kap. 3.2.1); vgl. zudem zahlreiche poeseologische Einschätzungen von Ramlers Zeitgenossen bei Pick: „Ueber Karl Wilhelm Ramlers Odentheorie", S. 16–19; sowie resümierend Viëtor, Karl: Geschichte der deutschen Ode, 2. Aufl., Darmstadt 1961, S. 106f. Hinzu kommen allegorische Titelblätter und (Titel-)Vignetten in Ramlers Publikationen, die teils nachweislich auf seine Entwürfe zurückgehen. Zur Titelvignette der *Poesies lyriques* von 1776 vgl. Kap. 2.2.4, zum Titelblatt seiner *Geistlichen Kantaten* von 1760 vgl. Kap. 3.1.2.

[2] Vgl. hierzu Fischer, Bernhard: „Kunstautonomie und Ende der Ikonographie. Zur historischen Problematik von ‚Allegorie' und ‚Symbol' in Winckelmanns, Moritz' und Goethes Kunsttheorie", *Deutsche Vierteljahrsschrift für Literaturwissenschaft und Geistesgeschichte* 64/2 (1990), S. 247–277; sowie zur zentralen Rolle der „Allegorie" für Winckelmanns Kunsttheorie: Borg, Barbara E.: „Allegorie der Kunst – Kunst der Allegorie. Winckelmanns ‚Kunstbeschreibungen' als archäologischer Kommentar", in: Most, Glenn W. (Hrsg.): *Commentaries – Kommentare*, Aporemata. Kritische Studien zur Philologiegeschichte 4, Göttingen 1999, S. 282–295. Zum sogenannten „Ende der Ikonographie", der Reflexion auf die Kontingenz von Bildwissen und die Arbitrarität von Bildbedeutungen im Verlauf des 18. Jahrhunderts, sowie Versuchen der Bewältigung im Umkreis Goethes vgl. auch Büttner, Nils: Einführung in die frühneuzeitliche Ikonographie, Darmstadt 2014, S. 147f.; sowie Ehrmann, Daniel: „Bildverlust oder Die Fallstricke der Operativität. Autonomie und Kulturalität der Kunst in den Propyläen", in: Ehrmann, Daniel und Norbert Christian Wolf (Hrsg.): *Klassizismus in Aktion. Goethes Propyläen und das Weimarer Kunstprogramm*, Literaturgeschichte in Studien und Quellen 24, Wien, Köln, Weimar 2016, S. 123–173, hier S. 139–173.

[3] Vgl. Badstübner-Gröger: „Karl Wilhelm Ramler und die Königliche Akademie der Künste und mechanischen Wissenschaften [2003]", S. 286: „Obwohl diese Art Nachschlagewerke für Künstler Ende des 18. Jahrhunderts allmählich an Wert verloren hatten, muß der Bedarf, vor allem bei den Eleven und Künstlern der Berliner Akademie, dennoch [...] groß gewesen sein [...]." Alt wiederum attestiert Ramler einen unzeitgemäßen „barocken Geschmack" und ordnet seine allegorische Gelegenheitskunst sowie

Im Folgenden ist zu zeigen, dass Ramlers allegorische Gelegenheitskunst und seine Aufbereitung mythologisch-allegorischen Wissens in Handbuchform nur vermeintlich unzeitgemäß sind.[4] Im Zentrum von Kapitel 4.1 steht zunächst seine umfassende künstlerische Beteiligung an den Berliner Feierlichkeiten zum Frieden von Hubertusburg (1763). Im Anschluss ist Ramlers Einsatz als Inventor und Dichter im Rahmen des Potsdamer Staatsbegräbnisses für Friedrich II. im September 1786 und der Thronbesteigung von Friedrich Wilhelm II. im Oktober 1786 zu rekonstruieren. Deutlich werden soll auch, wie Ramler seine Texte und Bildentwürfe mithilfe motivischer Kontinuitäten über einen Zeitraum von mehr als 20 Jahren verknüpft und seiner Inszenierung der preußischen Monarchie eine durchgehende Programmatik verleiht.

mythologisch-allegorischen Handbücher in der Konsequenz jenen „disiecta membra einer bereits zerstörten Tradition" zu, die gerade nicht „systematisch mit neuformuliertem Wirkungsanspruch eingesetzt werden" und folglich „[k]eine Verabschiedung des vertrauten Urteils über die Allegorieabstinenz des aufgeklärten Zeitalters" nahelegen (Alt: Begriffsbilder. Studien zur literarischen Allegorie zwischen Opitz und Schiller, S. 504 [Anm. 103] bzw. S. 9).

[4] Eine weitgehende Fokussierung der Allegorie-Forschung auf theoretische Positionen konstatiert bereits Alt (vgl. Alt: Begriffsbilder. Studien zur literarischen Allegorie zwischen Opitz und Schiller, S. 8); die „Gegenläufigkeit von Theorie und Praxis" wiederum beobachtet schon Hess, Günter: „Allegorie und Historismus. Zum ‚Bildgedächtnis' des späten 19. Jahrhunderts", in: Fromm, Hans, Wolfgang Harms und Uwe Ruberg (Hrsg.): *Verbum et signum. Bd. 1. Beiträge zur mediävistischen Bedeutungsforschung*, München 1975, S. 555–591. Zur Persistenz allegorischer Darstellungen mit Beispielen der 1720er bis 1770er Jahre aus Kuks (Böhmen), Neapel und Würzburg vgl. Deckers, Regina: „Tradition und Variation. Die Rezeption der *Iconologia* im Zeitalter der Aufklärung", in: Logemann, Cornelia und Michael Thimann (Hrsg.): *Cesare Ripa und die Begriffsbilder der Frühen Neuzeit*, Zürich 2011, S. 57–75. Zur anhaltenden Präsenz allegorischer (Gelegenheits-)Kunst im Berlin des ausgehenden 18. Jahrhunderts sei u. a. auf den von Gilly und Schadow verantworteten „Münzfries" verwiesen (vgl. Uhlitz, Otto: „Der Berliner Münzfries. Geschichte und Schicksal eines bedeutenden Werkes klassizistischer Bildhauerkunst", in: Schikora, Andreas (Hrsg.): *Der Münzfries von Johann Gottfried Schadow*, Berlin 2014, S. 59–95, hier S. 64–76). Abramson, der als Medailleur intensiv mit Ramler zusammenarbeitet, hält noch 1801 an einem prinzipiell zeichenhaften Verständnis und Einsatz von Darstellungen antiker Götter fest: „Jede Gottheit abgebildet ist eine Allegorie, indem das Bild in sich ein unsichtbares Wesen ist, welches durch seine bezeichnende Eigenschaft personifiziert wird, und daher sind alle Sinnbilder der Gottheiten allegorisch" (Abramson, Abraham: Versuch über den Geschmack auf Medaillen und Münzen der Neuern, in Vergleich mit jenen aus ältern Zeiten, Berlin 1801, S. 8f.). Vgl. mit Blick auf Berlin zudem Rusche, Angelika: Der Sockel. Typologische und ikonographische Studien am Beispiel von Personendenkmälern der Berliner Bildhauerschule, Beiträge zur Kunstgeschichte 1, Witterschlick u. Bonn 1989, S. 62–65 sowie S. 75–81 und S. 127–131. Weitere Arbeiten zu repräsentativer allegorischer Kunst im 19. Jahrhundert verzeichnet Borg: „Allegorie der Kunst – Kunst der Allegorie", S. 288 [Anm. 22].

Dass Ramlers mythologisch-allegorische Handbücher dieser jahrzehntelangen Praxis und Erfahrung bei der Konzeption gelegenheitspanegyrischer Dekorationen entspringen, ist in der Forschung bisher nicht präsent. Daher soll bereits im Rahmen der Analyse seiner Bildentwürfe aus dem Jahr 1786 auf Parallelstellen in den *Allegorischen Personen* (1788) verwiesen werden. Sie belegen die Übernahme früherer Entwürfe als Muster allegorischer Darstellungen.[5]

Kapitel 4.2 beleuchtet zunächst die Entstehungskontexte und institutionellen Rahmenbedingungen von Ramlers Handbüchern aus den Jahren 1788 und 1790/1791. Mit ihnen stellt er ikonographisches Basiswissen bereit und regt die Schüler der Berliner Kunstakademie zur Produktion allegorischer Darstellungen an.[6] In der Folge soll Ramlers Verständnis der Allegorie als künstlerischer Darstellungsform umrissen werden.[7] Auf dieser Basis wird abschließend deutlich, warum Karl Philipp Moritz mit seinem Aufsatz *Über die Allegorie* (1789) und seiner *Götterlehre* (1791) ausgerechnet Ramlers funktionalistischen Zugriff auf mythologische Sujets und ihre Nutzung für allegorische Gelegenheitskunst angreift.[8] Auf

---

[5] Vgl. hierzu mit Blick auf Rode bereits Badstübner-Gröger: „Karl Wilhelm Ramler und die Königliche Akademie der Künste und mechanischen Wissenschaften [2003]", S. 286 u. S. 294f.

[6] Zu Ramlers Wirkungsmöglichkeiten als Mitglied der beiden Berliner Akademien vgl. Sedlarz, Claudia: „Gelehrte und Künstler und gelehrte Künstler an der Berliner Kunstakademie", in: Baillot, Anne (Hrsg.): *Netzwerke des Wissens. Das intellektuelle Berlin um 1800*, Berliner Intellektuelle um 1800 1, Berlin 2011, S. 245–277, hier S. 250 sowie S. 256.

[7] Eine präzise Analyse von Ramlers Mythologie-Verständnis im Kontext aufklärerischer Mythos-Kritik bietet Guilbert, Philippe: „Welche neuzeitlichen Strategien für die Rettung der antiken Mythologie? Vergleich von drei ‚Handbüchern zur Götterlehre' um 1790: K. W. Ramler – Ch. G. Heyne/M. G. Hermann – K. Ph. Moritz", *Goethe Yearbook: Publications of the Goethe Society of North America* 9 (1999), S. 186–221, hier S. 194–200. Vgl. zudem Guilbert, Philippe: „Mythologie und Geschichte um 1790. Ein Beitrag zur Problemstellung der antiken Mythologie in der aufklärerischen Ästhetik", in: Raulet, Gérard und Burghart Schmidt (Hrsg.): *Vom Parergon zum Labyrinth. Untersuchungen zur kritischen Theorie des Ornaments*, Wien, Köln, Weimar 2001, S. 43–66, hier S. 49–52.

[8] Hinweise darauf, dass Moritz in beiden Publikationen auf Ramlers Handbücher *Allegorische Personen* und *Kurzgefasste Mythologie* anspielt und ihren theoretischen Zugriff auf Mythologie und Allegorie kritisiert, finden sich bereits bei D'Aprile, Iwan: „Berliner Rationalismuskritik. Zum Wandel der kulturellen Parameter in Berlin nach 1786", in: D'Aprile, Iwan, Martin Disselkamp und Claudia Sedlarz (Hrsg.): *Tableau de Berlin. Beiträge zur „Berliner Klassik" (1786–1815)*, Berliner Klassik. Eine Großstadtkultur um 1800 10, Hannover-Laatzen 2005, S. 51–70, hier S. 60f.; D'Aprile, Iwan-Michelangelo: Die schöne Republik. Ästhetische Moderne in Berlin im ausgehenden 18. Jahrhundert, Studien zur deutschen Literatur 181, Tübingen 2006, S. 44; Disselkamp, Martin: „Gelehrte und poetische Mythenkunde. Zwei Varianten der Rezeption antiker Mythologie im Berlin des ausgehenden 18. und beginnenden 19. Jahrhunderts", in: Elm, Veit, Günther Lottes und Vanessa de Senarclens (Hrsg.): *Die Antike der Moderne. Vom*

dem Prüfstand steht Ramlers ‚heteronomes' Kunstverständnis, dem Moritz – vermittelt über die Frage des ästhetischen Status' allegorischer Darstellungen – seinen autonomieästhetischen Ansatz entgegenstellt.

Mit Blick auf Ramlers ‚heteronome' Kunstpraxis sei hier im Voraus die Frage aufgeworfen, welche politische Tragweite seine Aktivitäten als Dichter und Inventor besitzen. Zwei Aspekte sind hervorzuheben: *Erstens* dürfte die realpolitische Bedeutung zeremonieller Feierlichkeiten für die Sicherung monarchischer Herrschaft am Ende des 18. Jahrhunderts eher gering zu veranschlagen sein. In diesem Sinne widerspricht Hubertus Büschel der These einer ‚Verbürgerlichung' und bewussten Einschränkung des Zeremoniells um 1800. Gerade die „Grundauffassung" der Zeremoniell-Forschung, „dass Macht ohne ihre kontinuierliche Befestigung, ihre Legitimation und ihren Ausbau keinen Fortbestand haben könnte", sei problematisch.[9] Mit ihr beerbe die historische Forschung die Deutung monarchischer Herrschaft und ihrer Repräsentationsformen durch (liberale) Denker des 19. Jahrhunderts:

> Die nicht eingelösten Verfassungsversprechen Friedrich Wilhelms III., die 1848er Revolution und – aus der Perspektive von Liberalen – ihr Scheitern schien die zahlreich geteilte Einschätzung zu bestätigen, dass Monarchen sich kontinuierlich zwecks Machterhaltung erfolgreich modernisiert und bürgerlichen Belangen und Erwartungen angepasst hätten.[10]

Im Gegensatz hierzu betont Büschel, dass höfisches Zeremoniell „ein System symbolischer Präsentationen langer Dauer und langfristiger Entwicklungen" darstelle und dem Umfeld des Fürsten kein „flexibles Herrschaftsinstrument" biete, um auf herrschaftskritische Einwände eines bürgerlichen Publikums zu reagieren.[11]

Umgang mit der Antike im Europa des 18. Jahrhunderts, Aufklärung und Moderne 18, Hannover 2009, S. 165–185, hier S. 167f.; sowie Disselkamp, Martin: „Überblickskommentar", in: Karl Philipp Moritz: *Sämtliche Werke. Kritische und kommentierte Ausgabe. Bd. 4. Schriften zur Mythologie und Altertumskunde. Teil 2: Götterlehre und andere mythologische Schriften. II: Kommentar*, hg. von Martin Disselkamp, Berlin u. Boston 2018, S. 447–524, hier S. 468.

[9] Büschel, Hubertus: Untertanenliebe. Der Kult um deutsche Monarchen 1770–1830, Veröffentlichungen des Max-Planck-Instituts für Geschichte 220, Göttingen 2006, S. 71.

[10] Ebd., S. 68. Vgl. beispielhaft jene „Suggestionen der Familiarisierung und Intimisierung" im Kontext der preußischen Doppelhochzeit von 1793 (Rahn: Festbeschreibung. Funktion und Topik einer Textsorte am Beispiel der Beschreibung höfischer Hochzeiten (1568–1794), S. 163–183, hier S. 183).

[11] Büschel: Untertanenliebe. Der Kult um deutsche Monarchen 1770–1830, S. 62. Die Formel „flexibles Herrschaftsinstrument" übernimmt Büschel ausdrücklich von John Adamson.

Diese Einschätzung bestätigt Karl Möseneders Blick auf das absolutistische Frankreich. Er attestiert künstlerischen „Darstellungen" im Rahmen des Zeremoniells des 17. Jahrhunderts „einen unverbindlicheren Realitätscharakter". Sie hätten „wesentlich fiktiven Charakter" und implizierten „keine verbindliche Spiegelung der jeweiligen Rechtspositionen".[12] Auch Franz Matsche hat die „propagandistische Funktion" der repräsentativen Bau- und Kunstaufträge unter Kaiser Karl VI. (1685–1740) „im Sinn von idealen Repräsentations- und Identifikationswünschen" herausgestellt, „die sich nicht unbedingt auf die Realität beziehen. [...] Die Werke können also Objekte der realen Politik bilden oder als deren Ersatz dienen."[13]

Im Gegensatz hierzu skizziert Andreas Keller am Beispiel Johann von Bessers, der seit 1690 als preußischer Zeremonienmeister amtiert und als Gelegenheitsdichter wirkt, einen „Funktionsverbund von Staats- und Dichtkunst". Das „Zeremoniell" sei in diesem Kontext

> nicht allein passives Abbild des höfischen Systems und sekundär generiertes Zeichensystem, [...] sondern jederzeit noch gestaltbares Kommunikationsgeschehen, das viele Autoren hat und gattungsübergreifend funktioniert durch das wirksame Einspeisen parteidienlicher Aussagen und Aktionen. [...] Panegyrik, Kasualia und Opernlibretti, sogar Trauerdichtungen erweisen sich als intentionale Lenkungskonzepte, die eine reale Interaktion politischer Funktionsträger in erkennbaren und vor allem auch merkfähigen Bildern initiieren.[14]

Zugleich hält Keller fest, dass die herausgehobene Funktion von Zeremoniell und höfischen Gelegenheitstexten in Preußen mit dem Herrschaftsantritt Friedrich Wilhelms I. im Jahr 1713 (vorläufig) ende.[15] Zwei Punkte sind daher mit Blick auf Ramler festzuhalten: Seine literarischen und bildkünstlerischen Beiträge zu den Trauerfeierlichkeiten für Friedrich II. und den Feierlichkeiten zur Thronbesteigung Friedrich Wilhelms II. liefern *erstens* herrschaftsaffirmative Botschaften und prägen die mediale Inszenierung des verstorbenen und neuen Preußenkönigs entscheidend. Eine direkte Mitverantwortung für die erfolgreiche Legitimation der

---

[12] Möseneder: Zeremoniell und monumentale Poesie, S. 147.
[13] Matsche: Die Kunst im Dienst der Staatsidee Kaiser Karls VI., S. 44. Auf „Fiktionalisierung" durch „Allegorisierung", etwa im Zuge „allegorische[r] Hofmaskeraden", verweisen auch Berns und Rahn, messen solchen ‚geschlossenen' höfischen Inszenierungen jedoch herrschaftssichernde Funktion zu: „Sie müssen gleich strukturiert sein, weil sie alle der Aufgabe genügen müssen, die Hierarchie der höfischen Gesellschaft als biblisch, mythisch, historisch oder natürlich verbürgte zu spiegeln und damit zu festigen" (Berns, Jörg Jochen und Thomas Rahn: „Zeremoniell und Ästhetik", in: Berns, Jörg Jochen und Thomas Rahn (Hrsg.): *Zeremoniell als höfische Ästhetik in Spätmittelalter und Früher Neuzeit*, Frühe Neuzeit 25, Tübingen 1995, S. 650–665, hier S. 653).
[14] Keller: „Johann Ulrich König (1688–1744) als Nachlaßverwalter und Herausgeber Johann von Bessers", S. 94–96.
[15] Vgl. ebd., S. 96f.

Hohenzollernmonarchie im Sinne einer Stabilisierung politischer Macht kommt ihnen jedoch vermutlich nicht zu.

Zweitens scheint Zurückhaltung geboten, was die ‚Originalität' der Modellierung gelungener monarchischer Herrschaft in Ramlers Dekorationsentwürfen angeht. Bereits ein Blick auf Gelegenheitstexte und Bilderfindungen aus den ersten Regierungsjahren Friedrichs II. legt nahe, dass Ramler auf einen etablierten Motivfundus zurückgreifen und kanonische Themen variieren kann.[16] Für seine *Granatapfel-Ode* von 1750 wählt er beispielsweise die militärische Stärke Preußens, das Funktionieren der Justiz, die Blüte von Landwirtschaft und Handel sowie die staatliche Förderung von Wissenschaften und Künsten aus.[17] Vor diesem Hintergrund gilt es im folgenden Kapitel 4.1 zu klären, auf welche konkreten Bildtraditionen Ramler im Zuge seiner Dekorationsentwürfe und panegyrischen Gelegenheitstexte im Sommer 1786 zurückgreift und welches frühneuzeitliche Fürstenideal die Basis seiner panegyrischen Gelegenheitskunst bildet.[18] Deutlich werden

---

[16] Greifbar wird dieser Kanon bereits in Publikationen zu Friedrichs Regierungsantritt im Jahr 1740. Die Rückseite der 1740 in Königsberg ausgegebenen Huldigungsmedaillen zeigt „die Gerechtigkeit, vorgestellt wie ein Frauenzimmer, die in der rechten Hand eine Sonne, in der linken aber ein Schwerdt, und eine Wagschale führet. Unter ihr stehen die Worte *Felicitas Populi* (das Glück des Volks)" (Wadzeck, Friedrich und Wilhelm Jakob Wippel: Geschichte der Erbhuldigungen der Preußisch-Brandenburgischen Regenten aus dem Hohenzollerschen Hause, Bd. 2, Berlin 1798, S. 14). Die Berliner Huldigungsmedaillen wiederum zeigen „[a]uf dem Revers aber die Worte, *Veritati et Justitiae* (der Wahrheit und Gerechtigkeit)" (ebd., S. 32). Im Rahmen der Huldigung in Halle liefert Johann Peter von Ludewig als „Königl. Commissarius" eine allegorische Auslegung der Königsberger Huldigungsmedaille: Friedrich habe bereits in den ersten Tagen seiner Regierung „vier Haupttugenden" bewiesen: „Liebe und Erbarmen gegen Dero Unterthanen" („Mildthätigkeit"), „Weisheit und Erkenntniß vieler Wissenschaften", „Vorsorge zur Vermehrung der Armeen und tapfern Soldaten" („Tapferkeit") sowie „Eifer zur Handhabung der Gerechtigkeit" (ebd., S. 33 bzw. S. 36–38). Signifikant ist zudem ein zeitgenössischer Kupferstich samt ausführlicher Kommentierung, der einen Reigen von elf emblematischen Medaillons zusammenstellt (vgl. Emblematischer Entwurff Von der aufblühenden Vollkommenheit Preußischer Länder / Unter Der gesegneten Regierung Des Preiswürdigsten Friderici II. Dritten Königs in Preussen Majestät, Magdeburg 1740). Zugeschrieben werden Friedrich II. hier u. a. die Förderung der Künste (Medaillon Nr. 6), militärische Stärke (Nr. 7) sowie die Förderung von Wirtschaft und (repräsentativem) Gartenbau (Nr. 8 bzw. Nr. 10). Hinweise auf Illuminationen in Königsberg oder Berlin im Rahmen der Feierlichkeiten zur Thronbesteigung Friedrichs II. finden sich in der *Geschichte der Erbhuldigungen* hingegen nicht (vgl. Wadzeck/Wippel: Geschichte der Erbhuldigungen, S. 1–50).

[17] Vgl. hierzu Kap. 2.1.1.

[18] Zur Logik der panegyrischen Stilisierung fürstlicher Tugenden vgl. Möseneder: Zeremoniell und monumentale Poesie, S. 148f.: „Feierte man die vermeintlichen oder tatsächlichen Tugenden und Fähigkeiten der Mitglieder des Herrscherhauses [...], so reduzierte man das vorangegangene historische Geschehen auf Tugendentscheide und Resultate von Fähigkeiten; gleichermaßen noblierte man das widersprüchliche histo-

soll auf diese Weise, dass die allegorischen Darstellungen und Zuschreibungen von Herrschertugenden an Friedrich II. sowie Friedrich Wilhelm II. nicht durchweg als individuelle und originelle Botschaften von Seiten Ramlers oder seiner Auftraggeber zu deuten sind, sondern ein festes Bildrepertoire reproduzieren oder abwandeln.

4.1 Allegorien in Ramlers Gelegenheitsarbeiten

4.1.1 Die Berliner Friedensfeierlichkeiten von 1763: Zwei Triumphbögen für den Magistrat

Im Zuge der offiziellen Feierlichkeiten zur Rückkehr Friedrichs II. aus dem Siebenjährigen Krieg, die vom 30. März bis 4. April 1763 in Berlin stattfinden, übernimmt Ramler einen Doppelauftrag für den Berliner Magistrat.[19] Beteiligt ist er an der Konzeption zweier Triumphbögen, die „an dem Frankfurter Thor" und „vor dem Berlinischen Rathause" aufgebaut werden.[20] Ramlers langjähriger Freund Christoph Benjamin Wackenroder, der 1763 als „Hof- und Bau-Rath, auch Syndicus" für den Magistrat wirkt, könnte die Aufträge vermittelt haben.[21] Sie ermögli-

---

rische Geschehen. Die Wirklichkeit wurde korrigiert und überformt zu dem Zweck, daß die ‚eigentliche', in der Trübung der Realität befangene ‚höhere Bedeutung' demonstrativ deutlich sichtbar wurde. Das Vereinzelte wurde auf Allgemeineres, das Zufällige auf Grundsätzlicheres bezogen. So trat in den Bildern der Festdekoration das Eigentliche der Geschichte im Sinne des idealen Herrschers hervor."

[19] Zu den Honoraren, die Ramler und Rode für ihre gelehrten und künstlerischen Dienstleistungen im Frühjahr 1763 vom Berliner Magistrat ausgezahlt werden, vgl. Kap. 1.3.3.

[20] Voss (Hrsg.): Sammlung der Freudenbezeigungen und Illuminationen [...], „Erläuterung des beygefügten Kupferstichs" [unpaginiert] sowie S. 26. Zur Ehrenpforte vgl. bereits Weidner: Berlin im Festschmuck, S. 56. Zum Aufgabenspektrum des Magistrats vgl. Bisky, Jens: Berlin. Biographie einer großen Stadt, Berlin 2019, S. 106f.

[21] Adres-Calender, Der Königl. Preußl. Haupt- und Residenz-Städte Berlin, und der daselbst befindlichen hohen und niederen Collegen, Instantzien und Expeditionen. Auf das Jahr MDCCLXIII. [...], S. 167. Zu Wackenroder, dessen Sohn Wilhelm Heinrich (1773–1798) zu den wichtigen Programmatikern der Frühromantik zählt, vgl. auch Straubel, Rolf: „Justizbürgermeister, Geh. Kriegsrat Christoph Benjamin Wackenroder (1728–1808)", in: Straubel, Rolf: *Biographisches Handbuch der preußischen Verwaltungs- und Justizbeamten. 1740–1806/1815*, Bd. 2, München 2009, S. 1059f. Ramler und Wackenroder kennen sich spätestens seit Anfang der 1760er Jahre. Im ersten erhaltenen Brief an Ramler vom 4. Juni 1760 äußert sich Wackenroder besorgt zum psychischen Zustand des gemeinsamen Berliner Freunds Lukas F. Langemack und richtet Grüße an Gleim aus, bei dem Ramler sich zu diesem Zeitpunkt mit Langemack aufhält (vgl. GSA 75/224). Zu Wackenroders Rolle bei der Regelung von Ramlers literarischem Nachlass vgl. das „Codicill" vom März 1798 im Anhang dieser Arbeit (Kap. 7.2.3).

chen es Ramler erstmals, über Korrespondenzen zwischen seinen Gelegenheitsoden und Medaillenentwürfen hinaus auch Friedrichs Inszenierung im Rahmen zeremonieller Feierlichkeiten programmatisch auf vorherige Gelegenheitsarbeiten abzustimmen.

Abbildung 28: „Dessein von der Ehren Pforte welche beim Einzuge Sr. Königl: Majestaet von Preussen in Berlin vor der Franckfurter Landwehre durch die Veranstaltung des hiesigen Magistrats errichtet wurde", vorgebundene Radierung aus: Sammlung der Freudenbezeigungen (1763)

Die Ehrenpforte vor dem Frankfurter Tor (vgl. Abb. 28) bietet am Abend des 30. März die Kulisse der offiziellen Begrüßung des Königs durch den Berliner Magistrat:

> Alle diese jetztbeschriebenen prächtigen Züge waren bereits des Vormittags, nachdem sie durch die vornehmsten Strassen der Stadt paradiret hatten, aus dem Frankfurter Thore heraus gerückt, und hatten sich daselbst zum Empfange des Monarchen in Ordnung gestellet. Bey dem gedachten Thore sahe man eine von dem Hochlöblichen Magistrat der Residenz veranstaltete Ehrenpforte, von welcher sich Paucken und Trompeten hören liessen, unter deren Schall Sr. Königliche Majestät den Einzug durch selbige hielten, und von dem daselbst versamleten Magistratscollegio auf das submisseste empfangen und bewillkommet wurden.[22]

[22] Voss (Hrsg.): Sammlung der Freudenbezeigungen und Illuminationen [...], S. 16. Zu den Abweichungen zwischen Protokoll und tatsächlichem Ablauf infolge von

Die von Ramler ausgewählten Inschriften zählen folglich zu den offiziellen und weithin sichtbaren Botschaften des Magistrats an den König und das Publikum der zeremoniellen Begegnung. Ramler kombiniert für den Triumphbogen drei lateinische Inschriften, deren Anordnung der symmetrischen Gliederung des Bogens durch ein erhöhtes mittleres Tor und zwei niedrigere Seitendurchgänge entspricht.[23] Über den beiden seitlichen Toren platziert Ramler ein Zitat aus Horaz' Pindar-Ode und dessen *Carmen saeculare*. Über dem Mittelportal findet sich der Schlussvers des Prooems zum ersten Buch von Vergils *Georgica*. Im Fall der Zitate aus Horaz' Carmina 4, 2 (*Io triumphe non semel dicemus, io triumphe Civitas omnis*) und Vergils *Georgica* (*Ingredere, et votis iam nunc adsuesce vocari*) übernimmt Ramler den Prätext exakt.[24] Angesprochen werden im Kontext der Ehrenpforte die Stadt Berlin (*Civitas omnis*), die Friedrichs „Triumph" feiern solle, sowie Friedrich selbst, der die Gebete beziehungsweise Bitten (*vota*) seiner Untertanen erhören möge. Auf den Adressaten verweist auch die bekrönte Kartusche mit dem Monogramm „FR" (vgl. Abb. 28).

In der dritten Inschrift (*Iam fides et pax redit et beato copia cornu*), die über dem rechten Seitenportal platziert ist, variiert Ramler Strophe 15 aus Horaz' *Carmen saeculare* und passt das Zitat auf die Situation Preußens nach dem Siebenjährigen Krieg an: Die Inschrift stellt die Rückkehr von Treue (*fides*), Frieden (*pax*) und Wohlstand (*copia*) in Aussicht. Die Wiederherstellung konservativer römischer Werte, die sich bei Horaz ebenso finden (*Honos Pudorque / priscus et neglecta redire Virtus/audet*), klammert Ramler hingegen aus.[25] Mit der Wahl und bewussten Anpassung seiner Inschriften stellen Ramler beziehungsweise der Berliner Magistrat somit nicht Friedrichs „Triumph" im zurückliegenden Krieg in den Mittelpunkt. Vielmehr fokussieren sie den Status quo und aktuelle Erwartungen (*Iam*) an das politische und militärische Agieren des Monarchen.[26] Zugleich rückt

    Friedrichs ‚Boykott' der Feierlichkeiten vgl. Biskup: Friedrichs Größe, S. 141; sowie Weidner: Berlin im Festschmuck, S. 54: „Statt am Vormittag trifft der König erst spät abends, zwischen 8 und 9 Uhr, als es schon ganz dunkel geworden ist, ein, daß erst Fackeln herbeigeschafft werden müssen, damit er etwas von der versammelten und nach Möglichkeit geschmückten Menge sehen kann." Voss notiert ohne weiteren Kommentar „die des Abends zwischen 8 und 9 Uhr erfolgte höchstbeglückte Ankunft Seiner Königl. Majestät aus Schlesien" (Voss (Hrsg.): Sammlung der Freudenbezeigungen und Illuminationen [...], S. 12).

[23] Zu Ramlers Verantwortlichkeit vgl. den Hinweis am Ende der „Erläuterung des beygefügten Kupferstichs": „Die Erfindung der Panthea und die Wahl der Inschriften war von dem Herrn Professor Ramler" (Voss (Hrsg.): Sammlung der Freudenbezeigungen und Illuminationen [...], [unpaginiert]).

[24] Es handelt sich um Hor. carm. 4, 2, 49–51 sowie Verg. georg. 1, 42.

[25] Hor. carm. saec., 57–59.

[26] Auch Friedrichs Stilisierung zum ‚preußischen Herkules' sowie Ramlers Erläuterungen zu Rodes Bildern (s. u.), verweisen auf die Anstrengungen der zurückliegenden Kriege und stellen Friedrich gerade nicht einseitig als glorreichen Helden dar. Ramlers Ode *Der Triumph* wiederum erscheint erst im Rahmen der *Oden* (1767), somit einige Jahre

Friedrich II. mit der Rekontextualisierung von Horaz' und Vergils Prätexten an Augustus' Stelle, auf den sich ursprünglich alle drei Zitate beziehen. Auf diese Weise korrespondieren die antikisierende Gestaltung der Ehrenpforte als Triumphbogen für Friedrich II. und dessen Stilisierung zum ‚preußischen Augustus'. Die Wahl der Originalsprache erweist sich als weiterer Ausdruck von Ramlers lateinischem Klassizismus. Der „deutsche Horaz" und der Berliner Magistrat adressieren den ‚preußischen Augustus' mit Referenzen auf zwei kanonische Autoren der Augusteischen Klassik.

Darüber hinaus konzipiert Ramler die allegorische Figur einer „Allgöttin der Preußen" (*Panthea Borrusorum*), die die Ehrenpforte bekrönt:

> Neben der Ballustrade erschien auf einem erhabenen Fußgestelle eine ruhende Göttin, die Minervens Brustharnisch mit dem Medusenkopfe trug, und mit der Mauerkrone der Cybele gekrönet war. Aus einem ihrer Arme ließ sie das Füllhorn der Ceres und Pomona fallen. In der Linken hielt sie die Leyer der Musen, und in der Rechten die Wageschaale der Themis.[27]

Als Personifikation Berlins und preußische Schutzgöttin mit den Attributen Minervas bündelt die „Panthea" jene Zukunftserwartungen, die bereits die Inschriften des Triumphbogens formulieren. Zur militärischen und ökonomischen Stärke sollen das Aufblühen der Künste und die Rechtsstaatlichkeit in Preußen kommen.

Für die zweite, illuminierte Ehrenpforte des Magistrats kooperiert Ramler mit dem Graphiker und Maler Christian Bernhard Rode. Sie wird für die Erleuchtung der Straßen Berlins am Abend des 4. April 1763 errichtet, die unter anderem Friedrich II. und Ferdinand von Braunschweig-Lüneburg „in höchsten Augenschein" nehmen.[28] Ramler und Rode liefern für den Magistrat

> *en basrelief* [im Halbrelief, M. B.] zwölf durchscheinende Gemählde, wovon sechs zur Rechten und sechs zur Linken [des Triumphbogens, M. B.] angebracht waren. Sie stellten die Hauptschlachten, die der König in den drey Schlesischen Feldzügen gewonnen hat, unter zwölf Arbeiten des Herkules vor.[29]

---

nach den Feierlichkeiten. Anzeichnen für einen Dissens „zwischen Korporationen [...] und sich als patriotisch verstehenden Kreisen mit ihren je eigenen zeremoniellpolitischen Agenden", wie ihn Biskup skizziert, scheinen damit nicht gegeben (Biskup: Friedrichs Größe, S. 142).

[27] Voss (Hrsg.): Sammlung der Freudenbezeigungen und Illuminationen [...], „Erläuterung des beygefügten Kupferstichs", [unpaginiert].
[28] Ebd., S. 18.
[29] Ebd., S. 26. Zur Bedeutung der Herkules-Figur für die Herrscherikonographie der Frühen Neuzeit, v. a. mit Blick auf die Inszenierung der sächsischen Kurfürsten in Gelegenheitsdichtungen und Festen, vgl. Heldt: Der vollkommene Regent, S. 214–234; sowie Deppe, Uta: Die Festkultur am Dresdner Hofe Johann Georgs II. von Sachsen (1660–1679), Bau+Kunst 13, Kiel 2006, S. 314–328.

Bei der Zusammenstellung der zwölf Herkules-Taten ergänzen Ramler und Rode eine Auswahl des Dodekathlos um weitere Herkules-Episoden. Neben dem Bildprogramm zeichnet Ramler zudem für zwölf lateinische Inschriften verantwortlich, die die Darstellungen als Taten des Herkules identifizieren.[30] Hierfür wählt Ramler durchweg den heroischen Hexameter und bietet dem gelehrten Betrachter so in gewissem Sinne eine friderizianische ‚Herkuleis' in Kurzform.[31] In seiner späteren Rekonstruktion des ephemeren Aufbaus hält Ramler darüber hinaus fest, die zwölf Gemälde hätten eine Darstellung gerahmt, „worauf die Stadt Berlin als Nymphe vor dem Bildnisse des Königs eine Opferschale auf den Altar ausgiesst, mit der Unterschrift: *Tandem grata quies post tot tibi parta labores. Accipe jam solvo quae tibi vota, pater!*"[32] Die umstehenden Herkules-Taten (*labores*) werden damit zur Begründung für die Bitten (*vota*) der personifizierten preußischen Hauptstadt. Die „Unterschrift" wiederum greift die Motti der von Ramler konzipierten Medaille auf die Schlacht bei Torgau (s. u.) und des von Ramler und Rode gestalteten Magistrats-Triumphbogens auf.

Christian Friedrich Voss' *Sammlung der Freudenbezeigungen*, die als offizielle Festbeschreibung die Friedensfeierlichkeiten im Frühjahr 1763 dokumentiert, ergänzt die Beschreibung der Illumination für den Berliner Magistrat nicht allein um Übersetzungen von Ramlers Inschriften, sondern auch um Anmerkungen zu jeder Darstellung. Diese erläutern Ramlers jeweilige Gründe, Schlacht und Herkules-Tat einander zuzuordnen. So wählt er als fünftes Bild für die Schlacht von Kesselsdorf die Tötung des Cacus durch Herkules („Monte Cacum exturbat fumum flammasque vomentem", „Herkules erlegt den Flammenspeyenden Cacus, den er aus seiner Höhle zieht"). Die entsprechende Anmerkung kommentiert die Wahl folgendermaßen: „In dieser Schlacht waren den Preussen die Batterieen sehr gefährlich."[33] Die Realbezüge sollen folglich Friedrichs Präsentation als ‚preußischer Herkules' sowie Ramlers Zuordnungen plausibilisieren. Zugleich verstärken die Erläuterungen als *subscriptiones* die emblem-ähnliche Struktur der zwölf allegorischen Schlacht-Darstellungen.[34] Friedrich II. wird mit Herkules als Inbegriff

---

[30] Vgl. Voss (Hrsg.): Sammlung der Freudenbezeigungen und Illuminationen [...], S. 31: „Die poetischen Erfindungen mit ihren Unterschriften waren von dem Herrn Prof. Ramler und die Zeichnung nebst der Malerey von dem Herrn Rohden; die übrige Erfindung und ganze Ausführung aber hatte den Königlichen Bauinspector, Herrn Friedel, zum Urheber."
[31] Ebd., S. 27.
[32] Ramler: Poëtische Werke. [...] Erster Theil: Lyrische Gedichte, S. 260.
[33] Voss (Hrsg.): Sammlung der Freudenbezeigungen und Illuminationen [...], S. 27.
[34] Vgl. Neubers Kritik an einem weiten Emblembegriff: „Der hermeneutische Antrieb der Emblematik ist [...] nicht durch die duale Struktur von Gegenstandsrepräsentation im Bild und Gegenstandsauslegung in der Ekphrasis festgeschrieben, sondern durch die moralische Veruneigentlichung dieses Vorgangs der Auslegung in einem Merkort, einem topischen Lemma (*inscriptio*), das durch eine Ekphrasis (und häufig auch ein Bild) amplifiziert wird. Nur dieser Fall ist als Emblem zu bezeichnen und deutlich von allen

von Stärke und Tugend identifiziert. Die kommentierte Parallelisierung der zwölf Herkules-Taten und zwölf Schlachten dient wiederum dem Beleg und der Illustration von Friedrichs kriegerischer Tugend.

Angelegt ist Friedrichs Stilisierung zum ‚preußischen Herkules' bereits in früheren gelegenheitspanegyrischen Arbeiten, die Ramler mitverantwortet. Ausgangspunkte sind seine *Ode an die Feinde des Königs* (1760), die Friedrichs militärische Aktivitäten als Arbeiten des Herkules präsentiert, und die für Jacob Abraham konzipierte Medaille auf die Schlacht bei Torgau (1760). Die Überschrift ihrer Vorderseite scheint das Bildprogramm von 1763 bereits vorwegzunehmen: Analog zu Herkules habe Friedrich zwölf Schlachten geschlagen und sich Unsterblichkeit erworben (*Fridericus Borussorum Rex laboribus XII peractis divus*).[35] Die Konzeption der illuminierten Bilder für den Berliner Magistrat ermöglicht es Ramler somit, Friedrichs panegyrische Stilisierung zum ‚preußischen Herkules' fortzusetzen und auszubauen.

Ramlers Zusammenarbeit mit Rode dürfte darüber hinaus weitere Herkules-Darstellungen im Rahmen der Berliner Illuminationen am 4. April 1763 angeregt haben, die die Präsenz des Motivs in der beleuchteten Stadt steigern. So wiederholt Rode die Herkules-Motivik sowohl bei der „Erleuchtung" der „Churmärkischen Landschaft"[36] als auch im Rahmen seiner eigenen Präsentation als „Mahler [...] in der Klosterstrasse": „Herkules, wie er nach vollbrachten Heldenthaten auf seiner Leyer spielete, mit dieser Umschrift: *Laborum dulce lenimen*. d. i. Sanfte Erqui-

---

anderen Vorgängen der Allegorese abzuheben" (Neuber, Wolfgang: „‚Sinn-Bilder': Emblematik in der Frühen Neuzeit", in: Benthien, Claudia und Brigitte Weingart (Hrsg.): *Handbuch Literatur & Visuelle Kultur*, Handbücher zur kulturwissenschaftlichen Philologie 1, Berlin u. Boston 2014, S. 341–356, hier S. 346).

[35] Vgl. Hoffmann: Jacob Abraham und Abraham Abramson, S. 54.

[36] Voss (Hrsg.): Sammlung der Freudenbezeigungen und Illuminationen [...], S. 23f.: „In dem Gemählde, so rechter Hand stand, war der König in dem Bilde des mit der Löwenhaut umgebenen, seine Käule in der rechten führenden Herculis vorgestellet, als unter welcher Figur die Alten ihre sieghaften Kayser, e. g. Trajanum etc. auf Münzen und Statuen mehrmals gebildet haben. Der Held ersteiget einen rauhen Felsen, und verjaget die von dessen obern Theile auf ihn loßgehende Löwen, Hydren und vielköpfige Drachen etc. [...]." Vgl. hierzu bereits Ulferts, Gert-Dieter: „Friede nach siegreichem Krieg. Das Bildprogramm – Skulpturen und Malereien", in: Arenhövel, Willmuth und Rolf Bothe (Hrsg.): *Das Brandenburger Tor 1791–1991. Eine Monographie*, Berlin 1991, S. 93–132, hier S. 122. In ihrem Zentrum zeigt die von Rode für die Kurmärkische Landschaft gestaltete Illumination darüber hinaus – wie die Magistrats-Illumination – eine Opferszene (vgl. Weidner: Berlin im Festschmuck, S. 57; sowie Rodes Entwürfe, abgebildet im „Tafelteil", in: Haischer, Peter-Henning u. a. (Hrsg.): *Kupferstich und Letternkunst. Buchgestaltung im 18. Jahrhundert*, Wieland im Kontext. Oßmannstedter Studien 2, Heidelberg 2016, S. 155–164 [Abb. IXf.]).

ckung nach der Arbeit."[37] Im April 1763 steht somit endgültig fest, dass Friedrich seine zwölf Herkules-Taten (*labores*) absolviert hat.

4.1.2 Zwei Medaillen im August 1786

Friedrich II. stirbt am 17. August 1786 in Potsdam. Bereits am 26. August, somit wenige Tage nach dem Tod des Königs, bewirbt die *Vossische Zeitung* zwei Medaillen. Die eine bezieht sich auf Friedrichs Tod, die andere auf Friedrich Wilhelms II. Regierungsantritt. Ramler verantwortet die Konzeption beider Medaillen. Die zeichnerischen Entwürfe stammen von Johann Wilhelm Meil. Die Realisierung und den Vertrieb der Medaillen übernimmt Daniel Friedrich Loos, der königliche Medailleur:[38]

> 1) Medaille auf den Tod des Königs Friedrich II. von Preußen. Vorderseite: Das Bildniß des hochseligen Königs, ohne allen irdischen Schmuck, das Haupt mit einer Götter- oder Stralenkrone umglänzt, mit der Umschrift: *Fridericus II. Borussorum Rex terris datus d. XXIV. Jan. MDCCXII.* d. i. *Friedrich II. König von Preußen, der Erde gegeben den 24 Jan. 1712.* Rückseite: Die Göttin des Vaterlandes, kniend vor einem Altare, auf welchen sie eine Opferschale gießt, hebt Haupt u. Hand gen Himmel, von welchem Stralen herab schießen. Man sieht den Himmel eröffnet, zu welchem der Held eingegangen ist. Die Umschrift ist: *Sis bonus o felixque tuis.* d. i. *O sey ein Wohlthäter und Schutzgott der Deinen.* Dieser Halbvers aus der fünften Ekloge Virgils deutete damals auf den vergötterten Julius Cäsar, der unter dem Namen des Daphnis versteckt liegt, den tapfersten und gelehrtesten Helden seiner Zeit.

---

[37] Voss (Hrsg.): Sammlung der Freudenbezeigungen und Illuminationen [...], S. 80. Rode greift damit zugleich das Motiv von Meils Frontispiz zu den *Poësies diverses* Friedrichs II. (1760) auf, das seinerseits in Verbindung mit Ramler entstanden sein dürfte (vgl. Hildebrandt: „Unter Kriegsdichtern. Die *Poësies diverses* Friedrichs II. in der Buchgestaltung der Berliner Aufklärer", S. 377, S. 380–383 sowie S. 390). Auch der Aufbau bei dem Kaufmann Gotskowsky stellt das Herkules-Motiv in den Mittelpunkt (vgl. Voss (Hrsg.): Sammlung der Freudenbezeigungen und Illuminationen [...], S. 80f.). Zu Gotskowskys Rolle für die Geschicke Berlins während des Siebenjährigen Kriegs vgl. Bisky: Berlin. Biographie einer großen Stadt, S. 137–139.

[38] Vgl. „[Anzeigen]", *Königlich-privilegirte Berlinische Zeitung von Staats- und gelehrten Sachen* 102 (26.08.1786), [unpaginiert]: „Die Erfindungen dieser Medaillen sind vom Hrn. Prof. Ramler, und die Zeichnungen vom Rektor der hiesigen Akademie der bildenden Künste, Hrn J. W. Meil, zweien Männern, deren Namen man nur nennen darf, um sie gelobt zu haben. Der königl. Medailleur, Hr. Loos, war es werth, solche Ideen und solche Zeichnungen auszuführen, und er hat es so vortrefflich gethan, daß jedermann seine Medaillen der Könige, die sie veranlaßten, vollkommen würdig finden wird. Sie sind bei Hrn. Loos selbst [...] zu haben. In feinem Silber, 2 Loth schwer, kostet jede von beiden 3 Rthlr; in feinem Golde, 3 Loth schwer, 48 Rthl."

Abschnitt: *Coelo reditus d. XVII. Aug. MDCCLXXXVI.* d. i. Dem Himmel wiedergegeben den 17. Aug. 1786.[39]

Die Medaille auf den Tod Friedrichs II. bildet den Auftakt von Ramlers postumer Inszenierung des Preußenkönigs und gibt deren Leitmotiv vor: Friedrichs Vergöttlichung beziehungsweise Verstirnung und die Anrufung des verstorbenen Monarchen als „*Schutzgott*" des preußischen „Vaterlandes". Zu den herausragenden Dokumenten dieses antikisierenden Unsterblichkeitskults um Friedrich II. zählt auch Ramlers Versuch, im Januar 1787 gemeinsam mit Christian Bernhard Rode und dem Astronomen Johann Elert Bode das Sternbild „Friedrichsehre" zu etablieren.[40]

Ihre ‚Plausibilität' zieht die Apotheose[41] im Falle der Medaille vom August 1786 aus der Deutung von Friedrichs Regentschaft als Ausdruck göttlichen Willens beziehungsweise Friedrichs Deutung als göttliche Erscheinung und ‚Gabe'. Er sei „*der Erde gegeben*" (*terris datus*) und nach seinem Tod „[d]em Himmel

[39] Ebd.; vgl. Sommer: Die Medaillen des königlich preussischen Hof-Medailleurs Daniel Friedrich Loos und seines Ateliers, S. 37.
[40] Vgl. hierzu Schwemin, Friedhelm: Der Berliner Astronom. Leben und Werk von Johann Elert Bode 1747–1826, Acta Historica Astronomiae 30, Frankfurt a. M. 2006, S. 35–37. Ramlers und Rodes Beteiligung vermerkt Bode in „Monument astronomique consacré a Fréderic II. Lu dans l'Assemblée extraordinaire du 25 Janvier 1787", *Mémoires de l'Académie Royale des Sciences et Belles-Lettres [...] Aout 1786 jusqu'a la fin de 1787. [...]* (1792), S. 57–59, hier S. 59 [Anm. e]: „Notre digne Collégue, M. le Professeur Ramler, est proprement l'inventeur de la dénomination de *gloire de Fréderic*, (Friedrichs Ehre). J'ai trouvé cette dénomination si convenable, que je n'ai pas hésité de l'adopter. M. le Directeur Rode a fait le dessein de la nouvelle constellation d'après les instructions que je lui ai données." Auf das Sternbild bezieht sich Ramler in seiner *Ode* „An der regierenden Königinn von Preußen Majestät, als Dieselbe die Sternwarte der Akademie der Wissenschaften besuchte. Berlin, den 11. September, 1789", *Berlinische Monatsschrift* 14/12 (1789), S. 509–513. Den Neuabdruck der Ode in der postumen Werkausgabe beschließt eine entsprechende Vignette: Ein Putto trägt die Attribute der „Friedrichsehre" (Krone, Schwert, Schreibfeder und Lorbeerkranz); vgl. Ramler: Poëtische Werke. [...] Erster Theil: Lyrische Gedichte, S. 129f. Auf Beispiele für die Erfindung von Sternbildern als Mittel „politischer Propaganda im Sinne des Fürstenstaats" aus den 1670er und 1680er Jahren verweist Berns, Jörg Jochen: „Mythographie und Mythenkritik in der Frühen Neuzeit. Unter besonderer Berücksichtigung des deutschsprachigen Raumes", in: Jaumann, Herbert (Hrsg.): *Diskurse der Gelehrtenkultur in der Frühen Neuzeit. Ein Handbuch*, Berlin u. New York 2011, S. 85–155, hier S. 129f.
[41] Zur frühneuzeitlichen Bildtradition der Herrscherapotheose vgl. Büttner: Einführung in die frühneuzeitliche Ikonographie, S. 126–133. Weitere zeitgenössische bildkünstlerische Apotheosen von Friedrich II. finden sich in Benninghoven, Friedrich, Helmut Börsch-Supan und Iselin Gundermann: Friedrich der Grosse. Ausstellung des Geheimen Staatsarchivs Preußischer Kulturbesitz anläßlich des 200. Todestages König Friedrichs II. von Preußen, 2. Aufl., Berlin 1986, S. 392–395.

wiedergegeben" worden (*Coelo reditus*). Zudem stilisiert der Kommentar der *Vossischen Zeitung* den verstorbenen Monarchen gleich zweifach zum „Helden" und überblendet ihn mit dem ebenfalls vergöttlichten Cäsar. Wie dieser sei Friedrich II. gerade in seiner Doppelrolle als Feldherr und Schriftsteller verehrungswürdig. Diese antikisierende Inszenierung wird von der Medaille auf die Thronbesteigung Friedrich Wilhelms II. fortgesetzt:

> 2) Medaille auf den Regierungsantritt Sr. Maj. des Königs Friedrich Wilhelm II. von Preußen. Vorderseite: Des Königs Brustbild, in der Kleidung eines deutschen Helden, mit der Umschrift: *Fridericus Wilhelmus Rex Borussorum Pater Patriae.* d. i. *Friedrich Wilhelm, König von Preußen, Vater des Vaterlandes*. Rückseite: Minerva hält in der einen Hand die Aegide – mit dem schlangenhaarigen Kopf der Meduse – weit von sich, als ob sie solche den Feinden entgegen hielte; und zeigt mit der andern Hand auf ihren Lieblingsbaum, den sie selbst hervorgebracht hatte, nehmlich auf den Oehlbaum, das Sinnbild des Friedens. Unter diesem liegen die Attribute der Gelehrsamkeit, der Künste und des Ackerbaus. Ueberschrift: *Artibus umbram, hostibus terrorem*, welches heißt: Den Künsten Schatten, den Feinden Schrecken. Abschnitt: *Regnum adeptus d. XVII. Augusti MDCCLXXXVI.* d. i. *Das Reich erhalten den 17. August 1786*.[42]

Wenige Tage nach seinem „Regierungsantritt" erscheint Friedrich Wilhelm II. somit bereits als „deutsche[r] Held[]". Frieden und militärische Stärke werden in Preußen auch unter dem neuen König mit einer landwirtschaftlichen und kulturellen Blüte einhergehen. Diese Aussichten verbinden sich in der Gestalt Minervas, die Kriegsbereitschaft und Wissenschaften versinnbildlicht. Der für Friedrich Wilhelm II. gewählte Ehrentitel eines *Pater patriae* („Vater des Vaterlandes") suggeriert einerseits eine emotionale Bindung zwischen Monarch und Untertanen. Andererseits stellt er den neuen preußischen König in die Tradition der römischen Kaiser und schließt an Friedrichs Stilisierung zum ‚preußischen Cäsar' an.[43] Dynastische Kontinuitäten betont auch die Datierung beider Medaillen auf den 17. August 1786. Der Tod Friedrichs bedeutet den unmittelbaren Übergang der Königswürde auf seinen Neffen (*Regnum adeptus*).

---

[42] „[Anzeigen]", *Königlich-privilegirte Berlinische Zeitung von Staats- und gelehrten Sachen* 102 (26.08.1786), [unpaginiert]; vgl. Sommer: Die Medaillen des königlich preussischen Hof-Medailleurs Daniel Friedrich Loos und seines Ateliers, S. 38. Wadzeck und Wippel zufolge wird die Medaille auf den Regierungsantritt Friedrich Wilhelms II. bereits am 24. August 1786 herausgegeben (vgl. Wadzeck/Wippel: Geschichte der Erbhuldigungen, S. 56f.).

[43] Vgl. Strothmann, Meret: „Pater patriae", in: Cancik, Hubert und Helmuth Schneider (Hrsg.): *Der neue Pauly. Enzyklopädie der Antike*, Bd. 9, Stuttgart u. Weimar 2000, Sp. 396; vgl. a. Duchhardt, Heinz: „Das protestantische Herrscherbild des 17. Jahrhunderts im Reich", in: Repgen, Konrad (Hrsg.): *Das Herrscherbild im 17. Jahrhundert*, Schriftenreihe der Vereinigung zur Erforschung der neueren Geschichte e.V. 19, Münster 1991, S. 26–42, hier S. 32f.

4.1.3 Trauerfeierlichkeiten für Friedrich II. im September 1786

Bereits einen Tag nach seinem Tod wird Friedrich II. am 18. August 1786 in der Potsdamer Garnisonkirche still beigesetzt. Parallel beginnen die Planungen für das repräsentative Begräbnis am 9. September 1786.[44] Ramler ist im Zuge der Vorbereitungen in doppelter Funktion gefragt. *Erstens* erhalten Christian Bernhard Rode und er den Auftrag, sich nach Potsdam zu begeben, um dort die Dekoration der Garnisonkirche mitzuverantworten. Die *Berlinischen Nachrichten* berichten am 29. August 1786:

> Die Anordnung des feyerlichen Leichenbegängnisses für den hochsel. verstorbnen König, welches nach dem beym Absterben des in Gott ruhenden Königs *Friedrich Wilhelm* beobachteten Ceremoniell eingerichtet, und in der ersten Hälfte des bevorstehenden Monats zu Potsdam veranstaltet werden soll, haben *Se. Majestät* dem Kammerherrn Baron *von Reck*, mit Zuziehung des Königl. Hauptmanns Herrn *von Gontard* aufgetragen, welcher letztere auch bereits, in Begleitung des Directors der hiesigen Kunst-Akademie, Herrn *Rode*, und des Herrn Professor *Ramler* zu Entwerfung, Errichtung und Ausschmückung des Trauergerüstes in der Kirche etc. nach Potsdam abgegangen ist.[45]

Zweitens wird Ramler am 30. August 1786 von Friedrichs letztem Kammerherrn Girolamo Marchese Lucchesini 1786 gebeten, umgehend dessen lateinische Ode auf den Tod des Königs ins Deutsche zu übersetzen:

> Lucchesinius Ramlero poetae eximio hosce mittit versiculos, qui germanicam versionem expectant ut conjunctim typis mandentur; atque à nemine elegantius verti seu juncto pede seu soluta oratione possent, quam ab illo, quem „Poetam sermone utriusque Linguae„ toties Germania plausu ac Laudibus prosecuta est.[46]

---

[44] Das Staatsbegräbnis ist wiederholt rekonstruiert worden. Der wichtigste zeitgenössische Bericht stammt vom Potsdamer Feldpropst Kletschke (vgl. Kletschke, Johann Gottfried: Lezte Stunden und Leichenbegängniß Friedrichs des Zweiten Königs von Preussen, Potsdam 1786). Friedrich Laske ergänzt seine Darstellung von 1912 um zeichnerische Rekonstruktionen der Potsdamer Dekorationen (vgl. Laske: Die Trauerfeierlichkeiten für Friedrich den Großen). Die jüngste Interpretation der Feierlichkeiten stammt von Linda Brüggemann (vgl. Brüggemann: Herrschaft und Tod in der Frühen Neuzeit, S. 289–326).

[45] „Berlin, vom 29. August", *Berlinische Nachrichten von Staats- und gelehrten Sachen* 103 (29.08.1786), S. 771. Im Bericht der *Vossischen Zeitung* fehlt der Hinweis auf Ramler noch: „Eben dahin [Potsdam, M. B.] haben sich auch der Herr Hauptmann *von Gontard* und der königl. Malerakademiedirektor *Herr Rode* begeben, welche den königl. Auftrag haben, das *Castrum doloris* anzuordnen und anfertigen zu lassen. Das Leichenbegängniß selbst, wird auf *Sr. Majestät* Befehl von dem königl. Kammerherrn, *Hrn. Baron von Reck*, angeordnet" („Berlin, den 26. August", *Königlich-privilegirte Berlinische Zeitung von Staats- und gelehrten Sachen* 102 [26.08.1786], [unpaginiert]).

[46] Girolamo Marchese Lucchesini an Ramler am 30. August 1786 (GSA 75/134, 1ʳ):

Mit seinem Gedicht liefert Lucchesini das Libretto für eine Trauerkantate, die den dramaturgischen Höhepunkt der Trauerfeierlichkeiten in Potsdam bilden soll.[47] Hofkapellmeister Johann Friedrich Reichardt übernimmt ihre Komposition und koordiniert die Aufführung der Kantate am 9. September. Seinem Dirigat unterstehen die symbolisch vereinigten Kapellen von Friedrich II. und Friedrich Wilhelm II. sowie Chorsänger und Solisten:

> So wie sich nun der eigentliche Leichen-Zug der Kirche näherte, spielte Herr Fasch aus Berlin die Orgel, und hielt damit so lange an, bis ein jeder, der sich im Zuge befand, seinen gehörigen Plaz [sic] eingenommen hatte. Als nun alles ganz ruhig war, führten die beiden königlichen Kapellen, unter der Direktion des Herrn Kapellmeister *Reichard*, eine lateinische Trauer-Kantate auf, dessen [sic] Text vom königlichen Kammerherrn, Herrn *Marquis de Lucchesini* herrühren soll.[48]

Im Folgenden soll deutlich werden, dass Ramler als offizieller Übersetzer von Lucchesinis Libretto *und* Mitverantwortlicher für die Dekoration der Potsdamer Garnisonkirche bereits im Vorfeld der Trauerfeierlichkeiten eine organisatorische Schnittstelle besetzt.[49] Zu zeigen ist, wie es ihm gelingt, die medialen Komponenten

---

„Lucchesini schickt Ramler, dem ausgezeichneten Dichter, diese Verslein, die auf ihre deutsche Übersetzung warten, um gemeinsam in den Druck gegeben zu werden; und sie können wohl von niemandem geschmackvoller übersetzt werden (sei es metrisch gebunden, sei es in ungebundener Rede), als von jenem, den Deutschland als Dichter in beiden Sprachen so oft mit Beifall und Lobesbezeigungen ausgezeichnet hat" (Übers. M. B.). Zu Lucchesini und seiner diplomatischen Karriere in preußischen Diensten nach dem Tod Friedrichs II. vgl. Höhm, Willy: Der Einfluss des Marquis von Lucchesini auf die preussische Politik 1787–1792, Diss. Kiel 1926 [biographischer Abriss auf S. 1–9]; sowie Kürenberg, Joachim von [d. i. Eduard Joachim von Reichel]: Der letzte Vertraute Friedrichs des Grossen. Marchese Girolamo Lucchesini, Preußische Geschichte in Einzeldarstellungen 2, Berlin 1933.

[47] Vgl. Walter Salmen: „Die Funeralmusik zur Bestattung von Friedrich II.", S. 237.
[48] Kletschke: Lezte Stunden und Leichenbegängniß Friedrichs des Zweiten Königs von Preussen, S. 82f. Die Beisetzung des (leeren) „Parade-Sarg[s]" schließt sich der Aufführung von Reichardts Kantate an (ebd., S. 83).
[49] Die *Vossische Zeitung* druckt Lucchesinis Ode samt Ramlers Übersetzung im Anschluss an ihren Bericht zu den Potsdamer Trauerfeierlichkeiten am 12. September 1786. Vgl. hierzu den einleitenden Kommentar: „Es kann unsern Lesern nicht anders als angenehm seyn, das vortreffliche lateinische Gedicht, welches bei dem feierlichen Leichenbegängniß unsers höchstsel. Königs, als Trauerkantate ist aufgeführt worden, hier zu lesen. Es berührt in schöner poetischer Sprache die Haupteigenschaften und wichtigsten Thaten unsers großen Friedrichs, und athmet ganz den ächten Geist des Alterthums, indem die Ausdrücke völlig horazisch und virgilisch sind und es verdient in Rücksicht auf die Kürze der Zeit, worinn es mußte aufgesetzt werden, um desto mehr Bewunderung. Der Verfasser ist, wie bekannt, der königl. Kammerherr, Herr Marquis von Lucchesini [...]. Die deutsche Uebersezung [sic] ist von unserm berühmten Ramler" („[Ohne Rubrik]", *Königlich-privilegirte Berlinische Zeitung von Staats- und gelehrten*

der Trauerfeier aufeinander abzustimmen und so für eine einheitliche Programmatik zu sorgen.

Lucchesinis Gedicht umfasst 16 sapphische Strophen und wird durch eine Anspielung auf Horaz' Ode 1, 12 (*Quem virum, aut heroa*) eröffnet: „Welchen Mann, welchen entrissenen Vater seiner Stadt beweint die öffentliche Trauer?"[50] Die intertextuelle Referenz markiert bereits zu Beginn die erhabene Stillage und betont den klassizistischen Anspruch des neulateinischen Textes.[51] Zudem adaptiert Lucchesini das Motiv der antiken Herrscherapotheose:

Attamen lethi impatiens simul Mens Claustra diffregit, patuere sedes Illi, ubi virtus simulacra condit Morte carentum.	Aber sein feuriger Geist durchbrach die Riegel des Grabes, ihm öffnete sich der Sitz, den die Tugend den Schatten der ewig Seligen aufbewahrt.
Sed tuum nomen Friderice limen Arduum coeli attigerat, priusquam Additus divis paterere nostra in Vota vocari.	Dein Nahme, Friederich! hatte schon die hohe Schwelle des Olymps erreicht, ehe Du noch den Himmlischen zugesellt, unsern Gelübden Dich anzurufen vergönntest.
[...]	
Annue oh faustis colende coeptis! Alloquens verbis cinerem supremis Justa dum solvit tibi spes beati Altera regni.	Begnadige, o Anbetungswürdiger! die glücklich angefangenen Unternehmungen, nun Dir die *neue Hoffnung* des frohlockenden Reiches die letzten Pflichten erweiset, die letzten Worte zu Deiner heiligen Asche spricht.

Sachen 109 [12.09.1786], [unpaginiert]). Zudem erscheint die von Lucchesini angekündigte zweisprachige Ausgabe in Buchform beim Hofbuchdrucker Decker (vgl. Lucchesini, Girolamo: Piis. Manibus. Friderici. Magni. Borussorum. Regis. [...] Das letzte Lebewohl dem Heiligen Schatten Friederichs des Grossen, Königes der Preussen [...], übers. von Karl Wilhelm Ramler, Berlin 1786). Weitere Übersetzungen legen Christian Gottlieb Selle, der Leibarzt Friedrichs II., sowie Feldpropst Johann Gottfried Kletschke vor. Selle wählt für seine Übersetzung den deutschen Titel *Die letzten Worte an den abgeschiedenen Geist* [...], vgl. hierzu die knappe Rezension der *Vossischen Zeitung* vom 16. September 1786 („Von gelehrten Sachen", *Königlich-privilegirte Berlinische Zeitung von Staats- und gelehrten Sachen* 111 [16.09.1786], [unpaginiert]). Kletschke integriert seine „Neue Uebersezzung der Trauer-Kantate [...]" in seine Funeralbeschreibung (vgl. Lezte Stunden und Leichenbegängniß Friedrichs des Zweiten Königs von Preussen, S. 90–92). Einen Vergleich von Kletschkes und Ramlers Übersetzungen bietet Walter Salmen: „Die Funeralmusik zur Bestattung von Friedrich II.", S. 240–244.

[50] Lucchesini: Piis. Manibus. Friderici. Magni. Borussorum. Regis, [S. 3f.]; vgl. Laske: Die Trauerfeierlichkeiten für Friedrich den Großen, S. 35.
[51] Vgl. Lessings Neujahrsode von 1754 auf Friedrich II., die ebenso mit einer Anspielung auf Hor. carm. 1, 12, 1 eröffnet (Kap. 3.2.2).

Æra nec tantum memoresve fasti,
Sed magis saeclis referant futuris
Teque virtutesque tuas tuorum
Facta Nepotum.

Durch dauerndes Erz und durch die Jahrbücher der Welt werde jede Deiner Tugenden und mehr noch durch Deiner Enkel Thaten den künftigen Jahrhunderten kund![52]

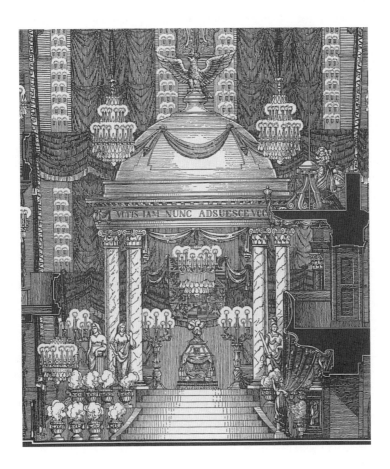

Abbildung 29: Trauergerüst für Friedrich II. in der Potsdamer Garnisonkirche, Rekonstruktion von Friedrich Laske

Auffällig sind die Korrespondenzen zu jener Medaille, die Ramler, Meil und Loos bereits wenige Tage nach Friedrichs Tod herausgeben. Lucchesini führt das Motiv der Vergöttlichung des verstorbenen Königs jedoch nicht allein fort, sondern ergänzt dessen Apotheose um eine doppelte Begründungsfigur. *Erstens* stehen

---

[52] So Strophen 6 und 7 sowie Strophen 15 und 16 (Lucchesini: Piis. Manibus. Friderici. Magni. Borussorum. Regis, [S. 5–8 bzw. S. 11f.]).

Friedrich Unsterblichkeit, Eingang in den Himmel (*coelum*) und Versetzung unter die Götter (*additus divis*) aufgrund seiner moralischen Integrität (*virtus*) zu. Zweitens werden Formen der „kollektiven Erinnerung" die „innerweltliche[] Unsterblichkeit" des Monarchen sichern:[53] Von seinen „Tugenden" sollen Denkmäler (*Æra*/„dauerndes Erz") und Geschichtsschreibung (*memores fasti* / „Jahrbücher der Welt") berichten. Noch entscheidender sei – so der Ausblick der Ode – das Wirken der künftigen preußischen Könige. Mit ihren „Thaten" (*facta*) werde die Hohenzollerndynastie ihre anhaltende Leistungsfähigkeit und das Fortbestehen jener Herrschertugenden (*virtutes*) belegen, die Friedrich in Reinform verkörpert habe. Ausdrücklich reflektiert Lucchesinis Ode hier die Funktion der repräsentativen Trauerfeierlichkeiten in Potsdam. Friedrich Wilhelm II. „erweiset" in der Potsdamer Garnisonkirchen der „heiligen Asche" (*cinerem*) seines unsterblichen Onkels die gebührende Achtung und stellt sich als „*neue Hoffnung des frohlockenden Reiches*" (*spes beati / altera regni*) in die dynastische Nachfolge des Vorbilds.

Diese Verschränkung von Friedrich-Kult und Herrschaftslegitimation führt das von Ramler und Rode konzipierte Trauergerüst in der Garnisonkirche (vgl. Abb. 29) fort:[54]

> Daselbst war ein runder Tempel gebaut, welcher die *Vergötterung Friedrichs des Großen* vorstellen sollte. [...] Auf der Kuppel des Tempels war ein bronzirter Adler. Seine Schwingen waren ausgebreitet, und sollte einem davonfliegenden gleichen. [...] Zwischen den beiden Gesimsen las man in dem Friese diese Inschrift, die aus Ein Fuß langen goldenen Buchstaben bestand: VOTIS IAM NUNC ADSUESCE VOCARI. d. i. *Erhöre jetzt huldreich unsere erste* [sic] *Bitten.* [...] An den beiden vordersten Paar Säulen standen, ausserhalb auf dem Poteste, vier Statüen, welche die beiden Herrn *Wohler* aus Kasch [Kalch, also Gipskalk, M. B.] gemacht hatten, und die vier Regenten-Tugenden vorstellen sollten. [...] 1) die *Standhaftigkeit*, welche sich auf eine Säule stützt, und mit dem Gesichte nach der königlichen Loge gekehrt war. [...] 2) die *Staats-Klugheit*. In der Rechten hatte sie unterwärts das Steuerruder, und aufwärts einen Spiegel, um welchen sich eine Schlange wandt. Die linke Hand hatte sie bis gegen das Gesicht, in welchem sehr viel Ausdruk war, emporgehoben und schien jemanden zuzuwinken. [...] 3) die *Tapferkeit*, mit den gehörigen Attributen, nämlich mit einer Wolfs-Haut umgeben, und in der rechten Hand ein Schwerdt. [...] 4) die *Gerechtigkeit*. In der linken Hand hielt sie eine

---

[53] Brüggemann: Herrschaft und Tod in der Frühen Neuzeit, S. 312f. Mit dem deutschem Pendant für Lucchesinis *memores fasti*, (‚erinnernden Jahrbüchern') spielt Ramler zugleich auf seine Ode *An den König* an („Zwar das Jahrbuch der Welt nennt, wann der Eifergeist / Stolzer Könige schläft, Dich den Eroberer, / Dich den Großen", V. 9–11; vgl. Kap. 2.1.8). Nicht der Verewigungstopos, also die erinnerungspolitische Bedeutung von Dichtung, steht jedoch am Ende von Lucchesinis Ode, sondern der Ausblick auf die Kontinuität der Hohenzollern-Dynastie und ihrer ‚tugendhaften' Regierung.

[54] Zur Tradition der *Castra doloris* seit dem 16. Jahrhundert vgl. Brix, Michael: „Trauergerüste für die Habsburger in Wien", *Wiener Jahrbuch für Kunstgeschichte* 26 (1973), S. 208–265.

Waag-Schale und in der Rechten ein Schwerdt, welches sie auf die Erde stüzte. [...] Das Pulte der Kanzel war mit schwarzen Tuche überzogen, und hatte diese Innschrift von goldenen Buchstaben: IMMERITO MORI COELUM RECLUDIT VIRTUS. d. i. *Tugend schließt dem den Himmel auf, der nie zu versterben verdiente.*[55]

Mit Blick auf Lucchesinis Ode leistet das Trauergerüst zweierlei. *Erstens* konkretisieren die Personifikationen der vier „klassischen Herrschertugenden" Standhaftigkeit (*constantia*), Staatsklugheit (*prudentia*), Tapferkeit (*fortitudo*) und Gerechtigkeit (*iustitia*) die von Lucchesini angeführten *virtutes* (vgl. Abb. 30).[56] Aus dem gängigen Kanon „der fünf klassischen Herrschertugenden" ist allein die „Gottesfurcht" (*pietas*) ausgelassen,[57] was auf Friedrichs Distanz gegenüber dem Christentum zurückzuführen sein dürfte.

Zweitens wiederholen die von Ramler gewählten Inschriften zwei Kernbotschaften von Lucchesinis Ode. Während diese aus metrischen Gründen am Schluss der siebten Strophe den Proömschluss des ersten Buchs von Vergils *Georgica* variiert (*paterere nostra in / Vota vocari*), greift Ramler für die Inschrift des antikisierenden Tempels exakt auf den Prätext zurück: „VOTIS IAM NUNC ADSUESCE VOCARI. d. i. *Erhöre jetzt huldreich unsere erste* [sic] *Bitten.*"[58] Vergils *Georgica* stellen die Vergöttlichung des Augustus in Aussicht und schließen die Bitte an, dieser möge bereits zu Lebzeiten den Anliegen des römischen Volks Aufmerksamkeit schenken. Nicht allein die antikisierende Architektonik des Potsdamer Trauergerüsts, sondern auch ihre Inschrift spiegelt damit Lucchesinis Adaption der antiken Herrscherapotheose. Die Kanzel-Inschrift wiederum variiert geringfügig Horaz' Ode 3, 2 (*virtus recludens inmeritis / mori caelum*)[59] und stellt den Begründungszusammenhang zwischen Friedrichs vorbildlicher Herrschaft und seiner Vergöttlichung vor Augen: „*Tugend schließt dem den Himmel auf, der nie zu versterben verdiente*". Damit wiederholt Ramler Friedrichs

---

[55] Kletschke: Lezte Stunden und Leichenbegängniß Friedrichs des Zweiten Königs von Preussen, S. 65–68. Zur Frage, wer die Konzeption des Tempels verantwortet, vgl. Laskes Einschätzung: „Es mag sein, daß der Akademiedirektor Rode, wie *Manger* [...] berichtet, den Tempelentwurf gefertigt hat. *Gontard* wird in den wenigen zur Verfügung stehenden Tagen mit Arbeit überlastet und froh gewesen sein, wenn ihm ein Teil davon abgenommen wurde. Die Raumdisposition und die Verteilung der wichtigsten Einzelheiten ist aber wohl sicher als das Werk des Architekten, als *Gontards*, anzusprechen" (Laske: Die Trauerfeierlichkeiten für Friedrich den Großen, S. 23).

[56] Friedrich Laske stehen für seine Zeichnungen (vgl. Abb. 30) zu Beginn des 20. Jahrhunderts noch zwei der originalen allegorischen Gipsfiguren zur Verfügung („jetzt im Museum der Stadt Potsdam"; Laske: Die Trauerfeierlichkeiten für Friedrich den Großen, Tafel V). Zwei ihrer Attribute (Schwert und Spiegel) sind ausdrücklich ergänzt (nicht schraffierte Bereiche). Die beiden Gipsfiguren müssen derzeit als Kriegsverlust gelten. Für diese Auskunft danke ich herzlich Frau Dr. Uta Kaiser (Potsdam Museum).

[57] Duchhardt: „Das protestantische Herrscherbild des 17. Jahrhunderts im Reich", S. 30.

[58] Vgl. Verg. georg. 1, 42.

[59] Hor. carm. 3, 2, 21f.

Stilisierung zum ‚preußischen Augustus' ebenso wie den Begründungszusammenhang von Tugend (*virtus*) und Unsterblichkeit, den Lucchesinis Ode entwickelt.

Abbildung 30: Die Personifikationen der „Tapferkeit" und „Staatsklugheit", Teil des Trauergerüstes in der Potsdamer Garnisonkirche für Friedrich II., Zeichnungen von Friedrich Laske

Ramler und Rode stellen im Rahmen der Dekoration jedoch nicht allein Korrespondenzen zu Lucchesinis Ode her. Sie knüpfen auch an jene ephemeren Bauten an, die im Frühjahr 1763 zu den Berliner Friedensfeierlichkeiten entstehen. Besagtes Zitat aus Vergils *Georgica* findet sich bereits auf der Ehrenpforte des Berliner Magistrats, deren Inschriften Ramler verantwortet. Ein zweiter, illuminierter Triumphbogen, den der Magistrat zur abendlichen Illumination am 4. April 1763 bestellt, stilisiert Friedrich II. zum ‚preußischen Herkules'. Zwölf Schlachten des

Siebenjährigen Kriegs und zwölf Taten des Herkules werden von Rode und Ramler einander gegenübergestellt. Auch diese Bildidee geht am 9. September 1786 in die Dekoration der Garnisonkirche ein:

> In diesen großen Bogens [sic] der Brüstung des untern Chors hatte man sechs Gemälde, welche mit Gold auf Bronze gemalte Waffen-Rüstungen vorstellten, befestiget. Zu jeder Seite der Waffen-Rüstung war ein Schild, auf welchen mit goldenen lateinischen Buchstaben der Name einer vom hochseeligen Könige gewonnenen Schlacht zu lesen war.[60]

Der im September 1786 präsentierte Kanon von zwölf siegreichen Schlachten entspricht exakt jener Auswahl, die Ramler und Rode im Frühjahr 1763 treffen.[61] Zugleich verschieben sie den Bedeutungsakzent. Im Zentrum der Potsdamer Festdekoration steht nicht allein die panegyrische Überhöhung von Friedrichs militärischen Leistungen, sondern auch das Motiv der Unsterblichkeit durch mustergültige Herrschaft. Ramler und Rode gelingt folglich eine Transformation von Elementen ihrer früheren Friedrich-Inszenierung. Die Bitte, Friedrich möge die „Gelübde" seiner Untertanen erhören, und die Präsentation seiner militärischen Leistungen sind nun eingebettet in einen Unsterblichkeitskult um den verstorbenen König und seine Stilisierung zum preußischen Schutzgott.

Dessen heroische und tugendreiche Regentschaft umreißt Lucchesinis Ode mit Hinweisen auf Friedrichs entscheidende militärische und politische Leistungen. Als erfolgreicher Feldherr und geschickter Außenpolitiker habe er im Rahmen der Schlesischen Kriege und der polnischen Teilung „die Gränzen des Reiches durch selbst verdiente Triumphe erweitert[]" (*qui fines propriis triumphis / Imperî extensit*) und zugleich „der friedebegleitenden Künste Chor" (*chorusque / Artium pacis comitum*) gefördert.[62] Friedrich II. habe sich für Rechtsstaatlichkeit (*Jura*) sowie solide Staatsfinanzen eingesetzt (*Publici census [...] temperatum*) und sei dennoch – etwa im Falle von Ernteausfällen – großzügig geblieben (*Cetera largum*).[63] Hinzu komme seine Förderung der Landwirtschaft sowie der Ausbau der Infrastruktur in Preußen:

Namque si votis segetes coloni	So oft ein ungütiger Himmel den Wünschen des
Abstulit coeli vitium, futuri	Ackermannes die Erndten entzog, hat Dein
Provida est illos miserata pleno	reiches Füllhorn, bedacht auf die Zukunft,
Copia cornu	sich seiner erbarmt.

---

[60] Kletschke: Lezte Stunden und Leichenbegängniß Friedrichs des Zweiten Königs von Preussen, S. 59.
[61] Kletschkes Funeralwerk bietet umfangreiche Kommentare zu den zwölf ausgewählten Schlachten (vgl. ebd., S. 59–61).
[62] Lucchesini: Piis. Manibus. Friderici. Magni. Borussorum. Regis, [S. 5–8].
[63] Ebd., [S. 9f.].

Et ferunt laetam Cererem paludes
Uvidae, postquam didicere adactis
Contrahi *ripis fluvii ac minores*
Volvere fluctus.

Sümpfe trugen gedeihliche Saaten, Ströme wurden in beschränkten Ufern zu fliessen und kleinere Wellen zu werfen gelehrt.[64]

Ramler und Rode wiederholen diese Leistungen in der Potsdamer Dekoration auf „sechs Medaillons[,] die ungefär 5 Fuß hoch waren". Platziert sind diese „gemalte[n] Sinnbilder mit ihren Inschriften" „[a]n den sechs vordersten, einander gegenüberstehenden Pfeilern, [...] zwischen dem obern und untern Chore" der Garnisonkirche.[65] Leitendes Thema der Medaillons ist die Einheit des durch Friedrich II. erweiterten preußischen Staates. Im Siebenjährigen Krieg habe Friedrich sich sechs europäischen Mächten zur Wehr gesetzt, schließlich die Annexion Schlesiens gesichert, im Zuge der polnischen Teilung weitere Gebiete hinzugewonnen und durch den Fürstenbund die preußischen Interessen im Reich gestärkt.[66] Friedrich wird folglich, wie Linda Brüggemann angemerkt hat, „zum Nationalsymbol", dessen identifikatorisches Potenzial den politischen Zusammenhalt der noch jungen europäischen Großmacht Preußen stärken soll.[67] Darüber hinaus beziehen sich zwei weitere Medaillons korrespondierend zu Lucchesinis Ode auf die Urbanisierung und Förderung der Landwirtschaft („VRBES AEDIBUS, TERRAM FRVGIBUS d. i. *Die Städte hat er mit Gebäuden, die Felder mit Früchten geziert.*")[68] sowie

> den Schuz welchen *König Friedrich* den schönen Künsten und Wissenschaften angedeihen lies. – Eine stehende Figur, auf dem Haupte einen Helm, hält in der emporgehobenen linken Hand einen Schild, in der Rechten aber einen Spies. Zu den Füßen der Figur liegen allerlei Werkzeuge der bildenden Künste, als Maaßstab, Zirkel, Pinsel, Palette und ein Brust-Stük, wornach der Bildhauer arbeitet. Die Umschrift ist: CVNCTA TUEBAR. d. i. *Ich beschüzte* [sic] *sie alle.*[69]

Mit Blick auf die bereits Ende August erschienene Medaille zum Regierungsantritt von Friedrich Wilhelm II. wird zudem deutlich, wie Ramler die Programmatik der Trauerfeierlichkeiten mit der bereits angelaufenen medialen Begleitung des Thronwechsels koordiniert. Sowohl für die Dekoration der Garnisonkirche als auch für die Medaille auf Friedrich Wilhelms Regierungsantritt wählt er das Motiv

---

[64] Ebd.
[65] Kletschke: Lezte Stunden und Leichenbegängniß Friedrichs des Zweiten Königs von Preussen, S. 62.
[66] Vgl. hierzu die Beschreibung und Erläuterung der allegorischen Darstellungen und Inschriften (Nr. 2, Nr. 3, Nr. 5 sowie Nr. 6) bei Kletschke (ebd., S. 62–64).
[67] Brüggemann: Herrschaft und Tod in der Frühen Neuzeit, S. 317.
[68] Kletschke: Lezte Stunden und Leichenbegängniß Friedrichs des Zweiten Königs von Preussen, S. 62.
[69] Ebd., S. 63.

der Minerva, schreibt folglich beiden preußischen Königen militärische Stärke sowie die Fähigkeit zum Friedenserhalt zu und zieht mittels motivischer Kontinuitäten weitere Verbindungslinien in der Förderung von Wissenschaften, Künsten und Landwirtschaft.

4.1.4 Huldigungsfeierlichkeiten im Oktober 1786: Medaillen, Illuminationen und die *Alcäische Ode*

Bereits am 29. August 1786 erhält Ramler ein Schreiben von Minister Ewald von Hertzberg. Zentrales Anliegen ist die Herausgabe von „Huldigungs-Medaillen", die „der König dem auswärtigen Departement aufgetragen hat":[70]

> so habe ich dem Medailleur *Loos* mit Zuziehung des Münzdirectors *Genz* aufgetragen, fürs erste Köpfe zu einer großen *Medaille*, u[nd] hiernächst H^n. *Abramson*, dergl[eichen] zu Auswurfs-Medaillen zu verfertigen. Hiernächst kommt es auf den Revers an. H[err] Genz hat mir den von Eurer Wohl[geboren] gemachten Entwurf der [?] Inscription: *amantem amate populi* gezeigt. Der H[err] Gr[af] von Finckenstein aber findt [sic] mit mir noch einiges Bedenken dabey; u. ich ersuche Eure Wohlg[eboren] noch weiter nachzudenken, ob Sie sich nicht noch einer andern mehr römischen Inscription besinnen können. Die Huldigung zu Königsberg wird den 19^n. September seyn.[71]

Ramler kommt Hertzbergs Auftrag nach und wählt für die Rückseite nun das Motto „Nova spes regni".[72] Referenzpunkt dürfte auch hier Lucchesinis Ode sein, die Friedrich Wilhelm II. bereits als „*neue Hoffnung* des frohlockenden Reiches" (*spes beati / Altera regni*) feiert. Der Tod Friedrichs II. und die Thronbesteigung seines Neffen werden damit erneut aufs Engste miteinander verbunden. Über die Potsdamer Trauerfeierlichkeiten vom 9. September 1786 hinaus sorgt Ramler auf diese Weise für eine weitgestreute Rezeption politischer Botschaften, die mit den

---

[70] Ewald von Hertzberg an Ramler am 29. August 1786 (GSA 75/90, 1^r).
[71] Ewald von Hertzberg an Ramler am 29. August 1786 (GSA 75/90, 1^r–1^v).
[72] Vgl. Sommer: Die Medaillen des königlich preussischen Hof-Medailleurs Daniel Friedrich Loos und seines Ateliers, S. 39; sowie die Abbildung der Medaille zur „Huldigung der Kurmark" (in goldener Ausführung) bei Steguweit/Kluge: Suum cuique, S. 150. Die Inschrift „*Amantem amate populi*" findet sich hingegen im Rahmen der Illuminationen zur Huldigung von Schlesien in Breslau am 11. Oktober 1786: „Des Abends wurde der Ring und mehrere Häuser erleuchtet. Es zeichnete sich dabei das Splittgersche Haus vorzüglich aus. Dieses war mit einer Façade von Römischer Architectur verziert und mit einigen tausend Lampen erleuchtet. Der Königliche Name hatte die Unterschrift: *Amantem amate populi* (Völker, liebt den, der euch liebt). Die Fenster des Hauses waren wechselsweise mit Sinnbildern geziert" (Wadzeck/Wippel: Geschichte der Erbhuldigungen, S. 161).

Eliten des preußischen Staates abgestimmt sind und die öffentliche Wahrnehmung des Regierungsantritts durch die preußischen Untertanen lenken sollen.[73]

Die Huldigung der kurmärkischen Stände findet am 2. Oktober 1786 in Berlin statt und wird mit Illuminationen in den Straßen der Residenzstadt beschlossen:

> Des Abends waren die vornehmsten öffentlichen Gebäude, viele Palläste der Großen und Standespersonen, und der gröste Theil der Häuser in hiesigen Residenzstädten theils mit durchscheinenden Gemälden, theils mit dem königlichen Namens-Chiffre in farbigten Lampen und mit Lichtern erleuchtet.[74]

Wie bereits im Zuge der Illuminationen zu den Friedensfeierlichkeiten im Frühjahr 1763 ist Ramler gleich mehrfach als Inventor gefragt.[75] Bildideen liefert er für die Kurmärkische Landschaft, den Medailleur Loos sowie die Akademie der Künste. Zudem publiziert er in der *Vossischen Zeitung* vom 3. Oktober 1786 seine *Alcäische Ode auf die Huldigung des Königes von Preußen Friedrich Wilhelms*.[76]

---

[73] Verteilt werden Huldigungsmedaillen mit dem Motto „Nova spes regni" u. a. im Rahmen der Huldigungen von Preußen (Königsberg, 19./20. September), Pommern (Stettin, 25. September) sowie der Neumark (Küstrin, 27. September), in Breslau (15. Oktober) und Magdeburg (18. Oktober 1786), vgl. Wadzeck/Wippel: Geschichte der Erbhuldigungen, S. 72f., S. 87–89, S. 171 sowie S. 173. Lediglich in Königsberg ist Friedrich Wilhelm II. persönlich anwesend. In Stettin sowie Küstrin wird er durch Ewald von Hertzberg vertreten, der zuvor die Herstellung der Medaillen koordiniert. Die Medaillen zur Huldigung der Kurmark (Berlin, 2. Oktober 1786) werden in verschiedenen Ausfertigungen verschenkt, vgl. ebd., S. 106–108: „Es wurden nun die schon oben beschriebenen Huldigungsmünzen vertheilt, so daß jedem Hauptmann der 24 Bürger Compagnien, eine Anzahl Huldigungsmedaillen versiegelt zugestellt, und von ihm an die Ober- und Unteroffiziere der Compagnie vertheilt wurden. [...] Es wurden an der Tafel, an welche [sic] der König speisete, so wie an die Vornehmsten des Hofes, große goldne Huldigungsmedaillen ausgetheilt. Sämmtliche Magisträte und Deputierte erhielten die große und kleine silberne, ausgenommen der Stadtpräsident Philippi der ebenfalls eine goldene erhielt."

[74] „[Ohne Rubrik]", *Königlich-privilegirte Berlinische Zeitung von Staats- und gelehrten Sachen* 118 (03.10.1786), [unpaginiert]. Zur politischen Bedeutung des Huldigungszeremoniells in Preußen vgl. Duchhardt, Heinz: „Die preußischen Nicht-Krönungen nach 1701", in: Kunisch, Johannes (Hrsg.): *Dreihundert Jahre Preußische Königskrönung. Eine Tagungsdokumentation*, Forschungen zur Brandenburgischen und Preussischen Geschichte. N. F. Beiheft 6, Berlin 2002, S. 257–263. Zur Stellung der Illuminationen innerhalb des etablierten Ablaufs von Huldigungsfeierlichkeiten vgl. Holenstein, André: „Huldigung und Herrschaftszeremoniell im Zeitalter des Absolutismus und der Aufklärung", *Aufklärung* 6/2 (1992), S. 21–46, hier S. 28f.

[75] Zu Meils Entwürfen von Dekorationen am und im Berliner Schloss im Rahmen der Huldigungsfeierlichkeiten vgl. Vogtherr (Hrsg.): Friedrich Wilhelm II. und die Künste, S. 81f.

[76] Vgl. Ramler, Karl Wilhelm: „Alcäische Ode auf die Huldigung des Königes von Preussen Friedrich Wilhelms. Berlin, den 2ten October 1786", *Königlich-privilegirte*

Wenige Tage nach dem Geburtstag des Königs ist Ramler somit erneut als Gelehrter und panegyrischer Gelegenheitsdichter präsent. Die parallele Inszenierung des Regierungsantritts in Bild und Dichtung kann er zudem gezielt vernetzen. So sind die drei von Ramler konzipierten Illuminationen von motivischen Wiederholungen und Rückverweisen auf die Dekoration der Garnisonkirche am 9. September 1786 geprägt. Bildelemente der Herrscherinszenierung in beiden Feierlichkeiten greift Ramler zudem in seiner *Alcäischen Ode* auf, überträgt sie ins Medium der Dichtung und sichert so ihre Rezeption und Überlieferung über die ephemeren Dekorationen hinaus. Diese motivischen Spiegelungen gilt es abschließend aufzuzeigen.

Die Gemälde zur Illumination am „*Churmärk. Landschaftshause*" führt Christian Bernhard Rode aus. Die Konzeption der „10 erleuchteten Fenster[]" entwickelt er gemeinsam mit Ramler, von dem auch die Inschriften stammen:

1) den Namenszug, *Friedrich Wilhelm*, mit Sonnenstralen umgeben, mit der Unterschrift: *Sein Name bleibt so lange die Sonne steht*. 2) Die Zeichen der Staatsklugheit: ein Spiegel, dessen Stiel mit einer Schlange umwunden ist, und ein Steuerruder; Unterschrift: *Glücklich gebraucht*. 3) Die Liebe zu Gott (oder die Andacht) mit einem Rauchfaß in der Hand; Unterschrift: *Vorbild des Volkes*. 4) Die Menschenliebe hat ein Kind auf dem Arm, welches sie mit Zärtlichkeit anblickt; Unterschrift: *Liebe und Gegenliebe*. 5) Die Treue mit einem Schlüssel in der Hand und einem Hunde zur Seite; Unterschrift: *Durch mich besteht das Land*. 6) Die Dankbarkeit gießt eine Opferschale auf einen Altar; Unterschrift: *Dem besten der Könige*. 7) Die Gerechtigkeit hält in der einen Hand ihr Schwerdt, in der andern eine Wage, in deren einen Schale Krone und Zepter, in der andern Schäferstab und Pflugschar liegen; Unterschrift: *In gleicher Wage*. 8) Die Wachsamkeit, welche einen Kranich neben sich stehen hat, der in der einen Klaue einen Stein hält; Unterschrift: *Sie wacht, damit die Völker sicher schlafen*. 9) Die Zeichen des Ackerbaues und Handels: Kompaß und kleine Schiffsflagge, imgleichen Pflugschar und Spaten; Unterschrift: *Durch beide glücklich*. 10) Einen Adler, welcher in der einen Klaue einen Donnerkeil hält, der mit zackigen Blitzen umgeben ist, in der andern einen Eichenkranz; Unterschrift: *Den Feinden Schrecken, den Bürgerfreunden Ehre*. Diese 10 Vorstellungen sind von dem Herrn Direktor Rode gezeichnet, und von ihm gemeinschaftlich mit dem Herrn Professor Ramler erfunden worden.[77]

Berlinische Zeitung von Staats- und gelehrten Sachen 118 (03.10.1786), [Titelseite].

[77] „[Ohne Rubrik]", *Königlich-privilegirte Berlinische Zeitung von Staats- und gelehrten Sachen 118* (03.10.1786), [unpaginiert]. Eine Vielzahl der zehn Bildentwürfe geht in Ramlers und Rodes ikonographisches Handbuch *Allegorische Personen* (1788) ein. Hier sei unter der jeweiligen Nummer der illuminierten Darstellung auf Entsprechungen in den *Allegorischen Personen* verwiesen. Zu Nr. 2): „DIE STAATSKLUGHEIT hält nebst dem Spiegel mit der Schlange noch ein Steuerruder, das Sinnbild der Regierung eines Staates" (Ramler: Allegorische Personen zum Gebrauche der bildenden Künstler [...]. Mit Kupfern von Bernhard Rode, S. 46). Zu Nr. 3): „DIE LIEBE ZU GOTT oder DIE ANDACHT hat ein brennendes Herz in der rechten Hand und hält in der linken ein Rauchfass an einer Kette, und hebt die Augen zum Himmel" (ebd., S. 58). Zu Nr. 4): „DIE

Weiterhin liefert Ramler „Erfindungen" zu fünf allegorischen Darstellungen, mit denen Medailleur Daniel Friedrich Loos sein Haus schmückt. Ramler und Loos schließen damit an die intensive Kooperation bei der Konzeption und Produktion von Medaillen im August und September an:

> Bei dem königl. Medailleur Loos in der Oberwallstraße sahe man 5 Fenster auf folgende Art erleuchtet. Nämlich erstes Fenster: Die Göttin des Landes mit einer Mauerkrone auf dem Haupte und mit dem Adlerschilde in der linken Hand, eine Opferschale auf einen Altar ausgießend; Unterschrift: *Friedrich Wilhelm dem Vielgeliebten!* 2) Ein umgefallner großer Eichbaum. Unterschrift: *Der große Baum, der uns beschattete fiel.* 3) Ein stehender großer Eichbaum mit weit ausgebreiteten Aesten, unter welchem die Werkzeuge der Künste lagen. Unterschrift: *Der neue Baum giebt uns wohlthätigen Schatten.* 4) Ein Altar, worauf die Zeichen der Statsklugheit [sic] lagen, der ovale Spiegel mit einer Schlange umwunden, und das Steuerruder. Umschrift: *Regierung der Weisheit.* 5) Ein Altar, worauf die Zeichen der Gerechtigkeit, die Waage und das Schwerd liegen. Unterschrift: *Asträens Wiederkunft.* Die Erfindungen waren vom Herrn Professor Ramler.[78]

Die Konzeption und Ausführung des „von der königl. Akademie der bildenden Künste am Eingange der Linden errichteten Gerüste" verantworten Ramler und Rode „als Mitglied[er] dieser Akademie" wiederum gemeinsam:

> LIEBE ZU DEN KINDERN wird mit entblösster Brust vorgestellt, wie sie Ein Kind auf dem Arme trägt, und das andere, welches neben ihr steht, zärtlich an sich drückt. Weil die Liebe zu den Kindern unstreitig der höchste Grad der Liebe ist, so wird die Tugend der Liebe überhaupt oder die allgemeine *Menschenliebe* dadurch angedeutet" (ebd., S. 54f.). Zu Nr. 5): „DIE TREUE ist weiss gekleidet, hat einen Hund neben sich, und hält einen Schlüssel in der Hand" (ebd., S. 51). Zu Nr. 6): „DIE DANKBARKEIT hat einen Storch neben sich stehen; oft hält sie zugleich eine Opferschale oder giesst sie aus, und alsdann kann der Opfertisch, nach der Angabe eines Deutschen Künstlers, von einem ehernen Storch unterstützet werden" (ebd., S. 54). Zu Nr. 7): „DIE GERECHTIGKEIT wird unter dem Bilde der Themis oder der Asträa mit Schwert und Wage vorgestellt. Die Alten schilderten sie mit scharf sehenden Augen; die Neuern mahlen sie oft mit einer Binde vor den Augen: weil bey ihr kein Ansehen der Person gilt. Diesen Gedanken noch besser auszudrücken legt ein neuer Künstler in die eine Schale ihrer Wage eine Krone und einen Zepter, in die andere einen Hirtenstab, eine Handsichel und ein Pflugeisen, und lässt die Schalen im Gleichgewichte stehen, sie selbst aber mahlt er, nach Art der Alten, mit scharf sehenden Augen" (ebd., S. 47). Zu Nr. 8): „DIE WACHSAMKEIT hat einen Kranich neben sich stehen, der einen Stein in der Klaue hält. Weil der Kranich überhaupt ein wachsamer Vogel ist, so hat man es auch seiner Wachsamkeit zugeschrieben, dass er, wenn er ruht, nur auf Einem Beine steht. Auch hat man geglaubt, er nehme aus Vorsicht einen Stein in die Klaue, damit ihn dieser im Herunterfallen wieder aufwecke, wenn er ja entschlummern sollte" (ebd., S. 52).

[78] „[Ohne Rubrik]", *Königlich-privilegirte Berlinische Zeitung von Staats- und gelehrten Sachen 118* (03.10.1786), [unpaginiert].

1) der König, in der Person eines Römischen Helden vorgestellt, hat von der Göttin der Weisheit das Steuerruder bekommen, und einen Schild, mit welchem er die verschiedenen Künste deckt. Unterschrift: *Es lebe Friedrich Wilhelm der Künste Schutz*: 2) Der Fleiß in einer nachdenkenden Stellung mit einem Buch und einer Lampe. Unterschrift: *Sein Fleiß ist unser Vorbild*. 3) Die Göttin des Ueberflusses mit einem Füllhorn, aus welchem sie Früchte schüttet. Unterschrift: *Sein Ueberfluß beglückt uns*. 4) Die Beständigkeit, auf eine Säule sich stützend. *Bis in den Tod die Seinen*. 5) Die Treue, die einen Schlüssel in der Hand, und einen Hund neben sich hat. Ueberschrift: *Ihm huldigt unsre Treue*.[79]

In der Zusammenschau der drei Programme von 1786 zeigt sich *erstens*, dass Ramler durchgehend Inschriften in deutscher Sprache wählt. Eine ausdrücklich klassizistische Programmatik, wie sie die lateinischen Horaz- und Vergil-Zitate der Dekoration in der Potsdamer Garnisonkirche signalisieren, tritt zugunsten der Verständlichkeit für ein breites Publikum zurück. Ramlers allegorische Darstellungen und Botschaften zur Huldigung der Kurmark richten sich damit vor allem an die Berliner Bevölkerung, nicht an ein gelehrtes Publikum.

Zweitens kristallisieren sich zentrale Herrscher- und Untertanen-Tugenden heraus, die Ramlers Bildideen Friedrich Wilhelm II. beziehungsweise der Bevölkerung Preußens zuschreiben. Drei Herrschertugenden durchziehen die Programme des 2. Oktober 1786: In allen drei Illuminationen findet sich die Darstellung der „Staatsklugheit" oder „Weisheit", die Ramler mit einem schlangenumwundenen „Spiegel" und einem „Steuerruder" versinnbildlicht.[80] In den Illuminationen für die Kurmärkische Landschaft und den Medailleur Loos kommt die „Gerechtigkeit" des neuen Königs hinzu. Ramler greift hier das Motiv der Waage auf.[81] In der Illumination der Akademie der Künste findet sich zudem „Die

---

[79] Ebd. Auch einige dieser Darstellungen finden sich in *Allegorischen Personen* wieder. Zu Nr. 2): „DIE ARBEITSAMKEIT (der Fleiss) hat eine Wollspindel in den Händen und neben sich einen Bienenkorb oder einen Ameisenhaufen. Wenn der Fleiss männlich abgebildet wird, so ist er an einer Lampe, einem Buch und einem Sporne zu erkennen" (Ramler: Allegorische Personen zum Gebrauche der bildenden Künstler [...]. Mit Kupfern von Bernhard Rode, S. 50). Zu Nr. 3): „DER UEBERFLUSS oder die FRUCHTBARKEIT (Abundantia, Copia) wird als eine Göttinn mit einem vollen Busen vorgestellt, die ein Füllhorn mit Feldfrüchten und Gartenfrüchten trägt, wovon sie bereits etwas ausgeschüttet hat. Dieses Horn hat von ihr den Nahmen Horn des Ueberflusses oder *Cornu copiae* erhalten" (ebd., S. 41). Zu Nr. 5): „DIE BESTÆNDIGKEIT stützt sich auf eine Säule, oder trägt eine kleine Säule im Arm. Auch wird der Kubus oder Würfel für ein Zeichen der Beständigkeit angenommen, so wie die herumrollende Kugel für ein Zeichen der Unbeständigkeit gehalten wird" (ebd., S. 51).
[80] Zur Bildtradition vgl. Okayama, Yassu: The Ripa Index. Personifications and their Attributes in Five Editions of the Iconologia, Doornspijk 1992, S. 227–229.
[81] Nicht allein in den *Allegorischen Personen*, sondern gleich mehrfach wiederholt Rode das Motiv in den späten 1780er Jahren. U. a. liefert er die Vorlage zum Frontispiz von Band 1 des *Allgemeinen Landrechts für die Preussischen Staaten* von 1794 (vgl. Badstübner-Gröger: „Karl Wilhelm Ramler und die Königliche Akademie der Künste und

Beständigkeit, auf eine Säule sich stützend" (Nr. 4). Mit den drei Herrschertugenden „Staatsklugheit", „Gerechtigkeit" und „Beständigkeit" adaptiert Ramler zugleich den Figurenschmuck am „Tempel der Unsterblichkeit" in der Potsdamer Garnisonkirche. Zu den vier prominenten Tugenden, die dem verstorbenen König hier zugeschrieben werden, zählen „die *Standhaftigkeit*, welche sich auf eine Säule stüzt", „die *Staats-Klugheit*. In der Rechten hatte sie unterwärts das Steuerruder, und aufwärts einen Spiegel, um welchen sich eine Schlange wandt", sowie „die *Gerechtigkeit*. In der linken Hand hielt sie eine Waag-Schale und in der Rechten ein Schwerdt, welches sie auf die Erde stüzte" (s. o.). Die Regierung Friedrich Wilhelms II. steht damit in der Kontinuität der Herrschaft Friedrichs II. und wird ebenfalls durch einen leistungsfähigen König getragen.

Darüber hinaus betont Ramler die affektive Verbundenheit von Monarch und Untertanen. Im Rahmen der Illumination der Kurmärkischen Landschaft schreibt er Friedrich Wilhelm II. „Treue" gegenüber seinem Volk zu. Die Illumination der Akademie der Künste wiederum stellt die „Treue" eines kollektiven ‚Wir' gegenüber dem neuen König heraus (*„Ihm huldigt unsre Treue"*, Nr. 5). Die in beiden Illuminationen identische Motivik von „Schlüssel" und „Hund" überblendet die in beiden Richtungen bestehende Loyalität.[82] Sie intensiviert sich nochmals in der Suggestion einer gegenseitigen Zuneigung von König und Volk. So betont die Illumination der Kurmärkischen Landschaft bereits die Reziprozität von Friedrich Wilhelms „Menschenliebe" (*„Liebe und Gegenliebe"*, Nr. 4) und schließt eine antikisierend-sakrale Opfer-Szene an: Die personifizierte „Dankbarkeit" opfert *„Dem besten der Könige"* (Nr. 6).

Dieses Motiv variiert Ramler im Rahmen der Illumination bei dem Medailleur Loos und lässt die „Göttin des Landes [...] eine Opferschale auf einen Altar ausgießen[]; Unterschrift: *Friedrich Wilhelm dem Vielgeliebten!"*[83] Damit leistet

---

mechanischen Wissenschaften [2003]", S. 296–298; sowie Ostwaldt, Lars: Aequitas und Justitia. Ihre Ikonographie in Antike und Früher Neuzeit, Signa Iuris 3, [Halle a. d. Saale] 2009, S. 106f.).

[82] Zur Bildtradition vgl. Okayama: The Ripa Index, S. 88.

[83] Zur Etablierung dieses Attributs, das zwischen 1786 und 1790 als „offizieller Beiname" Friedrich Wilhelms II. rangiert, vgl. Knobloch, Michael: Preußische Könige im Spiegel der Öffentlichkeit (1780–1806), Aufklärung und Moderne 29, Hannover 2014, S. 144–147. Die von Wadzeck und Wippel kompilierte zeitgenössische Berichterstattung deutet bereits die Empfänge und Huldigungsfeierlichkeiten im September 1786 als Akte der „Liebe". In Berlin „erhielt" Friedrich Wilhelm II. „gleich Anfangs aus allen Ständen die unzweideutigsten Merkmahle der größten Liebe und Verehrung", und „[w]o der neue Monarch sich nur blicken ließ, erwarteten Sein Gedichte, Glückwünsche und Blumen, und er nahm alle diese Aeusserungen der Liebe seiner Unterthanen mit jener herablassenden Güte an, die ihm so ganz eigen war" (Wadzeck/Wippel: Geschichte der Erbhuldigungen, S. 54 bzw. S. 61). Ähnlich fallen die Kommentare zur Huldigung in Königsberg aus: „Obgleich der König jeden Aufwand bei seiner Ankunft in diese Stadt verboten hatte, so ging doch der Eifer der getreuen Unterthanen viel zu weit, als daß sie sich dadurch abhalten ließen, ihre Liebe gegen den König an den Tag zu legen"; zudem

Ramler auch hier eine Übertragung. Die Opferszene für den vergöttlichten Friedrich, wie sie sich bereits auf Loos' Medaille zum Tod des Königs im August 1786 findet, transformiert er zur Opfer- und Dankesgeste für die von ‚Glück' gezeichnete Regierung seines Nachfolgers.

Abbildung 31: Christian Bernhard Rode: „Die Göttin des Vaterlandes opfernd" aus Band 1 der *Poëtischen Werke* (1800)

„bat sich der Minister von der Gröben in Namen aller seiner Mituntherthanen von Sr. Majestät zur besondre [sic] Gnade aus, Ihn Friedrich Wilhelm den Vielgeliebten nennen zu dürfen" (ebd., S. 66 bzw. S. 71). Zur problematischen Authenzität der „angebliche[n] kollektive[n] Wirkung des Zeremoniells auf Anhänglichkeit, Liebe und Glaube der Untertanen" in publizierten Berichten und der gezielten Steuerung von Überlieferung und Wahrnehmung durch künftige Leser vgl. Büschel: Untertanenliebe. Der Kult um deutsche Monarchen 1770–1830, S. 189–196, hier S. 189.

Die Darstellung der opfernden Landesgöttin geht schließlich auch in die Bildausstattung von Ramlers *Poëtischen Werken* (1800) ein. Der Tondo (vgl. Abb. 31) ist der Ode *Auf die Huldigung des Königs von Preussen* passend vorangestellt,[84] sorgt somit für die Überlieferung des Motivs und erinnert an die Kontexte seiner Präsentation am 2. Oktober 1786. Auffällig ist die Umkehrung von Hierarchien: Die ausdrücklich als „Göttin" bezeichnete Personifikation Preußens verehrt den preußischen König. Dass die zahlreichen Altäre in Ramlers Bildentwürfen im Oktober 1786 wiederum christlich konnotiert sind, grenzt sie von der antikisierenden Apotheose Friedrichs II. ab. Gerade durch seine Liebe zu Gott und den Menschen stellt sich Friedrich Wilhelm II. als „*Vorbild des Volkes*" dar, wie die Illumination der Kurmärkischen Landschaft hervorhebt (Nr. 3). Die vorgelebte Religiosität wird damit zum integralen Baustein seiner Herrschertugenden und soll zur Akzeptanz der Herrschaftsverhältnisse beitragen.[85]

Ramler wiederholt die Zentralmotive der von ihm konzipierten Illuminationen in seiner *Alcäischen Ode auf die Huldigung des Königes von Preußen Friedrich Wilhelms*. Mit ihr übersetzt er die allegorischen Inszenierungen der Preußenkönige Friedrich II. und Friedrich Wilhelms II. im direkten Anschluss an die Feierlichkeiten vom 2. Oktober 1786 ins Medium der Dichtung:

> Was einst im Alter Cäsar Augustus war,
> Ein Vaterlandesvater, auf ewig hier
> Zu herrschen werth, ist *Friedrich Wilhelm*
> Frühe schon seinem entzückten Volke.
>
> 5   Kein Tag entfleucht, an dem nicht Entwurf und That
> Den staatserfahrnen Herrscher verkündigen:
> Denn ruhig sah sein scharfes Auge
> Lange den Lauf des regierten Schiffes;
>
> Bemerkte jeden Kunstgriff des Steuermanns,
> 10 Und jeden Irrthum: (keiner der Sterblichen
> Regiert es ohne Fehler:) und nun
> Fasst Er das Ruder mit sichern Händen.

---

[84] Ramler: Poëtische Werke. [...] Erster Theil: Lyrische Gedichte, S. 119–121. Zu Rodes Vorradierung des Tondo (samt Abbildung) vgl. Kurbjuhn: „Preußische Leistungsschau", S. 516 sowie S. 535f.

[85] Zu Gottesdienst und *Te deum* als Bestandteil frühneuzeitlicher Huldigungsfeierlichkeiten vgl. Holenstein: „Huldigung und Herrschaftszeremoniell", S. 25 sowie S. 27f. „Die Huldigungspredigt rief Treue, Respekt und Gehorsam gegenüber dem Landesherrn als die politischen Tugenden des Untertanen sowie die Pflichten einer christlichen Obrigkeit gegenüber ihren von Gott anvertrauten Untertanen auf" (ebd., S. 25).

	Vergnügt, ein wackres Volk zu beglücken, nicht
	Von bangen Sklavenseelen ein Herr zu seyn,
15	Den Rath des Biedermanns zu prüfen,
	Nicht zu verachten entschlossen, herrscht Er.

Ihm zeigt der *Klugheit* Spiegel die Folgezeit;
Ihm trägt der *Fleiß* die brennende Lampe vor;
Gerechtigkeit geht ihm zur Linken,
20   *Güte* zur Rechten. Ihm folgen, wachsam

Für seinen Thron die kriegerischen Tugenden,
Zur Ahndung rüstig, nie zur Beleidigung.
Das Chor der *holden Musen* mischt sich
Unter sie, jauchzend in neue Saiten:

25   „Triumph! der leere Raum ist nun ausgefüllt,
„Den *Eines Großen* Hinsturz im menschlichen
„Geschlecht zu lassen drohte. Nichts ist,
„Liebling des Himmels! Dir unerreichbar

„O bester König! bester Zusammenfluss
30   „Vom Blut der *Brennen* und von der Gwelfen Blut.
„O! führe bei noch ungeschwächterm
„Alter und länger den milden Zepter,

„Als ihn Europens lange Bewunderung,
„Dein tapfrer *Oheim* führte! Noch länger sey
35   „Das Glück des Landes und der Völker,
„Liebe Dein herrlichster Siegesbogen,

„Der bei der Nachwelt dauert, wann eherne
„Denkmahle Trümmer sind, und nur unser Lied
„Noch lebet, und Dich singt, der Gottheit
40   „Abbild und würdigsten Unterkönig."[86]

---

[86] Ramler, Karl Wilhelm: Auf die Huldigung des Königes von Preussen, Friedrich Wilhelms. Berlin, den 2. October 1786. Vorgelesen in der Akademie der Wissenschaften von K. W. Ramler, Berlin 1786. Indem Ramler seine *Alcäische Ode* in der *Vossischen Zeitung* im Gegensatz zur Ode *Auf die Geburt Friedrich Wilhelms* (vgl. Kap. 1.2.3) nicht unterzeichnet, tritt er hier erneut hinter die Institution Zeitung zurück (vgl. Ramler: „Alcäische Ode auf die Huldigung des Königes von Preussen Friedrich Wilhelms. Berlin, den 2ten October 1786", [unpaginiert]). Der parallele Einzeldruck, nach dem hier zitiert wird, klärt hingegen die Autorschaft. Der zusätzliche Hinweis auf die *Akademie der Wissenschaften* als Vortragsort findet sich ebenso in den postumen Werken:

Der Auftakt von Ramlers Ode präsentiert Friedrich Wilhelm als frühreifen Monarchen und ‚preußischen Augustus'. Seine Kompetenzen als *pater patriae* und „staatserfahrne[r] Herrscher" (V. 6) habe er sich durch kritische Beobachtung der politischen Aktivitäten Friedrichs II. angeeignet. Ramler greift hierbei auf die Metapher des Staatsschiffes zurück („des regierten Schiffes", V. 8)[87] und verbindet sie mit der Allegorie der „*Klugheit*" (vgl. V. 17) beziehungsweise der „Staatsklugheit". Ihre Attribute – „Spiegel" (V. 17) und Schlange sowie das „Ruder" (V. 12) als zusätzliches Attribut der „Staatsklugheit" – sind bereits während der Trauerfeierlichkeiten in Potsdam am 9. September und der Huldigungsfeierlichkeiten in Berlin am 2. Oktober präsent. Ramler koppelt folglich ikonographische und dynastische Kontinuitäten: Friedrich Wilhelm habe das ‚Staatsruder' als kluger Monarch erfolgreich und bestens vorbereitet von Friedrich II. übernommen. Als Markierung für den Enthusiasmus seiner erhabenen Ode integriert Ramler die Reaktion der preußischen Untertanen. Sie seien „entzückt[]" (V. 4).

Wie bereits die Illuminationen der Kurmärkischen Landschaft und der Akademie der Wissenschaften betont Ramlers Ode außerdem, das Regierungshandeln Friedrich Wilhelms ziele maßgeblich auf die Förderung des ‚Glücks' sowie den Erhalt der Freiheit seiner Untertanen („nicht / Von bangen Sklavenseelen", V. 13f.). Außerdem setze der neue preußische König auf die kommunikative Abstimmung über Standesgrenzen hinweg („[d]en Rath des Biedermanns", V. 15). Die zentralen Strophen 5 und 6 zitieren und kombinieren wiederum jene Herrschertugenden, die bereits die allegorischen Darstellungen am 2. Oktober 1786 dem neuen preußischen König zuschreiben: „*Klugheit*", *Fleiß*", „*Gerechtigkeit*", „*Güte*" sowie „*die kriegerischen Tugenden*" (V. 17–21). Ikonographische Details – neben dem bereits erwähnten „Spiegel" die „brennende Lampe" (V. 18) – markieren in Ramlers Ode den ausdrücklichen Bezug auf seine Bildentwürfe vom 2. Oktober 1786.

Zudem greift die *Alcäische Ode* mit der Rede „der *holden Musen*" (V. 23), die Friedrich Wilhelm II. fördere, Motive der Illumination bei dem Medailleur Loos auf. Der „Hinsturz" seines Vorgängers Friedrich II. (V. 26) spielt auf das Motiv der gefallenen Eiche an, die Friedrich Wilhelm als ‚schattenspendender' Mäzen ersetze (V. 25). Ramlers Inschrift im Rahmen der Illumination bei Daniel Friedrich Loos lautet in gleichem Sinne: „*Der neue Baum giebt uns wohlthätigen Schat-*

„Vorgelesen in der Akademie der Wissenschaften" (Ramler: Poëtische Werke. [...] Erster Theil: Lyrische Gedichte, S. 119). Im Gegensatz zum Vortrag von Ramlers Ode *Auf die Geburt Friedrich Wilhelms* (s. Einleitung) lässt er sich in den *Registres* der Akademie jedoch nicht belegen.

[87] Zur Etablierung der „Staatsschiff-Metapher" in der panegyrischen Gelegenheitsdichtung auf Friedrich II. ab Mitte der 1780er Jahre vgl. Knobloch: Preußische Könige im Spiegel der Öffentlichkeit (1780–1806), S. 127f. Zur Traditionsgeschichte der „Steuermann"-Metapher vgl. Peil, Dietmar: Untersuchungen zur Staats- und Herrschaftsmetaphorik in literarischen Zeugnissen von der Antike bis zur Gegenwart, Münstersche Mittelalter-Schriften 50, München 1983, S. 778–780.

ten" (Nr. 3). In der Konsequenz wiederholt Ramler im Oktober 1786 gleich mehrfach das Motto der von ihm konzipierten und bereits Ende August 1786 ausgegebenen Medaille auf den Regierungsantritt Friedrich Wilhelms II. Diese stellt seine ‚schattenspendende' Patronage in Aussicht und trägt auf dem Revers das Motto *Artibus umbram, hostibus terrorem.*[88]

Die affektive Verbundenheit der Untertanen zu ihrem neuen König steht am Ende der *Alcäischen Ode*. Analog zu Friedrich II. werde die „Liebe" nachfolgender Generationen die Erinnerung an Friedrich Wilhelms glückliche Herrschaft sichern (V. 36). Zudem variiert Ramler in der letzten Strophe den Schluss von Lucchesinis Trauer-Ode und rekurriert nun ausdrücklich auf den Verewigungstopos: Gerade sein „Lied" (V. 38) verbürge neben der kollektiven preußischen Erinnerung das Nachleben Friedrich Wilhelms II.[89] Diese Form der „innerweltlichen Unsterblichkeit"[90] verbindet sich nun mit einer Profilierung des neuen preußischen Königs als christlicher Monarch. Wie bereits im Zuge der Illuminationen charakterisiert ihn Ramlers Ode als „*Liebling des Himmels*" (V. 28) und „der Gottheit / Abbild" (V 39f.). Die Legitimation der Monarchie durch kompetentes fürstliches Handeln und die christliche Fundierung sowohl des Herrschaftsethos als auch der Einstellungen der ‚dankbaren' und ‚liebenden' Untertanen gehen damit erneut Hand in Hand.

4.2 Systematisierung in pragmatischer Absicht: Ramlers *Allegorische Personen* (1788) und die *Kurzgefasste Mythologie* (1790)

4.2.1 Entstehungskontexte und Zielpublikum

Briefe und Tagebuchnotate seit den späten 1760er Jahren belegen, dass Ramler im Rahmen seiner Lehrtätigkeit am Berliner Kadettenkorps auch Grundwissen zur antiken Mythologie vermittelt. So bittet ihn sein ehemaliger Schüler August Wilhelm Leopold von Rahmel im Jahr 1767 um eine Abschrift von Unterrichtsmaterialien: „Ich möchte hertzlich gerne <...> die letzten Paragraphs von ihren *Dictata* haben imgleichen die *Mythologie* welche Sie denen *Cadets* dictiren."[91] Majorin von Korff, der Ramler wiederholt eigene oder von ihm betreute Publikationen zukommen lässt, bedankt sich 1778 für „die mir mitgetheilte Götter-Lere".[92] Sophie Becker, die sich als Mitglied des Reisegesellschaft Elisa von der Reckes in Berlin aufhält und im Umfeld des kurländischen Herzogspaars verkehrt, notiert schließlich am 17. Dezember 1785:

---

[88] Vgl. Kap. 4.1.2 („Zwei Medaillen im August 1786").
[89] Zum Verewigungstopos vgl. Kap. 2.1.8.
[90] Brüggemann: Herrschaft und Tod in der Frühen Neuzeit, S. 312.
[91] August Wilhelm Leopold von Rahmel an Ramler, o. D. [1767] (GSA 75/175, 6ʳ).
[92] Majorin von Korff an Ramler am 15. Mai 1778 (GSA 75/111, 1ʳ).

Nachmittags bis 5 Uhr hatten wir große Post, und Elise [von der Recke, M. B.], ich und [Daniel Friedrich, M. B.] Parthey schrieben an drei verschiedenen Tischen. Indessen besuchte uns doch Ramler, und weil er mit Elise nicht sprechen konnte, so diktierte er mir seinen Auszug aus der Götterlehre, die ich kopiere.[93]

Die Bemerkungen bieten Hinweise auf Ramlers Lehrmethode – das Diktieren ausformulierter Texte – und zeigen, dass seine Praxis als Inventor seit den 1760er Jahren mit der didaktischen Aufbereitung mythologischen Wissens einhergeht. Darüber hinaus liefern die Zeugnisse von Rahmel, Korff und Becker Aufschlüsse zum Entstehungskontext eines undatierten Manuskripts, das sich (zwischenzeitlich in zwei Hälften geteilt) in Ramlers Weimarer Nachlass und dem Berliner Splitternachlass erhalten hat.[94] Der Titel *Kurz gefasste Mythologie. Zum Verständniss der Dichter und der bildenden Künstler* markiert ausdrücklich die Perspektive der Literatur- und Kunstrezipierenden („*Verständnis*") und verweist damit auf Ramlers Lehrtätigkeit am Kadettenkorps. Erst zu einem späteren Zeitpunkt, wie noch deutlich werden soll, adressiert er mit ikonographischem Grundwissen vor allem (angehende) Künstler und damit Kunstproduzierende.

Die „Einleitung" der *Kurz gefassten Mythologie* (fol. 2^r–4^r) streicht zunächst den essenziellen Charakter von Basiswissen in Sachen Mythologie heraus: „[D]ie Fabellehre der Griechen" sei „die berühmteste, und wegen der vortrefflichen Gedichte und Kunstwerke des Alterthums, zu erlernen die unentbehrlichste". Mit Ramlers klassizistischer Orientierung an der griechisch-römischen Antike korrespondiert sein Hinweis auf die anhaltende künstlerische Aktualität der antiken Mythologie: „Die Dichter, Maler, Bildhauer, Kupferstecher und Schaumünzer [Medailleure, M. B.] in dem ganzen erleuchteten Europa, bedienen sich derselben."[95]

---

[93] Karo/Geyer (Hrsg.): Vor hundert Jahren, S. 225.
[94] Vgl. GSA 75/3 sowie ABBAW: NL Ramler, Nr. 2. Der Manuskriptteil in Weimar umfasst insgesamt 24 Blätter und 47 beschriebene Seiten. Auf ein Titelblatt, dessen Rückseite unbeschrieben ist, folgen 23 beschriebene Blätter, die durchgehend paginiert sind. Folglich endet das Manuskript mit Seite 46. Es stammt weder von Ramlers noch von Sophie Beckers Hand, wie ein Vergleich mit Beckers Briefen an Leopold Friedrich Günther von Goeckingk im DLA nahelegt (vgl. A: Goeckingk/Kasten 10, Zug.nr. 91.86.135, 1–10). Der Berliner Manuskriptteil ist der gleichen Hand wie das Fragment in Weimar zuzuweisen und umfasst acht Blätter. Die Vorderseite des ersten Blatts trägt die Seitenzahl 47, das Manuskript endet wiederum vorläufig auf Seite 53. An eine unbeschriebene Seite schließt sich auf den letzten vier Blättern ein alphabetisches „*Register der Mythologischen und allegorischen Namen*" an, das sieben unpaginierte Seiten umfasst. Beide Fragmente dürften folglich zueinander gehören, das Manuskript wiederum vollständig – wenn auch geteilt – erhalten sein.
[95] GSA 75/3, 2^r. Das Manuskript steht durchweg in lateinischer Schrift. Zitate werden daher hier und im Folgenden nicht kursiv wiedergegeben.

Der „Einleitung" folgen Lemmata, die „hierarchisch" strukturiert sind.[96] Nach Göttern (fol. 5^r–13^r), darunter auch die neun Musen, werden Nymphen, Halbgötter und weitere mythologische Figuren gelistet (fol. 13^r–23^r). Ramlers Einträge beschränken sich auf die Nennung der Verwandtschaftsverhältnisse und der Ikonographie, während Erzählungen, die die jeweiligen Gestalten betreffen, weitgehend ausgeklammert werden. Exemplarisch sei hier (wie auch im Folgenden) der Eintrag zu „Saturnus" angeführt:

> Saturnus, (im Griechischen Kronos,) ist ein Sohn des Cälus oder Uranus, und der Terra oder Tellus, das heisst des Himmels und der Erde. Er wird für einen Gott der Zeit gehalten, und mit einem langen Barte und mit einer Sichel gemalt. Unter seiner Regierung ist diejenige glückliche Zeit auf Erde gewesen, die man das goldene Weltalter nennt.[97]

Nachdem sich im letzten Drittel der mythologischen Einträge bereits antike Personifikationen häufen (darunter etwa Nox, Mors und Somnus), schließen sich auf den letzten acht Seiten des Manuskripts (23^r–28^r) nahtlos Personifikationen in deutscher Sprache an: „Die Fruchtbarkeit, oder die Göttinn des Überflusses, trägt ein herabgesenktes Horn mit Gartenfrüchten und Feldfrüchten, aus welchem sie bereits einige Früchte herausgeschüttet hat."[98] Für eine Vernetzung dieser nichtmythologischen Allegorien mit dem vorangehenden Register sorgen zahlreiche Querverweise, etwa im Falle des knappen Eintrags zur personifizierten „Gerechtigkeit, S. Themis und Asträa".[99] Damit verschränkt bereits Ramlers *Kurz gefasste Mythologie* ikonographische Grundkenntnisse zur Entschlüsselung mythologischer Allegorien sowie zur Produktion nichtmythologischer Personifikationen auf systematischer und didaktischer Ebene miteinander.

Die von Ramler publizierten Handbücher führen diesen Ansatz fort, wobei sich zunächst zwei getrennte Veröffentlichungen den Personifikationsallegorien sowie der antiken Mythologie widmen. Von Januar bis Dezember 1788 erscheinen Ramlers *Allegorische Personen* in insgesamt sieben Folgen in der *Monats-Schrift der Akademie der Künste und mechanischen Wissenschaften zu Berlin*. Zu ihnen

---

[96] So Guilbert bereits mit Blick auf Ramlers zweibändige *Kurzgefasste Mythologie* von 1790 (Guilbert: „Welche neuzeitlichen Strategien für die Rettung der antiken Mythologie? Vergleich von drei ‚Handbüchern zur Götterlehre' um 1790: K. W. Ramler – Ch. G. Heyne/M. G. Hermann – K. Ph. Moritz", S. 199f.). Für eine sozialgeschichtliche Deutung vgl. Disselkamp: „Gelehrte und poetische Mythenkunde", S. 168: „Ramler gehört selbst zur Gruppe der königsnahen Literaten und Gelehrten. Indirekt steht sein Mythenbuch für eine auf den König ausgerichtete und hierarchisch-patriarchalisch organisierte Stadtkultur ein." Dieses Urteil ließe sich von Friedrich II., den Disselkamp ausdrücklich nennt, auf Friedrich Wilhelm II. übertragen, der Ramler im Sommer 1786 erstmals von Seiten des Hofes eine prominente Rolle als Inventor in Berlin einräumt.
[97] GSA 75/3, 5^r.
[98] GSA 75/3, 23^v.
[99] GSA 75/3, 23^v.

steuert Christian Bernhard Rode insgesamt 33 Radierungen mit allegorischen Musterentwürfen bei, die mit Ramlers Vorgaben korrespondieren.[100] Aufgrund ihrer aufwendigen Ausstattung und ihres Erscheinungszeitraums, der sich über die Monate Januar bis Dezember erstreckt, zählen die *Allegorischen Personen* zu den prominenten Berliner Publikationen des Jahres 1788. Mit ihnen sichern Ramler und Rode ihrem Einsatz für die Kunstform Allegorie nachhaltige Aufmerksamkeit im institutionellen Kontext der Kunstakademie.[101] Noch 1788 erscheint eine Buchausgabe der *Allegorischen Personen*, deren Titel um den Hinweis *zum Gebrauche der bildenden Künstler* ergänzt ist. Die Rezeptions-Perspektive der *Kurz gefassten Mythologie* reformuliert Ramler hier folglich zur Produktions-Perspektive. Weitere Hinweise zum pragmatischen Kontext bietet sein Katalog von insgesamt 145 Allegorien hingegen nicht.

Dass Ramler sowohl im Zuge der sukzessiven Veröffentlichung der *Allegorischen Personen* in der *Monats-Schrift* als auch der gesonderten Publikation auf Erläuterungen sowie etwaige ästhetische Rechtfertigungen von allegorischen Darstellungen – etwa in Form eines Vorwortes – verzichten kann, zeigt *einerseits*, wie etabliert allegorische Motive im Berlin der späten 1780er Jahre sind.[102] *Andererseits* dürften dem Berliner Publikum, insbesondere den Schülern der Kunstakademie, Absicht und Anwendungsbereich des Handbuchs vor dem Hintergrund der langjährigen und prominenten gelegenheitspanegyrischen Kooperation zwischen Ramler und Rode vertraut gewesen sein. Entsprechend verschränken sich Produktions- und Rezeptionskontext. Ramler und Rode systematisieren und kodifizieren im Zuge der *Allegorischen Personen* ihre gemeinsame Praxis der Planung und Realisierung allegorischer Gelegenheitskunst, die Ende der 1780er Jahre bereits rund vier Dekaden andauert. Ins Zentrum rückt die Weitergabe von Wissen zur Produktion allegorischer (Gelegenheits-)Kunst. Zugleich ist Ramlers und Rodes Veröffentlichung als Versuch zu werten, die Produktion einer jungen Künstlergeneration zu lenken. Der zeitgenössische Bedarf nach allegorischen Darstellungen und die gezielte Anregung der Akademieschüler zur Gestaltung von Allegorien dürften somit Hand in Hand gehen.[103]

---

[100] Vgl. Ramler, Karl Wilhelm und Christian Bernhard Rode: „Allegorische Personen", *Monats-Schrift der Akademie der Künste und mechanischen Wissenschaften zu Berlin* 1 (1788), S. 9–24, S. 51–66, S. 99–114, S. 197–204; sowie „Allegorische Personen", *Monats-Schrift der Akademie der Künste und mechanischen Wissenschaften zu Berlin* 2 (1788), S. 4–11, S. 97–118, S. 281f.

[101] Zu Ramlers Aufnahme und Stellung innerhalb der Akademie der Künste vgl. Kap. 1.2.2.

[102] Vgl. auch Daniel Bergers allegorisches Titelkupfer zum ersten Band der *Monats-Schrift* (vgl. Gleiss, Marita (Hrsg.): „… zusammenkommen, um von den Künsten zu räsonieren". Materialien zur Geschichte der Akademie der Künste […], Berlin 1991, S. 80f.).

[103] Vgl. die zahlreichen allegorischen Darstellungen von Rode und weiteren Berliner bildenden Künstlern in Vogtherr (Hrsg.): Friedrich Wilhelm II. und die Künste; sowie weitere Beispiele bei Badstübner-Gröger: „Karl Wilhelm Ramler und die Königliche

Als Ramler im November 1789 seine Professur am Kadettenkorps niederlegt, enden seine mythologischen Vorlesungen für dessen Schüler.[104] Mit der Herausgabe der *Kurzgefassten Mythologie* (1790) in zwei Bänden verschafft sich er sich folglich über seine Lehrtätigkeit hinaus anhaltende Präsenz als Berliner Autorität in Fragen der antiken Götterlehre. Für Erweiterungen gegenüber dem erhaltenen Manuskript, der *Kurz gefassten Mythologie*, sorgen in der *Kurzgefassten Mythologie* von 1790 vor allem umfangreiche Abrisse zu mythologischen Erzählungen, die Ramler unter dem Lemma der jeweiligen Gestalt einrückt.

Parallel nutzt Ramler seine Mitgliedschaft in beiden Berliner Akademien seit 1786, um für die künstlerische Aktualität der griechisch-römischen Mythologie zu werben. In den Jahren 1786/1787 äußert er einen entsprechenden Vorschlag für die jährliche Preisfrage der Akademie der Wissenschaften: „Soll man die Mythologie der Griechen und Römer in neueren Gedichten beibehalten oder die älteste deutsche und nordische Götterlehre einführen oder das Wunderbare der christlichen Religion hernehmen?"[105] Im August 1789 spricht er zudem während der wöchentlichen Akademiesitzung „Über den Gebrauch der Mythologie in neuern Zeiten".[106] Im Februar und März 1791 referiert Ramler schließlich in zwei Sitzungen über den Herkules-Mythos.[107] Kontext der beiden Vorträge dürfte die Planung des Herkules-Bildprogramms für das Brandenburger Tors sein, an der Ramler und Rode zu Beginn der 1790er Jahre beteiligt sind.[108]

Akademie der Künste und mechanischen Wissenschaften [2003]", S. 298–304.

[104] Vgl. hierzu Kap. 1.2.4.

[105] Harnack, Adolf: Geschichte der Königlich Preussischen Akademie der Wissenschaften zu Berlin [...], Bd. 1,2, Berlin 1900, S. 609.

[106] Vgl. den Eintrag vom 20. August 1789: „M. Ramler a lu <u>Über den gebrauch der Mythologie in neuern Zeiten</u>" (ABBAW, PAW (1700–1811), I-IV-33, 79^r).

[107] Vgl. die Einträge für die Sitzungen vom 17. Februar und 24. März 1791: „M. Ramler a lu en Allemand <u>Continuation de Traité du Mythologie contenant l'histoire d'Hercule</u>", bzw. „M. Ramler a lu en Allemand <u>Continuation de Traité du Mythologie contenant l'histoire d'Hercule</u>" (ABBAW, PAW (1700–1811), I-IV-33, 119^r bzw. 121^v).

[108] Vgl. hierzu bereits Kap. 1.1.3. Guilbert skizziert auf Basis der *Registres* der Berliner Akademie der Wissenschaften sowie der Akademie der Künste eine „interne[] Polemik" rund um Ramlers *Kurzgefasste Mythologie* (Guilbert: „Welche neuzeitlichen Strategien für die Rettung der antiken Mythologie? Vergleich von drei ‚Handbüchern zur Götterlehre' um 1790: K. W. Ramler – Ch. G. Heyne/M. G. Hermann – K. Ph. Moritz", S. 188; sowie Guilbert: „Mythologie und Geschichte um 1790. Ein Beitrag zur Problemstellung der antiken Mythologie in der aufklärerischen Ästhetik", S. 44f. [Anm. 1]). Anhaltspunkt für Guilbert sind Andreas Riems Einwände gegen den erneuten Abdruck der *Allegorischen Personen* als Anhang von Ramlers *Kurzgefasster Mythologie* (1790). Grund für Riems Kritik dürften jedoch nicht programmatische Einwände gewesen sein, deren Rekonstruktion Guilbert zudem „spekulativ[]" nennt (Guilbert: „Welche neuzeitlichen Strategien für die Rettung der antiken Mythologie? Vergleich von drei ‚Handbüchern zur Götterlehre' um 1790: K. W. Ramler – Ch. G. Heyne/M. G. Hermann – K. Ph. Moritz", S. 219 [Anm. 16]). Ausschlaggebend könnten vielmehr ökonomische

Neben der *Kurzgefassten Mythologie* publiziert Ramler zudem noch 1790 eine Neuauflage der *Allegorischen Personen zum Gebrauche der bildenden Künstler. Als ein Anhang zu K. W. Ramlers kurzgefassten Mythologie.* Damit ist die ursprüngliche Einheit von mythologischem und allegorischem Grundlagenwissen, wie sie im Manuskript der *Kurz gefassten Mythologie* zu beobachten ist, wiederhergestellt. Ausdrücklich ergänzen die Handbücher von 1790/1791 einander. Eine zweite Auflage aller drei Bände erscheint bereits 1792.[109]

4.2.2 Der Ansatz: Allegorie als künstlerisches Verfahren

Komplementär zueinander verhalten sich beide Handbücher auch, was ihre Auskünfte zur Konzipierung beziehungsweise Deutung von allegorischen Darstellungen angeht. Die *Allegorischen Personen* dienen primär der künstlerischen Produktion und können konsultiert werden, um die bildliche Umsetzung eines Abstraktums zu erfahren:

> DIE ZEIT wird von den Neuern als ein alter bärtiger Mann, geflügelt, und mit einer Sense, von einigen auch mit einem Stundenglase abgebildet. Unter dem Bilde des Saturnus, den man aber bloss als einen alten Mann mit einer Sichel, ohne Stundenglas, und mehrentheils ohne Flügel, vorstellt, wird die Zeit gleichfalls angedeutet. Stellt man den Saturnus geflügelt und zugleich gefesselt vor, wie man ihn bey den Alten abgebildet hat, so kann dieses sehr wohl bedeuten, dass die Zeit uns oft zu

---

Interessen der Kunstakademie gewesen sein, die Riem als (ehemaliger) Akademie-sekretär, Herausgeber der *Monats-Schrift* und Geschäftsführer der akademischen Verlagsbuchhandlung durch die Neuauflage der *Allegorischen Personen* bei Friedrich Maurer in Gefahr gesehen haben dürfte (zu Riem vgl. Vogtherr, Christoph Martin: „Andreas Riem als Akademiesekretär und Kunstschriftsteller", in: Welker, Karl H. L. (Hrsg.): *Andreas Riem. Ein Europäer aus der Pfalz,* Schriften der Siebenpfeiffer-Stiftung 6, Stuttgart 1999, S. 51–60). Auf Spannungen zwischen Riem und Ramler deutet bereits Ramlers Brief vom 17. Juni 1788: „Sagen Sie mir doch, mein theuerster HErr und Freund, wie es kömmt, daß mein Gesnerisches Gedicht Der erste Schiffer, das ich, zum Anfange der *Idyllen,* dem Herrn Unger zu drucken übergeben habe, in der Monathschrift unserer Akademie erscheint? Herr Unger sollte mir 6. kl. Bogen aus diesem ersten Schiffer machen, nach dem Preise der Idyllen. Ich erwartete alle Tage die Correctur. Nun aber erhalte ich einen Bogen *in quarto* von der Akademischen Monathschrift, für die ich dieses Gedicht nicht bestimmt hatte. [Nicht wahr? ich konnte doch bestimmen oder nicht bestimmen.] Doch Sie sehen, ich bin so demüthig, daß ich gern der letzte seyn will, der erfährt, was es mit diesem meinem eigenen Werkchen für eine Bewandniß hat. Benachrichtigen Sie doch mit ein Paar Worten davon Ihren bereitwilligsten Freund und Diener *Ramler*" (Autographen-Sammlung der ehemaligen Preussischen Staatsbibliothek zu Berlin, jetzt in der Biblioteka Jagiellońska, Ramler), zum Kontext vgl. Verf.: „Salomon Gessner und die Berliner Aufklärung".

[109] Vgl. hierzu Lütteken: „Verzeichnis der zeitgenössischen Drucke Karl Wilhelm Ramlers", S. 453f.

langsam und oft zu hurtig zu gehen scheint. Dass man den Saturnus zu einem Gotte der Zeit gemacht hat, kömmt, wie Makrobius meint, von seinem Griechischen Nahmen Kronos her, welcher mit dem Worte Chronos, welches die Zeit bedeutet, fast gleichlautend ist. Auch schickt er sich zu einem Bilde der Zeit, die alles verzehrt, darum desto mehr, weil er, der Fabel zu Folge, so gar seine eigenen Kinder verschlungen haben soll; in welcher Handlung ihn aber die besten Künstler nicht abzubilden pflegen: theils, weil eine solche Abbildung zu grässlich ist; theils, weil man sie nicht für ein Sinnbild der Zeit, sondern für eine historische Vorstellung dieser einen That des Saturnus halten würde.[110]

Ramlers Eintrag liefert zunächst eine zeitgenössische Variante für die allegorische Darstellung der „Zeit". Sie entspricht exakt Rodes Graphik in den *Allegorischen Personen* (vgl. Abb. 32). Ein antiker Darstellungstyp schließt sich an, bei dem Saturn das Abstraktum „Zeit" repräsentiere (sie im „Bilde [...] an[]deutet"). Der Weg führt hier somit vom darzustellenden Gegenstand zur mythologischen Figur, die als allegorisches Zeichen dienen könne.[111] Ramler konzentriert sich im Folgenden auf die Darstellung der „Zeit" in Gestalt des Saturn, fügt als antike Variante den „geflügelt[en] und zugleich gefesselt[en]" Gott hinzu und unterzieht diese zusätzlichen ikonographischen Elemente einer Allegorese: Sie versinnbildlichten die Varianz der subjektiven Zeitwahrnehmung.

In einem weiteren Schritt rationalisiert Ramler die Identifikation von Kronos (Saturn) und Chronos (der „Zeit"), wobei er sich auf Macrobius' *Saturnalien* als antike Autorität stützt. Die Verbindung von Gegenstand und Zeichen sei Effekt einer sprachlichen Ähnlichkeit.[112] Ambivalent ist der abschließende Blick auf die Erzählung von Saturns ‚Verschlingen' der eigenen Kinder. Sie plausibilisiere einerseits die allegorische Repräsentation der „Zeit" in Gestalt des Saturn, da das Zerstörerische ein *tertium comparationis* zwischen Abstraktum und mythologischer Figur bilde. Andererseits verstoße eine direkte Darstellung des ‚Verschlingens' gegen das künstlerische *aptum* beziehungsweise zerstöre als Gegenstand der Historienmalerei den allegorischen Charakter der Saturndarstellung. Damit schwankt Ramlers knapper Abriss zur Allegorie der „Zeit" zwischen einer alter-

---

[110] Ramler: Allegorische Personen zum Gebrauche der bildenden Künstler [...]. Mit Kupfern von Bernhard Rode, S. 2.
[111] Dieses Vorgehen unterscheidet Ramlers Vorschläge zur Darstellung der „Zeit" von jenen Varianten, die sich in Cesare Ripas *Iconologia* finden. Eine antikisierende Darstellung in Gestalt von Saturn listet Ripa nicht (vgl. Okayama: The Ripa Index, S. 270f.). Vgl. mit Blick auf Ramlers Verhältnis zu Ripa und Jean Baudoins *Iconologie* auch Badstübner-Gröger: „Karl Wilhelm Ramler und die Königliche Akademie der Künste und mechanischen Wissenschaften [2003]", S. 286 sowie S. 290.
[112] Dass Ramler mit der Wahl von Macrobius' Erklärungsansatz einen deutlichen Akzent setzt und eine Fülle weiterer antiker und frühneuzeitlicher Deutungsansätze ausblendet, zeigt der Vergleich mit Hederichs umfangreicher Zusammenstellung von Deutungen und entsprechenden Quellennachweisen (vgl. Hederich, Benjamin: [...] Gründliches Lexicon Mythologicum [...], Leipzig 1724, Sp. 1729–1735).

tumskundlich unterfütterten Ikonographie und dem normativ argumentierenden Ausschluss gewisser Sujets für bildliche Darstellungen des Saturn.[113]

Abbildung 32: Allegorie der „Zeit" aus Karl Wilhelm Ramlers und Christian Bernhard Rodes *Allegorischen Personen* (1788)

Abbildung 33: Friedrich Genelli (?) nach Asmus Jakob Carstens: „Saturnus" aus Band 1 von Karl Wilhelm Ramlers *Kurzgefasster Mythologie* (1790)

Hinweise zur allegorischen Entschlüsselung von Saturn-Darstellungen bietet hingegen der Eintrag in Ramlers *Kurzgefasster Mythologie* von 1790:

> Saturnus, welcher in den ältesten Zeiten geherrscht hat, und über dessen Regierung die fabelhafte Geschichte nicht hinausgeht, wird für einen Gott der Zeit gehalten, welche im Griechischen Chronos heisst, und mit dem Griechischen Nahmen desselben [Kronos, M. B.] fast gleichlautend ist. Er wird mit einer Sichel (von einigen Neuern mit einer Sense) und mit einem langen Barte gemahlt. Unter seiner Regierung soll diejenige glückselige Zeit auf Erden gewesen seyn, welche man das goldene Weltalter nennt: wo die Erde alles im Überfluß von selbst hevorgebracht hat,

---

[113] Zu nennen ist etwa Rubens' Darstellung (heute im Prado, Madrid), in der „der Greis mit fest entschlossener Miene die Haut seines schreienden Kleinkindes mit den Zähnen zerreißt" (Poeschel, Sabine: Handbuch der Ikonographie. Sakrale und profane Themen der bildenden Kunst, 6. Aufl., Darmstadt 2014, S. 315).

wo keine Krankheiten geherrscht haben, keine Verbrechen begangen und keine Kriege geführt worden sind.[114]

Der Artikelbeginn variiert die Erklärung der Identifikation von Saturn und des Abstraktums „Zeit" („Chronos"). Saturn gehöre zu den ältesten Gottheiten der antiken Mythologie, werde daher metonymisch zum Inbegriff der Zeit. Auffällig ist der Verzicht auf Referenzautoren (etwa Macrobius) und die Verknappung der ikonographischen Details. Im Gegensatz zu den *Allegorischen Personen* beschränkt sich Ramler auf die bereits in antiken Darstellungen belegten Elemente „Sichel"/„Sense" und „Bart[]". Gespiegelt wird diese Reduktion durch die bildliche Darstellung des Saturn im Rahmen der *Kurzgefassten Mythologie* (vgl. Abb. 33).[115] Der allegorische Charakter steht hier offenbar weniger im Vordergrund als in Rodes Graphik, die drei Attribute kombiniert (Sense, Stundenglas, Flügel) und so den Sinngehalt der Darstellung in den Vordergrund rückt.

Das grundsätzliche Verhältnis von Mythologie und Allegorie erörtert Ramler im „Vorbericht" zur *Kurzgefassten Mythologie*. Drei Zugänge rücken hier in den Mittelpunkt. *Erstens* seien Mythen ihrer Entstehung nach mitunter als bildhafte Rede zu deuten:

> Zu einigen fabelhaften Göttergeschichten haben die Lehren der Naturforscher und Weltweisen Gelegenheit gegeben, die in den ersten Zeiten, als man zu den abgezogenen Begriffen noch keine Wörter erfunden hatte, mehrentheils in Gleichnissreden und *sinnbildliche Worte* eingekleidet wurden, deren geheime Bedeutung man endlich verlor, und sie in buchstäblichem Verstande zu nehmen anfing.[116]

---

[114] Ramler, Karl Wilhelm: [K]urzgefasste Mythologie; oder Lehre von den fabelhaften Göttern, Halbgöttern und Helden des Alterthums. In zwey Theilen, mit vierzehn Kupfern, Bd. 1, Berlin 1790, S. 1f.

[115] Zu den vierzehn Graphiken in Ramlers *Kurzgefasster Mythologie* vgl. Fernow, Carl Ludwig: Carstens, Leben und Werke, hg. von Hermann Riegel, Hannover 1867, S. 355f.; sowie Ebert, Hans: „Nachträge zur Künstlerfamilie Genelli [...]", *Forschungen und Berichte. Staatliche Museen zu Berlin* 23 (1983), S. 102–112, hier S. 102f. Vorbild für die Darstellung des „Saturnus" könnte eine Abbildung (nach Jean-Jacques Boissard) bei Montfaucon sein (Montfaucon, Bernard de: L'antiquité expliquée et représentée en figures. Tome premier. Les Dieux des Grecs & des Romains. Premiere Partie. Les Dieux du premier, du second & troisiéme rang, selon l'ordre du tems [...], 2. Aufl., Paris 1722, Tafel 6). Vgl. hierzu ebd., S. 20: „Saturne est un des dieux dont il nous reste le moins de monumens. Boissard nous a donné une image entiere de Saturne: c'est un vieillard appuié sur un tronc d'arbre, entouré d'un serpent. Il a à ses piez la faulx, sa marque ordinaire." Auf Ramlers Konsultation von *L'antiquité expliquée* in ikonographischen Fragen deutet ein Verweis auf „die Alterthümer des Montfaucon" in der postumen Werkausgabe (Ramler: Poëtische Werke. [...] Erster Theil: Lyrische Gedichte, S. 172).

[116] Ramler: [K]urzgefasste Mythologie, S. IX (Herv. M. B.).

Mythologische Erzählungen bieten als ‚gleichnishafte' und symbolische Rede (*„sinnbildliche Worte"*) folglich das Surrogat einer abstrakten Wissenschaftssprache („abgezogenen Begriffen").[117] Das Bewusstsein um ihren Zeichencharakter habe sich im Laufe der kulturellen (und sprachlichen) Entwicklung wiederum verloren, wodurch die uneigentliche Rede zur eigenständigen Erzählung geworden sein. Von dieser genetischen Perspektive grenzt Ramler *zweitens* die komplexe Allegorese ex post ab:

> Aus übertriebener Hochachtung für das Alterthum haben sich Einige bemüht in jede alte Fabel, und wenn sie auch ein Ammenmährchen wäre, Lehren der Weltweisheit und Staatskunst hineinzulegen. So viel man in manche hineinlegt, so viel kann man aus ihr wieder herausnehmen; sehr oft aber legt ein politischer und philosophischer Kopf eine Lehre hinein, woran die ersten Erzähler in diesem rohen Weltalter gar nicht gedacht hatten.[118]

---

[117] Ramlers Ausführungen verweisen auf die Kenntnis von Christian Gottlob Heynes Deutungsansatz zur Mythengenese. Dieser vermutet „eine[n] niederen Entwickelungsstufen eigenen Zwang des Ausdrucks [...], der Gedanken in Erzählungen, sinnliche Wahrnehmungen in Handlungen bestimmter Persönlichkeiten auszusprechen [...] nötigte" (Gruppe, Otto: Ausführliches Lexikon der griechischen und römischen Mythologie. Supplementband 4. Geschichte der klassischen Mythologie und Religionsgeschichte während des Mittelalters im Abendland und während der Neuzeit, hg. von Wilhelm Heinrich Roscher, Leipzig 1921, S. 108). Verwiesen sei hier auf die „immer wieder zitierte Formel für die Entstehung des Mythos ‚ab ingenii humani imbecillitate et a dictionis egestate', also: aus der Beschränktheit des menschlichen Verstandes und der Armut des sprachlichen Ausdrucks" (Gisi, Lucas Marco: „Die Genese des modernen Primitivismus als wissenschaftliche Methode. Konjekturen über eine primitive Mentalität im 18. Jahrhundert", in: Gess, Nicola (Hrsg.): *Literarischer Primitivismus*, Untersuchungen zur deutschen Literaturgeschichte 143, Berlin u. Boston 2013, S. 141–158, hier S. 153). Das begrenzte Ausdruckspotenzial früher Sprachstände bedingt beispielsweise die Präsentation „philosophischer Spekulationen" als „Tatsachen und Ereignisse", etwa im Rahmen von „Kosmogonien und Theogonien, [...] Mythen über die Herkunft der Künste und kulturellen Errungenschaften, des Ackerbaus und Ähnliches" (Merkel, Lydia: Von der Fabeldeutung mit dem Zauberstab zum modernen Mythenverständnis. Die Mythentheorie Christian Gottlob Heynes, Altertumswissenschaftliches Kolloquium 26, Stuttgart 2019, S. 225). Hervorzuheben ist allerdings, dass Heynes Ansatz „eine absichtliche symbolische oder allegorische Verwendung während des Altertums" undenkbar erscheinen lässt (ebd.). Ramlers Konzept der sprachlichen ‚Einkleidung' einer „geheime[n] Bedeutung" scheint hier unentschieden.

[118] Ramler: [K]urzgefasste Mythologie, S. XI. Vgl. zudem ebd., S. XII: „Was die Naturforscher anbetrifft, so können diese zwar in einige Kämpfe, Verwandlungen und Erzeugungen Allegorien hineinzwingen; aber etwas neues und wichtiges wird man zu unsern Zeiten aus den Vorstellungsarten solcher Völker nicht erlernen, welche, entblösst von unsern Hülfsmitteln und unsrer längern Erfahrung, in dieser weitläufigen Wissenschaft sehr weit hinter uns zurück geblieben sind."

Ramler betont die Zirkularität des Ansatzes, der auf falschen Prämissen beruhe. Grundlegende Erkenntnisse in Politik und Philosophie seien den Schöpfern mythischer Erzählungen nicht zuzutrauen, da allegorische Rede im Mythos gerade von mangelnden intellektuellen und sprachlichen Kapazitäten zeuge. Die Verbindung von staatstheoretischen Überlegungen und philosophischen „Lehren" mit Erzählbeständen aus einer Frühzeit der menschlichen Kultur sei daher willkürlich.[119] Als Autorität oder Demonstrationsgegenstand für die Validität politischer Theoreme und Philosopheme eigne sich der Mythos nicht.

Auf Basis dieser Haltung zivilisatorischer und intellektueller Überlegenheit arbeitet Ramler *drittens* einen künstlerischen Zugriff auf die antike Mythologie heraus. Die Frage der Genese und Bedeutung antiker Mythologie wird damit getrennt von der Frage eines geeigneten Rückgriffs auf mythologische Erzählungen in Literatur und bildender Kunst:

> Am brauchbarsten ist also die Mythologie für diejenigen, deren Zweck die Belustigung der Einbildungskraft ist, für die Dichter nehmlich und die bildenden Künstler, und für diejenigen, die sich an den Werken derselben vergnügen wollen.[120]

Der unterhaltende Charakter und die Anregung des Vorstellungsvermögens der Rezipienten („Belustigung der Einbildungskraft", „vergnügen") ergibt sich für Ramler im Falle der mythologischen Sinnbilder aus dem rhetorisch-kalkulierten Verhältnis von Zeichen und Bezeichnetem: Die mythologische Einkleidung verleihe „den gemeinsten Sachen bald einen Schein der Neuheit, bald mehr Anmuth, bald eine höhere Würde".[121] Im Gegensatz zur politisch-philosophischen Allegorese sind mythologische Sinnbilder folglich dem Bereich der *elocutio* zuzuordnen und bieten ein Instrument für das Generieren von Aufmerksamkeit sowie eine Prestigesteigerung von Abstrakta und Personen („höhere Würde"). Aufgrund ihres scheinbar historischen Charakters seien mythologische Allegorien darüber hinaus weitaus überzeugender als „andere poetische Fantasien", etwa Feenmärchen, Tierfabeln sowie Personifikationsallegorien:

> Sie [die antike Mythologie, M. B.] ist glaublicher, als die zu Personen gemachten Tugenden, Laster und andre abgezogenen Begriffe der Dinge, die wir doch mit Vergnügen in Schaumünzen, in Gemählden und Bildsäulen sehen, und in den allegorischen Vorstellungen der Redner und der Dichter bewundern.[122]

---

[119] Auch hier ergeben sich Parallelen zu Heyne (vgl. Gruppe: Geschichte der klassischen Mythologie und Religionsgeschichte während des Mittelalters im Abendland und während der Neuzeit, S. 109).
[120] Ramler: [K]urzgefasste Mythologie, S. XIIf.
[121] Ebd., S. IIIf.
[122] Ebd., S. IV.

Damit betont Ramler die generelle Legitimität allegorischer (Gelegenheits-)Kunst und erklärt die antike Mythologie zugleich zum prominenten Bildfindungsbereich allegorischer Darstellungen.[123]

4.2.3 Karl Philipp Moritz' Entgegnungen: *Über die Allegorie* (1789) und *Götterlehre* (1791)

Moritz exponiert sich als Kritiker von Ramlers allegorischer Gelegenheitskunst im direkten Anschluss an sein autonomieästhetisches Manifest *Über die bildende Nachahmung des Schönen* (September 1788) und wohl noch vor Antritt seiner Professur für „Theorie der schönen Künste" an der Berliner Kunstakademie (24. Februar 1789).[124] Welche Provokation Moritz' kurzer Beitrag *Über die Allegorie* in der Februar-Ausgabe der *Monats-Schrift* der Akademie bedeutet, zeigen bereits Publikationskontext und -zeitpunkt. Moritz wählt die Berliner Kunstakademie und ihre Zeitschrift als Forum für die Konfrontation mit Ramlers und Rodes *Allegorischen Personen*, deren Publikation von Januar bis Dezember 1788 erst zwei Monate zurückliegt. Diese Konstellation wiederholt sich im Jahr 1791: Wenige Monate nach Ramlers *Kurzgefasster Mythologie* (1790) publiziert Moritz seine *Götterlehre*, in deren Vorwort er erneut Ramlers Kopplung von Mythos und allegorischer Bildfindung angreift. Dass die Auseinandersetzung um Ramlers und Rodes allegorische Praxis noch im Sommer 1791 in der Akademie der Künste präsent ist, zeigt wiederum eine satyrische Allegorie auf die gelegenheitspanegyrische Kooperation der beiden. Johann Wilhelm Meil präsentiert sie im Rahmen der jährlichen Akademie-Ausstellung:

> Eine unverstendliche *alegorie*, die *acteurs* sind affen, die Scene eine Mahlerwerkstat, ein Affe reibt farben in der Mitte eine *Spynx* der der Kopf abgebrochen ist, das Maul diese Kopfs bemahlt ein Affe dem eine [sic] Kaninchen oder Hase auf der Schulter sitzend etwas ins Ohr sagt, viele affen laufen vor Furcht davon. Im Hintergrunde sieht man die Wahrheit hinter einem Vorhang und die hinkende Zeit auf Krücken. Einige glauben der mahlende Affe sei Rode und der Hase Ramler.[125]

---

[123] Daher spricht auch Gerhard Kurz mit Blick auf Ramlers *Kurzgefasste Mythologie* von einem „Imaginations- und Deutungsarchiv" (Kurz, Gerhard: „Hermeneutik/Allegorese", in: Jacob, Joachim und Johannes Süßmann (Hrsg.): *Der Neue Pauly. Supplemente. Bd. 13. Das 18. Jahrhundert. Lexikon zur Antikerezeption in Aufklärung und Klassizismus*, Stuttgart 2018, Sp. 331–334, hier Sp. 331).

[124] Zum institutionellen Kontext vgl. Klingenberg, Anneliese: „Als Kunstadministrator in preußischen Diensten. Karl Philipp Moritz' Tätigkeit in der Königlich Preußischen Akademie der Künste und mechanischen Wissenschaften", in: Wingertszahn, Christof (Hrsg.): *„Das Dort ist nun Hier geworden". Karl Philipp Moritz heute*, Hannover 2010, S. 205–234, hier S. 223; sowie bereits Klingenberg: „Karl Philipp Moritz als Mitglied der Berliner Akademien".

[125] So Daniel Chodowieckis Beschreibung gegenüber Anton Graff am 7. Juli 1791 (zit.

Da Moritz' Positionen zu Allegorie und Mythos vielfach beleuchtet worden sind,[126] soll abschließend vor allem deutlich werden, wie er seinen Standpunkt durch die ausdrückliche Abgrenzung von Ramlers künstlerischer Praxis und Theorie profiliert. Denn erst mit Blick auf Ramlers herausragende Rolle als Berliner Inventor werden die Dimensionen von Moritz' Kritik sichtbar. Im Zentrum steht nicht allein Ramlers ästhetische Position in Sachen Allegorie, sondern seine nichtautonome Kunstpraxis im Dienst der Hohenzollern-Monarchie und zahlreicher Institutionen der preußischen Hauptstadt.

Ausgangspunkt des Aufsatzes *Über die Allegorie* ist Moritz' Forderung, im Kunstwerk Zeichen (also die künstlerische Darstellung) und Bezeichnetes zur Deckung zu bringen. Jenes „solle durch sich selbst bedeutend werden" und nicht als „bloße[s] Symbol" oder „Buchstaben" auf einen Bedeutungsgehalt verweisen, der lediglich arbiträr mit der künstlerischen Darstellung verbunden werden könne: „Das wahre Schöne besteht aber darin, daß eine Sache bloß sich selbst bedeute, sich selbst bezeichne, sich selbst umfasse, ein in sich vollendetes Ganze sei."[127] Damit verbürgt die zeichentheoretisch fundierte Abgeschlossenheit des Kunstwerks seine Schönheit, Vollkommenheit und Autonomie.

Als bildliche Repräsentation eines Abstraktums bildet die Allegorie wiederum das Gegenmodell zu Karl Philipp Moritz' Entwurf der autonomen Darstellung. Zwei radikale Auswege böten sich – so Moritz – an: „[B]*loß* allegorische Kunstwerke sollten eigentlich gar nicht statt finden, oder doch nie vorzüglich um der

---

nach Steinbrucker, Charlotte (Hrsg.): Briefe Daniel Chodowieckis an Anton Graff, Berlin u. Leipzig 1921, S. 95). Leider finden sich auch im Katalog der Akademie-Ausstellung keine Hinweise auf die von Meil gewählte Technik. Gelistet ist hier lediglich „Eine Allegorie" von Meil (Börsch-Supan, Helmut (Hrsg.): Die Kataloge der Berliner Akademie-Ausstellungen. 1786–1850, Bd. 1, Quellen und Schriften zur bildenden Kunst 4, Berlin 1971, S. 18 [Paginierung des reprographierten Originals]). Nach derzeitigem Kenntnisstand ist Meils „Allegorie" nicht erhalten.

[126] Einen Überblick in Sachen Mythologie bietet Disselkamp: „Überblickskommentar". Zur grundlegenden Bedeutung von Moritz' Mythos-Verständnis für seine Autonomieästhetik vgl. Berghahn, Cord-Friedrich: „,Sprache der Phantasie' und ,Weihung des würklichen Lebens'. Mythologie und Mythopraxis bei Karl Philipp Moritz", in: Berghahn, Cord-Friedrich und Conrad Wiedemann (Hrsg.): *Berlin 1800. Deutsche Großstadtkultur in der klassischen Epoche*, Berliner Klassik. Eine Großstadtkultur um 1800 24, Hannover 2019, S. 73–92. Jüngere Beiträge zu Moritz' Allegorie-Kritik liefern Geisenhanslüke, Achim: „Allegorie und Schönheit bei Moritz", in: Tintemann, Ute und Christof Wingertszahn (Hrsg.): *Karl Philipp Moritz in Berlin. 1789–1793*, Berliner Klassik. Eine Großstadtkultur um 1800 4, Hannover-Laatzen 2005, S. 127–140; sowie Lande, Joel B.: „Moritz' Gods: Allegory, Autonomy and Art", in: Krupp, Anthony (Hrsg.): *Karl Philipp Moritz. Signaturen des Denkens*, Amsterdamer Beiträge zur neueren Germanistik 77, Amsterdam u. New York 2010, S. 241–253.

[127] Moritz, Karl Philipp: Werke. Bd. 2. Popularphilosophie, Reisen, Ästhetische Theorie, hg. von Heide Hollmer und Albert Meier, Bibliothek deutscher Klassiker 145, Frankfurt 1997, S. 1008.

Allegorie willen für wahre Kunstwerke gelten."[128] Bereits diese Forderung eines Endes allegorischer Kunst beziehungsweise ihrer Dezentrierung zum „Zierrat" künstlerischer Darstellungen markiert die Opposition zu Ramlers *Allegorischen Personen* und ihrem Entstehungshintergrund.[129] Die von Ramler und Rode realisierten Dekorationen und Illuminationen stellen aus Moritz' Perspektive keine eigentliche oder ästhetisch legitime Form der Kunst dar.

Hinzu kommt seine exemplarische Kritik der Allegorie der „Gerechtigkeit", wie sie Ramler etwa im Rahmen der Huldigungs-Illuminationen von 1786 präsentiert und in seinen *Allegorischen Personen* anführt. Süffisant notiert Moritz:

> In der allegorischen Darstellung der Gerechtigkeit widerspricht ein Symbol dem andern, sobald die Figur an und für sich selbst kunstmäßig betrachtet wird. – Der Gebrauch des Schwerts erfodert ja eine ganz andere Stellung als der Gebrauch der Waage, die Waage eine ganz andere Stellung als das Schwert, und der Gebrauch von beiden erfordert offne Augen. [...] Die ganze Figur ist überladen und steht von sich selbst erdrückt, wie eine tote Masse da.[130]

Der offensichtliche Konstruktionscharakter der Allegorie und die mangelnde Plausibilität der Kombination ihrer Attribute werden damit zum weiteren Argument für Moritz' Verdikt. Als Kontrastfolie führt er außerdem die Dynamik mythologischer Sujets an: „Die Bachantin schwingt den Thyrsusstab – *Herkules* lehnt sich auf seine Keule – *Diana* spannt den Bogen."[131] Die Attribute der Figuren, so Moritz' These, dienten der Darstellung charakteristischer Aktivitäten, ohne dabei Zeichencharakter zu besitzen. Autonome mythologische und (nichtautonome) allegorische Darstellungen stehen sich somit bereits 1789 als Repräsentanten konträrer Kunstprogramme und künstlerischer Wirkungsabsichten gegenüber.

In seiner *Götterlehre* von 1791 baut Moritz diese Perspektive aus. Als „Sprache der Phantasie" besitze der Mythos wesentlich fiktiven Charakter, stelle seiner Genese nach ein autonomes Produkt menschlicher Einbildungskraft dar und sei „aus dem Zusammenhange der wirklichen Dinge herausgehoben".[132] Bereits aufgrund dieser ‚Realitätsferne' mythologischer Erzählungen erweisen sich die ‚Instrumentalisierungen' des Mythos zur Inszenierung staatlicher Institutionen, wie sie Ramler und Rode praktizieren, aus Moritz' Perspektive als paradox. Seinen Ansatz kontrastiert er darüber hinaus gezielt mit der Erklärung des Mythos als allegorischer Rede, wie sie Ramler in einzelnen Fällen für legitim hält. Zu diesem Zweck spielt Moritz auf den Jupiter-Artikel der *Kurzgefassten Mythologie* an, in

---

[128] Ebd., S. 1009.
[129] Ebd.
[130] Ebd., S. 1009f.
[131] Ebd., S. 1010.
[132] Moritz, Karl Philipp: Sämtliche Werke. Kritische und kommentierte Ausgabe. Bd. 4. Schriften zur Mythologie und Altertumskunde. Teil 2: Götterlehre und andere mythologische Schriften. I: Text, hg. von Martin Disselkamp, Berlin u. Boston 2018, S. 13.

dem Ramler mit historischer Distanz festhält, man habe „[d]en Nahmen Jupiter [...] in den ältesten Zeiten dem Himmel, das ist, der obern Luft beygelegt".[133] Moritz formt diese Anmerkung zur indikativischen Aussage um und widerspricht der Identifikation von „Jupiter" und „obere[r] Luft" im Anschluss vehement:

> Denn wenn man z. B. auch sagt: Jupiter bedeutet die obere Luft; so drückt man doch dadurch nichts weniger, als den Begriff *Jupiter* aus, wozu alles das mitgerechnet werden muß, was die Phantasie einmal hineingelegt, und wodurch dieser Begriff an und für sich selbst eine Art von Vollständigkeit erhalten hat, ohne erst außer sich selbst noch etwas andeuten zu dürfen.[134]

Damit gilt bereits für „Jupiter" als mythologische Figur, deren Komplexität eine Fülle mythologischer Erzählungen verbürgen, was Moritz von der autonomen bildkünstlerischen Darstellung fordert: Selbstgenügsamkeit und Abgeschlossenheit („ein Art von Vollständigkeit") im Sinne der Deckungsgleichheit von Zeichen und Bezeichnetem („ohne erst außer sich selbst noch etwas andeuten zu dürfen").

Ramlers Mythosverständnis wiederum erscheint als zeichentheoretisch ignorant und ästhetisch abgestumpft. Nur derjenige, der „alles Gefühl für Erhabenheit und Schönheit verläugnet hätte", begreife mythologische Figuren als „eine Hieroglyphe oder einen todten Buchstaben [...], der seinen ganzen Werth nur dadurch hat, weil er etwas außer sich bedeutet".[135] Dass Ramler ausdrückliches Ziel dieser neuerlichen Kritik ist, markiert Moritz mit den ästhetischen Schlagwörtern „Erhabenheit" und „Schönheit". Sie spielen auf Ramlers These an, dass mythologische Allegorien „den gemeinsten Sachen bald einen Schein der Neuheit, bald mehr Anmuth, bald eine höhere Würde" verliehen (s. o.). Moritz kehrt diese Argumentation um. Mythologische Allegorien produzierten weniger ‚erhabene Darstellung', sondern zerstörten vielmehr die „Erhabenheit" des Mythos. Ramlers Gebrauch der antiken Mythologie als allegorischer Bildvorrat führe zu einer Verarmung der mythologischen Erzählungen und ihres ‚phantastischen' Potenzials.

Karl Philipp Moritz' Wahl der Publikationsorte und -zeitpunkte seiner Abhandlungen zu Allegorie und Mythologie, direkte Anspielungen auf sowie gezielte Umkehrungen von Ramlers allegorischem Kunstprogramm erweisen sich folglich als Strategien, mit denen er um 1790 die Neuheit seines autonomieästhetischen Ansatzes markiert und ihm mithilfe polemischer Abgrenzungen die Aufmerksamkeit eines Berliner Publikums zu sichern versucht. Indem Moritz den autonomen Status mythologischer Erzählungen mit der Forderung einer (bild)künstlerischen Rezeption in Form autonomer Darstellungen kurzschließt, profiliert er den Mythos als herausragenden Gegenstand seiner neuen Ästhetik.

---

[133] Ramler: [K]urzgefasste Mythologie, S. 32.
[134] Moritz: Sämtliche Werke. Kritische und kommentierte Ausgabe. Bd. 4. Schriften zur Mythologie und Altertumskunde. Teil 2: Götterlehre und andere mythologische Schriften. I: Text, S. 14.
[135] Ebd.

Zum geeigneten Vehikel künstlerischer Grundsatzdebatten wird dieser vor dem Hintergrund von Ramlers und Rodes künstlerischer Aktivitäten, die seit 1786 eine neue Prominenz im Berliner Stadtbild und im institutionellen Kontext der Akademie der Künste erlangen. Weit über den kunsttheoretischen Dissens hinaus wird Moritz' Ramler-Kritik daher zur Infragestellung gelegenheitsbezogener – also ‚heteronomer' – Kunstpraxis im Berlin des ausgehenden 18. Jahrhunderts. Die anhaltende Produktion allegorischer Darstellungen um 1800 wiederum legt nahe, dass Moritz' Polemik ihre Wirkung vor allem in der Retrospektive entfaltet. Als poeseologischer ‚Konsens' einer um die Weimarer Klassik kreisenden Germanistik des 19. Jahrhunderts fördert das Autonomiepostulat die Abwertung und Nichtbeachtung von Ramlers allegorischer Kunst in Wort und Bild.[136]

---

[136] Vgl. hierzu (v. a. mit Blick auf Wilhelm Scherer) Sauder: „Ästhetische Autonomie als Norm der Weimarer Klassik", S. 149.

5 Ramlers künstlerisches Vermächtnis

Mit den *Poëtischen Werken* (1800/1801) erscheint die aufwendigste Neupublikation von Ramlers panegyrischem Gelegenheitsschaffen, was buchgraphische Gestaltung, paratextuelle Ausstattung und Verlagskosten angeht. Bereits die Zeitgenossen parallelisieren sie mit Wielands *Sämmtlichen Werken* (1794–1811) und Klopstocks *Werken,* an deren Beginn die zweibändigen *Oden* (1798) stehen.[1] Im Folgenden (Kap. 5.1) soll deutlich werden, dass die Planung von Ramlers *Poëtischen Werken* bis in die frühen 1780er Jahre zurückreicht und sich in der ersten Hälfte der 1790er Jahre konkretisiert. Erbstreitigkeiten um das Verlagshaus Voss, Ramlers Tod im April 1798, gerichtliche Auseinandersetzungen seiner Erben sowie kriegsbedingter Papiermangel in Berlin verzögern das Erscheinen der Ausgabe um mehrere Jahre, was einen maßgeblichen Effekt hat: Die *Poëtischen Werke* wandeln sich von einer Ausgabe letzter Hand (zu Lebzeiten des Autors) hin zur postumen Werkausgabe.

Zudem geht das Ende von Ramlers Verantwortlichkeit für ihre endgültige Gestalt, wie zu zeigen ist, mit entscheidenden Eingriffen in die Konzeption der *Poëtischen Werke* einher. Koordiniert werden diese Revisionen von Leopold Friedrich Günther von Goeckingk, den Ramler testamentarisch als Herausgeber einsetzt, und Johann Daniel Sander, der die Werkausgabe als Verleger mitgestaltet. Ausgangspunkt ihrer Eingriffe ist die Skepsis gegenüber der literarischen Qualität von Ramlers Texten und der buchhändlerischen Rentabilität einer aufwendigen Quart-

---

[1] Beide Werkausgaben erscheinen im Leipziger Verlag von Georg Joachim Göschen, den Klopstock im Frühjahr 1796 aufgrund der ‚Monumentalität' von Wielands *Sämmtlichen Werken* und in der „Erwartung, [...] mit einem vergleichbaren, nach Möglichkeit sogar typographisch anspruchsvolleren Unternehmen geehrt zu werden", als Verleger wählt (vgl. Klopstock, Friedrich Gottlieb: Werke und Briefe. Historisch-kritische Ausgabe. Bd. 1. Oden. Bd. 2. Apparat, hg. von Horst Gronemeyer und Klaus Hurlebusch, Berlin u. Boston 2015, S. 14f.). Zu Wielands Ausgabe als Paradigma, auf das sich Klopstock und Göschen in Konzeptionsfragen durchweg beziehen, vgl. Martus, Steffen: Werkpolitik. Zur Literaturgeschichte kritischer Kommunikation vom 17. bis ins 20. Jahrhundert mit Studien zu Klopstock, Tieck, Goethe und George, Historia Hermeneutica. Series Studia 3, Berlin u. New York 2007, S. 341f. Ins Auge fallen auch Parallelen zwischen Klopstocks *Oden* von 1798 und der letztlichen Gestalt von Ramlers Werkausgabe: Die Aufteilung in zwei Bände, das repräsentative Quartformat, typographische Ähnlichkeiten (großzügiger Antiqua-Satz) und die den beiden Ausgaben beigefügten „Anmerkungen". Diese gehen bei Ramler jedoch weit über jene knappen Sacherklärungen hinaus, auf die sich Klopstock entgegen Göschens Willen beschränkt (vgl. ebd., S. 339f.). Zur Anlage der „Anmerkungen" in den *Poëtischen Werken* vgl. Kap. 5.2.2.

ausgabe in vier Bänden. Die Genese von Ramlers *Poëtischen Werken* lässt somit eine Fülle ökonomischer und literaturpolitischer Interessen erkennen, die von verschiedenen Akteuren an die Ausgabe herangetragen werden und sich in ihrer letztlichen Gestaltung niederschlagen.[2]

Auf dieser Basis zeichnet Kapitel 5.2 vier maßgebliche programmatische Aspekte der *Poëtischen Werke* nach, die auf Ramlers Konzeption zurückgeführt werden können. Die späteren Entscheidungen von Herausgeber und Verleger konterkarieren teils Ramlers Intentionen. Die Rekonstruktion der Eingriffe erlaubt es zugleich, Ramlers ursprüngliche Zielsetzungen umso klarer herauszuarbeiten. Dazu zählen *erstens* die erinnerungspolitisch motivierte Verewigung der Taten Friedrichs II. sowie *zweitens* die kultur- und literaturhistorische Anreicherung der Gedichte durch einen selbstverfassten, enzyklopädisch angelegten Stellenkommentar.[3] Dieser dient auch, gemeinsam mit buchgraphischen Elementen, der Dokumentation von Ramlers gelegenheitskünstlerischen Kooperationen mit dem Maler und Graphiker Christian Bernhard Rode. Hinzu kommt *drittens* die Präsentation von Ramlers Œuvre als Ergebnis anhaltender dichterischer Vervollkommnungsarbeit.

Auf Ramlers horazianische Selbststilisierung als *vierten* programmatischen Aspekt der postumen Werkausgabe soll wiederum im Verlauf des gesamten fünften Kapitels wiederholt hingewiesen werden. Denn Ramlers Inszenierung als „deutscher Horaz" prägt die Struktur der *Poëtischen Werke*, zeigt sich in ihren Illustrationen und korrespondiert mit seiner verbesserungspoetischen Praxis. In diesem Sinne soll im Folgenden deutlich werden, dass Ramlers *Poëtische Werke* jene drei zentralen Koordinaten seines gelegenheitskünstlerischen Schaffens bündeln und rekonfigurieren, die im Mittelpunkt der vorangehenden Kapitel dieser Arbeit standen: Die kultur- und erinnerungspolitische Konfrontation mit Friedrich II., die Inszenierung als „deutscher Horaz" und das Eintreten für die Allegorie als (gelegenheitspanegyrische) Kunstform.

---

[2] Auf die zugrundeliegende systematische Fragestellung verweist Spoerhase: „Was ist ein Werk?", S. 287: „Angesichts des literarhistorischen Faktums, daß die Transformationen zwischen den einzelnen Zuständen literarischen Schrifttums häufig von anderen Akteuren als den Autoren vorgenommen werden – ‚Opera' oder ‚Œuvres' werden häufig erst von Herausgebern oder Verlegern konstituiert – ergibt sich [...] auch das Problem, wie sich konzeptuell und hermeneutisch von diesen Fremdautorschaften Rechenschaft ablegen läßt."

[3] Ausgehend von Johann Daniel Sanders Widmungsvorrede an König Friedrich Wilhelm III. von Preußen konzentriert sich Charlotte Kurbjuhn in ihrer materialreichen Studie auf die patriotisch aufgeladene Präsentation von Ramlers und Rodes Gelegenheitskunst (vgl. Kurbjuhn: „Preußische Leistungsschau"). Da die Deutung des Brandenburger Tors als Denkmal für Friedrich II. zu den entscheidenden Elementen ihrer Interpretation der *Poëtischen Werke* zählt, sei hier auf Zitha Pöthes Rekonstruktion des Bildprogramms als Verherrlichung seines Neffen und Nachfolgers Friedrich Wilhelm II. verwiesen (vgl. Pöthe: Perikles in Preußen. Die Politik Friedrich Wilhelms II. im Spiegel des Brandenburger Tores).

5.1 Die Genese der *Poëtischen Werke* (1800/1801)

5.1.1 Ramlers und Rodes Vorarbeiten

Ramlers *Lyrische Gedichte* aus dem Jahr 1772 vereinen erstmals seine panegyrische Gelegenheitslyrik, (geistlichen) Kantaten und Horaz-Übersetzungen als literarisches Œuvre.[4] Mehr als eine Dekade später plant Ramler eine überarbeitete Neuauflage, die Johann Friedrich Zöllner 1784 ankündigt:

> Es kann dem deutschen Publikum nicht anders, als eine wahre patriotische Freude erwecken, zu erfahren, daß unser *Horaz*, der nicht bloß von seinen Landsleuten bewundert wird, sondern uns auch den Neid der Ausländer erregt, noch einmal die letzte Hand an seine lyrischen *Gedichte* gelegt, und sie auch da noch verbessert hat, wo nur eine so scharfe Kritik, als seine eigene, etwas zu verbessern finden konnte. Wer es weiß, daß es, um sein Kunstgefühl zu bilden, kaum eine lehrreichere Schule giebt, als das Nachdenken über die Gründe, warum der Meister in der Kunst auch statt des fehlerfreien Zuges noch einen schönern wählte, und gerade diesen für den schöneren hielt, der kann unmöglich anders, als mit Sehnsucht, den Augenblick der Vergleichung zwischen der ältern und neueren Ausgabe dieser Meisterstücke erwarten. Und wie innig freue ich mich, daß mich die Freundschaft des Verfassers in den Stand gesetzt hat, nicht nur die baldige Erscheinung dieser neuen Ausgabe ankündigen, sondern auch eine Probe derselben mittheilen zu können.[5]

Zöllner stellt dem Vorabdruck dreier Oden, die Ramler ihm für sein *Lesebuch* überlassen hat, die literaturpatriotische Identifikation des „deutschen Publikum[s]" mit Ramlers dichterischer Leistung voran. Die Spannung zwischen dessen literarischer ‚Meisterschaft' und der anhaltenden ‚Verbesserung' der Texte löst Zöllner, indem er Ramler *einerseits* herausragende (selbst)kritische Kompetenz zuschreibt, *andererseits* Ramlers Verbesserungspoetik zur ‚Verschönerungspoetik' deklariert. Nicht die Beseitigung von ‚Fehlern' (die es bei Ramler nicht gebe), sondern die Intensivierung literarischer ‚Schönheit' bilde das programmatische Zentrum seiner Überarbeitungen eigener Texte.
Die Zusammenschau mit vorangehenden Fassungen offenbare wiederum die gesteigerte Vollkommenheit der Fassungen „letzte[r] Hand". Für Zöllner steht damit nicht der literarische ‚Eigenwert' der geplanten Neuausgabe, also die Vollendung von Ramlers Texten als solche, im Zentrum. Ihren Wert gewinnen die revidierten *Lyrischen Gedichte* vielmehr, indem sie die didaktisch orientierte Parallellektüre verschiedener Fassungen ermöglichen. Der minutiöse Vergleich der

---

[4] Zur Struktur der *Lyrischen Gedichte* vgl. Kap. 2.2.3 sowie Kap. 3.1.2.
[5] Zöllner, Johann Friedrich (Hrsg.): Lesebuch für alle Stände. Zur Beförderung edler Grundsätze, ächten Geschmacks und nützlicher Kenntnisse, Bd. 5, Berlin 1784, S. 3f. Zöllner und Ramler kennen sich spätestens seit Gründung der „Mittwochsgesellschaft" (vgl. Gose: „Berliner Mittwochsgesellschaft [...]", S. 181). Vgl. zudem Kap. 1.1.3.

Lesarten soll der Rekonstruktion von Ramlers verbesserungspoetischen Entscheidungen dienen und so die ästhetischen Kompetenzen (das „Kunstgefühl") der Rezipienten fördern.[6]

Zöllners Ankündigung von 1784 und der Umstand, dass die aktualisierte Ausgabe von Ramlers Œuvre zunächst nicht erscheint, deuten auf eine Neukonzeption im Verlauf der 1780er Jahre hin. Eine Bemerkung Daniel Chodowieckis im Herbst 1793 belegt die laufenden Vorbereitungen für eine ‚Prachtausgabe':

> Göschen seine Prächtige Ausgabe der Wielandschen Schriften wird vermuthlich Beßern Fortgang haben als die *Ramler*'sche wozu sich kein Verleger finden wird. Unterdessen wird immer an den Kupferstichen gearbeitet, wozu Herr *Rode* die Zeichnungen entwirft und leicht vor *Radi*rt [sic] und von Herrn *Henne* [...] ausgeführt.[7]

---

[6] Es handelt sich um einen verbesserungspoetischen Topos, wie ihn etwa auch Goethe im *Literarischen Sansculottismus* mit Blick auf Wieland anführt (vgl. Martus: „Die Entstehung von Tiefsinn im 18. Jahrhundert", S. 40; sowie Nutt-Kofoth, Rüdiger: „Variante, Lesart, Korrektur oder Änderung? Zur Terminologie und Editionspraxis in der Neugermanistik", in: Plachta, Bodo und H. T. M. van Vliet (Hrsg.): *Perspectives of Scholarly Editing. Perspektiven der Textedition*, Berlin 2002, S. 29–45, hier S. 39–41). Zur zeitgenössischen Parallelisierung von Ramler und Wieland vgl. Knüppeln, Julius Friedrich, Carl Christoph Nencke und Christian Ludwig Paalzow: „Rammler, Carl Wilhelm", in: Knüppeln, Julius Friedrich, Carl Christoph Nencke und Christian Ludwig Paalzow (Hrsg.): *Büsten berlinscher Gelehrten und Künstler mit Devisen*, Stendal 1787, S. 249–256, hier S. 252f.: „Kein Schriftsteller, *Wieland* vielleicht ausgenommen, braucht die Feile öfterer und geschickter, als Herr *Rammler*; aber auch die feinste Feile, hinterläßt gar leicht kleine Risse, die dem Glanz des Marmors Eintracht thun." Der Topos findet sich darüber hinaus in zeitgenössischen Stellungnahmen zu Ramlers werkzentrierter Verbesserungspoetik, auch wenn er ebenfalls von kritischen Einwänden begleitet wird. So hält Vetterlein wenige Jahre nach Ramlers Tod fest: „Indeß, wenn gleich die Originale stäts den Vorzug behalten, so können doch auch seine Abänderungen jungen Studirenden zu einer guten Uebung ihres Geschmacks dienen, wenn sie die Originale, wo sie vorhanden sind, damit vergleichen und bei den geänderten Stellen über die Gründe nachdenken wollen, warum R. gefeilt und zu bessern gesucht hat" (Vetterlein, Christian Friedrich Rudolf: „Ramler", in: Vetterlein, Christian Friedrich Rudolf: *Handbuch der poetischen Litteratur der Deutschen, d. i. Kurze Nachrichten von dem Leben und den Schriften deutscher Dichter*, Köthen 1800, S. 411–421, hier S. 418). Goeckingk wiederum betont, es komme bei der „Correctheit" von Gedichten auf ein Mittelmaß an: „Für die, welche sich zu Dichtern bilden wollen, kann die Vergleichung der Verbesserungen mit den Originalen ein lehrreiches Studium werden; denn sie gewähren eine Menge Beyspiele feiner Kritik, und Warnung, Correctheit zwar nicht für alles gelten zu lassen, aber auch keinesweges zu vernachlässigen" (Goeckingk: „Ramlers Leben", S. 314).

[7] Daniel Chodowiecki an Anton Graff am 16. November 1793 (zit. nach Steinbrucker (Hrsg.): Briefe Daniel Chodowieckis an Anton Graff, S. 130). Chodowieckis Darstellung untermauert seine Antipathien gegenüber Ramler und Rode. Zu Letzterem vgl.

Mit der Entscheidung für die aufwendige buchgraphische Ausstattung seiner Werkausgabe „letzte[r] Hand" markiert Ramler eine zentrale programmatische Differenz gegenüber der von Zöllner skizzierten geschmackspolitischen Lancierung überarbeiteter Fassungen. Ramler zielt nicht primär auf Didaxe, sondern auf die repräsentative Inszenierung seiner Texte, und arbeitet zu diesem Zweck mit den Graphikern Christian Bernhard Rode und Eberhard Henne zusammen. Chodowieckis Kommentar belegt darüber hinaus, dass Ramler die Illustrationen seiner Werkausgabe zunächst ohne Finanzierung von Seiten eines Verlags vorbereiten lässt. In welcher Höhe Rode und Henne für ihre Arbeiten von Ramler entlohnt werden, lässt sich nicht nachweisen.[8]

Bereits Ende Mai 1793 präsentiert Rode auf der Ausstellung der Berliner Kunstakademie seine Vorlagen zu den späteren Frontispizen von Band 1 der *Poëtischen Werke* (1800) und Band 1 von *Horazens Oden* (1800):

> Kalliope betrachtet, indem sie schreibt, das Brustbild Friedrichs, welches mit den Sinnbildern der Kriegeskunst, der Weisheit, der Staatskunst und einigen Künsten der Musen umgeben ist. Daneben sieht man einen Oelbaum mit Epheu umwunden, das Sinnbild der Freundschaft. Ramlers 1. Ode an den König Friedrich den Zweiten. [...] Horaz sitzt in der Mitte zweier Musen. Euterpe bläst ihm ein Stück auf der Flöte vor, und Polyhymnia stimmt ihm die Leier, die er spielt. Horaz 1. Ode, 1. Buch.[9]

Heegewaldt, Werner: „‚Sie wissen [...] nicht liebster Herr Director, was eine Academie ist'. Daniel Chodowiecki und Bernhard Rode im Streit um die Akademiereform", in: Schultz, Anna (Hrsg.): *Turmbewohner. Entwurfszeichnungen von Daniel Chodowiecki und Bernhard Rode für den Gendarmenmarkt*, Berlin 2014, S. 41–49. Zwei Karikaturen dokumentieren bereits in den 1770er Jahren Chodowieckis Vorbehalte gegenüber Ramler. Zu dessen Darstellung als Barbier des verstorbenen Kleist, mit der Chodowiecki die verbesserungspoetische Praxis angreift, kommt Ramlers Darstellung als affektierter Stutzer im *Göttingischen Taschenkalender auf das Jahr 1779* (vgl. Freydank, Hanns: Goethe und Ramler, Halle a. d. Saale 1928, S. 11–13; Košenina: „Ein deutscher Horaz? Karl Wilhelm Ramler in der zeitgenössischen Rezeption", S. 149f.; sowie Košenina, Alexander: „Mit Horaz zu Besuch bei Anakreon: Der Berliner Aufklärer Karl Wilhelm Ramler (1725–1798)", in: Košenina, Alexander: *Blitzlichter der Aufklärung. Köpfe – Kritiken – Konstellationen*, Hannover 2010, S. 29–31, hier S. 31).

[8] Goeckingk vermerkt lediglich, Ramler habe „schon zu einer Zeit, wo er sich noch in eingeschränkten Umständen befand, einen Theil der Kupfer [...] auf seine Kosten stechen" lassen (Goeckingk: „Ramlers Leben", S. 326). Der Beginn der buchgraphischen Arbeiten wäre demnach vor der zweiten Hälfte des Jahres 1786 anzusetzen, in der Ramlers finanzielle Situation sich schlagartig verbessert (vgl. Kap. 1.2.2).

[9] Börsch-Supan (Hrsg.): Die Kataloge der Berliner Akademie-Ausstellungen. 1786–1850, S. 2f. [Paginierung des reprographierten Originals]. Das erste Gemälde wird nochmals 1808 ausgestellt (ebd., S. 4 [Paginierung des reprographierten Originals]). Zum Verbleib vgl. Kurbjuhn: „Preußische Leistungsschau", S. 504 [Anm. 81]. Hinzu kommen zwei Vignetten, die Rode bereits 1789 ausstellt und die sich ebenfalls in den *Poëtischen Werken* finden: „Amor macht einen seiner Pfeile über einem Gefäße mit Kohlen glühend"; sowie „Amor schärft seinen Pfeil auf einem Wetzstein, der mit Blut

Indem Rode seine Gemälde als bildliche Umsetzungen der Auftaktgedichte zu Ramlers und Horaz' Lyrica ausweist, verschafft er den literarischen Leistungen beider Autoren im Kontext der Akademie der Künste erneute Aufmerksamkeit. Sie bildet um 1790 das institutionelle Zentrum von Ramlers Kunstpolitik.[10] Mit der Zusammenstellung beider Gemälde im Ausstellungsraum fördert Rode darüber hinaus Ramlers Inszenierung als „deutscher Horaz". Rodes Vorlage zur Titelvignette des ersten Bandes von Ramlers *Poëtischen Werken* zählt in den 1790er Jahren wiederum zum prominenten Wandschmuck in Ramlers Wohnung am Hackeschen Markt.[11] Programmatische Motive der Buchgraphik seiner geplanten Werkausgabe sind folglich in den Originalvorlagen von Rode bereits Jahre vor Erscheinen der *Poëtischen Werke* in (halb)öffentlichen Räumen Berlins präsent.

Mit Christian Friedrich Voss d. J. (1755–1795) schließt Ramler noch vor dessen Tod einen Vertrag über die Herausgabe seiner *Poëtischen Werke*. Neuer Geschäftsführer des Verlages wird im Jahr 1795 Johann Daniel Sander,[12] der ein rasches Erscheinen der Ausgabe plant. So empfiehlt Georg Joachim Göschen Klopstock im März 1796 die Wahl der Antiqua für seine Werkausgabe, da „auch Ramlers Werke jetzt mit lateinischen Lettern gedruckt werden".[13] Sander wiederum inseriert im Juli 1796 „Ramlers Gedichte, in einer Prachtausgabe mit vielen (16 oder 18) Kupfern in 4°, u. mit eben so vielen Vignetten" und will „schon im nächsten Winter" drucken lassen.[14] Zugleich äußert er prinzipielle Zweifel am

---

benetzt ist" (Börsch-Supan (Hrsg.): Die Kataloge der Berliner Akademie-Ausstellungen. 1786–1850, S. 10 [Paginierung des reprographierten Originals]; vgl. Ramler: Poëtische Werke. [...] Zweyter Theil: Vermischte Gedichte, S. 200 sowie S. 217).

[10] Vgl. hierzu Kap. 1.2.2 sowie Kap. 4.2.1.

[11] Carl August Böttiger notiert mit ironischem Unterton: „Ich kam früh 10 Uhr zu ihm, wo seine Toilette gemacht und sein Audienzzimmer geöffnet war. [...] Er nöthigte mich neben ihm auf dem Sopha zu sitzen. Über dem Sopha hing seine eigene Apotheose, von Bernhard Rode gemalt. Ramler mit dem Epheukranz und der Lyra lauscht den Eingebungen der Muse, die neben ihm steht und ihn begeistert. Sonst waren die Wände des grüngemalten Zimmers ziemlich nackt; nur auf der einen Seite hing ein jugendliches Portrait von Weiße" (Böttiger: „Karl Wilhelm Ramler. (Im August 1797.)", S. 112f.).

[12] Vgl. hierzu Sangmeister, Dirk: „Heinrich von Kleists verhinderter Verleger. Der angeblich verrückte Johann Daniel Sander und der Salon seiner schönen Frau Sophie", in: Estermann, Monika, Ernst Fischer und Ute Schneider (Hrsg.): *Buchkulturen. Beiträge zur Geschichte der Literaturvermittlung. Festschrift für Reinhard Wittmann*, Wiesbaden 2005, S. 321–354, hier S. 326.

[13] Georg Joachim Göschen an Friedrich Gottlieb Klopstock am 21. März 1796 (zit. nach Klopstock, Friedrich Gottlieb: Werke und Briefe. Abt. Briefe. Bd. 9,1. 1795–1798, hg. von Rainer Schmidt, Berlin u. New York 1993, S. 59). Zu Göschens nachdrücklichem Einsatz für die Antiqua gegenüber Klopstock vgl. Füssel, Stephan: Georg Joachim Göschen. Ein Verleger der Spätaufklärung und der deutschen Klassik. Bd. 1. Studien zur Verlagsgeschichte und zur Verlegertypologie der Goethe-Zeit, Berlin u. New York 1999, S. 131–134 sowie S. 254f.

[14] Johann Daniel Sander an Carl August Böttiger am 23. Juli bzw. 23. August 1796 (zit.

ökonomischen Erfolg der Ausgabe. Ramlers (vormaliges) Prestige als Gelegenheitsdichter entspreche keineswegs der aktuellen Nachfrage seiner Texte auf dem Buchmarkt:

> Ich verkenne Ramlers Verdienste nicht; aber ein Dichter, der jetzt aufträte u. nicht mehr leistete, würde schwerlich Ramlers Ruhm erlangen. Doch, der selige Voß hat nun einmal einen Kontrakt mit ihm gemacht; u. der muß gehalten werden.[15]

Sanders Zurückhaltung dürfte nicht zuletzt den Dimensionen des Projekts geschuldet sein – konzipiert Ramler doch eine vierbändige Ausgabe, die parallel im kostspieligen Quart- und günstigeren Oktavformat aufgelegt werden soll. Die ersten beiden Bände umfassen nach Ramlers Plan seine ‚Originaldichtungen', seine kommentierte Übersetzung sämtlicher Oden und Epoden des Horaz soll Bände 3 und 4 füllen.[16] Damit überträgt er die gezielte Zusammenstellung seines dichterischen und übersetzerischen Schaffens, wie sie in seinen Publikationen seit den 1760er Jahren zu beobachten ist, auf die repräsentative Werkausgabe.[17] Bereits ihrer Disposition nach untermauert sie Ramlers Anspruch auf den Titel „deutscher Horaz".[18]

Im Frühjahr 1797 sind die buchgraphischen Arbeiten weitgehend abgeschlossen, der Druck verzögert sich jedoch aufgrund von „Hindernisse[n]", bei denen es sich um interne Auseinandersetzungen zwischen Voss' Erben handeln dürfte.[19]

---

nach Maurach (Hrsg.): Die Briefe Johann Daniel Sanders an Carl August Böttiger, Bd. 1, S. 25 bzw. S. 30).

[15] Johann Daniel Sander an Carl August Böttiger am 23. August 1796 (zit. nach ebd., S. 30).

[16] Vgl. hierzu Sanders spätere Bemerkung gegenüber Böttiger am 1. Februar 1800: „Es ist ein Glück für Ramlers Andenken, daß ich noch sein Verleger geworden bin. Nach seinem eigentlichen Plane sollte aus seinem Horaz mit allen seinen – für Schüler u. Studenten recht guten – Anmerkungen, als 3ter und 4ter Theil seiner Werke in Quarto gedruckt werden. Es hat mir Mühe genug gekostet, dieser Last zu entgehen, die mich und den seligen Ramler lächerlich gemacht hätte" (zit. nach Maurach, Bernd (Hrsg.): Die Briefe Johann Daniel Sanders an Carl August Böttiger, Bd. 3, Bern u. a. 1991, S. 72 [Unterstreichungen im Original]).

[17] Vgl. Kap. 3.1.2.

[18] Als analoger Fall der Horaz-Imitatio und -Aemulatio erweist sich die Gliederung von Klopstocks *Oden* (1771) in drei Büchern nach dem Vorbild der *Carmina* (vgl. Martin: „Klopstocks poetologisches Prooimion", S. 17 [Anm. 2]). Zur letztlichen Aufgabe des Buchprinzips zugunsten einer Textanordnung nach Chronologie in der zweibändigen Ausgabe der *Oden* (1798) vgl. Klopstock: Werke und Briefe. Historisch-kritische Ausgabe. Bd. 1. Oden. Bd. 2. Apparat, S. 9–16.

[19] Johann Daniel Sander an Carl August Böttiger am 21. Januar 1797 (zit. nach Maurach (Hrsg.): Die Briefe Johann Daniel Sanders an Carl August Böttiger, Bd. 1, S. 91, vgl. zudem S. 100). Böttiger wiederum notiert (wie Sander) ohne konkretere Hinweise: „Wir kamen zuerst auf die Ausgabe seiner sämmtlichen Werke zu sprechen, die durch

Christian Bernhard Rode stirbt im Juni 1797, ohne den Druck der von ihm entworfenen Vignetten und Tondi für die *Poëtischen Werke* zu erleben. Ramler wiederum sieht sich im August 1797 aufgrund der „Verzögerung der Buchhandlung seines mit ihr geschlossenen Contractes entbunden", überarbeitet nochmals seine Horaz-Übersetzungen und plant ihre gesonderte Herausgabe in einem anderen Verlag.[20] Parallel gestattet er weitere Vorabdrucke einzelner Oden in ihren letztgültigen Fassungen.[21] Dass Ramler zu diesem Zeitpunkt bereits das endgültige Scheitern seiner Ausgabe letzter Hand einkalkuliert, zeigt der Verzicht auf die Aktualisierung seines Kommentars im Anhang der *Poëtischen Werke*. So firmiert Friedrich Wilhelm II., der im November 1797 stirbt, hier noch als aktuell regierender preußischer König.[22]

Als Ramler Ende März 1798 mit seinem baldigen Tod rechnet, entschließt er sich zur testamentarischen Regelung seines literarischen Nachlasses.[23] Seine Verfügung aus dem Jahr 1795 betrifft noch allein finanzielle Fragen: Ramler setzt seine Nichte Wilhelmine Ritter als Universalerbin ein[24] und sichert seiner langjährigen Haushälterin Christiane Elisabet Heinrich ein Pension zu.[25] Das „Codicill"

    die verwickelte Lage, in der sich die Verlagsbuchhandlung (die Vossische in Berlin) befindet, schon einige Jahre verspätet worden ist" (Böttiger: „Karl Wilhelm Ramler. (Im August 1797.)", S. 114). Zum Konflikt der Erben vgl. Sangmeister: „Heinrich von Kleists verhinderter Verleger", S. 326.

[20] So die Angaben bei Böttiger (Böttiger: „Karl Wilhelm Ramler. (Im August 1797.)", S. 114).
[21] Vgl. „Lob der Stadt Berlin; bei Gelegenheit eines Granatapfels, der daselbst zur Reife gekommen war", in: *Musen-Almanach 1796*, Göttingen 1795, S. 68–76; sowie „Ode an Herrn Bernhard Rode, verfertigt im Jahr 1760", in: Ramler, Karl Wilhelm: *Gedächtnißrede auf Herrn Bernhard Rode, Direktor der Königl. Akademie der bildenden Künste und mechanischen Wissenschaften zu Berlin [...]*, Berlin 1797, S. 13–23.
[22] Vgl. Ramler: Poëtische Werke. [...] Zweyter Theil: Vermischte Gedichte, S. 262. Dass es sich zum Zeitpunkt des Erscheinens um einen Anachronismus handelt, betont eine der wenigen zusätzlichen Anmerkungen des Herausgebers, der „glaubte, es wäre nicht nöthig, diese Note zu ändern, da jeder Leser sieht, dass sie vor dem Jahre 1797 geschrieben ist" (ebd.).
[23] Vgl. hierzu die Transkriptionen von Ramlers testamentarischen Verfügungen im Anhang dieser Arbeit (Kap. 7.2)
[24] Ramlers jüngerer Bruder Johann Gottlieb ist Prediger in Kerstin (1754–1778) und Groß Jestin (1778–1790), zuletzt in Werneuchen, wo er am 8. September 1794 stirbt. „Seine tochter Wilhelmine, des dichters patin, vermählt mit dem prediger Ritter, nachfolger ihres vaters in Gross-Jestin, beerbte als einzige verwandte den onkel" (Schüddekopf: Karl Wilhelm Ramler bis zu seiner Verbindung mit Lessing, S. 2). Im durchschossenen Handexemplar seiner Dissertation notiert Schüddekopf als Hochzeitsdatum „am 23. nov. 91 in Berlin" (GSA 161/1,1).
[25] Zwei Wochen vor seinem Tod am 11. April 1798 legt Ramler zudem eine Zahlung von jeweils hundert Talern an Heinrich und ihre Nachfolgerin Friderike Dorothea Schulz fest (vgl. Kap. 7.2.3). Ein undatierter Brief von Ramlers Haushälterin Heinrich ist im Weimarer Nachlass überliefert. Sie verwaltet den Haushalt während Ramlers

vom 31. März 1798 trifft darüber hinaus erstmals rechtlich bindende Bestimmungen zum postumen Druck dreier Projekte: Leopold Friedrich Günther von Goeckingk soll, wie bereits mündlich vereinbart sei, die Herausgabe der parallelen Quart- und Oktav-Ausgabe von Ramlers Werken übernehmen. Ramler habe ihm hierzu bereits „das *Manuscript* nebst den Kupfern u[nd] Kupferplatten eingehändigt", also die zum Todeszeitpunkt gültigen Fassungen seiner Texte und die Produktionsmittel für die graphische Ausstattung der Werkausgabe. Parallel verfährt Ramler für die Herausgabe seiner Anakreon-Übersetzung, die Georg Ludwig Spalding verantworten soll. Er habe das entsprechende „Manuscript" daher ebenfalls von Ramler erhalten. Die Herausgeberschaft von Ramlers Fortsetzung der Übersetzung von Martials Epigrammen solle Friedrich Gedike übernehmen.

Hervorzuheben ist, dass das „Codicill" für eine Aufspaltung der Verantwortlichkeiten für drei Publikationsvorhaben sorgt, deren postume Realisierung zu Ramlers literarischem Vermächtnis wird. Goeckingk kommt hierbei nur insofern eine herausgehobene Stellung zu, als er mit den *Poëtischen Werken* das für Ramlers postume Inszenierung zentrale Projekt betreut. Darüber hinaus betreibt Ramler jedoch keine gezielte Nachlasspolitik. So gehen seine Briefschaften und die Bibliothek in den Besitz seiner Nichte und ihres Mannes im pommerschen Groß Jestin über.[26] Ramler setzt das Ehepaar allerdings nicht als literarische Sachwalter ein, sondern vertraut mit Goeckingk, Spalding und Gedike auf drei Vertreter der Berliner Aufklärung. Der Wunsch nach räumlicher Konzentration des Nachlasses, der nach Ramlers Tod de facto auf Berlin und Groß Jestin verteilt ist, sowie nach einer musealen Aufbereitung und editorischen Erschließung lässt sich in Ramlers Testamenten folglich nicht beobachten.[27]

Aufenthalt bei seiner Nichte in Pommern und sendet ihm Briefe nach. Ramler hat den Brief (wohl 1793) mit der Bemerkung „serva fidelis" versehen (GSA 75/242, 2ᵛ). Dem Testament von 1795 zufolge beendet Heinrich ihre Tätigkeit in Ramlers Haushalt im Jahr 1790. Vgl. zu Ramlers Haushälterinnen Heinrich und Schulz auch Schlichtegroll: „Den 11ten April starb zu Berlin Carl Wilhelm Ramler, Prof. der sch. Wiss. bey dem Cadettenkorps", S. 92: „Ramlers häusliches Leben war einfach und sparsam. Er ist niemals verheirathet gewesen. Eine Magd besorgte seine häuslichen Geschäfte, und als diese in seinem Dienste alt geworden war, trat ihre Tochter an ihre Stelle ein. Eine kurze Zeit hindurch wurde seine Wirthschaft von einer Nichte besorgt."

[26] Vgl. hierzu Kap. 1.1.4.
[27] Vgl. im Kontrast hierzu die von Gleim testamentarisch verfügte Gründung einer „Familienstiftung", die die Aufbewahrung und Erschließung seiner Sammlungen sichern soll (Spoerhase, Carlos: „Neuzeitliches Nachlassbewusstsein. Über die Entstehung eines schriftstellerischen, archivarischen und philologischen Interesses an posthumen Papieren", in: Sina, Kai und Carlos Spoerhase (Hrsg.): *Nachlassbewusstsein, Literatur, Archiv, Philologie. 1750–2000*, marbacher schriften. neue folge 13, Göttingen 2017, S. 21–48, hier S. 31). Zur Entwicklung von Gleims testamentarischen Bestimmungen seit 1782 und der Einbindung seiner Sammlungen in den Lehrbetrieb einer geplanten „Schule der Humanität" vgl. Stört, Diana: Johann Wilhelm Ludwig Gleim und die gesellige Sammlungspraxis im 18. Jahrhundert, Schriften zur Kulturgeschichte 19,

5.1.2 Leopold F. G. von Goeckingk als Herausgeber

Ramler und Leopold F. G. von Goeckingk (1748–1828), der zwischen 1770 und 1793 als höherer preußischer Beamter in Ellrich (Harz), Magdeburg und Wernigerode tätig ist,[28] lernen einander Ende des Jahres 1778 in Berlin kennen:

> Ich hab einmal des Mittags, ein andermal des Abends, mit Engel, Ramler und Lessing bei ihm [dem Verleger Voss] gegessen. [...] Ramler hat mir außerordentl. freundschaftl. begegnet, als wir uns einigemal an einem 3ten Orte getroffen hatten, ohne daß ich ihn besucht gehabt.[29]

Ramlers verbesserungspoetische Praxis bietet zur gleichen Zeit den Anknüpfungspunkt für die literarische Interaktion beider Autoren. So finden sich vier Texte von Goeckingk, die für eine erweiterte Fassung seiner *Lieder zweier Liebenden* (1777/²1779) bestimmt sind, bereits in Ramlers Fortsetzung der *Lyrischen Bluhmenlese* (1778). Die merklich überarbeiteten Fassungen stellt Goeckingk in der zweiten Auflage der *Lieder* (1779) seinen ‚Originalen' gegenüber:

> Indeß hat Herr *Ramler* sich die Mühe gegeben, einige von Nantens Gedichten umzuarbeiten. Da sie schon in der Lyrischen Blumenlese stehen, so würden die Kunstrichter ihn dennoch gleich erkannt haben, wenn ich auch seinen Text allein, und stillschweigend, aufgenommen hätte. Aus diesem Grunde sowohl, als um den Lesern, welche die erste Auflage nicht besitzen, das Vergnügen der Vergleichung dieses, mit dem vorigen Texte, nicht zu versagen, hab' ich nach Herrn *Ramlers* Handschrift die Umarbeitungen gegenüber abdrucken lassen.[30]

Mit dem Paralleldruck beider Versionen regt Goeckingk zu jener topischen „Vergleichung" an, wie sie auch Johann Friedrich Zöllners *Lesebuch* von 1784 in

---

Hamburg 2010, S. 203–211. Dass Ramler die literarische bzw. literaturgeschichtliche Relevanz seines brieflichen Nachlasses (vgl. hierzu Kap. 1.1.4) im Gegensatz zu Gleim marginalisiert, scheint hingegen mit Christoph Martin Wielands ‚Nachlassregelungen' zu korrespondieren. In ihrem Zentrum stehen die rechtlichen und materiellen Ansprüche von Wielands Erben, was die (postumen) Ausgaben seiner Werke angeht. Eine editorische Erschließung seiner Briefschaften sieht Wieland nicht vor, während sich die Erben unmittelbar nach seinem Tod auf Ausgaben der Briefe *von* Wieland konzentrieren (vgl. Martin, Dieter: Wielands Nachlass. Kapitalien, Hausrat, Bücher, Wieland im Kontext. Oßmannstedter Studien 6, Heidelberg 2020, S. 182–197).

[28] Vgl. Mix, York-Gothart: „Goeckingk, Leopold Friedrich Günther von", in: Kühlmann, Wilhelm (Hrsg.): *Killy Literaturlexikon. Autoren und Werke des deutschsprachigen Kulturraumes*, Bd. 4, 2. Aufl., Berlin u. Boston 2009, S. 262–264, hier S. 262.

[29] Leopold Friedrich Günther von Goeckingk an Johann Wilhelm Ludwig Gleim am 4. Dezember 1778 (zit. nach Goeckingk, Leopold Friedrich Günther von: Die Freud ist unstet auf der Erde. Lyrik. Prosa. Briefe, hg. von Jochen Golz, Berlin 1990, S. 450f.).

[30] Goeckingk, Leopold Friedrich Günther von: Lieder zweier Liebenden und Ausgewählte Gedichte, hg. von Matthias Richter, Göttingen 1988, S. 13.

geschmacksbildender Absicht skizziert. Nicht die Fassungen *eines* Dichters, sondern die werkzentrierte Überarbeitung durch zwei Autoren rückt bei Goeckingk jedoch in den Mittelpunkt. In der Forschung ist sein Vorgehen darüber hinaus als „Versuch" gedeutet worden, Ramlers Überarbeitungen „bloßzustellen".[31] Das Vorwort zur zweiten Auflage der *Lieder* lässt diese Absicht vordergründig nicht erkennen. Goeckingk problematisiert hier den enormen Bekanntheitsgrad von Ramlers *Lyrischer Bluhmenlese*, was einer unkommentierten Übernahme seiner Bearbeitungen entgegenstehe, und deutet auf den persönlichen Kontakt zu Ramler, indem er den Rückgriff auf dessen „Handschrift" erwähnt. Diese Position nimmt er auch im Briefwechsel mit Ramler ein:

> Ich weiss nicht, ob Sie die neue Ausgabe der Lieder zweier Liebenden schon gesehen haben? Ihren Text wollt ich Anfangs allein und stillschweigend abdruken lassen; da aber viele meiner Freunde, die von dem Vorhaben, dass ich eine neue Ausgabe veranstalten wolle, bereits wussten, mich auf diesen Text in Ihrer Blumenlese verwiesen, so hab ich Sie lieber in der Vorrede gleich genannt.[32]

In den folgenden Jahren ist ein lediglich sporadischer Austausch zwischen Ramler und Goeckingk zu beobachten. Beide lassen einander aktuelle Publikationen zukommen, Goeckingk bittet Ramler zudem um Beiträge zum Hamburger *Musenalmanach*.[33] Der Kontakt intensiviert sich erst im Anschluss an Goeckingks beruflich bedingte Übersiedlung nach Berlin (1793). Regelmäßige Besuche sind brieflich zwischen 1794 und 1797 belegt.[34] Spätestens im Frühjahr 1798 trifft Ramler

---

[31] Ebd., S. 176, vgl. zudem S. 180f. Diese Deutung findet sich bereits bei Kasch, Fritz: Leopold F. G. von Goeckingk, Beiträge zur deutschen Literaturwissenschaft 5, Diss. Marburg 1909, S. 45. Zu den Hintergründen des Paralleldrucks vgl. zudem Minor, Jakob (Hrsg.): Fabeldichter, Satiriker und Popularphilosophen des 18. Jahrhunderts (Lichtwer, Pfeffel, Kästner, Göckingk, Mendelssohn und Zimmermann), Deutsche National-Litteratur 73, Berlin u. Stuttgart 1884, S. 125f.

[32] Leopold Friedrich Günther von Goeckingk an Ramler am 22. Oktober 1779 (zit. nach Wilhelm: „Briefe an Karl Wilhelm Ramler", S. 255).

[33] Überliefert sind neben dem bei Wilhelm abgedruckten Brief drei weitere Schreiben von Goeckingk an Ramler aus den Jahren 1781 bis 1786 (GSA 75/75). Der Brief vom 3. November 1783 ist gedruckt in Goeckingk: Die Freud ist unstet auf der Erde, S. 477f. Erhalten hat sich zudem Ramlers Begleitbrief zum Exemplar der *Fabellese*, das er Goeckingk am 27. September 1783 sendet (DLA, Goeckingk/Kasten 12, Zug.nr. 91.86.233,1).

[34] Vgl. Leopold Friedrich Günther von Goeckingk an Johann Lorenz Benzler am 21. Februar 1794 sowie 27. Mai 1797: „Vorgestern Abend hat *Ramler* bey mir gegessen, der in nächster Woche seinen 70sten Geburtstag feiert, aber völlig die Munterkeit eines Mannes von 50 Jahren hat, auch nicht älter aussieht"; bzw. „*Rammler* hat sich so weit erholt, daß er mich gestern zum ersten male wieder besuchte. Er brachte mir die Fortsetzung seiner Fabellehre [sic], die in dieser Ostermesse herausgekommen ist, und von Ihnen gelesen zu werden verdient" (zit. nach Pröhle: „Der Dichter Günther von Göckingk

zudem die Entscheidung, Goeckingk die Herausgabe seiner Werkausgabe anzuvertrauen.

Zum Streit unter Voss' Erben, der den Druck von Ramlers *Poëtischen Werken* zu Lebzeiten verhindert, kommt ab Sommer 1798 und damit kurze Zeit nach Ramlers Tod am 11. April 1798 eine Auseinandersetzung zwischen Goeckingk als testamentarisch bestelltem Herausgeber und Ramlers Universalerbin Wilhelmine Ritter. Streitpunkt ist die Verwendung der Erlöse der postumen Werkausgabe:

> Ueber Ramlers Handschrift bekomme ich mit der Erbin einen Proceß, weil diese an [sic] den Vortheil der neuen Ausgabe Anspruch macht, statt daß ich ihn zu einem Monument auf R. zu verwenden gedachte. Nächstens mehr davon.[35]

Goeckingk plant somit unmittelbar nach Ramlers Tod die Ausweitung der postumen ‚Monumentalisierung': Zur repräsentativen Ausgabe von Ramlers Opera soll ein Denkmal im Berliner Stadtraum kommen. Wilhelmine Ritter wiederum erhebt als Universalerbin Ansprüche auf die Einnahmen aus Ramlers *Poëtischen Werken*, deren Verwendung sie Goeckingk nicht überlassen will. Die Auseinandersetzung hat zwei maßgebliche Auswirkungen. *Erstens* verzögert sie erneut den Druck der Werkausgabe, *zweitens* wird Goeckingk von Ritter die Einsicht in Ramlers handschriftlichen Nachlass verweigert. Damit verstärkt sich nochmals die Trennung zwischen der publizistischen Sicherung von Ramlers dichterischem Vermächtnis, wie sie das „Codicill" festlegt, und der Nutzung weiterer Nachlassbestände in erinnerungspolitischer Absicht. Für die Ausarbeitung seiner Ramler-Biographie im zweiten Band der *Poëtischen Werke* ist Goeckingk auf gedruckte Quellen und Berliner Bestände angewiesen.[36]

Parallel zum laufenden „Proceß" schließt er im Juni 1798 einen neuen Verlagsvertrag mit Johann Daniel Sander:

> Ramler hat seine eignen Gedichte u. seinen übersetzten Horaz seinem Freunde Göckingh [sic] vermacht; u. mit <u>dem</u> habe ich am vorigen Mittwoch den Handel für die Vossische Buchhandlung abgeschlossen. Die Prachtausgabe bekommt 17. Kupfer, und 23 oder 24 Vignetten, u. wenigstens ist ein Band auf Ostern 99 gedruckt. Seinen Martial hat Ramler Gediken, u. seinen Anakreon Spaldingen vermacht. Ob

---

über Berlin und Preußen unter Friedrich Wilhelm II. und Friedrich Wilhelm III.", S. 29 sowie S. 64).

[35] Leopold Friedrich Günther von Goeckingk an Johann Lorenz Benzler am 3. August 1798 (zit. nach ebd., S. 68).

[36] Vgl. hierzu Goeckingks Bemerkung: „Diese Briefe, in so fern er sie nicht schon bey seinem Leben vernichtet hatte, sind an den Ehegatten seiner Erbinn, den Prediger *Ritter* in Pommern, gekommen; der Herausgeber hat aber nicht Gelegenheit gehabt, von ihnen Gebrauch zu machen: sonst würde er wahrscheinlich im Stande gewesen seyn, eine interessantere Biographie dieses merkwürdigen Mannes zu liefern" (Goeckingk: „Ramlers Leben", S. 326).

die Vossische Handlung auch die drucken wird, weiß ich noch nicht, u. zweifle beinahe daran.[37]

Diese Hoffnung auf eine Auslieferung von Ramlers *Poëtischen Werken* zur Ostermesse 1799 teilt Goeckingk noch im Februar 1799:

> Mein Prozeß mit der Ramler'schen Erbin ist noch nicht zu Ende. Indeß wird in den nächsten 14 Tagen von beiden Theilen die Deductionsschrift eingereicht, und dann die Sentenz erfolgen. Es ist gar keine Frage, daß ich ihn gewinnen werde. An den Kupferstichen ist unterdessen fortgearbeitet worden, und spätestens kan doch Ostern k. J. [kurrenten Jahres, M. B.] der 1. u. 2. Band erscheinen.[38]

Goeckingk sieht somit das baldige Ende seiner gerichtlichen Auseinandersetzung mit Wilhelmine Ritter ab und ist von einem Urteilsspruch zu seinen Gunsten überzeugt. Wenige Wochen später sollen mit Band 1 und 2 der Werkausgabe bereits Ramlers eigene Gedichte erscheinen.

5.1.3 Johann Daniel Sander als Verleger

Sander wiederum hat bereits im Dezember 1798 die Leitung der Vossischen Buchhandlung aufgeben und den Berliner Verlag Wever erworben.[39] Erst Ende des Jahres 1799 steht fest, dass er die *Poëtischen Werke* in das Programm des eigenen Verlags übernehmen kann. Der Druck der Werkausgabe verzögert sich somit weit über Ostern 1799 hinaus. Sander nutzt den Verlagswechsel zudem, um über Modifikationen des vorangehenden Vertrags zu verhandeln, und versucht zunächst, Goeckingk als testamentarisch legitimierten Herausgeber zu umgehen. Vielmehr fragt er im Dezember 1799 bei Ramlers Universalerbin Wilhelmine Ritter und deren Ehemann in Groß Jestin an:

> Der Verlag von des verstorbenen Herrn Profeß. Ramlers Gedichten, in einer Quart-Ausgabe sowohl, als in einer Octav-Ausgabe, ist nunmehr mir überlassen worden. Nach dem ursprünglichen Plane, sollte die Quartausgabe drei Bände stark werden, und der erste Ramlers lyrische Gedichte, der zweyte die vermischten Gedichte, und der dritte eine Uebersetzung der Horazischen Oden enthalten. Jetzt aber werden in

---

[37] Johann Daniel Sander an Carl August Böttiger am 23. Juni 1798 (zit. nach Maurach (Hrsg.): Die Briefe Johann Daniel Sanders an Carl August Böttiger, Bd. 2, S. 197 [Unterstreichungen im Original]).

[38] Leopold Friedrich Günther von Goeckingk an Johann Lorenz Benzler am 2. Februar 1799 (zit. nach Pröhle: „Der Dichter Günther von Göckingk über Berlin und Preußen unter Friedrich Wilhelm II. und Friedrich Wilhelm III.", S. 73).

[39] Vgl. Sangmeister: „Heinrich von Kleists verhinderter Verleger", S. 326; sowie Hentschel, Uwe: „,Wäre ich Ramler, so könnte ich mir Antheil an manchem Lafontainschen Buch zuschreiben!' Der Verleger Johann Daniel Sander und sein Erfolgsautor August Lafontaine", *Leipziger Jahrbuch zur Buchgeschichte* 7 (1997), S. 75–106, hier S. 87f.

Kurzem noch drei andre Uebersetzungen von Horazens Oden herauskommen: nehmlich von Herder, Clamer Schmidt und Voß.[40]

Sander befürchtet, dass „[w]enigstens die eine oder die andre" der konkurrierenden Horaz-Übersetzungen sprachlich überzeugender und daher besser verkäuflich sein könnte, und will einen „beträchtlichen" wirtschaftlichen „Schaden" seines jungen Unternehmens durch eine unrentable Ausgabe „in Quart und prächtig" vermeiden. Daher bittet er das Ehepaar Ritter um die „Versicherung", Ramlers Horaz-Übersetzungen aus der aufwendigen Quart-Ausgabe ausklinken und separat im Oktavformat drucken zu dürfen.[41] Prediger Ritter zeigt sich in seiner Antwort jedoch reserviert und betont,

> daß so gerne ich auch Ihrem gütigen Verlangen ein Genüge leisten möchte, ich doch meines Theils zu keiner veränderten und von dem ursprünglichen Plane abweichenden Herausgabe der bluterlassenen Werke des seligen Onkels, des Herrn Prof. Ramler, stimmen und anrathen kann, indem, wie Ihnen auch bekannt seyn wird, der Herr GFR. v. Goeckingk nicht nur zum Herausgeber dieser Werke gerichtlich anerkannt, sondern ihm auch der ganze Ertrag dieser Schriften zuerkannt worden ist.[42]

Infolge der gerichtlichen Auseinandersetzung mit Goeckingk und einer entsprechenden Klärung der finanziellen Ansprüche auf die Erlöse der Werkausgabe weigert sich Ritter, weiteren Einfluss auf die Gestaltung der Ausgabe zu nehmen. Vielmehr trete er im Namen seiner Frau alle Entscheidungen an Goeckingk ab, der ihm am 26. Juli zudem brieflich erklärt habe, „daß Er alles das was die Buchhandlung für die neue Ausgabe giebt, auf die Ausgabe selbst verwenden wolle".[43]

Sanders Briefwechsel mit Ritter lässt zwei merkliche Entwicklungen erkennen. *Erstens* eine buchhändlerisch motivierte Auskoppelung der Horaz-Übersetzungen aus Ramlers *Poëtischen Werken*, auf die sich Sander schließlich auch mit Goeckingk zu einigen scheint. So erscheinen *Horazens Oden* im Jahr 1800 separat in zwei Oktavbänden.[44] *Zweitens* das zwischenzeitliche Ende von Goeckingks

---

[40] Johann Daniel Sander an W. Ritter (o. D., zit. nach Schüddekopf: „Die Vossische Buchhandlung und Ramler"). Das Autograph hat sich in Ramlers Weimarer Nachlass erhalten (GSA 75/279). Ob es sich bei Sanders Angabe, die Horaz-Oden sollten insgesamt einen Band ausmachen, um einen Irrtum oder eine zwischenzeitliche Modifikation (gegenüber der Einteilung der gesamten Werkausgabe in vier Bänden) handelt, muss hier offenbleiben.

[41] Ebd.

[42] Ritter an Johann Daniel Sander am 10. Dezember 1799 (zit. nach ebd.). Das von Schüddekopf zitierte „Concept" von Ritter war im Weimarer Ramler-Nachlass nicht zu ermitteln.

[43] Ebd.

[44] Vgl. hierzu auch Sanders briefliche Mitteilung an Carl August Böttiger vom 7. Januar 1800: „Auch von den Horazischen Oden bringe ich den ersten Band schon zur Ostermesse. Es werden nehmlich 2, nicht schwache, Bände, da ich den Commentar (der doch

Hoffnung, mit den Erlösen der *Poëtischen Werke* ein Berliner Ramler-Denkmal finanzieren zu können. Vielmehr wird die Ausgabe selbst, worauf auch Sanders Ausführungen deuten, zum ökonomischen Sorgenkind. Zu den ironischen Wendungen des Streites zwischen Goeckingk und dem Ehepaar Ritter gehört daher, dass nicht Goeckingk, sondern Ramlers Nichte noch vor Erscheinen des zweiten Bandes der *Poëtischen Werke* eine steinerne Gedenktafel für Ramler stiftet und sich als Geldgeberin unter ihrem Mädchennamen Wilhelmine Ramler verewigt. Bis heute findet sich die Tafel als einziges Berliner ‚Ramler-Denkmal' an der Sakristei-Mauer der Sophienkirche.[45]

Sanders verlegerisches Kalkül, seine zunehmende Furcht vor einem finanziellen Misserfolg des Ramler-Projekts und den Fortschritt des Drucks dokumentieren vor allem seine Briefe an Carl August Böttiger. Noch im September 1799 streicht Sander die günstigen Konditionen seines Vertrags mit Goeckingk heraus und rechnet mit einem Gewinn von mehr als 1000 Talern durch den Verkauf der Quart-Ausgabe: Er

> für junge Leute sein Gutes hat) mitdrucken lasse"; sowie vom 18. März 1800: „Es ist nur ein Glück, daß ich mir wenigstens das onus, auch die Horazischen Oden mit dem wässerigen Commentar im Quart zu drucken, habe vom Halse wälzen können" (zit. nach Maurach (Hrsg.): Die Briefe Johann Daniel Sanders an Carl August Böttiger, Bd. 3, S. 67 bzw. S. 89).

[45] Die Inschrift der Tafel lautet: DEM DICHTER C: W: RAMLER GEB: D: XXV FEBR: MDCCXXV ZU KOLBERG GEST: D: XI APR: MDCCXCVIII ZU BERLIN / ZUM ANDENKEN VON SEINER DANKBAREN NICHTE W: RAMLER. Vgl. hierzu Goeckingk: „Ramlers Leben", S. 318: „Ramlers Erbinn hat ihm über der Stelle, wo er begraben liegt, ein kleines Monument an der Kirchhofmauer errichten lassen. Ein öffentliches in der Stadt selbst, deren Zierde er so lange war, wird vielleicht in der Folge sein Andenken ehren." Goeckingk unterstreicht somit die mangelnde Repräsentativität der Grabtafel gegenüber dem von ihm geplanten Denkmal. Vgl. darüber hinaus seine Resignation im Brief an Johann Christian Reinhart vom 12. April 1802, somit anderthalb Jahre nach Erscheinen der postumen Werk- sowie der Horaz-Ausgabe: „Auch habe ich [...] die poetischen Werke Ramlers, wovon er mir die Handschriften auf seinem Totenbette vermachte, in einer Prachtausgabe in 4° mit Kupferstichen herausgegeben. Der Ertrag davon ist zu einem öffentlichen Monumente des Dichters bestimmt; allein der Debit war bis jetzt so schlecht, daß wenig Hoffnung zur Ausführung dieser Idee übrigbleibt. Die Liebe zur Poesie ist in Deutschland sehr erkaltet. Das Publikum liest lieber Reisebeschreibungen, politische und statistische Schriften, Journale, Romane und Schauspiele" (zit. nach Goeckingk: Die Freud ist unstet auf der Erde, S. 516). Die Einsetzung der Tafel in die Sakristei-Wand erfolgt im Verlauf des 19. Jahrhunderts. So beschreibt Ferdinand Meyer bereits 1876 die „halb verwitterte, in die Wand der Sacristei unserer Sophienkirche eingefügte Gedenktafel von grauem Sandstein" und bemerkt, dass Ramlers „Gebeine [...] nicht unter dieser Tafel [ruhen]; die Stelle, wo sein Staub der Erde wiedergegeben, ist bereits verschwunden unter den alten, verfallenen Gräbern, welche die Kirche noch umstehen" (Meyer, Ferdinand: „Ramler", in: Meyer, Ferdinand: *Berühmte Männer Berlins und ihre Wohnstätten. II. Friedrichs des Großen Zeitalter [...]*, Berlin 1876, S. 155–164, hier S. 164).

bringe [...] zu Ostern [1800, M. B.], vorausgesetzt, das Schweizerpapier aus Basel zu bekommen ist, unter anderm Ramlers sämmtliche Werke in einer Quart- u. einer Octav-Ausgabe. Ich bekomme das Mscrpt so gut wie geschenkt, denn was ich gebe, bezahlt noch lange die 16 Kupfer (Medaillons im Quartformat) u. die 14 Vignetten nicht. Zu diesen 14 kommen übrigens noch 9, u. ein Bildniß Ramlers, nebst einer Titelvignette, die ich besonders bezahlen muß. Schaden kann ich bei dem Unternehmen gewiß nicht leiden, wohl aber 1000 u. mehr Thaler Vortheil haben. Die großen Kupfer sind zum Theil sehr schön – wenigstens für den Künstler, die Vignetten (fast alle 24 ohne Ausnahme) müssen auch dem Nichtkenner gefallen. Zu seiner Zeit bitte ich Sie um Empfehlung des Werkes, die Sie, glaube ich, mit gutem Gewissen geben können.[46]

Sander ist folglich von der künstlerischen Qualität der buchgraphischen Elemente von Rode und Henne überzeugt, die „wenigstens für die Kenner [...] mehr Werth haben [werden], als die zu Wielands Werken".[47] Die Leistungen von Wielands Verleger Georg Joachim Göschen will Sander darüber hinaus auch „durch Schönheit des Papiers" übertreffen, das er bei Basler Papiermühlen ankauft.[48] Hierbei profitiert er durch die Vorfinanzierung der Graphiken, die Ramler noch zu Lebzeiten aus eigenen Mitteln geleistet hat. Sander muss die Produktionskosten nicht vollständig an die Käufer weitergeben, kann und will vielmehr – wie er erneut im Vergleich zu Göschen hervorhebt – den Verkaufspreis drücken.[49] Damit wird der verlegerische Wettstreit mit Göschen über den ökonomischen Erfolg hinaus zum wesentlichen Motivationsfaktor für Sander. Die Marge, wie er im November 1799 festhält, sei weiterhin beträchtlich: „Ich kann dabei unmöglich Schaden leiden; denn ich bekomme Mscpt. u. Kupfer für ein Spottgeld."[50]

Im Dezember 1799 beginnt der Druck, den Sander bei Johann Friedrich Unger in Auftrag gibt.[51] Zudem wird die paratextuelle Ausstattung der Ausgabe konkreter, um die Goeckingk und Sander den Abdruck von Ramlers nachgelassenen

---

[46] Johann Daniel Sander an Carl August Böttiger am 17. bzw. 21. September 1799 (zit. nach Maurach (Hrsg.): Die Briefe Johann Daniel Sanders an Carl August Böttiger, Bd. 3, S. 46f.).

[47] Johann Daniel Sander an Carl August Böttiger am 23. November 1799 (zit. nach ebd., S. 56).

[48] Ebd.

[49] Vgl. Johann Daniel Sander an Carl August Böttiger am 23. November 1799: „Bei diesen Umständen ist es fast unmöglich, daß ich nicht etwas an den [sic] Druck des Ramler gewinnen sollte, ob ich gleich den Preis verhältnißmäßig geringer bestimmen werde, als Göschen für die seinigen" (zit. nach ebd. [Unterstreichung im Original]). Zur Konkurrenz mit Göschen vgl. auch Sanders Briefe vom 22. Februar und 18. März 1800 (ebd., S. 75 bzw. S. 89).

[50] Johann Daniel Sander an Carl August Böttiger am 12. November 1799 (zit. nach Maurach (Hrsg.): Die Briefe Johann Daniel Sanders an Carl August Böttiger, Bd. 3, S. 55).

[51] Dies bestätigt auch das Kolophon am Ende des zweiten Bandes der Quartausgabe (vgl. Kurbjuhn: „Preußische Leistungsschau", S. 474 [Anm. 4]).

Manuskripten ergänzen: „Er will eine Eloge voranschicken; u. ich – ich will die Varianten aus der früheren Edition anhängen."[52] Damit verquicken sich erneut Literaturpolitik und verlegerisches Kalkül. Goeckingk, so Sanders Deutung, geht es mit seinem biographischen Abriss („Eloge") um die Steuerung von Ramlers postumer Wahrnehmung. Sanders Entscheidung, die textlichen Abweichungen zu den *Lyrischen Gedichten* (1772) in einem Variantenapparat zu verzeichnen, dürfte wiederum auf eine Steigerung des Interesses auf Seiten potenzieller Abnehmer zielen. Nicht der geschmacksbildende Vergleich, sondern die Präsentation verschiedener Fassungen als Kaufgrund motivieren vermutlich Sanders Vorgehen. Im März 1800 ist der Druck bereits zur „Hälfte" abgeschlossen, es kommt jedoch zu Verzögerungen, die die Fertigstellung der auslieferbaren Exemplare betreffen:

> Leider hält mich Hr. Unger mit dem Druck auf. Der erste Band von allen 3 Büchern [die *Poëtischen Werke* im Quart- und Oktav-Format sowie *Horazens Oden*, M. B.] wird zur Messe fertig; aber ich werde ihn doch nicht ausgeben können, da das Glätten u. Brochiren noch Zeit erfordert. Das ist ein leidiger Umstand. Ich kann nicht füglich eher etwas bekannt machen, als bis ich weiß, daß ich gewiß sicher bin, den bestimmten Termin halten zu können.[53]

Aufgrund von Beeinträchtigungen des Warenverkehrs durch den zweiten Koalitionskrieg stockt in der Folgezeit sogar der Druck, da in Berlin das Schweizerpapier ausgeht: „Unglücklicherweise reicht das Papier nicht zum ersten Bande, u. der Krieg hat zeither die Ankunft einer neuen Sendung verzögert, die ich schon lange bestellt u. bezahlt habe."[54] Anfang Oktober 1800, zweieinhalb Jahre nach Ramlers Tod im April 1798, ist schließlich Band 1 der Quart- und der Oktav-Ausgabe seiner *Poëtischen Werke* (letztere in zwei verschiedenen Ausführungen) lieferbar.[55]

---

[52] Johann Daniel Sander an Carl August Böttiger am 9. Dezember 1799 (zit. nach Maurach (Hrsg.): Die Briefe Johann Daniel Sanders an Carl August Böttiger, Bd. 3, S. 61).
[53] Johann Daniel Sander an Carl August Böttiger am 18. März 1800 (zit. nach ebd., S. 89f.).
[54] Johann Daniel Sander an Carl August Böttiger am 26. Juli 1800 (zit. nach ebd., S. 103).
[55] Vgl. Johann Daniel Sander an Carl August Böttiger am 22. sowie 30. September 1800 (ebd., S. 117 bzw. S. 124). Die Rezension der *Allgemeinen Literatur-Zeitung* nennt als Verkaufspreis der zweibändigen Quart-Ausgabe „3 Friedrichsd'or", also 15 Taler. Der Preis der Oktav-Ausgabe beläuft sich mit „1 ½ Friedrichsd'or" (also 7 ½ Talern) auf die Hälfte (Schütz, Christian Gottfried: „[Rezension von Bd. 1 der ‚Poëtischen Werke']", *Allgemeine Literatur-Zeitung* 3 [03.01.1800], Sp. 17–32, hier Sp. 17). Hinweise auf die Papierqualität und Ausstattung finden sich hier jedoch nicht. Die Rezension in Nicolais *Allgemeiner deutscher Bibliothek* listet wiederum drei Ausführungen, „eine Prachtausgabe in 4. mit vielen Kupfern und Vignetten, kostet 22 Rt. Die zweyte in gr. 8 mit den mehresten Kupfern der Prachtausgabe, Velinpap. 11 Rt. Die dritte in gr. 8. holländ. Schreibpap., mit einem Kupfer und 6 Vignetten, 2 Rt. 20 [Groschen]" (Halem, Gerhard Anton von: „Karl Wilhelm Ramler poëtische Werke. Berlin, bey

Sander kombiniert zu diesem Zeitpunkt eine Fülle von Maßnahmen, mit denen er den Erfolg der kostspieligen Quart-Ausgabe fördern will. **Erstens** sendet er Exemplare des ersten Bandes an Carl August Böttiger, Johann Heinrich Meyer, Johann Gottfried Herder, Christoph Martin Wieland und Luise von Göchhausen in Weimar. Böttiger soll bei ihnen zudem persönlich um die Gunst für Ramlers *Poëtische Werke* werben.[56] **Zweitens** stellt Sander dem ersten Band eine Widmung an Friedrich Wilhelm III. voran.[57] Mit dem preußischen Königspaar steht er vermittelt über Johann Friedrich Gottfried Delbrück, den Erzieher des Thronfolgers, in Verbindung.[58] **Drittens** bittet Sander bei Böttiger um die Vermittlung einer positiven Rezension in der von Christian Gottfried Schütz redigierten *Allgemeinen Literatur-Zeitung* in Jena.[59] Damit lässt sich eine dreigleisige Strategie mit deutlichen lokalen Schwerpunkten beobachten: Sander hofft auf die Anerkennung der

Sander. 1800 und 1801. Erster Theil. Lyrische Gedichte. 268 S. Zweyter Theil. Vermischte Gedichte. 326 S. [...]", *Neue allgemeine deutsche Bibliothek* 86/1 [1804], S. 216–222, hier S. 216). Zu merklichen Varianzen der Buchausstattung der Quart-Ausgabe, die ein Vergleich von vier Exemplaren vor allem mit Blick auf die Disposition der ganzseitigen Tondi und Vignetten vor Augen führt, vgl. Kurbjuhn: „Preußische Leistungsschau", S. 493, S. 502 sowie S. 519–522. Im Falle von *Horazens Oden* bietet Sander ebenfalls drei Ausführungen auf Druck-, Schreib- sowie Velinpapier an (vgl. Halem, Gerhard Anton von: „Horazens Oden, übersetzt und mit Anmerkungen erläutert von Karl Wilhelm Ramler. Berlin, bey Sander. 1800. [...] Horazens lyrische Gedichte, übersetzt und erläutert von F. A. Eschen. Zürich, bey Orell. 1800. [...]", *Neue allgemeine deutsche Bibliothek* 59/1 [1801], S. 173–190, hier S. 173).

[56] Vgl. hierzu Sanders Briefe an Böttiger vom 2. Dezember 1800 und 24. Januar 1801 (Maurach (Hrsg.): Die Briefe Johann Daniel Sanders an Carl August Böttiger, Bd. 3, S. 147f. sowie S. 156).

[57] Vgl. hierzu Johann Daniel Sander an Carl August Böttiger am 4. Oktober 1800: „In der nächsten Woche schicke ich Ihnen den Ramler (den ich dem Könige mit seiner Erlaubnis dedicirt habe.)" (zit. nach ebd., S. 131). Seinen (mittelbaren) Kontakt zu Friedrich Wilhelm III. betont Sander nochmals am 24. Januar 1801: „Dem lieben Schütz habe ich heute selbst für seine wackere Recension von Ramler gedankt, die auch noch anderen Leuten als mir – der Königin u. dem Könige – Freude gemacht hat. Delbrück hat sie, sobald er sie von mir bekam, mit zur Königin genommen" (zit. nach ebd., S. 158f.). Ausgangspunkt für die „Freude" des Königspaares im Januar 1801 dürfte wiederum die Preußen-Panegyrik der Rezension sein (s. u.).

[58] Zu Delbrück, der zwischen 1800 und 1809 als Prinzenerzieher wirkt, vgl. Güntheroth, Nele: „Friedrich Wilhelm IV. ‚... Sie wollten vielleicht weniger Ihren guten Ruf, als die Eigenthümlichkeiten der jungen Prinzen bewahren ...'", in: Stiftung Stadtmuseum Berlin (Hrsg.): *Im Dienste Preußens. Wer erzog Prinzen zu Königen?*, Berlin 2001, S. 129–140. Vgl. bez. Sanders Kontakt zu Friedrich Wilhelm III. auch Hentschel: „Wäre ich Ramler, so könnte ich mir Antheil an manchem Lafontainschen Buch zuschreiben!", S. 87.

[59] Vgl. hierzu Sanders Briefe an Böttiger vom 22. und 30. September 1800 sowie vom 24. Januar 1801 (Maurach (Hrsg.): Die Briefe Johann Daniel Sanders an Carl August Böttiger, Bd. 3, S. 117, S. 124 sowie S. 164f.).

Weimarer Kreise.[60] Eine Widmung an den preußischen König und die suggerierte Zustimmung des Hofes soll der Ausgabe königliches Prestige verleihen und bindet sie an Berlin als politisches Zentrum Preußens. Den überregionalen Erfolg hofft Sander wiederum durch den Beifall von Schütz' Rezensionsorgan anzukurbeln. Im Falle der *Literatur-Zeitung* gehen Sanders Bemühungen zunächst tatsächlich auf. Der anonyme Rezensent – nach Sanders Auskunft handelt es sich um Schütz selbst – lobt nicht allein die qualitätvolle Aufmachung der Quart-Ausgabe, die „selbst im Auslande [...] mit eben dem Beyfall, als Hn. Göschen's Prachtausgaben von Wieland's und Klopstock's Werken empfangen werde[]" und folglich Sanders verlegerische Konkurrenzfähigkeit belege.[61] Auch Ramlers literarische Leistungen und verbesserungspoetische Praxis werden ausgiebig gewürdigt. Die Rezension schließt mit einem überschwänglichen Lob Preußens und seiner Monarchie. Verknüpft werden das hundertjährige Jubiläum der Krönung Friedrichs I. in Königsberg (Januar 1701), das Erscheinen der Prachtausgabe von Ramlers panegyrischen Gelegenheitsgedichten auf Friedrich II. und die Bewahrung des friderizianischen Erbes durch seinen Großneffen Friedrich Wilhelm III.[62] Die Pflege von Ramlers künstlerischem Erbe durch Sander als Verleger und die anvisierten Käufer der *Poëtischen Werke* erscheint damit als preußisch-patriotische Tat.

Maßgebliches Ziel von Sanders Bemühungen sind wiederum nicht die Konsolidierung oder Steigerung von Ramlers literarischem Prestige. Vielmehr geht es ihm um wirtschaftliche Schadensbegrenzung, deren Notwendigkeit er bereits im Februar 1800 voraussieht:

> Bei dem allen rechne ich eben nicht darauf, mit der Quartausgabe viel Glück zu machen. Wenn ich nur 250 bis 300 absetzte! Dann wäre ich vollkommen zufrieden. – Für die Octav-Ausgabe bin ich unbesorgt; die wird sich nach und nach wohl verkaufen, zumal da der Preis für Exemplare auf Schreib- u. auf Druckpapier sehr billig seyn soll. Das letzte gilt auch von der Uebersetzung der Horazischen Oden [...].[63]

Sanders Überlegungen bestätigen sich im Februar 1801. Während die Quart-Ausgabe zur finanziellen Belastung wird, finden sowohl die Oktav-Ausgabe als auch die zweibändige Horaz-Ausgabe guten Absatz.[64] Die Lesernachfrage um 1800 widerlegt damit endgültig Sanders frühere Spekulationen auf den durchschlagenden ökonomischen Erfolg der repräsentativen Quart-Ausgabe. Auch in Weimar sind

---

[60] Zu Sanders Weimar-Aufenthalt im Sommer 1798, der Anknüpfungspunkt für seine Buchsendungen sein dürfte, vgl. Sangmeister: „Heinrich von Kleists verhinderter Verleger", S. 329.
[61] Schütz: „[Rezension von Bd. 1 der ‚Poëtischen Werke']", Sp. 18.
[62] Vgl. ebd., Sp. 31f.
[63] Johann Daniel Sander an Carl August Böttiger am 1. Februar 1800 (zit. nach Maurach (Hrsg.): Die Briefe Johann Daniel Sanders an Carl August Böttiger, Bd. 3, S. 72).
[64] Vgl. Johann Daniel Sander an Carl August Böttiger am 21. Februar 1801 sowie am 5. Dezember 1801 (ebd., S. 168 sowie S. 207).

die Reaktionen auf Ramlers *Poëtische Werke* verhalten. Exemplarisch dürfte Herders Einschätzung sein, der Karl Ludwig von Knebel im Juli 1801 pointiert mitteilt, Ramlers Gelegenheitsgedichte aus der Zeit der schlesischen Kriege seien für ihn „altes trocknes Feldcommißbrot".[65]

5.1.4 Die Disposition der Ausgabe

Die Entscheidung von Verleger und Herausgeber, Ramlers Übersetzungen sämtlicher Horaz-Oden nicht als dritten und vierten Band der repräsentativen Quart-Ausgabe drucken zu lassen, wirkt sich vor allem auf die Struktur von Band 2 der *Poëtischen Werke* aus. Der Band kombiniert Ramlers „Vermischte Gedichte" (weltliche Libretti, Theaterreden und geistliche Kantaten) mit „Zwanzig Oden aus dem Horaz". Im Falle von Band 1 der *Poëtischen Werke*, der Ramlers „Lyrische Gedichte" umfasst, richtet man sich hingegen nach seinen ursprünglichen Plänen.

Mit ihren Eingriffen in Band 2 gelingt es Goeckingk und Sander, die von Ramler konzipierten und von Rode gezeichneten Illustrationen in vollem Umfang in ihre zweibändige Prachtausgabe aufzunehmen, obwohl der vollständige Abdruck der Horaz-Übersetzungen unterbleibt. Zu diesem Zweck ergänzen Herausgeber und Verleger die aktualisierten Fassungen jener 15 ‚originalmetrischen' Horaz-Übersetzungen, die erstmals 1769 in Ramlers *Oden aus dem Horaz* erscheinen, um fünf Oden-Übersetzungen, die jeweils von einem ganzseitigen Tondo oder einer Vignette begleitet werden.[66] In einer Schwundform bleibt so auch die Überblendung von Ramlers eigenen Dichtungen mit seinen Horaz-Übersetzungen erhalten. Zudem erreichen Goeckingk und Sander mit ihrer Restrukturierung des zweiten Bandes eine gleichmäßige Verteilung der Buchgraphik auf beide Bände der *Poëtischen Werke*. In Band 1 finden sich neun ganzseitige Tondi, 14 Kopf- und Schlussvignetten sowie die Titelvignette mit Ramlers Portrait. Band 2 umfasst sieben Tondi und 13 Vignetten.

Die Oktav-Ausgabe der *Poëtischen Werke* (in der schlichtesten Ausführung auf Schreibpapier) erweist sich ihrer Struktur und buchgraphischen Ausstattung nach als kostengünstiges Derivat der repräsentativen Quart-Ausgabe. So fehlt im ersten Band die Widmung an den preußischen König. Das verkleinerte Format und die einfache Ausstattung scheinen dem gesellschaftlichen Prestige des Monarchen nicht angemessen, denn Sander verzichtet in der günstigen Oktav-Ausgabe durchweg auf den Abdruck der ganzseitigen Tondi. Allein die Kopfvignetten zu den Auftaktgedichten beider Bände (*An den König von Preussen, Friedrich den Zweyten* sowie *Der May*) werden aus der Quart-Ausgabe übernommen. Darüber hinaus kommt es zu Vertauschungen der Motive von Frontispiz und Titelvignette: In

---

[65] Johann Gottfried Herder an Karl Ludwig von Knebel am 8. Juli 1801 (zit. nach Herder, Johann Gottfried: Briefe. Achter Band. Januar 1799–November 1803, hg. von Wilhelm Dobbek und Günter Arnold, Weimar 1984, S. 235).
[66] Vgl. hierzu auch Kurbjuhn: „Preußische Leistungsschau", S. 520.

beiden Bänden der Oktav-Ausgabe finden sich vergrößerte Versionen der Titelvignetten der Quart-Ausgabe, wobei das rechtwinkelige Hochkant-Format beibehalten wird. Die beiden Frontispiz-Tondi der Quart-Ausgabe liefern im Gegenzug die Vorlage für verkleinerte, weiterhin kreisförmige Titelvignetten in beiden Bänden der Oktav-Ausgabe.

Für die Verknüpfung der *Poëtischen Werke* und der Oktav-Ausgabe von *Horazens Oden* sorgt wiederum die motivische Übernahme zweier Tondi der Quart-Ausgabe in Form verkleinerter Titelvignetten. Das Titelblatt von Band 1 der Horaz-Übersetzungen zeigt die verkleinerte Version des Frontispizes von Band 2 der Quart-Ausgabe. Bei der Titelvignette von Band 2 der Übersetzungen handelt es sich um eine verkleinerte Fassung von Rodes und Hennes Tondo zu Horaz' Ode 3, 4, das sich ebenfalls in Band 2 der Quart-Ausgabe befindet. Mit dieser pragmatischen Wiederverwertung von Motiven aus den *Poëtischen Werken* fördern Goeckingk und Sander zugleich die Überblendung von Ramlers dichterischen und übersetzerischen Aktivitäten, mithin seine Stilisierung als „deutscher Horaz".

Zu Ramlers Gedichten und ausgewählten Horaz-Übersetzungen in ihren letztgültigen Fassungen kommt in beiden Bänden der *Poëtischen Werke* ein umfangreicher Stellenkommentar, der *en bloc* als Anhang eingerückt wird. Beobachten lässt sich auch hier, dass Herausgeber und Verleger darum bemüht sind, die Bedeutung von Ramlers Horaz-Übersetzungen für die Gesamtkonzeption der Ausgabe zu reduzieren. So fehlen Ramlers umfangreiche Anmerkungen zu jenen zwanzig Horaz-Oden, die die ursprünglich vorgesehene Publikation sämtlicher Oden im Rahmen der *Poëtischen Werke* kompensieren, komplett. Vollständig abgedruckt sind sie hingegen in der separaten Oktav-Ausgabe von *Horazens Oden* (1800). Auch mit der Entscheidung, in beiden Bänden der *Poëtischen Werke* zwischen Ramlers Gedichte und Selbstkommentare einen Variantenapparat einzuschalten, weichen Goeckingk und Sander von Ramlers ursprünglicher Konzeption der Ausgabe ab. Im Gegensatz zur weitgehenden Ausklammerung der Horaz-Übersetzungen erläutert Goeckingk dieses Vorgehen jedoch im Rahmen seiner „Vorrede", auf die noch einzugehen sein wird.

Als weitere Paratexte, die nicht auf Ramlers Pläne zurückzuführen sind, kommen zu Beginn des ersten Bandes Sanders Widmung an König Friedrich Wilhelm III. sowie am Ende des zweiten Bandes Goeckingks biographische Darstellung hinzu („Ramlers Leben"). Damit markieren Verleger und Herausgeber an prominenter Stelle ihre Rolle für die Konstitution der Ausgabe und weisen ihr zusätzliche Funktionen zu. Sander präsentiert Ramlers *Poëtische Werke* als „Preussisches National-Werk", das die künstlerisch vollendete dichterische Stilisierung der „Thaten *Friedrichs des Grossen*" durch Ramler mit der genuin preußischen Bildkunst Rodes und Hennes verbinde. Zudem führe die Ausgabe die Leistungsfähigkeit der Berliner „Buchdruckerkunst" vor Augen.[67] Mit patriotischem Gestus

---

[67] So Johann Daniel Sander in der unpaginierten Widmung „An Se. Majestät den König von Preussen Friedrich Wilhelm III. (Ramler: Poëtische Werke. [...] Erster Theil:

wirbt Sander somit im Rahmen der Widmung nicht zuletzt für seine eigenen Leistungen als Verleger.

Goeckingk wiederum nutzt seinen werkbiographischen Abriss, um Ramlers literarische Verdienste und persönliche Integrität herauszuarbeiten. Hinzu kommt gegen Ende der Biographie eine Zusammenstellung disparat überlieferter Zeugnisse: Neben bibliographischen Hinweisen listet Goeckingk bildliche Darstellungen von Ramler und ergänzt insgesamt sechs lyrische Adressen und Gelegenheitsgedichte, bei denen es sich vorwiegend um handschriftliche Eintragungen in Exemplare von Ramlers Publikationen handelt.[68] Goeckingk markiert sie als bewusste Auswahl:

> Hier folgen noch einige [Gedichte, M. B.], die dem Herausgeber unter denen, welche von ihm gesammelt worden sind, das mehrste Interesse für das Publikum zu haben scheinen, weil die übrigen entweder durch Anspielungen oder persönliche Beziehungen dunkel werden, oder keinen vorzüglichen Werth haben.[69]

Allgemeinverständlichkeit und literarische Qualität erweisen sich folglich als Goeckingks Selektionskriterien. Nicht die vollständige Dokumentation aller verfügbaren Zeugnisse, sondern die literaturkritisch motivierte Beschränkung steht im Fokus. Darüber hinaus reflektiert Goeckingk, dass er mit seinem Anhang bisher nicht publizierter Gedichte die Korpus-Bildung in Ramlers *Poëtischen Werken* unterläuft:

> Dass Ramler diese und andre ähnliche Gedichte nicht in die von ihm für die letzte Ausgabe seiner Werke hinterlassene Handschrift aufgenommen hat, davon mag der Grund darin liegen, dass sie zum Theil seinem Gedächtnisse entfallen waren, oder dass er von andern glauben mochte, sie hätten nicht poëtischen Werth genug. Allein weniger lässt sich der Grund errathen, warum er die Nahmen seiner Freunde, für die manche seiner Oden und Lieder gedichtet sind, unterdrückt hat.[70]

Goeckingk relativiert somit ausdrücklich Ramlers Entscheidung, Teile seiner dichterischen Produktion nicht in die *Poëtischen Werke* aufzunehmen, und stellt die Kontingenz von Ramlers Auswahl heraus. Darüber hinaus problematisiert er die Anonymisierung der nichtpanegyrischen Gelegenheitsgedichte, etwa im Falle von Ramlers *Epithalamia* auf die Hochzeiten befreundeter Autoren.

Lyrische Gedichte, [S. 3 der Widmung]).
[68] Vgl. hierzu bereits Kap. 3.3.2.
[69] Goeckingk: „Ramlers Leben", S. 323.
[70] Ebd., S. 325.

5.1.5 Goeckingks „Vorrede"

Merkliche Distanz zu Ramlers literarischem Schaffen prägt auch Leopold F. G. von Goeckings „Vorrede" zu den *Poëtischen Werken,* die von zwei Themen beherrscht wird: Goeckingk zeichnet in einem ersten Schritt die Genese der Ausgabe nach und erörtert in einem zweiten Schritt die Prinzipien seiner Edition. Mit der detailreichen Schilderung von Ramlers Vorbereitungen der Ausgabe seit den frühen 1790er Jahren sowie Einzelheiten der testamentarischen Bestimmungen unterstreicht er seine Sachwalterrolle zunächst in zweifacher Hinsicht. *Erstens* gehe die Gestaltung der Ausgabe auf Ramlers, Rodes und Hennes umfangreiche Vorarbeiten zurück, *zweitens* habe ihn Ramler per Testament zum Herausgeber der *Poëtischen Werke* bestimmt. Auffällig ist die korrespondierende Diskretion, was den Erbenstreit um das Verlagshaus Voss angeht:

> Ich liess die noch übrigen Kupfer nach den Rodenschen Zeichnungen von Herrn *Henne* vollenden, und übergab endlich Herrn *Sander* den Verlag des Werkes, da eine andre Buchhandlung, welcher er eigentlich bestimmt war, durch Umstände, die nicht vor das Publicum gehören, verhindert wurde, ihn zu übernehmen. Hr. *Sander* machte auch sogleich Anstalt, die Ausgabe zu besorgen; allein die Schwierigkeit, während des Krieges Schweizerpapier zu erhalten, konnte er nicht eher als zu Anfange dieses Jahres überwinden.[71]

Seine Auseinandersetzung mit Wilhelmine Ritter übergeht Goeckingk zudem vollständig. Verwerfungen oder Entscheidungen, die Goeckingk als Herausgeberinstanz in Frage stellen könnten, werden somit ausgeklammert. Dies gilt auch für Sanders und Goeckingks Entscheidung, Ramlers Horaz-Übersetzungen nicht in Gänze in die Quart-Ausgabe aufzunehmen. So erwähnt Goeckingk lediglich, Ramler habe ihm „zwei Handschriften seiner poëtischen Werke und seiner Übersetzung von Horazens Oden" im März 1798 zukommen lassen.[72] Die Restrukturierung der Ausgabe im Winter 1799, die de facto ein Abweichen von Ramlers letztem Willen bedeutet, bleibt hingegen unerwähnt.

Goeckingks weitere Ausführungen sind durch den Kontrast zwischen editorischer ‚Zuverlässigkeit' und der wiederholten Kritik an Ramlers Konzeption der *Poëtischen Werke* geprägt:

> Hier erhält das Publicum den ersten Band, die sämmtlichen lyrischen Gedichte, so weit der Dichter selbst in diese Ausgabe der letzten Hand sie aufzunehmen für gut fand. Überhaupt habe ich mich nicht für berechtiget gehalten, in den Text irgend ein Gedicht einzurücken, das sich nicht in den beiden letzten handschriftlichen Sammlungen des Verfassers fand, ob ich gleich einige, die mir seiner vollkommen

---

[71] Goeckingk, Leopold Friedrich Günther von: „Vorrede", in: Ramler, Karl Wilhelm: *Poëtische Werke. [...] Erster Theil: Lyrische Gedichte,* hg. von Leopold Friedrich Günther von Goeckingk, Berlin 1800, S. III–VI, hier S. IV.
[72] Ebd.

würdig scheinen, und die ihm nur aus dem Gedächtnisse gekommen seyn mochten, im zweyten Bande besonders abdrucken lassen werde.[73]

Goeckingk bezieht einen literaturkritischen Standpunkt, den er als Konsens mit Ramlers dichterischen Maßstäben präsentiert und auf dessen Basis er zugleich abweichende Herausgeberentscheidungen legitimieren will. Dass gewisse Texte im ersten Band der Werkausgabe fehlten, sei lediglich Ramlers mangelnder Übersicht der eigenen Produktion geschuldet. Den Plan, die Korpus-Bildung durch einen Appendix nicht edierter Gedichte zu unterlaufen, präsentiert Goeckingk in der Folge als Entscheidung gegen den Autorwillen und zugleich als Lösung im Sinne des Autors. In einem zweiten Schritt diskutiert er die Textgestalt seiner Edition:

> Eben so wenig ist ein einziges der von ihm selbst für diese Ausgabe bestimmten Gedichte weggelassen, oder auch nur eine Sylbe an seiner Handschrift geändert worden (offenbare Versehen ausgenommen), ob ich gleich nicht leugnen kann, dass ich in einigen Stellen, wenn ich meinem Gefühle hätte folgen wollen, eine der ältern Lesarten, statt der neuesten, wieder hergestellt haben würde. *Ramler* selbst, so oft er auch über diese Herausgabe mit mir sprach, äusserte zwar nie, dass er den Abdruck ohne die geringste Änderung gemacht zu sehen wünsche; allein da ich eine Varianten-Sammlung hinzugefügt habe, so kann jeder nach Gefallen eine ältere Lesart, die ihm besser gefällt, herstellen, so wie es jedem Dichter unbenommen bleibt, sich mit *Ramlers* Gedichten eben die Freiheit zu nehmen, die er selbst sich bey Verbesserung der Werke so vieler andern Dichter erlaubt hat.[74]

Seine Konjekturalkritik der Ramler-Manuskripte beschränkt Goeckingk dementsprechend auf Inkonsistenzen des überlieferten Textes („offenbare Versehen"). Eine Typologie der ‚Fehler' in Ramlers Handschriften liefert Goeckingk jedoch nicht, so dass die Dimensionen seiner Herausgebereingriffe unbestimmt bleiben.[75] Darüber hinaus behauptet er das Scheitern von Ramlers verbesserungspoetischer Praxis an „einigen Stellen". Ausgangspunkt für dieses Urteil ist Goeckingks literarischer Geschmack („Gefühle"), der ihn bei einem Fassungsvergleich für die vormaligen „Lesarten" votieren lässt. Eine zwingende Verbesserung bedeuten Ramlers Überarbeitungen folglich nicht.

Damit depotenziert Goeckingk auch die von Zöllner vorgeschlagene Synopse in geschmackbildender Absicht. Diese nämlich setzt auf die gesteigerte poetische Qualität der späteren Versionen. Goeckingks „Varianten-Sammlung" hingegen soll dem Leser die Gelegenheit bieten, den Vorrang der „ältere[n] Lesart[en]"

---

[73] Ebd.
[74] Ebd., S. V.
[75] Zur Konjekturalkritik als „imaginär-ingeniöse Wiederholung des Werkschöpfungsakts", die den Textkritiker zum zweiten Autor werden lässt, vgl. Kammer, Stephan: „Konjekturen machen (1690–1770). Zur Genealogie eines philologischen Verfahrens", in: Bohnenkamp, Anne u. a. (Hrsg.): *Konjektur und Krux. Zur Methodenpolitik der Philologie*, Göttingen 2010, S. 53–84, hier S. 84.

gegenüber den Fassungen letzter Hand zu erkennen.[76] ‚Ursprünglichkeit' und ästhetisches Potenzial werden mithin gekoppelt. Goeckingks Varianten-Apparat wiederum dient ausdrücklich der „Relativierung des edierten Textes durch kritische Lesarten und Mehrfachfassungen".[77] Dieses Vorgehen rechtfertigt Goeckingk, indem er sich erneut auf Ramler selbst beruft. Dieser habe *erstens* zu keinem Zeitpunkt die absolute Autorität seiner Fassungen letzter Hand betont. *Zweitens* entspreche der verbesserungspoetische Zugriff auf Ramlers Texte dessen eigener dichterischer Praxis. Auf diese Weise rückt der Leser von Ramlers *Poëtischen Werken* selbst in die Rolle des Redakteurs und Verbesserungspoetikers, während Goeckingk sich auf die Bereitstellung zweier Bearbeitungsstufen von 1772 und 1798 zurückzieht.

Seine editorische Treue in Detailfragen soll zugleich durch die Langzeitarchivierung von Ramlers Handschriften überprüfbar bleiben:

> Sobald dieser letzte Band und die Übersetzung von Horazens Oden abgedruckt ist, werde ich die hiesige Königl. Akademie der Wissenschaften ersuchen, beide Original-Manuscripte, die bis auf ein Paar Bogen ganz von des Dichters eigener Hand geschrieben sind, in ihr Archiv zur Aufbewahrung anzunehmen, oder sie in der hiesigen Königlichen Bibliothek niederzulegen; damit die eine zum Beleg diene, dass der Abdruck der gegenwärtigen Ausgabe danach ohne alle Abänderung geschehen ist, die andre aber, welche eine grosse Menge Abänderungen enthält, (so, dass manche Stelle drey Male umgearbeitet ist) ein lehrreiches Studium für diejenigen gewähren könne, welchen es interessant seyn möchte, Vergleichungen zwischen dieser Handschrift und den gedruckten Ausgaben anzustellen. Auch hierin befinden sich manche Lesarten, die ich denen in den ältern Ausgaben, so wie in der jetzigen, vorziehen würde. Bey meiner sehr beschränkten Zeit muss ich einem künftigen Commentator überlassen, sie aus dem Manuscript heraus zu suchen; genug, dass er weiss, wo er sie finden kann.[78]

---

[76] Goeckingk verwendet „Lesart" und „Variante" folglich synonym. Zu terminologischen Unklarheiten und Schwierigkeiten bei der semantischen Abgrenzung vgl. auch Nutt-Kofoth: „Variante, Lesart, Korrektur oder Änderung?".

[77] Morgenthaler, Walter: „Die Gesammelten und die Sämtlichen Werke. Anmerkungen zu zwei unterschätzten Werktypen", *TextKritische Beiträge* 10 (2005), S. 13–26, hier S. 21. Die Abwertung späterer Varianten lässt sich, wie Morgenthaler zeigt, auch in der Gottfried-Keller-Philologie beobachten (vgl. ebd., S. 25f.). Zu prüfen wäre, ob sie als Herausgeberurteil (parallel zur Aufwertung von frühen bzw. Erstfassungen) im Verlauf des 19. Jahrhunderts topischen Charakter gewinnt.

[78] Goeckingk: „Vorrede", S. Vf. Schüddekopf verzeichnet 1886 „Ein[en] Brief Ramler an Goekingk [sic] und eine quittung Biesters für denselben über den empfang der Ramlerschen manuskripte, im besitze des herrn baron v. Goekingk, kgl. kammerherrn in Wiesbaden" (Schüddekopf: Karl Wilhelm Ramler bis zu seiner Verbindung mit Lessing, S. IV). Leopold Friedrich Günther von Goeckingk übergibt die Ramler-Manuskripte an Johann Erich Biester als (leitenden) Bibliothekar der königlichen Bibliothek. Nach derzeitigem Kenntnisstand haben sich Brief und Quittung nicht erhalten. Für diesen Hinweis danke ich Herrn Thomas von Goeckingk.

Mit dem „Archiv" der Berliner Akademie der Wissenschaften und der „Königlichen Bibliothek" wählt Goeckingk zwei Institutionen des preußischen Staates, die die Überlieferung der Manuskripte sicherstellen sollen. Der Hinweis, dass die Manuskripte „bis auf ein Paar Bogen ganz von des Dichters eigener Hand geschrieben" seien, mag zugleich auf ihre Fragilität als Überlieferungsträger hindeuten.[79] So kommt es im Falle von Ramlers Kommentar zu seinen Horaz-Übersetzungen im Spätsommer 1800 zu einem Teilverlust des Manuskripts bei Johann Daniel Sander:

> Während meiner Unpäßlichkeit kommt meine Frau auf den Einfall, die Papiere u. Bücher, die ich noch oben hatte, in meine neue Wohnstube parterre einräumen zu lassen. [...] Unter den Papieren war auch das Mscrpt. zum zweiten Bande von Ramlers Horaz. Als ich gestern meine Bücher in Ordnung bringe u. meine Papiere durchsehe, finde ich zu meinem Schrecken, daß an diesem Mscrpte ein Paar Blätter fehlen. Glücklicher Weise ist es nichts von der Uebersetzung selbst, nur etwas von dem Commentar.[80]

Da es „sehr wahrscheinlich" sei, dass das Manuskriptstück endgültig verloren sei, bittet Sander seinen Korrespondenten Böttiger um die stilgerechte ‚Ergänzung' des Kommentars zu „2 ½ Oden [...] so ungefähr in Ramlers Manier".[81] Als zweiter

---

[79] Darüber hinaus sind das Schicksal und der weitere Verbleib der Ramler-Manuskripte derzeit nicht zu klären. Nachweislich erhalten haben sich bis Ende des 19. Jahrhunderts zwei annotierte Exemplare der *Lyrischen Gedichte* (1772). Eines befindet sich heute in den Beständen der SB Berlin (Handschriftenabteilung, Libri impr. cum notis mss. oct. 465) und ist im Jahr 1933 aus dem Antiquariatshandel angekauft worden. Für diese Auskunft danke ich Herrn Kurt Heydeck (SB Berlin). Bereits die Umstände des Erwerbs stehen der Annahme entgegen, dass es sich um eines der von Goeckingk genannten „Original-Manuscripte" handelt – wäre doch von einer zwischenzeitlichen Entwendung oder einem Verkauf aus den Beständen der heutigen SB Berlin auszugehen (zum Handexemplar vgl. Kurbjuhn: „Preußische Leistungsschau", S. 507; Abbildungen auf S. 528f. u. S. 533). Ein weiteres annotiertes Exemplar ist durch die Reproduktion einer ausgewählten Seite in Könneckes *Bilderatlas* belegt. Ihre Vorlage befinde sich „im Besitze der Verlagsbuchhandlung" (Könnecke, Gustav: „Karl Wilhelm Ramler (1725–1798)", in: Könnecke, Gustav: *Bilderatlas zur Geschichte der Deutschen Nationalliteratur [...]*, Marburg 1887, S. 162). Da sowohl Könnecke als auch Kurbjuhn jeweils Seite 57 der Exemplare abbilden, ist ein direkter Vergleich möglich, der signifikante Unterschiede der handschriftlichen Zusätze offenbart. Offenbleiben muss vorerst, ob es sich bei einem der beiden Exemplare um jenes handelt, das zwischenzeitlich zur Bibliothek von Karl Schüddekopf zählt, die nach seinem Tod versteigert wird (vgl. Bücher-Sammlung des † Herrn Professor Dr. Carl Schüddekopf [...], S. 136).

[80] Johann Daniel Sander an Carl August Böttiger am 16. September 1800 (zit. nach Maurach (Hrsg.): Die Briefe Johann Daniel Sanders an Carl August Böttiger, Bd. 3, S. 110f. [Unterstreichung im Original]).

[81] Johann Daniel Sander an Carl August Böttiger am 16. September 1800 (zit. nach ebd., S. 111).

Ausweg erscheint Sander die Ergänzung der verlorenen Kommentarpartien in *Horazens Oden* nach etwaigen früheren Abdrucken von Ramlers Übersetzungen in der *Berlinischen Monatsschrift*.[82] Offen bleiben muss hier jedoch, ob Goeckingks Hinweis, dass die beiden Manuskripte mit Ramlers Gedichten nicht durchweg autographe Handschriften seien, einen parallelen Vorfall kaschiert.

Seine „Vorrede" beschließt Goeckingk mit einer weitaus positiveren Einschätzung zum literarischen Potenzial von Ramlers zweiter Handschrift seiner Gedichte. Diese habe Ramler um eine Fülle konkurrierender Lesarten angereichert, die sowohl gegenüber „ältern Ausgaben" als auch den Versionen der *Poëtischen Werke* eine tatsächliche Steigerung der poetischen Qualität bedeuten. Goeckingk ergänzt folglich seine Präferenz für die Fassungen von 1772 um den Hinweis auf zwischenzeitliche Erfolge von Ramlers Überarbeitungstätigkeit. Sie impliziert somit keine zwangsläufige Verschlechterung seiner Texte. Die keineswegs philologisch (im Sinne einer Verzeichnung sämtlicher Varianten der Überlieferung), sondern literaturkritisch orientierte Auswahl überzeugender Lesarten „aus dem Manuscript" stellt Goeckingk wiederum aus Zeitgründen zurück. Das Deponieren von Ramlers Handschriften in Berlin soll jedoch eine revidierte Auflage der Werkausgabe ermöglichen. Damit verweist Goeckingk nicht allein auf die pragmatische Begrenzung seiner Herausgeberaktivitäten, sondern deutet ebenso auf den vorläufigen Charakter der von ihm präsentierten Fassungen. Einerseits stellen Ramlers Handschriften ein Reservoir für die Rekombination von Lesarten bereit, andererseits erlaubt die verbesserungspoetische Praxis einen selbständigen, überarbeitenden Zugriff auf Ramlers Texte. Die „Freiheit" hierzu sei „jedem Dichter unbenommen".[83]

5.2   Die Programmatik der *Poëtischen Werke*

5.2.1   Verherrlichung Friedrichs II.

Ramlers „Lyrische Gedichte" füllen den ersten Band der *Poëtischen Werke* von 1800. Dass sie seine lyrische Produktion jedoch nicht in möglichster Vollständigkeit abbilden, haben bereits Goeckingks kritische Anmerkungen zur Korpus-Bildung gezeigt. Ramler ergänzt sämtliche 40 Texte, die sich in seinen *Lyrischen Gedichten* (1772) unter dem Zwischentitel „Oden" finden, um lediglich fünf weitere Gedichte in erhabener Stillage. Vier von ihnen beziehen sich auf Friedrich Wilhelm II. und Königin Friederike Luise von Preußen. Ebenso wie der *Schlachtgesang*, den Ramler im Zuge des Bayrischen Erbfolgekriegs (1778) dichtet, entstehen sie nach 1772. Die lyrische Anrede *An die Prinzessinn Amalia* (erstmals 1760), eine der Schwestern Friedrichs II. und Auftraggeberin von Ramlers *Tod*

---

[82]   Zur Publikationsgeschichte von Ramlers Horaz-Übersetzungen vgl. Kap. 3.1.2.
[83]   Goeckingk: „Vorrede", S. V.

Jesu, liegt als sechster Text 1772 bereits vor, wird jedoch von Ramler nicht in die *Lyrischen Gedichte* von 1772 aufgenommen.[84]

Die Textauswahl in Band 1 der *Poëtischen Werke* hat zwei maßgebliche Konsequenzen: *Erstens* datiert die Entstehung einer knappen Mehrheit der Gedichte (24 von insgesamt 46 Texten) auf die 1760er Jahre. *Zweitens* bildet die panegyrische Stilisierung Friedrichs II. über Ramlers Gelegenheitsdichtung aus der Zeit des Siebenjährigen Kriegs (1756–1763) hinaus das thematische Zentrum der „Lyrischen Gedichte". Die nichtpanegyrische Kasuallyrik, also lyrische Anreden an befreundete Künstler und *Epithalamia* aus privaten Kontexten, sowie vereinzelte Texte mit erotischem und bukolischem Sujet machen im Gegenzug nur einen geringen Anteil des Korpus aus. Dass sich die Auswahl von 46 Texten bewusst auf jene panegyrischen Gelegenheitsgedichte konzentriert, die in der Regierungszeit Friedrichs II. entstehen, macht auch die Aufnahme von Ramlers Theaterrede auf den 60. Geburtstag des Monarchen im Jahr 1772 deutlich. Ramlers Geburtstagsreden, die in den späten 1780er Jahren, somit nach Friedrichs Tod, für das Berliner Nationaltheater zu den Geburtstagen von Friedrich Wilhelm II., Königin Friederike Luise und dem Thronfolger Friedrich Wilhelm (III.) entstehen, werden von Ramler hingegen in den zweiten Band der *Poëtischen Werke* ausgelagert.

Als Botschaft ist darüber hinaus bereits die Zahl der Gedichte in Band 1 zu lesen. Sie entspricht exakt den 46 Regierungsjahren Friedrichs II. (1740–1786) und symbolisiert Ramlers Selbstverständnis als herausragender Gelegenheitsdichter der friderizianischen Ära. Verstärkt wird diese Botschaft durch die explizit chronologische Anordnung der Gedichte. In Form eines Datumszusatzes verweisen die meisten Gedichttitel auf jene Gelegenheiten, die die Erstpublikation der Texte motivieren und die in den Gedichten selbst häufig stilisiert werden. Indem Ramler seine Gelegenheitspanegyrik auf Friedrich II. an den Beginn der *Poëtischen Werke* stellt, unterstreicht er zudem nochmals ihre zentrale Bedeutung für sein dichterisches Selbstverständnis. Ihrer Struktur nach spiegeln die zweibändigen *Poëtischen Werke* somit ebenso wie die interne Strukturierung der „Lyrischen Gedichte" jene Bindung, die Ramler vor allem in seiner Ode *An den König* (1767) zwischen dem eigenen literarischen Schaffen und der panegyrischen Stilisierung der preußischen Monarchie herstellt.[85]

Dass die „Lyrischen Gedichte" von 1800 darüber hinaus nicht Ramler als Dichterfigur und seine literarische Entwicklung in den Mittelpunkt stellen, macht der Ausschluss von Ramlers Jugendproduktion aus der Kolberger und Hallenser Zeit deutlich.[86] Autographe von Gelegenheitsgedichten, die Ramler zu Schul-

---

[84] Ramler stellt die Ode an Anna Amalia seinen *Geistlichen Kantaten* (1760/²1768) voran. Zum Kontext vgl. Kap. 1.3.4.
[85] Vgl. hierzu Kap. 2.1.8.
[86] Zur (Re-)Konstruktion autorschaftlicher Entwicklung und einer entsprechenden Integration des ‚Frühwerks' am Beispiel Schillers, Goethes und Rilkes vgl. Ajouri, Philip: „Chronologische Werkausgaben im 19. Jahrhundert. Die Genese einer ‚werkpolitischen' Praxis im Spannungsfeld von Autorwillen, Archivordnung und Publikumser-

veranstaltungen in Halle anfertigt, haben sich bis heute im Archiv der Franckeschen Stiftungen erhalten.[87] Darunter finden sich auch die *Glückwünschungs Oden. bey dem Antritt der Regierung. Seiner Königlich[en] Majestät in Preußen. gehalten von Carln Wilhelm Ramler* in 27 Strophen zu jeweils acht Versen. Ramler trägt sie im Rahmen einer Trauerfeier für Friedrich Wilhelm I. am 8. Juli 1740 vor.[88] Dem thematischen Fokus von Band 1 der *Poëtischen Werke* entspräche das Gedicht somit durchaus.

Zugleich ist Ramler in den „Lyrischen Gedichten" darum bemüht, den Beginn seines – künstlerisch gültigen *und* für die Verherrlichung der preußischen Monarchie relevanten – Œuvres mit den Anfängen von Friedrichs Regentschaft in den frühen 1740er Jahren zu parallelisieren. Auf die bewusste Konstruktion einer solchen Entsprechung deutet, dass Ramler den Auftakt seines Œuvres mit den Oden *An den Apollo. Bey Eröffnung des Opernhauses in Berlin* (vorgeblich 1742) und *Auf die Geburt des Königes von Preussen Friedrich Wilhelms des Zweyten. Den*

---

wartung", in: Gretz, Daniela und Nicolas Pethes (Hrsg.): *Archiv/Fiktionen. Verfahren des Archivierens in Literatur und Kultur des langen 19. Jahrhunderts*, Rombach Wissenschaften. Reihe Litterae 217, Freiburg, Berlin, Wien 2016, S. 85–105, hier S. 89f. sowie S. 99–103.

[87] Erhalten haben sich im Archiv der Franckeschen Stiftungen die sog. „Oratorischen Übungen des Königlichen Pädagogiums Halle" in Gestalt mehrerer Quartbände. Sie fassen Texte zusammen, die im Zeitraum von 1736 bis 1743 sowie von 1759 bis 1770 im Rahmen offizieller Schulfeierlichkeiten deklamiert wurden. Neben Ramlers Ode auf Friedrich II. aus dem Jahr 1740 findet sich hier sein Gedicht über den *Anfang d[er] christlichen Religion bey den Malabaren* in 37 Strophen à sechs Versen, das er am 10. Juli 1741 anlässlich des Examens vorträgt (vgl. AFSt/S C VI 3, S. 532–543). Die gedruckte Ankündigung (ebd., S. 1321) vermerkt: „3. CAROLVS GVILIELMVS RAMLER, Collberga-Pomeranus, initia Christianae inter Tamulos ciuitatis carmine germanico exponet." Hinzu kommt sein Gedicht mit dem Titel *Das Geister Reich, als ein Spiegel Göttlicher Allmacht und Weisheit Vorgestellet von Carl Wilhelm Ramler aus Colberg* (vgl. AFSt/S C VI 4, S. 124–137). Ramler trägt es am 2. Oktober 1742 auf einer weiteren Examensveranstaltung vor. Eine Transkription findet sich bei Pick, Albert: „Ein ungedrucktes Jugendgedicht Karl Wilhelm Ramlers", *Archiv für Litteraturgeschichte* 15 (1887), S. 345–356. Lediglich in einem zeitgenössischen Druck überliefert ist Ramlers „Ode. Die aus dem Donner hervorleuchtende Macht Gottes und Nichtigkeit der Menschen. Von Carl Wilhelm Ramler. 1740", in: *Musenalmanach oder poetische Blumenlese für das Jahr 1784*, Leipzig 1783, S. 151–175. Das „Verzeichniß der Gedichte" vermerkt zur Vermittlung der Druckvorlage: „Eine [sic] der Erstlinge von den Oden dieses classischen Dichters, die uns von einem seiner Jugendfreunde mitgetheilet worden" (Musenalmanach oder poetische Blumenlese für das Jahr 1784, Leipzig 1783, S. 230f.). Das Gedicht ist nicht identisch mit dem von Ramler und Christian Gottfried Krause eingerichteten Text zu Telemanns *Donnerode* (1756).

[88] Vgl. AFSt/S C VI 3, S. 108–117. Eine (normalisierte) Transkription findet sich bei Daniel, Hermann Adalbert: „Ramler's erste Ode auf Friedrich den Großen", in: Daniel, Hermann Adalbert: *Zerstreute Blätter. Abhandlungen und Reden vermischten Inhalts*, Halle 1866, S. 84–94.

25. September 1744 ansetzt. Bei beiden Gedichten handelt es sich nachweislich um fingierte Gelegenheitsgedichte, die lange nach Ramlers Ankunft in Berlin im Frühjahr 1745 entstehen.[89] Nicht die tatsächliche Entstehungszeit von Ramlers Gedichten, sondern ihre Anlässe, die von Ramler teils ex post aufgegriffen werden, prägen folglich die Chronologie der „Lyrischen Gedichte". Die nachträgliche Überarbeitung seiner Gedichte, die die Textgestalt der Erstpublikationen teils massiv überformt, verstärkt diese Tendenz nochmals, wie in Kapitel 5.2.3 zu zeigen ist.

Abbildung 34: Frontispiz zu Band 1 der *Poëtischen Werke* (1800)

Auch das allegorische Frontispiz zu Band 1 der *Poëtischen Werke* (vgl. Abb. 34) funktionalisiert Ramlers Lyrik als Medium der historischen Überlieferung und

---

[89] Zu Ramlers Ode *Auf die Geburt des Königs von Preussen Friedrich Wilhelm* vgl. Kap. 1.2.3. Die Ode *An den Apoll. Bey Eröffnung des Opernhauses zu Berlin* erscheint erstmals 1767 in den *Oden*, S. 5f.

Sicherung von Friedrichs Nachruhm.[90] Das Piedestal einer antikisierenden bekrönten Büste Friedrichs II. ist umgeben von den Attributen der Musik (Tamburin und Flöte), der Staatsklugheit (Ruder und schlangenumwundener Spiegel) sowie den Attributen Minervas als „Göttinn der Weisheit und der Kriegeskunst" (Helm, Schwert und Ägide).[91]

Zu ihren Füßen sitzt eine lorbeerbekränzte Muse. Ihren Attributen nach (Schreibgriffel und -tafel sowie Trompete) handelt es sich um die Überblendung der Personifikationen von erhabener Dichtung (Kalliope) und Geschichte (Klio).[92] Friedrich wiederum wird in seiner Doppelrolle als Künstler und (militärisch) erfolgreicher Monarch ausgewiesen. Seine Taten verzeichnet die personifizierte Dichtung/Historie als Sinnbild für Ramlers panegyrische Gelegenheitsdichtung und sorgt mit der Trompete der Fama für die Festigung von Friedrichs Ruhm. Damit illustriert und amplifiziert das Frontispiz als Auftakt von Band 1 die Programmatik von Ramler *Granatapfel-Ode* und seiner Ode *An den König*, die seit 1767 sämtliche autorisierte Sammlungen seines Œuvres eröffnet.[93]

5.2.2 Ramlers Selbstkommentierung

Mit der doppelten Kommentierung der *Granatapfel-Ode* im Jahr 1750 zeigt Ramler zu einem frühen Zeitpunkt seiner literarischen Karriere, wie dichterische Produktion und ihre Erläuterung durch den Autor miteinander einhergehen können.[94] *Erstens* liefert Ramler im Rahmen seines Kommentars zur *Granatapfel-Ode* Sachanmerkungen, die Anspielungen auf Gebäude, Plätze und Gärten in der

---

[90] Vgl. die eingehende Beschreibung der Radierung bei Kurbjuhn: „Preußische Leistungsschau", S. 502–504 sowie S. 508. Rode präsentiert seine Vorlage, wie bereits gezeigt, im Rahmen der Berliner Akademieausstellung von 1793; vgl. Kap. 5.1.1.

[91] Ramler: [K]urzgefasste Mythologie, S. 68.

[92] Vgl. Ramler: Allegorische Personen zum Gebrauche der bildenden Künstler [...]. Mit Kupfern von Bernhard Rode, S. 67: „Die Epopöe oder die Muse des epischen Gedichtes, des Heldengedichtes, wird durch die Kalliope vorgestellt, die an ihrer mit Lorbern umwundenen Trompete zu kennen ist. Sie betrachtet zuweilen das Brustbild Homers, oder hat die Werke Virgils und Homers neben sich liegen"; sowie die von Ramler vorgeschlagene Personifikation der erhabenen Ode: „Wenn sie Heldenlieder singt, ist sie mit Lorbern gekrönt, hält eine Leyer in der Hand und hat eine Trompete neben sich liegen, wie die heroische Muse Kalliope" (ebd., S. 68). Für die Personifikation der Geschichtsschreibung (Klio) schlägt Ramler wiederum eine Frauengestalt vor, „welche sitzend in ein Buch schreibt, oder stehend in der einen Hand den Schreibegriffel hält und in der andern eine Pergamentrolle oder ein Bund Täfelchen" (ebd., S. 73). Vgl. auch Ramlers Hinweis auf Christian Bernhard Rodes „Gemählde" von General Winterfeldt. Hier „sitzet die Heldenmuse vor einem Denkmahl, worauf das Brustbild des Feldherrn steht, und schreibt seine Taten in ein Buch" (Ramler: Poëtische Werke. [...] Erster Theil: Lyrische Gedichte, S. 240).

[93] Vgl. hierzu Kap. 2.1.8.

[94] Vgl. Kap. 2.1.2.

preußischen Hauptstadt sowie Bezüge auf die antike Mythologie klären. Adressaten dieser Hinweise sind Berlin-Unkundige und nichtgelehrte Leserschichten. *Zweitens* erschließt Ramler die *Granatapfel-Ode* nach den Maßstäben seiner „Poetik des Wohlklangs". An dieses doppelte Verfahren der Klärung von Realien und poeseologischen Aspekten schließt Ramler in den *Poëtischen Werken* mit einem umfangreichen Stellenkommentar von eigener Hand an. In einer kurzen Vorrede erläutert er sein Vorgehen:

> Diese Anmerkungen sind zur Erläuterung einiger kleinen Umstände des gegenwärtigen Zeitalters, und hiernächst zur Erklärung der Anspielung auf Fabel und Geschichte bestimmt. Man hat einige hinzugethan, welche Parallelstellen anderer Schriftsteller enthalten, der Verfasser mag sie nun bey Verfertigung der Gedichte vor Augen gehabt haben, oder nicht. Auch hat man einige Verse, die unrecht ausgelegt worden sind, richtiger zu erklären für nöthig geachtet. Leser der Alten werden diejenigen Anmerkungen verzeihen, die für sie überflüssig sind und für eine andre Klasse von Lesern gemacht wurden.[95]

Der Abstand einiger Jahrzehnte veranlasst Ramler in den 1790er Jahren, Details der zeitgeschichtlichen Anspielungen seiner Gelegenheitsgedichte aufzuarbeiten. Hinzu kommt das Identifizieren von Bezügen auf antike Mythologie („Fabel") und „Geschichte", die Ramler zur allegorischen Einkleidung und Spiegelung der Geschehnisse nutzt. Zudem bieten seine Kommentare eine Fülle kulturgeschichtlichen und geographischen Antikenwissens, das jener „Klasse von Lesern" zugutekommen soll, die über keine klassische Bildung verfügt. Ramler nennt zwei weitere Zielsetzungen: Den Kommentar habe er zum einen um Lesefrüchte angereichert, die ausdrücklich ex post die intertextuelle Bezugsfülle seiner Gedichte steigern. Zum anderen reagiere er in seinen Anmerkungen auf zwischenzeitliche Deutungen und literaturkritische Kommentare, die es zu korrigieren beziehungsweise zu widerlegen gelte. Bereits Ramlers Einleitung präsentiert die Selbstkommentare in den *Poëtischen Werken* somit als tiefenstrukturelle Erschließung seiner Texte vor dem Hintergrund eines nicht allein literarischen, sondern enzyklopädischen Wissens.[96] Zu ihren Effekten zählt unter anderem die literarische Nobilitierung seiner Gedichte, deren Lektüre zum Ausgangspunkt eines umfassenden Bildungs-

---

[95] Ramler: Poëtische Werke. [...] Erster Theil: Lyrische Gedichte, S. 160 [im Original durchweg kursiv gedruckt].

[96] Vgl. mit Blick auf Opitz vor dem Hintergrund einer oberrheinischen Tradition des „philologischen Enzyklopädismus" und einer durch die natürliche Theologie fundierten „Einheit des Wissens": Häfner, Ralph: „Das Subjekt der Interpretation. Probleme des Dichtungskommentars bei Martin Opitz", in: Schönert, Jörg und Friedrich Vollhardt (Hrsg.): *Geschichte der Hermeneutik und die Methodik der textinterpretierenden Disziplinen*, Historia Hermeneutica. Series Studia 1, Berlin u. New York 2005, S. 97–118, hier S. 99 bzw. S. 114.

prozesses wird.⁹⁷ Ramlers Kommentarstrategien sollen in diesem Sinne exemplarisch nachgezeichnet werden.

In den Anmerkungen der *Poëtischen Werke* finden sich teils umfangreiche Allegoresen, die Ramler mit hermeneutischen Beobachtungen grundsätzlicher Art kombiniert. So schickt er der Aufschlüsselung seiner Ode *An die Feinde des Königs* die Bemerkung voran, sie sei „im Jahr 1760 nicht schwer zu entziffern" gewesen, „weil sie auch von Laien in der Dichtkunst richtig ausgelegt ward".⁹⁸ Zeitgenössische Lektüreerfahrungen werden damit zum Ausweis für das Gelingen eines transparenten Allegorisierungsverfahrens, das die unmittelbare Rückübersetzung der Realbezüge zulässt. Konkret handelt es sich im Falle der *Ode An die Feinde des Königs* um die Parallelisierung des Agierens von Friedrich II. im Siebenjährigen Krieg mit den Arbeiten des Herkules.⁹⁹ Dass die Kriegsereignisse knapp vierzig Jahre später nicht zwingend präsent sind, erklärt wiederum Ramlers Kombination von mythologischen Exkursen und zeitgeschichtlichen Zuweisungen:

> Durch die vielköpfige Lernäische *Hydra*, (deren einer Kopf unsterblicher Natur war, und vom Herkules in die Erde gegraben und mit einem Steine bedeckt ward, die übrigen Köpfe aber, so oft sie abgeschlagen waren, immer wieder wuchsen, bis sie durch Feuer bezwungen wurden) hat man die Hauptfeinde in diesem Kriege, die Österreichischen Heere angedeutet, welche aus den weitläufigen Staaten der Kaiserinn-Königinn sehr leicht immer wieder ergänzet wurden.¹⁰⁰

Die parallele Skizzierung der mythologischen und historischen Details weist die Treffsicherheit von Ramlers Allegorien aus. Die Identifikation von „Hydra" und österreichischer Armee hat ihr *tertium comparationis* in der nie versiegenden Ersetzung ihrer „Köpfe" beziehungsweise Truppenstärke. Das mögliche Ausbleiben dieser Auflösung bedeute dennoch nicht das Scheitern des Gedichts:

> Wer in der ganzen Stelle keine Gleichnissrede bemerkt, für den bleibt sie eine *Zergliederung* [*amplificatio*, M. B.], und bedeutet so viel als: „nachdem Herkules viele Thaten verrichtet hatte." Man weiss, dass die Poëten, besonders unter den Alten, anstatt das Ganze zu nennen, gern die einzelnen Theile anführen, theils ihren Vor-

---

⁹⁷ Vgl. hierzu Häfner, Ralph: „Kommentar", in: Weimar, Klaus, Harald Fricke und Jan-Dirk Müller (Hrsg.): *Reallexikon der deutschen Literaturwissenschaft*, Bd. 2, 3. Aufl., Berlin u. a. 2007, S. 298–302, hier S. 300; sowie mit Blick auf den „kulturpatriotische[n] Impetus" der frühneuzeitlichen Kommentierung volkssprachlicher Texte von Autorseite: Martin, Dieter: „Gedichte mit Fußnoten. Zesens *Prirau* und der frühneuzeitliche Eigenkommentar", in: Bergengruen, Maximilian und Dieter Martin (Hrsg.): *Philipp von Zesen. Wissen – Sprache – Literatur*, Tübingen 2008, S. 141–160, hier S. 155.
⁹⁸ Ramler: Poëtische Werke. [...] Erster Theil: Lyrische Gedichte, S. 194.
⁹⁹ Vgl. Kap. 4.1.1.
¹⁰⁰ Ramler: Poëtische Werke. [...] Erster Theil: Lyrische Gedichte, S. 195.

trag sinnlicher und anmuthiger zu machen, theils einigen historischen Unterricht anzubringen.[101]

Damit werden Ramlers Gedicht und seine Kommentierung zum Medium für den Erwerb von mythologischer Bildung, dessen didaktische und ästhetische Vorzüge in ihrer ansprechenden dichterischen Einkleidung liegen.

Zu den historischen Exkursen des Kommentars kommen wiederholte Verweise auf Medaillen, die Ramler seit den 1760er Jahren konzipiert, sowie eine ausführliche Beschreibung der gemeinsam mit Rode verantworteten Magistrats-Illumination von 1763.[102] Damit setzen Ramlers Selbsterläuterungen eine Tendenz fort, die bereits buchgraphische Elemente der *Poëtischen Werke* erkennen lassen: Rode und Ramler integrieren Reproduktionen ihrer Medaillenprojekte und Darstellungen im Rahmen ephemerer Bauten.[103]

Abbildung 35: Revers der beiden Medaillen auf die Befreiung Kolbergs von Jacob Abraham (1760)

Abbildung 36: Kopfvignette zum Lied der Nymphe Persante in Band 1 der *Poëtischen Werke* (1800)

Ein markantes Beispiel ist die von Rode vorgezeichnete Kopfvignette zum *Lied der Nymphe Persante* (vgl. Abb. 36). Sie folgt der Rückseite zweier zeitgenössischer Medaillen auf den Angriff von Ramlers Heimatstadt Kolberg durch

---

[101] Ebd., S. 196.
[102] Zur Illumination vgl. ebd., S. 257–260. Vgl. zudem Kap. 4.1.1. Weitere Beschreibungen von Medaillen finden sich ebd., S. 199, S. 203, S. 216 u. S. 260; sowie in Ramler: Poëtische Werke. [...] Zweyter Theil: Vermischte Gedichte, S. 263. Auffällig ist, dass Ramler durchweg darauf verzichtet, sich als Concettisten auszuweisen.
[103] Zur Darstellung der opfernden Personifikation Preußens, die der Illumination zur Huldigung der Kurmark für Friedrich Wilhelm II. entstammt, vgl. Kap. 4.1.4.

russische und schwedische Schiffe im September 1760 (vgl. Abb. 35).[104] Die Verteidigung der Stadt und Festung Kolberg durch Stadtkommandant Werner sowie der Entsatz unter Leitung von Oberst von der Heyde werden sowohl im Medaillenrevers als auch in Ramlers *Lied* zur Rettung der Andromeda vor einem „Meerungeheuer" durch Perseus stilisiert.[105] Die Kombination von Kopfvignette und Ode in Ramlers Werkausgabe überliefert wiederum den entstehungsgeschichtlichen Zusammenhang seiner künstlerischen Gelegenheitsaktivitäten in Bild und Text.

Ramlers Lesefrüchte, die wiederholt als Parallelstellen im Kommentar der *Poëtischen Werke* nachgetragen werden, beziehen sich häufiger auf zwischenzeitliche Buchprojekte. Hierzu gehört etwa die gemeinsam mit Johann Lorenz Benzler verantwortete *Spectator*-Auswahlübersetzung oder Ramlers zweibändige Liedanthologie *Lyrische Bluhmenlese*.[106] Darüber hinaus skizzieren Ramlers Kommentare seinen breiten Lese- und Bildungshorizont. Neben einer Fülle von Verweisen auf Schriftsteller der griechisch-römischen Antike in Dichtung und Prosa sowie auf historische Arbeiten zeitgenössischer Autoren finden sich Bezüge auf naturwissenschaftliche Standardwerke der Zeit. So stützt sich Ramler unter anderem auf Carl von Linnés *Systema naturae*, um einen Vers in seiner Ode *An Herrn Christian Gottfried Krause* zu rechtfertigen. Hier ist die Rede vom „schnellen Triumph des Löwen", der „gereizt vom drohenden Panther, / Den nimmer umsonst gewageten Sprung thut", was Ramler folgendermaßen erläutert:

> Plinius sagt vom Löwen: „Wenn er angreift, thut er einen gewaltigen Sprung; wenn er aber flieht, geschieht es nicht mehr sprungweise." *Naturgeschichte*, VIII, 16. Der Naturforscher Linnäus rechnet den Löwen zum Katzengeschlechte, zu gleichem Geschlechte mit dem Panther, dem Tieger und dem Leoparden. – Eine Anmerkung für diejenigen Leser, die dem Kunstrichter geglaubt haben, welcher den Sprung des Löwen tadelte, und behauptete: der Sprung käme nur dem Tieger zu; denn der Löwe gehöre zum Geschlecht der Hunde.[107]

Ramler kombiniert folglich Plinius' *Naturalis historia*, die für das bereits antike Wissen vom Springen des Löwen einsteht, mit Linnés moderner Gattungszuordnung. Altertum und Neuzeit ergänzen sich in ihrer Wissenssystematisierung.[108]

---

[104] Vgl. auch die zeitgenössische Reproduktion beider Vorderseiten und der Rückseite bei Fromery: Recueil de Médailles, [unpaginiert, Nr. 40]. Zum Entstehungskontext der Medaille vgl. Kap. 1.3.3.
[105] Ramler: Poëtische Werke. [...] Erster Theil: Lyrische Gedichte, S. 198. Zu beiden Medaillen vgl. Hoffmann: Jacob Abraham und Abraham Abramson, S. 53f.
[106] Vgl. zu letzterer Ramler: Poëtische Werke. [...] Erster Theil: Lyrische Gedichte, S. 169.
[107] Ebd., S. 62 sowie S. 212.
[108] Auf die Implikationen der Passage im Horizont der Querelle-Problematik sei nur am Rande hingewiesen: Plinius als antike und Linné als moderne Autorität werden von Ramler unterschiedslos kombiniert, die Frage des Fortschritts in den modernen Naturwissenschaften scheint unerheblich (vgl. hierzu Kapitza, Peter K.: Ein bürgerlicher

Ramlers Ode wiederum bietet den Ausgangspunkt für einen biologischen Exkurs, der zudem die Bildungslücke eines ungenannten Rezensenten und die fehlende Berechtigung seines Einwandes vor Augen führen soll. Wissenschaftliche Bildung und literaturkritisches Urteilsvermögen, so Ramlers impliziter Anspruch, bedingen einander auf Autor- und Rezipientenseite.

Den Kommentar nutzt er darüber hinaus, um sprachgeschichtliche Beobachtungen zu präsentieren, wie abschließend erneut am Beispiel der Ode *An die Feinde des Königs* deutlich werden soll.[109] Verse 3 und 4 des Gedichts („Warum verfolgt ihr ihn, zu seiner eignen Ehre,/ Den unbezwungnen Held?") bieten beispielweise den Anlass zu einer morphologischen Digression:

> Das Wort *Held* lautet in der vierten Endung: den Held und den Helden. Jene Endung stammt noch aus dem Alterthum, wo dieses Wort *Helid* hiess, und des *Helids*, dem *Helid*, den *Helid*, und in der vielfachen Zahl die *Helide* decliniret ward. *Wie snelle Helide vuhten*; d. i. wie schnelle Helden fochten, heisst es in dem Lobgesange auf den heiligen Anno. S. *Opitzens Gedichte*. Luther gebraucht diesen alten Accusativ: *Ich habe einen Held erwecket*. Ps. LXXXIX, 20. Imgleichen Kanitz: *Da fand man keinen Held, der sich auf Herkunft stützte*; und an einem andern Orte: *Wie liessest du so bald den Held zu Boden schmeissen*.[110]

Dass zwei Akkusativendungen im Deutschen parallel existieren, erklärt Ramler mit der Bewahrung der archaischen Form „Held", die er anhand von Fundstellen aus der mittelhochdeutschen Dichtung – Ramler zitiert den Beginn des *Annoliedes* in der Ausgabe von Martin Opitz – über Luther bis hin zur Lyrik der Frühaufklärung (Friedrich Rudolph von Canitz) nachzeichnet.[111] Die literaturhistorische Suggestion der Passage bleibt hingegen unerwähnt. Ramler stellt sich in eine Tradition sprachgeschichtlicher Bemühungen um das Deutsche, indem er auf Martin Opitz als Vorgänger, und in eine Tradition des panegyrischen Dichtens, indem er auf Friedrich von Canitz als Autorität verweist.

Krieg in der gelehrten Welt. Zur Geschichte der Querelle des Anciens et des Modernes in Deutschland, München 1981, S. 378–389).

[109] Zu Ramlers linguistischen Studien vgl. Kap. 2.3.2.
[110] Ramler: Poëtische Werke. [...] Erster Theil: Lyrische Gedichte, S. 39 sowie S. 194.
[111] Ramler dürfte sich mit seiner Angabe „*Opitzens Gedichte*" auf den ersten Teil der Ausgabe von Bodmer und Breitinger beziehen, in der sich die kommentierte Edition des *Annolieds* samt deutscher Übersetzung findet (vgl. Bodmer, Johann Jakob und Johann Jakob Breitinger (Hrsg.): Martin Opitzens Von Boberfeld Gedichte [...], Bd. 1, Zürich 1745, S. 179–350). Bei den Canitz-Zitaten handelt es sich um V. 93 der Übersetzung von Boileaus fünfter Satire bzw. V. 53 der *Letzten Pflicht der Freundschaft, Dem sel. Grafen Theodor von Dohna* [...] (vgl. Canitz, Friedrich Rudolf Ludwig Freiherr von: Gedichte, hg. von Jürgen Stenzel, Neudrucke deutscher Literaturwerke 30, Tübingen 1982, S. 303 bzw. S. 338).

5.2.3 Verbesserungspoetik

Caroline von Klencke, Tochter von Anna Louisa Karsch, arbeitet im Herbst 1771 an einer „komische[n] Oper". Mit einer ersten Fassung wendet sie sich an Ramler als literarischen Mentor. Seine Antwort bietet Einblicke in die Konzeptionalisierung des eigenen Dichtungsprozesses, die sich auch im Hinblick auf die Präsentation seiner Texte in den *Poëtischen Werken* als signifikant erweisen:

> Ueben Sie sich eine Weile ganz im Stillen, und lesen dabei alles, was Ihnen zu Ihrem Vorhaben dienlich ist, und legen der großen Welt Ihre ersten Uebungsstücke noch nicht vor. Wenn Sie bei Ihren künftigen Stücken aber Beistand von mir haben wollen, so machen Sie es so: Schreiben Sie Ihren ganzen erfundenen Plan, die ganze Hauptfabel Ihres Stückes in wenigen Zeilen auf. Hernach bezeichnen Sie mir, Scene für Scene, die Personen, die auftreten, und melden in ein Paar Worten, wovon sie reden sollen, und wo eine Arie zu stehen kommen soll. Alsdann kann ich Ihnen noch zur rechten Zeit einen Rath geben. Jetzt kommt ein jeder anderer Rath und die Ausbesserung selbst wirklich schon zu spät. Mein einziger Rath ist jetzt, daß Sie dieses Stück, als erste Probe bei sich behalten, und künftig alle Jahre oder halbe Jahre etwas Vortreffliches nachahmen oder erfinden sollen. [...] Noch einmal, liebste Madame, muß ich Ihnen sagen, daß ich Ihnen jetzt einen Rath gebe, den ich mir in meinen jungen Jahren selbst gegeben habe. Indem ich so lange alles zerriß und verbrannte, als ich sahe, daß ich mich noch jährlich besserte; bis ich endlich sahe, daß ich mich leider nicht mehr besserte, sondern da stehen blieb, wo ich ungefähr noch stehen mag. [...] *P. S.* Es versteht sich, daß solche große Stücke, wie komische Opern, nicht müssen verbrannt oder zerrissen werden, sondern so lange aufbewahrt werden, bis man alles, was zu bessern ist, gefunden hat. Allenfalls gebraucht man etliche Auftritte davon, bringt sie in eine andere Verbindung; läßt an einigen Stellen Arien fort, setzt an andern Arien hin; bringt mehr Handlung hinein, oder macht, daß alles zur Haupthandlung nicht wenig, sondern *fein viel* beiträgt. Endlich ändert man die einzelnen Ausdrücke, bessert, was uns ein wenig allzuniedrig klingt, schneidet die ganz unnützen Plaudereien weg, verstärkt durch gewisse eigenthümliche Züge die Charaktere der Personen u. s. w.[112]

Ramler skizziert den Auftakt von Klenckes dichterischem Werdegang als Phase der imitatorischen Literaturproduktion, die mit gezielter intensiver Lektüre einhergeht. Entscheidend für die Ausbildung ihrer dichterischen Kompetenz seien darüber hinaus artistischer Rückzug („ganz im Stillen") und das diskrete Verbergen der „ersten Uebungsstücke". Damit setzt Ramler auf die autodidaktischen Fähigkeiten der angehenden Schriftstellerin. Ziel ist eine stetige Vervollkommnung, die von anhaltender Selbstkritik begleitet wird. Er selbst habe seine Versuche bis zu

---

[112] Karl Wilhelm Ramler an Caroline von Klencke am 10. November 1771 (zit. nach Chezy, Helmina von (Hrsg.): „Rammler an meine Mutter", in: Chezy, Helmina von (Hrsg.): *Aurikeln. Eine Blumengabe von deutschen Händen*, Bd. 1, Berlin 1818, S. 23–25). Über die Entstehung des Briefes vgl. Catels anekdotische Schilderung in „Ramler", S. 235–238.

jenem Zeitpunkt kassiert, da sein Talent und dessen selbstgesteuerte Formung zur Deckung gekommen seien („bis ich endlich sahe, daß ich mich leider nicht mehr besserte"). Als maximales literarisches Potenzial eines Autors bestimmt Ramler folglich den Konvergenzpunkt von *ingenium* und *iudicium*.[113] Ihn gelte es auf dem Wege langjähriger Selbstschulung („Ueben") zu erreichen.

Der „Rath" eines erfahrenen Schriftstellers, der per se auch als Literaturkritiker qualifiziert sei, könne diese autodidaktische Vervollkommnung unterstützen. Damit kommt es zu einer Verdopplung der kritischen Instanz: Selbstkritik wird durch Fremdkritik ergänzt, die autorzentrierte wandelt sich ohne konzeptuellen Bruch in eine werkzentrierte Verbesserungspraxis. Als entscheidend für Ramler erweist sich der prozessuale Ort dieses Eingreifens von dritter Seite. Den Abschluss der *inventio* solle Klencke mit der Niederschrift des von ihr „erfundenen Plan[s]" markieren, also des Plots ihrer Oper. Die *dispositio* leiste ein Szenar, in dessen Rahmen von Klencke die Grundzüge der Szenengestaltung (auftretende Personen, Themen der Dialoge) sowie dramaturgische Ruhepunkt („Arie") bezeichne solle. Im Anschluss an beide Schritte könne sie Ramler konsultieren. Kritische Hinweise zu einem bereits vollständig ausgearbeiteten Libretto weist er hingegen zurück. Im Anschluss an die *elocutio* sei „ein jeder anderer Rath und die Ausbesserung selbst wirklich schon zu spät." Auffällig ist, dass Ramler dennoch nicht die endgültige Zerstörung von Klenckes Versuch fordert („verbrannt oder zerrissen"). Vielmehr beschließt er seinen Brief mit der Option einer grundlegenden Überarbeitung durch Klencke selbst. Zunächst sei massiv in die Disposition der Oper einzugreifen, müssten Szenen zwecks dramaturgischer Kohärenz umgestellt werden, um in der Folge die sprachliche Gestalt des Dramas im Sinne des *aptum* (Tilgung des „[A]llzuniedrig[en]") und einer Profilierung der „Charaktere" zu überarbeiten.

Die skizzierte Revision und Wiederaufnahme von *dispositio* und *elocutio* führt vor Augen, dass Überarbeitung für Ramler ein erneutes Durchlaufen des dichterischen Prozesses nach dem Muster der *officia oratoris* bedeutet. Dichten und kritisches Beurteilen sind wiederum literarische Parallelaktivitäten und bedingen einander. Ramlers Zurückweisung der Ko-Autorschaft im Falle von Klenckes Libretto und das Angebot, ihr lediglich an früherer Stelle des dichterischen Prozesses ‚beizustehen', dürften vor allem pädagogische Gründe haben: Nicht die gemeinsame Erarbeitung einer dramaturgisch und sprachlich überzeugenden „Oper", sondern die gezielte Ausbildung von Klenckes literarischer Kompetenz scheint für Ramler im Mittelpunkt zu stehen. Als Methode favorisiert er die kritische Begleitung eines schrittweise zu durchlaufenden Entstehungsprozesses, der von der Konzeption hin zur sprachlichen Ausgestaltung des literarischen Kunstwerks reicht.

Ein Analogon zu Plot-Entwurf und Szenar bei der Erarbeitung dramatischer Texte bietet die anfängliche Prosafassung lyrischer Texte. Ihren pragmatischen

---

[113] Vgl. hierzu die Verhältnisbestimmung in Hor. ars, 408–411, der zufolge *studium* und *ingenium* aufeinander angewiesen seien (*alterius sic / altera poscit opem res et coniurat amice*) und „wie Freunde zum Bund sich vereinen" sollen (Quintus Horatius Flaccus: Satiren. Briefe. Sermones. Epistulae. Lateinisch-deutsch, S. 275).

Nutzen erörtert Ramler bereits im Rahmen eines fingierten literaturkritischen Briefwechsels, der im Juli 1750 in den von Sulzer und ihm redigierten *Critischen Nachrichten* erscheint.[114] Ausgangspunkt ist die ‚Einsendung' zweier anakreontischer Gedichte, bei denen es sich nach Auskunft des (fingierten) Verfassers um seinen „erste[n] Versuch in der Dichtkunst" handelt. Ziel der Einsendung ist es, das literaturkritische „Urtheil" des Adressaten zu erfragen.[115] Der Beitrag in den *Critischen Nachrichten* bietet folglich eine exemplarische Beratungssituation, wie sie sich später unter anderem zwischen Ramler und von Klencke realisiert. Beleuchtet werden soll hier lediglich die Reaktion des (fiktiven) Korrespondenten – offenbar Ramlers *Alter Ego* – auf das eingesandte Gedicht *Die Rose*:

> Von allen andern Blumen
> Womit die Gärten prangen
> Lieb ich die holde Rose,
> Und mag sie gerne pflücken.
> Doch pflückt ich sie vom Stamme:
> Könt mich ein Dorn verwunden,
> Und Wunden machen Schmerzen.
> Darum pflück ich sie lieber
> Vom Busen schöner Mädchen,
> Da stechen keine Dornen.
>
> [...]
>
> Wenn ich ihre zwote Ode folgender Gestalt in Prosa auflöse: Schöne Rose, warum verwundest du deinen besten Freund? Ich werde dich nicht mehr von deinem Stamme pflücken, ich werde dich künftig von dem zarten Busen der Mädchen pflücken: so will ich hiemit nicht sagen, daß die Oden allemahl von dieser Kürtze seyn sollen, ich will nur sagen, daß sie allemahl erst in Prosa aufgesetzt werden müssen. [...] Hiedurch versuchen die Dichter was und wie viel und wie schön sie es in Prosa sagen können, ehe sie von der Versification eingeschränkt sind. Bey der Versification haben sie nicht nöthig den Verstand der Worte mit jeder Zeile zu endigen. Anakreon setzt seine Ruhepuncte zuweilen in den Anfang und in die Mitte des Verses. Ein Dichter muß sich nicht unnöthigen Zwang anthun und dieser Symmetrie zu Liebe, die Folge und Genauigkeit seiner Gedanken verderben. Und wozu dient diese Symmetrie? sie ermüdet uns durch einen beständigen Gleichlaut.[116]

---

[114] Zur Gattung der Poetik in Form (fingierter) Briefe, zu deren zentralen antiken Vorbildern Horaz' *Ars poetica* zählt, vgl. Nolden, Thomas: „An einen jungen Dichter". Studien zur epistolaren Poetik, Epistemata. Reihe Literaturwissenschaft 143, Würzburg 1995.

[115] Ramler, Karl Wilhelm: „[Briefwechsel zur anakreontischen Ode]", *Critische Nachrichten aus dem Reiche der Gelehrsamkeit* 29 (17.07.1750), S. 275–277, hier S. 275.

[116] Ebd., S. 276f. Ein Hinweis auf den fiktiven Briefwechsel sowie auf Ramlers Brief vom 27. Februar 1769 an Karl Ludwig von Knebel, in dem Ramler ebenfalls die Arbeit mit Prosa-Entwürfen empfiehlt, finden sich bei Pick: „Ueber Karl Wilhelm Ramlers

Der anfängliche Prosa-Entwurf wird vom literaturkritischen Korrespondenten als obligatorisch erklärt, da er dem Dichter eine doppelte Freiheit ermögliche. Die knappe Skizzierung des Gedankengangs in Prosa sei *einerseits* nicht durch die formalen Anforderungen eines metrisch regulierten Satz- und Versbaus „eingeschränkt". *Andererseits* bereite der Prosa-Entwurf eine souveräne „Versification" vor. Nachdem der zentrale Gedanke des Gedichts geklärt sei, könne sich der Dichter auf die *elocutio* konzentrieren, bei der ein Zeilenstil zu vermeiden („nicht nöthig den Verstand der Worte mit jeder Zeile zu endigen") und das Variieren der Zäsuren („Ruhepunkte") zu beachten sei.[117]

Die Modellierung dichterischer Prozesse nach dem Muster der *officia oratoris* ist bei Ramler somit zu einem frühen Zeitpunkt greifbar. Seine Praxis der überlegten Vor-Strukturierung von Hochstillyrik wird zudem durch eine Paraphrase der *Ode an die Göttinn der Eintracht* dokumentiert, die sich als autographes Manuskript erhalten hat.[118] Notizen von Christoph Friedrich Rinck, der Ramler zu Beginn der 1780er Jahre begegnet, führen wiederum vor Augen, dass die intellektuelle Kontrolle des eigenen Dichtens auch bei Ramler das Ergebnis zunehmender literarischer Routine ist. So hält Rinck fest, dass Ramler

> iezt selten mehr Verse [mache, M. B.], nie mehr, wenn er aufgefodert wurde, gewöhnte sich an, allemal einen Plan zu entwerfen, ehe er arbeitete, da er vorher one allen Plan seine Gedichte verfertigt. Noch fährt er so fort, teilt seine Gedanken pünktlich ein, weiß schon wie viel er in eine Strophe drängen kan – die andern wirft er weg. Er klagt nun sehr darüber, daß so viele Dichter aus allen Gegenden ihn mit ihren Arbeiten beschweren, seinen Rath erfragen und ihn doch nicht befolgen.[119]

Das Notat lässt außerdem erkennen, wie stark bereits Ramlers Arbeit an der Prosa-Fassung auf ihre spätere Eignung zur „Versification" ausgerichtet ist. Während der sorgfältigen Strukturierung des Gedankengangs kalkuliert Ramler ihre spätere ‚Verdichtung' („drängen") im Zuge der *elocutio* ein.

Ramlers ‚Konzeptions'- und Verbesserungspoetik prägt die Anlage der *Poëtischen Werke* entscheidend. Bevor es diese programmatische Koordinate der Werkausgabe zu beleuchten gilt, sei auf einen weiteren zentralen Aspekt von

---

Odentheorie", S. 12.

[117] Diese Forderungen zur (anakreontischen) Poesie stehen offenbar im Kontext von Ramlers Poetik des „Wohlklangs"; vgl. Kap. 2.1.3.

[118] Vgl. GH, Hs. B 2 (Beilagen zum Briefwechsel zwischen Johann Wilhelm Ludwig Gleim und Ramler). Vgl. auch Lessings Oden-Entwürfe in Prosa (Lessing: Sämtliche Schriften, Bd. 1, S. 149–153). Johann George Scheffner wiederum wendet sich mit Verweis auf Ramler gegen Christian Adolph Klotz' Angriffe auf die Regulation des Odendichtens nach den rhetorischen *officia*, die sich in dessen Edition von Vidas Ars poetica findet (vgl. Plehwe: Johann George Scheffner, S. 32).

[119] Rinck, Christoph Friedrich: [...] Studienreise 1783/84, unternommen im Auftrage des Markgrafen Karl Friedrich von Baden. Nach dem Tagebuche des Verfassers herausgeben [...], hg. von Moritz Geyer, Altenburg 1897, S. 131f.

Ramlers idealer Modellierung dichterischer Produktion hingewiesen. Dieser wird in Empfehlungen an die Dichterin Susanne von Bandemer greifbar, die Ramler in den frühen 1790er Jahren literarisch berät:

> Die leichteste Regel, die ich meiner theuresten Freundinn und Dichterinn ehemals gegeben habe, war: die Oden, eben so wie Ihre schönen Briefe, erst in Prosa aufzusetzen. Alsdann kömmt fast unvermerkt ein kleiner ordentlicher Plan in die Ode, alsdann wird sie ein Ganzes; alle Gedanken erscheinen denn wohl untereinander verbunden; auch die Ausdrücke werden natürlicher u. s. w. [...] Ich rathe Ihnen meine verehrte Freundinn, einen ganzen Bogen mit blossen prosaischen Einfällen anzufüllen und nachher sie so zu ordnen, dass sie ein schönes Ganze ausmachen, dann wird man Sie als unsre beste Dichterinn rühmen und Ihre Werke werden Ihnen Ehre und Gold eintragen.[120]

Zwei Punkte sind hervorzuheben: Der Prosa-Entwurf soll nach Ramler die transparente Strukturierung des Endproduktes, den „ordentliche[n] Plan" und die ‚Verbindung' „alle[r] Gedanken" fördern. Darüber hinaus steigere die intellektuell regulierte Arbeit am literarischen Kunstwerk die ‚Natürlichkeit' der *elocutio*. Damit schließt Ramler an den fiktiven Briefwechsel von 1750 an. Die vorangehende Prosa-Konzeption fördere die sprachliche Eleganz des auszuarbeitenden Gedichts. Zugleich überblendet Ramler artistische Souveränität auf Seiten des Dichters mit ‚Natürlichkeit' beziehungsweise suggerierter Kunstlosigkeit auf Seiten des literarischen Kunstwerks.

Auch dieses Element seiner Idealmodellierung dichterischer Produktion entwickelt er bereits zu Beginn der 1750er Jahre. So fordert Ramler im Rahmen seiner Poetik des „Wohlklangs" eine Dissimulation künstlerischer Anstrengung:

> Und wo ist der neuere witzige Kopf der sein Werk, nach Horazens Art, so lange behalten will, bis er von jedem Worte Rechenschaft geben kann, warum er es gesetzt hat, warum zu dieser Zeit, warum in dieser Verbindung, warum vor allen andern? Ja mancher kömt auf die Gedancken, er schwäche durch solchen Fleiß sein Genie, man würde seinem Gedichte den Zwang ansehen können. Allein er muß so lange arbeiten, bis er auch den Zwang versteckt hat: und sein Genie wird nicht erdrückt werden, wenn er zuerst seinem guten Geschmack und seiner erhitzten Phantasey gefolgt ist, zuletzt aber die philosophische Critik zur Muse anruft.[121]

---

[120] Karl Wilhelm Ramler in zwei Briefen an Susanne von Bandemer, jeweils o. D. (zit. nach Bandemer, Susanne von: „Vorerinnerung der Verfasserin zur zweyten Auflage der poetischen und prosaischen Versuche", in: Bandemer, Susanne von: *Poetische und Prosaische Versuche [...]*, Berlin 1802, S. XI–XVIII, hier S. XVf.). Erhalten haben sich zudem drei Briefe von Bandemers an Ramler aus den Jahren 1792 bis 1794 (GSA 75/19).

[121] Ramler: „Gedancken über die neuen Versarten", S. 29. Vgl. hierzu bereits Kap. 2.1.3.

Gegenüber der durchgängigen kritischen Reflexion der eigenen literarischen Produktion, wie sie die pädagogisch orientierten Briefe an von Klencke und von Bandemer betonen, unterstreicht Ramler in seinen *Gedancken* die Bedeutung von „Genie" und enthusiastischer Einbildungskraft („erhitzte[] Phantasey"). Dennoch solle der „Geschmack" von Beginn an das Dichten steuern. „Critik" und langwierige Überarbeitung dürften wiederum nicht die moderate Spontaneität der Erstfassung einschränken.[122] Mit dieser Forderung, bei anhaltender Überarbeitung der eigenen Produktion zugleich die entsprechende dichterische Mühe („Fleiß", „Zwang") zu verbergen, den eigenen Gedichten bei aller Regulation durch ihre lyrische Form eine Leichtigkeit zu verleihen und sie als Ergebnis unangestrengter Tätigkeit zu präsentieren, steht Ramler in der Tradition des frühneuzeitlichen *sprezzatura*-Ideals als Spielart der *dissimulatio artis*.[123]

Unausgesprochener Bezugspunkt für die zweiteilige Konzeption des dichterischen Prozesses („erhitzte[r] Phantasey" und anschließende „Critik") dürften wiederum Georg Friedrich Meiers *Anfangsgründe aller schönen Wissenschaften* (1748) sein.[124] Meier hält hier im Rückgriff auf Baumgarten fest,[125] dass „[e]in

---

[122] Eine dreiteilige Vermögenslehre entwickelt auch Sulzers *Allgemeine Theorie*. „Geschmak" sei „das Vermögen das Schöne anschauend zu erkennen," und „würkend, [...] ein Werkzeug des Künstlers, womit er wählt, ordnet und auszirrt" (Sulzer, Johann Georg: „Geschmak", in: Sulzer, Johann Georg (Hrsg.): *Allgemeine Theorie der Schönen Künste [...]*, Bd. 1, Leipzig 1771, S. 461–465, hier S. 462). Folglich reguliert der Geschmack die *inventio* ('Auswahl'), *dispositio* ('Ordnung') und *elocutio* ('Auszierung') eines Kunstwerks. Zudem hat er eine synthetisierende Funktion, insofern er für die „schöne Form" sorgt: „Der Verstand und das Genie des Künstlers geben seinem Werk alle wesentlichen Theile, die zur innern Vollkommenheit gehören, der Geschmak aber macht es zu einem Werk der schönen Kunst" (ebd.).

[123] Vgl. Jonietz, Fabian: „Labor omnia vincit? Fragmente einer kunsttheoretischen Kategorie", in: Müller, Jan-Dirk u. a. (Hrsg.): *Aemulatio. Kulturen des Wettstreits in Text und Bild (1450–1620)*, Pluralisierung & Autorität 27, Berlin u. Boston 2011, S. 573–681, hier S. 580. Zur Tradition der *dissimulatio artis*, in die sich Ramler entgegen der zeitgenössisch aufkommenden Privilegierung von „Authentizität" und „Natürlichkeit" stellt, vgl. Till, Dietmar: „Verbergen der Kunst", in: Ueding, Gert (Hrsg.): *Historisches Wörterbuch der Rhetorik*, Bd. 9, Darmstadt 2009, Sp. 1034–1042, hier Sp. 1040f.

[124] Kertscher vermutet, dass Ramler als Student in Halle „ab 1742 wohl auch die eine oder andere Vorlesung Meiers besucht hat" (Kertscher, Hans-Joachim: „Georg Friedrich Meiers Platz im geistig-kulturellen Leben der Stadt Halle", in: Stiening, Gideon und Frank Grunert (Hrsg.): *Georg Friedrich Meier (1718–1777). Philosophie als „wahre Weltweisheit"*, Werkprofile. Philosophen und Literaten des 17. und 18. Jahrhunderts 7, Berlin u. Boston 2015, S. 25–41, hier S. 29).

[125] Zum Entstehungskontext der *Anfangsgründe* sowie Meiers Rückgriff auf Vorlesungsmaterialien und Publikationen von Baumgarten vgl. Buchenau, Stefanie: „Weitläufige Wahrheiten, fruchtbare Begriffe. Georg Friedrich Meiers Anfangsgründe aller schönen Wissenschaften", in: Stiening, Gideon und Frank Grunert (Hrsg.): *Georg Friedrich Meier (1718–1777). Philosophie als „wahre Weltweisheit"*, Werkprofile. Philosophen und Literaten des 17. und 18. Jahrhunderts 7, Berlin u. Boston 2015, S. 287–297.

schöner Geist [...] mitten in der Begeisterung, das ganze Gebäude der schönen Gedanken aufführen, und den völligen Ausputz der kleinern Theile unterdessen gänzlich beyseite setzen" müsse.[126] Diesem solle er sich vielmehr in einer anschließenden Phase der minutiösen „*Ausbesserung*" widmen:

> Denn die Schönheit der Theile vermehrt die Schönheit des Ganzen, und der Mangel einer Schönheit in den Theilen, welcher nicht um der Schönheit des Ganzen willen aesthetisch nothwendig ist, ist eine Häßlichkeit, ein Flecken, welcher das Ganze verunziert. Wenn also ein schöner Geist das ganze Werk zu Ende gebracht hat, so mus er nachher, so ofte es nöthig ist, die Schönheiten der einzeln Theile noch grösser machen, und die rückständigen Mängel, Fehler und Häslichkeiten derselben zu heben suchen. Diese Beschäftigung wollen wir die *Ausbesserung* nennen (*limae studium*) und sie krönet den ganzen Charakter eines schönen Geistes. Horaz hat dieses Stück sehr ofte eingeschärft.[127]

Damit wird zugleich deutlich, dass Ramlers Verweis auf den *limae labor* als maßgeblichen Referenzpunkt seiner Verbesserungspoetik („nach Horazens Art") bereits bei Meier und Baumgarten vorgebildet ist.[128] Die ‚Arbeit der Feile' baut Ramler im Rahmen seiner Poetik des „Wohlklangs" wiederum zum literaturkritischen Verfahren aus: Der Dichter solle sich selbst literarische „Rechenschaft" ablegen, folglich zugleich den Part des Angeklagten (Produzenten) und die Rolle des Anklägers (Rezensenten) übernehmen. Erneut zeigt sich damit der genuine Zusammenhang von autorzentrierter und werkzentrierter (kooperativer) Verbesserungspoetik. Beide Varianten bauen auf einen anhaltenden Kreislauf von Produktion, Kritik und Revision, den entweder ein Autor oder mehrere Akteure leisten und der

---

[126] Meier, Georg Friedrich: Anfangsgründe aller schönen Wissenschaften, Bd. 1, Halle 1748, S. 585 (§ 246).

[127] Ebd., S. 589f. (§ 247); vgl. den korrespondieren Abschnitt („Correctio aesthetica") in: Baumgarten, Alexander Gottlieb: Ästhetik. Übersetzt, mit einer Einführung, Anmerkungen und Registern [...], Bd. 1, hg. von Dagmar Mirbach, Philosophische Bibliothek 572a, Hamburg 2007, S. 76–85. Dass es sich bei den Produktionsschritten *impetus* und *correctio* um Baumgarten'sche Erweiterungen gegenüber der klassischen Rhetorik handelt, betont wiederum Linn: „Ein fünfteiliges Schema wird entwickelt: natura, exercitatio, disciplina, impetus, correctio. Deutlich wird auch hier wieder – schon von der Gliederung her – der Einfluß der Rhetorik sichtbar, die nahezu schematisch bei jeder Behandlung der Ausbildung des bonus orator natura, exercitatio, disciplina trennt. Dieses Schema tritt aber in der Antike nicht in einer erweiterten Form auf, die etwa derjenigen Baumgartens entspräche" (Linn, Marie-Luise: „A. G. Baumgartens ‚Aesthetica' und die antike Rhetorik", in: Kopperschmidt, Josef (Hrsg.): Rhetorik. Bd. 2. Wirkungsgeschichte der Rhetorik, Darmstadt 1991, S. 81–106, hier S. 89f.).

[128] Zum *locus classicus* (Hor. ars, 291) vgl. Gundlach, Isa: Poetologische Bildersprache in der Zeit des Augustus, Spudasmata 182, Hildesheim, Zürich u. New York 2019, S. 211–213. Verwiesen sei auch auf die ausführliche Erläuterung der Formel *limae labor et mora* in Ramlers Batteux-Adaption (vgl. Ramler: Einleitung [...]. Bd. 3 [1757], S. 312–314; bzw. Batteux: Cours de belles lettres [...]. Bd. 3 [1753], S. 294f.).

auch nach der handschriftlichen Fixierung oder Publikation von Texten erneut in Gang gesetzt werden kann. Gerade in diesem Punkt hebt sich Ramlers Verbesserungspoetik und -praxis wiederum merklich von Horaz' topischer Forderung einer jahrelangen Überarbeitung von Texten unter Aufsicht literaturkritischer Berater ab (*in Maeci descendat iudicis auris / et patris et nostras nonumque prematur in annum*).[129] Denn unter den Bedingungen des antiken Literaturbetriebs und begrenzten Möglichkeiten einer flächendeckenden Verbreitung späterer Fassungen scheint das ‚Feilen' von Texten ausschließlich *vor* ihrer Veröffentlichung als sinnvoll. Eine Publikation revidierter Fassungen schließt Horaz im Gegensatz zu Ramler ausdrücklich aus (*nescit vox missa reverti*).[130]

Nun zu Ramlers *Poëtischen Werken*. Auf den Titelblättern beider Bände finden sich je zwei Motti, die Ramler durchweg den *Carmina* des Horaz entnimmt. Identisch ist das jeweils erste Motto, das zwischen Gesamtwerk- und Bandtitel steht. Mit dem Zitat aus der berühmten Pindar-Ode (*Operosa parvus carmina fingo*, „reich an Arbeit, bescheiden, bild ich Gesänge")[131] weist Ramler den langwierigen Konzeptions- und Überarbeitungsprozess als zentrales poeseologisches Programm aus. Zugleich präsentiert er seine Verbesserungspoetik als Element der Horaz-Imitatio und unterstreicht so seine Inszenierung als „deutscher Horaz".[132]

Die jeweils unter den Titelvignetten platzierten Motti kommentieren gattungsspezifische Aspekte von Ramlers „Lyrischen Gedichten" in Band 1 beziehungsweise seinen „Vermischten Gedichten" in Band 2. Als Unterschrift zur Titelvignette des ersten Bandes wählt er eine Referenz auf Ode 1, 1 (*Non Polyhymnia Lesboum refugit tendere barbiton*, „Polyhymnia verweigert [nicht, M. B.] die lesbische Leier zu spannen").[133] Ramler kündigt folglich Hochstildichtung in den Metren der archaischen griechischen Lyrik an, wie sie Horaz in die lateinische Dichtung eingeführt und Ramler als Horaz-Übersetzer und Dichter seit Ende der 1760er Jahre als zentrale Facette seines literarischen Schaffens etabliert hat.[134]

---

[129] Hor. ars, 387f.

[130] Hor. ars, 390.

[131] So Hor. carm. 4, 2, 31f. in der Übersetzung von Bernhard Kytzler (Quintus Horatius Flaccus: Oden und Epoden. Lateinisch/Deutsch, S. 191). Ramler variiert Vers 31 der Ode, indem er das überlieferte archaisierende *parvos* zu *parvus* ‚normalisiert'.

[132] Die Wechselwirkung von Verbesserungspoetik und Inszenierung als „deutscher Horaz" spiegelt Heinsius bereits in Ramlers Todesjahr: „Kein Schriftsteller neuerer Zeit beobachtete mehr das Horazische *nonum prematur in annum;* keiner zeigte mehr, wie sehr er die erhabene Würde seines Berufs fühle; keiner schrieb mit so strenger Beurtheilung seiner selbst, als er" (Heinsius, Theodor: Versuch einer biographischen Skizze Ramlers, nebst einer kurzen Darstellung seines poetischen Charakters, Berlin 1798, S. 20).

[133] So Hor. carm., 1, 1, 33f. in der Übersetzung von Bernhard Kytzler (Quintus Horatius Flaccus: Oden und Epoden. Lateinisch/Deutsch, S. 7). Ramler ersetzt das Konditionalgefüge des Originals (*si neque* [...] *nec*) durch das einfache *non*, was den Satz zur Hauptsatzaussage im Indikativ werden lässt.

[134] Vgl. hierzu Kap. 3.1.3 sowie Ramlers Ode *An den König* und die *Alcäische Ode* (Kap. 2.1.8 bzw. Kap. 4.1.4).

Zugleich verstärkt das Zitat den Bezug zum Auftaktgedicht des ersten Buchs von Horaz' *Carmina*, bei dem es sich um einen maßgeblichen Prätext von Ramlers Ode *An den König*, dem Eröffnungsgedicht der „Lyrischen Gedichte" von 1800, handelt.

Herauszuheben ist, dass die Titelblätter der *Poëtischen Werke* Ramlers Verbesserungspoetik und Horaz-Imitatio *einerseits* als zentrale programmatische Dimension seines dichterischen Selbstverständnisses präsentieren. *Andererseits* verzichtet Ramler in der ursprünglichen Konzeption seiner Werkausgabe auf eine Rekonstruktion der konkreten Effekte oder Maximen seines *limae labor*. Im Zentrum steht vielmehr die alleinige Präsentation der letztgültigen Fassungen seiner Gedichte. Diese Beobachtungen erweisen sich vor dem Hintergrund von Ramlers Idealmodellierung dichterischer Produktion seit den 1750er Jahren als symptomatisch. Die Verbergung des dichterischen Überarbeitungsprozesses im Sinne des *sprezzatura*-Ideals korrespondiert in den *Poëtischen Werken* mit einer Unterdrückung jener Texte und Fassungen, die der Selbstkritik des nach Vollkommenheit strebenden Dichters nicht (mehr) genügen. Die der Verbesserungsarbeit eingeschriebene zeitliche Dimension, der Prozess des Überarbeitens als solcher, bleibt folglich ebenso wie die allmähliche Entwicklung des nach Vollendung strebenden Dichters verborgen. Ramler präsentiert allein das Produkt seiner Anstrengungen in Form (vorerst) letztgültiger Versionen. Frühe Texte scheiden ebenso wie spätere aus, wenn sie dem kritischen Selbsturteil nicht standhalten.

Darüber hinaus unterschlägt Ramler, der sich in seinen *Poëtischen Werken* ausdrücklich als Vertreter der autorzentrierten Verbesserungspoetik präsentiert (*carmina fingo*, nicht *fingimus*), dass auch er im Zuge seiner Überarbeitungen auf Urteile von dritter Seite baut. Darauf verweist eine lyrische Anrede, die sich in einem Widmungsexemplar von Ramlers *Lyrischen Gedichten* (1772) findet und erst nach seinem Tod im *Berlinischen Archiv der Zeit und ihres Geschmacks* gedruckt wird. Aus Gründen der Diskretion verschweigt Daniel Jenisch als Herausgeber die Identität von Ramlers Adressatin:

> Dir Freundin, sey dies Buch geweiht!
> Man nennt es schwer; Dir macht es keine Schwürigkeit:
> Mit seinen Göttern und Göttinnen,
> Bist Du schon längst so wohl bekannt,
> Als wäre der Olymp Dein Vaterland.
> Wird es verbessert, Deinen Beifall jetzt gewinnen,
> So frag' ich keinen Richter mehr:
> Mir gnügt Dein sechster Sinn und feineres Gehör.[135]

---

[135] Jenisch, Daniel (Hrsg.): „Drei ungedruckte Gedichte von dem verstorbenen Ramler [...]", *Berlinisches Archiv der Zeit und ihres Geschmacks* 3 (1800), S. 169–171, hier S. 169f. Zu Ramlers Buchgeschenken vgl. Kap. 3.3.

Im Rahmen einer *captatio benevolentiae* betont Ramler zunächst die langjährige und intime Textkenntnis seiner anonymen „Freundin" und äußert im Anschluss die Hoffnung auf ihren „Beifall". Dieser würde das Glücken der Verbesserungsbemühungen bestätigen. Ramler greift hierbei auf die Gerichtsmetaphorik zurück, die bereits in seinen *Gedancken* aus dem Jahr 1750 präsent ist: Die Adressatin seiner lyrischen Anrede erklärt er zur richterlichen Autorität, ihr Geschmacksurteil sei für ihn verbindlich. Abschließend greift Ramler auf Dubos' Konzeptionalisierung des Geschmacks als „sechste[n] Sinn" zurück und streicht das Gespür seiner Koautorin für den „Wohlklang" der Gedichte mit dem absoluten Komparativ „feineres Gehör" heraus.[136] Damit klärt sich ihre Legitimation als kritische Beraterin, wie Jenisch in einer Herausgeberanmerkung festhält:

> Der Dichter hatte dieses Stück mit eigener Hand in ein Exemplar seiner ‚lyrischen Gedichte' geschrieben, dem er zugleich alle die Correkturen, gleichfalls mit eigner Hand, einverleibt, mit welchen die neueste Ausgabe seiner Gedichte [also die *Poëtischen Werke*, M. B.] erscheinen wird. Einen *Theil dieser Correkturen* verdankte er der vortrefflichen Frau, an welche dies kleine Stück gerichtet ist.[137]

Dass Ramler gemeinsam mit seiner kritischen „Freundin" die eigenen Gedichte vervollkommnet, dies jedoch in den *Poëtischen Werken* nicht transparent werden lässt, ist signifikant. Im Zuge der gemeinsamen Arbeit an der Vervollkommnung des literarischen Textes erscheint *einerseits* irrelevant, welche konkreten Eingriffe den beteiligten Dichterkritikerinnen und -kritikern zugewiesen werden können. Eine Bemerkung gegenüber Ludwig Heinrich Nicolay aus dem Jahr 1779 macht *andererseits* deutlich, dass Ramler sich bewusst der professionellen ‚Kritik' entzieht und die Überarbeitung seiner Texte durch die Kooperation mit Frauen in einen geschützten Raum verlagert: „Hier in Berlin habe ich mir noch keinen Kritiker ausgesucht. Ein Paar Frauenzimmer ausgenommen, zu deren feinem Geschmacke ich ein größers Zutrauen habe, als zu dem Geschmacke der meisten vom Handwerk."[138] Auf diese Weise gelingt es Ramler, stillschweigend Varianten zu autorisieren, die auf Vorschläge seiner kritischen ‚Freundinnen' zurückgehen.[139]

---

[136] Vgl. Stierle, Karl-Heinz, Hannelore Klein und Franz Schümmer: „Geschmack", in: Ritter, Joachim (Hrsg.): *Historisches Wörterbuch der Philosophie*, Bd. 3, Darmstadt 1974, Sp. 444–456, hier Sp. 447.

[137] Jenisch: „Drei ungedruckte Gedichte von dem verstorbenen Ramler [...]", S. 169.

[138] Karl Wilhelm Ramler an Ludwig Heinrich Nicolay am 17. Dezember 1779 (zit. nach Ischreyt, Heinz (Hrsg.): Die beiden Nicolai, S. 80).

[139] Auf den Typus der autorisierten Variante hat Hans Werner Seiffert hingewiesen: „Der Vorschlag eines anderen löst entweder die Variante aus [...] oder eine autorfremde Variante wird anstelle des eigenen Textes angenommen (autorisiert)" (Seiffert, Hans Werner: Untersuchungen zur Methode der Herausgabe deutscher Texte, Veröffentlichungen des Instituts für deutsche Sprache und Literatur 28, 2. Aufl., Berlin 1969, S. 43; vgl. hierzu Nutt-Kofoth: „Variante, Lesart, Korrektur oder Änderung?", S. 35).

Seine Verbesserungspoetik steht in der Konsequenz jenem werkbiographischen Interesse diametral entgegen, das die Editionsphilologie des 19. Jahrhunderts prägt.[140] Bereits das Streben nach Vollkommenheit lässt eine Bevorzugung möglichst früher Textfassungen, die mit der entwicklungsgeschichtlichen Perspektive einhergeht, als abwegig erscheinen. Die gemeinsame, in ihrer konkreten Ausgestaltung jedoch verborgene Arbeit am Text hintertreibt zudem individuelle Zuschreibungen. Darüber hinaus negiert Ramler die Relevanz der eigenen Person grundsätzlich, weigert sich sogar ausdrücklich, eine Autobiographie zu verfassen oder einer Lebensbeschreibung zuzuarbeiten, wie sein Herausgeber Goeckingk festhält:

> Ramler selbst war so gleichgültig gegen eine dem Publicum von ihm mitzutheilende Lebensbeschreibung, dass er dem Herausgeber die schon einige Male geäusserte Bitte, seinen literarischen Briefwechsel ihm zu diesem Zwecke zukommen zu lassen, in seiner letzten Krankheit geradezu abschlug. Er war der Meinung, das Leben eines Gelehrten bestehe mehr in seinen Arbeiten, als in solchen Dingen, die er mit andern Menschen gemein habe.[141]

Lebensumstände und persönliche Entwicklungen lassen sich demnach auf Allgemeinmenschliches reduzieren, das kein spezifisches Interesse beanspruchen kann. Die literarische Produktion als Ausdruck individueller Leistungen wird wiederum vom Lebensgang abgekoppelt, ersetzt diesen im Falle „eines Gelehrten" sogar. Damit weist Ramler die zeitgenössische aufkommende (selbst)historisierende Parallelisierung von Leben und Werk zurück, wie sie etwa Carl Friedrich Cramer in *Klopstock. Er; und über ihn* (1780–1792)[142] oder Wieland seit 1794 in seinen

---

[140] Vgl. Ajouri: „Chronologische Werkausgaben im 19. Jahrhundert", S. 102f. Dass es sich um zwei Varianten der Ausgaben-Konzeption von Autor- bzw. Philologenseite handelt, die auch im Verlauf des 19. Jahrhunderts parallel zu einander bestehen, zeigt Ajouri am Beispiel der *Gesammelten Werke* Gottfried Kellers von 1889 auf (vgl. Ajouri, Philip: „Zu einigen Sammlungs- und Ausschlussprinzipien beim Publikationstyp der ‚Gesammelten Werke'. Gottfried Kellers *Gesammelte Werke* (1889) und Goethes Ausgabe letzter Hand (1827–30)", in: Schmidt, Sarah (Hrsg.): *Sprachen des Sammelns. Literatur als Medium und Reflexionsform des Sammelns*, Paderborn 2016, S. 513–527, hier S. 519–521 sowie S. 527).

[141] Goeckingk: „Ramlers Leben", S. 326. Vgl. Kellers analoge Weigerung gegenüber einer Lebensbeschreibung. „So treten Werkausgabe und eigenes Leben auseinander: Das eine wird durch das poetische Prinzip der Verklärung zum abgerundeten und notwendigen Ganzen geformt, das andere als problematisches Bruchstück beschrieben" (Ajouri: „Zu einigen Sammlungs- und Ausschlussprinzipien beim Publikationstyp der ‚Gesammelten Werke'. Gottfried Kellers *Gesammelte Werke* (1889) und Goethes Ausgabe letzter Hand (1827–30)", S. 526).

[142] Vgl. Martus: Werkpolitik, S. 358–365; sowie Klopstock: Werke und Briefe. Historisch-kritische Ausgabe. Bd. 1. Oden. Bd. 2. Apparat, S. 16.

Sämmtlichen Werken betreibt.[143] Sander und Goeckingk weichen wiederum mit ihrer Entscheidung, die Varianten der *Lyrischen Gedichte* von 1772 in Form eines Anhangs aufzunehmen und den *Poëtischen Werken* eine Ramler-Biographie anzuhängen, entscheidend von Ramlers alleiniger Präsentation der letztgültigen Bearbeitungen seiner Gedichte ab und unterlaufen seine Marginalisierung (werk)biographischer Interessen.

Festzuhalten ist zudem, dass Goeckingk und Sander mit ihrem Varianten-Apparat die Erschließung von Ramlers verbesserungspoetischen Grundsätzen den Rezipientinnen und Rezipienten überlassen und sie zur selbständigen Vervollkommnung ihrer ästhetischen Urteilskraft auffordern. Dieser Umstand korrespondiert in auffälliger Weise mit dem von Ramler skizzierten autodidaktischen Studium angehender Autorinnen und Autoren, das auf die Nachahmung von Vorbildern setzt und vom direkten Austausch mit Dichterkritikerinnen und -kritikern profitieren kann. In beiden Fällen erfolgt die Vermittlung literarischer Kompetenz auf lediglich indirektem Weg. Nicht die Vermittlung und Anwendung kodifizierungsfähiger und als konkrete Praktiken operationalisierbarer Qualitätskriterien, sondern die individuelle Ausbildung des „Geschmacks" mittels Rezeption musterhafter Texte und (gemeinsamer) Arbeit an Texten soll das treffsichere literaturkritische Urteil und die Produktion vollkommener Dichtung sichern.

Diese Fokussierung der verbesserungspoetischen Praxis sowie die Praxis des Fassungsvergleichs, deren Überführung in eine verbesserungspoetische Theorie bereits von Ramler weitgehend ausgeblendet wird,[144] dürfte symptomatisch für eine konzeptionelle Spannung der Verbesserungspoetik sein – baut sie doch auf die Dichterinnen und Dichter sowie Rezipientinnen und Rezipienten als Instanzen künstlerischen Urteilens und hält zugleich an einem überindividuellen Vervollkommnungsideal fest, das im Rahmen der werkzentrierten Verbesserungspoetik auch durch mehrere Akteure umgesetzt werden kann.[145] In diesem Sinne harmonisiert der

---

[143] Vgl. hierzu Martus: „Die Entstehung von Tiefsinn im 18. Jahrhundert", S. 37–42; sowie Haischer, Peter-Henning: Historizität und Klassizität. Christoph Martin Wieland und die Werkausgabe im 18. Jahrhundert, Ereignis Weimar-Jena 28, Heidelberg 2011, S. 344 und S. 367–370.

[144] Ausnahmen bieten Ramlers Poetik des „Wohlklangs", die im Kontext der Verbesserungspoetik textuelle Eingriffe motiviert (vgl. Kap. 2.3.1), sowie orthographische Prinzipien, die Ramler als Lektor und Korrektor befolgt (vgl. Bohnen, Klaus: „Vom ‚eignen Naturelle'. Ramlers ‚nationalreformerische' Aufklärungsarbeit", in: Lütteken, Laurenz, Ute Pott und Carsten Zelle (Hrsg.): *Urbanität als Aufklärung. Karl Wilhelm Ramler und die Kultur des 18. Jahrhunderts*, Schriften des Gleimhauses Halberstadt 2, Göttingen 2003, S. 79–93, hier S. 88–90).

[145] Mit Blick auf das literarische Produkt spricht bereits Zelle von einer „poetologischen Entelechie" im Rahmen eines klassizistischen „Normenhorizont[s]": Der Text „erhält den Status eines Gebildes, das sich gemäß einer inneren Gesetzmäßigkeit mittels der unterschiedlichen Hände seiner Bearbeiter selbst vervollkommnet" (Zelle: „Autorschaft und Kanonbildung – Barrieren der Ramler-Rezeption in der Neugermanistik", S. 168). Haischer und Nowitzki, die sich auf die Kooperation zwischen Götz und

Primat der verbesserungspoetischen Praxis den Konflikt zwischen einer behaupteten Allgemeingültigkeit dichterischer Qualitätskriterien und dem individuellem Spielraum bei der Gestaltung poetischer Schönheit: Kreativität („Genie") und kritische Prüfung („Geschmack") gehen für Ramler im literarischen Produktionsprozess miteinander einher.

Diese Beobachtung spiegelt sich auch in den disparaten Ergebnissen der germanistischen Forschung zu Ramlers Verbesserungspoetik. Seit den 1870er Jahren ist sie darum bemüht, die Logik seiner textuellen Eingriffe mithilfe von Fassungsvergleichen zu klären. Mit ihrer Methode beerbt die Germanistik des späten 19. und frühen 20. Jahrhunderts folglich die von Johann Friedrich Zöllner und Leopold F. G. von Goeckingk geforderte Parallellektüre verschiedener Bearbeitungsstufen, richtet sie in literaturhistorischer Perspektive jedoch neu aus: Nicht ästhetische Bildung, sondern die Rekonstruktion des ‚Originaltexts' *vor* Ramlers Bearbeitungen steht nun im Fokus des philologischen Interesses.[146]

Dass die verbesserungspoetische Praxis von kontingenten Entscheidungen der Dichterkritikerinnen und -kritiker durchzogen ist, lässt ebenso verständlich werden, warum sich Ramler parallel zum überindividuellen Anspruch seines Perfektionsideals als zeitgenössische Autorität in Sachen Verbesserung etablieren kann. Mit seinen Vorlesungen, Anthologien, der Überarbeitung eigener Texte und der Beratung zahlreicher Autorinnen und Autoren unterstreicht Ramler seine Kompetenzen als Dichter *und* Kritiker, dessen Korrekturen keineswegs sekundären Charakter besitzen.[147] Ramler unterzieht die Gedichte anderer Dichterinnen und

---

Ramler beziehen, sprechen wiederum von „einer Art neuplatonisch anmutender ontologischer Poetologie und Hermeneutik, um herauszuarbeiten, was der Dichter, ins Objektivistische gewendet, hätte eigentlich sagen sollen, was ihm aber zu sagen nicht gelungen sei" (Nowitzki/Haischer: „Verbesserungsästhetik als Editionsprinzip", S. 99).

[146] Vgl. den Abschnitt „Forschungsliteratur" der anhängenden Ramler-Bibliographie (Kap. 7.5.5). Zu Lessings und Ramlers Logau-Ausgaben (1759/1791) legen Heuschkel (1901) und Kollroß (1915) umfangreiche Verzeichnisse der Änderungen in Orthographie, Morphologie, Syntax, Lexik und Stilistik vor. Sauer (1878 u. 1880) sowie Pick (1885) wählen hingegen den exemplarischen Vergleich, um Ramlers Eingriffe in Texte von Joachim W. von Brawe, Ewald von Kleist und Friedrich von Hagedorn zu charakterisieren. Gerade Sauer problematisiert dabei aus Perspektive der historisch-kritischen Editorik, dass Brawes und Kleists Werke teils nur in Ramlers Bearbeitungen überliefert seien. Diese erscheinen folglich als Hürde autorzentrierter editorischer Bemühungen. Zur nachträglichen editionsphilologischen Problematisierung von ‚Fremdeingriffen' vgl. a. Ghanbari, Nacim: „Kollaboratives Schreiben im 18. Jahrhundert. Praktiken der Verbesserung und Kritik bei Gottfried August Bürger", in: Ghanbari, Nacim u. a. (Hrsg.): *Kollaboration. Beiträge zur Medientheorie und Kulturgeschichte der Zusammenarbeit*, Paderborn 2018, S. 21–37, hier S. 23.

[147] Auf die Deckungsgleichheit von Dichten, Kritisieren und Revidieren verweist bereits De Capua, der jedoch in pejorativem Sinne von Ramlers „creative midwifery" spricht (De Capua, Angelo George: „Karl Wilhelm Ramler: Anthologist and Editor", *Journal of English and Germanic Philology* 55/3 [1956], S. 355–372, hier S. 368). Oehmichen

Dichter ebenso wie die eigenen Texte keiner ‚simplen' Bearbeitung, sondern wiederholt vielmehr den Dichtungsprozess nach dem Modell der *officia oratoris*. Seine Bearbeitungen werden damit zu einem literarischen Produkt, in dessen Rahmen sich Ramlers volles künstlerisches Potenzial entfaltet.

Kontur gewinnt Ramlers Verbesserungspoetik darüber hinaus in ihrer Verbindung mit der auf zeitgebundene Produktion angelegten Kasualdichtung. Indem Ramler zugleich als panegyrischer Gelegenheitsdichter auftritt *und* am Vollkommenheitsanspruch seiner Dichtungen festhält, negiert er jene literaturpolitische Opposition, die Vertreter der autorzentrierten Nebenstundenpoetik in der ersten Hälfte des 18. Jahrhunderts aufbauen.[148] Gelegenheitsdichtung und literarische Sorgfalt erscheinen in Ramlers Fall nicht als Gegensätze. Darüber hinaus schließt er der anlassgebundenen Publikation seiner Texte einen Überarbeitungsprozess an, der teils Jahrzehnte über den ursprünglichen Kasus hinaus fortdauert. Ein entsprechender Mangel an historischer ‚Authentizität' seiner Gedichte, die in ihren letztgültigen Versionen teils massiv von den Erstfassungen abweichen und zugleich als Gelegenheitsarbeiten ausgewiesen werden, stellt für Ramler jedoch keinen Umstand dar, den es argumentativ einzufangen oder zu rechtfertigen gilt. Vielmehr sind seine chronologisch strukturierten *Poëtischen Werke* zugleich historisches Dokument der Größe des friderizianischen Preußen *und* Beleg einer anhaltenden dichterischen Verbesserungstätigkeit. Der massive Eingriff in die Disposition seiner Texte und geringfügige Veränderungen der sprachlichen Einkleidung, wie sie in den *Poëtischen Werken* parallel zu beobachten sind, bedeuten wiederum keinen qualitativen Sprung, sondern lassen sich für Ramler unter einer Wiederaufnahme des Dichtungsprozesses subsumieren.

Zu den Eigentümlichkeiten der *Poëtischen Werke* zählt ebenfalls, dass die autorenrechtliche und ökonomische Dimension der Verbesserungspoetik in den Hintergrund tritt, die zeitgenössischen Autorinnen und Autoren den erneuten Verkauf überarbeiteter Fassungen ihrer Texte an Verleger ermöglicht.[149] Für Ramlers Anthologien, die seit den 1750er Jahren zu seinem Lebensunterhalt beitragen, dürfte diese legitimatorische Strategie fraglos entscheidend sein. Im Falle der *Poëtischen Werke* kehren sich die Verhältnisse jedoch um: Ramler finanziert ihre aufwendige buchgraphische Gestaltung noch zu Lebzeiten aus eigenen Mitteln. Einer finanziellen Abhängigkeit von Buchprojekten ist er aufgrund der Gewährung mehrerer Pensionen seit 1786 enthoben. Darüber hinaus profitiert er nach seinem Tod im

---

wiederum rekonstruiert anhand des Briefwechsels zwischen Ramler und Götz (sowie dessen Sohn) ihre Zusammenarbeit als „Autorenkollektiv[]", in dem Ramler weitgehende Autonomie bei der Überarbeitung der Texte erlangt (Oehmichen, Felix: Johann Nikolaus Götz (1721–1781). Leben und Werk, Hannover 2017, S. 82).

[148] Vgl. hierzu Martus: „Die Entstehung von Tiefsinn im 18. Jahrhundert"; sowie Haischer: Historizität und Klassizität, S. 126.

[149] Vgl. Haischer: Historizität und Klassizität, S. 123. Zur Notwendigkeit von Überarbeitungen für die urheberrechtliche Absicherung von Wielands *Sämmtlichen Werken* vgl. ebd., S. 285–289.

April 1798 und dem Wandel der Ausgabe zum postumen Vermächtnis nicht mehr von den Erlösen der *Poëtischen Werke*.

6 Rück- und Ausblick

Abschließend gilt es vier Dimensionen von Ramlers gelegenheitspanegyrischen Aktivitäten herauszuheben: *Erstens* referieren seine Gedichte und bildkünstlerischen Entwürfe vorwiegend auf politisch-militärische Ereignisse in Preußen sowie personenbezogene Anlässe, die Angehörige der preußischen Königsfamilie betreffen. Auch ihren Produktions- und Rezeptionskontexten nach sind sie maßgeblich an Berlin und Potsdam gebunden. Ramlers panegyrische Lyrik entsteht um 1760 vor allem für die *Berlinische privilegirte Zeitung*, seine autorisierten Werkausgaben zu Lebzeiten erscheinen durchweg im Verlag von Christian Friedrich Voss. Ramler kooperiert mit bildenden Künstlern in der preußischen Hauptstadt und realisiert mit ihnen unter anderem Medaillen sowie aufwendige Ephemerbauten, die anlässlich von Berliner und Potsdamer Feierlichkeiten in den Jahren 1763 und 1786 errichtet werden. Seit dem Regierungsantritt Friedrich Wilhelms II. im Spätsommer 1786 tritt er zudem als Gelegenheitsdichter und Experte für Ikonographie in der Akademie der Wissenschaften sowie der Akademie der Künste auf. Als Direktionsmitglied des Königlichen Nationaltheaters nimmt Ramler die Produktion von panegyrischen Theaterreden wieder auf, mit denen er bereits um 1770 das deutsche Theater in der Behrenstraße beliefert.

Zweitens nutzt Ramler seine gelegenheitspanegyrischen Aktivitäten seit den 1750er Jahren für literatur- und kunstpolitische Offensiven. Die Bindung seiner Tätigkeiten als panegyrischer Dichter und Inventor an das politische Zentrum Preußens korrespondiert mit dem Zuschnitt seiner literatur- und kunstpolitischen Zielsetzungen auf ein städtisches Publikum in Berlin und Potsdam, vor allem jedoch auf Berliner Kulturinstitutionen und das Umfeld der preußischen Höfe. Mit seiner *Granatapfel-Ode* (1750) und seiner Poetik des „Wohlklangs" adressiert Ramler Friedrich II., dessen intellektuelle Umgebung und die Akademie der Wissenschaften als herausragenden Ort königlicher Kulturpatronage. Mit seinen Buchgeschenken, deren wohl prominentestes Beispiel die Lancierung der *Poesies lyriques* bei Friedrich II. im Jahr 1776 ist, macht er Mitglieder der königlichen Familie auf seine literarische Produktion aufmerksam, wirbt für die Förderung deutscher Autorinnen und Autoren und setzt sich als „deutscher Horaz" in Szene. Im Rahmen seiner Ode *Auf die Geburt Friedrich Wilhelms*, die Ramler im Sommer 1786 erneut publiziert, und als Autor der *Kleinen gelegenheitlichen Gedichte* (1790) präsentiert er sich den Leserinnen und Lesern der *Berlinischen privilegirten Zeitung* sowie der *Berlinischen Monatsschrift* als Dichter im Umkreis der gesellschaftlichen und politischen Elite Preußens. Die Akademie der Künste bietet Ramler in seinen letzten Lebensjahren ein Forum, um für die Kunstform der Allegorie und die Legitimität allegorischer Gebrauchskunst einzutreten.

Drittens überkreuzen sich in Ramlers Gelegenheitsarbeiten mitunter jene markanten poeseologischen und literaturpolitischen Leitthemen, die im Zentrum der Kapitel 2 bis 4 dieser Arbeit standen. So zählt etwa die *Granatapfel-Ode* zu den herausragenden Mustertexten seiner Poetik des „Wohlklangs". Zugleich führt sie Ramlers intensiven Einsatz von (antikisierenden) Personifikationsallegorien vor Augen. Seine Ode *An den König* kombiniert die Horaz-Imitatio und -Aemulatio mit der erinnerungspolitischen Zuspitzung von Ramlers Literaturpatriotismus. Im Rahmen der *Ode an die Göttinn der Eintracht* verzahnt er wiederum sein allegorisches Dichten mit intertextuellen Verweisen auf Horaz' *Carmina*. Eine Fokussierung auf spezifische poeseologische und ästhetische Koordinaten sowie literatur- und kunstpolitische Ziele leisten hierbei die Re-Publikationen von Ramlers Texten: Mit der erneuten Veröffentlichung und Gruppierung seiner Gedichte und Bildmotive in Sammlungen bindet er sein lyrisches Schaffen und seine Kenntnisse als Inventor gezielt in institutionelle Kontexte ein, verleiht seinen Texten und Entwürfen eine gemeinsame Programmatik und steuert so den Blickwinkel der Rezipientinnen und Rezipienten.

Viertens erweisen sich diese adressatenbezogenen Restrukturierungen und Rahmungen von Ramlers Texten und Bildentwürfen als eine zentrale Koordinate seiner gelegenheitspanegyrischen Publikations- und Werkpraxis. Besondere Signifikanz gewinnt dieses Profil vor dem Hintergrund jenes allmählichen Übergangs vom „rhetorische[n]" hin zum „emphatische[n] Werk", wie er in der zweiten Hälfte des 18. Jahrhunderts einsetzt.[1] Dabei steht Ramlers Dichtungs- und Werkpraxis *einerseits* paradigmatisch für das Fortwirken eines rhetorisch fundierten Modells der Textproduktion, das die deutschsprachige Kunstdichtung seit dem frühen 17. Jahrhundert prägt: Ramler profiliert sich als panegyrischer Gelegenheitsdichter, literaturpatriotischer Programmatiker, ausdrücklicher Protegé adliger, zum Teil auch hochadliger, Gönnerinnen und Gönner sowie als Vertreter einer normativen Verbesserungspoetik, deren Ideal dichterischer Vollkommenheit kollaborativ und damit überindividuell umgesetzt werden kann. Analog hierzu erweisen sich seine gelegenheitspanegyrischen Publikationen als „in einem hohen Maß [...] singuläre Ausgaben-Kontext-Komplexe", die „auf situative Angemessenheit und Funktionstüchtigkeit angelegt sind".[2]

Mit Ramlers Verbesserungspoetik und ihrem normativen Vollkommenheitsideal korreliert darüber hinaus die Zurückweisung einer werkbiographischen Perspektivierung seiner literarischen Produktion, auf die das „emphatische Werk" abstellt.[3] Der Selbsthistorisierung und hermeneutischen Kopplung von literarischer Aktivität und „Lebensumstände[n]"[4] setzt Ramler vielmehr die spannungsreiche

---

[1] Martus, Steffen: „Die Praxis des Werks", in: Danneberg, Lutz, Annette Gilbert und Carlos Spoerhase (Hrsg.): *Das Werk. Zum Verschwinden und Fortwirken eines Grundbegriffs*, Revisionen 5, Berlin u. Boston 2019, S. 93–129, hier S. 111.
[2] Ebd., S. 104.
[3] Ebd., S. 111.
[4] Ebd.

Kombination von situativ gebundenem Schreiben und der exklusiven Präsentation letztgültiger Fassungen entgegen, die im Zuge eines fortlaufenden Überarbeitungsprozess generiert werden. In diesem Sinne stehen Ramlers panegyrische Gelegenheitsarbeiten und ihre publizistische Präsentation für das Fortwirken vormoderner Literaturpraktiken.

Andererseits gelingt es Ramler im Zuge seiner gelegenheitspanegyrischen Aktivitäten überaus erfolgreich, sich als Dichterfigur und Gelehrter in Szene zu setzen. Seine Werkpraxis verbindet folglich die situative Einpassung gelegenheitspanegyrischer Arbeiten mit der kontinuierlichen Profilierung einer literarischen Persona. Prägend sind hierbei Ramlers Auftreten als Literaturpatriot und Verbesserungspoetiker, als „deutscher Horaz" sowie als Inventor. Gerade vor dem Hintergrund der frühneuzeitlichen Ubiquität von Literaturpatriotismus, klassizistischer Imitatio und Aemulatio sowie allegorischer Gebrauchskunst mag es erstaunen, dass Ramler diese Facetten als genuine Merkmale seiner Literatur- und Kunstproduktion präsentieren kann. Einen Schlüssel hierzu dürften die Angriffe auf Ramlers Korrekturpraxis, seinen Klassizismus und sein ‚heteronomes' Kunstverständnis seit den 1760er Jahren bieten. Sie markieren nicht allein Verschiebungen im ästhetischen Diskurs, die Ramlers Kunstpraxis (retrospektiv) als problematisch und unzeitgemäß erscheinen lassen, sondern profilieren diese zugleich als prominentes Beispiel eines traditionalistischen Literatur- und Kunstverständnisses. Ramlers zeitgenössische Kritiker dürften daher maßgeblich zum Erfolg seiner Inszenierung als Dichterfigur und Gelehrter beigetragen haben.

Diese Beobachtungen zu Ramlers Gelegenheitspanegyrik könnten – worauf abschließend zu verweisen ist – als Ausgangspunkt und Vergleichsfolie für die Rekonstruktion jener literaturpolitischen Interessen und Strategien dienen, die sich mit Ramlers werkzentrierter Verbesserungspraxis verbinden. Dass sich eine strenge Grenze zwischen seinem werk- und autorzentrierten Korrigieren auf poeseologischer Ebene nicht ziehen lässt, hat das fünfte Kapitel dieser Arbeit gezeigt. Auch programmatische Überschneidungen sind auszumachen: So zielt Ramler als Gelegenheitspanegyriker *und* als verbessernder Herausgeber auf die Produktion und Präsentation einer im europäischen Vergleich konkurrenzfähigen und patronagewürdigen deutschen Literatur.[5]

Zugleich unterscheiden sich Ramlers Praktiken der Kooperation und Netzwerkbildung im Rahmen des werkzentrierten Verbesserns maßgeblich von den Produktionsumständen seiner Gelegenheitspanegyrik. Ramler betreut jahrzehntelang Autorinnen und Autoren, die über den gesamten deutschen Sprachraum verteilt sind. Unter anderem leben und arbeiten sie in St. Petersburg, in Breslau und im heute rheinland-pfälzischen Winterburg. Nicht der direkte Austausch, wie ihn Ramler in Berlin mit zahlreichen Gelehrten und bildenden Künstlern sucht, sondern Briefwechsel werden entsprechend zum maßgeblichen Instrument der

---

[5] Vgl. zu Letzterem Bohnen: „Vom ‚eignen Naturelle'. Ramlers ‚nationalreformerische' Aufklärungsarbeit".

Kontaktpflege und Kollaboration. Auch die Zusammenarbeit mit dem Leipziger Verleger Philipp Erasmus Reich, bei dem zahlreiche von Ramlers Anthologien erscheinen, deutet auf die gezielt überregionale Dimensionierung seiner Herausgeberaktivitäten. Mit dem Verlags- und Messeort Leipzig fördert Ramler die Distribution seiner Publikationen über den gesamten deutschen Buchhandel, während er seine gelegenheitspanegyrischen Texte konsequent in Berliner Zeitungen und Zeitschriften sowie als Einzel- und Buchausgaben in Berliner Verlagen veröffentlicht.

Reichhaltiges Material für künftige Studien dürfte vor allem Ramlers Weimarer Nachlass bieten. Zahlreiche Leserinnen und Leser sowie angehende Autorinnen und Autoren wenden sich mit Zuschriften und eigenen literarischen Arbeiten an Ramler, adressieren ihn als literaturkritische Autorität und potenziellen Förderer, bitten ihn um die Einschätzung ihres Talents und hoffen auf die Förderung ihrer Karriere. Damit bezeugen sie Ramlers enorme Wirkung über den gesamten deutschen Sprachraum hinweg, deren Gründe und Effekte näher zu untersuchen wären. Bereits der Umstand, dass die Fülle jener Einsendungen bisher keine Beachtung gefunden hat, legt nahe, dass die Zusammenhänge zwischen verbesserungspoetischer Praxis und überregionaler Literaturpolitik zu den fruchtbarsten Forschungsfeldern in Sachen Ramler zählen.

7 Anhang

7.1 Ramlers *Granatapfel-Ode* (1750)

[Ramler, Karl Wilhelm: „Berlin", *Critische Nachrichten aus dem Reiche der Gelehrsamkeit* 6 (06.02.1750), S. 52–55.]

[S. 52] Berlin.

Folgende Ode, welche dem Granat-Apfel, der hier gewachsen ist, ihren Ursprung zu danken hat, ist in den hiesigen politischen Zeitungen erschienen. Man hat aus dem Mecklenburgischen unter der Unterschrift *Musophilus*, von uns verlangt, die Beschaffenheit der besungenen Stadt in unsern Blättern auswärtigen Lesern bekannter zu machen, auch zugleich ihre Schönheiten in ein Licht zu setzen. Wir wollen uns zuerst begnügen die Göttergeschichte umständlicher anzuführen, damit auch Leserinnen sich ohne Mühe in die Entzückung der Calliope setzen können.

O die du dich zur Königin der Früchte
Mit deinem eignen Laube krönen must,
Aurorens Kind,[1] an welchem Sonnenlichte
Zerspaltest du die purpurrothe Brust,
Die Proserpinen[2] ihre Körner
Im Tartarus zu kosten trieb,
Und machte, daß sie ferner
In Plutons Armen blieb!

Der Erdball ändert sich:[3] das Meer entfliehet
Und deckt uns Wunder auf, der Fels sinckt ein;
Und, o Berlin, dein dürrer Boden blühet:

---

[1] Sie wächst im heissen Orient, und verirrt sich nach Norden.
[2] Proserpine ward vom Pluto entführt. Ceres bekam die Erlaubniß ihre Tochter wieder zu hohlen, wofern sie noch nichts in der Hölle genossen hätte. Sie ward verrathen, daß sie einige Granaten-Körner gekostet habe, und ihre Mutter kehrete einsam wieder zurück.
[3] Die großen Veränderungen der Erde durch Zurücktretung des Meers, wie zu den Zeiten des Tiberius, oder durch Erdbeben und Verschüttung der Berge, werden mit den fruchtbaren Veränderungen der sonst so sandigten Marck verglichen. Auf die Botanischen Gärten wird durch das Wort alle Blumen gezielt: mit gesunchnen Aehren bringt uns die neuesten Bemühungen um den Ackerbau in den Sinn.

Pomona füllt ihr Horn in dir allein,
Und Flora muß auf dein Begehren
Aus allen Blumen Kränze drehn,
15 Und mit gesunckten Aehren
Die blonde Ceres⁴ gehn.

Und zarte Bäume trägt, ihr Haupt umschoren,
Der Gott Sylvan,⁵ und zieht ein Labyrinth⁶
Selbstirrend auf vor deinen ofnen Thoren,
20 Die nicht umsonst den Künsten offen sind:
[S. 53] Die Künste nehmen Dädals Federn⁷
Und kommen über Meer und Land
Mit Hebezeug und Rädern
In ihrer harten Hand.

25 Wer hat allhier der Vorgebürge Rücken
Zu Tempeln und Pallästen ausgehöhlt,⁸
Die rund umher der Pyrrha⁹ Wunder schmücken,
Noch halb den Steinen gleich, und halb beseelt?
Ihr Götter! prächtig aus Ruinen
30 Erhebt sich euer Pantheon:¹⁰

---

4   Pomona ist die Göttin der Garten-Früchte, Flora der Blumen, Ceres des Getraydes.
5   Sylvan ist ein Waldgott. *Teneram ab radice ferens Sylvane Cupressum. Virg.* Hier bemercken wir eine griechische Wortfügung, welche die lateinischen Poeten gleichfalls angenommen haben. *Et teneras arbores portat, circumtonsas caput, Deus Sylvanus*[.]
6   Zwischen Berlin und Charlottenburg ist ein Irrgarten von jungen gerade geschornen Fichtenbäumen angelegt, und mit Statüen geschmückt.
7   [S. 53] Dädalus war ein großer Mechanischer Künstler, welchen Minos der König in Creta nicht von sich lassen wolte, er machte sich aber Flügel und entkam: die schönsten Gewercke und Manufacturen kommen zu uns herüber.
8   Man baut nach einer großen und edlen Bauart. Einfalt und Pracht sind beysammen. Das Opernhaus, das Invalidenhaus, die Academie, der neue Dohm sind Zeugen davon, und können deswegen mit einem glatten Felsen verglichen werden, den man inwendig mit großer Arbeit ausgehöhlt hat.
9   Pyrrha und Deucalion blieben nach der Sündfluth allein übrig, und warfen, nach dem göttlichen Orackel, mit verhülltem Angesicht Steine hinter sich, woraus Menschen in die Höhe wuchsen. Ein schmeichelhaftes Gleichnis für einen Bildhauer, wenn seine Statüe mit einem Menschen verglichen wird, in dem Zeitpunct, wo er aufhört Stein zu seyn, und anfängt lebendig zu werden!
10 Pantheon ein Haus worinn alle Götter wohnen, aus welchen jeder Priester sich einen Schutzgott wehlen kan, der etwan über ein Theil der Natur, über Luft, Feuer, unterirrdische Schätze, Wälder, Meere, Mond, Sonne, etc. herrscht, oder der eine Kunst und

Die Weisen alle dienen,
Die Völcker lernen schon.

Sagt, Sterbliche, den Sphären ihre Zahlen,
Und lehrt dem tollen Winde seinen Lauf,
Und wägt den Mond, und spaltet Sonnenstrahlen,[11]
Deckt die Geburt des alten Goldes auf,
Und steiget an der Wesen Kette,[12]
[S. 54] Bis dahin, wo der höchste Ring
An Jovis Ruhebette
Seit Chaos Aufruhr hing.[13]

Die Zwietracht, die mit Gift ihr Leben nährte,
Verliehrt den Hydrakopf[14] durch einen Streich
Von der Gerechtigkeit beflammtem Schwerdte;[15]
Der Aberglaube kämpft, und flieht zugleich,
Wie vor den kühnen Sonnen-Pferden
Die blinde Nacht, voll Selbstvertraun:

    Wissenschaft erfunden hat. Dieses Pantheon bedeutet ohnfehlbar das neue Academiehaus, welches auf die Brandstätte des alten Stalles und der alten Mahler und Bildhauer Academie gebauet, und mit Götterbildern gezieret ist.

[11] Hier werden Sachen die die Gelehrten noch nicht genug bestimmet haben, und vielleicht nie bestimmen werden, mit solchen zusammen gesetzt, die schon mehr bekannt sind, dergleichen die Zerstreuung der Sonnenstrahlen durch ein Prisma ist. Ein artiger Betrug! Alle diese Aufgaben haben eine Art von Wunderbarem an sich: doch so unmöglich sie dem ersten Anblick nach scheinen, so wissen wir doch, daß die gelehrte Welt sich schon an alle gewagt hat.

[12] Das mineralische Reich hängt endlich mit dem Pflantzenreich zusammen. Der staudigte Stein hat an beyden sein Antheil. Auch die Pflantzen und Thiere gräntzen aneinander. Hier zieht sich das fühlende americanische Kraut zusammen, so bald es angerühret wird, dort sproßt der Polypus wie ein angeschnittener Zweig. Ja alle drey Reiche gehen durcheinander und knüpfen sich an tausend Enden zusammen. Last [sic] uns einmahl unter den Thieren fortgehn bis zum Affen. Dieser und der behaarte wilde Mensch, wie sind sie unter-[S. 54]schieden? Der vortreflichste Mensch und - - - [sic] hier fehlt uns die Kette die bis zum Stuhle Jupiters geht. Aber der grösseste Weise sieht von dieser Kette nur zerrissene Glieder.

[13] Seit der Erschaffung; da sich das Getümmel der Elemente legte.

[14] Die Hydra Lernäa war ein vielköpfigtes Ungeheuer, welches Hercules umbringen wolte. Allein, wenn er einen Schlangenkopf herunter hieb, wuchsen zwey an dessen Stelle. Endlich nahm er ein glühendes Eisen, brannte nach, und tödtete die Hydra.

[15] Die schnelle Endigung der Processe ist bekannt, und schon ein Muster der Nachahmung.

  Denn tausend Städte werden
  Ihm einen Altar baun.

  Wohl dir, o du, durch meinen Freund regieret,
50 An Künsten reich, und groß wie Sparta war:[16]
  Es zog vom Schall der Flöte schön verführet
  In seinen Tod, mit wohlgeschmücktem Haar,
  Und alle, die den Kampf verlohren,
  Bestätigten durch einen Eid:
55 Die Stadt[17] sey nur gebohren
  Zu Waffen und zum Streit.

  So sang Calliope,[18] die voll Entzücken
  Umhängt mit ihrer goldnen Tuba kam,
  Und nicht gesehn von ungeweihten Blicken,
60 Den Weg zum Tempel des Apollo nahm,[19]
  Wo mit dem Pinsel, und mit Sayten,
  In Larven und im Lorbeerkranz
  Die Musen sich bereiten
  Zum schönsten Reyhen-Tanz.

---

[16] Sparta und Lacedämon war zum Kriege gebohren und verbannte die Künste: Eine gewisse Stadt liebt die Künste, und ist dennoch wie Sparta. Man weiß, daß die Spartaner unter dem Schall einer wohlgesetzten Music, ihre Haare mit grosser Sorgfalt aufgebunden, gegen den zahlreichsten Feind giengen, und siegten. Man untersuche die genaue Aehnlichkeit selber.

[17] Wird von Sparta gesagt, und deucht unserm Correspondenten schöner, als wenn es gerade zu von Berlin gesagt würde. Weil man die Eigenschaften von Sparta sonst nicht erführe, weil der Geist die angenehme Beschäftigung bekommt es auf Berlin zu deuten, weil ein solches Lob zugleich feiner ist und weil kein Lyrischer Schwung darinn wäre, wenn der Poet in eben der Construction fortführe: Du zogst vom Schall etc.

[18] Calliope, die Muse, besingt, wenn man ihr ein besondres Amt geben will, die Helden am liebsten. Dieses deutet auch ihr Ehrenzeichen, die Drommete, an.

[19] Apollo ist der Gott der Musen oder der Erfinder der freyen Künste. Unser Opernhaus führt die Römische Aufschrift: FRIDERICUS REX APOLLINI & MUSIS. Der Schluß des Liedes bezeichnet es deutlicher: denn aus Poesie, Music, Decorationen und Balletten erwächst die Oper.

[S. 55] Es ist uns lieb, daß wir hier eine Poesie bekommen haben, die recht nach unserm Sinn wohlklingend ist. Wir wollen die Ursachen dieses Klanges aufsuchen, und unsre Regeln damit bestärcken.

1) Die gantze Zusammensetzung der Strophe ist zum Wohllaut eingerichtet, ihre Zeilen lauffen schmal zusammen und spitzen sich mit einer männlichen Schlußsilbe, fast wie ein Pfeil. Diese Figur deucht dem Auge so schön, als ein solcher Gang des Verses dem Ohre klingt.
2) In den vier langen Versen kann der Abschnitt bald forn [sic] bald hinten gesetzt, und dadurch der Gleichlaut vermieden werden.
3) Der Abschnitt bleibt gar weg, wenn eine andere Schönheit erhalten werden kann:
   Umhängt mit ihrer goldnen Tuba kam,
   Und nicht gesehn von ungeweihten Blicken,
   Den Weg zum Tempel des Apollo nahm.
   Beyde Verse lauffen fort, und drücken einen Gang aus.
   Mit deinem eignen Laube krönen must,
   scheint den Kranz herum zu flechten.
   Und lehrt dem tollen Winde seinen Lauf,
   läuft wie der Sturmwind.
4) In jedem Vers findet man einen oder mehrere von den starck klingenden Vocalen a oder o, oder einen Diphthongus, welcher gleiche Würkung thut.
5) Nicht leicht über drey Consonanten stehn hintereinander, auch gar zwey Wörter bringen nicht mehr zusammen.
6) In den Versen:
   Die Proserpinen ihre Körner -
   Pomona füllt ihr Horn in dir allein -
   In ihrer harten Hand -
   Die Weisen alle dienen -
   So sang Calliope, die, voll Entzücken -
   sehen wir, daß, wenn ein Wort auf einen Consonans ausgegangen ist, das folgende mit einem Vocal anfängt, und daß es mit einem Consonans anfängt, wenn das vorige mit einem Vocal schloß. Dieses ist zwar selten möglich zu machen, wir finden es indessen in einem jeden Vers einmahl bis viermahl.
7) Kein Hiatus beleidiget das Ohr, weder in der Mitte des Verses, noch zwischen zweyen Versen.
8) Vom Reim müssen wir auch gestehen, daß keiner zweymahl vorkömmt. Horaz schließt gleichfalls keinen Vers zweymahl mit einerley Worten. Ueberhaupt nimmt er nicht gern einerley Worte zweymahl in seine Ode. Welches

zu verstehen ist von den vornehmern Worten, nicht von *non, qui, sunt, et*. Dieser Odendichter wird bey seiner Arbeit vielleicht nicht alle diese Regeln deutlich gedacht haben, aber wie kommt es, daß man sie am Ende doch alle beobachtet findet, und daß das Stück nichts dabey verlohren hat?

7. 2   Ramlers testamentarische Bestimmungen

7.2.1   Transkriptionsgrundsätze

Die Transkription der folgenden handschriftlichen Dokumente erfolgt – ohne Anspruch auf den Charakter einer wissenschaftlichen Edition – zeichengenau. Darüber hinaus werden folgende Grundsätze beachtet, die auch für alle weiteren Zitate aus handschriftlichen Quellen im Rahmen dieser Arbeit gelten:

(1) Geminationsstriche für Doppelkonsonanten werden aufgelöst.
(2) Doppelte Dives werden als einfache wiedergegeben.
(3) Unterstreichungen im Original werden als solche transkribiert.
(4) Wörter in lateinischer Schrift erscheinen kursiv. Ausgenommen hiervon sind handschriftliche Quellen in lateinischer und französischer Sprache, die durchweg in lateinischer Schrift stehen. Bei handschriftlichen Quellen in deutscher Sprache, die durchgehend in lateinischer Schrift stehen, wird ebenfalls auf Kursivierung verzichtet. In letzteren Fällen verweist eine Anmerkung auf das Vorgehen.
(5) Abkürzungen und Kürzel sind in eckigen Klammern aufgelöst ([]).
(6) Kürzungen werden als Auslassungszeichen in eckigen Klammern ([...]) gekennzeichnet.
(7) In Fragen der Groß- und Kleinschreibung, die nicht zweifelsfrei zu klären sind, wird nach dem gängigen Gebrauch der Schreiberin oder des Schreibers entschieden.
(8) Anführungszeichen werden nach dem Gebrauch der Schreiberin oder des Schreibers wiedergegeben.
(9) Unsichere Lesungen sind mit einem Fragezeichen in eckigen Klammern versehen ([?]), nicht entzifferte Wörter erscheinen als Auslassungszeichen in Spitzklammern (<...>).
(10) Streichungen werden als solche markiert (xxx), unleserlich gestrichene Zeichen und Wörter erscheinen in Spitzklammern (<...>).
(11) Kürzel für „Reichsthaler" werden einheitlich als „rth." transkribiert.
(12) Im Folgenden wird zudem der Zeilenfall nachgeahmt.

7.2.2 Testament vom 24. Februar 1795

Das folgende autographe Testament datiert auf den 24. Februar 1795 und befindet sich in einem Faszikel, der amtliche Dokumente zur Regelung von Ramlers Nachlass aus dem Bestand des Kurmärkischen Kammergerichts umfasst (BLHA, Rep. 4A Kurmärkisches Kammergericht Testamente Nr. 14543). Die Paginierung richtet sich im Folgenden nach der Bildreihenfolge der Mikroverfilmung (unter gleicher Signatur wie das Original).

[S. 11]
      Im Nahmen Gottes!
Weil ich Endes benannter Karl Wilhelm Ramler nicht weiß, wann es dem Allerhöchsten gefällig seyn möchte, mich aus dieser Zeitlichkeit abzurufen, so habe ich jetzt bey meiner noch guten Gesundheit und völligen Seelenkräften hierdurch wohlbedächtig verordnen wollen, wie es nach meinem Tode mit meinem Nachlasse gehalten werden soll.

 Ich setze nehmlich hierdurch meines seligen Bruders, des gewesenen Predigers in Werneuchen Johann Gottlieb Ramlers hinterlassene einzige Tochter, Frau Wilhelmine, jetzt verehelichte Predigerinn Ritterinn zu Großen Gestin in Pommern als Universalerbinn meines gesammten Nachlasses dergestalt ein, daß sie sogleich nach meinem Absterben mein ganzes Vermögen, es bestehe worin es wolle, nichts davon ausgeschlossen, allein erben und als ein Eigenthum für sich und ihre Erben behalten soll. Sollte sie aber vor mir sterben, so substituire ich ihr ihren unmündigen Sohn Karl Wilhelm Ritter, nebst denjenigen ehelichen Leibeserben, welche zur Zeit meines Todes am Leben seyn möchten, als meine alleinige Erben.

 Doch vermache ich zugleich meiner alten Köchinn, die nun langer [sic] als dreyßig Jahr mir treu und redlich gedienet hat Nahmens Christiane Elisabet Heinrichinn, geborenen Henninginn, so lange dieselbe lebt, eine jährliche Pension von 75 rth. schreibe fünf und siebzig Thalern in gutem Brandenburgischen Courant, welche sogleich vom Tage meines Ablebens ihren Anfang nehmen und ihr baar ausgezahlet werden soll, ohne daß ihr deshalb von ihrem gewöhnlichen Lohn, welcher jährlich 40 rth. beträgt, und zwar bis zum Schluß desjenigen Quartals in welchem ich sterben werde, etwas abgezogen werden darf.

    [Siegel]   Karl Wilhelm Ramler

[S. 12]
    Zu mehrerer Sicherheit, eben so wie zu mehrerer Bequemlichkeit dieser meiner Köchinn, verordne ich aber auch zugleich, daß meine eingesetzte Erbinn verbunden seyn soll, nicht allein bis zum Ableben dieser Legatarinn aus meinem Nachlaß jedes mahl hier zu Berlin so viel an Capital hypothekarisch, oder bey der Königlichen Landschaft oder bey der Banque zu versichern, als zum Eingange von 75 rth. an Zinsen in Courant erforderlich ist, sonder [sic] auch bey Belegung dieser Capitalien gehörigen Ortes sogleich mitbemerken zu lassen, daß die Zinsen davon der Christiane Elisabet Heinrichinn, geb. Henninginn bis zu deren Ableben zustehen, und von derselben gegen eigne Quitung erhoben werden können. Und da ich gegenwärtig 1500 rth. bey der hiesigen Königlichen Landschaft aus zwey Obligationen, aus einer über 500 rth. *de dato* Berlin, den 29 May, 1745, eingetragen Hauptbuch *N. IX. Pag.* 380, und aus der andern über 1000 rth. *de dato* Berlin, den 22 *Junii* 1766, eingetragen Hauptbuch *N. XIV. Pag.* 127, zinsbar zu 5 Procent zustehen habe, so will ich daß, wenn diese Obligationen nach meinem Ableben noch unter meinem Nachlaß à 5 Procent Zinsen sich befinden sollten, zuerst auf diese im Landschaftsbuch mit Bezug auf diesen meinen letzten Willen, auf Kosten aus meinem Nachlasse, eingetragen und und bemerkt werden soll:

    Wie dieß Capital zwar auf meines seligen Bruders Tochter, die Predigerinn Ritterinn in Großen Gestin, Wilhelmine, oder, falls sie vor mir stirbt, auf ihre Kinder vererbet worden,

[Siegel]   Karl Wilhelm Ramler.

[S. 22]
    die Zinsen aber davon à 5 Procent meiner Köchin Christiane Elisabeth Heinrichinn, gebornen Henninginn vom Tage meines Ablebens an bis zu deren Ableben gehören und von derselben gegen eigene Quitung gehoben werden sollen; daß auch meine eingesetzte Erbinn oder ihre Kinder dieß Capital bis dahin aufzukündigen und zurück zu fodern nicht befugt seyn sollen.

Nun ersuche ich zwar hierdurch Eine Königl[iche] Hochlöbliche Landschaft, zum
besten dieser alten und sehr schwachen Köchinn, als welche, außer diesem
geringen Vermächtniß, nichts zu ihrem Lebensunterhalte hat und
erwerben kann, dieß Capital vor dem Ableben derselben ebenfalls
nicht aufzukündigen: indessen sollte dieses dennoch wider Verhoffen
geschehen müssen, und dieß Capital alsdann nicht wieder hypothekarisch
zu 5 Procent Zinsen sicher untergebracht werden können, so muß alsdann
meine Erbinn ein desto stärkeres Capital, und zwar hier zu Berlin, belegen
und darauf gehörigen Orts im Hypothekenbuch die Befugniß der Christiane
Elisabet Heinrichinn geb. Henninginn die Zinsen mit 75 rth. so lange sie lebt,
selbst erheben zu können, eintragen lassen. Demjenigen Hausmädchen
aber, die bey mit seit 1790 in Diensten ist, Nahmens Friderike Dorothee
Schulzinn vermache ich auf den Fall, daß sie zur Zeit meines Ablebens
sich noch in meinem Dienst befindet, 50 rth. in Courant, ein Viertel Jahr
nach meinem Tode zu bezahlen. Ist aber zur Zeit meines Ablebens
eine andere in meinen Dienst getreten, so soll diese 25 rth. die Friderike
Dorothee Schulzinn aber gleichfalls 25 rth. als ein Vermächtnis aus meinem
Nachlaß erhalten.
Sollten sich auch nach meinem Ableben Zettel von meiner Hand
und mit meiner Unterschrift unter meinem Nachlaß finden, worinn
ich noch außer obigen Vermächtnisse gemacht hätte, so will ich, daß
solche eben die Gültigkeit haben sollen, als wenn sie in diesem meinem
Testament nahmentlich bemerkt wären.

    [Siegel]   Karl Wilhelm Ramler

[S. 23]
Dieses ist mein letzter Wille, auf den ich nach meinem Ableben
gehalten wissen will; und sollte er als ein zierliches Testament nicht
bestehen, so will ich doch, daß er als ein Codicill, Fideicommiß,
Schenkung von Todes wegen, oder wie er sonst den Rechten nach bestehen
kann, gültig und kräftig seyn soll.
Urkundlich habe ich diesen meinen letzten Willen, den ich
auch gerichtlich niederlegen will, so wohl am Ende, als auch auf
jedem Blatte eigenhändig unterschrieben und mit meinem
Petschaft besiegelt. So geschehen, Berlin, den 24ⁿ Febr. 1795.

    Dieses ist mein letzter Wille.

[Siegel] Karl Wilhelm Ramler,
Professor, und Mitglied der Königli[chen]
Akademie der Wissenschaften und der
Akademie der Künste, und Director
des Königli[chen] National-Theaters.

7.2.3 „Codicill" vom 31. März 1798

Das folgende „Codicill" datiert auf den 31. März 1798 und befindet sich ebenso wie Ramlers Testament aus dem Jahr 1795 in jenem Faszikel, der amtliche Dokumente zur Regelung von Ramlers Nachlass aus dem Bestand des Kurmärkischen Kammergerichts umfasst (BLHA, Rep. 4A Kurmärkisches Kammergericht Testamente Nr. 14543). Im Gegensatz zum Testament von 1795 stammt das „Codicill", das wenige Tage vor Ramlers Tod am 11. April 1798 aufgesetzt wird, nicht von seiner Hand. Er unterzeichnet das Dokument lediglich eigenhändig. Ein Abgleich mit dem Berliner *Adreß-Kalender* für 1798 legt nahe, dass es sich bei den notariell Unterzeichnenden um August Ferdinand Schumann, Christian Friedrich Kolberg und Carl Ludwig Schmidt handelt. Alle drei sind Mitarbeiter des „Stadt-Gericht[s]", zu dessen Kompetenzen „die Aufnahme der Testamente" zählt.[1] Die Paginierung richtet sich auch im Folgenden nach der Bildreihenfolge der Mikroverfilmung (unter gleicher Signatur wie das Original).

[S. 19]
Actum Berlin d[en] 31 März 1798
Da der H[err] Professor bei der Konigli[chen]
Academie der Wissenschaften *Carl*
Wilhelm Ramler durch den H[errn] Gehei-
menrath *Wackenroder* mündlich
ansuchen lassen sein *Codicill* bei
ihm in *aedibus* aufzunehmen; so
verfugten sich hierzu *deputirte*
Gerichtspersonen nach dem Kap-
schen am Hakischen Markt
belegenen Hause u[nd] fanden da
H[errn] *Requirenten* in seiner Wohnung in der untern *etage*, in

---

[1] Adreß-Kalender, der Königlich Preußischen Haupt- und Residenz-Städte Berlin und Potsdam, besonders der daselbst befindlichen hohen und niederen Collegien, Instanzen und Expeditionen, auf das Jahr 1798. [...], [Berlin] 1798, S. 286–289.

einer nach dem Hofe herraus-
gehen[den, M. B.] stube, zwar krank im
Bette liegend indes bei voll-
kommenen Geisteskräften. Der
H[err] *Requirend* wiederholte sein
Gesuch um die Aufnahme seines
Codicill u[nd] gab hierauf dasselbe
dahin zu *protocoll*.
Sein Wille sei daß nach seinem Ab-
sterben

        1) der H[err] Geheime FinanzRath
        v. Goecking die Ausgabe der

[S. 20]
Pracht u[nd] kleinen *Edition* seiner gesamten Werke besorge, welches derselbe ihm auch zu thun versprochen habe u[nd] habe er ihm zu dem Ende auch
das *Manuscript* nebst den Kupfern u[nd]
Kupfer-platten eingehändigt
2) daß der H[err] Professor *Spalding* die Ausgabe des *Anacreon* besorge, welches
er ihm auch versprochen habe u[nd] habe
er demselben ebenfalls das Manuscript
des *Anacreon* zugestellt
3) Ersuche er den H[errn] Ober-Consistorial-
Rath *Gaedike* die Ausgabe des *Martials* zu besorgen
4) *Legire* er der *Christiane Elisabeth* Witt-
we *Heinrich* geb[orene] *Hennig* ein *Legat*
von 100 rth. schreibe ein hundert Thaler in *Courant*
5) d[er] *Friderike Dorothea Schultze*n legire er ebenfalls ein *Legat* von 100 rth.
schreibe hundert Thaler *Courant*.
Beide *Legatarien* waren in seinen Diensten
u[nd] soll ihnen dieses *legat* vier Wochen nach
seinem Ableben ausgezahlt werden.
Uebrigens bestädtiget der H[err] *Requirent*
sein bei den Stadtgerichten übergebenes

[S. 21]
Testament u[nd] will daß dieses *Codicill* eben
die Kraft haben solle, als wenn es d[em-]
selben einverleibt wäre.
H[err] *Requirent* bat auch hierauf nach
seinem Ableben zu halten ihm den
*Recognitions*Schein zu ertheilen
u[nd] hat dieses *Codicill* nach ganzer
geschehener Vorlesung u[nd] Genehmigung eigenhändig unterschrieben auch dabei erklärt daß er nicht
für nöthig fände sein Privatsiegel
dem Gerichtssiegel womit dieses *Co-*
dicill in seiner Gegenwarth
verschlossen werden soll, beizu
fügen.
Karl Wilhelm Ramler
A Schumann Kolberg Schmidt

7.3 Abkürzungen und Siglen

AdK	Akademie der Künste (Berlin)
ABBAW	Archiv der Berlin-Brandenburgischen Akademie der Wissenschaften (Berlin)
AFSt	Archiv der Franckeschen Stiftungen (Halle)
BJ	Biblioteka Jagiellońska (Krakau)
DHM	Deutsches Historisches Museum (Berlin)
BLHA	Brandenburgisches Landeshauptarchiv (Potsdam)
BNF	Bibliothèque nationale de France (Paris)
BSB	Bayerische Staatsbibliothek (München)
DLA	Deutsches Literaturarchiv (Marbach)
ELAB	Landeskirchliches Archiv in Berlin
GH	Gleimhaus (Halberstadt)
GSA	Goethe- und Schiller-Archiv (Weimar)
GStA PK	Geheimes Staatsarchiv Preußischer Kulturbesitz (Berlin)
HAB	Herzog August Bibliothek (Wolfenbüttel)
SB Berlin	Staatsbibliothek zu Berlin – Preußischer Kulturbesitz
SLUB Dresden	Sächsische Landesbibliothek – Staats- und Universitätsbibliothek Dresden
SPSG	Stiftung Preußische Schlösser und Gärten Berlin-Brandenburg (Potsdam)
SUB Göttingen	Niedersächsische Staats- und Universitätsbibliothek Göttingen
SUB Hamburg	Staats- und Universitätsbibliothek Hamburg Carl von Ossietzky
UB Erlangen	Universitätsbibliothek Erlangen-Nürnberg
UB Freiburg	Universitätsbibliothek Freiburg i. Br.
ZLB	Zentral- und Landesbibliothek Berlin
BGR I	Schüddekopf, Carl (Hrsg.): Briefwechsel zwischen Gleim und Ramler. Erster Band. 1745–1752, Bibliothek des Literarischen Vereins in Stuttgart 242, Tübingen 1906.
BGR II	Schüddekopf, Carl (Hrsg.): Briefwechsel zwischen Gleim und Ramler. Zweiter Band. 1753–1759, Bibliothek des Literarischen Vereins in Stuttgart 244, Tübingen 1907.
DH	Lee, David E. und John C. Osborne (Hrsg.): Mein lieber deutscher Horaz. Der Briefwechsel zwischen J. W. L. Gleim und K. W. Ramler [Typokript].

7.4 Handschriftliche Quellen

ABBAW	PAW (1700–1811), I-III-4: Acta betr. die Aufnahme und Besoldung der Akademiemitglieder
	PAW (1700–1811), I-IV-33: Registres de l'Académie Royale des Sciences et Belles-Lettres à Berlin depuis Le 24 Août 1786
	PAW (1700–1811), I-V-13a: Acta betreffend die Arbeiten der Deputation deutscher Mitglieder zur Vervollkommnung u. Ausbildung der deutschen Sprache. Nach dem ehemaligen Plane von Leibnitz von dem Herrn Staatsminister Grafen von Herzberg in Vorschlag und Ausübung gebracht 1786–1794
	NL Hümpel, Nr. 165: Ramler an Johann Erich Biester am 1. November 1783
	NL Ramler
AdK	Wolfgang-Goetz-Archiv, Sign. 363: Ramler an Gottlieb Christian Götz
AFSt	S C VI 3 sowie S C VI 4: Oratorische Übungen des Königlichen Pädagogiums Halle
BJ	Autographen-Sammlung der ehemaligen Preussischen Staatsbibliothek zu Berlin, Ramler: Ramler an Jean Henri Samuel Formey Ramler an Friedrich Nicolai Ramler an Andreas Riem
BLHA	Rep. 4A Kurmärkisches Kammergericht Testamente Nr. 14543: Dokumente zur Regelung von Ramlers Nachlass
BNF	8-RE-13097: Durchschossenes Exemplar der *Poesies lyriques* (1777) mit autographen Zusätzen von Ramler und François Cacault
BSB	E. Petzetiana V. Ramler, Karl Wilhelm: Autographe Widmung und Dedikationsgedicht zur *Fabellese* (1783) an Wilhelmina Christina Elisabeth von Zedlitz

DLA	A: Goeckingk/Kasten 10, Zug.nr. 91.86.135, 1–10: Sophie Becker an Leopold Friedrich Günther von Goeckingk
	Goeckingk/Kasten 12, Zug.nr. 91.86.233,1: Ramler an Leopold Friedrich Günther von Goeckingk am 27. September 1783
ELAB	KB Sophien/7118/11: Bestattungsbuch der Sophien-Kirchengemeinde Berlin
GH	Hs. A 530: Johann Gottfried Dyck an Johann Benjamin Michaelis, Anfang Juli 1771
	Hs. A 537: Johann Gottfried Dyck an Johann Benjamin Michaelis am 6. März 1772
	Hs. A 5771: Johann Wilhelm Ludwig Gleim an Caroline von Klencke am 7. April 1788
	Hs. B 2: Beilagen zum Briefwechsel zwischen Johann Wilhelm Ludwig Gleim und Ramler
GSA	54/134: François Cacault an Karl Ludwig von Knebel
	54/348: Karl Ludwig von Knebel, Tagebuch meines Lebens, Aufzeichnungen vom 21. Dez. 1770 bis 27. Aug. 1772
	75/3: Kurz gefasste Mythologie. Zum Verständnis der Dichter und der bildenden Künstler
75/4: Kurzer Inbegriff der schönen Künste und Wissenschaften zu Vorlesungen bestimmt
75/5: Ausführungen zur Wortbildung
75/7: Vertrag zwischen Ramler und der Frankeschen Buchhandlung
	75/13: Johann Baptist von Alxinger an Ramler
75/15: Friedrich Wilhelm von Aschersleben an Ramler
75/18: Antoinette Bamberger an Ramler
75/19: Susanne von Bandemer an Ramler
75/21: Christian Friedrich Gottlieb Behnisch an Ramler
75/23: Joseph von Beroldingen an Ramler
75/29: Joachim Christian Blum an Ramler
75/33: Daniel Hinrich Bohm an Ramler

75/34: Heinrich Christian Boie an Ramler
75/35: Samuel von Boulet an Ramler
75/43: von Brösicke an Ramler
75/45: Johann Jobst von Buddenbrock an Ramler
75/46: Gottlob Wilhelm Burmann an Ramler
75/47 und 75/272: François Cacault an Ramler
75/51: Leonhard Cochius an Ramler
75/57: Eleonora von Döring an Ramler
75/60: Johann Gottfried Dyk an Ramler
75/64: Flesche an Ramler
75/69: Friedrich Gedike an Ramler
75/70: Louise Geelhaar an Ramler
75/73: Sophie Gilbert an Ramler
75/75: Leopold F. G. von Goeckingk an Ramler
75/84: Karl Gottlieb Guichard (Quintus Icilius) an Ramler
75/86: Johann Friedrich Hartknoch d. Ä. an Ramler
75/90: Ewald von Hertzberg an Ramler
75/93: Heinrich Sigismund von der Heyde an Ramler
75/100: Friedrich Adolph von Kalckreuth an Ramler
75/108: Karl Ludwig von Knebel an Ramler
75/109: Christiane Wilhelmine von Knobloch an Ramler
75/110: Christiane Henriette Koch an Ramler
75/111: von Korff an Ramler
75/121: Karl August Kütner an Ramler
75/124: Peter von Kurland an Ramler
75/127: Samuel Gotthold Lange an Ramler
75/133: Christoph F. Reinhold Lisiewsky an Ramler
75/134: Girolamo Marchese Lucchesini an Ramler
75/137: Nikolaus Maaß an Ramler
75/151: Karl Rudolf von Mosch an Ramler
75/160: Adam Friedrich Oeser an Ramler
75/170: Anna Amalia von Preußen an Ramler
75/171: Friedrich Wilhelm II. von Preußen an Ramler
75/174: Johann Joachim Quantz an Ramler
75/175: August Wilhelm Leopold von Rahmel an Ramler
75/180: Philipp Erasmus Reich an Ramler
75/194: M. S. von Schmidel an Ramler
75/224: Christoph Benjamin Wackenroder an Ramler
75/228: von Warnsdorff an Ramler
75/229, 2: Christian Felix Weiße an Ramler
75/231: Urania Wessely an Ramler
75/233: F. Wiesinger an Ramler
75/237: Karl Abraham von Zedlitz an Ramler

75/242: Christiane Elisabet Heinrich an Ramler
75/245: „Musophilus" an Ramler

75/279: Johann Daniel Sander an W. Ritter

161/1,1: Schüddekopf, Carl: Karl Wilhelm Ramler bis zu seiner Verbindung mit Lessing, Wolfenbüttel 1886; durchschossenes Handexemplar mit Ergänzungen und Korrekturen

GStA PK I. HA, GR, Rep. 36, Hof- und Güterverwaltung, Nr. 2405: Briefe und Dokumente des Direktoriums des Königlichen Nationaltheaters

SB Berlin Handschriftenabteilung, Sign. Libri impr. cum notis mss. oct. 465: Handexemplar von Ramlers *Lyrischen Gedichten* (1772) mit autographen Korrekturen und Ergänzungen

Handschriftenabteilung, Sign. Ms. germ. 4° 747: Sammlungen aller bei der Kochischen Schauspielergesellschaft gehaltenen Reden, von den Jahren 1750 bis 1768 [...]

Musikabteilung mit Mendelssohn-Archiv, Sign. Am.B.604.5.c: Anna Amalia von Preußen, Auf tapfre Krieger, auf ins Feld

Musikabteilung mit Mendelssohn-Archiv, Sign. Mus. ms. autogr. Schulz, J. A. P. 2: Johann Abraham Peter Schulz, Das Opfer der Nymphen, Auszüge

Sign. Qb 1570a: Band 1 von Ramlers *Kurzgefasster Mythologie* (1790) mit autographem Dedikationsgedicht an Luise Ebert

SPSG Plankammer, Inventar Nr. 779: Gesamtverzeichnis der Bibliotheken Friedrich Wilhelms II.

Stiftung Stadtmuseum Berlin Sammlung Literatur V 72/643 R: Quittung

Dokumentensammlung IV 84/55: Rechnungen und Quittungen betreffend die Feierlichkeiten anläßlich des Friedensschlusses 1763

SUB Hamburg	D-Hs, ND VII 410: Cyrus und Kassandana, ein Singespiel, in Musik gesetzt von Franz Adam Veichtner
UB Erlangen	Ms. 3001, Ernst Meyer-Camberg-Sammlung: Autographe Abschrift von Ramlers Gedicht *An den König von Preussen Friedrich Wilhelm den Zweyten* [...] (1787)
UB Freiburg	Hs. 1178: Heinrich Sautier, Catalogus suorum librorum

7.5 Ramler-Bibliographie

7.5.1 Bibliographien und gedruckte Verzeichnisse

Dewitz, Hans Georg: „Ramler, Karl Wilhelm", in: Rupp, Heinz und Carl Ludwig Lang (Hrsg.): *Deutsches Literatur-Lexikon. Biographisch-bibliographisches Handbuch. Begründet von Wilhelm Kosch*, Bd. 12, 3. Aufl., Bern u. Stuttgart 1990, Sp. 558–560.

Frels, Wilhelm: Deutsche Dichterhandschriften von 1400 bis 1900. Gesamtkatalog der eigenhändigen Handschriften deutscher Dichter in den Bibliotheken und Archiven Deutschlands, Österreichs, der Schweiz und der ČSR, Leipzig 1934.

Goedeke, Karl und Edmund Goetze: „Karl Wilhelm Ramler", in: Goedeke, Karl und Edmund Goetze (Hrsg.): *Grundriß zur Geschichte der deutschen Dichtung aus den Quellen*, Bd. 4.1, 3. Aufl., Dresden 1916, S. 178–183.

Gräßel, Susanne, Hans Jürgen Höller und Helmut Weiß: „Ramler, Karl Wilhelm", in: Brekle, Herbert E. u. a. (Hrsg.): *Bio-bibliographisches Handbuch zur Sprachwissenschaft des 18. Jahrhunderts. Die Grammatiker, Lexikographen und Sprachtheoretiker des deutschsprachigen Raums mit Beschreibungen ihrer Werke*, Bd. 7, Tübingen 2001, S. 110–115.

Henrichs, Norbert und Horst Weeland (Hrsg.): Briefwechsel deutschsprachiger Philosophen. 1750–1850, Bd. 2, München u. a. 1987.

Houben, Heinrich Hubert: Bibliographisches Repertorium II. Die Sonntagsbeilage der Vossischen Zeitung. 1858–1903. Das Neueste aus dem Reiche des Witzes. 1751, Veröffentlichungen der Deutschen Bibliographischen Gesellschaft 2, Berlin 1904.

Lütteken, Anett: „Verzeichnis der zeitgenössischen Drucke Karl Wilhelm Ramlers", in: Lütteken, Laurenz, Ute Pott und Carsten Zelle (Hrsg.): *Urbanität als Aufklärung. Karl Wilhelm Ramler und die Kultur des 18. Jahrhunderts*, Schriften des Gleimhauses Halberstadt 2, Göttingen 2003, S. 435–507.

Schlepper, Reinhard: Was ist wo interpretiert? Eine bibliographische Handreichung für das Lehrfach Deutsch, 8. Aufl., Paderborn 1991.

Schramm, Peter: „Der Zimmermann-Nachlaß in der Niedersächsischen Landesbibliothek Hannover", in: Schramm, Peter (Hrsg.): *Johann Georg Zimmermann. [K]öniglich großbritannischer Leibarzt (1728–1795)*, Wolfenbütteler Forschungen 82, Wiesbaden 1998, S. 221–267.

Schulz, Ursula: Die Berlinische Monatsschrift (1783–1796). Eine Bibliographie [...], Bremer Beiträge zur freien Volksbildung 11, Bremen 1968.

Seifert, Siegfried: Lessing-Bibliographie, Berlin und Weimar 1973.

Wilpert, Gero von: „Karl Wilhelm Ramler", in: Wilpert, Gero von (Hrsg.): *Lexikon der Weltliteratur. Biographisch-bibliographisches Handwörterbuch nach Autoren und anonymen Werken*, 4. Aufl., Stuttgart 2004, S. 493f.

„Karl Wilhelm Ramler", in: Albrecht, Günter und Albrecht Dahlke (Hrsg.): *Internationale Bibliographie zur Geschichte der deutschen Literatur von den Anfängen bis zur Gegenwart*, Bd. 1, Berlin 1969.

Katalog der Sammlung Kippenberg, 2. Aufl., Leipzig 1928.

„Ramler, Karl Wilhelm", in: Schmidt, Heiner (Hrsg.): *Quellenlexikon zur deutschen Literaturgeschichte [...]. Personal- und Einzelwerkbibliographien der internationalen Sekundärliteratur 1945–1990 zur deutschen Literatur von den Anfängen bis zur Gegenwart*, Bd. 25, Duisburg 2000, S. 320.

7.5.2 Zitierte Werke

Jenisch, Daniel (Hrsg.): „Drei ungedruckte Gedichte von dem verstorbenen Ramler [...]", *Berlinisches Archiv der Zeit und ihres Geschmacks* 3 (1800), S. 169–171.

Lucchesini, Girolamo: Piis. Manibus. Friderici. Magni. Borussorum. Regis. [...] Das letzte Lebewohl dem Heiligen Schatten Friederichs des Grossen, Königes der Preussen [...], übers. von Karl Wilhelm Ramler, Berlin 1786.

Preußen, Friedrich II. von: Moralisches Gespräch zum Gebrauch der adelichen Jugend. Aus dem Französischen [...], übers. von Karl Wilhelm Ramler, Berlin 1770.

Ramler, Karl Wilhelm: „Abdankung zu B. 1766. gehalten von Mad. Schuch", *Königsbergsche Gelehrte und Politische Zeitungen* 102 (21.12.1767), S. 415–417.

---: „Alcäische Ode auf die Huldigung des Königes von Preussen Friedrich Wilhelms. Berlin, den 2ten October 1786", *Königlich-privilegirte Berlinische Zeitung von Staats- und gelehrten Sachen* 118 (03.10.1786), [Titelseite].

---: Allegorische Personen zum Gebrauche der bildenden Künstler [...]. Mit Kupfern von Bernhard Rode, Berlin 1788.

---: „An den Freiherrn von Gebler, Kaiserlichen Staatsrath. 1783. (In die übersandte Fabellese geschrieben.)", in: Jördens, Karl Heinrich (Hrsg.): *Berlinischer Musenalmanach für 1792*, Berlin 1791, S. 133f.

---: An den Herrn Johann Joachim Quantz, ersten Kammermusikus des Königes, beym Antritt Seines 70ten Jahres, Berlin 1766.

---: An den König von Preussen Friedrich Wilhelm den Zweyten, als Derselbe die Buchdruckerey besuchte, die mit den Werken des höchstseligen Königs beschäftigt war, o. O. o. J.

---: „An der regierenden Königinn von Preußen Majestät, als Dieselbe die Sternwarte der Akademie der Wissenschaften besuchte. Berlin, den 11. September, 1789", *Berlinische Monatsschrift* 14/12 (1789), S. 509–513.

---: „An des Königl. Preussischen Staatsministers Freyherrn von Zedlitz Excellenz; bey Uebersendung der Sinngedichte Martials", *Berlinische Monatsschrift* 11/6 (1788), S. 588–590.

---: „An die Neära. Horazens funfzehnte Ode des fünften Buchs", *Berlinische Monatsschrift* 2/9 (1783), S. 193–196.

---: „An Herrn Anthing aus Gotha. In ein Exemplar des Martialis", *Olla Potrida* 1 (1788), S. 1.
---: „An seine Majestät den König von Preussen Friedrich Wilhelm den Zweiten als die französischen Schriften des höchstseligen Königs gedruckt wurden. (Im Namen des Hofbuchdruckers)", in: Jördens, Karl Heinrich (Hrsg.): *Berlinischer Musenalmanach für 1792*, Berlin 1791, S. 85f.
---: „Antrittsrede bey der Eröfnung des Kochischen Theaters in Berlin, von Ramler. (Gesprochen von Madame Koch, den 10. Jun. [1771])", *Almanach der deutschen Musen auf das Jahr 1772*, S. 132–134.
---: „Auf die Geburt Friedrich Wilhelms, jetztregierenden Königes von Preußen. Den 25sten September 1744", *Königlich-privilegirte Berlinische Zeitung von Staats- und gelehrten Sachen* 115 (26.09.1786), [unpaginiert].
---: Auf die Huldigung des Königes von Preussen, Friedrich Wilhelms. Berlin, den 2. October 1786. Vorgelesen in der Akademie der Wissenschaften von K. W. Ramler, Berlin 1786.
---: „Auf die Prinzeßinn von Preußen Friederika Louisa, bey der Geburt Ihres ersten Prinzen", *Berlinische privilegirte Zeitung* 94 (04.08.1770), S. 483.
---: „Berlins einmüthiger Wunsch beym Anfange des 1758sten Jahres", *Berlinische privilegirte Zeitung* 1 (03.01.1758), [Titelseite].
---: „Berlin", *Critische Nachrichten aus dem Reiche der Gelehrsamkeit* 6 (06.02.1750), S. 52–55.
---: „Beschluß der Rezension von den poetischen und prosaischen Versuchen [...] (Siehe das 35ste Stück dieser Zeitung.)", *Königlich-privilegirte Berlinische Zeitung von Staats- und gelehrten Sachen* 38 (27.03.1788), [unpaginiert].
---: „[Briefwechsel zur anakreontischen Ode]", *Critische Nachrichten aus dem Reiche der Gelehrsamkeit* 29 (17.07.1750), S. 275–277.
---: „Choriambische Ode an den König", *Berlinische privilegirte Zeitung* 11 (24.01.1767), S. 43.
---: „Cours de Belles Lettres. Tome Second. Beschluß", *Critische Nachrichten aus dem Reiche der Gelehrsamkeit* 25 (19.06.1750), S. 238–240.
---: „Cours de Belles Lettres. Tome Troisiéme", *Critische Nachrichten aus dem Reiche der Gelehrsamkeit* 26 (26.06.1750), S. 246–248.
---: Cyrus und Kassandana. Eine Singespiel [...], o. O. 1784.
---: „Das Fest des Daphnis und der Daphne, ein Wettgesang. Am Tage der Vermählung des Prinzen Friderich Wilhelms von Preussen, und der Prinzeßin Friderike Louise von Hessendarmstadt, gesungen von E. D. v. N. g. v. W.", *Berlinische privilegirte Zeitung* 84 (15.07.1769), S. 417.
---: Das Opfer der Nymphen, Ein Vorspiel. Am Geburtsfeste des Königs von Preußen, den 24. Januar, 1774. auf dem Deutschen Theater zu Berlin aufgeführt, Berlin 1774.
---: Das Opfer der Nymphen und Flußgötter. Ein Vorspiel. Am Geburtsfeste des Königs von Preußen, den 24. Januar, 1775. auf dem Deutschen Theater zu Berlin aufgeführt, Berlin 1775.

---: „Das so viel Aufsehen in Deutschland verursachte Schauspiel: Götz von Berlichingen mit der eisernen Hand [...]", *Berlinische privilegirte Zeitung* 46 (16.04.1774), S. 230f.
---: „Der blandusische Quell. Die 13. Ode des dritten Buchs aus dem Horaz", *Neue Beyträge zum Vergnügen des Verstandes und Witzes* 3/3 (1746), S. 226f.
---: Die Krönung des Königes Friederich Wilhelm des Zweyten. Eine Kantate, bey Gelegenheit der Jahresfeyer des Preussischen Krönungsfestes [...], Berlin 1787.
---: Einleitung in die Schönen Wissenschaften. Nach dem Französischen des Herrn Batteux, mit Zusätzen vermehret [...], Bd. 3, Leipzig 1757.
---: Einleitung in die Schönen Wissenschaften. Nach dem Französischen des Herrn Batteux mit Zusätzen vermehret [...], Bd. 4, 3. Aufl., Leipzig 1769.
---: Einleitung in die Schönen Wissenschaften. Nach dem Französischen des Herrn Batteux mit Zusätzen vermehret [...], Bd. 4, Leipzig 1758.
---: Einleitung in die schönen Wissenschaften. Nach dem Französischen des Hrn. Batteux, mit Zusätzen vermehret [...], Bd. 3, Wien 1770.
---: „Emilia Galotti, ein Trauerspiel von G. E. Lessing, Berlin 1772 [...]", *Berlinische privilegirte Zeitung* 38 (28.03.1772), S. 185.
---: „Epithalam auf die Vermählung Sr. Exzellenz des Königl. Preuss. Staats-Ministers, Herrn Leopold Otto von Gaudi", *Monats-Schrift der Akademie der Künste und mechan. Wissenschaften zu Berlin* 1/4 (1788), S. 151–153.
---: Fabellese, Leipzig 1783.
---: „Fortsetzung über die Versarten", *Critische Nachrichten aus dem Reiche der Gelehrsamkeit* 5 (30.01.1750), S. 37f.
---: „Gedancken über die neuen Versarten", *Critische Nachrichten aus dem Reiche der Gelehrsamkeit* 4 (23.01.1750), S. 29–32.
---: [G]eistliche Kantaten, 2. Aufl., Berlin 1768.
---: Geistliche Kantaten, Berlin 1760.
---: „Horazens Lieder", *Critische Nachrichten aus dem Reiche der Gelehrsamkeit* 33 (14.08.1750), S. 316f.
---: Horazens Oden, übersetzt und mit Anmerkungen erläutert [...], Bd. 1, Berlin 1800.
---: Horazens Oden, übersetzt und mit Anmerkungen erläutert [...], Bd. 2, Berlin 1800.
---: „Ist der römische Hexameter der deutschen Sprache möglich?", in: Hellmuth, Hans-Heinrich und Joachim Schröder (Hrsg.): *Die Lehre von der Nachahmung der antiken Versmaße im Deutschen. In Quellenschriften des 18. und 19. Jahrhunderts. Mit kommentierter Bibliographie*, Studien und Quellen zur Versgeschichte 5, München 1976, S. 35–45.
---: „Kleine gelegenheitliche Gedichte", *Berlinische Monatsschrift* 17/5 (1791), S. 397–402.
---: „Kleine gelegenheitliche Gedichte", *Berlinische Monatsschrift* 18/7 (1791), S. 1–5.
---: [K]urzgefaßte Einleitung in die schönen Künste und Wissenschaften, Görlitz 1798.

---: [K]urzgefasste Mythologie; oder Lehre von den fabelhaften Göttern, Halbgöttern und Helden des Alterthums. In zwey Theilen, mit vierzehn Kupfern, Bd. 1, Berlin 1790.
---: Lied der Nymphe Persantëis. Kolberg den 24ten September 1760.
---: Lieder der Deutschen, Berlin 1766.
---: „Lob der Gottheit. Nach dem 19. Psalm", *Berlinische Monatsschrift* 1/4 (1783), S. 311f.
---: „Lob der Stadt Berlin; bei Gelegenheit eines Granatapfels, der daselbst zur Reife gekommen war", in: *Musen-Almanach 1796*, Göttingen 1795, S. 68–76.
---: „Lob des Landlebens. Horazens zweyte Ode des fünften Buchs", *Berlinische Monatsschrift* 2/8 (1783), S. 97–107.
---: Lyrische Gedichte, Berlin 1772.
---: Marcus Valerius Martialis in einem Auszuge lateinisch und deutsch, Bd. 4, Leipzig 1790.
---: Ode an den Fabius. Nach der Schlacht bey Torgau, den 3. November 1760.
---: Ode an die Feinde des Königes. Den 24. Jenner 1760.
---: Ode an die Göttinn der Eintracht. Berlin, den 24 Jenner 1763.
---: Ode an die Muse. Berlin, den 18 Jenner, 1764.
---: Ode an die Stadt Berlin. den 24 Jenner 1759.
---: Ode an die Venus Urania. Den 2. November 1770, Berlin 1770.
---: „Ode an Herrn Bernhard Rode, verfertigt im Jahr 1760", in: Ramler, Karl Wilhelm: *Gedächtnißrede auf Herrn Bernhard Rode, Direktor der Königl. Akademie der bildenden Künste und mechanischen Wissenschaften zu Berlin [...]*, Berlin 1797, S. 13–23.
---: Ode an Herrn C. G. Krause, Rechtsgelehrten und Advocaten zu Berlin. Berlin, den 3ten Junius, 1762. [...].
---: Ode an seinen Arzt. Berlin, den 24 Jenner 1762.
---: „Ode auf die Geburt des Prinzen Friedrich Wilhelms von Preussen. Berlin, den 25. Sept. 1744", in: *Musen-Almanach. A. MDCCLXXI*, Göttingen 1770, S. 1–5.
---: Ode auf die Wiederkunft des Königes[.] Berlin, den 30 März, 1763. von Karl Wilhelm Ramler.
---: Ode auf ein Geschütz, wodurch, am Tage der Belagerung Berlins, eine Kugel, bis mitten in die Stadt getrieben wurde. Berlin den 3. October 1760.
---: Ode bei dem Friedensfeste. Berlin am 24sten May 1762.
---: „Ode. Die aus dem Donner hervorleuchtende Macht Gottes und Nichtigkeit der Menschen. Von Carl Wilhelm Ramler. 1740", in: *Musenalmanach oder poetische Blumenlese für das Jahr 1784*, Leipzig 1783, S. 151–175.
---: Oden, 2. Aufl., Berlin 1768.
---: Oden, Berlin 1767.
---: Oden aus dem Horaz, Berlin 1769.
---: Oden aus dem Horaz. Nebst einem Anhang zweier Gedichte aus dem Katull und achtzehn Liedern aus dem Anakreon. Mit Anmerkungen, [Berlin] 1787.

---: „Poetische und prosaische Versuche von Susanne v. B. geb. von Franklin. Berlin 1787. [...]", *Königlich-privilegirte Berlinische Zeitung von Staats- und gelehrten Sachen* 35 (20.03.1788), [unpaginiert].
---: Poëtische Werke. [...] Erster Theil: Lyrische Gedichte, Berlin 1800.
---: Poëtische Werke. [...] Zweyter Theil: Vermischte Gedichte, Berlin 1801.
---: „Rede am Geburtsfeste Ihrer Majestät der Königin Friderike Luise von Preussen, gehalten auf dem königlichen Nationaltheater in Berlin. Den 16ten Oktober 1788", *Königlich-privilegirte Berlinische Zeitung von Staats- und gelehrten Sachen* 126 (18.10.1788), [unpaginiert].
---: „Rede am Geburtsfeste Sr. Königl. Hoheit des Kronprinzen Friedrich Wilhelm von Preussen, gehalten auf dem Königlichen Nationaltheater zu Berlin, den 3ten August 1790", *Königl privilegirte Berlinische Zeitung. Von Staats- und gelehrten Sachen* 93 (05.08.1790), [unpaginiert].
---: „Rede am Geburtsfeste Sr. Majestät des Königes Friedrich Wilhelm des Zweiten, gehalten auf dem königlichen Nationaltheater in Berlin, den 25. September 1788", *Königlich-privilegirte Berlinische Zeitung von Staats- und gelehrten Sachen* 117 (27.09.1788), [unpaginiert].
---: „Rede am sechzigsten Geburtstage des Königs. Gehalten auf dem Deutschen Theater zu Berlin, nach der Vorstellung des heroischen Schauspiels Hermann", *Berlinische privilegirte Zeitung* 11 (25.01.1772), S. 55.
---: „Rede auf dem Deutschen Theater zu Berlin, von einer Schauspielerinn gehalten im Jahr 1767", *Berlinische Monatsschrift* 18/4 (1791), S. 289–299.
---: „Rede, von der Art, wie akademische Mitglieder sich unter einander am nützlichsten werden können. [...]", *Ephemeriden der Litteratur und des Theaters* 24 (17.06.1786), S. 369–374.
---: „Rede, von der Art, wie akademische Mitglieder sich unter einander am nützlichsten werden können?", *Monats-Schrift der Akademie der Künste und mechan. Wissenschaften zu Berlin* 2/5 (1788), S. 197–203.
---: „Vom Horaz und seinen Liedern", *Critische Nachrichten aus dem Reiche der Gelehrsamkeit* 30 (24.07.1750), S. 284–287; 31 (31.07.1750), S. 290–293.
---: „Von Gelehrten Sachen [darin ‚Ode auf die Geburt des Prinzen Friderich Wilhelms von Preußen. Berlin, den 25sten September 1744.']", *Berlinische privilegirte Zeitung* 115 (24.09.1767), S. 509.
Ramler, Karl Wilhelm [?]: „Nachricht", *Berlinische privilegirte Zeitung* 11 (24.01.1767), S. 43.
Ramler, Karl Wilhelm und François Cacault: Poesies Lyriques de Monsieur Ramler. Traduites de l'Allemand, Berlin u. Paris 1777.
Ramler, Karl Wilhelm und Johann Wilhelm Ludwig Gleim: Oden Bey Der Wiederkunft Des Königs Verfertiget, Berlin 1745.
Ramler, Karl Wilhelm und Lukas Friedrich Langemack: Ankündigung eines Collegii der schönen Wissenschaften und eines Collegii der Rechte, Welche den 16ten April des jetztlauffenden Jahres ihren Anfang nehmen sollen, Berlin 1752.

Ramler, Karl Wilhelm und Christian Bernhard Rode: „Allegorische Personen", *Monats-Schrift der Akademie der Künste und mechanischen Wissenschaften zu Berlin* 1 (1788), S. 9–24, S. 51–66, S. 99–114, S. 197–204.
---: „Allegorische Personen", *Monats-Schrift der Akademie der Künste und mechanischen Wissenschaften zu Berlin* 2 (1788), S. 4–11, S. 97–118, S. 281f. http://portraits.hab.de/werk/6569/ (zugegriffen am 17.09.2020).

7.5.3 Gedruckte Briefe

Altmann, Alexander (Hrsg.): „Briefe Karl Gotthelf Lessings an Moses Mendelssohn", *Lessing Yearbook* 1 (1969), S. 9–59 [Mendelssohn, Ramler und Nicolai an den Herzog von Braunschweig bez. Lessings Nachlass am 20. Februar 1781].

B. (Hrsg.): „Drei Briefe von Ramler an Adelung", *Der neue teutsche Merkur* 1 (1807), S. 45–54.

Bach, Carl Philipp Emanuel: Briefe und Dokumente, 2 Bd.e, hg. von Ernst Suchalla, Veröffentlichung der Joachim-Jungius-Gesellschaft der Wissenschaften 80, Göttingen 1994.

Bialas, Stephan (Hrsg.): „‚Apoll unter den Hirten'. Briefe von Schriftstellern an Johann Friedrich Reichardt im Bestand der Universitäts- und Landesbibliothek Münster", in: Salmen, Walter (Hrsg.): *Johann Friedrich Reichardt und die Literatur. Komponieren. Korrespondieren. Publizieren*, Hildesheim, Zürich, New York 2003, S. 103–119.

Bodemann, Eduard: Johann Georg Zimmermann. Sein Leben und bisher ungedruckte Briefe an denselben [...], Hannover 1878.

Brachvogel, Albert Emil: Geschichte des königlichen Theaters zu Berlin. Nach Archivalien des Königl. Geh. Staats-Archives und des Königl. Theaters. Bd. 2. Die Königl. Oper unter Freiherrn von der Reck und Das National-Theater bis zu Iffland. [...], Berlin 1878.

Brandt, Claudia (Hrsg.): Johann Lorenz Benzler. Lesebuch, Nylands Kleine Westfälische Bibliothek 98, Köln 2020.

Bräuning-Oktavio, Hermann: „Neues zur Biographie Johann Georg Schlossers", *Jahrbuch des Freien Deutschen Hochstifts* (1963), S. 19–99.

Buchholtz, Arend: Carl Robert Lessings Bücher- und Handschriftensammlung [...], Bd. 2, hg. von Gotthold Lessing, Berlin 1915.

Buchner, Karl: „Aus den Papieren der Weidmannschen Buchhandlung. Neue Folge. III. Karl Wilhelm Ramler", *Börsenblatt für den Deutschen Buchhandel und die mit ihm verwandten Geschäftszweige* 222 (1872), S. 3495f.

---: „Aus den Papieren der Weidmannschen Buchhandlung. Neue Folge. III. Karl Wilhelm Ramler. (Schluß aus Nr. 222)", *Börsenblatt für den Deutschen Buchhandel und die mit ihm verwandten Geschäftszweige* 228 (1872), S. 3586–3588.

---: Aus den Papieren der Weidmannschen Buchhandlung. Zweiter Theil. Aus dem Verkehr einer deutschen Buchhandlung mit ihren Schriftstellern, Berlin 1873.

Charisius, Arnold (Hrsg.): Ramler's Anakreontische Poesie im Briefwechsel aus seinen letzten Lebensjahren 1792–1797. Ein Supplement zu seinen Werken nach einer bisher nicht veröffentlichten Handschrift zum ersten Male in Druck gegeben, Leipzig 1921 [Briefgedichte von und an Johann Christoph Nagel].

Chezy, Helmina von (Hrsg.): „Rammler an meine Mutter", in: Chezy, Helmina von (Hrsg.): *Aurikeln. Eine Blumengabe von deutschen Händen*, Bd. 1, Berlin 1818, S. 23–25.

Chletas [d. i. Samuel Heinrich Catel] (Hrsg.): „Ramler als Rathgeber", *Der Gesellschafter oder Blätter für Geist und Herz* 53 (1823), S. 255 [Ramler an Karoline von Klencke am 10. November 1771].

Clark, Stephen L. (Hrsg.): „The Letters from C. P. E. Bach to K. W. Ramler", in: Clark, Stephen L. (Hrsg.): *C. P. E. Bach Studies*, Oxford 1988, S. 33–41.

Clemen, Otto (Hrsg.): Briefe an Elisa von der Recke. Aus den Originalen in der Museumsbibliothek in Mitau [...], Kurland in der Vergangenheit und Gegenwart 3, Berlin [ca. 1918].

---: „Kaiser Joseph II. von Österreich und Kronprinz Friedrich Wilhelm von Preußen 1780 in Mitau", *Historische Vierteljahrschrift* 18 (1918), S. 386–394 [Friedrich Wilhelm von Raison an Ramler am 24. September 1780].

Dorow, Wilhelm (Hrsg.): „Karl Wilhelm Ramler", in: Dorow, Wilhelm (Hrsg.): *Denkschriften und Briefe zur Charakteristik der Welt und Litteratur*, Bd. 1, Berlin 1838, S. 177–180 [Ramler an Karl Gottlieb Bock am 11. Mai 1770].

Engel, Johann Jakob: Briefwechsel aus den Jahren 1765 bis 1802, hg. von Alexander Košenina, Würzburg 1992.

Eybisch, Hugo: Anton Reiser. Untersuchungen zur Lebensgeschichte von K. Ph. Moritz und zur Kritik seiner Autobiographie, Probefahrten 14, Leipzig 1909.

Gaedertz, Karl Theodor (Hrsg.): „Ungedruckte Briefe von und an Karl Ludwig von Knebel aus den Jahren 1772 bis 1832", *Deutsche Revue über das gesamte nationale Leben der Gegenwart* 15/4 (1890), S. 219–235.

Gassen, Kurt (Hrsg.): „Karl Wilhelm Ramler an Johann Christoph Frisch", in: Gassen, Kurt (Hrsg.): *Unbekannte Pommernbriefe aus der Universitätsbibliothek Greifswald [...]*, Aus den Schätzen der Universitätsbibliothek zu Greifswald 15, Greifswald 1940, S. 9.

Geiger, Ludwig: „Mendelssohniana", *Monatsschrift für Geschichte und Wissenschaft des Judentums* 49, N. F. 13 (1905), S. 349–357.

Gerlach, Klaus: August Wilhelm Ifflands Berliner Bühne. „Theatralische Kunstführung und Oekonomie", hg. von Berlin-Brandenburgische Akademie der Wissenschaften, Berlin u. Boston 2015.

Glaser, Adolph (Hrsg.): „Ungedruckte Briefe aus dem Nachlasse Joh. Arn. Ebert's", *Archiv für das Studium der neueren Sprachen und Litteraturen* 23 (1858), S. 9–24.

Goeckingk, Leopold Friedrich Günther von: Die Freud ist unstet auf der Erde. Lyrik. Prosa. Briefe, hg. von Jochen Golz, Berlin 1990.

Götz, Friedrich (Hrsg.): Geliebte Schatten. Bildnisse und durchzeichnete Autographen der sechs grössten Dichter und Nationalschriftsteller Deutschlands aus den letzten hundert Jahren: Klopstock, Wieland, Herder, Lessing, Schiller, Göthe. [...] nebst Facsimile von Schriftzügen und Unterschriften diesen Meistern wohlgewogener deutscher Fürsten, wie von Autographen und Portraiten befreundeter Privatpersonen [...], Mannheim 1858 [zusammengesetzte Ausschnitte aus Ramlers Brief an Gottlieb Christian Götz vom 1. März 1783].

Günther, Otto (Hrsg.): „Unbekannte und vergessene Autographen", *Zeitschrift für vergleichende Litteraturgeschichte* N. F. 10 (1896), S. 438–453 [Ramler an Philipp Erasmus Reich am 30. April 1781].

Hasselberg, Felix: „Ein unbekannter Brief Ramlers an Gleim", *Der Autographensammler. Eine Katalogfolge des Hauses J. A. Stargardt* 6/8 (1942), S. 145–148.

Hoffmann von Fallersleben, August Heinrich (Hrsg.): „Ramler an Ephraim Kuh", in: Hoffmann von Fallersleben, August Heinrich: *Findlinge. Zur Geschichte deutscher Sprache und Dichtung*, Bd. 1, Leipzig 1860, S. 302–304.

Ischreyt, Heinz (Hrsg.): Die beiden Nicolai. Briefwechsel zwischen Ludwig Heinrich Nicolay in St. Petersburg und Friedrich Nicolai in Berlin (1776–1811). Ergänzt um weitere Briefe von und an Karl Wilhelm Ramler, Johann Georg Schlosser, Friedrich Leopold Graf zu Stolberg, Johann Heinrich Voß und Johann Baptist von Alxinger, Lüneburg 1989.

Jonas, Fritz (Hrsg.): „Christian Garve an Ramler. Mitgetheilt von Fritz Jonas aus seiner Autographensammlung", in: *Litterarische Mitteilungen. Festschrift zum zehnjährigen Bestehen der Litteraturarchiv-Gesellschaft in Berlin*, Berlin 1901, S. 9–12.

Kahlbau, E. (Hrsg.): „Ein aufgefundener Brief Ramler's", *Der Gesellschafter oder Blätter für Geist und Herz* 45 (1836), S. 222f. [Ramler an Samuel von Boulet (?) am 31. Oktober 1776].

Kleist, Ewald Christian von: Ewald von Kleist's Werke. Zweiter Theil. Briefe von Kleist, hg. von August Sauer, Berlin 1881.

---: Ewald von Kleist's Werke. Drittel Theil. Briefe an Kleist, hg. von August Sauer, Berlin 1882.

Klopstock, Friedrich Gottlieb: Werke und Briefe. Abt. Briefe. Bd. 1. 1738–1750, hg. von Horst Gronemeyer, Berlin u. New York 1979.

---: Werke und Briefe. Abt. Briefe. Bd. 2. 1751–1752, hg. von Rainer Schmidt, Berlin u. New York 1985.

---: Werke und Briefe. Abt. Briefe. Bd. 5,1. 1767–1772, hg. von Klaus Hurlebusch, Berlin u. New York 1989.

---: Werke und Briefe. Abt. Briefe. Bd. 7,1. 1776–1782, hg. von Helmut Riege, Berlin u. New York 1982.

---: Werke und Briefe. Abt. Briefe. Bd. 7,2. 1776–1782, hg. von Helmut Riege, Berlin u. New York 1982.

Körte, Wilhelm (Hrsg.): „Ramler's Naide", *Morgenblatt für gebildete Stände* 162 (1807), S. 645–647 [Briefe zwischen Ramler und Johann Wilhelm Ludwig Gleim].

Košenina, Alexander (Hrsg.): „Briefwechsel zwischen Friedrich Nicolai und Karl Wilhelm Ramler", in: Lütteken, Laurenz, Ute Pott und Carsten Zelle (Hrsg.): *Urbanität als Aufklärung: Karl Wilhelm Ramler und die Kultur des 18. Jahrhunderts*, Schriften des Gleimhauses Halberstadt 2, Göttingen 2003, S. 399–433.

Lee, David E. und John C. Osborne (Hrsg.): Mein lieber deutscher Horaz. Der Briefwechsel zwischen J. W. L. Gleim und K. W. Ramler [Typoskript].

Leemann-van Elck, Paul (Hrsg.): „Salomon Geßners Beziehungen zu Zeitgenossen. Mit 28 ungedruckten Briefen an S. Geßner", in: *Zürcher Taschenbuch auf das Jahr 1931*, Zürich 1930, S. 143–208.

Lessing, Gotthold Ephraim: [...] Briefwechsel mit Karl Wilhelm Ramler, Johann Joachim Eschenburg und Friedrich Nicolai. Nebst einigen Anmerkungen über Lessings Briefwechsel mit Moses Mendelssohn, Berlin u. Stettin 1794.

---: [S]ämmtliche Schriften. Sieben und zwanzigster Theil. Gotthold Ephraim Lessing's Briefwechsel mit Karl Wilhelm Ramler, Johann Joachim Eschenburg und Friedrich Nicolai [...], 2. Aufl., Berlin u. Stettin 1809.

---: Werke und Briefe. Bd. 11,1. Briefe von und an Lessing. 1743–1770, hg. von Helmuth Kiesel, Frankfurt a. M. 1987.

---: Werke und Briefe. Bd. 11,2. Briefe von und an Lessing. 1770–1776, hg. von Helmuth Kiesel, Frankfurt a. M. 1988.

---: Werke und Briefe. Bd. 12. Briefe von und an Lessing. 1776–1781, hg. von Helmuth Kiesel, Frankfurt a. M. 1994.

Meisner, Heinrich: „Ramler, der poetische Exerziermeister seiner Zeit", *Vossische Zeitung Nr. 167, Sonntagsbeilage Nr. 15*, 10.04.1898, Sp. 1–3 [Ramler an Christian Heinrich Boie am 21. September 1772].

Mendelssohn, Moses: Gesammelte Schriften. Jubiläumsausgabe. Bd. 12,1. Briefwechsel, Bd. 2,1, hg. von Alexander Altmann, Stuttgart-Bad Cannstatt 1976.

Minor, Jakob (Hrsg.): „Briefe von Gebler an Ramler", *Zeitschrift für die österreichischen Gymnasien* 38 (1887), S. 169–177.

Pröhle, Heinrich: „Berlin, Pankow, Schönhausen und Lähme (bei Blumberg und Werneuchen) vor hundert Jahren", in: Pröhle, Heinrich: *Friedrich der Große und die deutsche Literatur. Mit Benutzung handschriftlicher Quellen*, Berlin 1872, S. 209–223 [Ramler an Johann Wilhelm Ludwig Gleim (1747–1764)].

--- (Hrsg.): „Zwei Briefe von Gleim an Ramler über Friedrich den Großen", in: Pröhle, Heinrich: *Friedrich der Große und die deutsche Literatur. Mit Benutzung handschriftlicher Quellen*, Berlin 1872, S. 223–226.

Retzer, Joseph Friedrich Freyherr von (Hrsg.): Michael's Denis literarischer Nachlass, Bd. 2, Wien 1802.

Sauer, August: „Neue Mittheilungen über Ewald von Kleist", *Vierteljahrschrift für Litteraturgeschichte* 3 (1890), S. 254–295.

Schlegel, Friedrich (Hrsg.): „Briefe, von Wieland, Ramler, Lessing u. a. Von den Jahren 1770–1786 [an Tobias Philipp von Gebler]", *Deutsches Museum* 4 (1813), S. 137–174.

Schneider, Heinrich: Das Buch Lessing. Ein Lebensbild in Briefen, Schriften, Berichten, 2. Aufl., Bern u. München 1961.

Schüddekopf, Carl (Hrsg.): „Aus dem Briefwechsel zwischen Gessner und Ramler", *Zeitschrift für Vergleichende Litteraturgeschichte* 5 (1892), S. 96–117.

--- (Hrsg.): Berliner Briefe. Für die Gesellschaft der Bibliophilen zum 18. December 1904 in Druck gegeben, Weimar 1904 [Anna Louisa Karsch, Moses Mendelssohn und Friedrich Nicolai an Ramler].

--- (Hrsg.): Briefe von und an Johann Nikolaus Götz, Wolfenbüttel 1893.

--- (Hrsg.): Briefwechsel zwischen Gleim und Ramler. Erster Band. 1745–1752, Bibliothek des Literarischen Vereins in Stuttgart 242, Tübingen 1906.

--- (Hrsg.): Briefwechsel zwischen Gleim und Ramler. Zweiter Band. 1753–1759, Bibliothek des Literarischen Vereins in Stuttgart 244, Tübingen 1907.

---: „Ein Bismarck als Dichter", *Bismarck-Jahrbuch* 1 (1894), S. 484–492.

---: „Ein Stammbucheintrag Lessings", *Vierteljahrschrift für Litteraturgeschichte* 2 (1889), S. 136–138 [Ramler an Friedrich Nicolai am 18. Februar 1793].

---: „[Rez.] GChrLichtenbergs schriftstlellerische tätigkeit in chronologischer übersicht dargestellt. [...] von dr Friedrich Lauchert. Göttingen, Dieterich, 1893 [...]", *Anzeiger für deutsches Altertum und deutsche Litteratur* 23 (1897), S. 360–366 [zwei Auszüge aus dem Briefwechsel Ramler/Friedrich Nicolai].

Schüddekopf, Karl: „Berlin nach der Schlacht bei Kunersdorf", *Vossische Zeitung Nr. 175, Sonntagsbeilage Nr. 15*, 14.04.1895, Sp. 6–8 [Briefe von Lukas Friedrich Langemack an Ramler].

--- (Hrsg.): „Briefe von Ch. F. Weisse an K. W. Ramler. Im Auszuge mitgeteilt", *Archiv für das Studium der neueren Sprachen und Litteraturen* 77 (1886), S. 1–46.

--- (Hrsg.): „Briefe von Ch. F. Weisse an K. W. Ramler. Im Auszuge mitgeteilt. (Fortsetzung)", *Archiv für das Studium der neueren Sprachen und Litteraturen* 79 (1887), S. 164–216.

--- (Hrsg.): „Briefe von Ch. F. Weisse an K. W. Ramler. Im Auszuge mitgeteilt. (Schluss)", *Archiv für das Studium der neueren Sprachen und Litteraturen* 82 (1889), S. 241–290.

---: „Die Vossische Buchhandlung und Ramler", *Vossische Zeitung, Nr. 49, Morgenausgabe*, 29.01.1905.

---: „J. J. Ewald und Ramler", *Archiv für Litteraturgeschichte* 14 (1886), S. 281–289.

---: „Nicolai über Weimar im Jahre 1773", *Vossische Zeitung Nr. 590, Sonntagsbeilage Nr. 51*, 17.12.1893, Sp. 4–6 [Friedrich Nicolai an Ramler am 19. Juni 1773].

---: „Prinz Heinrich und die deutsche Literatur", *Vossische Zeitung Nr. 31, Sonntagsbeilage Nr. 3*, 19.01.1896, Sp. 4–7 [Ramler an Johann Wilhelm Ludwig

Gleim am 8. Februar 1764, Prinz Heinrich von Preußen an Ramler am 11. November 1776].

Seuffert, Bernhard (Hrsg.): „Briefe von Herder und Ramler an Benzler", *Archiv für Litteraturgeschichte* 9 (1880), S. 508–528.

Varnhagen von Ense, Karl August und Theodor Mundt (Hrsg.): K. L. von Knebel's literarischer Nachlaß und Briefwechsel, Bd. 2, Leipzig 1835.

Voß, Johann Heinrich: Ueber Götz und Ramler. Kritische Briefe, Mannheim 1809.

Warda, Arthur und Carl Diesch (Hrsg.): Briefe an und von Johann George Scheffner, Bd. 4, München u. Leipzig 1931.

Wieland, Christoph Martin: Wielands Briefwechsel. Bd. 5. Briefe der Weimarer Zeit [...], hg. von Hans Werner Seiffert, Berlin 1983.

---: Wielands Briefwechsel. Bd. 6. Überlieferung, Varianten und Erläuterungen zu Band 5. Register zu Band 3 bis 5, hg. von Siegfried Scheibe, Berlin 1995.

---: Wielands Briefwechsel. Bd. 8,1 (Juli 1782 – Juni 1785), hg. von Annerose Schneider, Berlin 1992.

---: Wielands Briefwechsel. Bd. 8,2 (Juli 1782 – Juni 1785), hg. von Annerose Schneider, Berlin 1994.

Wilhelm, Friedrich (Hrsg.): „Briefe an Karl Wilhelm Ramler", *Vierteljahrschrift für Litteraturgeschichte* 4 (1891), S. 41–79 sowie S. 226–263.

Wittig, Max: Johann Christian Brandes. Ein Beitrag zur Geschichte der Litteratur und des Theaters im 18. Jahrhundert, Jahresbericht des Königlichen Gymnasiums zu Schneeberg 11, Schneeberg 1899.

„Aus dem XVIII. Jahrhundert. Ungedruckte Briefe und Gedichte. III. Christlob Mylius. Joh. Arn. Ebert. Karl Wilh. Ramler. [...]", *Deutsche Dichtung* 24 (1898), S. 267–275 [Ramler an Johann Friedrich Bause am 24. April 1792].

„Bisher ungedruckte Briefe merkwürdiger Männer", *Der Gesellschafter oder Blätter für Geist und Herz* 6 (1836), S. 25f. [Ramler an Tobias Philipp von Gebler am 17. Oktober 1778].

„Briefe von Ramler an Fr. Nicolai", *Der Gesellschafter oder Blätter für Geist und Herz* 203 (21.12.1821), S. 949–951.

Friedrich Raßmann's Leben und Nachlaß. Nebst einer Auswahl von Briefen seiner Freunde, Münster 1833.

„Karl Wilhelm Ramler", in: *Sammlung historisch-berühmter Autographen, oder Facsimile's von Handschriften ausgezeichneter Personen alter und neuer Zeit. Erste Serie*, Stuttgart 1846, Nr. 234 [Brief von Ramler an Unbekannt].

Mitteilungen aus dem Litteraturarchive in Berlin. 1904. Briefe an Heinrich Christian Boie, Berlin 1904.

„Ramler, Karl Wilhelm, 1725–1798. E.Br.m.U. Berlin 24.IV.1792 [...]", in: Haus der Bücher AG und J. A. Stargardt (Hrsg.): *Autographen aus der Sammlung Karl Geigy-Hagenbach, Basel, und anderem Besitz. Auktion am 30. und 31. Mai 1961 in Marburg* [Katalog], Basel u. Marburg 1961, S. 48.

7.5.4 Biographica

Baur, Samuel: „[...] Karl Wilhelm Ramler. Professor der schönen Wissenschaften beim Kadettenkorps in Berlin", in: Baur, Samuel: *Gallerie historischer Gemählde aus dem achtzehnten Jahrhundert. Ein Handbuch für jeden Tag des Jahres*, Bd. 2, Hof 1804, S. 66–71.

---: „Karl Wilhelm Ramler", in: Baur, Samuel: *Gallerie der berühmtesten Dichter des achtzehnten Jahrhunderts*, Leipzig 1805, S. 259–282.

---: „Ramler, (Carl Wilhelm)", in: Baur, Samuel (Hrsg.): *Allgemeines historisches Handwörterbuch aller merkwürdigen Personen, die in dem letzten Jahrzehend des achtzehnten Jahrhunderts gestorben sind*, Ulm 1803, Sp. 799f.

Becker, Carl: Carl Wilhelm Ramler. 1725 Colberg–Berlin 1798, Aus dem Gleimhause zu Halberstadt 8, [Halberstadt] 1953.

Benzmann, Hans: „Ein Dichter Friedrichs des Großen. Karl Wilhelm Ramler. (Geboren am 25. Februar 1725.)", *Berliner Börsen-Zeitung*, 27.02.1925, S. 5.

Biester, Johann Erich: „Auch noch ein Wort über Kleist und Ramler", *Neue Berlinische Monatsschrift* 14 (1805), S. 146–160.

Bigler-Marschall, Ingrid: „Ramler, Karl Wilhelm", in: Bigler-Marschall, Ingrid und Wilhelm Kosch (Hrsg.): *Deutsches Theaterlexikon*, Bd. 3, Bern 1992, S. 1818.

Böttiger, Karl August: „Karl Wilhelm Ramler. (Im August 1797.)", in: Böttiger, Karl Wilhelm (Hrsg.): *Literarische Zustände und Zeitgenossen. In Schilderungen aus Karl Aug. Böttiger's handschriftlichem Nachlasse*, Bd. 2, Leipzig 1838, S. 112–120.

Branscombe, Peter: „Ramler, Karl Wilhelm", in: Sadie, Stanley und John Tyrell (Hrsg.): *The New Grove Dictionary of Music and Musicians*, Bd. 20, 2. Aufl., London u. a. 2001, S. 810f.

Brümmer, Franz: „Ramler, Karl Wilhelm", in: Brümmer, Franz (Hrsg.): *Deutsches Dichter-Lexikon [...]*, Bd. 2, Eichstätt u. Stuttgart 1877, S. 176.

Carvill, Barbara: „Karl Wilhelm Ramler", in: Hardin, James und Christoph E. Schweitzer (Hrsg.): *German Writers from the Enlightenment to Sturm und Drang, 1720–1764*, Detroit 1990, S. 227–233.

Daunicht, Richard: „Ramler, Karl Wilhelm", in: Blume, Friedrich (Hrsg.): *Die Musik in Geschichte und Gegenwart [...]*, Bd. 10, Kassel u. a. 1962, Sp. 1908f.

Denina, Carlo: „Ramler (Charles Guillaume)", in: Denina, Carlo (Hrsg.): *La Prusse littéraire sous Fréderic II [...]*, Bd. 3, Berlin 1791, S. 189–197.

Eckstein, Friedrich August: „Ramler, Karl Wilhelm", in: Eckstein, Friedrich August (Hrsg.): *Nomenclator philologorum*, Leipzig 1871, S. 453.

Eggebrecht, Wilhelm: „Karl Wilhelm Ramler. 1725–1798", in: Menn, Walter (Hrsg.): *Pommersche Lebensbilder*, Bd. 4, Forschungen zur Pommerschen Geschichte 15, Köln u. Graz 1966, S. 153–167.

Eitner, Robert: „Ramler, Karl Wilhelm", in: Eitner, Robert (Hrsg.): *Biographisch-bibliographisches Quellenlexikon der Musiker und Musikgelehrten der christlichen Zeitrechnung bis zur Mitte des neunzehnten Jahrhunderts*, Bd. 8, Leipzig 1903, S. 124.

Elschenbroich, Adalbert: „Karl Wilhelm Ramler", in: Stenzel, Jürgen (Hrsg.): *Deutsche Schriftsteller im Portrait*, Bd. 2, München 1980, S. 148f.

Ernesti, Johann Heinrich Martin: „Ramler, Carl Wilhelm", in: Hirsching, Friedrich Carl Gottlob und Johann Heinrich Martin Ernesti (Hrsg.): *Historisch-litterarisches Handbuch berühmter und denkwürdiger Personen, welche in dem achtzehnten Jahrhundert gelebt haben [...]*, Bd. 9,1, Leipzig 1806, S. 53–66.

Falk, Johann Daniel: „Ramler und Lessing. Ein Gespräch in der Unterwelt", in: Falk, Johann Daniel: *Die Prinzessin mit dem Schweinerüssel. Lustspiele. Gedichte. Publizistik*, Berlin 1988, S. 370–374.

Fischer, Peter: „Ramler, Karl Wilhelm", in: Killy, Walter (Hrsg.): *Literaturlexikon. Autoren und Werke deutscher Sprache*, Bd. 9, Gütersloh 1991, S. 287–289.

Fittbogen, Gottfried: „Der Barde Friedrichs", *Berliner Tageblatt und Handels-Zeitung* (20.08.1915), S. 2f..

Freydank, Hanns: „Karl Wilhelm Ramler. Zur zweihundertsten Wiederkehr seines Geburtstages", *Unser Pommerland. Monatsschrift für das Kulturleben der Heimat* 10 (1925), S. 42–46.

---: „Ramler-Portraits", *Unser Pommerland. Monatsschrift für das Kulturleben der Heimat* 10 (1925), S. 73f.

Fromm, Eberhard: „Der poetische Exerziermeister. Karl Wilhelm Ramler", *Berlinische Monatsschrift* 7 (1998), S. 58–63.

George, Richard: „Karl Wilhelm Ramler. Zur Erinnerung an die 100. Wiederkehr seines Todestages. (11. April 1798.)", *Der Bär. Illustrirte Wochenschrift [...]* 24/18 u. 19 (1898), S. 210–214 sowie S. 222–225.

Gerber, Ernst Ludwig: „Ramler (Karl Wilhelm)", in: Gerber, Ernst Ludwig (Hrsg.): *Historisch-biographisches Lexikon der Tonkünstler [...]*, Bd. 2, Leipzig 1792, Sp. 231f.

---: „Ramler (Karl Wilhelm)", in: Gerber, Ernst Ludwig (Hrsg.): *Neues historisch-biographisches Lexikon der Tonkünstler [...]*, Bd. 3, Leipzig 1813, Sp. 794.

Gleim, Johann Wilhelm Ludwig: „Ramler", *Neue Berlinische Monatsschrift* 7 (1802), S. 356–362.

---: „Ramler", *Neue Berlinische Monatsschrift* 8 (1802), S. 461–472.

Goeckingk, Leopold Friedrich Günther von: „Ramlers Leben", in: Ramler, Karl Wilhelm: *Poëtische Werke. [...] Zweyter Theil: Vermischte Gedichte*, Bd. 2, hg. von Leopold Friedrich von Goeckingk, Berlin 1801, S. 305–326.

Heinsius, Theodor: Versuch einer biographischen Skizze Ramlers, nebst einer kurzen Darstellung seines poetischen Charakters, Berlin 1798.

---: „Versuch einer biographischen Skizze Ramlers, nebst einer kurzen Darstellung seines poetischen Charakters", *Denkwürdigkeiten und Tagesgeschichte der Mark Brandenburg* 10 (1798), S. 1168–1201.

Henze, Adolf: „Karl Wilhelm Ramler", in: Henze, Adolf: *Die Handschriften der deutschen Dichter und Dichterinnen mit 305 Facsimile's, kurzen Biographien und Schrift-Characteristiken*, Leipzig 1855, S. 118.

Himly, Johann Friedrich Wilhelm und Friedrich Nicolai: „Gleim und Ramler. Nur noch ein paar Worte in Beziehung auf Dezemb. 1803 und Jänner 1804", *Neue Berlinische Monatsschrift* 11 (1804), S. 102–113.

Jenisch, Daniel: „Gespräche im Reiche der Todten. Erstes Gespräch zwischen Ramler und Leßing, über Schriftstellerey aus Eitelkeit, und über Schriftstellerey aus Geistesbedürfnis [...]", in: Jenisch, Daniel: *Beleuchtungen des weise-närrischen und närrisch-weisen Menschengeschlechts [...]*, Berlin 1802, S. 136–147.

---: „Ueber K. W. Ramlers poetischen Charakter", in: Jördens, Karl Heinrich (Hrsg.): *Berlinischer Musenalmanach für 1791*, Berlin 1791, S. 177–206.

Jördens, Karl Heinrich: „Karl Wilhelm Ramler", in: Jördens, Karl Heinrich (Hrsg.): *Lexikon deutscher Dichter und Prosaisten*, Bd. 4, Leipzig 1809, S. 262–307.

---: „Kurze Nachricht von Karl Wihelm Ramlers Leben und Schriften", in: Jördens, Karl Heinrich (Hrsg.): *Berlinischer Musenalmanach für 1791*, Berlin 1791, S. 161–176.

Katzur, Klaus: Berlins Straßennamen. Historische Persönlichkeiten auf Straßenschildern, Berlin 1969.

Killy, Walter: „Ramler, Karl Wilhelm", in: Killy, Walter und Rudolf Vierhaus (Hrsg.): *Deutsche Biographische Enzyklopädie*, Bd. 8, München 1998, S. 132.

Knüppeln, Julius Friedrich, Carl Christoph Nencke und Christian Ludwig Paalzow: „Rammler, Carl Wilhelm", in: Knüppeln, Julius Friedrich, Carl Christoph Nencke und Christian Ludwig Paalzow (Hrsg.): *Büsten berlinscher Gelehrten und Künstler mit Devisen*, Stendal 1787, S. 249–256.

Koch, Erduin Julius: „Carl Wilhelm Ramler", in: Koch, Erduin Julius (Hrsg.): *Odeum Friedrichs des Grossen*, Berlin 1793, S. 96–107.

Könnecke, Gustav: „Karl Wilhelm Ramler (1725–1798)", in: Könnecke, Gustav: *Bilderatlas zur Geschichte der Deutschen Nationalliteratur [...]*, Marburg 1887, S. 162.

Körte, Wilhelm: „Kleist's Originalhandschrift", *Neue Berlinische Monatsschrift* 9 (1803), S. 161–175.

Košenina, Alexander: „Mit Horaz zu Besuch bei Anakreon: Der Berliner Aufklärer Karl Wilhelm Ramler (1725–1798)", in: Košenina, Alexander: *Blitzlichter der Aufklärung. Köpfe – Kritiken – Konstellationen*, Hannover 2010, S. 29–31.

Kullnick, Heinz: „Ramler, Karl Wilhelm", in: Kullnick, Heinz: *Berliner und Wahlberliner. Personen und Persönlichkeiten von 1640–1914*, Berlin 1960, S. 43.

Kütner, Karl August: „Karl Wilhelm Ramler", in: Kütner, Karl August (Hrsg.): *Charaktere teutscher Dichter und Prosaisten. Von Kaiser Karl, dem Großen, bis aufs Jahr 1780*, Bd. 2, Berlin 1781, S. 364–367.

Ledebur, Carl von: „Ramler (Carl Wilh.)", in: Ledebur, Carl von (Hrsg.): *Tonkünstler-Lexicon Berlin's von den ältesten Zeiten bis auf die Gegenwart*, Berlin 1861, S. 425.
Lee, David: „Karl Wilhelm Ramler", in: Wappler, Gerlinde (Hrsg.): *„Sie sind ein ungestümer Freund". Menschen um Gleim I [...]*, Oschersleben 1998, S. 152–165.
Lee, David E.: „Ramler, Karl Wilhelm", in: Kühlmann, Wilhelm (Hrsg.): *Killy Literaturlexikon*, Bd. 9, 2. Aufl., Berlin u. New York 2010, S. 413–415.
Leonhardt, Jürgen: „Ramler, Karl Wilhelm", in: Kuhlmann, Peter und Helmuth Schneider (Hrsg.): *Der Neue Pauly. Supplemente. Bd. 6. Geschichte der Altertumswissenschaften. Biographisches Lexikon*, Stuttgart u. Weimar 2012, Sp. 1030f.
Lölkes, Herbert: „Ramler, Karl Wilhelm", in: Finscher, Ludwig (Hrsg.): *Die Musik in Geschichte und Gegenwart [...]*, Bd. 13, 2. Aufl., Kassel u. a. 2005, Sp. 1251.
Meister, Leonhard: „Rammler", in: Meister, Leonard und Heinrich Pfenninger: *Caracteres des poëtes les plus distingués de l'Allemagne avec leurs portraits [...]*, Zürich 1789, S. 220–224.
Mende, Hans-Jürgen: „Ramler, Karl Wilhelm", in: Mende, Hans-Jürgen (Hrsg.): *Lexikon Berliner Begräbnisstätten. Ein sozial- und kunsthistorischer Wegweiser zu allen Berliner Kirch- und Friedhöfen und Grabstätten bekannter Persönlichkeiten*, Berlin 2018, S. 63.
Meusel, Johann Georg: „Karl Wilhelm Ramler", in: Hamberger, Georg Christoph und Johann Georg Meusel (Hrsg.): *Das gelehrte Teutschland oder Lexikon der jetzt lebenden Teutschen Schriftsteller [...]*, Bd. 6, 5. Aufl., Lemgo 1798, S. 213–217.
---: „Karl Wilhelm Ramler", in: Meusel, Johann Georg (Hrsg.): *Lexikon der vom Jahr 1750 bis 1800 verstorbenen teutschen Schriftsteller*, Bd. 11, Leipzig 1811, S. 25–31.
---: „Ramler (K. W.)", in: Hamberger, Georg Christoph und Johann Georg Meusel (Hrsg.): *Das gelehrte Teutschland oder Lexikon der jetzt lebenden Teutschen Schriftsteller*, Bd. 11, 5. Aufl., 1805, S. 626.
Meyer, Ferdinand: „Ramler", in: Meyer, Ferdinand: *Berühmte Männer Berlins und ihre Wohnstätten. II. Friedrichs des Großen Zeitalter [...]*, Berlin 1876, S. 155–164.
Müller: „Der ‚deutsche Horaz'. Zum 200. Geburtstage von Karl Wilhelm Ramler", *Volksfreund. Tageszeitung für das werktätige Volk Mittelbadens*, 25.02.1925, S. 6.
Nicolai, Friedrich: „Ehrengedächtniß Ramlers [...]", in: Nicolai, Friedrich: *Sämtliche Werke. Briefe. Dokumente. Kritische Ausgabe mit Kommentar. Bd. 6. Erster Teil: Text. Gedächtnisschriften und philosophische Abhandlungen*, hg. von Alexander Košenina, Bern u. a. 1997, S. 109–115.
---: „Éloge de Monsieur Ramler", in: *Mémoires de l'académie royale des sciences et belles lettres depuis l'avènement de Frédéric Guillaume III au trône. 1803. Avec l'histoire pour le même temps*, Berlin 1805, S. 35–38.

---: „Ueber das gestörte Freundschaftsverhältniß zwischen Gleim und Ramler", *Neue Berlinische Monatsschrift* 11 (1804), S. 52–62.

Oberhauser, Fred und Nicole Henneberg: „Karl Wilhelm Ramler", in: Oberhauser, Fred und Nicole Henneberg: *Literarischer Führer Berlin*, Frankfurt a. M. u. Leipzig 1998, S. 27f.

Petrich, Hermann: „Der Sänger des Königs. Karl Wilhelm Ramler", *Unser Pommerland. Monatsschrift für das Kulturleben der Heimat* 9 (1924), S. 240f.

---: „Karl Wilhelm Ramler", in: Petrich, Hermann: *Pommersche Lebens- und Landesbilder*, Bd. 1, Hamburg 1880, S. 193–236.

---: „Karl Wilhelm Ramler", in: Historische Commisssion bei der königl. Akademie der Wissenschaften (Hrsg.): *Allgemeine Deutsche Biographie*, Bd. 27, Leipzig 1888, S. 213–215.

Pökel, Wilhelm: „Ramler, Karl Wilhelm", in: Pökel, Wilhelm: *Philologisches Schriftsteller-Lexikon*, Leipzig 1882, S. 217.

Porstmann, Gisbert: „Carl Wilhelm Ramler (1725–1798)", in: Mendelssohn, Moses: *Gesammelte Schriften. Jubiläumsausgabe. Bd. 24. Moses Mendelssohn. Portraits und Bilddokumente*, hg. von Gisbert Porstmann, Stuttgart-Bad Cannstatt 1997, S. 201f.

Pröhle, Heinrich: „Ramler und die politisch-literarische Bewegung in Berlin zur Zeit des siebenjährigen Krieges", in: Pröhle, Heinrich: *Friedrich der Große und die deutsche Literatur. Mit Benutzung handschriftlicher Quellen*, Berlin 1872, S. 93–106.

Raßmann, Friedrich: „Ramler, Karl Wilhelm", in: Raßmann, Friedrich: *Deutscher Dichternekrolog, oder gedrängte Uebersicht der verstorbenen deutschen Dichter, Romanenschriftsteller, Erzähler und Uebersetzer, nebst genauer Angabe ihrer Schriften*, Nordhausen 1818, S. 148f.

Rattermann, Heinrich Armin: „Denkrede zur Feier des hundertsten Todestages von Karl Wilhelm Ramler. Gehalten im ‚Deutschen Litterarischen Klub von Cincinnati' am 11. April 1898", in: Rattermann, Heinrich Armin: *Gesammelte ausgewählte Werke. Bd. 9. Denkreden und Vorträge gehalten im Deutschen Litterarischen Klub von Cincinnati, O.*, Bd. 2, Cincinnati 1910, S. 91–108.

Richter, Gottfried Lebrecht: „Ramler, Karl Wilhelm", in: Richter, Gottfried Lebrecht (Hrsg.): *Allgemeines Biographisches Lexikon alter und neuer geistlicher Liederdichter*, Leipzig 1804, S. 297f.

Rotermund, Heinrich Wilhelm: „Ramler (Carl Wilh.)", in: Rotermund, Heinrich Wilhelm und Johann Christoph Adelung (Hrsg.): *Fortsetzung und Ergänzungen zu Christian Gottlieb Jöchers allgemeinem Gelehrten-Lexiko [...]*, Bd. 6, Bremen 1819, Sp. 1306f.

Salzmann, Christian Gotthelf und Christian Gotthelf Salzmann: „Karl Wilhelm Ramler", in: *Denkwürdigkeiten aus dem Leben ausgezeichneter Teutschen des achtzehnten Jahrhunderts*, Schnepfenthal 1802, S. 598–601.

Saxe, Christopher: „Carolus Wilhelmus Ramler", in: Saxe, Christopher: *Onomasticon literarium [...]*, Utrecht 1803, S. 166.

Schlichtegroll, Friedrich: „Den 11ten April starb zu Berlin Carl Wilhelm Ramler, Prof. der sch. Wiss. bey dem Cadettenkorps", in: Schlichtegroll, Friedrich: *Nekrolog auf das Jahr 1798*, Bd. 9,1, Gotha 1802, S. 83–114.

Schmidt, Valentin Heinrich und Daniel Gottlieb Gebhard Mehring: „Ramler (Karl Wilhelm)", in: Schmidt, Valentin Heinrich und Daniel Gottlieb Gebhard Mehring (Hrsg.): *Neuestes gelehrtes Berlin; oder literarische Nachrichten von jetztlebenden Berlinischen Schriftstellern und Schriftstellerinnen [...]*, Bd. 2, Berlin 1795, S. 106–116.

Schüddekopf, Carl: *Karl Wilhelm Ramler bis zu seiner Verbindung mit Lessing*, Wolfenbüttel 1886.

Schultz, Willi: „Karl Wilhelm Ramler, der Barde Friedrichs des Große", *Unser Pommern* 3 (1965), S. 24–27.

Selle, Götz von: „Karl Wilhelm Ramler", in: Selle, Götz von: *Ostdeutsche Biographien. 365 Lebensläufe in Kurzdarstellungen*, Würzburg 1955, Nr. 40.

Sturz, Helfrich Peter: „Fragment eines Gesprächs", in: Sturz, Helfrich Peter: *Die Reise nach dem Deister. Prosa und Briefe*, hg. von Karl W. Becker, Berlin 1976, S. 271.

Tausch, Christian: „Lessing und Karl Wilhelm Ramler (1725–1798)", in: Kaufmann, Sylke (Hrsg.): *Lessing. Ein Sachse in Preußen* [Ausstellungskatalog], Kleine Schriften der Städtischen Sammlungen Kamenz 5, Kamenz 2014, S. 60–64.

Vetterlein, Christian Friedrich Rudolf: „Ramler", in: Vetterlein, Christian Friedrich Rudolf: *Handbuch der poetischen Litteratur der Deutschen, d. i. Kurze Nachrichten von dem Leben und den Schriften deutscher Dichter*, Köthen 1800, S. 411–421.

Wendriner, Karl Georg: „Ramler", in: Zeitler, Julius (Hrsg.): *Goethe-Handbuch*, Bd. 3, Stuttgart 1918, S. 176f.

Zahnow, Ernst: „Ramler, Karl Wilhelm", in: Mitteldeutscher Kulturrat e. V. (Hrsg.): *Mitteldeutsche Köpfe. Lebensbilder aus einem Jahrtausend*, Frankfurt a. M. 1959, S. 170.

Zeman, Herbert: „Ramler, Karl Wilhelm", in: Lupi, Sergio (Hrsg.): *Dizionario critico della letteratura tedesca*, Bd. 2, Turin 1976, S. 936f.

„Carl Wilhelm Ramler", in: *Pantheon der deutschen Dichter mit biographischen und litterarischen Notizen*, Bd. 1, Halle 1806, S. 235–239.

„Ramler", in: Gubitz, Friedrich Wilhelm (Hrsg.): *Berühmte Schriftsteller der Deutschen. Schilderungen nach Selbstanschauung theils auch berühmter Zeitgenossen [...]*, Bd. 2, Berlin 1855, S. 233–244.

„Ueber Ramler und Götz", *Neue Berlinische Monatsschrift* 21 (1809), S. 321–330.

7.5.5 Forschungsliteratur

Anderegg, Johannes: „Antikisierend: Karl Wilhelm Ramler", in: Anderegg, Johannes: *Lorbeerkranz und Palmenzweig. Streifzüge im Gebiet des poetischen Lobs*, Bielefeld 2015, S. 147–154.

Anger, Alfred: Deutsche Rokoko-Dichtung. Ein Forschungsbericht, Stuttgart 1963.

---: „Nachwort", in: Ramler, Karl Wilhelm: *Lieder der Deutschen*, hg. von Alfred Anger, Stuttgart 1965, S. 1*-11*.

Bach, Maximilian: „Salomon Gessner und die Berliner Aufklärung", in: Goldenbaum, Ursula und Alexander Košenina (Hrsg.): *Berliner Aufklärung. Kulturwissenschaftliche Studien*, Bd. 7, Hannover 2020, S. 77–106.

Badstübner-Gröger, Sibylle: „Karl Wilhelm Ramler und die Königliche Akademie der Künste und mechanischen Wissenschaften. Zur Bedeutung von Ramlers Schrift *Allegorische Personen zum Gebrauch der Bildenden Künstler* für die damals zeitgenössische Kunst in Berlin", in: Freunde und Förderer Schloß Britz e.V. (Hrsg.): *300 Jahre Schloß Britz. Ewald Friedrich Graf von Hertzberg und die Berliner Aufklärung*, Berlin 2006, S. 71–83.

---: „Karl Wilhelm Ramler und die Königliche Akademie der Künste und mechanischen Wissenschaften. Zur Bedeutung von Ramlers Schrift *Allegorische Personen zum Gebrauch der Bildenden Künstler* für die damals zeitgenössische Kunst in Berlin", in: Lütteken, Laurenz, Ute Pott und Carsten Zelle (Hrsg.): *Urbanität als Aufklärung. Karl Wilhelm Ramler und die Kultur des 18. Jahrhunderts*, Schriften des Gleimhauses Halberstadt 2, Göttingen 2003, S. 275–307.

---: „Karl Wilhelm Ramler. Allegorische Personen zum Gebrauch der Bildenden Künstler", in: *Die Kunst hat nie ein Mensch allein besessen. Eine Ausstellung der Akademie der Künste und der Hochschule der Künste, 9. Juni bis 15. September 1996*, Berlin 1996, S. 87f.

---: „Zu Karl Wilhelm Ramlers Schrift ‚Allegorische Personen zum Gebrauch der Bildenden Künstler' von 1788", in: Knabe, Peter-Eckhard und Johannes Thiele (Hrsg.): *Über Texte. Festschrift für Karl-Ludwig Selig*, Tübingen 1997, S. 31–38.

---: „Zur Ikonografie der Bauplastik an den Türmen der Französischen und der Deutschen Kirche auf dem Gendarmenmarkt in Berlin", in: Schultz, Anna (Hrsg.): *Turmbewohner. Entwurfszeichnungen von Daniel Chodowiecki und Bernhard Rode für den Gendarmenmarkt*, Berlin 2014, S. 25–39.

Blitz, Hans-Martin: „Private Kommunikation über das Vaterland: Gleims Briefwechsel mit Ramler, Kleist, Lessing und Uz zu Beginn des Siebenjährigen Krieges", in: Blitz, Hans-Martin: *Aus Liebe zum Vaterland. Die deutsche Nation im 18. Jahrhundert*, Hamburg 2000, S. 198–223.

Bohnen, Klaus: „Vom ‚eignen Naturelle'. Ramlers ‚nationalreformerische' Aufklärungsarbeit", in: Lütteken, Laurenz, Ute Pott und Carsten Zelle (Hrsg.): *Urbanität als Aufklärung. Karl Wilhelm Ramler und die Kultur des 18. Jahrhunderts*, Schriften des Gleimhauses Halberstadt 2, Göttingen 2003, S. 79–93.

Börsch-Supan, Helmut und Claudia Przyborowski: „Christian Bernhard Rode und die Ausstattung von Hertzbergs Landhaus in Britz", in: Freunde und Förderer Schloß Britz e.V. (Hrsg.): *300 Jahre Schloß Britz. Ewald Friedrich Graf von Hertzberg und die Berliner Aufklärung*, Berlin 2006, S. 71–83.

Brenner, Peter: „Harmoniekultur. Gleims Briefwechsel mit Ramler und Uz", in: Adam, Wolfgang (Hrsg.): *Geselligkeit und Bibliothek. Lesekultur im 18. Jahrhundert*, Göttingen 2005, S. 175–199.

Brockmeyer, Rainer: Geschichte des deutschen Briefes von Gottsched bis zum Sturm und Drang, Münster 1961.

Busch, Cornelia und Edda Eccarius: Widerspiegelung des Siebenjährigen Krieges und der Gestalt Friedrich II. in der Lyrik von Johann Wilhelm Ludwig Gleim, Anna Luise Karsch und Karl Wilhelm Ramler, Diplomarbeit Halle 1981.

Busch, Gudrun: „Karl Wilhelm Ramler als Liedersammler. Die *Lieder der Deutschen* (1766) und die *Lieder der Deutschen mit Melodien* (1767–1768)", in: Lütteken, Laurenz, Ute Pott und Carsten Zelle (Hrsg.): *Urbanität als Aufklärung. Karl Wilhelm Ramler und die Kultur des 18. Jahrhunderts*, Schriften des Gleimhauses Halberstadt 2, Göttingen 2003, S. 225–260.

---: „‚O Händel, stolzer Britten Ruhm, / Doch unser, unser Eigenthum!'. Zur deutschen Händel-Rezeption um 1750", in: Lütteken, Laurenz (Hrsg.): *Händel-Rezeption der frühen Goethe-Zeit. Kolloquium Goethe-Museum Düsseldorf 1997*, Marburger Beiträge zur Musikwissenschaft 9, Kassel u. a. 2000, S. 65–80.

---: „Zwischen Berliner Musikliebhabern und Berliner Anglophilie, Aufklärung und Empfindsamkeit: Zur Genese der frühesten Berliner Händel-Rezeption 1748–1771", in: Lütteken, Laurenz (Hrsg.): *Händel-Rezeption der frühen Goethe-Zeit. Kolloquium Goethe-Museum Düsseldorf 1997*, Marburger Beiträge zur Musikwissenschaft 9, Kassel u. a. 2000, S. 81–134.

Busch-Salmen, Gabriele: „‚Auf Herrn Quanzens Geburtstag' – Hintergründe zu einem Huldigungs-Epigramm von Carl Wilhelm Ramler", *Tibia. Magazin für Holzbläser* 22,1 (1997), S. 321–325.

Buske, Walter: „Pygmaliondichtungen des 18. Jahrhunderts", *Germanisch-Romanische Monatsschrift* 7 (1919), S. 345–354.

Cadenbach, Rainer: „Carl Philipp Emanuel Bachs Vertonung der *Auferstehung und Himmelfahrt Jesu* von Karl Wilhelm Ramler. Beobachtungen zur musikalischen Auslegung einer geistlichen Dichtung", in: Cadenbach, Rainer und Helmut Loos (Hrsg.): *Beiträge zur Geschichte des Oratoriums seit Händel. Festschrift. Günther Massenkeil zum 60. Geburtstag*, Bonn 1986, S. 95–122.

Chlewicka, Katarzyna: „Die Arbeit am Friedrichmythos. Karl Wilhelm Ramler und Friedrich II.", in: Jaśtal, Katarzyna u. a. (Hrsg.): *Variable Konstanten. Mythen in der Literatur*, Dresden u. Wrocław 2011, S. 93–102.

Ciołek-Jóźwiak, Agnieszka: „Logaus Sinngedichte in Lessings und Ramlers Bearbeitung", in: Althaus, Thomas und Sabine Seelbach (Hrsg.): *Salomo in Schlesien*, Amsterdam 2006, S. 363–378.

Czornyi, Peter: „Der Tod Jesu (1755) – Ein Gelegenheitswerk mit Zukunft. Versuch einer Darstellung der Entstehung und frühen Aufführungstradition der Passionsvertonung Telemanns in Beziehung zur gleichnamigen Vertonung Carl Heinrich Grauns", in: Hobohm, Wolf (Hrsg.): *Telemanns Auftrags- und*

Gelegenheitswerke: Funktion, Wert und Bedeutung, Telemann-Konferenzberichte 10, Oschersleben 1997, S. 152–158.

Daniel, Hermann Adalbert: „Ramler's erste Ode auf Friedrich den Großen", in: Daniel, Hermann Adalbert: *Zerstreute Blätter. Abhandlungen und Reden vermischten Inhalts*, Halle 1866, S. 84–94.

De Capua, Angelo George: „Karl Wilhelm Ramler: Anthologist and Editor", *Journal of English and Germanic Philology* 55/3 (1956), S. 355–372.

Dehrmann, Mark-Georg: Das „Orakel der Deisten". Shaftesbury und die deutsche Aufklärung, Göttingen 2008.

Disselkamp, Martin: „Gelehrte und poetische Mythenkunde. Zwei Varianten der Rezeption antiker Mythologie im Berlin des ausgehenden 18. und beginnenden 19. Jahrhunderts", in: Elm, Veit, Günther Lottes und Vanessa de Senarclens (Hrsg.): *Die Antike der Moderne. Vom Umgang mit der Antike im Europa des 18. Jahrhunderts*, Aufklärung und Moderne 18, Hannover 2009, S. 165–185.

Eichhorn, Kristin: Die Kunst des moralischen Dichtens. Positionen der aufklärerischen Fabelpoetik im 18. Jahrhundert, Literatur Kultur Theorie 17, Würzburg 2013.

Elschenbroich, Adalbert: „Anfänge einer Theorie der Ballade im Sturm und Drang", *Jahrbuch des Freien Deutschen Hochstifts* (1982), S. 1–56.

Erasmus, Elias [d. i. Otto P.]: „Der Fall Lichtwer – Ramler. Ein Beitrag zur Geschichte des Autorrechts", *Börsenblatt für den Deutschen Buchhandel* 95/48 (1928), S. 205–207.

Erhardt, Sonja: Europäischer Musiktransfer. Russland im späten 18. Jahrhundert, Kulturtransfer und ‚Kulturelle Identität' 3, Paderborn 2019.

Flaherty, Gloria: Opera in the Development of German Critical Thought, Princeton 1978.

Fleischhauer, Günter: „Karl Wilhelm Ramlers musikalische Idylle ‚Der May' in den Vertonungen Georg Philipp Telemanns und Johann Friedrich Reichardts", in: Bimberg, Siegfried (Hrsg.): *Dichtung und Musik. Walther Siegmund-Schultze zum 65. Geburtstag*, Halle a. d. Saale 1982, S. 23–39.

---: „Karl Wilhelm Ramlers musikalische Idylle ‚Der May' in der Vertonung Georg Philipp Telemanns", in: Zentrum für Telemann-Pflege u. -Forschung Magdeburg (Hrsg.): *Die Bedeutung Georg Philipp Telemanns für die Entwicklung der Europäischen Musikkultur im 18. Jahrhundert*, Bd. 3, Magdeburg 1983, S. 82–93.

Fraenkel, Siegbert Martin: Ein Vivatband zu Friedrich Nicolai's Silberhochzeit 1785. Ein kleiner Beitrag zur Geistesgeschichte Berlins, Berlin 1925.

Freydank, Hanns: Goethe und Ramler, Halle a. d. Saale 1928.

---: Goethe und Ramler, Kolberg 1928.

Friedlaender, Max: Das deutsche Lied im 18. Jahrhundert. Bd. 1, Abt. 1. Musik, 2. Aufl., Hildesheim 1970.

---: Das deutsche Lied im 18. Jahrhundert. Bd. 1, Abt. 2. Musikbeispiele, 2. Aufl., Hildesheim 1970.

Goldbeck-Loewe, Adolf: „Kapitel III: Zeitgenossen Klopstock's: Ramler und Willamov. Kurze Uebersicht der weiteren Entwickelung der freien Verse bis auf Goethe", in: Goldbeck-Loewe, Adolf: *Zur Geschichte der freien Verse in der Deutschen Dichtung. Von Klopstock bis Goethe*, Kiel 1891, S. 46–50.

Goldenbaum, Ursula: „Ramler als Mitherausgeber einer gelehrten Zeitung. Die *Critischen Nachrichten aus dem Reiche der Gelehrsamkeit* im Jahre 1750", in: Lütteken, Laurenz, Ute Pott und Carsten Zelle (Hrsg.): *Urbanität als Aufklärung. Karl Wilhelm Ramler und die Kultur des 18. Jahrhunderts*, Schriften des Gleimhauses Halberstadt 2, Göttingen 2003, S. 355–388.

Grimm, Hartmut: „Ästhetik des Sanften. Zu Karl Wilhelm Ramlers und Johann Friedrich Reichardts Kantate *Der May*", in: Lütteken, Laurenz, Ute Pott und Carsten Zelle (Hrsg.): *Urbanität als Aufklärung. Karl Wilhelm Ramler und die Kultur des 18. Jahrhunderts*, Schriften des Gleimhauses Halberstadt 2, Göttingen 2003, S. 195–223.

Guilbert, Philippe: „Mythologie und Geschichte um 1790. Ein Beitrag zur Problemstellung der antiken Mythologie in der aufklärerischen Ästhetik", in: Raulet, Gérard und Burghart Schmidt (Hrsg.): *Vom Parergon zum Labyrinth. Untersuchungen zur kritischen Theorie des Ornaments*, Wien, Köln, Weimar 2001, S. 43–66.

---: „Welche neuzeitlichen Strategien für die Rettung der antiken Mythologie? Vergleich von drei ‚Handbüchern zur Götterlehre' um 1790: K. W. Ramler – Ch. G. Heyne/M. G. Hermann – K. Ph. Moritz", *Goethe Yearbook: Publications of the Goethe Society of North America* 9 (1999), S. 186–221.

Haischer, Peter-Henning: Historizität und Klassizität. Christoph Martin Wieland und die Werkausgabe im 18. Jahrhundert, Ereignis Weimar-Jena 28, Heidelberg 2011.

Häker, Horst: „Brennus in Preußen – Geschichte eines Mythos", *Jahrbuch Preußischer Kulturbesitz* 18 (1982), S. 299–316.

Hanselmann, Beat: Johann Wilhelm Ludwig Gleim und seine Freundschaften oder Der Weg nach Arkadien, Europäische Hochschulschriften. Reihe I, Deutsche Sprache und Literatur 1133, Bern u. a. 1989.

Häntzschel, Günter: „‚Blumenlesen' statt ‚Distel- und Dornenlesen': Die epigrammatischen Anthologien am Ende des 18. Jahrhunderts", *German Life and Letters* 70/1 (2017), S. 100–114.

Hartung, Günter: „Telemann und seine Dichter", in: Rat der Stadt Magdeburg in Verbindung mit dem Arbeitskreis „Georg Philipp Telemann" im Kulturbund der DDR (Hrsg.): *Telemann und seine Dichter*, Bd. 1, Magdeburg 1978, S. 12–30.

Heipcke, Corinna: Autorhetorik. Zur Konstruktion weiblicher Autorschaft im ausgehenden 18. Jahrhundert, Studien zur neueren Literatur 11, Frankfurt a. M. u. a. 2002.

Henzel, Christoph: „Carl Wilhelm Ramler als Intendant", in: Lütteken, Laurenz, Ute Pott und Carsten Zelle (Hrsg.): *Urbanität als Aufklärung. Karl Wilhelm Ramler und die Kultur des 18. Jahrhunderts*, Schriften des Gleimhauses Halberstadt 2, Göttingen 2003, S. 261–272.

---: „Dokumente zu Ramlers Intendantentätigkeit", in: Lütteken, Laurenz, Ute Pott und Carsten Zelle (Hrsg.): *Urbanität als Aufklärung. Karl Wilhelm Ramler und die Kultur des 18. Jahrhunderts*, Schriften des Gleimhauses Halberstadt 2, Göttingen 2003, S. 391–398.

Hettche, Walter: „‚Von dem Verfasser selbst herausgegeben'. Überlieferung und Textkritik der Fabeln Magnus Gottfried Lichtwers", in: Mitterauer, Gertraud u. a. (Hrsg.): *Was ist Textkritik? Zur Geschichte und Relevanz eines Zentralbegriffs der Editionswissenschaft*, Tübingen 2009, S. 171–181.

Heuschkel, Walter: Untersuchungen über Ramlers und Lessings Bearbeitung von Sinngedichten Logaus, Diss. phil. Jena 1901.

Hildebrandt, Annika: Die Mobilisierung der Poesie. Literatur und Krieg um 1750, Studien zur deutschen Literatur 220, Berlin u. Boston 2019.

Hobohm, Wolf: „Karl Wilhelm Ramlers zweite Fassung seines ‚Tod Jesu' in der musikalischen Bearbeitung von Christian Gottfried Krause", in: Lange, Carsten und Brit Reipsch (Hrsg.): *Telemann, der musikalische Maler. Telemann-Kompositionen im Notenarchiv der Sing-Akademie zu Berlin [...]*, Telemann-Konferenzberichte 15, Hildesheim, Zürich, New York 2010, S. 423–452.

---: „Telemann und Ramler", in: Rat der Stadt Magdeburg in Verbindung mit dem Arbeitskreis „Georg Philipp Telemann" im Kulturbund der DDR (Hrsg.): *Telemann und seine Dichter*, Bd. 2, Magdeburg 1978, S. 61–80.

---: „Vorwort/Kritischer Bericht", in: Telemann, Georg Philipp: *Die Donnerode. Das befreite Jerusalem*, hg. von Wolf Hobohm, Musikalische Werke 22, Kassel u. a. 1971, S. VII–XXIV.

Hoffmann, Tassilo: Jacob Abraham und Abraham Abramson. 55 Jahre Berliner Medaillenkunst. 1755–1810, Frankfurt a. M. 1927.

Holländer, Hans: „Karl Wilhelm Ramler und die Schachkultur des 18. Jahrhunderts", in: Lütteken, Laurenz, Ute Pott und Carsten Zelle (Hrsg.): *Urbanität als Aufklärung. Karl Wilhelm Ramler und die Kultur des 18. Jahrhunderts*, Schriften des Gleimhauses Halberstadt 2, Göttingen 2003, S. 39–57.

Jakob, Hans-Joachim: „‚Dann ist Berlin für uns die ganze weite Welt'. Theaterreden mit dem Aufführungsort Berlin in den Theaterjournalen des 18. Jahrhunderts", in: Goldenbaum, Ursula und Alexander Košenina (Hrsg.): *Berliner Aufklärung. Kulturwissenschaftliche Studien*, Bd. 6, Hannover 2017, S. 109–143.

Kawada, Kyoko: Studien zu den Singspielen von Johann Adam Hiller (1728–1804), Marburg 1969.

Kertscher, Hans-Joachim: „Karl Wilhelm Ramler als Herausgeber", in: Kertscher, Hans-Joachim: *„Dichters Lande". Aufsätze zur literarischen Kultur in Mitteldeutschland im 18. und beginnenden 19. Jahrhundert*, Hamburg 2013, S. 75–110.

---: „Karl Wilhelm Ramler als Herausgeber", in: Lütteken, Laurenz, Ute Pott und Carsten Zelle (Hrsg.): *Urbanität als Aufklärung. Karl Wilhelm Ramler und die Kultur des 18. Jahrhunderts*, Schriften des Gleimhauses Halberstadt 2, Göttingen 2003, S. 95–128.

Killy, Walter: Elemente der Lyrik, 2. Aufl., München 1972.

Kohnen, Joseph: „Poetische Wüste. Zu den lyrischen Beiträgen in den ersten Jahren der *Königsbergschen Gelehrten und Politischen Zeitungen* (1764–1768)", *Das Wort. Germanistisches Jahrbuch Russland* (2014/2015), S. 99–126.

Kohut, Adolph: „Der größte literarische Korrektor Deutschlands im 18. Jahrhundert. (Karl Wilhelm Ramler.)", in: Kohut, Adolph: *Autor und Verleger. Kritische Essays und Randglossen aus Schriftsteller- und Verleger-Werkstätten*, Beiträge zur Geschichte des Buch- u. Zeitungswesens 2, Heidelberg 1909, S. 83–88.

Kollroß, Josef: Ramlers Änderungen in seinen beiden Logau-Ausgaben, Diss. phil. Wien 1915.

König, Ingeborg: Studien zum Libretto des „Tod Jesu" von Karl Wilhelm Ramler und Karl Heinrich Graun, Schriften zur Musik 21, München 1972.

Košenina, Alexander: „Ein deutscher Horaz? Karl Wilhelm Ramler in der zeitgenössischen Rezeption", in: Lütteken, Laurenz, Ute Pott und Carsten Zelle (Hrsg.): *Urbanität als Aufklärung. Karl Wilhelm Ramler und die Kultur des 18. Jahrhunderts*, Schriften des Gleimhauses Halberstadt 2, Göttingen 2003, S. 129–152.

Kurbjuhn, Charlotte: „Preußische Leistungsschau. Bernhard Rode illustriert Karl Wilhelm Ramlers *Poetische Werke*", in: Haischer, Peter-Henning u. a. (Hrsg.): *Kupferstich und Letternkunst. Buchgestaltung im 18. Jahrhundert*, Heidelberg 2016, S. 473–538.

Lampe, Friedrich: Goeckingks Lieder zweier Liebenden, Freiburg 1928.

Langen, August: „Deutsche Sprachgeschichte vom Barock bis zur Gegenwart", in: Stammler, Wolfgang (Hrsg.): *Deutsche Philologie im Aufriss*, 2. Aufl., Berlin 1957.

Lee, David: „Karl Wilhelm Ramler as Prussian Patriot", *Wezel-Jahrbuch. Studien zur europäischen Aufklärung* 2 (1999), S. 115–130.

Lee, David E.: „Berlin in Halberstadt und Halberstadt in Berlin. Wunschbilder und ihre Auswirkungen im Gleim/Ramler-Briefwechsel", in: Lütteken, Laurenz, Ute Pott und Carsten Zelle (Hrsg.): *Urbanität als Aufklärung. Karl Wilhelm Ramler und die Kultur des 18. Jahrhunderts*, Schriften des Gleimhauses Halberstadt 2, Göttingen 2003, S. 61–78.

---: „Berlin, Mitte des Jahrhunderts: Zwei Gedichte von Karl Wilhelm Ramler", *Das Achtzehnte Jahrhundert* 30/1 (2006), S. 30–47.

Leonhardt, Jürgen: „Ramlers Übersetzungen antiker Texte", in: Lütteken, Laurenz, Ute Pott und Carsten Zelle (Hrsg.): *Urbanität als Aufklärung. Karl Wilhelm Ramler und die Kultur des 18. Jahrhunderts*, Schriften des Gleimhauses Halberstadt 2, Göttingen 2003, S. 323–353.

Lessmann, Benedikt: „Batteux ‚mit beträchtlichen Zusätzen'. Translation und Transfer der Nachahmungstheorie in der deutschen Musikästhetik der zweiten Hälfte des 18. Jahrhunderts", *Archiv für Musikwissenschaft* 76/2 (2019), S. 80–97.

Lölkes, Herbert: Ramlers „Der Tod Jesu" in den Vertonungen von Graun und Telemann. Kontext – Werkgestalt – Rezeption, Marburger Beiträge zur Musikwissenschaft 8, Kassel 1999.

Lütteken, Laurenz: Das Monologische als Denkform in der Musik zwischen 1760 und 1785, Wolfenbütteler Studien zur Aufklärung 24, Tübingen 1998.

---: „Epos und Grundriß des Ganzen. Die deutsche Oratoriendiskussion nach Händels Tod", in: Lütteken, Laurenz (Hrsg.): *Händel-Rezeption der frühen Goethe-Zeit. Kolloquium Goethe-Museum Düsseldorf 1997*, Marburger Beiträge zur Musikwissenschaft 9, Kassel u. a. 2000, S. 22–39.

---: „Zwischen Berlin und Hamburg. Ramler in der Musikkultur des 18. Jahrhunderts", in: Lütteken, Laurenz, Ute Pott und Carsten Zelle (Hrsg.): *Urbanität als Aufklärung. Karl Wilhelm Ramler und die Kultur des 18. Jahrhunderts*, Schriften des Gleimhauses Halberstadt 2, Göttingen 2003, S. 175–194.

Lütteken, Laurenz, Ute Pott und Carsten Zelle: „Vorbemerkung", in: Lütteken, Laurenz, Ute Pott und Carsten Zelle (Hrsg.): *Urbanität als Aufklärung. Karl Wilhelm Ramler und die Kultur des 18. Jahrhunderts*, Schriften des Gleimhauses Halberstadt 2, Göttingen 2003, S. 7–14.

Minor, Jakob (Hrsg.): Fabeldichter, Satiriker und Popularphilosophen des 18. Jahrhunderts (Lichtwer, Pfeffel, Kästner, Göckingk, Mendelssohn und Zimmermann), Deutsche National-Litteratur 73, Berlin u. Stuttgart 1884.

Monheim, Annette: Händels Oratorien in Nord- und Mitteldeutschland im 18. Jahrhundert, Schriften zur Musikwissenschaft aus Münster 12, Eisenach 1999.

Muncker, Franz: „Einleitung", in: Muncker, Franz (Hrsg.): *Anakreontiker und preußisch-patriotische Lyriker*, Bd. 1, Deutsche National-Litteratur 45, Stuttgart 1894, S. V–XIII.

---: „Einleitung", in: Muncker, Franz (Hrsg.): *Anakreontiker und preußisch-patriotische Lyriker*, Bd. 2, Deutsche National-Litteratur 45, Stuttgart 1894, S. 201–220.

Musketa, Konstanze: „Karl Wilhelm Ramlers Weihnachtsdichtung ‚Die Hirten bey der Krippe zu Bethlehem' und ihre Vertonung durch Georg Philipp Telemann und andere Komponisten", in: Thom, Eitelfriedrich (Hrsg.): *Zur Aufführungspraxis und Interpretation der Vokalmusik Georg Philipp Telemanns – ein Beitrag zum 225. Todestag [...]*, Studien zur Aufführungspraxis und Interpretation der Musik des 18. Jahrhunderts 46, Blankenburg 1995, S. 155–160.

Nowitzki, Hans-Peter und Peter-Henning Haischer: „Verbesserungsästhetik als Editionsprinzip. Karl Wilhelm Ramlers Bearbeitung von Johann Nikolaus Götz' Gedichten", *Zeitschrift für Germanistik* 27/1 (2017), S. 87–107.

Oehmichen, Felix: Johann Nikolaus Götz (1721–1781). Leben und Werk, Hannover 2017.

Palme, Andreas: „Bücher haben auch ihr Glücke". Die Sinngedichte Friedrich von Logaus und ihre Rezeptionsgeschichte, Erlanger Studien 118, Erlangen u. Jena 1998.

Petzoldt, Martin: „Zur theologischen Spezifik der von Carl Philipp Emanuel Bach vertonten Texte am Beispiel des Oratoriums Auferstehung und Himmelfahrt Jesu", in: Leisinger, Ulrich und Hans-Günter Ottenberg (Hrsg.): *Carl Philipp Emanuel Bachs geistliche Musik [...]*, Frankfurt a. d. O. 2001, S. 137–158.

Pick, Albert: „Ein ungedrucktes Jugendgedicht Karl Wilhelm Ramlers", *Archiv für Litteraturgeschichte* 15 (1887), S. 345–356.

---: „Ramlers lateinische Übersetzungen aus Gleims scherzhaften Liedern", *Zeitschrift für Vergleichende Litteraturgeschichte* N. F. 14 (1901), S. 330–380.

---: „Ramlers lateinische Übersetzungen aus Gleims scherzhaften Liedern", *Zeitschrift für Vergleichende Litteraturgeschichte* N. F. 15 (1904), S. 452–459.

---: „Über Ramlers Änderungen Hagedornscher Fabeln", *Archiv für das Studium der neueren Sprachen und Literaturen* 73 (1885), S. 241–272.

---: „Ueber Karl Wilhelm Ramlers Odentheorie. Eine literaturgeschichtliche Erinnerung an das Zeitalter Friedrichs des Grossen", in: Wahl, Moritz C. (Hrsg.): *Jahres-Bericht der höheren Handels-Fach-Schule zu Erfurt für das neunzehnte Schuljahr 1886–87*, Leipzig 1887, S. 3–23.

Pirscher, Manfred: Johann Joachim Eschenburg. Ein Beitrag zur Literatur- und Wissenschaftsgeschichte des achtzehnten Jahrhunderts, Diss. phil. Münster 1960.

Plachta, Bodo: Ein „Tyrann der Schaubühne"? Stationen und Positionen einer literatur- und kulturkritischen Debatte über Oper und Operntext im 18. Jahrhundert, Berlin 2003.

Pöthe, Zitha: Perikles in Preußen. Die Politik Friedrich Wilhelms II. im Spiegel des Brandenburger Tores, Berlin 2014.

Pröhle, Heinrich: „Ueber Ramlers Briefe an Gleim", in: Pröhle, Heinrich: *Friedrich der Große und die deutsche Literatur. Mit Benutzung handschriftlicher Quellen*, Berlin 1872, S. 208.

Rackwitz, Werner: „Marginalien zur Händel-Rezeption im Umfeld des brandenburgisch-preussischen Hofes im 18. Jahrhundert", *Händel-Jahrbuch* 44/1 (1998), S. 190–224.

Reipsch, Ralph-Jürgen: „[Einführung zu *Die Auferstehung und Himmelfahrt Jesu*]", in: *11. Magdeburger Telemann-Festtage. 25. – 28. Juni 1992. Festliche Musiktage anläßlich des 225. Todestages Georg Philipp Telemanns am 25. Juni*, Magdeburg 1992, S. 63–67.

---: „Nachwort", in: Ramler, Karl Wilhelm: *Geistliche Kantaten*, hg. von Wolf Hobohm und Ralph-Jürgen Reipsch, Magdeburg 1992.

---: „Telemanns Rezitativtechnik", in: Danuser, Hermann und Tobias Plebuch (Hrsg.): *Musik als Text. Bericht über den Internationalen Kongreß der Gesellschaft für Musikforschung. Freiburg im Breisgau 1993*, Bd. 2, Kassel u. a. 1998, S. 283–294.

Remorova, N. B.: „Basni Nemetskikh Avtorov v Perevodakh V. A. Zhukovskogo. Vnov' Otkrytye Avtografy v Biblioteke i Arkhive Pozta [russ.]", *Proble metoda i žanra* 10 (1983), S. 42–59.

Sauer, August: „Einleitung", in: Sauer, August (Hrsg.): *Ewald von Kleist's Werke*, Bd. 1, Berlin 1880, S. LXXIII–CIV.

---: Joachim Wilhelm von Brawe. Der Schüler Lessings, Quellen und Forschungen zur Sprach- und Culturgeschichte der germanischen Völker 30, Straßburg u. London 1878.

---: „Neue Mittheilungen über Ewald von Kleist", *Vierteljahrschrift für Litteraturgeschichte* 3 (1890), S. 254–295.

---: „Ueber die Ramlerische Bearbeitung der Gedichte E. C. v. Kleists. Eine textkritische Untersuchung", *Sitzungsberichte der Kaiserlichen Akademie der Wissenschaften. Philosophisch-historische Classe* 97 (1880), S. 69–101.

Schimpf, Wolfgang: Lyrisches Theater. Das Melodrama des 18. Jahrhunderts, Palaestra 282, Göttingen 1988.

Schultz, Anna: „Modelliert mit Rötelstift und Feder – die Entwurfzeichnungen von Bernhard Rode und Daniel Chodowiecki für den Skulpturenschmuck der Türme auf dem Gendarmenmark", in: Schultz, Anna (Hrsg.): *Turmbewohner. Entwurfzeichnungen von Daniel Chodowiecki und Bernhard Rode für den Gendarmenmarkt*, Berlin 2014, S. 51–69.

Schultz, Helga: „Die Gesellschaft der Aufklärer. Das Berlin Nicolais und Ramlers", in: Lütteken, Laurenz, Ute Pott und Carsten Zelle (Hrsg.): *Urbanität als Aufklärung. Karl Wilhelm Ramler und die Kultur des 18. Jahrhunderts*, Schriften des Gleimhauses Halberstadt 2, Göttingen 2003, S. 15–38.

Seidel, Wilhelm: „Ramler und Batteux. Beobachtungen eines Musikhistorikers", in: Lütteken, Laurenz, Ute Pott und Carsten Zelle (Hrsg.): *Urbanität als Aufklärung. Karl Wilhelm Ramler und die Kultur des 18. Jahrhunderts*, Schriften des Gleimhauses Halberstadt 2, Göttingen 2003, S. 309–322.

Sela-Teichler, Yael: „Music, Acculturation, and Haskalah between Berlin and Königsberg in the 1780s", *The Jewish Quarterly Review* 103/3 (2013), S. 352–384.

Selbach, Ralf: „Die Vase der Kritiker. Ein klassizistisches Potpourri en Vase verbindet Kant und Ramler", in: Brandt, Reinhardt und Werner Stark (Hrsg.): *Autographen, Dokumente und Berichte. Zu Edition, Amtsgeschäften und Werk Immanuel Kants*, Hamburg 1994, S. 139–157.

Sembritzki, Johannes: „Scheffners Ausgabe von Ramlers Gedichten 1766", *Zeitschrift für Bücherfreunde [...]* N. F. 6/1 (1914), S. 72.

Smither, Howard E.: „Die Auferstehung und Himmelfahrt Jesu von Johann Friedrich Agricola und Carl Philipp Emanuel Bach – Ein Vergleich", in: Leisinger, Ulrich und Hans-Günter Ottenberg (Hrsg.): *Carl Philipp Emanuel Bachs geistliche Musik [...]*, Frankfurt a. d. O. 2001, S. 122–136.

Spoerhase, Carlos und Erika Thomalla: „Kollaborative Autorschaft und literarische Kooperation im 18. Jahrhundert", *Zeitschrift für Deutsche Philologie* 139/2 (2020), S. 145–163.

Thomalla, Erika: Anwälte des Autors. Zur Geschichte der Herausgeberschaft im 18. und 19. Jahrhundert, Göttingen 2020.

---: „Sendeschluss. Freundschaften beenden im 18. Jahrhundert", *Jahrbuch der deutschen Schillergesellschaft* 64 (2020), S. 115–132.

Vellusig, Robert: Schriftliche Gespräche. Briefkultur im 18. Jahrhundert, Wien u. a. 2000.

Viëtor, Karl: Geschichte der deutschen Ode, 2. Aufl., Darmstadt 1961.

Weber, Ernst: „Patriotische Lyrik", in: Ziechmann, Jürgen (Hrsg.): *Panorama der fridericianischen Zeit. Friedrich der Große und seine Epoche – Ein Handbuch –*, Forschungen und Studien zur fridericianischen Zeit 1, Bremen 1985, S. 218–221.

Wiermann, Barbara: „Werkgeschichte als Gattungsgeschichte: Die ‚Auferstehung und Himmelfahrt Jesu' von Carl Philipp Emanuel Bach", *Bach-Jahrbuch* 83 (1997), S. 117–143.

Wittler, Kathrin: Morgenländischer Glanz. Eine deutsche jüdische Literaturgeschichte (1750–1850), Schriftenreihe wissenschaftlicher Abhandlungen des Leo Baeck Instituts 79, Tübingen 2019.

Zelle, Carsten: „Autorschaft und Kanonbildung – Barrieren der Ramler-Rezeption in der Neugermanistik", in: Lütteken, Laurenz, Ute Pott und Carsten Zelle (Hrsg.): *Urbanität als Aufklärung. Karl Wilhelm Ramler und die Kultur des 18. Jahrhunderts*, Schriften des Gleimhauses Halberstadt 2, Göttingen 2003, S. 153–172.

---: „Zwischen Gelehrtendichtung und Originalgenie. Barrieren der Ramler-Rezeption in der Germanistik", in: Luserke-Jaqui, Matthias (Hrsg.): *Literatur und Kultur des Rokoko*, Göttingen 2001, S. 197–209.

Zeman, Herbert: Die deutsche anakreontische Dichtung. Ein Versuch zur Erfassung ihrer ästhetischen und literarhistorischen Erscheinungsformen im 18. Jahrhundert, Germanistische Abhandlungen 38, Stuttgart 1972.

7.5.6 Beiträge in den *Mitteilungen des Vereins ehemaliger Schüler des Dom- und Real-Gymnasiums zu Kolberg*

Behling: „Die Ramlerfeier am 1. März 1926", *Mitteilungen des Vereins ehemaliger Schüler des Dom- und Realgymnasiums zu Kolberg* 7 (1926), S. 71.

Benzmann, Hans: „Karl Wilhelm Ramler zu seinem 200. Geburtstag am 25. Februar 1925 [Gedicht]", *Mitteilungen des Vereins ehemaliger Schüler des Dom- und Realgymnasiums zu Kolberg* 3 (1925), S. 17.

Borkowski, Hans: „Ramlerfeier und Entlassung der Reiseschüler am 5. Februar 1937", *Mitteilungen des Vereins ehemaliger Schüler des Dom- und Realgymnasiums zu Kolberg* 56 (1937), S. 713–716.

Der Schriftführer: „Die Ramlerfeier 1937 fand Freitag, den 5. Februar 1937 im Staatlichen Dom-Gymnasium statt", *Mitteilungen des Vereins ehemaliger Schüler des Dom- und Realgymnasiums zu Kolberg* 55 (1937), S. 699.

---: „Die Ramlerfeier", *Mitteilungen des Vereins ehemaliger Schüler des Dom- und Realgymnasiums zu Kolberg* 47 (1935), S. 595.

Der Vorstand: „Die Rammlerfeier", *Mitteilungen des Vereins ehemaliger Schüler des Dom- und Realgymnasiums zu Kolberg* 51 (1936), S. 645.

---: „Magnus Hirschfeld und die Karl Wilhelm Ramlerstiftung", *Mitteilungen des Vereins ehemaliger Schüler des Dom- und Realgymnasiums zu Kolberg* 6 (1925), S. 58.

Der Vorstand. Dr. Haenisch. Behling. Schroeder: „Die Ramlerfeier", *Mitteilungen des Vereins ehemaliger Schüler des Dom- und Realgymnasiums zu Kolberg* 67 (1940), S. 879.

Dietrich: „Rede zur Ramlerfeier. Februar 1932", *Mitteilungen des Vereins ehemaliger Schüler des Dom- und Realgymnasiums zu Kolberg* 36 (1932), S. 417–420.

Engel: „Die diesjährige Ramlerfeier [...]", *Mitteilungen des Vereins ehemaliger Schüler des Dom- und Realgymnasiums zu Kolberg* 26 (1930), S. 283f.

---: „Die erste Ramlerfeier im neuen Gymnasium. Sonnabend, 25. Februar 1933", *Mitteilungen des Vereins ehemaliger Schüler des Dom- und Realgymnasiums zu Kolberg* 39 (1933), S. 464.

---: „Die Ramlerfeier 1932 am Geburtstage des Dichters, Donnerstag, dem 25. Februar", *Mitteilungen des Vereins ehemaliger Schüler des Dom- und Realgymnasiums zu Kolberg* 35 (1932), S. 404f.

---: „Die Ramlerfeier", *Mitteilungen des Vereins ehemaliger Schüler des Dom- und Realgymnasiums zu Kolberg* 43 (1934), S. 535.

---: „Ramlerfeier 1928", *Mitteilungen des Vereins ehemaliger Schüler des Dom- und Realgymnasiums zu Kolberg* 17 (1928), S. 179–181.

---: „Ramlerfeier 1929", *Mitteilungen des Vereins ehemaliger Schüler des Dom- und Realgymnasiums zu Kolberg* 21 (1929), S. 218f.

---: „Ramlerfeier 1931 am Geburtstage des Dichters, Mittwoch, dem 25. Februar", *Mitteilungen des Vereins ehemaliger Schüler des Dom- und Realgymnasiums zu Kolberg* 30 (1931), S. 339f.

Freydank, Hanns: „Carl Heinrich Graun, der Komponist von Ramlers ‚Tod Jesu'", *Mitteilungen des Vereins ehemaliger Schüler des Dom- und Realgymnasiums zu Kolberg* 40 (1933), S. 487–491.

---: „Ein russischer Besuch bei Ramler [N. M. Karamsin]", *Mitteilungen des Vereins ehemaliger Schüler des Dom- und Realgymnasiums zu Kolberg* 43 (1934), S. 538f.

---: „Goethe und Ramler", *Mitteilungen des Vereins ehemaliger Schüler des Dom- und Realgymnasiums zu Kolberg* 20 (1925), S. 217.

---: „Karl Wilhelm Ramler. Der Sänger Friedrichs des Großen. Zur zweihundertsten Wiederkehr seines Geburtstages", *Mitteilungen des Vereins ehemaliger Schüler des Dom- und Realgymnasiums zu Kolberg* 3 (1925), S. 18–21.

---: „Karl Wilhelm Ramler und sein Künstlerkreis [sowie] Uebersichtstabelle über die Porträtdarstellungen des Dichters Karl Wilhelm Ramler", *Mitteilungen des Vereins ehemaliger Schüler des Dom- und Realgymnasiums zu Kolberg* 3 (1925), S. 24–27.

---: „Ramlers Wiener Freund Michael Denis. (Zur 203. Wiederkehr von Ramlers Geburtstag am 25. Februar 1928)", *Mitteilungen des Vereins ehemaliger Schüler des Dom- und Realgymnasiums zu Kolberg* 17 (1928), S. 177–179.

Haenisch, G.: „Ansprache bei der Ramlerfeier 1931", *Mitteilungen des Vereins ehemaliger Schüler des Dom- und Realgymnasiums zu Kolberg* 31 (1931), S. 356–358.
Hochfeld, Sophus: „Friedrich der Große und die deutsche Dichtung. Vortrag gehalten bei der Ramler-Gedächtnisfeier am 1. März 1926", *Mitteilungen des Vereins ehemaliger Schüler des Dom- und Realgymnasiums zu Kolberg* 7 (1926), S. 71–74.
Marten, Otto: „Bericht über die Feier am 25.02.1925. Die Ramlerfeier im Gymnasium [sowie] Die öffentliche Abendfeier im Strandschloß", *Mitteilungen des Vereins ehemaliger Schüler des Dom- und Realgymnasiums zu Kolberg* 3 (1925), S. 27f.
---: „Die diesjährige Ramlerfeier", *Mitteilungen des Vereins ehemaliger Schüler des Dom- und Realgymnasiums zu Kolberg* 12 (1927), S. 110f.
---: „Eine Ramlerfeier vor 80 Jahren", *Mitteilungen des Vereins ehemaliger Schüler des Dom- und Realgymnasiums zu Kolberg* 1 (1924), S. 6.
---: „Nachklang zur diesjährigen Ramlerfeier", *Mitteilungen des Vereins ehemaliger Schüler des Dom- und Realgymnasiums zu Kolberg* 21 (1929), S. 224.
---: „Ramlers Denkmal [Historisches Dokument von 1825]", *Mitteilungen des Vereins ehemaliger Schüler des Dom- und Realgymnasiums zu Kolberg* 3 (1925), S. 27.
Rumland, August: „Ramlerfeier 1883", *Mitteilungen des Vereins ehemaliger Schüler des Dom- und Realgymnasiums zu Kolberg* 18 (1928), S. 191f.
Schroeder: „Die Ramlerfeier 1939", *Mitteilungen des Vereins ehemaliger Schüler des Dom- und Realgymnasiums zu Kolberg* 63 (1939), S. 815.
---: „Die Ramlerfeier", *Mitteilungen des Vereins ehemaliger Schüler des Dom- und Realgymnasiums zu Kolberg* 59 (1938), S. 751f.
---: „Oberprediger G. C. Bauck, der Mitbegründer des Ramlervereins", *Mitteilungen des Vereins ehemaliger Schüler des Dom- und Realgymnasiums zu Kolberg* 69 (1940), S. 921.
Streve: „Nachtrag zur Ramlerfeier 1933. H. Löns als Heimatdichter", *Mitteilungen des Vereins ehemaliger Schüler des Dom- und Realgymnasiums zu Kolberg* 40 (1933), S. 484–486.
Wehrmann, P.: „Der Ramlerverein", *Mitteilungen des Vereins ehemaliger Schüler des Dom- und Realgymnasiums zu Kolberg* 3 (1925), S. 21–23.
„Ramler und Kolberg", *Mitteilungen des Vereins ehemaliger Schüler des Dom- und Realgymnasiums zu Kolberg* 59 (1938), S. 778–780.

7.6   Weitere Quellen

Abramson, Abraham: Versuch über den Geschmack auf Medaillen und Münzen der Neuern, in Vergleich mit jenen aus ältern Zeiten, Berlin 1801.
Alxinger, Johann Bapstist von: [...] Sämmtliche Gedichte, Bd. 1, Klagenfurth u. Laybach 1788.

---: „An den König von Preußen Friedrich Wilhelm", *Berlinische Monatsschrift* 8/11 (1786), S. 373–375.

Bandemer, Susanne von: „Vorerinnerung der Verfasserin zur zweyten Auflage der poetischen und prosaischen Versuche", in: Bandemer, Susanne von: *Poetische und Prosaische Versuche [...]*, Berlin 1802, S. XI–XVIII.

Batteux, Charles: Cours de belles lettres distribué par exercises, Bd. 2, Paris 1748.

---: Cours de belles lettres distribué par exercises, Bd. 3, Paris 1748.

---: Cours de belles-lettres, ou Principes de la litterature. Nouvelle edition, Bd. 3, Paris 1753.

---: Cours de belles-lettres, ou Principes de la litterature. Nouvelle edition, Bd. 4, Paris 1753.

Batteux, Charles und Johann Adolf Schlegel: [...] Einschränkung der schönen Künste auf Einen einzigen Grundsatz, aus dem Französischen übersetzt, und mit einem Anhange einiger eignen Abhandlungen versehen., Leipzig 1751.

Baumgarten, Alexander Gottlieb: Ästhetik. Übersetzt, mit einer Einführung, Anmerkungen und Registern [...], Bd. 1, hg. von Dagmar Mirbach, Philosophische Bibliothek 572a, Hamburg 2007.

---: Philosophische Brieffe von Aletheophilus, Frankfurt u. Leipzig 1741.

Becker, Sophie: Briefe einer Curländerinn auf einer Reise durch Deutschland, Bd. 2, Berlin 1791.

Bielfeld, Jakob Friedrich von: Progrès des Allemands dans les sciences, les belles-lettres & les arts, particuliérement dans la poësie & l'éloquence, Amsterdam 1752.

---: Progrès des Allemands, Dans les Sciences, les Belles-Lettres & les Arts, particulièrement dans la Poësie, l'Eloquence & le Théatre. [...] Troisieme Edition revue & considerablement augmentée. [...], Bd. 1, Leiden 1767.

---: Progrès des Allemands, Dans les Sciences, les Belles-Lettres & les Arts, particulièrement dans la Poësie, l'Eloquence & le Théatre. [...] Troisieme Edition revue & considerablement augmentée. [...], Bd. 2, Leiden 1767.

Bode, Johann Elert: „Monument astronomique consacré a Fréderic II. Lu dans l'Assemblée extraordinaire du 25 Janvier 1787", *Mémoires de l'Académie Royale des Sciences et Belles-Lettres [...] Aout 1786 jusqu'a la fin de 1787. [...]* (1792), S. 57–59.

Bodmer, Johann Jakob und Johann Jakob Breitinger (Hrsg.): Martin Opitzens Von Boberfeld Gedichte [...], Bd. 1, Zürich 1745.

Boie, Heinrich Christian (Hrsg.): Musenalmanach. MDCCLXXV, Göttingen 1774.

Börsch-Supan, Helmut (Hrsg.): Die Kataloge der Berliner Akademie-Ausstellungen. 1786–1850, Bd. 1, Quellen und Schriften zur bildenden Kunst 4, Berlin 1971.

Brandes, Johann Christian: Meine Lebensgeschichte, Bd. 2, Berlin 1800.

Breitinger, Johann Jakob: Fortsetzung Der Critischen Dichtkunst Worinnen die Poetische Mahlerey In Absicht auf den Ausdruck und die Farben abgehandelt wird [...], Zürich u. Leipzig 1740.

[Burmann, Gottlob Wilhelm]: Ptolomaeus und Berenice mit Melodien fürs Clavier, Berlin 1765.
Canitz, Friedrich Rudolf Ludwig Freiherr von: Gedichte, hg. von Jürgen Stenzel, Neudrucke deutscher Literaturwerke 30, Tübingen 1982.
Denina, Carlo: „Bamberger (Jean Pierre)", in: Denina, Carlo: *La Prusse littéraire sous Fréderic II [...]*, Bd. 1, Berlin 1790, S. 228f.
Dubos, Jean-Baptiste: Kritische Betrachtungen über die Poesie und Mahlerey [...], Bd. 1, übers. von Gottfried Benedikt Funk, Kopenhagen 1760.
Düntzer, Heinrich (Hrsg.): Goethes Tagebücher der sechs ersten Weimarischen Jahre (1776–1782) in lesbarer Gestalt herausgegeben und fachlich erläutert, Leipzig 1889.
--- (Hrsg.): Zur deutschen Literatur und Geschichte. Ungedruckte Briefe aus Knebels Nachlaß, Bd. 1, Nürnberg 1858.
Eschenburg, Johann Joachim: „Karl Wilhelm Ramlers FABELLESE. Leipzig, bey Weidmanns Erben und Reich. 1783. [...]", *Allgemeine deutsche Bibliothek* 58/1 (1784), S. 5–12.
Friedrich II. von Preußen: De la littérature allemande. Französisch-Deutsch. Mit der Möserschen Gegenschrift. Kritische Ausgabe, hg. von Christoph Gutknecht und Peter Kerner, Hamburg 1969.
---: Potsdamer Ausgabe. Bd. 7. Werke des Philosophen von Sanssouci. Oden, Episteln, Die Kriegskunst [...], hg. von Jürgen Overhoff und Vanessa de Senarclens, übers. von Hans W. Schumacher, Berlin 2012.
Fromery, Alexander: Recueil de Médailles. Pour servir à L'Histoire de Frederic Le Grand [...], Berlin 1764.
Gellert, Christian Fürchtegott: Briefwechsel, Bd. 3, hg. von John F. Reynolds, Berlin u. New York 1991.
---: Briefwechsel, Bd. 5, hg. von John F. Reynolds, Berlin u. New York 2013.
Gleim, Johann Wilhelm Ludwig: Versuch in Scherzhaften Liedern und Lieder. Nach den Erstausgaben von 1744/1745 und 1749 mit den Körteschen Fassungen im Anhang kritisch herausgegeben, hg. von Alfred Anger, Tübingen 1964.
Goeckingk, Leopold Friedrich Günther von: „Vorrede", in: Ramler, Karl Wilhelm: *Poëtische Werke. [...] Erster Theil: Lyrische Gedichte*, hg. von Leopold Friedrich Günther von Goeckingk, Berlin 1800, S. III–VI.
Goeckingk, Leopold Friedrich Günther von: Lieder zweier Liebenden und Ausgewählte Gedichte, hg. von Matthias Richter, Göttingen 1988.
Gottsched, Johann Christoph: Versuch einer Critischen Dichtkunst. [...], 3. Aufl., Leipzig 1742.
Hamann, Johann Georg: Briefwechsel. Zweiter Band. 1760–1769, hg. von Walther Ziesemer und Arthur Henkel, Wiesbaden 1956.
Hederich, Benjamin: [...] Gründliches Lexicon Mythologicum [...], Leipzig 1724.
Herder, Johann Gottfried: Briefe. Achter Band. Januar 1799–November 1803, hg. von Wilhelm Dobbek und Günter Arnold, Weimar 1984.
---: Briefe. Zweiter Band. Mai 1771–April 1773, hg. von Wilhelm Dobbek und Günter Arnold, Weimar 1977.

---: Werke in zehn Bänden. Bd. 1. Frühe Schriften. 1764–1772, hg. von Ulrich Gaier, Frankfurt a. M. 1985.
Huber, Michael: Choix de poésies allemandes [...], Bd. 2, Paris 1766.
Karo, E. und M. Geyer (Hrsg.): Vor hundert Jahren. Elise von der Reckes Reisen durch Deutschland 1784–1786 nach dem Tagebuche ihrer Begleiterin Sophie Becker, Stuttgart 1884.
Karsch, Anna Louisa: Auserlesene Gedichte [...], Berlin 1764.
Kletschke, Johann Gottfried: Lezte Stunden und Leichenbegängniß Friedrichs des Zweiten Königs von Preussen, Potsdam 1786.
Klopstock, Friedrich Gottlieb: Werke und Briefe. Abt. Briefe. Bd. 9,1. 1795–1798, hg. von Rainer Schmidt, Berlin u. New York 1993.
---: Werke und Briefe. Historisch-kritische Ausgabe. Bd. 1. Oden. Bd. 1. Text, hg. von Horst Gronemeyer und Klaus Hurlebusch, Berlin u. New York 2010.
---: Werke und Briefe. Historisch-kritische Ausgabe. Bd. 1. Oden. Bd. 2. Apparat, hg. von Horst Gronemeyer und Klaus Hurlebusch, Berlin u. Boston 2015.
Koser, Reinhold und Hans Droysen (Hrsg.): Briefwechsel Friedrichs des Großen mit Voltaire, Bd. 1, Publikationen aus den K. Preußischen Staatsarchiven 81, Leipzig 1908.
Krause, Christian Gottfried: Von der Musikalischen Poesie, Berlin 1752.
Krause, Johann Victor: Auserlesene Deutsche Gedichte [...], 2. Aufl., Berlin 1751.
---: „[Titelgedicht]", *Berlinische Nachrichten von Staats- und gelehrten Sachen* 1 (01.01.1750), [unpaginiert].
Kvaskova, Valda (Hrsg.): [...] Briefe der Herzogin Dorothea von Kurland, Historische Quellen 1, Riga 1999.
Lacher, Reimar F. (Hrsg.): Die Konferenzen der Berliner Kunstakademie 1786–1815. Annalen des Berliner Kunstalltags., „Berliner Klassik. Eine Großstadtkultur um 1800/Online-Dokumente", Berlin-Brandenburgische Akademie der Wissenschaften 2004, http://www.berliner-klassik.de/forschung/dateien/lacher_protokolle_adk.pdf (zugegriffen am 27.08.2021).
Lange, Samuel Gotthold: Des Quintus Horatius Flaccus Oden fünf Bücher und von der Dichtkunst ein Buch poetisch übersetzt [...], Halle 1752.
---: Horatzische Oden nebst Georg Friedrich Meiers Vorrede vom Werthe der Reime, Halle 1747.
Leibniz, Gottfried Wilhelm: „Dissertatio Praeliminaris [...]", in: Marius, Nizolius: *De Veris Principiis Et Vera Ratione Philosophandi Contra Pseudophilosophos, Libri IV. [...]*, hg. von Gottfried Wilhelm Leibniz, Frankfurt 1670.
---: Unvorgreifliche Gedanken, betreffend die Ausübung und Verbesserung der deutschen Sprache. Zwei Aufsätze, hg. von Uwe Pörksen, Stuttgart 1995.
Lenzewski, Gustav (Hrsg.): Kriegslied (Schlachtgesang von Ramler). Komponiert von Anna Amalie, Prinzessin von Preußen, Berlin 1915.
Lessing, Gotthold Ephraim: Sämtliche Schriften, Bd. 1, hg. von Karl Lachmann und Franz Muncker, 3. Aufl., Stuttgart 1886.
---: Von der Aehnlichkeit der Griechischen und Deutschen Sprache, hg. von Mark-Georg Dehrmann und Jutta Weber, Göttingen 2016.

Marwitz, Friedrich August Ludwig von der: Nachrichten aus meinem Leben. 1777–1808, hg. von Günter De Bruyn, Berlin 1989.
Maurach, Bernd (Hrsg.): Die Briefe Johann Daniel Sanders an Carl August Böttiger, 4 Bd.e, Bern u. a. 1990–1993.
Meier, Georg Friedrich: Anfangsgründe aller schönen Wissenschaften, Bd. 1, Halle 1748.
---: „Vorrede", in: Lange, Samuel Gotthold: *Horatzische Oden nebst Georg Friedrich Meiers Vorrede vom Werthe der Reime*, Halle 1747, S. 3–21.
Mendelssohn, Moses: „An Herrn Professor Ramler", in: Mendelssohn, Moses: *Die Psalmen*, Berlin 1783, S. III–VIII.
---: Gesammelte Schriften. Jubiläumsausgabe. Bd. 24. Moses Mendelssohn. Portraits und Bilddokumente, hg. von Gisbert Porstmann, Stuttgart-Bad Cannstatt 1997.
Michaelis, Johann Benjamin: Sämmtliche Poetische Werke [...]. Erste vollständige Ausgabe, Bd. 4, Sammlung der vorzüglichsten Werke deutscher Dichter und Prosaisten 20, Wien 1791.
Montesquieu, Charles de: Betrachtungen über die Ursachen der Grösse und des Verfalles der Römer. [...], übers. von Jakob Friedrich von Bielfeld, Berlin 1742.
Montfaucon, Bernard de: L'antiquité expliquée et representée en figures. Tome premier. Les Dieux des Grecs & des Romains. Premiere Partie. Les Dieux du premier, du second & troisiéme rang, selon l'ordre du tems [...], 2. Aufl., Paris 1722.
Moritz, Karl Philipp: Gedichte, hg. von Christof Wingertszahn, Kleines Archiv des achtzehnten Jahrhunderts 36, St. Ingbert 1999.
---: Sämtliche Werke. Kritische und kommentierte Ausgabe. Bd. 4. Schriften zur Mythologie und Altertumskunde. Teil 2: Götterlehre und andere mythologische Schriften. I: Text, hg. von Martin Disselkamp, Berlin u. Boston 2018.
---: Werke. Bd. 2. Popularphilosophie, Reisen, Ästhetische Theorie, hg. von Heide Hollmer und Albert Meier, Bibliothek deutscher Klassiker 145, Frankfurt 1997.
Motte Fouqué, Caroline de la (Hrsg.): Blick auf Gesinnung und Streben in den Jahren 1774–1778. Aus einem Briefwechsel dreier Offiziere der Potsdammer Garnison, Stuttgart u. Tübingen 1830.
Nicolai, Friedrich (Hrsg.): Anekdoten von König Friedrich II. von Preussen, und von einigen Personen, die um Ihn waren. [...], Bd. 6, Berlin u. Stettin 1792.
---: „Hundert und vierzigster Brief", *Briefe, die Neueste Litteratur betreffend* 8 (15.01.1761), S. 385–389.
Nietzsche, Friedrich: Sämtliche Werke. Kritische Studienausgabe. Bd. 1. Die Geburt der Tragödie. Unzeitgemäße Betrachtungen I–IV. Nachgelassene Schriften 1870–1873, hg. von Giorgio Colli und Mazzino Montinari, 2. Aufl., München, Berlin, New York 1988.
Nörtemann, Regina (Hrsg.): „Mein Bruder in Apoll". Briefwechsel zwischen Anna Louisa Karsch und Johann Wilhelm Ludwig Gleim. Band 1. Briefwechsel 1761–1768, Göttingen 1996.

Pindar: Oden. Griechisch/Deutsch, übers. von Eugen Dönt, Stutgart 2001.
Pleschinski, Hans (Hrsg.): Voltaire – Friedrich der Große. Briefwechsel, 2. Aufl., München 2012.
Pott, Ute (Hrsg.): „Mein Bruder in Apoll". Briefwechsel zwischen Anna Louisa Karsch und Johann Wilhelm Ludwig Gleim. Band 2. Briefwechsel 1769–1791, Göttingen 1996.
Pröhle, Heinrich: „Der Dichter Günther von Göckingk über Berlin und Preußen unter Friedrich Wilhelm II. und Friedrich Wilhelm III.", *Zeitschrift für Preußische Geschichte und Landeskunde* 14 (1877), S. 1–89.
Quintus Horatius Flaccus: Oden und Epoden. Lateinisch/Deutsch, hg. von Bernhard Kytzler, Stuttgart 2018.
---: Opera [...], hg. von Friedrich Klingner, Leipzig 1950.
---: Opera Ad Exemplar Londinense A Iohanne Pine Tabulis Aeneis Incisum Edita, Berlin 1745.
---: Opera. Ad optimorum Exemplarium fidem recensita. Accesserunt Variae Lectiones, Quae in Libris MSS. & Eruditorum Commentariis notatu digniores occurrunt, hg. von Jacob Talbot, 2. Aufl., Cambridge 1701.
---: Satiren. Briefe. Sermones. Epistulae. Lateinisch-deutsch, hg. von Gerhard Fink, übers. von Gerd Herrmann, Sammlung Tusculum, Düsseldorf u. Zürich 2000.
Reichardt, Johann Friedrich: Deux odes de Frédéric le Grand mises en musique [...] et dédiées a toutes les academies et institus des sciences et des arts, Berlin 1800.
Reichel, Johann Nathanael: Critik Ueber den Wohlklang des Sylben Maases In dem Heldengedichte der Meßias in einem Sendschreiben an Herrn J. F. M. in Leipzig abgefaßet von J. N. R., Chemnitz 1749.
---: Fortsezung der Critik Ueber den Wohlklang des Sylben Maases In dem Heldengedichte der Meßias in einem Sendschreiben an Herrn J. F. Merbitz in Coppenhagen [...], Chemnitz 1752.
Rinck, Christoph Friedrich: [...] Studienreise 1783/84, unternommen im Auftrage des Markgrafen Karl Friedrich von Baden. Nach dem Tagebuche des Verfassers herausgegeben [...], hg. von Moritz Geyer, Altenburg 1897.
Rödenbeck, Karl Heinrich Siegfried: Tagebuch oder Geschichtskalender aus Friedrich's des Großen Regentenleben [...], Bd. 2, Berlin 1841.
Rollin, Charles: De la maniere d'enseigner et d'etudier les belles lettres [...], Bd. 1, 4. Aufl., Paris 1732.
Sautier, Heinrich (Hrsg.): Dichtkunst des Horaz. Uebersetzt von Karl Wilhelm Ramler, Freiburg 1777.
--- (Hrsg.): Die Dichtkunst des Horaz übersetzt und erklärt in Prosa von K. W. Ramler; in Versen von C. M. Wieland. Zweyte, mit dem Entwurf einer Dichtkunst nach Horaz vermehrte Auflage, Basel 1789.
Schüddekopf, Carl (Hrsg.): Briefwechsel zwischen Gleim und Uz, Bibliothek des Literarischen Vereins in Stuttgart 218, Tübingen 1899.
Schütz, Christian Gottfried: „[Rezension von Bd. 1 der ‚Poëtischen Werke']", *Allgemeine Literatur-Zeitung* 3 (03.01.1800), Sp. 17–32.

Statius, Publius Papinius: Silvae. [...], übers. von Heinz Wissmüller, Neustadt a. d. Aisch 2016.
Steinbrucker, Charlotte (Hrsg.): Briefe Daniel Chodowieckis an Anton Graff, Berlin u. Leipzig 1921.
Sulzer, Johann Georg: Gesammelte Schriften. Kommentierte Ausgabe. Bd. 7. Dichtung und Literaturkritik, hg. von Annika Hildebrandt und Steffen Martus, Basel 2020.
---: Gesammelte Schriften. Kommentierte Ausgabe. Bd. 10/1. Johann Georg Sulzer – Johann Jakob Bodmer. Briefwechsel. Kritische Ausgabe, hg. von Elisabeth Décultot und Jana Kittelmann, Basel 2020.
---: „Geschmak", in: Sulzer, Johann Georg (Hrsg.): *Allgemeine Theorie der Schönen Künste [...]*, Bd. 1, Leipzig 1771, S. 461–465.
Tholuck, Friedrich August Gotttreu: „Die Gesellschaft der Freunde der Aufklärung in Berlin im Jahre 1783", *Litterarischer Anzeiger für christliche Theologie und Wissenschaft überhaupt* 8 (08.02.1830), Sp. 57–64.
Uz, Johann Peter: Lyrische Gedichte, Berlin 1749.
Volz, Gustav Berthold und Friedrich von Oppeln-Bronikowski (Hrsg.): Die Werke Friedrichs des Großen, Bd. 8, Berlin 1913.
Voss, Christian Friedrich (Hrsg.): Sammlung der Freudenbezeigungen und Illuminationen welche wegen der Ankunft seiner königlichen Majestät von Preussen, nach geendigtem dritten Schlesischen Kriege, und geschlossenen Hubertsburgischen [sic] Frieden, in Dero Residenz Berlin, den 4. April 1763. angestellet worden sind. Nebst einem Kupfer, Berlin 1763.
Vossius, Gerhard Johann: Commentariorum rhetoricorum, sive oratoriarum institutionum libri sex, 4. Aufl., Leiden 1630.
Wachter, Johann Georg: „Leben Herrn Johann Georg Wachters, aus seiner eignen Handschrift [1763]", in: Wachter, Johann Georg: *De primordiis Christianae religionis. Elucidarius cabalisticus. Origines juris naturalis. Dokumente*, hg. von Winfried Schröder, Freidenker der europäischen Aufklärung I, 2, Stuttgart-Bad Cannstatt 1995, S. 279–290.
Wadzeck, Friedrich und Wilhelm Jakob Wippel: Geschichte der Erbhuldigungen der Preußisch-Brandenburgischen Regenten aus dem Hohenzollerschen Hause, Bd. 2, Berlin 1798.
Wieland, Christoph Martin: Horazens Briefe aus dem Lateinischen übersezt und mit historischen Einleitungen und andern nöthigen Erläuterungen versehen [...], Bd. 2, Dessau 1782.
Wilhelm, Gustav (Hrsg.): „Briefe des Dichters Johann Baptist Alxinger", *Sitzungsberichte der Philosophisch-historischen Classe der Kaiserlichen Akademie der Wissenschaften* 140 (1899), S. 1–99.
Winckelmann, Johann Joachim: Kleine Schriften. Vorreden. Entwürfe, hg. von Walther Rehm, Berlin 1968.
Zobeltitz, Fedor von (Hrsg.): Bibliothek Weisstein. Katalog der Bücher des verstorbenen Bibliophilen Gotthilf Weisstein, Bd. 1, Leipzig 1913.

Zöllner, Johann Friedrich (Hrsg.): Lesebuch für alle Stände. Zur Beförderung edler Grundsätze, ächten Geschmacks und nützlicher Kenntnisse, Bd. 5, Berlin 1784.

Adres-Calender, Der Königl. Preuß. Haupt- und Residentz-Städte Berlin, und der daselbst befindlichen hohen und niederen Collegen, Instantien und Expeditionen, Auf das gemeine Jahr MDCCXLIX. [...], [Berlin] 1749.

Adres-Calender, der Königl. Preuß. Haupt- und Residentz-Städte Berlin, und derer daselbst befindlichen Hohen und Niederen Collegien, Instanzien und Expeditionen. Auf das gemeine Jahr MDCCLXVII. [...], [Berlin] 1767.

Adres-Calender, Der Königl. Preußl. Haupt- und Residentz-Städte Berlin, und der daselbst befindlichen hohen und niederen Collegen, Instantzien und Expeditionen. Auf das Jahr MDCCLXIII. [...], [Berlin] 1763.

Adreß-Kalender, der Königlich Preußischen Haupt- und Residenz-Städte Berlin und Potsdam, besonders der daselbst befindlichen hohen und niederen Collegien, Instanzen und Expeditionen, auf das Jahr 1798. [...], [Berlin] 1798.

Anzeige sämmtlicher Werke von Herrn Daniel Berger [...], Leipzig 1792.

„[Anzeigen]", *Berlinische Nachrichten von Staats- und gelehrten Sachen* 1 (01.01.1750), [unpaginiert].

„[Anzeigen]", *Berlinische privilegirte Zeitung* 10 (24.01.1775), S. 49.

„[Anzeigen]", *Berlinische privilegirte Zeitung* 10 (24.01.1764), S. 36.

„[Anzeigen]", *Berlinische privilegirte Zeitung* 10 (23.01.1762), S. 42.

„[Anzeigen]", *Berlinische privilegirte Zeitung* 11 (25.01.1772), S. 56.

„[Anzeigen]", *Berlinische privilegirte Zeitung* 11 (25.01.1763), S. 44.

„[Anzeigen]", *Berlinische privilegirte Zeitung* 12 (27.01.1774), S. 59.

„[Anzeigen]", *Berlinische privilegirte Zeitung* 51 (28.04.1767), S. 227.

„[Anzeigen]", *Berlinische privilegirte Zeitung* 60 (19.05.1767), S. 265.

„[Anzeigen]", *Berlinische privilegirte Zeitung* 85 (16.07.1765), S. 371.

„[Anzeigen]", *Königlich-privilegirte Berlinische Zeitung von Staats- und gelehrten Sachen* 102 (26.08.1786), [unpaginiert].

„[Anzeige]", *Königlich-privilegirte Berlinische Zeitung von Staats- und gelehrten Sachen* 13 (30.01.1787), [unpaginiert].

„[Anzeige]", *Berlinische Nachrichten von Staats- und gelehrten Sachen* 48 (20.04.1754), S. 192.

„[Anzeige]", *Berlinische Nachrichten von Staats- und gelehrten Sachen* 55 (08.05.1753), S. 230.

„[Anzeige]", *Königlich-privilegirte Berlinische Zeitung von Staats- und gelehrten Sachen* 110 (13.09.1787), [unpaginiert].

„[Anzeige]", *Königlich-privilegirte Berlinische Zeitung von Staats- und gelehrten Sachen* 116 (27.09.1787), [unpaginiert].

„[Anzeige]", *Berlinische Nachrichten von Staats- und gelehrten Sachen* 128 (24.10.1752), [unpaginiert].

„Berlin, den 1. Februar", *Königlich-privilegirte Berlinische Zeitung von Staats- und gelehrten Sachen* 14 (11.02.1787), [unpaginiert].

„[Berlin, den 6. Februar]", *Königlich-privilegirte Berlinische Zeitung von Staats- und gelehrten Sachen* 16 (06.02.1787), [unpaginiert].

„Berlin, den 14. September", *Königlich-privilegirte Berlinische Zeitung von Staats- und gelehrten Sachen* 110 (14.09.1786), [unpaginiert].

„Berlin, den 26. August", *Königlich-privilegirte Berlinische Zeitung von Staats- und gelehrten Sachen* 102 (26.08.1786), [unpaginiert].

„Berlin, den 29. August", *Königlich-privilegirte Berlinische Zeitung von Staats- und gelehrten Sachen* 103 (29.08.1786), [unpaginiert].

„Berlin, vom 12. September", *Berlinische Nachrichten von Staats- und gelehrten Sachen* 109 (12.10.1786), S. 817f.

„Berlin, vom 29. August", *Berlinische Nachrichten von Staats- und gelehrten Sachen* 103 (29.08.1786), S. 771.

Beschreibung des Triumphirenden Einzuges welchen Seine Königliche Majestät von Preußen Friedrich der Grosse am 28. Dec. 1745 in Dero Residentz-Stadt Berlin gehalten haben. Nebst den an selbigem Tage und am Friedens-Feste angestellten Illuminationen [...], Berlin 1746.

Bücher-Sammlung des † Herrn Professor Dr. Carl Schüddekopf [...], Berlin 1918.

„Chant de la Nymphe Persantis. A Colberg, ce 24 septembre 1761", *Journal étranger* (1762), S. 222–225.

Dramaturgie, ou observations critiques. Sur plusieurs Pieces de Théâtre, tant anciennes que modernes. Ouvrage intéressant, traduit de l'Allemand, de feu M. Lessing, par un Francois. Revu, corrigé & publié par M. Junker [...], Paris 1785.

„Eingesandtes Schreiben", *Freymüthige Nachrichten von Neuen Büchern, und andern zur Gelehrtheit gehörigen Sachen* 10 (06.03.1748), S. 75f.

Emblematischer Entwurff Von der aufblühenden Vollkommenheit Preußischer Länder/Unter Der gesegneten Regierung Des Preiswürdigsten Friderici II. Dritten Königs in Preussen Majestät, Magdeburg 1740.

„Gelehrte Sachen", *Berlinische Nachrichten von Staats- und gelehrten Sachen* 1 (01.01.1750), [unpaginiert].

„Granate", in: *Grosses vollständiges Universal Lexicon Aller Wissenschaften und Künste [...]*, Bd. 11, Halle u. Leipzig 1735, Sp. 565–568.

https://akademieregistres.bbaw.de/data/protokolle/0136-1749_07_03.xml (zugegriffen am 18.09.2019).

https://akademieregistres.bbaw.de/data/protokolle/0240-1751_12_16.xml (zugegriffen am 20.09.2019).

https://akademieregistres.bbaw.de/data/protokolle/1072-1771_09_26.xml (zugegriffen am 15.09.2019).

„Humaniora", in: *Grosses vollständiges Universal-Lexicon Aller Wissenschaften und Künste [...]*, Bd. 13, Leipzig u. Halle 1739, Sp. 1155f.

„Königliche Wohlthat gegen einen vaterländischen Dichter", *Berlinische Monatsschrift* 11/2 (1788), S. 131–137.

Musenalmanach oder poetische Blumenlese für das Jahr 1784, Leipzig 1783.

„Nationaltheater", *Königlich-privilegirte Berlinische Zeitung von Staats- und gelehrten Sachen* 93 (04.08.1787), [unpaginiert].

„[Ohne Rubrik]", *Königlich-privilegirte Berlinische Zeitung von Staats- und gelehrten Sachen* 109 (12.09.1786),[unpaginiert].

„[Ohne Rubrik]", *Königlich-privilegirte Berlinische Zeitung von Staats- und gelehrten Sachen* 118 (03.10.1786), [unpaginiert].

„Potsdam, vom 8 August", *Berlinische privilegirte Zeitung*, 11.08.1770, S. 491.

Sammlung theatralischer Gedichte nebst einigen Gedichten und Epigrammen auf Schauspieler und Schauspielerinnen. Erste Sammlung, Leipzig 1776.

„Von gelehrten Sachen", *Königlich-privilegirte Berlinische Zeitung von Staats- und gelehrten Sachen* 111 (16.09.1786), [unpaginiert].

7.7 Weitere Darstellungen

Aebi Farahmand, Adrian: Die Sprache und das Schöne. Karl Philipp Moritz' Sprachreflexionen in Verbindung mit seiner Ästhetik, Studia Linguistica Germanica 113, Berlin u. Boston 2012.

Ajouri, Philip: „Chronologische Werkausgaben im 19. Jahrhundert. Die Genese einer ‚werkpolitischen' Praxis im Spannungsfeld von Autorwillen, Archivordnung und Publikumserwartung", in: Gretz, Daniela und Nicolas Pethes (Hrsg.): *Archiv/Fiktionen. Verfahren des Archivierens in Literatur und Kultur des langen 19. Jahrhunderts*, Rombach Wissenschaften. Reihe Litterae 217, Freiburg, Berlin, Wien 2016, S. 85–105.

---: „Wie erforscht man eine Werkausgabe? Heuristische Skizze mit Beispielen aus der Geschichte der Werkausgaben", in: Ajouri, Philip, Ursula Kundert und Carsten Rohde (Hrsg.): *Rahmungen. Präsentationsformen und Kanoneffekte*, Beihefte zur Zeitschrift für Deutsche Philologie 16, Berlin 2017, S. 201–221.

---: „Zu einigen Sammlungs- und Ausschlussprinzipien beim Publikationstyp der ‚Gesammelten Werke'. Gottfried Kellers *Gesammelte Werke* (1889) und Goethes Ausgabe letzter Hand (1827–30)", in: Schmidt, Sarah (Hrsg.): *Sprachen des Sammelns. Literatur als Medium und Reflexionsform des Sammelns*, Paderborn 2016, S. 513–527.

Albrecht, Michael von: „Horaz und die europäische Literatur", *Gymnasium* 102 (1995), S. 289–304.

Alt, Peter-André: Begriffsbilder. Studien zur literarischen Allegorie zwischen Opitz und Schiller, Studien zur deutschen Literatur 131, Tübingen 1995.

Andres, Jan: „Auf Poesie ist die Sicherheit der Throne gegründet". Huldigungsrituale und Gelegenheitslyrik im 19. Jahrhundert, Historische Politikforschung 4, Frankfurt a. M. 2005.

---: „Poesie als Politik. Zur Huldigungslyrik von 1840", in: Meiner, Jörg und Jan Werquet (Hrsg.): *Friedrich Wilhelm IV. von Preußen. Politik. Kunst. Ideal*, Berlin 2014, S. 119–134.

Andres, Jan, Meike Rühl und Axel E. Walter: „Gelegenheitspublikation", in: Binczek, Natalie, Till Dembeck und Jörgen Schäfer (Hrsg.): *Handbuch Medien der Literatur*, Berlin u. Boston 2013, S. 441–458.

Anz, Thomas: „Literarische Norm und Autonomie. Individualitätsspielräume in der modernisierten Literaturgesellschaft des 18. Jahrhundert", in: Barner,

Wilfried (Hrsg.): *Tradition, Norm, Innovation. Soziales und literarisches Traditionsverhalten in der Frühzeit der deutschen Aufklärung*, Schriften des Historischen Kollegs. Kolloquien 15, München 1989, S. 71–88.

Aurnhammer, Achim: „Antonomastische Indienstnahmen antiker Dichter im Halberstädter Dichterkreis um Johann Wilhelm Ludwig Gleim", in: Hildebrandt, Annika, Charlotte Kurbjuhn und Steffen Martus (Hrsg.): *Topographien der Antike in der literarischen Aufklärung*, Publikationen zur Zeitschrift für Germanistik N. F. 30, Bern u. a. 2016, S. 283–297.

Baillot, Anne: „Formeys Pygmalions? Unterstützen und Unterstütztwerden im literarischen Preußen", in: Götze, Jannis und Martin Meiske (Hrsg.): *Jean Henri Samuel Formey. Wissensmultiplikator der Berliner Aufklärung*, Aufklärung und Moderne 36, Hannover 2016, S. 105–119.

Bamberg, Ludwig Christian: Die Garnisonkirchen des Barock in Berlin und Potsdam. Baukunst im Kontext, Studien zur Kunstgeschichte 212, Hildesheim, Zürich, New York 2018.

Bannicke, Elke: „Der Münzbuchstabe A von 1750 bis 1997 – Die Entwicklung der Münzstätte Berlin von der Königlichen Münze zum Münzamt der Bundesrepublik Deutschland", in: *Kunst und Technik der Medaille und Münze. Das Beispiel Berlin*, Die Kunstmedaille in Deutschland 7, Berlin 1997, S. 59–168.

---: „Die gefälschten Medaillenstempel des Berliner Stempelarchivs", *Beiträge zur brandenburgisch-preussischen Numismatik* 9 (2001), S. 153–168.

Barner, Wilfried: „Spielräume. Was Poetik und Rhetorik nicht lehren", in: Laufhütte, Hartmut (Hrsg.): *Künste und Natur in Diskursen der Frühen Neuzeit*, Bd. 1, Wolfenbütteler Arbeiten zur Barockforschung 35, Wiesbaden 2000, S. 33–67.

Bätschmann, Oskar: Ausstellungskünstler. Kult und Karriere im modernen Kunstsystem, Köln 1997.

Bauer, Barbara: „Aptum, Decorum", in: Weimar, Klaus, Harald Fricke und Jan-Dirk Müller (Hrsg.): *Reallexikon der deutschen Literaturwissenschaft*, Bd. 1, 3. Aufl., Berlin u. a. 2007, S. 115–119.

Beaujean, Joseph: Christian Gottfried Krause. Sein Leben und seine Persönlichkeit im Verhältnis zu den musikalischen Problemen des 18. Jahrhunderts als Ästhetiker und Musiker, Diss. phil. Dillingen 1930.

Beckmann, Jürgen: Deutsche Literaturgeschichten bis 1955. Bibliographie und Besitznachweise, Landau 1993.

Bender, Klaus: „Vossische Zeitung (1617–1934)", in: Fischer, Heinz-Dietrich (Hrsg.): *Deutsche Zeitungen des 17. bis 20. Jahrhunderts*, Publizistik-historische Beiträge 2, Pullach 1972, S. 25–39.

Benninghoven, Friedrich, Helmut Börsch-Supan und Iselin Gundermann: Friedrich der Grosse. Ausstellung des Geheimen Staatsarchivs Preußischer Kulturbesitz anläßlich des 200. Todestages König Friedrichs II. von Preußen, 2. Aufl., Berlin 1986.

Berger, Günter: „Die Deutschen kommen: Carlo Denina als Vermittler deutscher Literatur", in: Cusatelli, Giorgio u. a. (Hrsg.): *Gelehrsamkeit in Deutschland und Italien im 18. Jahrhundert [...]*, Tübingen 1999, S. 150–159.
Berghahn, Cord-Friedrich: „‚Sprache der Phantasie' und ‚Weihung des würklichen Lebens'. Mythologie und Mythopraxie bei Karl Philipp Moritz", in: Berghahn, Cord-Friedrich und Conrad Wiedemann (Hrsg.): *Berlin 1800. Deutsche Großstadtkultur in der klassischen Epoche*, Berliner Klassik. Eine Großstadtkultur um 1800 24, Hannover 2019, S. 73–92.
Bergmann, Ernst: Die Begründung des deutschen Ästhetik durch Alex. Gottlieb Baumgarten und Georg Friedrich Meier, Leipzig 1911.
Berns, Jörg Jochen: „Mythographie und Mythenkritik in der Frühen Neuzeit. Unter besonderer Berücksichtigung des deutschsprachigen Raumes", in: Jaumann, Herbert (Hrsg.): *Diskurse der Gelehrtenkultur in der Frühen Neuzeit. Ein Handbuch*, Berlin u. New York 2011, S. 85–155.
Berns, Jörg Jochen und Thomas Rahn: „Zeremoniell und Ästhetik", in: Berns, Jörg Jochen und Thomas Rahn (Hrsg.): *Zeremoniell als höfische Ästhetik in Spätmittelalter und Früher Neuzeit*, Frühe Neuzeit 25, Tübingen 1995, S. 650–665.
Besser, Johann von: Schriften. Band 2: Ergänzende Texte. Beiträge zum Amt des Zeremonienmeisters, zur Arbeitsweise und zum Nachlass, hg. von Peter-Michael Hahn, Heidelberg 2016.
Birke, Joachim Wilfried: Gottscheds Critische Dichtkunst: Voraussetzungen und Quellen, Diss. Illinois 1964.
Biskup, Thomas: Friedrichs Größe. Inszenierungen des Preußenkönigs in Fest und Zeremoniell 1740–1815, Frankfurt a. M. u. New York 2012.
Bisky, Jens: Berlin. Biographie einer großen Stadt, Berlin 2019.
Bittrich, Burkhard: „Panegyrik und Palinodie. Saars österreichische Festdichtung und ihr Widerruf", in: Bergel, Kurt (Hrsg.): *Ferdinand von Saar. Zehn Studien*, Riverside 1995, S. 25–47.
Bleich, Erich: Der Hof des Königs Friedrich Wilhelm II. und des Königs Friedrich Wilhelm III., Geschichte des preußischen Hofes 3,1, Berlin 1914.
Bloch, Peter und Ludwig Scherhag: Grabmäler in Berlin, Bd. 3, Berliner Forum 7/80, Berlin 1980.
Blum, Stephanie: Poetologische Lyrik der Frühaufklärung. Gattungsfragen, Diskurse, Genderaspekte, Hannover 2018.
Bock, Elfried: Staatliche Museen zu Berlin. Die deutschen Meister. Beschreibendes Verzeichnis sämtlicher Zeichnungen [...], Bd. 1, Berlin 1921.
Bohnengel, Julia: „Neue Friedenstöne. Zu Anna Louisa Karschs Ode *An Gott bey dem Ausruf des Friedens. Den 5ten März, 1763*", in: Böhn, Andreas, Ulrich Kittstein und Christoph Weiß (Hrsg.): *Lyrik im historischen Kontext. Festschrift für Reiner Wild*, Würzburg 2009, S. 55–69.
Borg, Barbara E.: „Allegorie der Kunst – Kunst der Allegorie. Winckelmanns ‚Kunstbeschreibungen' als archäologischer Kommentar", in: Most, Glenn W. (Hrsg.): *Commentaries – Kommentare*, Aporemata. Kritische Studien zur Philologiegeschichte 4, Göttingen 1999, S. 282–295.

Bösch, Frank: „Das Zeremoniell der Kaisergeburtstage", in: Biefang, Andreas, Michael Epkenhans und Klaus Tenfelde (Hrsg.): *Das politische Zeremoniell im Deutschen Kaiserreich 1871–1918*, Beiträge zur Geschichte des Parlamentarismus und der politischen Parteien 153, Düsseldorf 2008, S. 53–76.

Bosse, Heinrich: Medien, Institutionen und literarische Praktiken der Aufklärung, Hagener Schriften zur Literatur- und Medienwissenschaft 3, Dortmund 2021.

---: „Öffentlichkeit im 18. Jahrhundert. Habermas revisited", *Navigationen – Zeitschrift für Medien- und Kulturwissenschaften* 15 (2015), S. 81–97.

Bourdeaut, A.: „François et Pierre Cacault. Les origines du Concordat et le Musée des beaux-arts de Nantes", *Mémoires de la Société d'Histoire et d'Archéologie de Bretagne* 8/1 (1927), S. 75–182.

Bourdieu, Pierre: „Das literarische Feld. Kritische Vorbemerkungen und methodologische Grundsätze", in: Bourdieu, Pierre: *Kunst und Kultur. Kunst und künstlerisches Feld. Schriften zur Kultursoziologie 4*, hg. von Franz Schultheis und Stephan Egger, Schriften 12.2, Berlin 2015, S. 309–337.

Braungart, Georg: Hofberedsamkeit. Studien zur Praxis höfisch-politischer Rede im deutschen Territorialabsolutismus, Studien zur deutschen Literatur 96, Tübingen 1988.

Brix, Michael: „Trauergerüste für die Habsburger in Wien", *Wiener Jahrbuch für Kunstgeschichte* 26 (1973), S. 208–265.

Brüggemann, Linda: Herrschaft und Tod in der Frühen Neuzeit. Das Sterbe- und Begräbniszeremoniell preußischer Herrscher vom Großen Kurfürsten bis zu Friedrich Wilhelm II. (1688–1797), Geschichtswissenschaften 33, München 2015.

Buchenau, Stefanie: „Weitläufige Wahrheiten, fruchtbare Begriffe. Georg Friedrich Meiers Anfangsgründe aller schönen Wissenschaften", in: Stiening, Gideon und Frank Grunert (Hrsg.): *Georg Friedrich Meier (1718–1777). Philosophie als „wahre Weltweisheit"*, Werkprofile. Philosophen und Literaten des 17. und 18. Jahrhunderts 7, Berlin u. Boston 2015, S. 287–297.

Buchholtz, Arend: Die Vossische Zeitung. Geschichtliche Rückblicke auf drei Jahrhunderte. Zum 29. Oktober 1904, Berlin 1904.

Büschel, Hubertus: Untertanenliebe. Der Kult um deutsche Monarchen 1770–1830, Veröffentlichungen des Max-Planck-Instituts für Geschichte 220, Göttingen 2006.

Büttner, Nils: Einführung in die frühneuzeitliche Ikonographie, Darmstadt 2014.

Claus, Madeleine: Lessing und die Franzosen. Höflichkeit – Laster – Witz, Romanistik 34, Rheinfelden 1983.

Crousaz, Adolf von: Geschichte des Königlich Preußischen Kadetten-Corps, nach seiner Entstehung, seinem Entwicklungsgange und seinen Resultaten [...], Berlin 1857.

Curtius, Ernst Robert: Europäische Literatur und lateinisches Mittelalter, 8. Aufl., Bern u. München 1973.

Daniel, Ute: „Überlegungen zum höfischen Fest der Barockzeit", *Niedersächsisches Jahrbuch für Landesgeschichte* 72 (2000), S. 45–66.

D'Aprile, Iwan: „Berliner Rationalismuskritik. Zum Wandel der kulturellen Parameter in Berlin nach 1786", in: D'Aprile, Iwan, Martin Disselkamp und Claudia Sedlarz (Hrsg.): *Tableau de Berlin. Beiträge zur „Berliner Klassik" (1786–1815)*, Berliner Klassik. Eine Großstadtkultur um 1800 10, Hannover-Laatzen 2005, S. 51–70.

D'Aprile, Iwan-Michelangelo: Die schöne Republik. Ästhetische Moderne in Berlin im ausgehenden 18. Jahrhundert, Studien zur deutschen Literatur 181, Tübingen 2006.

Debuch, Tobias: Anna Amalia von Preußen (1723–1787). Prinzessin und Musikerin, Berlin 2001.

Deckers, Regina: „Tradition und Variation. Die Rezeption der *Iconologia* im Zeitalter der Aufklärung", in: Logemann, Cornelia und Michael Thimann (Hrsg.): *Cesare Ripa und die Begriffsbilder der Frühen Neuzeit*, Zürich 2011, S. 57–75.

Deppe, Uta: Die Festkultur am Dresdner Hofe Johann Georgs II. von Sachsen (1660–1679), Bau+Kunst 13, Kiel 2006.

Disselkamp, Martin: „Überblickskommentar", in: Karl Philipp Moritz: *Sämtliche Werke. Kritische und kommentierte Ausgabe. Bd. 4. Schriften zur Mythologie und Altertumskunde. Teil 2: Götterlehre und andere mythologische Schriften. II: Kommentar*, hg. von Martin Disselkamp, Berlin u. Boston 2018, S. 447–524.

Döring, Detlef: Die Geschichte der Deutschen Gesellschaft in Leipzig. Von der Gründung bis in die ersten Jahre des Seniorats Johann Christoph Gottscheds, Frühe Neuzeit 70, Tübingen 2002.

Dorn, Wilhelm: Meil-Bibliographie. Verzeichnis der von dem Radierer Johann Wilhelm Meil illustrierten Bücher und Almanache, Berlin 1928.

Dorst, Klaus und Hannelore Röhm: „Der ‚Catalogus der Bücher im Königlichen neuen Garten bei Potsdam'", in: *Die Gotische Bibliothek Friedrich Wilhelms II. im Neuen Garten zu Potsdam*, Stiftung Preußische Schlösser und Gärten Berlin-Brandenburg 1998, S. 103–140.

Draheim, Joachim: Vertonungen antiker Texte vom Barock bis zur Gegenwart [...], Heuremata 7, Amsterdam 1981.

Duchhardt, Heinz: „Das protestantische Herrscherbild des 17. Jahrhunderts im Reich", in: Repgen, Konrad (Hrsg.): *Das Herrscherbild im 17. Jahrhundert*, Schriftenreihe der Vereinigung zur Erforschung der neueren Geschichte e.V. 19, Münster 1991, S. 26–42.

---: „Die preußischen Nicht-Krönungen nach 1701", in: Kunisch, Johannes (Hrsg.): *Dreihundert Jahre Preußische Königskrönung. Eine Tagungsdokumentation*, Forschungen zur Brandenburgischen und Preussischen Geschichte. N. F. Beiheft 6, Berlin 2002, S. 257–263.

Dülmen, Richard van: Die Gesellschaft der Aufklärer. Zur bürgerlichen Emanzipation und aufklärerischen Kultur in Deutschland, 2. Aufl., Frankfurt a. M. 1996.

Ebert, Hans: „Nachträge zur Künstlerfamilie Genelli [...]", *Forschungen und Berichte. Staatliche Museen zu Berlin* 23 (1983), S. 102–112.

Eggeling, Tilo: Raum und Ornament. Georg Wenceslaus von Knobelsdorff und das friderizianische Rokoko, 2. Aufl., Regensburg 2003.

Ehrmann, Daniel: „Bildverlust oder Die Fallstricke der Operativität. Autonomie und Kulturalität der Kunst in den Propyläen", in: Ehrmann, Daniel und Norbert Christian Wolf (Hrsg.): *Klassizismus in Aktion. Goethes Propyläen und das Weimarer Kunstprogramm*, Literaturgeschichte in Studien und Quellen 24, Wien, Köln, Weimar 2016, S. 123–173.

Eisenmann, Olivier: Friedrich der Grosse im Urteil seiner schweizerischen Mitwelt, Diss. Zürich 1971.

Elit, Stefan: „Der späte Klopstock und Johann Heinrich Voß. Ein Spannungsverhältnis, poetologisch betrachtet", in: Hilliard, Kevin und Katrin Kohl (Hrsg.): *Wort und Schrift – Das Werk Friedrich Gottlieb Klopstocks*, Bd. 27, Hallesche Forschungen, Tübingen 2008, S. 209–220.

Erben, Dietrich, Susanne Rode-Breymann und Ute Schneider: „Mäzen", in: Jaeger, Friedrich (Hrsg.): *Enzyklopädie der Neuzeit*, Bd. 8, Stuttgart 2008, Sp. 181–188.

Ernst, Gernot: Die Stadt Berlin in der Druckgrafik. 1570–1870, Bd. 1, Berlin 2009.

Falk, Rainer: „Wallfahrten zum Königsberg. Der Aufklärer Friedrich Nicolai und das Pyrmonter Denkmal für Friedrich den Großen", in: Alfter, Dieter (Hrsg.): *Friedrich der Große. König zwischen Pflicht und Neigung*, Monumente. Publikationen der Deutschen Stiftung Denkmalschutz, Bonn 2004, S. 141–157.

Fantino, Enrica: „Johann Heinrich Voß als junger Dichter und Übersetzer antiker Lyrik. Zur Entfaltung seiner rigoristischen Methode", in: Baillot, Anne, Enrica Fantino und Josefine Kitzbichler (Hrsg.): *Voß' Übersetzungssprache. Voraussetzungen, Kontexte, Folgen*, Transformationen der Antike 32, Berlin, München, Boston 2015, S. 1–32.

Faulstich, Katja: Konzepte des Hochdeutschen. Der Sprachnormierungsdiskurs im 18. Jahrhundert, Studia Linguistica Germanica 91, Berlin u. New York 2008.

Faulstich, Werner: Die bürgerliche Mediengesellschaft (1700–1830), Die Geschichte der Medien 4, Göttingen 2002.

Fechner, Helmuth: Friedrich der Große und die deutsche Literatur, Braunschweig 1968.

Fernow, Carl Ludwig: Carstens, Leben und Werke, hg. von Hermann Riegel, Hannover 1867.

Fertig, Ludwig: „Die Brüder Dalberg und die Dichter. Zur Tradition des literarischen Mäzenatentums", *Archiv für hessische Geschichte und Altertumskunde* N. F. 75 (2017), S. 59–82.

Fick, Monika: Lessing-Handbuch. Leben – Werk – Wirkung, 4. Aufl., Stuttgart 2016.

Fisch, Richard: Generalmajor v. Stille und Friedrich der Große contra Lessing, Berlin 1885.

Fischer, Alexander M.: Posierende Poeten. Autorinszenierungen vom 18. bis zum 21. Jahrhundert, Heidelberg 2015.

Fischer, Axel: Das Wissenschaftliche der Kunst. Johann Nikolaus Forkel als Akademischer Musikdirektor in Göttingen, Abhandlungen zur Musikgeschichte 27, Göttingen 2015.

Fischer, Bernhard: „Kunstautonomie und Ende der Ikonographie. Zur historischen Problematik von ‚Allegorie' und ‚Symbol' in Winckelmanns, Moritz' und Goethes Kunsttheorie", *Deutsche Vierteljahrsschrift fur Literaturwissenschaft und Geistesgeschichte* 64/2 (1990), S. 247–277.

Fischer, Frank und Joseph Wälzholz: „Jeder kann Napoleon sein [...]", *Frankfurter Allgemeine Sonntagszeitung*, 21.12.2014, S. 34.

Fissabre, Anke: „Vom Schiff an Land oder von der Muschel zur Rocaille", in: Priesterjahn, Maike und Claudia Schuster (Hrsg.): *Schwimmender Barock. Das Schiff als Repräsentationsobjekt*, Neue Berliner Beiträge zur Technikgeschichte und Industriekultur [...] 4, Berlin 2018, S. 59–65.

Frank, Horst Joachim: Handbuch der deutschen Strophenformen, 2. Aufl., Tübingen u. Basel 1993.

Fricke, Hermann: „Joachim Christian Blum. Der Spaziergänger von Ratenau", *Jahrbuch für brandenburgische Landesgeschichte* 8 (1957), S. 5–12.

Friedrich, Hans-Edwin, Fotis Jannidis und Marianne Willems: „Bürgerlichkeit im 18. Jahrhundert", in: Friedrich, Hans-Edwin, Fotis Jannidis und Marianne Willems (Hrsg.): *Bürgerlichkeit im 18. Jahrhundert*, Studien zur Sozialgeschichte der Literatur 105, Tübingen 2006, S. IX–XL.

Fritsch-Rößler, Waltraud: Bibliographie der deutschen Literaturgeschichten. Bd. 1: 1835–1899. Mit Kommentar, Rezensionsangaben und Standortnachweisen, Frankfurt a. M. u. a. 1994.

Fuhrich-Grubert, Ursula: „Minoritäten in Preußen: Die Hugenotten als Beispiel", in: Neugebauer, Wolfgang (Hrsg.): *Handbuch der preußischen Geschichte*, Bd. 1, Berlin u. New York 2009, S. 1125–1224.

Fulda, Daniel: „*De la littérature allemande*. Friedrich II. von Preußen, das deutsche Publikum und die Herausbildung des modernen Literaturbegriffs", *Germanisch-Romanische Monatsschrift* 63/2 (2013), S. 225–243.

---: „Zwischen Gelehrten- und Kulturnationalismus. Die ‚deutsche Nation' in der literaturpolitischen Publizistik Johann Christoph Gottscheds", in: Schmidt, Georg (Hrsg.): *Die deutsche Nation im frühneuzeitlichen Europa. Politische Ordnung und kulturelle Identität?*, Schriften des Historischen Kollegs. Kolloquien 80, München 2010, S. 267–291.

Füssel, Stephan: Georg Joachim Göschen. Ein Verleger der Spätaufklärung und der deutschen Klassik. Bd. 1. Studien zur Verlagsgeschichte und zur Verlegertypologie der Goethe-Zeit, Berlin u. New York 1999.

---: „Johann Gottfried Seume als Lektor von J. B. v. Alxingers ‚Bliomberis'", in: Drews, Jörg (Hrsg.): *„Wo man aufgehört hat zu handeln, fängt man gewöhnlich an zu schreiben". Johann Gottfried Seume in seiner Zeit [...]*, Bielefeld 1991, S. 157–185.

Gaier, Ulrich: „Formen und Gebrauch neuer Mythologie bei Herder", in: Menges, Karl u. a. (Hrsg.): *Herder Jahrbuch. Studien zum 18. Jahrhundert*, Stuttgart u. Weimar 2000, S. 111–133.

Gamper, Michael: „Die Natur ist republikanisch". Zu den ästhetischen, anthropologischen und politischen Konzepten der deutschen Gartenliteratur im 18. Jahrhundert, Epistemata. Reihe Literaturwissenschaft 247, Würzburg 1998.

Geisenhanslüke, Achim: „Allegorie und Schönheit bei Moritz", in: Tintemann, Ute und Christof Wingertszahn (Hrsg.): *Karl Philipp Moritz in Berlin. 1789–1793*, Berliner Klassik. Eine Großstadtkultur um 1800 4, Hannover-Laatzen 2005, S. 127–140.

Geißler, Rolf: „„... il n'est pas possible qu'un Allemand ait de l'esprit ...'. Beiträge zur Überwindung eines Vorurteils im Frankreich des 18. Jahrhunderts (Grimm – Beausobre – Bielfeld)", in: Krauß, Henning (Hrsg.): *Offene Gefüge. Literatursystem und Lebenswirklichkeit. Festschrift für Fritz Nies zum 60. Geburtstag*, Tübingen 1994, S. 357–375.

Genton, François: Des Beautés plus hardies ... Le théâtre allemand dans la France de l'ancien régime (1750–1789), Bibliothèque d'études germaniques, hébraïques et juives de l'Université Paris 8/Série d'études germaniques 4, Saint-Denis 1999.

Gerhard, Anselm: „Einleitung. Die Bedeutung der jüdischen Minderheit für die Musikkultur der Berliner Aufklärung", in: Gerhard, Anselm (Hrsg.): *Musik und Ästhetik im Berlin Moses Mendelssohns*, Wolfenbütteler Studien zur Aufklärung 25, Tübingen 1999, S. 1–26.

Germer, Stefan: Kunst – Macht – Diskurs. Die intellektuelle Karriere des André Félibien im Frankreich von Louis XIV., München 1997.

Gesche, Inga: Heinrich Sintzenich (1752–1830). Druckgraphische Werke, Mannheim 1983.

Gessinger, Joachim: „Kritik der sprachlichen Unvernunft. Joachim Heinrich Campe und die Preisfrage der Berliner Akademie zur Reinheit der deutschen Sprache", in: Tintemann, Ute und Jürgen Trabant (Hrsg.): *Sprache und Sprachen in Berlin um 1800*, Berliner Klassik. Eine Großstadtkultur um 1800 3, Hannover-Laatzen 2004, S. 13–32.

Ghanbari, Nacim: „Kollaboratives Schreiben im 18. Jahrhundert. Praktiken der Verbesserung und Kritik bei Gottfried August Bürger", in: Ghanbari, Nacim u. a. (Hrsg.): *Kollaboration. Beiträge zur Medientheorie und Kulturgeschichte der Zusammenarbeit*, Paderborn 2018, S. 21–37.

Gibhardt, Boris Roman: Nachtseite des Sinnbilds. Die romantische Allegorie, Ästhetik um 1800 13, Göttingen 2018.

Gisi, Lucas Marco: „Die Genese des modernen Primitivismus als wissenschaftliche Methode. Konjekturen über eine primitive Mentalität im 18. Jahrhundert", in: Gess, Nicola (Hrsg.): *Literarischer Primitivismus*, Untersuchungen zur deutschen Literaturgeschichte 143, Berlin u. Boston 2013, S. 141–158.

Glaeser, Günter: Heinrich Gottfried Koch und seine Schauspielergesellschaft. Ein Beitrag zur deutschen Theater- und Musikgeschichte des 18. Jahrhunderts, Diss. Greifswald 1982.

Gleiss, Marita (Hrsg.): „... zusammenkommen, um von den Künsten zu räsonieren". Materialien zur Geschichte der Akademie der Künste [...], Berlin 1991.

Gockel, Heinz: „Herder und die Mythologie", in: Sauder, Gerhard (Hrsg.): *Johann Gottfried Herder. 1744–1803*, Studien zum 18. Jahrhundert 9, Hamburg 1987, S. 409–418.

Goerdten, Ulrich: Bibliographie Gotthilf Weisstein, Bibliographien zur deutschen Literaturgeschichte 19, Bielefeld 2012.

Goldenbaum, Ursula: „Friedrich II. und die Berliner Aufklärung", in: Lottes, Günther (Hrsg.): *Hofkultur und aufgeklärte Öffentlichkeit. Potsdam im 18. Jahrhundert im europäischen Kontext*, Berlin 2006, S. 123–141.

Goldenbaum, Ursula und Alexander Košenina: „Vorwort der Herausgeber", in: Goldenbaum, Ursula und Alexander Košenina (Hrsg.): *Berliner Aufklärung*, Bd. 1, Hannover 1999, S. 7–12.

Gose, Walther: „Berliner Mittwochsgesellschaft [...]", in: Motschmann, Uta (Hrsg.): *Handbuch der Berliner Vereine und Gesellschaften. 1786–1815*, Berlin u. a. 2015, S. 171–184.

Graf, Fritz: „Ianus", in: Cancik, Hubert und Helmuth Schneider (Hrsg.): *Der neue Pauly. Enzyklopädie der Antike*, Bd. 5, Stuttgart u. Weimar 1998, Sp. 858–861.

Grimm, Gunter E.: „Nachwort", in: Lessing, Gotthold Ephraim: *Sämtliche Gedichte*, hg. von Gunter E. Grimm, Stuttgart 1987, S. 385–440.

Gruppe, Otto: Ausführliches Lexikon der griechischen und römischen Mythologie. Supplementband 4. Geschichte der klassischen Mythologie und Religionsgeschichte während des Mittelalters im Abendland und während der Neuzeit, hg. von Wilhelm Heinrich Roscher, Leipzig 1921.

Gundlach, Isa: Poetologische Bildersprache in der Zeit des Augustus, Spudasmata 182, Hildesheim, Zürich u. New York 2019.

Güntheroth, Nele: „Friedrich Wilhelm IV. ‚... Sie wollten vielleicht weniger Ihren guten Ruf, als die Eigenthümlichkeiten der jungen Prinzen bewahren ...'", in: Stiftung Stadtmuseum Berlin (Hrsg.): *Im Dienste Preußens. Wer erzog Prinzen zu Königen?*, Berlin 2001, S. 129–140.

Guthke, Karl Siegfried: „Besuch in einem Kartenhaus. Lessings Rezensionen", in: *Der Blick in die Fremde. Das Ich und das andere in der Literatur*, Edition Patmos 3, Tübingen u. Basel 2000, S. 351–392.

---: Gotthold Ephraim Lessing, Sammlung Metzler 65, 3. Aufl., Stuttgart 1979.

Gutknecht, Christoph und Peter Kerner: „Vorwort", in: Friedrich II. von Preußen: *De la littérature allemande. Französisch-Deutsch. Mit der Möserschen Gegenschrift. Kritische Ausgabe*, hg. von Christoph Gutknecht und Peter Kerner, Hamburg 1969, S. 5–29.

Haferkorn, Hans Jürgen: „Zur Entstehung der bürgerlich-literarischen Intelligenz und des Schriftstellers im Deutschland zwischen 1750 und 1800", in: Lutz, Bernd (Hrsg.): *Literaturwissenschaft und Sozialwissenschaften 3. Deutsches Bürgertum und literarische Intelligenz. 1750–1800*, Stuttgart 1974, S. 113–275.

Häfner, Ralph: „Das Subjekt der Interpretation. Probleme des Dichtungskommentars bei Martin Opitz", in: Schönert, Jörg und Friedrich Vollhardt (Hrsg.): *Geschichte der Hermeneutik und die Methodik der textinterpretierenden*

Disziplinen, Historia Hermeneutica. Series Studia 1, Berlin u. New York 2005, S. 97–118.

---: „Kommentar", in: Weimar, Klaus, Harald Fricke und Jan-Dirk Müller (Hrsg.): *Reallexikon der deutschen Literaturwissenschaft*, Bd. 2, 3. Aufl., Berlin u. a. 2007, S. 298–302.

Hagemann, Alfred P.: Wilhemine von Lichtenau (1753–1820). Von der Mätresse zur Mäzenin, Studien zur Kunst 9, Köln, Weimar, Wien 2007.

Haischer, Peter-Henning und Charlotte Kurbjuhn: „Faktoren und Entwicklung der Buchgestaltung im 18. Jahrhundert", in: Haischer, Peter-Henning u. a. (Hrsg.): *Kupferstich und Letternkunst. Buchgestaltung im 18. Jahrhundert*, Wieland im Kontext. Oßmannstedter Studien 2, Heidelberg 2016, S. 13–94.

Hammarlund, Anders: „Entwurf einer historischen Topographie. Carl Gustav Heraeus auf dem Wege von Tessins Stockholm nach Fischers Wien. Bildungsgeschichte eines Konzeptverfassers", in: Kreul, Andreas (Hrsg.): *Barock als Aufgabe*, Wolfenbütteler Arbeiten zur Barockforschung 40, Wiesbaden 2005, S. 93–108.

---: Famam servare – The Adventures of Carl Gustav Heraeus (1671–1725). Politics and art in the Baroque of Vienna, Stockholm and Uppsala, Arbetsrapporter/Working Papers 48, Uppsala 1999.

Hankeln, Roman: Kompositionsproblem Klassik. Antikeorientierte Versmetren im Liedschaffen J. F. Reichardts und einiger Zeitgenossen, Schriftenreihe der Hochschule für Musik Franz Liszt 6, Köln, Weimar, Wien 2011.

Harnack, Adolf: Geschichte der Königlich Preussischen Akademie der Wissenschaften zu Berlin [...], Bd. 1,1, Berlin 1900.

---: Geschichte der Königlich Preussischen Akademie der Wissenschaften zu Berlin [...], Bd. 1,2, Berlin 1900.

Hasse, Michaela: Anna Amalia von Preußen. Porträt einer Komponistin unter besonderer Berücksichtigung des soziologischen und des analytisch begründeten Standorts, Staatsexamensarbeit Münster 1993.

Haßler, Gerda: „Reichtum", in: Haßler, Gerda und Cordula Neis (Hrsg.): *Lexikon sprachtheoretischer Grundbegriffe des 17. und 18. Jahrhunderts*, Bd. 1, Berlin u. New York 2009, S. 930–945.

---: „Wohlklang", in: Haßler, Gerda und Cordula Neis (Hrsg.): *Lexikon sprachtheoretischer Grundbegriffe des 17. und 18. Jahrhunderts*, Bd. 1, Berlin u. New York 2009, S. 921–929.

Haye, Thomas: „Henrich Hudemann (ca. 1595–1628) – Holsteins Horaz", *Philologus* 157/2 (2013), S. 338–360.

Hecht, Christian: Die Glorie. Begriff, Thema, Bildelement in der europäischen Sakralkunst vom Mittelalter bis zum Ausgang des Barock, Regensburg 2003.

Heegewaldt, Werner: „‚Sie wissen [...] nicht liebster Herr Director, was eine Academie ist'. Daniel Chodowiecki und Bernhard Rode im Streit um die Akademiereform", in: Schultz, Anna (Hrsg.): *Turmbewohner. Entwurfszeichnungen von Daniel Chodowiecki und Bernhard Rode für den Gendarmenmarkt*, Berlin 2014, S. 41–49.

Heldt, Kerstin: Der vollkommene Regent. Studien zur panegyrischen Casuallyrik am Beispiel des Dresdner Hofes Augusts des Starken, Frühe Neuzeit 34, Tübingen 1997.

Hellmuth, Hans-Heinrich: Metrische Erfindung und metrische Theorie bei Klopstock, Studien und Quellen zur Versgeschichte 4, München 1973.

Henning, Herzeleide: Die Dienstbibliothek des Brandenburg-Preußischen Hausarchivs. Katalog, Veröffentlichungen aus den Archiven Preußischer Kulturbesitz. Arbeitsberichte 17, Berlin 2015.

Henning, Herzeleide und Eckart Henning: Bibliographie Friedrich der Grosse 1786–1986. Das Schrifttum des deutschen Sprachraums und der Übersetzungen aus Fremdsprachen, Berlin u. New York 1988.

Hentschel, Uwe: „,Wäre ich Ramler, so könnte ich mir Antheil an manchem Lafontainschen Buch zuschreiben!' Der Verleger Johann Daniel Sander und sein Erfolgsautor August Lafontaine", *Leipziger Jahrbuch zur Buchgeschichte* 7 (1997), S. 75–106.

Henzel, Christoph: Die italienische Hofoper in Berlin um 1800. Vincenzo Righini als preußischer Hofkapellmeister, Stuttgart 1994.

---: „Die Schatulle Friedrichs II. von Preussen und die Hofmusik (Teil 2)", *Jahrbuch des Staatlichen Instituts für Musikforschung Preußischer Kulturbesitz* (2000), S. 175–209.

Hertel, Sandra: „Die Wien[n]erischen Beleuchtungen", in: Hertel, Sandra, Stefanie Linsboth und Werner Telesko (Hrsg.): *Die Repräsentation Maria Theresias. Herrschaft und Bildpolitik im Zeitalter der Aufklärung*, Schriftenreihe der Österreichischen Gesellschaft zur Erforschung des 18. Jahrhunderts 19, Wien, Köln u. Weimar 2020, S. 232–236.

Hess, Günter: „Allegorie und Historismus. Zum ‚Bildgedächtnis' des späten 19. Jahrhunderts", in: Fromm, Hans, Wolfgang Harms und Uwe Ruberg (Hrsg.): *Verbum et signum. Bd. 1. Beiträge zur mediävistischen Bedeutungsforschung*, München 1975, S. 555–591.

Hettche, Walter: „Knebel, Karl Ludwig von", in: Kühlmann, Wilhelm (Hrsg.): *Killy Literaturlexikon. Autoren und Werke des deutschsprachigen Kulturraumes*, Bd. 6, 2. Aufl., Berlin u. Boston 2009, S. 517f.

Heymann, Jochen: Aufklärungsdiskussion und Aufklärungsskepsis im Werk von Carlo Denina (1731–1813), Diss. Erlangen-Nürnberg 1988.

Hildebrandt, Annika: „Unter Kriegsdichtern. Die *Poësies diverses* Friedrichs II. in der Buchgestaltung der Berliner Aufklärer", in: Haischer, Peter-Henning u. a. (Hrsg.): *Kupferstich und Letternkunst. Buchgestaltung im 18. Jahrhundert*, Wieland im Kontext. Oßmannstedter Studien 2, Heidelberg 2016, S. 361–393.

Hildebrandt, Annika und Steffen Martus: „,Daß keiner nur durch Macht fällt, stehet, oder steiget'. Konfessionelle und politische Konkurrenzen in der Dichtung des Siebenjährigen Kriegs", in: Oberdorf, Andreas und Jürgen Overhoff (Hrsg.): *Katholische Aufklärung in Europa und Nordamerika*, Das achtzehnte Jahrhundert. Supplementa 25, Göttingen 2019, S. 297–316.

Hlobil, Tomáš: Geschmacksbildung im Nationalinteresse. Die Anfänge der Prager Universitätsästhetik im mitteleuropäischen Kulturraum 1763–1805 [...], Bochumer Quellen und Forschungen zum 18. Jahrhundert 2, Hannover 2012.

Höhm, Willy: Der Einfluss des Marquis von Lucchesini auf die preussische Politik 1787–1792, Diss. Kiel 1926.

Holenstein, André: „Huldigung und Herrschaftszeremoniell im Zeitalter des Absolutismus und der Aufklärung", *Aufklärung* 6/2 (1992), S. 21–46.

Honolka, Kurt: Schubart. Dichter und Musiker, Journalist und Rebell. Sein Leben, sein Werk, Stuttgart 1985.

Höppner, Stefan: „Resonanzen. Buchgeschenke in Goethes Bibliothek", in: Höppner, Stefan u. a. (Hrsg.): *Autorschaft und Bibliothek. Sammlungsstrategien und Schreibverfahren*, Göttingen 2018, S. 241–265.

Huch, Gaby (Hrsg.): Der preußische Kulturstaat in der politischen und sozialen Wirklichkeit. Band 7,1. Zwischen Ehrenpforte und Inkognito: Preußische Könige auf Reisen. Quellen zur Repräsentation der Monarchie zwischen 1797 und 1871, Acta Borussica. N. F. 2. Reihe: Preussen als Kulturstaat, Berlin u. Boston 2016.

Hümpel, Henri: „Was heißt Aufklären? – Was ist Aufklärung? Rekonstruktion eines Diskussionsprozesses, der innerhalb der Gesellschaft von Freunden der Aufklärung (Berliner Mittwochsgesellschaft) in den Jahren 1783–1789 geführt wurde", *Jahrbuch für die Geschichte Mittel- und Ostdeutschlands* 42 (1994), S. 185–226.

Hüneke, Saskia: „Flora und Pomona im Paradies – Garten und Bildhauerkunst in Potsdam", in: Generaldirektion der Stiftung Preußische Schlösser und Gärten Berlin-Brandenburg (Hrsg.): *Nichts gedeiht ohne Pflege. Die Potsdamer Parklandschaft und ihre Gärtner [...]*, Potsdam 2001, S. 330–338.

---: „‚Nec soli cedit' – Dekoration und Bauskulptur am Neuen Palais", in: Generaldirektion der Stiftung Preußische Schlösser und Gärten Berlin-Brandenburg (Hrsg.): *Friederisiko. Friedrich der Große. Die Ausstellung*, München 2012, S. 286–293.

Hurlebusch, Rose-Maria und Karl Ludwig Schneider: „Die Gelehrten und die Großen. Klopstocks ‚Wiener Plan'", in: Hartmann, Fritz und Rudolf Vierhaus (Hrsg.): *Der Akademiegedanke im 17. und 18. Jahrhundert*, Wolfenbütteler Forschungen 3, Bremen u. Wolfenbüttel 1977, S. 63–96.

Im Hof, Ulrich: „Friedrich II. und die Schweiz", in: Fontius, Martin und Helmut Holzey (Hrsg.): *Schweizer im Berlin des 18. Jahrhunderts*, Aufklärung und Europa. Beiträge zum 18. Jahrhundert, Berlin 1996, S. 15–32.

Jacob, Joachim: „Wielands Horaz – Die *Ars poetica* als Antipoetik", in: Erhart, Walter und Lothar van Laak (Hrsg.): *Wissen – Erzählen – Tradition. Wielands Spätwerk*, Quellen und Forschungen zur Literatur- und Kulturgeschichte 64, Berlin u. New York 2010, S. 315–327.

Jacobs, Renate: Das graphische Werk Bernhard Rodes (1725–1797), Kunstgeschichte. Form und Interesse 35, Münster 1990.

Janssen, Johann Philipp: Quintus Icilius oder der Gehorsam. Abenteuer zwischen Absolutismus und Aufklärung. Ein Essay, München 1992.

Jaumann, Herbert: „Emanzipation als Positionsverlust. Ein sozialgeschichtlicher Versuch über die Situation des Autors im 18. Jahrhundert", *Zeitschrift für Literaturwissenschaft und Linguistik* 11/42 (1981), S. 46–71.

Jonietz, Fabian: „Labor omnia vincit? Fragmente einer kunsttheoretischen Kategorie", in: Müller, Jan-Dirk u. a. (Hrsg.): *Aemulatio. Kulturen des Wettstreits in Text und Bild (1450–1620)*, Pluralisierung & Autorität 27, Berlin u. Boston 2011, S. 573–681.

Joos, Katrin: Gelehrsamkeit und Machtanspruch um 1700. Die Gründung der Berliner Akademie der Wissenschaften im Spannungsfeld dynastischer, städtischer und wissenschaftlicher Interessen, Stuttgarter Historische Forschungen 13, Köln, Weimar, Wien 2012.

Joret, Charles: „Cacault écrivain", *Annales de Bretagne. Revue Trimestrielle. Publiée par la faculté des lettres de Rennes [...] 20/4* (1904), S. 409–430.

Jürgensen, Christoph und Gerhard Kaiser: „Schriftstellerische Inszenierungspraktiken – Heuristische Typologie und Genese", in: Jürgensen, Christoph und Gerhard Kaiser (Hrsg.): *Schriftstellerische Inszenierungspraktiken – Typologie und Geschichte*, Heidelberg 2011, S. 9–30.

Kaiser, Wolfgang J. (Hrsg.): Die Bücher des Königs. Friedrich der Grosse. Schriftsteller und Liebhaber von Büchern und Bibliotheken [...], Berlin 2012.

Kammer, Stephan: „Konjekturen machen (1690–1770). Zur Genealogie eines philologischen Verfahrens", in: Bohnenkamp, Anne u. a. (Hrsg.): *Konjektur und Krux. Zur Methodenpolitik der Philologie*, Göttingen 2010, S. 53–84.

Kapitza, Peter K.: Ein bürgerlicher Krieg in der gelehrten Welt. Zur Geschichte der Querelle des Anciens et des Modernes in Deutschland, München 1981.

Kasch, Fritz: Leopold F. G. von Goeckingk, Beiträge zur deutschen Literaturwissenschaft 5, Diss. Marburg 1909.

Kästner, Erich: Friedrich der Große und die deutsche Literatur. Die Erwiderungen auf seine Schrift „De la littérature allemande", Studien zur Poetik und Geschichte der Literatur 21, Stuttgart u. a. 1972.

Keller, Andreas: „Johann Ulrich König (1688–1744) als Nachlaßverwalter und Herausgeber Johann von Bessers. Ein Autor-Editor im Spannungsfeld des preußisch-sächsischen Kulturraums", in: Golz, Jochen und Manfred Koltes (Hrsg.): *Autoren und Redaktoren als Editoren [...]*, Beihefte zu editio 29, Tübingen 2008, S. 91–116.

Kerkhecker, Arnd: „Horaz", in: Heinz, Jutta (Hrsg.): *Wieland-Handbuch. Leben – Werk – Wirkung*, Stuttgart u. Weimar 2008, S. 403–411.

Kertscher, Hans-Joachim: „Georg Friedrich Meiers Platz im geistig-kulturellen Leben der Stadt Halle", in: Stiening, Gideon und Frank Grunert (Hrsg.): *Georg Friedrich Meier (1718–1777). Philosophie als „wahre Weltweisheit"*, Werkprofile. Philosophen und Literaten des 17. und 18. Jahrhunderts 7, Berlin u. Boston 2015, S. 25–41.

Ketelsen, Uwe-Karsten: „Poesie und bürgerlicher Kulturanspruch. Die Kritik an der rhetorischen Gelegenheitspoesie in der frühbürgerlichen Literaturdiskussion", *Lessing Yearbook* 8 (1976), S. 89–107.

---: „Poesie und bürgerlicher Kulturanspruch. Die Kritik der rhetorischen Gelegenheitspoesie in der frühbürgerlichen Literaturdiskussion", in: Zelle, Carsten (Hrsg.): *Literaturwissenschaftliche Aufbaujahre. Beiträge zur Gründung und Formation der Literaturwissenschaft am Germanistischen Institut der Ruhr-Universität Bochum – ein germanistikgeschichtliches Forschungsprojekt*, Bochumer Schriften zur deutschen Literaturgeschichte. N. F. 5, Frankfurt a. M. 2016, S. 401–421.

Kiesant, Knut: „Hof und Literatur in Brandenburg-Preußen in der Frühen Neuzeit. Überlegungen zur Bedeutung der Casuallyrik", in: Caemmerer, Christiane (Hrsg.): *Das Berliner Modell der mittleren deutschen Literatur [...]*, Amsterdam 2000, S. 299–323.

Kitschke, Andreas: Die Garnisonkirche Potsdam. Krone der Stadt und Schauplatz der Geschichte, Berlin 2016.

Kleinheyer, Gerd: „Zensur zwischen Polizei und Staatsschutz", in: Sösemann, Bernd (Hrsg.): *Kommunikation und Medien in Preußen vom 16. bis zum 19. Jahrhundert*, Beiträge zur Kommunikationsgeschichte 12, Stuttgart 2002, S. 136–143.

Klingenberg, Anneliese: „Als Kunstadministrator in preußischen Diensten. Karl Philipp Moritz' Tätigkeit in der Königlich Preußischen Akademie der Künste und mechanischen Wissenschaften", in: Wingertszahn, Christof (Hrsg.): *„Das Dort ist nun Hier geworden". Karl Philipp Moritz heute*, Hannover 2010, S. 205–234.

---: „Karl Philipp Moritz als Mitglied der Berliner Akademien", in: Griep, Wolfgang (Hrsg.): *Moritz zu ehren. Beiträge zum Eutiner Symposion im Juni 1993*, Eutiner Forschungen 2, Eutin 1996, S. 135–158.

Klöker, Martin: „Gelegenheitsdichtung. Eine Auswahlbibliographie", in: Forschungsstelle „Literatur der Frühen Neuzeit" der Universität Osnabrück (Hrsg.): *Göttin Gelegenheit. Das Personalschrifttums-Projekt der Forschungsstelle ‚Literatur der Frühen Neuzeit' der Universität Osnabrück*, Kleine Schriften des Instituts für Kulturgeschichte der Frühen Neuzeit 3, Osnabrück 2000, S. 209–232.

Klosterhuis, Jürgen: „IV. Der Adler beim Militär", in: Brandt-Salloum, Christiane u. a.: *Adlers Fittiche. Wandlungen eines Wappenvogels. Dokumentation einer Präsentation des Geheimen Staatsarchivs Preußischer Kulturbesitz*, Berlin 2009, S. 49–55.

Kluge, Bernd: Die Münzen König Friedrichs II. von Preussen. 1740–1786 [...], Berliner Numismatische Forschungen. N. F. 10, Berlin 2012.

---: „‚Unter grosser Gefahr und Risico bei mässigem Vortheil' – Die jüdischen Münzentrepreneurs in Preussen unter Friedrich dem Grossen 1740–1786", in: Backhaus, Fritz, Raphael Gross und Liliane Weissberg (Hrsg.): *Juden. Geld. Eine Vorstellung*, Frankfurt a. M. 2013, S. 132–144.

Knobloch, Michael: Preußische Könige im Spiegel der Öffentlichkeit (1780–1806), Aufklärung und Moderne 29, Hannover 2014.

Knoll, Gerhard: „Friedrich der Große und die ‚vaterländischen Altertümer'", in: Wehinger, Brunhilde (Hrsg.): *Geist und Macht. Friedrich der Große im Kontext der europäischen Kulturgeschichte*, Berlin 2005, S. 83–95.

Koch, Manfred: „Schöngeistige Literatur und Mäzenatentum. Der dänische Hof und seine Pensionszuwendungen an Klopstock, M. Claudius, J. G. Müller und Hebbel", in: Ritter, Alexander (Hrsg.): *Freier Schriftsteller in der europäischen Aufklärung. Johann Gottwerth Müller von Itzehoe*, Steinburger Studien 4, Heide 1986, S. 33–61.

Kohl, Katrin: Friedrich Gottlieb Klopstock, Sammlung Metzler 325, Stuttgart u. Weimar 2000.

Köhler, Christoph: „Adolf Heinrich Friedrich Schlichtegrolls ‚Nekrologe der Teutschen'. Zum Genre der Biographie im Zeitalter der Spätaufklärung", in: Ignasiak, Detlef (Hrsg.): *Beiträge zur Geschichte der Literatur in Thüringen [...]*, Palmbaum-Studien 1, Rudolstadt u. Jena 1995, S. 180–189.

König, Jens: „Concinnitas", in: Ueding, Gert (Hrsg.): *Historisches Wörterbuch der Rhetorik*, Bd. 2, Darmstadt 1994, Sp. 317–335.

Korenjak, Martin: Geschichte der neulateinischen Literatur. Vom Humanismus bis zur Gegenwart, München 2016.

Košenina, Alexander: „Friedrich, ‚die Morgensonne' der Aufklärung: *Sechs deutsche Gedichte, dem Könige von Preussen gewidmet* (1781), von Karl Philipp Moritz", in: Wehinger, Brunhilde (Hrsg.): *Geist und Macht. Friedrich der Große im Kontext der europäischen Kulturgeschichte*, Berlin 2005, S. 113–127.

Kraus, Hans-Christof: Englische Verfassung und politisches Denken im Ancien Régime. 1689 bis 1789, Veröffentlichungen des Deutschen Historischen Instituts London 60, München 2006.

Krauze, Justyna M.: „Apologie und Kritik der Hohenzollernkaiser in der deutschen Gelegenheitsdichtung", *Studia niemcoznawcze* 29 (2005), S. 125–139.

Krieger, Bogdan: Friedrich der Große und seine Bücher, Berlin u. Leipzig 1914.

Kriegleder, Wynfried: „Gebler, Tobias Philipp von", in: Kühlmann, Wilhelm (Hrsg.): *Killy Literaturlexikon. Autoren und Werke des deutschsprachigen Kulturraumes*, 2. Aufl., Berlin u. Boston 2009, S. 124f.

Krischer, André: „Zeremoniell in der Zeitung. Periodika des 17. und 18. Jahrhunderts als Medien der ständischen Gesellschaft", in: Schneider, Ulrich Johannes (Hrsg.): *Kulturen des Wissens im 18. Jahrhundert*, Berlin u. New York 2008, S. 309–316.

Krummacher, Hans-Henrik: „Odentheorie und Geschichte der Lyrik im 18. Jahrhundert", in: Krummacher, Hans-Henrik: *Lyra. Studien zur Theorie und Geschichte der Lyrik vom 16. bis zum 19. Jahrhundert*, Berlin u. Boston 2013, S. 77–123.

---: „Principes Lyricorum. Pindar- und Horazkommentare seit dem Humanismus als Quellen der neuzeitlichen Lyriktheorie", in: Krummacher, Hans-Henrik: *Lyra. Studien zur Theorie und Geschichte der Lyrik vom 16. bis zum 19. Jahrhundert*, Berlin u. Boston 2013, S. 3–76.

Kulturstiftung Dessau-Wörlitz (Hrsg.): Christoph Friedrich Reinhold Lisiewsky (1725–1794), Berlin 2010.

Kunisch, Johannes: Friedrich der Grosse. Der König und seine Zeit, 2. Aufl., München 2012.

Kurbjuhn, Charlotte und Steffen Martus: „Ästhetische Transformationen der Antike: ‚Der Tempel der wahren Dichtkunst' und die ‚Freundschaftlichen Lieder' im Kontext Halles", in: Hildebrandt, Annika, Charlotte Kurbjuhn und Steffen Martus (Hrsg.): *Topographien der Antike in der literarischen Aufklärung*, Publikationen zur Zeitschrift für Germanistik N. F. 30, Bern u. a. 2016, S. 233–267.

Kürenberg, Joachim von [d. i. Eduard Joachim von Reichel]: Der letzte Vertraute Friedrichs des Grossen. Marchese Girolamo Lucchesini, Preußische Geschichte in Einzeldarstellungen 2, Berlin 1933.

Kurz, Gerhard: „Hermeneutik/Allegorese", in: Jacob, Joachim und Johannes Süßmann (Hrsg.): *Der Neue Pauly. Supplemente. Bd. 13. Das 18. Jahrhundert. Lexikon zur Antikerezeption in Aufklärung und Klassizismus*, Stuttgart 2018, Sp. 331–334.

Lacher, Reimar F.: „Friedrich, unser Held" – Gleim und sein König, Schriften des Gleimhauses Halberstadt 9, Göttingen 2017.

Lande, Joel B.: „Moritz' Gods: Allegory, Autonomy and Art", in: Krupp, Anthony (Hrsg.): *Karl Philipp Moritz. Signaturen des Denkens*, Amsterdamer Beiträge zur neueren Germanistik 77, Amsterdam u. New York 2010, S. 241–253.

Laske, Friedrich: Die Trauerfeierlichkeiten für Friedrich den Großen. Mit Rekonstruktionen des Castrum doloris im Stadtschloß und der Auszierung der Hof- und Garnisonkirche zu Potsdam am 9. September 1786, Berlin 1912.

Laufhütte, Hartmut: „Das Friedensfest in Nürnberg 1650", in: Laufhütte, Hartmut: *Sigmund von Birken. Leben, Werk und Nachleben. Gesammelte Studien [...]*, Passau 2007, S. 153–169.

Lausberg, Heinrich: Handbuch der literarischen Rhetorik. Eine Grundlegung der Literaturwissenschaft, 4. Aufl., Stuttgart 2008.

Le Sueur, Achille: „Préface", in: Le Sueur, Achille (Hrsg.): *Maupertuis et ses correspondants [...]*, Montreuil-sur-mer 1896, S. 5–83.

Lefèvre, Eckard: „Horaz und Maecenas", in: Temporini, Hildegard (Hrsg.): *Aufstieg und Niedergang der römischen Welt. Geschichte und Kultur Roms im Spiegel der neueren Forschung*. Bd. 2,31,3, Berlin u. a. 1981, S. 1987–2029.

Legal, Claus und Gert Legal: Friedrich II. von Preußen und Quintus Icilius. Der König und der Obrist [...], München 2020.

Lehmstedt, Mark: Struktur und Arbeitsweise eines Verlages der deutschen Aufklärung. Die Weidmannsche Buchhandlung in Leipzig unter der Leitung von Philipp Erasmus Reich zwischen 1745 und 1787, Diss. Leipzig 1990.

Leighton, Joseph: „Occasional poetry in the eighteenth century in Germany", *The Modern Language Review* 78/2 (1983), S. 340–358.

Linn, Marie-Luise: „A. G. Baumgartens ‚Aesthetica' und die antike Rhetorik", in: Kopperschmidt, Josef (Hrsg.): *Rhetorik. Bd. 2. Wirkungsgeschichte der Rhetorik*, Darmstadt 1991, S. 81–106.

Lippe, Ernst Graf zur: „Quintus Icilius, Seigneur de Wassersuppe, alias Guichard", in: Lippe, Ernst Graf zur: *Militaria aus König Friedrichs des Großen Zeit*, Berlin 1866, S. 101–107.

Lund, Hannah Lotte: „‚ich habe so viele sonderbare Menschen hier' – Vergesellschaftungsformen im Hause Herz der 1790er-Jahre", in: Lund, Hannah Lotte, Ulrike Schneider und Ulrike Wels (Hrsg.): *Die Kommunikations-, Wissens- und Handlungsräume der Henriette Herz (1764–1847)*, Schriften des Frühneuzeitzentrums Potsdam 5, Göttingen 2017, S. 23–44.

Lütteken, Anett: „Das Literaturarchiv – Vorgeschichte[n] eines Spätlings", in: Dallinger, Petra-Maria, Georg Hofer und Bernhard Judex (Hrsg.): *Archive für Literatur. Der Nachlass und seine Ordnungen*, Literatur und Archiv 2, Berlin u. Boston 2018, S. 63–88.

Maltzahn, Hellmuth Freiherr von: Karl Ludwig von Knebel. Goethes Freund, Jena 1929.

Martin, Dieter: Das deutsche Versepos im 18. Jahrhundert. Studien und kommentierte Gattungsbibliographie, Quellen und Forschungen zur Sprach- und Culturgeschichte der germanischen Völker N. F. 103, Berlin u. New York 1993.

---: „Gedichte mit Fußnoten. Zesens *Prirau* und der frühneuzeitliche Eigenkommentar", in: Bergengruen, Maximilian und Dieter Martin (Hrsg.): *Philipp von Zesen. Wissen – Sprache – Literatur*, Tübingen 2008, S. 141–160.

---: „Klopstocks poetologisches Prooimion", in: Hildebrand, Olaf (Hrsg.): *Poetologische Lyrik von Klopstock bis Grünbein. Gedichte und Interpretationen*, Köln, Weimar u. Wien 2003, S. 17–27.

---: Wielands Nachlass. Kapitalien, Hausrat, Bücher, Wieland im Kontext. Oßmannstedter Studien 6, Heidelberg 2020.

Martus, Steffen: Aufklärung. Das deutsche 18. Jahrhundert – ein Epochenbild, Berlin 2015.

---: „Die Entstehung von Tiefsinn im 18. Jahrhundert. Zur Temporalisierung der Poesie in der Verbesserungsästhetik bei Hagedorn, Gellert und Wieland", *Deutsche Vierteljahrsschrift für Literaturwissenschaft und Geistesgeschichte* 73 (2000), S. 27–43.

---: „Die Praxis des Werks", in: Danneberg, Lutz, Annette Gilbert und Carlos Spoerhase (Hrsg.): *Das Werk. Zum Verschwinden und Fortwirken eines Grundbegriffs*, Revisionen 5, Berlin u. Boston 2019, S. 93–129.

---: Werkpolitik. Zur Literaturgeschichte kritischer Kommunikation vom 17. bis ins 20. Jahrhundert mit Studien zu Klopstock, Tieck, Goethe und George, Historia Hermeneutica. Series Studia 3, Berlin u. New York 2007.

Matsche, Franz: Die Kunst im Dienst der Staatsidee Kaiser Karls VI. Ikonographie, Ikonologie und Programmatik des „Kaiserstils", Bd. 1, Beiträge zu Kunstgeschichte 16,1, Berlin u. New York 1981.

Mediger, Walther: „Ferdinand, Herzog von Braunschweig-Lüneburg", in: *Neue Deutsche Biographie*, Bd. 5, 1961, S. 87f.

Mediger, Walther und Thomas Klingebiel: Herzog Ferdinand von Braunschweig-Lüneburg und die alliierte Armee im Siebenjährigen Krieg (1757–1762), Quellen und Darstellungen zur Geschichte Niedersachsens 129, Hannover 2011.

Meier, Brigitte: Friedrich Wilhelm II. König von Preußen (1744–1797). Ein Leben zwischen Rokoko und Revolution, Regensburg 2007.

Merkel, Lydia: Von der Fabeldeutung mit dem Zauberstab zum modernen Mythenverständnis. Die Mythentheorie Christian Gottlob Heynes, Altertumswissenschaftliches Kolloquium 26, Stuttgart 2019.

Meunier, Ernst und Hans Jessen: Das deutsche Feuilleton. Ein Beitrag zur Zeitungskunde, Zeitung und Zeit 2, Berlin 1931.

Meyer, William: „Die Gründungsgeschichte der Academia Petrina in Mitau. Ein Beitrag zur Geschichte der Aufklärungszeit in Kurland", in: *Sitzungsberichte der Kurzemer (Kurländischen) Gesellschaft für Literatur und Kunst [...]*, Riga 1937, S. 35–168.

Mix, York-Gothart: „Goeckingk, Leopold Friedrich Günther von", in: Kühlmann, Wilhelm (Hrsg.): *Killy Literaturlexikon. Autoren und Werke des deutschsprachigen Kulturraumes*, Bd. 4, 2. Aufl., Berlin u. Boston 2009, S. 262–264.

Mommsen, Tycho: „Die Kunst des deutschen Uebersetzers (Auszug) [1857/1858]", in: Kitzbichler, Josefine, Katja Lubitz und Nina Mindt (Hrsg.): *Dokumente zur Theorie der Übersetzung antiker Literatur in Deutschland seit 1800*, Transformationen der Antike 10, Berlin u. New York 2009, S. 179–198.

Morgenthaler, Walter: „Die Gesammelten und die Sämtlichen Werke. Anmerkungen zu zwei unterschätzten Werktypen", *TextKritische Beiträge* 10 (2005), S. 13–26.

Möseneder, Karl: Zeremoniell und monumentale Poesie. Die „Entrée solennelle" Ludwigs XIV. 1660 in Paris, Berlin 1983.

Müller, Adelheid: Sehnsucht nach Wissen. Friederike Brun, Elisa von der Recke und die Altertumskunde um 1800, Berlin 2012.

Müller, Fabian: Raffaels Selbstdarstellung. Künstlerschaft als Konstrukt, artifex. Quellen und Studien zur Künstlersozialgeschichte, Petersberg 2018.

Müller, Hans: Die Königliche Akademie der Künste zu Berlin. 1696 bis 1896. Erster Teil. Von der Begründung durch Friedrich III von Brandenburg bis zur Wiederherstellung durch Friedrich Wilhelm II von Preußen, Berlin 1896.

Müller, Matthias: „Adelige Kunst jenseits der Funktion? Zum schwierigen Verhältnis von Autonomie und Pragmatismus in der höfischen und adeligen Kunst der Frühen Neuzeit", in: Sittig, Claudius und Christian Wieland (Hrsg.): *Die „Kunst des Adels" in der Frühen Neuzeit*, Wolfenbütteler Forschungen 144, Wiesbaden 2018, S. 315–337.

Multhammer, Michael: Lessings ‚Rettungen'. Geschichte und Genese eines Denkstils, Frühe Neuzeit 183, Berlin u. Boston 2013.
Mundt, Felix: „Klassiker in Kupfer. ‚Pine's Horace' und der Vergil von Henry Justice", in: Haischer, Peter-Henning u. a. (Hrsg.): *Kupferstich und Letternkunst. Buchgestaltung im 18. Jahrhundert*, Wieland im Kontext. Oßmannstedter Studien 2, Heidelberg 2016, S. 165–207.
---: „Sichtbare Aneignungen. Zu Illustration und Gestaltung von Horazausgaben im 18. Jahrhundert", *Zeitschrift für Germanistik* N. F. 27/1 (2017), S. 36–52.
Münzberg, Franziska: Die Darstellungsfunktion der Übersetzung. Zur Rekonstruktion von Übersetzungsmodellen aus dem 18. Jahrhundert, Frankfurt a. M. u. a. 2003.
Nagel, Anette: Studien zur Passionskantate von Carl Philipp Emanuel Bach, Europäische Hochschulschriften. Reihe 36, Musikwissenschaft 146, Frankfurt a. M. u. a. 1995.
Neuber, Wolfgang: „‚Sinn-Bilder': Emblematik in der Frühen Neuzeit", in: Benthien, Claudia und Brigitte Weingart (Hrsg.): *Handbuch Literatur & Visuelle Kultur*, Handbücher zur kulturwissenschaftlichen Philologie 1, Berlin u. Boston 2014, S. 341–356.
Nisbet, Hugh Barr: Lessing. Eine Biographie, übers. von Karl Siegfried Guthke, München 2008.
Nolden, Thomas: „An einen jungen Dichter". Studien zur epistolaren Poetik, Epistemata. Reihe Literaturwissenschaft 143, Würzburg 1995.
Nowitzki, Hans-Peter: „Über Sprache, Wissenschaften und Geschmack der Teutschen [Kommentar]", in: Wezel, Johann Karl: *Gesamtausgabe in acht Bänden. Jenaer Ausgabe*, Bd. 6, hg. von Hans-Peter Nowitzki, Heidelberg 2006, S. 635–962.
Nünlist, René: Poetologische Bildersprache in der frühgriechischen Dichtung, Beiträge zur Altertumskunde 101, Stuttgart u. Leipzig 1998.
Nutt-Kofoth, Rüdiger: „Variante, Lesart, Korrektur oder Änderung? Zur Terminologie und Editionspraxis in der Neugermanistik", in: Plachta, Bodo und H. T. M. van Vliet (Hrsg.): *Perspectives of Scholarly Editing. Perspektiven der Textedition*, Berlin 2002, S. 29–45.
Okayama, Yassu: The Ripa Index. Personifications and their Attributes in Five Editions of the Iconologia, Doornspijk 1992.
Olding, Manfred: Die Medaillen auf Friedrich den Großen von Preußen. 1712 bis 1786 [...], Die Medaillen der Kurfürsten und Könige von Brandenburg-Preußen 2, Regenstauf 2003.
Ostwaldt, Lars: Aequitas und Justitia. Ihre Ikonographie in Antike und Früher Neuzeit, Signa Iuris 3, [Halle a. d. Saale] 2009.
Pape, Helmut: Die gesellschaftlich-wirtschaftliche Stellung Friedrich Gottlieb Klopstocks, Diss. Bonn 1962.
---: Klopstock. [...] Idee und Wirklichkeit dichterischer Existenz um 1750, Frankfurt a. M. u. a. 1998.

Paunel, Eugen: Die Staatsbibliothek zu Berlin. Ihre Geschichte und Organisation während der ersten zwei Jahrhunderte seit ihrer Eröffnung. 1661–1871, Berlin 1965.

Peil, Dietmar: Untersuchungen zur Staats- und Herrschaftsmetaphorik in literarischen Zeugnissen von der Antike bis zur Gegenwart, Münstersche Mittelalter-Schriften 50, München 1983.

Petersilka, Corina: Die Zweisprachigkeit Friedrichs des Großen. Ein linguistisches Porträt, Tübingen 2005.

Petzet, Erich: „Das Uzische Frühlingsmetrum", *Zeitschrift für vergleichende Litteraturgeschichte* N. F. 10 (1896), S. 293–299.

Plehwe, Arthur: Johann George Scheffner, Diss. Königsberg 1934.

Poeschel, Sabine: Handbuch der Ikonographie. Sakrale und profane Themen der bildenden Kunst, 6. Aufl., Darmstadt 2014.

Poltermann, Andreas: „Die Erfindung des Originals. Zur Geschichte der Übersetzungskonzeptionen in Deutschland im 18. Jahrhundert", in: *Die literarische Übersetzung. Fallstudien zu ihrer Kulturgeschichte*, Göttinger Beiträge zur Internationalen Übersetzungsforschung 1, Berlin 1987, S. 14–52.

Pörksen, Uwe: „Nachwort", in: Leibniz, Gottfried Wilhelm: *Unvorgreifliche Gedanken, betreffend die Ausübung und Verbesserung der deutschen Sprache. Zwei Aufsätze*, hg. von Uwe Pörksen, Stuttgart 1995, S. 107–131.

Poten, Bernhard von: „Buddenbrock, Johann Jobst Heinrich Wilhelm Freiherr von", in: Historische Commisssion bei der königl. Akademie der Wissenschaften (Hrsg.): *Allgemeine Deutsche Biographie*, Bd. 47, Leipzg 1903, S. 335–337.

Pott, Ute: Briefgespräche. Über den Briefwechsel zwischen Anna Louisa Karsch und Johann Wilhelm Ludwig Gleim [...], Göttingen 1998.

Prick, Elisabeth: Heinrich Gottfried Koch und seine Schauspielergesellschaft bis zum Bruche mit Gottsched., Diss. Frankfurt a. M. 1923.

Rahn, Thomas: Festbeschreibung. Funktion und Topik einer Textsorte am Beispiel der Beschreibung höfischer Hochzeiten (1568–1794), Frühe Neuzeit 108, Tübingen 2006.

Reclam, Ernst: Johann Benjamin Michaelis. Sein Leben und seine Werke, Probefahrten 3, Leipzig 1904.

Redl, Philipp: „Kaiserlob um die Jahrhundertwende. Wilhelm II. in der panegyrischen Kasual-Lyrik zwischen 1888 und 1914", in: Detering, Nicolas, Johannes Franzen und Christopher Meid (Hrsg.): *Herrschaftserzählungen. Wilhelm II. in der Kulturgeschichte (1888–1933)*, Faktuales und fiktionales Erzählen 3, Würzburg 2016, S. 69–81.

Reichardt, Martha Hedwig: Die Zeitungspoesie und ihre Vorläufer, Diss. München 1944.

Reinecke, Thomas: „,,Sie haben, Verehrtester, für den Kreis der Dichter, die sich um Gleim sammelten, oder sich vorübergehend an ihn lehnten, schon so viel gethan!'. Carl Schüddekopf (1861–1917)", *Gemeinnützige Blätter* 26/50 (2019), S. 4–26.

Rimpau, Wilhelm: „Behnisch, der erste Erzieher des nachmaligen Königs Friedrich Wilhelm III.", *Hohenzollern-Jahrbuch* 5 (1901), S. 220–251.
Robert, Jörg: „Nachahmung, Übersetzung, Akkulturation. Horaz-Rezeption(en) in der deutschen Lyrik (1580–1650)", in: Laureys, Marc, Nathalie Dauvois und Donatella Coppini (Hrsg.): *Non omnis moriar. Die Horaz-Rezeption in der neulateinischen Literatur vom 15. bis zum 17. Jahrhundert [...]*, Bd. 2, Noctes Neolatinae 35/2, Hildesheim, Zürich, New York 2020, S. 957–976.
Rockenberger, Annika: „Gelegenheitsdichtung in der Frühen Neuzeit. Resultate – Probleme – Perspektiven", *Zeitschrift für Germanistik* 23/3 (2013), S. 641–650.
Rosenstrauch, Hazel: Buchhandelsmanufaktur und Aufklärung. Die Reformen des Buchhändlers und Verlegers Ph. E. Reich (1717–1787). Sozialgeschichtliche Studie zur Entwicklung des literarischen Marktes, Frankfurt a. M. 1986.
Rudorf, Friedhelm: Poetologische Lyrik und politische Dichtung. Theorie und Probleme der modernen politischen Dichtung in den Reflexionen poetologischer Gedichte von der Aufklärung bis zur Gegenwart, Europäische Hochschulschriften. Reihe 1, Deutsche Sprache und Literatur 1105, Frankfurt a. M. u. a. 1988.
Rusche, Angelika: Der Sockel. Typologische und ikonographische Studien am Beispiel von Personendenkmälern der Berliner Bildhauerschule, Beiträge zur Kunstgeschichte 1, Witterschlick u. Bonn 1989.
Sachse, Gustav Adolf und Karl Rudolf Eduard Droop (Hrsg.): Der Montagsklub in Berlin. 1749–1899. Fest- und Gedenkschrift zu seiner 150sten Jahresfeier, Berlin 1899.
Sánchez-Blanco, Francisco: „El Barón von Bielfeld. Absolutismo prusiano y absolutismo español", in: Briesemeister, Dietrich und Harald Wentzlaff-Eggebert (Hrsg.): *Von Spanien nach Deutschland und Weimar-Jena. Verdichtung der Kulturbeziehungen in der Goethezeit*, Heidelberg 2003, S. 17–34.
Sangmeister, Dirk: „Heinrich von Kleists verhinderter Verleger. Der angeblich verrückte Johann Daniel Sander und der Salon seiner schönen Frau Sophie", in: Estermann, Monika, Ernst Fischer und Ute Schneider (Hrsg.): *Buchkulturen. Beiträge zur Geschichte der Literaturvermittlung. Festschrift für Reinhard Wittmann*, Wiesbaden 2005, S. 321–354.
Sarrazin, Béatrice: Catalogue raisonné des peintures italiennes du musée des Beaux-Arts des Nantes. XIIIe–XVIIIe siècle, Paris 1994.
Sauder, Gerhard: „Ästhetische Autonomie als Norm der Weimarer Klassik", in: Hiller, Friedrich (Hrsg.): *Normen und Werte*, Annales Universitatis Saraviensis. Reihe: Philosophische Fakultät 18, Heidelberg 1982, S. 130–150.
Scattola, Merio: „Literarisches Gattungssystem und politischer Diskurs. Johann Christoph Gottsched übersetzt den *Lehrbegriff der Staatskunst* von Jakob Friedrich Bielfeld", in: Achermann, Eric (Hrsg.): *Johann Christoph Gottsched (1700–1766). Philosophie, Poetik und Wissenschaft*, Werkprofile. Philosophen und Literaten des 17. und 18. Jahrhunderts 4, Berlin 2014, S. 359–377.

Schäfer, Eckart: Deutscher Horaz. Conrad Celtis. Georg Fabricius. Paul Melissus. Jacob Balde. Die Nachwirkung des Horaz in der neulateinischen Dichtung Deutschlands, Wiesbaden 1976.

---: „Sarbiewskis patriotische Lyrik und sein ‚polnischer Horaz' Jan Kochanowski", in: Schäfer, Eckart (Hrsg.): *Sarbiewski. Der polnische Horaz*, NeoLatina 11, Tübingen 2006, S. 145–176.

Schieb, Roswitha: Berliner Literaturgeschichte. Epochen. Werke. Autoren. Schauplätze, Berlin 2019.

Schmidt, Erich: Lessing. Geschichte seines Lebens und seiner Schriften, Bd. 1, 4. Aufl., Berlin 1923.

Schmidt, Hartmut: „Berlinische Monatsschrift (1783–1796). ‚Diskussion Deutsch' in Berlin am Ende des 18. Jahrhunderts", *Diskussion Deutsch* 103 (1988), S. 507–514.

---: „Johann Christoph Adelung über den langen Weg der Sprache von ‚roher Naturmusik' bis zum ‚Band der Geschlechter und Völker'", in: Kämper, Heidrun, Annette Klosa und Oda Vietze (Hrsg.): *Aufklärer, Sprachgelehrter, Didaktiker: Johann Christoph Adelung (1732–1806)*, Studien zur Deutschen Sprache 45, Tübingen 2008, S. 39–65.

Schmidt, Peter Lebrecht: „Maecenas", in: Cancik, Hubert und Helmuth Schneider (Hrsg.): *Der neue Pauly. Enzyklopädie der Antike*, Bd. 7, Stuttgart u. Weimar 1997, Sp. 633–635.

---: „Uz und Horaz", in: Rohmer, Ernst und Theodor Verweyen (Hrsg.): *Dichter und Bürger in der Provinz. Johann Peter Uz und die Aufklärung in Ansbach*, Frühe Neuzeit 42, Tübingen 1998, S. 77–98.

Schmitt, Hanno: „Netzwerke im Zeitalter der Aufklärung: Das Beispiel Friedrich Gedike", in: Tosch, Frank (Hrsg.): *Friedrich Gedike (1754–1803) und das moderne Gymnasium. Historische Zugänge und aktuelle Perspektiven*, Bildungs- und kulturgeschichtliche Beiträge für Berlin und Brandenburg 5, Berlin 2007, S. 69–81.

Schmitz, Brigitte K.: „‚Madame Ritz [...] kam hin, sah es und küßte den marmornen Knaben.' Zum Grabmonument für den Grafen Alexander von der Mark in der ehemaligen Dorotheenstädtischen Kirche zu Berlin", in: Blauert, Elke (Hrsg.): *Neue Baukunst. Berlin um 1800*, Berlin 2007, S. 95–103.

Schönpflug, Daniel: Die Heiraten der Hohenzollern. Verwandtschaft, Politik und Ritual in Europa. 1640–1918, Kritische Studien zur Geschichtswissenschaft 207, Göttingen 2013.

---: „Hymenaeus und Fama: Dynastische und stadtbürgerliche Repräsentation in den Hohenzollernhochzeiten des 18. Jahrhunderts", in: Biskup, Thomas und Marc Schalenberg (Hrsg.): *Selling Berlin. Imagebildung und Stadtmarketing von der preußischen Residenz bis zur Bundeshauptstadt*, Beiträge zur Stadtgeschichte und Urbanisierungsforschung 6, Stuttgart 2008, S. 45–57.

Schramm, Gabriele: Widmung, Leser und Drama. Untersuchungen zu Form- und Funktionswandel der Buchwidmung im 17. und 18. Jahrhundert, Hamburg 2003.

Schröder, Claudia: „Siècle de Frédéric II" und „Zeitalter der Aufklärung". Epochenbegriffe im geschichtlichen Selbstverständnis der Aufklärung, Quellen und Forschungen zur Brandenburgischen und Preußischen Geschichte 21, Berlin 2002.

Schumann, Andreas: Bibliographie zur deutschen Literaturgeschichtsschreibung. 1827–1945, München u. a. 1994.

Schumann, Jutta: Die andere Sonne. Kaiserbild und Medienstrategien im Zeitalter Leopolds I., Colloquia Augustana 17, Berlin 2003.

Schuppenhauer, Claus: Der Kampf um den Reim in der deutschen Literatur des 18. Jahrhunderts, Abhandlungen zur Kunst-, Musik- und Literaturwissenschaft 91, Bonn 1970.

Schurig, Gerd: „Die Blüte der Fruchtkultur im Sanssouci Friedrichs II.", in: Generaldirektion der Stiftung Preußische Schlösser und Gärten Berlin-Brandenburg (Hrsg.): *Friederisiko. Friedrich der Große. Die Ausstellung [...]*, München 2012, S. 56–61.

Schwemin, Friedhelm: Der Berliner Astronom. Leben und Werk von Johann Elert Bode 1747–1826, Acta Historica Astronomiae 30, Frankfurt a. M. 2006.

Sedlarz, Claudia: „Gelehrte und Künstler und gelehrte Künstler an der Berliner Kunstakademie", in: Baillot, Anne (Hrsg.): *Netzwerke des Wissens. Das intellektuelle Berlin um 1800*, Berliner Intellektuelle um 1800 1, Berlin 2011, S. 245–277.

---: „RUHM oder REFORM? Der ‚Sprachenstreit' um 1790 an der Königlichen Akademie der Wissenschaften in Berlin", in: Goldenbaum, Ursula und Alexander Košenina (Hrsg.): *Berliner Aufklärung. Kulturwissenschaftliche Studien*, Bd. 2, Hannover 2003, S. 245–276.

Seidel, Robert: „Ein deutscher Horaz in Heidelberg. Johannes Adams *Parodiae Horatianae* (1611)", in: Heil, Andreas, Matthias Korn und Jochen Sauer (Hrsg.): *Noctes Sinenses. Festschrift für Fritz-Heiner Mutschler zum 65. Geburtstag*, Heidelberg 2011, S. 120–128.

Seiffert, Hans Werner: Untersuchungen zur Methode der Herausgabe deutscher Texte, Veröffentlichungen des Instituts für deutsche Sprache und Literatur 28, 2. Aufl., Berlin 1969.

Siebert-Didczuhn, Rolf: Der Theaterdichter. Die Geschichte eines Bühnenamtes im 18. Jahrhundert, Theater und Drama 11, Berlin 1938.

Sittig, Claudius: „Zur Rede von ‚Bürgerlichkeit' und ‚Verbürgerlichung' in der Literaturgeschichtschreibung", in: Lepper, Marcel und Dirk Werle (Hrsg.): *Entdeckung der frühen Neuzeit. Konstruktionen einer Epoche der Literatur- und Sprachgeschichte seit 1750*, Stuttgart 2011, S. 129–139.

Sommer, Klaus: Die Medaillen des königlich preussischen Hof-Medailleurs Daniel Friedrich Loos und seines Ateliers, Monographien zur Numismatik und Ordenskunde 2, Osnabrück 1981.

Spoerhase, Carlos: Das Format der Literatur. Praktiken materieller Textualität zwischen 1740 und 1830, Göttingen 2018.

---: „Neuzeitliches Nachlassbewusstsein. Über die Entstehung eines schriftstellerischen, archivarischen und philologischen Interesses an posthumen

Papieren", in: Sina, Kai und Carlos Spoerhase (Hrsg.): *Nachlassbewusstsein, Literatur, Archiv, Philologie. 1750–2000*, marbacher schriften. neue folge 13, Göttingen 2017, S. 21–48.

---: „Was ist ein Werk? Über philologische Werkfunktionen", *Scientia Poetica. Jahrbuch für Geschichte der Literatur und der Wissenschaften* 11 (2007), S. 276–344.

Stackelberg, Jürgen von: Die französische Klassik. Einführung und Übersicht, München 1996.

---: „Überlegungen zu Friedrichs des Großen *De la littérature allemande*", *Germanisch-Romanische Monatsschrift* 62/4 (2012), S. 471–477.

Stamm-Kuhlmann, Thomas: König in Preußens großer Zeit. Friedrich Wilhelm III. der Melancholiker auf dem Thron, Berlin 1992.

Stauffer, Hermann: „Lyrischer Wettstreit der Europäer. Antike und Moderne in Klopstocks Odendichtung", in: Duchhardt, Heinz und Claus Scharf (Hrsg.): *Interdisziplinarität und Internationalität. Wege und Formen der Rezeption der französischen und der britischen Aufklärung in Deutschland und Rußland im 18. Jahrhundert*, Veröffentlichungen des Instituts für Europäische Geschichte Mainz. Abteilung für Abendländische Religionsgeschichte. Abteilung für Universalgeschichte 61, Mainz 2004, S. 187–208.

Steguweit, Wolfgang: „Berlin als künstlerisch-technisches Zentrum der Medaillenherstellung von den Anfängen unter Kurfürst Joachim I. (1499–1535) bis zur Gegenwart. Eine Einführung", in: *Kunst und Technik der Medaille und Münze. Das Beispiel Berlin*, Die Kunstmedaille in Deutschland 7, Berlin 1997, S. 13–56.

Steguweit, Wolfgang und Bernd Kluge: Suum cuique. Medaillenkunst und Münzprägung in Brandenburg-Preußen, Das Kabinett. Schriftenreihe des Münzkabinetts 10, Berlin 2008.

Steinmetz, Horst: „Nachwort", in: Steinmetz, Horst (Hrsg.): *Friedrich II., König von Preußen, und die deutsche Literatur des 18. Jahrhunderts. Texte und Dokumente*, Stuttgart 1985, S. 333–352.

Stemplinger, Eduard: Das Fortleben der horazischen Lyrik seit der Renaissance, Leipzig 1906.

Stierle, Karl-Heinz, Hannelore Klein und Franz Schümmer: „Geschmack", in: Ritter, Joachim (Hrsg.): *Historisches Wörterbuch der Philosophie*, Bd. 3, Darmstadt 1974, Sp. 444–456.

Stiftung Archiv der Akademie der Künste (Hrsg.): „ ...alle, die zu dieser Academie Beruffen". Verzeichnis der Mitglieder der Berliner Akademie der Künste. 1696–1996, Berlin 1996.

Stockhorst, Stefanie: „Feldforschung vor der Erfindung der Autonomieästhetik? Zur relativen Autonomie barocker Gelegenheitsdichtung", in: Joch, Markus und Norbert Christian Wolf (Hrsg.): *Text und Feld. Bourdieu in der literaturwissenschaftlichen Praxis*, Studien und Texte zur Sozialgeschichte der Literatur 108, Tübingen 2005, S. 55–71.

---: Fürstenpreis und Kunstprogramm. Sozial- und gattungsgeschichtliche Studien zu Goethes Gelegenheitsdichtungen für den Weimarer Hof, Studien zur deutschen Literatur 167, Tübingen 2002.

---: „Goethe als Weimarer Hofpoet. Programmatische Neubestimmungen der Gelegenheitsdichtung im Spannungsfeld von höfischer Repräsentation und künstlerischer Selbstdarstellung", *Rückert-Studien. Jahrbuch der Rückert-Gesellschaft* 16 (2005), S. 173–195.

Stoermer, Monika: „Friedrich von Schlichtegroll – ein ‚Nordlicht' in München", *Akademie Aktuell* 24 (2008), S. 46–50.

Stört, Diana: „Form- und Funktionswandel der Widmung. Zur historischen Entwicklung und Typologisierung eines Paratextes", in: Kaukoreit, Volker, Marcel Atze und Michael Hansel (Hrsg.): *„Aus meiner Hand dies Buch ..." Zum Phänomen der Widmung [...]*, Sichtungen 8/9, Wien 2006, S. 79–112.

---: Johann Wilhelm Ludwig Gleim und die gesellige Sammlungspraxis im 18. Jahrhundert, Schriften zur Kulturgeschichte 19, Hamburg 2010.

Stößl, Friedel: Jakob Friedrich von Bielfeld. Sein Leben und Werk im Lichte der Aufklärung, Diss. Erlangen 1937.

Stoye, Enid: Vincent Bernard de Tscharner. 1728–1778. A study of Swiss culture in the eighteenth century, Fribourg 1954.

Straubel, Rolf: „Justizbürgermeister, Geh. Kriegsrat Christoph Benjamin Wackenroder (1728–1808)", in: Straubel, Rolf: *Biographisches Handbuch der preußischen Verwaltungs- und Justizbeamten. 1740–1806/1815*, Bd. 2, München 2009, S. 1059f.

---: „Steuerrat Johann Carl Ludwig Gilbert (1742–1795)", in: Straubel, Rolf: *Biographisches Handbuch der preußischen Verwaltungs- und Justizbeamten. 1740–1806/1815*, Bd. 1, München 2009, S. 310.

Strobel, Jochen und Jürgen Wolf: „Maecenas' Erben. Kunstförderung und künstlerische Freiheit – von der Antike bis zur Gegenwart", in: Strobel, Jochen und Jürgen Wolf (Hrsg.): *Maecenas und seine Erben. Kunstförderung und künstlerische Freiheit – von der Antike bis zur Gegenwart*, Stuttgart 2015, S. 7–47.

Strothmann, Meret: „Pater patriae", in: Cancik, Hubert und Helmuth Schneider (Hrsg.): *Der neue Pauly. Enzyklopädie der Antike*, Bd. 9, Stuttgart u. Weimar 2000, Sp. 396.

Syndikus, Hans Peter: Die Lyrik des Horaz. Eine Interpretation der Oden, 2 Bd.e, 3. Aufl., Darmstadt 2001.

Telesko, Werner: „Ehrenpforten und ephemere Architektur", in: Hertel, Sandra, Stefanie Linsboth und Werner Telesko (Hrsg.): *Die Repräsentation Maria Theresias. Herrschaft und Bildpolitik im Zeitalter der Aufklärung*, Schriftenreihe der Österreichischen Gesellschaft zur Erforschung des 18. Jahrhunderts 19, Wien, Köln u. Weimar 2020, S. 221–231.

Terne, Claudia: „Ich wünsche ihn lange zu hören" [...]. Der Komponist und preußische Hofkapellmeister Carl Heinrich Graun und seine Brüder, Großenhain 2001.

Thimann, Michael: Gedächtnis und Bild-Kunst. Die Ordnung des Künstlerwissens in Joachim von Sandrarts *Teutscher Academie*, Rombach Wissenschaften. Reihe Quellen zur Kunst 28, Freiburg, Berlin, Wien 2007.

Tiedemann, Rüdiger von: „Poeta Vates", in: Landfester, Manfred (Hrsg.): *Der neue Pauly. Enzyklopädie der Antike. Rezeptions- und Wissenschaftsgeschichte*, Bd. 15/2, Stuttgart u. Weimar 2002, Sp. 378–382.

Till, Dietmar: Das doppelte Erhabene. Eine Argumentationsfigur von der Antike bis zum Beginn des 19. Jahrhunderts, Studien zur deutschen Literatur 175, Tübingen 2006.

---: „Verbergen der Kunst", in: Ueding, Gert (Hrsg.): *Historisches Wörterbuch der Rhetorik*, Bd. 9, Darmstadt 2009, Sp. 1034–1042.

Turnovsky, Geoffrey: The Literary Market. Authorship and Modernity in the Old Regime, Philadelphia 2010.

Uhlitz, Otto: „Der Berliner Münzfries. Geschichte und Schicksal eines bedeutenden Werkes klassizistischer Bildhauerkunst", in: Schikora, Andreas (Hrsg.): *Der Münzfries von Johann Gottfried Schadow*, Berlin 2014, S. 59–95.

Ulferts, Gert-Dieter: „‚Denkmaale' für einen Helden der Aufklärung. Bildkünstlerische Reaktionen auf den Tod Herzog Leopolds von Braunschweig 1785", in: Römer, Christof (Hrsg.): *Braunschweig-Bevern. Ein Fürstenhaus als europäische Dynastie. 1667–1884*, Braunschweig 1997, S. 465–478.

---: „Friede nach siegreichem Krieg. Das Bildprogramm – Skulpturen und Malereien", in: Arenhövel, Willmuth und Rolf Bothe (Hrsg.): *Das Brandenburger Tor 1791–1991. Eine Monographie*, Berlin 1991, S. 93–132.

Vanja, Konrad: Vivat – Vivat – Vivat! Widmungs- und Gedenkbänder aus drei Jahrhunderten, Schriften des Museums für Deutsche Volkskunde Berlin 12, Berlin 1985.

Verweyen, Theodor: „Dichterkrönung. Rechts- und sozialgeschichtliche Aspekte literarischen Lebens in Deutschland", in: *Literatur und Gesellschaft im deutschen Barock*, GRM-Beiheft 1, Heidelberg 1979, S. 7–29.

---: „Dichtungstheorie und Dichterverständnis bei den Nürnbergern", in: Paas, John Roger (Hrsg.): *der Franken Rom. Nürnbergs Blütezeit in der zweiten Hälfte des 17. Jahrhunderts*, Wiesbaden 1995, S. 178–195.

---: „Metastasio in Wien: Stellung und Aufgaben eines ‚kaiserlichen Hofpoeten'", in: Lütteken, Laurenz und Gerhard Splitt (Hrsg.): *Metastasio im Deutschland der Aufklärung. Bericht über das Symposion Potsdam 1999*, Tübingen 2002, S. 15–57.

Vogtherr, Christoph Martin: „Andreas Riem als Akademiesekretär und Kunstschriftsteller", in: Welker, Karl H. L. (Hrsg.): *Andreas Riem. Ein Europäer aus der Pfalz*, Schriften der Siebenpfeiffer-Stiftung 6, Stuttgart 1999, S. 51–60.

---: „Favoriten am Hof des Prinzen Heinrich", in: *Prinz Heinrich von Preussen. Ein Europäer in Rheinsberg*, München 2002, S. 495f.

--- (Hrsg.): Friedrich Wilhelm II. und die Künste. Preußens Weg zum Klassizismus, Berlin 1997.

Voss, Georg: Grabdenkmäler in Berlin u. Potsdam aus der Zeit der Neubelebung des antiken Stils Ende des 18. u. Anfang des 19. Jahrhunderts, Berlin 1905.
Voss, Gerda: Baron von Bielfeld. Ein Beitrag zur Geschichte Friedrichs des Großen und des ausgehenden Rationalismus, Diss. Berlin 1928.
---: Jakob Friedrich Freiherr von Bielfeld. Ein Jugendfreund Friedrich des Großen. [...] Vorwort von Stephan Kekule von Stradonitz, Berlin 1928.
Voß, Thorsten: „Drumherum geschrieben?" Zur Funktion auktorialer Paratexte für die Inszenierung von Autorschaft um 1800. Mit einer Einleitung von Thomas Wegmann, Thorsten Voß und Nadja Reinhard, Hannover 2019.
Wagenknecht, Christian: „Widmung", in: Weimar, Klaus, Harald Fricke und Jan-Dirk Müller (Hrsg.): *Reallexikon der deutschen Literaturwissenschaft*, Bd. 3, 3. Aufl., Berlin u. a. 2007, S. 842–845.
Wahnrau, Gerhard: Berlin. Stadt der Theater, Bd. 1, Berlin 1957.
Walter Salmen: „Die Funeralmusik zur Bestattung von Friedrich II. in der Garnisonkirche zu Potsdam 1786", *Jahrbuch 2013 des Staatlichen Instituts für Musikforschung Preußischer Kulturbesitz* (2014), S. 233–252.
Wappler, Gerlinde: Gleims Leben und seine Beziehungen zu berühmten Zeitgenossen in Daten, Halberstadt 1988.
Warnke, Martin: Hofkünstler. Zur Vorgeschichte des modernen Künstlers, 2. Aufl., Köln 1996.
Waßer, Ingrid: „Christian Friedrich Voss (1724–1795)", in: Fischer, Heinz-Dietrich (Hrsg.): *Deutsche Presseverleger des 18. bis 20. Jahrhunderts*, Pullach 1975, S. 40–47.
Weber, Ernst: Lyrik der Befreiungskriege (1812–1815). Gesellschaftspolitische Meinungs- und Willensbildung durch Literatur, Germanistische Abhandlungen 65, Stuttgart 1991.
---: „Patriotische Lyrik", in: Ziechmann, Jürgen (Hrsg.): *Panorama der fridericianischen Zeit. Friedrich der Große und seine Epoche – Ein Handbuch –*, Forschungen und Studien zur fridericianischen Zeit 1, Bremen 1985, S. 218–221.
Weber, Peter: „Die ‚Berlinische Monatsschrift' als Organ der Aufklärung", in: Weber, Peter (Hrsg.): *Berlinische Monatsschrift (1783–1796). Herausgegeben von Friedrich Gedike und Johann Erich Biester. Auswahl*, Leipzig 1986, S. 356–452.
Weidner, Heinz: Berlin im Festschmuck. Vom 15. Jahrhundert bis zur Gegenwart, Berlin 1940.
Weimar-Kluser, Silvia: Die höfische Dichtung Georg Rudolfs Weckherlins, Bern u. Frankfurt a. M. 1971.
Weißmann, Tobias C.: „Vom Entwurf zum Ereignis – Der Künstler als Ideator und die Festindustrie im barocken Rom", in: *Fürstliche Feste. Höfische Festkultur zwischen Zeremoniell und Amüsement*, Jahrbuch der Stiftung Thüringer Schlösser und Gärten 23, Petersberg 2020, S. 158–173.
Weithase, Irmgard: Anschauungen über das Wesen der Sprechkunst von 1775–1825, Germanische Studien 90, Berlin 1930.

Wels, Volkhard: „Einleitung. ‚Gelegenheitsdichtung' – Probleme und Perspektiven ihrer Erforschung", in: Keller, Andreas u. a. (Hrsg.): *Theorie und Praxis der Kasualdichtung in der Frühen Neuzeit*, Chloe 43, Amsterdam u. New York 2010, S. 9–31.

Wendler, Walter: Gottlob Wilhelm Burmann (1737–1805). Ein Beitrag zur Welt- und Lebensanschauung des Bürgertums in der zweiten Hälfte des 18. Jahrhunderts, Breslau 1937.

Werle, Dirk: Ruhm und Moderne. Eine Ideengeschichte (1750–1930), Das Abendland – N. F. 38, Frankfurt a. M. 2014.

Widdeke, Erich: Geschichte der Haude- und Spenerschen Zeitung. 1734–1874, Berlin 1925.

Wiedemann, Conrad: „‚Berliner Klassik'. Eine kulturtopographische Recherche", in: Berghahn, Cord-Friedrich und Conrad Wiedemann (Hrsg.): *Berlin 1800. Deutsche Großstadtkultur in der klassischen Epoche*, Berliner Klassik. Eine Großstadtkultur um 1800 24, Hannover 2019, S. 17–53.

---: „Die Klassizität des Urbanen. Ein Versuch über die Stadtkultur Berlins um 1800", in: Charlier, Robert und Günther Lottes (Hrsg.): *Kanonbildung. Protagonisten und Prozesse der Herstellung kultureller Identität*, Aufklärung und Moderne 20, Hannover 2009, S. 121–139.

Wienecker, Friedrich: „Wippel, Wilhelm Jakob", in: Historische Commisssion bei der königl. Akademie der Wissenschaften (Hrsg.): *Allgemeine Deutsche Biographie*, Bd. 55, Leipzig 1910, S. 107f.

Wild, Reiner: „Weiße, [...] Christian Felix", in: Kühlmann, Wilhelm (Hrsg.): *Killy Literaturlexikon. Autoren und Werke des deutschsprachigen Kulturraumes*, Bd. 12, 2. Aufl., Berlin u. Boston 2011, S. 257–259.

Wittmann, Reinhard: Geschichte des deutschen Buchhandels, 3. Aufl., München 2011.

Wojtczak, Maria: „Das Herrscherlob als Beispiel für die Gelegenheitslyrik des ausgehenden 19. Jahrhunderts in der Provinz Posen", *Studia Germanica Posnaniensia* 20 (1993), S. 19–30.

Wolf, Norbert Richard: „Sprachpflege durch Sprachgeschichte. Beobachtungen zu den ‚Unvorgreifflichen Gedancken'", *Deutsche Sprache* 44 (2016), S. 357–365.

Zeller, Friedrich: Jakob Friedrich von Bielfeld und seine Werke. (Ein Beitrag zur Geschichte der französischen Literatur in Deutschland), Diss. Würzburg 1922.

Zeltner, Helena Rosa: Johann Peter Uz. Von der „Lyrischen Muse" zur „Dichtkunst", Diss. Zürich 1973.

Ziebura, Eva: Prinz Heinrich von Preußen, Berlin 1999.

Zopf, Hans: „Karl Theophil Guichard gen. v. Quintus Icilius", in: Henning, Martin und Heinz Gebhardt (Hrsg.): *Jahrbuch für brandenburgische Landesgeschichte*, Bd. 9, Berlin 1958, S. 5–15.

https://ores.klassik-stiftung.de/ords/f?p=401:70:14693553285337::NO:RP:P70_REGION:1 (zugegriffen am 14.09.2020).

„Martin Warnke im Gespräch mit Matthias Bormuth. Was es heißt, den Hofkünstler zu verstehen [...]", *Frankfurter Allgemeine Zeitung*, 03.08.2016, S. N3.

„Tafelteil", in: Haischer, Peter-Henning u. a. (Hrsg.): *Kupferstich und Letternkunst. Buchgestaltung im 18. Jahrhundert*, Wieland im Kontext. Oßmannstedter Studien 2, Heidelberg 2016, S. 155–164.

7.8 Abbildungsverzeichnis

Abb. 1   Kopfvignette und Beginn von Ramler, Karl Wilhelm: Ode an seinen Arzt. Berlin, den 24 Jenner 1762 [GH, Sign. C 10123].

Abb. 2   Kopfvignette zu Ramler, Karl Wilhelm: Ode an seinen Arzt. Berlin, den 24 Jenner 1762 [Detail zu Abb. 1].

Abb. 3   Kopfvignette und Beginn von Ramler, Karl Wilhelm: Ode an die Göttinn der Eintracht. Berlin, den 24 Jenner 1763 [SUB Göttingen, Sign. P GERM III, 8726 (4)].

Abb. 4   Kopfvignette zu Ramler, Karl Wilhelm: Ode an die Göttinn der Eintracht. Berlin, den 24 Jenner 1763 [Detail zu Abb. 3].

Abb. 5   Entwurf zum Grabmal für Marie von Gaudi, Detail aus Abraham von Zedlitz' Brief an Karl Wilhelm Ramler vom 14. Dezember 1786 [GSA 75/237, 2^r (Foto: Klassik Stiftung Weimar)].

Abb. 6   Grabmal der Marie von Gaudi (Zustand um 1905). Fotografie aus Voss, Georg: Grabdenkmäler in Berlin u. Potsdam aus der Zeit der Neubelebung des antiken Stils Ende des 18. u. Anfang des 19. Jahrhunderts, Berlin 1905, Tafel 22 [SB Berlin, Sign. 4" Td 3179].

Abb. 7   Beginn der Ode *Au roi de Prusse* (*An den König*) aus Ramler, Karl Wilhelm und François Cacault: Poesies Lyriques de Monsieur Ramler. Traduites de l'Allemand, Berlin u. Paris 1777, S. 3 [Digitalisat der Universitäts- und Landesbibliothek Sachsen-Anhalt in Halle (Saale); https://digitale.bibliothek.uni-halle.de/vd18/content/pageview/15598665].

Abb. 8   Kopfvignette zur Ode *Au Roi de Prusse* [Detail zu Abb. 7].

Abb. 9   Entwurf von Johann Wilhelm Meil zur Titelvignette der *Poesies lyriques* [Kupferstichkabinett Berlin, KdZ 10957 (© Kupferstichkabinett. Staatliche Museen zu Berlin)].

Abb. 10   Titelvignette von Johann Wilhelm Meil aus Ramler, Karl Wilhelm und François Cacault: Poesies Lyriques de Monsieur Ramler. Traduites de l'Allemand, Berlin u. Paris 1777 [Digitalisat der Universitäts- und Landesbibliothek Sachsen-Anhalt in Halle (Saale); https://digitale.bibliothek.uni-halle.de/vd18/content/pag-view/1559 8662].

Abb. 11   Entwurf von Johann Wilhelm Meil zur Titelvignette der *Poesies lyriques* [Kupferstichkabinett Berlin, KdZ 10955 (© Kupferstichkabinett. Staatliche Museen zu Berlin)].

Abb. 12   Entwurf von Johann Wilhelm Meil zur Titelvignette der *Poesies lyriques* [Kupferstichkabinett Berlin, KdZ 10956 (© Kupferstichkabinett. Staatliche Museen zu Berlin)].

Abb. 13   Kopfvignette auf der Titelseite der *Berlinischen Privilegirten Zeitung* vom 30. Dezember 1745 [SB Berlin, Sign. Ztg 1621 MR].

Abb. 14   Kopfvignette zur Ode *An den König* aus Ramler, Karl Wilhelm: Oden, Berlin 1767, S. 1 [Exemplar des Verf.].

Abb. 15   Kopfvignette zur Ode *An Melpomenen* aus Ramler, Karl Wilhelm: Oden aus dem Horaz, Berlin 1769, S. 19 [Exemplar des Verf.].

Abb. 16   Schlussvignette zu Friedrich von Hagedorns *An die Freude* aus Ramler, Karl Wilhelm: Lieder der Deutschen, Berlin 1766, S. 5 [BSB, Sign. P.o.germ. 1119 x].

Abb. 17   Titelblatt von Ramler, Karl Wilhelm: Oden, 2. Aufl., Berlin 1768 [Exemplar des Verf.].

Abb. 18   Titelblatt von Ramler, Karl Wilhelm: [G]eistliche Kantaten, 2. Aufl., Berlin 1768 [Exemplar des Verf.].

Abb. 19   Titelblatt von Ramler, Karl Wilhelm: Oden aus dem Horaz, Berlin 1769 [Exemplar des Verf.].

Abb. 20   Titelkupfer von Ramler, Karl Wilhelm: Geistliche Kantaten, Berlin 1760 [BSB, Sign. P.o.germ. 1119 u].

Abb. 21   Berlin, Schloss Charlottenburg, Neuer Flügel, Goldene Galerie, Südwand, 1. Spiegel von Westen, R.: 363./Stiftung Preußische Schlösser und Gärten Berlin-Brandenburg/Oberhofmarschallamt/Verwaltung der Staatlichen Schlösser und Gärten (1927–1945).

Abb. 22   Titelblatt von Ramler, Karl Wilhelm: Oden aus dem Horaz. Nebst einem Anhang zweier Gedichte aus dem Katull und achtzehn Liedern aus dem Anakreon. Mit Anmerkungen, [Berlin] 1787 [Digitalisat der Universitäts- und Landesbibliothek Sachsen-Anhalt in Halle (Saale); https://digitale.bibliothek.uni-halle.de/vd18/content/pageview/15862099].

Abb. 23   Johann Wilhelm Meils Kopfvignette zu Ramler, Karl Wilhelm: Ode an die Göttinn der Eintracht. Berlin, den 24 Jenner 1763 [vgl. Abb. 4].

Abb. 24   Avers von Nikolaus Georgis Medaille auf den Frieden von Hamburg (1762) [Münzkabinett, Staatliche Museen zu Berlin, 18230567 (Aufnahme durch Reinhard Saczewski)].

Abb. 25   Revers von Nikolaus Georgis Medaille auf den Frieden von Hamburg (1762) [Münzkabinett, Staatliche Museen zu Berlin, 18230567 (Aufnahme durch Reinhard Saczewski)].

Abb. 26   Autographe Widmung und Dedikationsgedicht von Ramler zur *Fabellese* (1783) an Wilhelmina Christina Elisabeth von Zedlitz [BSB, E. Petzetiana V. Ramler, Karl Wilhelm].

Abb. 27   Autographes Dedikationsgedicht von Ramler an Luise Ebert in einem Exemplar von Band 1 der *Kurzgefaßten Mythologie* (1790) [SB Berlin, Sign. Qb 1570-1<a>].

Abb. 28   „Dessein von der Ehren Pforte welche beim Einzuge Sr. Königl: Majestet von Preussen in Berlin vor der Franckfurter Landwehre durch die Veranstaltung des hiesigen Magistrats errichtet wurde", vorgebundene Radierung aus Voss, Christian Friedrich (Hrsg.): Sammlung der Freudenbezeigungen und Illuminationen welche wegen der Ankunft seiner königlichen Majestät von Preussen, nach geendigtem dritten Schlesischen Kriege, und geschlossenen Hubertsburgischen [sic] Frieden, in Dero Residenz Berlin, den 4. April 1763. angestellet worden sind. Nebst einem Kupfer, Berlin 1763 [SB Berlin, Sign. Sv 9500].

Abb. 29   Trauergerüst in der Potsdamer Garnisonkirche, Rekonstruktion von Friedrich Laske. Zeichnung aus Laske, Friedrich: Die Trauerfeierlichkeiten für Friedrich den Großen. Mit Rekonstruktionen des Castrum doloris im Stadtschloß und der Auszierung der Hof- und Garnisonkirche zu Potsdam am 9. September 1786, Berlin 1912, Tafel VI (Detail) [SB Berlin, Sign. gr.2" Sv 9731].

Abb. 30 Die Personifikationen der „Tapferkeit" und „Staatsklugheit", Teil des Trauergerüstes in der Potsdamer Garnisonkirche. Zeichnung aus Laske, Friedrich: Die Trauerfeierlichkeiten für Friedrich den Großen. Mit Rekonstruktionen des Castrum doloris im Stadtschloß und der Auszierung der Hof- und Garnisonkirche zu Potsdam am 9. September 1786, Berlin 1912, Tafel V (Detail) [SB Berlin, Sign. gr.2" Sv 9731].

Abb. 31 Christian Bernhard Rode: „Die Göttin des Vaterlandes opfernd" aus Ramler, Karl Wilhelm: Poëtische Werke. [...] Erster Theil: Lyrische Gedichte, Berlin 1800, unpaginierte Seite gegenüber von S. 119 [Digitalisat der Universitäts- und Landesbibliothek Sachsen-Anhalt in Halle (Saale); https://digitale.bibliothek.uni-halle.de/vd18/content/pageview/3181193].

Abb. 32 Allegorie der „Zeit" aus Ramler, Karl Wilhelm: Allegorische Personen zum Gebrauche der bildenden Künstler [...]. Mit Kupfern von Bernhard Rode, Berlin 1788, unpaginierte Seite gegenüber von S. 2 [HAB, Sign. M: Ho 4° 26].

Abb. 33 Friedrich Genelli (?) nach Asmus Jakob Carstens: „Saturnus" aus Ramler, Karl Wilhelm: [K]urzgefasste Mythologie; oder Lehre von den fabelhaften Göttern, Halbgöttern und Helden des Alterthums. In zwey Theilen mit vierzehn Kupfern, Bd. 1, Berlin 1790, unpaginierte Seite gegenüber von S. 4 [Augsburg, Staats- und Stadtbibliothek, Sign. Alt 593A-1].

Abb. 34 Frontispiz aus Ramler, Karl Wilhelm: Poëtische Werke. [...] Erster Theil: Lyrische Gedichte, Berlin 1800 [Digitalisat der Universitäts- und Landesbibliothek Sachsen-Anhalt in Halle (Saale); https://digitale.bibliothek.uni-halle.de/vd18/content/pageview/3180972].

Abb. 35 Revers der beiden Medaillen auf die Befreiung Kolbergs von Jacob Abraham (1760). Abbildung aus Hoffmann, Tassilo: Jacob Abraham und Abraham Abramson. 55 Jahre Berliner Medaillenkunst. 1755–1810, Frankfurt a. M. 1927, Tafel 2, Nr. 8/9 [Exemplar des Verf.].

Abb. 36 Kopfvignette zum „Lied der Nymphe Persante" aus Ramler, Karl Wilhelm: Poëtische Werke. [...] Erster Theil: Lyrische Gedichte,

Berlin 1800, S. 46 [Digitalisat der Universitäts- und Landesbibliothek Sachsen-Anhalt in Halle (Saale); https://digitale.bibliothek.uni-halle.de/vd18/content/pageview/3181069].

7.9 Personenregister

Das Register verzeichnet historische Personen, die in Kapitel 1 bis Kapitel 7.2 genannt werden. Nicht aufgenommen sind Namen historischer Personen in Titeln von Forschungsbeiträgen.

Abraham, Jacob 76f., 225, 272, 344
Abramson, Abraham 76f., 187, 262, 285
Addison, Joseph 40
Adelung, Johann Christoph 37, 135, 176f.
Albrecht, Konrad Adolph von 13
Alexander der Große 49, 142
Algarotti, Francesco 123
d'Allarde, Pierre Gilbert Le Roy 46
Alxinger, Johann Baptist von 33, 52, 56, 60–64
Anakreon 9, 60, 184, 207, 217, 319, 322, 349
Anna Amalia, Prinzessin von Preußen 87–91, 247, 337f.
Anthing, Johann Friedrich 254
Apelles 142
Aristoteles 193
Aschersleben, Friedrich Wilhelm von 145
Augustus (Gaius Octavius) 35, 49, 142, 144, 183f., 188, 212f., 226, 233, 240, 243, 254, 256, 270, 281, 292
August II., König von Polen, Kurfürst von Sachsen 73f.

Bach, Carl Philipp Emanuel 90, 147
Balde, Jakob 185
Bamberger, Antoinette 51, 52, 65
Bandemer, Susanne von 75, 351f.
Batteux, Charles 9, 30, 35f., 39, 41f., 44, 110, 112f., 180, 191–194, 197, 208, 213–219, 221f., 353
Baudoin, Jean 301

Baumgarten, Alexander Gottlieb 114f., 186, 352f.
Baur, Samuel 184
Beausobre, Louis de 101
Becker, Sophie 85, 256–259, 295f.
Beguelin, Nikolaus von 54, 101
Behnisch, Christian Friedrich Gottlieb 245f.
Bellay, Joachim Du 125
Benigna, Herzogin von Kurland 92
Benzler, Johann Lorenz 180, 321–323, 345
Berger, Daniel 99, 298
Beroldingen, Joseph von 47
Besser, Johann von 265
Bielfeld, Jakob Friedrich von 67–69, 107, 125f., 128–135, 138, 144, 178, 208
Biester, Johann Erich 19f., 60f., 204, 206, 335
Bion 188
Birken, Sigmund von 13
Blum, Joachim Christian 48f., 52, 90
Bob, Franz Joseph 42
Bode, Johann Elert 274
Bödiker, Johann 102
Bodmer, Johann Jakob 119f., 124, 147, 156, 195, 218, 235, 346
Bohm, Daniel Hinrich 52
Boie, Heinrich Christian 176, 203f.
Boileau, Nicolas 346
Boissard, Jean-Jacques 303
Bottarelli, Giovanni Gualberto 15
Böttiger, Carl August 41f., 50, 66, 96, 316–318, 323–329, 336
Boulet, Samuel von 81, 244f.

457

Brandes, Charlotte 85
Brandes, Johann Christian 85
Brawe, Joachim Wilhelm von 359
Breitinger, Johann Jakob 110, 113f., 138, 195, 208, 218f., 222, 235, 346
Briest, [?] von 159
Brösicke, [?] von 23
Brückner, Johann Gottfried 83
Buddenbrock, Johann Jobst von 34, 169, 242f.
Buchholtz, Johann August 105
Burmann, Gottlob Wilhelm 75, 244
Byern, Karl Wilhelm von 154, 170

Cacault, François 142, 145, 157–160, 170f.
Campe, Joachim Heinrich 177f.
Canitz, Friedrich Rudolph Ludwig von 124, 130, 346
Catt, Henri de 166f., 169f.
Cäsar (Gaius Julius Caesar) 35, 273, 275
Caramondani, Antonio de Filistri da 15
Carstens, Asmus Jakob 27, 302
Castillon, Frédéric de 54, 56
Catel, Samuel Heinrich 22, 247
Catull (Gaius Valerius Catullus) 9, 44, 64, 67, 188, 191, 207
Chodowiecki, Daniel 314f.
Christ, Joseph Anton 580
Cicero (Marcus Tullius Cicero) 151
Clodius, Christian August 83
Cochius, Leonhard 80f.
Cossart, Gabriel 13
Cramer, Carl Friedrich 357
Cruciger, Johann 42

Dacke (Wirt des Hotels „Stadt Paris") 94
Darget, Claude Etienne 124
Daun, Leopold Joseph von 169, 228

Delbrück, Johann Friedrich Gottfried 328
Denina, Carlo 51, 178
Denstädt (Kontrolleur) 38f.
Dorat, Jean 12
Dorat, Claude-Joseph 126
Döbbelin, Caroline Maximiliane 95
Döbbelin, Carl Theophil 82, 85, 95
Dorothea, Herzogin von Kurland 238, 254, 256f., 259f.
Döring, Eleonora von 239
Dreyer 83
Dryden, John 157, 210
Dubos, Jean-Baptiste 194, 356
Dusch, Johann Jakob 84, 106
Dyk, Johann Gottfried 47, 95

Eberhard, Johann August 42
Ebert, Johann Arnold 36, 250f.
Ebert, Luise 246, 249–252
Eck, Johann Georg d. J. 42
Eckert, Heinrich Gottlieb 187
Eckhof, Konrad 83
Eichel, August Friedrich 186
Elisabeth Christine, Königin von Preußen 87
Elisabeth Christine Ulrike, Prinzessin von Braunschweig-Wolfenbüttel 74, 244
Engel, Johann Jakob 52–54, 56, 64–66, 86, 246, 320
Ephraim, Nathan Veitel Heine 77
Ernesti, Johann Heinrich Martin 184
Eschenburg, Johann Joachim 22, 42, 78, 83, 239
Euler, Leonhard 101

Fasch, Carl Friedrich Christian 277
Ferdinand, Herzog von Braunschweig und Lüneburg 167, 242, 244, 270
Ferdinand, Prinz von Preußen 59
Fernow, Carl Ludwig 27, 303

Finckenstein, Karl Wilhelm Graf Finck von 285
Flesche (Sekretär der Prinzessin Anna Amalia von Preußen) 87–90
Formey, Jean Henri Samuel 55, 101
Francke (Rentmeister) 225
Friedel, Johann Friedrich 271
Friederike Luise von Hessen-Darmstadt, Königin von Preußen 80, 244, 274, 337f.
Friedrich I., König in Preußen 12f., 127, 329
Friedrich II., König von Preußen 10, 15f., 20, 23, 25f., 31, 34–36, 46, 48–52, 54–56, 59, 61, 63, 67, 69, 70, 72f., 75–78, 81, 84–87, 92f., 96, 99–107, 120–133, 135–139, 141–149, 152–157, 160f., 163–176, 178f., 183f., 186–188, 201f., 223–227, 231–237, 240, 242f., 245f., 255f., 260, 262, 265–285, 290–292, 294f., 297, 312, 315, 329–331, 337–341, 343, 363
Friedrich Heinrich Karl, Prinz von Preußen 244
Friedrich Karl August, Fürst zu Waldeck-Pyrmont 46
Friedrich Wilhelm I., König in Preußen 127, 163f., 265, 339
Friedrich Wilhelm II., König von Preußen 48–54, 56, 58–60, 62–64, 66, 74, 79–81, 86, 92–96, 153, 167, 172, 190, 207, 238, 240, 244f., 254–256, 262, 265, 267, 273, 275–277, 280, 284–295, 297, 312, 318, 337–340, 344, 363
Friedrich Wilhelm III., König von Preußen 56, 80, 95f., 245f., 264, 312, 328f., 331, 338
Franziska, Herzogin von Württemberg 15
Fromery, Alexander 225, 345
Funk, Gottfried Benedikt 194

Gallus (Gaius Cornelius Gallus) 188
Garve, Christian 54
Gaudi, Leopold Otto von 97–100
Gaudi, Marie von 97–99
Gebler, Tobias Philipp von 190, 238, 252–254, 259
Gedike, Friedrich 204–206, 319, 322, 377
Geelhaar, Louise 23
Gellert, Christian Fürchtegott 130, 148f., 170
Genelli, Friedrich 302
Gentz, Johann Friedrich 285
Georgi, Nikolaus 77, 79, 225f.
Gessner, Salomon 22, 36, 257
Gilbert, Johann Carl Ludwig 153
Gilbert, Johann Dietrich 153f.
Gilbert, Sophie 153
Gilly, Friedrich 262
Gleim, Johann Wilhelm Ludwig 23f., 34, 37f., 48f., 67–69, 75, 86–88, 90, 115f., 118–120, 126, 131, 133–135, 146f., 149, 156, 159, 161, 174f., 184, 186, 188f., 191, 201, 203, 208–211, 217–220, 235f., 241, 267, 319f., 350
Glume, Friedrich Christian 105
Göchhausen, Luise von 328
Goeckingk, Leopold Friedrich Günther von 35f., 41, 56, 126, 180f., 244, 296, 311, 314f., 319–327, 330–337, 357–359, 377
Goethe, Johann Wolfgang von 16, 28, 75, 103, 126, 261, 314, 338
Gontard, Carl Philipp Christian von 276, 281
Göschen, Georg Joachim 311, 314, 316, 326, 329
Gottsched, Johann Christoph 102,

459

113f., 132, 138, 150, 192, 194, 219, 235
Götz, Gottlieb Christian 47
Götz, Johann Nikolaus 47, 135, 176, 358, 360
Graff, Anton 306, 314
Graun, Carl Heinrich 9, 87, 94
Gresset, Jean-Baptiste Louis 156
Grillo, Friedrich 35
Guichard, Karl Gottlieb (Quintus Icilius) 146, 148–156, 166, 169f., 187, 246

Hagedorn, Friedrich von 68, 130, 192, 197, 208, 359
Haller, Albrecht von 119, 130
Hamann, Johann Georg 106
Harsdörffer, Georg Philipp 13
Hartknoch, Johann Friedrich d. Ä. 46
Hederich, Benjamin 301
Heinitz, Friedrich Anton von 250, 253f.
Heinrich, Christiane Elisabet 318f., 373–375, 377
Heinrich II., König von Frankreich 12
Heinrich IV., König von Frankreich 142, 145
Heinrich, Prinz von Preußen 147, 152, 167, 240–242
Heinsius, Theodor 132
Henke, Anna Christine 85
Henne, Eberhard 314f., 326, 331, 333
Heyne, Christian Gottlob 304f.
Heraeus, Karl Gustav 13
Herder, Johann Gottfried 106, 174, 187, 203f., 324, 328, 330
Herklots, Karl Alexander 96
Hertzberg, Ewald von 50–52, 54f., 93, 126, 237, 285f.
Hertzberg (Geheimer Sekretär des Verlags Franke) 45
Hesiod 191
Heyde, Heinrich Sigismund von der 77, 345
Hiller, Johann Adam 82
Himmel, Friedrich Heinrich 96
Hirsching, Friedrich Carl Gottlieb 184
Hoff, Karl Ernst Adolf von 36f.
Homer 60, 114, 191, 341
Hoppenhaupt, Johann Michael 202
Horaz (Quintus Horatius Flaccus) 9, 26, 31, 60, 64, 67–69, 112, 114, 117, 142–145, 149–151, 155–157, 168, 170, 183–200, 202–212, 214f., 217–223, 226–230, 232–238, 240, 243, 253, 255, 256, 259, 269f., 277f., 281, 289, 313, 315–318, 322–325, 327–331, 333, 335–337, 348f., 351, 353–355, 364, 371
Huber, Michael 157f.

Jablonski, Daniel Ernst 102
Jakob, Ludwig Heinrich 42
Jani, Christian David 189, 199
Jenisch, Daniel 355f.
Joseph II., röm.-dt. Kaiser 102, 143
Juncker, Georg-Adam 159f.

Kalckreuth, Friedrich Adolph von 240f.
Kannenberg, Charlotte Albertine von 87f.
Kant, Immanuel 42
Karl. VI., röm.-dt. Kaiser 13, 265
Karl IX., König von Frankreich 12
Karl Eugen, Herzog von Württemberg 15
Karsch, Anna Louisa 48f., 72, 86f., 89f., 148f., 156, 199, 347
Katharina II., Zarin 92
Kaufmann, Angelika 258

Keller, Gottfried 335, 357
Kessel 154
Kirnberger, Johann Philipp 220
Klaj, Johann 13
Kleist, Ewald von 116, 156, 161, 175f., 315, 359
Klencke, Caroline von 75, 347–349, 352
Kletschke, Johann Gottfried 276–278, 281, 283f.
Kloecker (Syndicus) 134
Klopstock, Friedrich Gottlieb 50, 87, 102, 110, 120, 143, 156, 189, 218, 260, 311, 316f., 329, 357
Klotz, Christian Adolph 106, 186, 350
Knebel, Karl Ludwig von 34f., 153–156, 160, 166, 170–173, 245, 330, 349
Knobelsdorff, Georg Wenzeslaus von 14, 77
Knobloch, Christiane Wilhelmine von 22
Koch, Christiane Henriette 82–87
Koch, Heinrich Gottfried 75, 82–87
Kolberg, Christian Friedrich 376, 378
König, Johann Ulrich 102
Korff, [?] von 295f.
Krause, Christian Gottfried 147, 174f., 203, 236, 243, 339, 345
Krause, Johann Victor 75, 104f., 119f., 233
Kütner, Karl August 239f.

Lafermière, François Armand 171
Lange, Samuel Gotthold 114f., 156, 185f., 192
Langemack, Lukas Friedrich 37–39, 42, 267
Langhans, Carl Gotthard 21
Laugier, Marc-Antoine 46
Leibniz, Gottfried Wilhelm 102, 179f.
Leopold, Prinz von Braunschweig-Wolfenbüttel 47, 96
Leopold I., Fürst von Anhalt-Dessau 67
Leopold I., röm.-dt. Kaiser 77
Lessing, Gotthold Ephraim 19, 22, 26, 36, 44, 75f., 78, 86, 111, 158f., 161, 189, 195f., 222f., 230, 232–237, 252, 257–259, 278, 320, 350, 359
Lichtwer, Magnus Gottfried 131
Linné, Carl von 345
Lisiewsky, Christoph Friedrich Reinhold 52, 187
Locher, Jakob 199
Logau, Friedrich von 44, 66, 76, 359
Longin (Pseudo-Longin) 235
Loos, Daniel Friedrich 77, 79, 273, 279, 285f., 288–291, 294
Löwe, Johann Karl 82f.
Lucchesini, Girolamo Marchese 54f., 276–279, 281, 283
Ludewig, Johann Peter von 266
Ludwig XIV., König von Frankreich 35, 49, 127, 142, 145, 164
Ludwig, Prinz von Preußen 56
Lukrez (Titus Lucretius Carus) 191
Luther, Martin 132, 346

Maaß, Johann Gebhard Ehrenreich 42
Maaß, Nikolaus 188
Mäcenas (Gaius Cilnius Maecenas) 144, 149, 151, 183, 190, 195, 253–256
Macrobius (Macrobius Ambrosius Theodosius) 301, 303
Malherbe, François de 145f.
Manger, Heinrich Ludwig 281
Mark, Alexander von der 20, 97
Martial (Marcus Valerius Martialis) 9, 64, 66, 206, 254–256, 319,

322, 377
Marwitz, Friedrich August Ludwig von der 22
Maupertuis, Pierre Louis Moreau de 77, 119, 124f., 156
Maurer, Friedrich 300
Meierotto, Johann Heinrich Ludwig 181
Meil, Johann Wilhelm 54, 76–78, 161–163, 165, 201f., 224–227, 230, 273, 279, 286, 306f.
Meier, Georg Friedrich 42, 114f., 138, 156, 352f.
Mendelssohn, Moses 19, 77f., 93, 96, 187, 256–259
Merian, Johann Bernhard 101
Metastasio, Pietro 15
Meyer, Johann Heinrich 328
Michaelis, Johann Benjamin 84
Möllendorf, Wichard von 167
Mölter, Johann Gottfried 99
Montesquieu, Charles de 133
Montfaucon, Bernard de 303
Moritz, Karl Philipp 27, 31, 52, 76, 171, 174, 263f., 306–310
Mosch, Karl Rudolf von 65
Moschus 188
Mouportir, [?] de 90
Myller, Christoph Heinrich 137

Neuhoff, Katharina Friederike 85
Newton, Issac 123
Nicolai, Friedrich 19, 22, 32, 36, 45f., 60–62, 77f., 85, 148, 154, 158, 187, 252, 256, 327
Nicolay, Ludwig Heinrich von 45f., 82, 171, 356
Nietzsche, Friedrich 150

Oeser, Adam Friedrich 250
Opitz, Martin 130, 235, 342, 346

Parthey, Daniel Friedrich 296

Paul I., Zar 81f., 91f., 171
Paul, Jean 33
Pesne, Antoine 77
Peter von Biron, Herzog von Kurland 14, 79, 81, 91f., 254, 259f., 295
Pfeffel, Gottlieb Konrad 252
Phidias 137, 141f.
Philippi, Johann Albrecht 286
Pindar 142, 144, 149f., 169, 234, 269, 354
Pine, John 203, 210
Pinto, Franz Ignatz Graf von 80
Plinius (Gaius Plinius Secundus Maior) 345
Pollius Felix 80
Pope, Alexander 42, 124
Priscus Terentius 255f.
Pyra, Immanuel Jacob 115, 186

Quantz, Johann Joachim 146f.
Quintilian (Marcus Fabius Quintilianus) 185

Rabener, Gottlieb Wilhelm 149
Racine, Jean 22
Rahmel, August Wilhelm Leopold von 295f.
Raison, Friedrich Wilhelm von 79
Ramler, Johann Gottlieb 167, 242, 318, 373
Reck, Carl Friedrich Leopold von der 276
Recke, Elisa von der 256, 295f.
Regnard, Jean-François 22
Reich, Dorothea Juliana von 134
Reich, Philipp Erasmus 23, 30, 43–45, 66, 83, 239, 247, 266
Reichardt, Johann Friedrich 95, 121, 277
Reichel, Johann Nathanael 110
Reinhart, Johann Christian 325
Riebe 94

Riedel, Friedrich Justus 42
Riem, Andreas 299f.
Rilke, Rainer Maria 338
Rinck, Christoph Friedrich 350
Ripa, Cesare 301
Ritter, Karl Wilhelm 373
Ritter (Prediger, Ehemann von W. Ritter) 22, 318, 322–325
Ritter, Wilhelmine 22, 24, 318, 322–325, 333, 373f.
Rode, Christian Bernhard 53f., 76f., 80, 201, 263, 269–274, 276, 280–284, 287–289, 291f., 298f., 301–303, 306, 308, 310, 312–316, 318, 326, 330f., 333, 341, 344
Rohdich, Friedrich Wilhelm von 167, 169
Rollin, Charles 110
Ronsard, Pierre de 12
Rossi, [?] de 134
Rousseau, Jean-Baptiste 156
Rubens, Peter Paul 302

Sack, August Friedrich 88
Saint-Mard, Toussaint Rémond de 40
Sander, Johann Daniel 311f., 316f., 322–333, 336f., 358
Sarbiewski, Matthias Casimir 185
Sautier, Heinrich 193f.
Scève, Maurice 12
Schadow, Johann Gottfried 20f., 262
Scheffner, Johann George 139–141, 350
Schiebeler, Daniel 83
Schiller, Friedrich von 33, 338
Schlegel, Johann Adolf 41
Schlegel, Johann Elias 84
Schlichtegroll, Friedrich 183f., 187, 319
Schmidel, M. S. von 22
Schmidt, Carl Ludwig 376, 378

Schmidt, Johann Christoph 120
Schmidt, Klamer Eberhard Karl 324
Schmidt (Domküster) 37f.
Schönfeld, Johanna Erdmuth von 149
Schubart, Christian Friedrich Daniel 15
Schuch, Franz d. J. 82
Schuch, Caroline 82
Schulz, Friderike Dorothea 318, 375, 377
Schulz, Johann Abraham Peter 85f.
Schumann, August Ferdinand 376, 378
Schütz, Christian Gottfried 327–329
Schütze (Verlegerehepaar) 68f.
Selle, Christian Gottlieb 54, 56, 278
Shakespeare, William 22
Sintzenich, Heinrich 187
Snell, Friedrich Wilhelm Daniel 42
Sophie Charlotte von Hannover, Königin in Preußen 127
Spalding, Georg Ludwig 319, 322, 377
Spartacus 212
Starck, Johanne Christiane 85
Steinel 83
Statius (Publius Papinius Statius) 79f.
Stille, Christoph Ludwig von 186
Stromberg, [?] von 81
Sulzer, Johann Georg 42f., 77, 79, 101, 107f., 110, 116, 119f., 124f., 130, 138, 147, 156, 349, 352

Tagliazucchi, Giampietro 15
Tassaert, Antoine 96
Theokrit 60
Therbusch, Dorothea 52
Tholuck, Friedrich August Gotttreu 19
Toussaint, François-Vincent 22

463

Tscharner, Vincent Bernard de 156

Uhden, Johann Christian 54
Unger, Johann Friedrich 99, 300, 326f.
Uz, Johann Peter 22, 67, 69, 115f., 135, 138, 208f., 211, 218, 230

Varius (Lucius Varius Rufus) 255
Veichtner, Franz Adam 91f.
Vergil (Publius Vergilius Maro) 79, 108–112, 114, 185, 191, 235, 255, 269f., 273, 277, 281f., 289, 341
Vida, Marco Girolamo 185, 350
Villati, Leopoldo di 15
Virly, [?] de 158
Voltaire (François-Marie Arouet) 101, 127f., 132, 138, 145, 156, 179
Voss, Christian Friedrich 70f., 73, 139f., 159–161, 187, 267–273, 311, 316f., 320, 322, 363
Vossius, Gerhard Johann 184f.
Voß, Johann Heinrich 47, 324

Wachter, Johann Georg 13f.
Wackenroder, Christoph Benjamin 267, 376
Wackenroder, Wilhelm Heinrich 267
Wadzeck, Friedrich 266, 275, 285f., 290
Warnsdorff, [?] von 166–170
Warsing, Heinrich Ludwig von 66
Weckherlin, Rudolf 13
Weiße, Christian Felix 22f., 47, 82–84, 158, 175, 240, 316
Werner, Johann Paul von 77, 345

Wernicke, Christian 44, 245, 249
Wessely, Bernhard 93–95
Wessely, Urania 50–52
Wieland, Christoph Martin 22, 36, 191, 193, 311, 314, 320, 326, 328f., 357, 360
Wiese (Anwalt) 134
Wiesinger, F. 243f.
Wilhelm II., dt. Kaiser und König von Preußen 12
Winanko, [?] von 159
Winckelmann, Johann Joachim 111, 184, 261
Winterfeldt, Hans Karl von 341
Wippel, Wilhelm Jakob 65, 266, 275, 285f., 290
Wohler, Johann Christoph 280
Wohler, Michael Christoph 280
Wöllner, Johann Christoph von 51

Zedlitz, Karl Abraham von 97–99, 177, 240, 247, 249, 254
Zedlitz, Wilhelmina Christina von 177, 240, 246–249, 251f.
Zöllner, Johann Friedrich 313–315, 320, 334, 359

Danksagung

Bei der vorliegenden Arbeit handelt es sich um eine geringfügig überarbeitete Fassung meiner Dissertation, die im Sommer 2021 von der Philologischen Fakultät der Albert-Ludwigs-Universität Freiburg angenommen wurde.

Herzlich danken möchte ich meinem akademischen Lehrer Ralph Häfner. Er hat mein germanistisches Interesse entscheidend geweckt und mein wissenschaftliches Arbeiten durch sein Zutrauen seit Studienzeiten maßgeblich gefördert. Ebenso herzlich gedankt sei Dieter Martin, der die Entstehung dieser Studie von Beginn an begleitet hat. Judith Frömmer danke ich für Ihre Bereitschaft, das Drittgutachten zu übernehmen.

Für eine Fülle wichtiger Anregungen im Laufe des Arbeitsprozesses möchte ich Rainer Falk, Matthias Hahn, Peter-Henning Haischer, Annika Hildebrandt, Susanne Knackmuß, Ute Pott und Andreas Teltow sowie Achim Aurnhammer, Elisabeth Décultot, Mark-Georg Dehrmann, Steffen Martus und den Teilnehmerinnen und Teilnehmern ihrer Kolloquien danken. Darüber hinaus sei Franziska Heet, Theodor Kaßberger, Robert Kühne, Magnus Nagel, Sandra Perino, Philipp Redl, Katharina Rilling, Deborah und Hermann Simon sowie Daniel Zimmer für eine Vielzahl von Gesprächen und die kritische Lektüre von Teilen der Arbeit gedankt. Für das kritische Gegenlesen der letzten Fassung danke ich Philipp Hartmann.

Ein dreimonatiges Forschungsstipendium der Klassik Stiftung Weimar und ein Promotionsstipendium der Studienstiftung des Deutschen Volkes haben mir die notwendigen finanziellen Freiräume für meine Studien in Weimar und Berlin gewährt. Beiden Stiftungen bin ich hierfür dankbar.

Die Arbeit wurde im Oktober 2021 mit dem Gerhart-Baumann-Preis ausgezeichnet. Mein herzlicher Dank gilt dem Rombach Verlag als Preisstifter und der Jury für ihre Entscheidung. Für einen großzügigen Druckkostenzuschuss möchte ich der Geschwister Boehringer Ingelheim Stiftung für Geisteswissenschaften danken.

Unendlich viel verdankt die vorliegende Arbeit dem allabendlichen Gespräch mit Rose Simon, ihrem Zuspruch und ihrer Geduld. Ihr und meinen Eltern Elke Didinger-Bach und Christoph Bach ist diese Arbeit gewidmet.